白山奥山人の民俗誌

忘れられた人々の記録

橘 礼吉 著

白水社

白山奥山人の民俗誌——忘れられた人々の記録

目次

装丁　伊勢　功治

白山奥山人の民俗誌——忘れられた人々の記録

＊　本文中、記述内容が重複して出て来ることがあるが、これは各章・各節の独立性をある程度考慮したためである。読者のご理解をいただければ幸いである。

＊　本文中に掲げた写真・表・図版の番号、および注番号は、第一章では章全体を通して、第二章以降は各節ごとにふった。

＊　注は、（1）（2）（3）…で示し、第一章は章末に、第二章以降は各節末に掲げた。なお、注での引用文献の刊行年は年号表記に統一した。

序章　奥山人と出作り

白山を水源とする河川で、石川県側を貫流する最大河川は手取川である。石川県加賀地方では、手取川源流域を漠然と「白山麓」とよぶ。また、本書でいう「奥山人《おくやまびと》」とは私的概念用語で、河川源流域の最奥居住者を指す。つまり、そこより奥地に人が住んでいない場所の生活者である。白山麓・手取川本流域での最奥行政村は、旧白峰村《しらみね》（現白山市）。白峰村には上流より白峰・桑島・下田原《しもたわら》の三集落があり、ここでいう奥山人とは最奥集落白峰の人である。

白山は二つの特色をもつ。一つは全山土の山である。山頂二七〇二m付近まで、ハイマツや高山植物でおおわれている。飛騨山脈奥穂高岳ジャンダルムでの遭難救出用ヘリコプターの映像を見ると、全山岩場で草木がまったく生えていない。ところが、白山は高山帯から麓の方まで土におおわれ、針葉樹のオオシラビソ・ヒノキ、広葉樹のブナ・ミズナラ・トチノキの森があり、そこに多くの虫・鳥・獣が棲んでいる。もう一つは独立峰なので裾野が広い。その裾野と豊かな土の山・豊かな森により、動植物も含めて人間も住みやすい環境なのである。

白峰集落の海抜は約四八〇m、白山主峰御前峰《ごぜんがみね》頂上は二七〇二m、その間の裾の広大な土の山・豊かな森を、奥山人は、自分たち以外に人は住んでいないのだから、その気になれば自分たちだけで思う存分、生業活動を自由にできた。補足すれば、生業の場の広狭という視点では中途半端な山村より奥山人は有利であったに違いなく、そして広大な山地で積極的に実動していた。

実動策、つまり広大な山地そのものや動植物を資源として有効に活かす方法は、いわゆる「出作《でづく》り」である。集団で生活する集落を離れて、山地や森の中に直接住居を構えて稼ぐのである。

出作りでは、まず山地を農地に変えて食糧を作らねばならず、焼畑をした。焼畑は火入れ後の造成耕地を施肥もせず、数年間耕作した後に休耕して地力回復をまつ方法なので、広い休耕地を必要とする。そのため山地に散らばって一軒家での営農とならざるを得ない。白峰の人は、出作り地を求めて谷沿いの上流方向に、山地の中を居住地・農耕地を選択しながら分け入り、その結果これ以上の海抜では主穀作物ができない「最奥出作り」、「極高出作り」が実在することになる。この著述では、源流最奥の出作り・奥山人として旧白峰村「河内三ヶ《こうちさんか》」の出作り群と、極高の出作り・奥山人として旧白峰村「北俣谷《きたまた》」の出作りを中心として、生活と生業の具体的実態を紹介したいと思う。

昭和初期、白峰集落四五二戸中、約六割の二六二戸が出作りをしていた。補足すると、源流域の最奥に約四五〇戸もある「白峰」という名の大集落中、六割が山中の一軒家で生活するという特異な居住形態は、日本中探しても白峰以外になかったので注目されていた。このとき、手取川本流最奥の出作りは、集落より約一二キロ離れた白山直下登山口に位置する市《いち》ノ瀬《せ》一一戸（海抜約八五〇m）をはじめ、周囲の赤岩《あかいわ》二〇戸、三《み》ツ谷《たに》一三戸である。この三つの出作り群をまとめて地元では「河内三ヶ」という。河内三ヶの人々は、究極の奥山人といえよう。河内とは、「源流だがひらけた地形の河川相」を指し、河川敷ではヒエ田ができ、周囲の山地もおだやかな地形で生業環境は奥山としてはよかった。ここでは河内三ヶの人々を「最奥出作り」と表現して記述を進めていく。

手取川の支谷大杉《おおすぎ》谷川の右岸に「北俣谷」という枝谷があり、砂御《すなご》前山《ぜんやま》（一三二六m）を水源としている。集落より約八キロ離れた険しい谷筋に出作りが六戸。六戸のうち四戸が標高一〇〇〇mを越えた地にあり、極高地はノノカワ谷筋一一〇〇mで、出作りの高度限界ともいえる。これらの出作り群を「極高出作り」と表現した。

この極高出作りについては、「第二章二」で具体的に生業の移り変りと、高度経済成長期の転出廃絶するまでの過程をまとめた。

「最奥出作り」とした河内の人々、「極高出作り」とした北俣谷の人々ばかりでなく、山中に孤立して生活する個々の人々、つまり個々の出作りも、ともに広い休耕山地を他から干渉されずに独力で、各種の生業を複合させながら生きるので、広い意味では奥山人としておきたい。

奥山人の居住地の農耕条件は、より低地の集落や出作りよりも劣悪である。寒冷なので雑穀の単位面積当りの収量は少なく、主穀のヒエ・アワの多収量をめざすときは、例えば焼畑火入れ面積を広げなければならない。現金収入、とりもなおさず稼ぎの要は、養蚕繭《まゆ》作りと生糸作りであるが、集落や低地出作りでは年二回の蚕飼いができるが、奥山人は年一回しかできない。人は糧がなければ生きていかれないし、さらに近世以降は、生活上は現金が多く必要となってくる。商品経済が山村に滲透してくる環境の中で、奥山人は激しい労働をともなった、たくましい選択をして山中資源で生きながらえてきた。奥山人が選択したのは二つの中のいずれか一つ。調査者の勘として選択肢はごく限られていたと見た。一つは生業の場を居住地より「垂直方向」に伸ばして稼ぐという選択、もう一つは出作りそのものを「水平方向」に動かすこと、すなわち出作りを移転するという選択である。

　まず生業活動を垂直方向に伸ばすことの説明に先だち、白峰の人々の山地観に触れておく。焼畑の高度限界をツクリザカイといい、焼畑を行う山地をヤマという。対するにツクリザカイ以高地を赤岩ではサンカ、三ツ谷ではキリ、大杉谷大空《おおぞら》ではダケヤマ、大道谷五十谷《おおみちだにごじゅうたに》ではダケという。谷筋では呼称は違うが、ここではダケとしておく。したがって出作り住居や周囲の常畑や焼畑はヤマの中に、より奥地のブナ林や猟場はダケの中にある。つまり稼ぐ場を、より海抜高度の高いダケに、垂直方向に積極的に出向いた。具体的には、春の残雪期には猟場で熊を獲る、自生檜から笠木《かさぎ》・乗物棒を作る、ブナから除雪板を作る。夏には、水源でワサビを作る、源流でイワナ・サクラマスを獲る。白山で登山者を案内する。秋には、岩場で薬用高山植物を採る等の稼ぎに精をだした。自生檜・薬用高山植物の採取地が、白山の分水嶺をこえて他村・他県の領域にあっても、ダケの極高地に県・市町村の境界線はあるにはあるが無人域なので、越境活動は自由にできた。最奥出作り・極高出作りの人々の特技、つまり氷雪上の歩行や岩場の登高下降等は、他村・他県の人々より格段に優れ、真似のできない能力であったので、競合することなく活動できた。これら奥山人の春夏秋冬を通しての山地・岩場・渓流での生業活動は、「第四章」で最も力点をおいて詳しく記録した。

　もう一つの選択、出作りを水平方向に動かすこと、換言すれば他所に移住して出作りを営むためには、メリットが必須条件である。移住先の具備条件として養蚕に重きをおいた。海抜が低く養蚕が二回できるヤマで、繭・生糸の出荷先町場により近いヤマに目配りして移住先を選択した。実際、奥山人は分水嶺（県境）を越えた福井県側九頭竜川水系の山地に移住して出作りを経営した。分水嶺を境として対峙した福井県の各集落は、水田稲作に重きをおき、集落奥地、つまり石川県境近くの山地は焼畑用地として適していても利用されておらず、白峰の奥山人にとっては格好の遊休山地であった。奥山人は、屋根を直接地面においた型式の住居を自力で建てる技術をもち、焼畑跡地に耐寒品種ヤマグワを移植して桑畑を造成する技法をもち、養蚕を経営した。単独でなく複数で移住した事例が多い。越境出作り地は、織物業の盛んな勝山町にも近く、繭・生糸による稼ぎも割得であった。福井県側への越境出作りについては、「第二章一」でまとめた。

「群を成して生活する」という人の本性から離れて、冬も豪雪山中でくらす出作りのイメージは、稲作はむつかしく雑穀作りという実態とも重なって、生活水準は高くなく、住居も粗漏《そろう》な造りとして印象つけられてきた。実際、分家出作りは、無人のヤマに入り独力で自生樹を原材料として住居を作らねばならず、あらゆる技能が必要であった。分家出作り住居の外観は、稲作農家より見栄えはしないにしても、豪雪・強風に耐えることのできる頑強で風土性の強い奥山人の住居そのものといえよう。何世代も続く出作りは、より快適、より安全、より稼げる生活空間をめざしていく。それは耐寒性・機密性を工夫した養蚕空間の拡大となり、常畑地の造成となり、多くの果実樹の植樹となり、強風対策を万全にしたり等を施し、独立した山地農場を完成させてきた。「第三章」では、数多くの出作りを代表するものとして分家出作り、養蚕の稼ぎに重きをおいた出作り、有用樹を植栽育成した出作り、小規模鉱山を経営した出作り等について、実測図をもとに記録した。

手取川源流域の白山麓は、飯豊山地から両白《りょうはく》山地と続く日本最深雪地域の最南縁にあたる。天気予報がなかった時代、奥山人は勘と体験で降雪・積雪量を予知してきた。積雪期の冬山に入って稼ぐときは雪庇・雪崩を自力で避けた。克雪のための歩行、除雪には、多種の民具を作って対処してきた。積雪量を含めた天気予報がより正確となり、機械力除雪が進歩すると、奥山人の対雪体験も乏しくなりつつある。「第五章」では、雪と密に関係した民具、子供の雪遊び、雪崩に遭遇した体験譚《たん》、さらには残雪期二〇〇〇m級の尾根伝いの里帰り譚等、雪にまつわる実態を中心にまとめた。

私は若いとき登山をしていた。夏には通常登山路を避け、甚之助谷や湯の谷をつめた。積雪期には白山頂上で元旦の日の出を見るため、また尾根縦走のために頂上直下の室堂《むろどう》に宿泊した。極地法登山を試みて白山釈迦岳頂上で雪洞宿泊した等々の体験をもちあわせる。奥山人河内の人は積雪期にも稼いだので、氷雪の山地をどんな最短コースを選択して距離をかせぎ、どのルートでどこまで出向いていたか、さらには、時として分水嶺を越境することがなかったか等に私は関心をもち、登山者感覚で何度ともなく聞き取りをした。

　登山の先輩からは、白山では隣県の剣岳と比べると本格的岩場は少なく、岩質はもろく、岩場としては中の川源流の地獄峰、別山道の大屏風・小屏風に挑んだが面白くなかった、との教示を受けていた。そうした教示から、薬草イワオウギを採った岩場はもろく危険が多い仕事だと直感して奥山人に問い重ねると、仕事中墜落死した者もあり、その人名が岩場の地名となっていることも分かった。登山者の岩登りは雨天日は中止である。岩の表面は滑りやすく、岩の亀裂に水が入り、崩落の危険が大きいからである。オウギ採取は、天候変化の激しい晩秋の高山で晴天が続くとはいえない環境での作業となり、そんな奥山人はどうしていたのか等にも関心が傾いた。登山体験者の興味が先走った聞き取りになってしまったと、自省しながらも調査を続けた。お世話になった狩猟体験老人より「話をしてやったことを早く書け、何をしとるか」との批判を受けたときは、ショックであった。とりあえず「白山での熊猟場分布図」の作成（一四〇、一四一頁参照）で、その責の一端を果たしたが、他の方々も同じ気持をもっておられるのでないかと恐縮している。

　私は金沢生まれの金沢人。金沢は近世前田家の城下町であった。前田家は加賀・能登・越中を統治し、「加賀百万石」のキャッチフレーズは現代でも通用している。「百万石」とは米の数量のことであるが、奥山人は米を作らずヒエ・アワを作って主穀としていた。奥山人は、近世権力者が富を計量する際には枠外の存在であった。河内三ヶや白峰（牛首《うしくび》）は、白山信仰に関す

写真１　白峰村大道谷五十谷の尾田清正家出作り住居（標高830ｍ）

写真２　昭和56年のいわゆる「五六豪雪《ごうろく》」で倒壊した尾田清正家

る利権がらみの紛争で天領に属していた。奥山人は、加賀藩領域内ではないという地域差感、稲作民ではないという生業感等とも重なって複雑な差別感を受けていた。そして平野部で物乞いをする者の出自地は、白山直下であるとも見られていた。奥山人は、過去、政策的にも世間的にも、「見守られてきた人」というより「忘れかけられてきた人」であったのではないか。

白山にたびたび登った登山者の勘として、忘れかけられてきた河内の人は「山で稼いだ本当の山の民」つまり純粋な「山の民」に違いないと位置付けした。登山者は「誰も登っていない峰・岸壁・渓谷の初登攀に執着する」くせがある。「忘れかけられてきた人」「本当の山の民」は、「まだ誰も手をつけず書かれていない」との登山者の執着心・くせが湧き起り、それを可能なかぎり詳細記録したいという意志を強く抱いた。「忘れかけられてきた人」「本当の山稼ぎ人」は、歴史上限られた少数者で陰の人である。この人たちの記録をしても、山村研究の分野でどれだけの貢献ができるのか心もとない。しかし、思えば、垂直方向のダケへ登り春夏秋冬稼いだ奥山人は、広い意味で登山者の仲間でもある。若いとき足繁く白山に登った体験者としては、奥山人のダケでの稼ぎ実態への共感・理解は、他の調査者よりは深くできると、僭越ながら自負してまとめた。貴重な体験を語っていただいた伝承者の中には、活字記録をお見せできずに故人となられた人も多く、これらの人々に感謝の心を抱きながら執筆したのがこの書である。

追記

これからの記述でとりあげる地域名称について、旧町村名を使用するので、前もって断わっておきたい。調査地の現在の行政地名は「石川県白山市白峰」である。平成十七年（二〇〇五）二月の町村合併で、平野部の松任《まっとう》市、美川《みかわ》町、鶴来《つるぎ》町に加えて白山麓五村、すなわち河内《かわち》村・吉野谷村・鳥越村・尾口《おぐち》村・白峰村等、一市二町五村で白山市を作った。そのエリアは海抜ゼロmから白山頂上二七〇二mまで、高低差のある広大な地域である。

ここで白峰村白峰の経歴について触れておく。廃藩置県時は本保《ほんぼ》県（越前）に属し、ついで高山《たかやま》県（飛騨）の所管となり、明治五年石川県管轄となった。このときは河内三ヶ、風嵐《かざらし》、牛首《うしくび》、島、下田原《しもたわら》はそれぞれ独立した一村であったが、河内三ヶ、風嵐、牛首を白峰に改名して合併、白峰村と称して能美郡に属していた。この地域を本保県・高山県・

石川県のどこの管轄下に配置するかの政治的動きをみると、三県ともに積極的に傘下に取り込む気配は少なかった。この三県の意向の中に、この地域のもつ資産価値を含めての特性を垣間見ることができよう。明治十五年、島村は桑島村と改名。明治二十二年、旧白峰村、桑島村、下田原村が合併して、新しく白峰村とよぶこととなる。明治二十四年石川郡に属し、平成十七年の合併で白山市となった。この平成の合併時、下田原は手取川ダム建設の影響を受けてすでに閉村していたので、白峰村としては白峰、桑島だけでの白山市合併であった。日本の近現代史は激動であった。その激動波を受けてか白山直下の河内三ヶ、風嵐、牛首、島、下田原は、県、郡の所属が一度ならず数回も変り、また自らの村（字）名の改名をおこない、終局は平野部の都市への編入合併となった。この平成の合併は、私的にいえば「山村文化が都市に呑みこまれて姿を消す」という錯覚を、瞬間的に起させるほどの出来事であった。

　高度経済成長期以前の白峰村は、白峰・桑島・下田原の三集落（字）があり、戦前より出作り・焼畑の村として学術上注目され、多くの調査者の来村があった。そのため「白峰村」という地名は、学界では知名度が高く、衆知性が強いという実績をもっていた。

　本書の調査報告は、合併前の「白峰村白峰」中心の生態的記録であり、地名表記の正確化にこだわれば、「旧白峰村（現白山市白峰）」とすべきであるが、「白山市白峰」では、「山地とかかわりの薄い白峰」と直感される気がして、本書では合併前の「白峰村白峰」として記したことを断っておく。

　第四章の「熊の胆」「笠木」「わさび」「オウギ」等の特論において「尾口《おぐち》村尾添《おぞう》」「尾口村深瀬《ふかぜ》」「白峰村桑島」等と記したのも、「白峰」の表記原則と同様に、平成時合併前の旧地名によるものである。

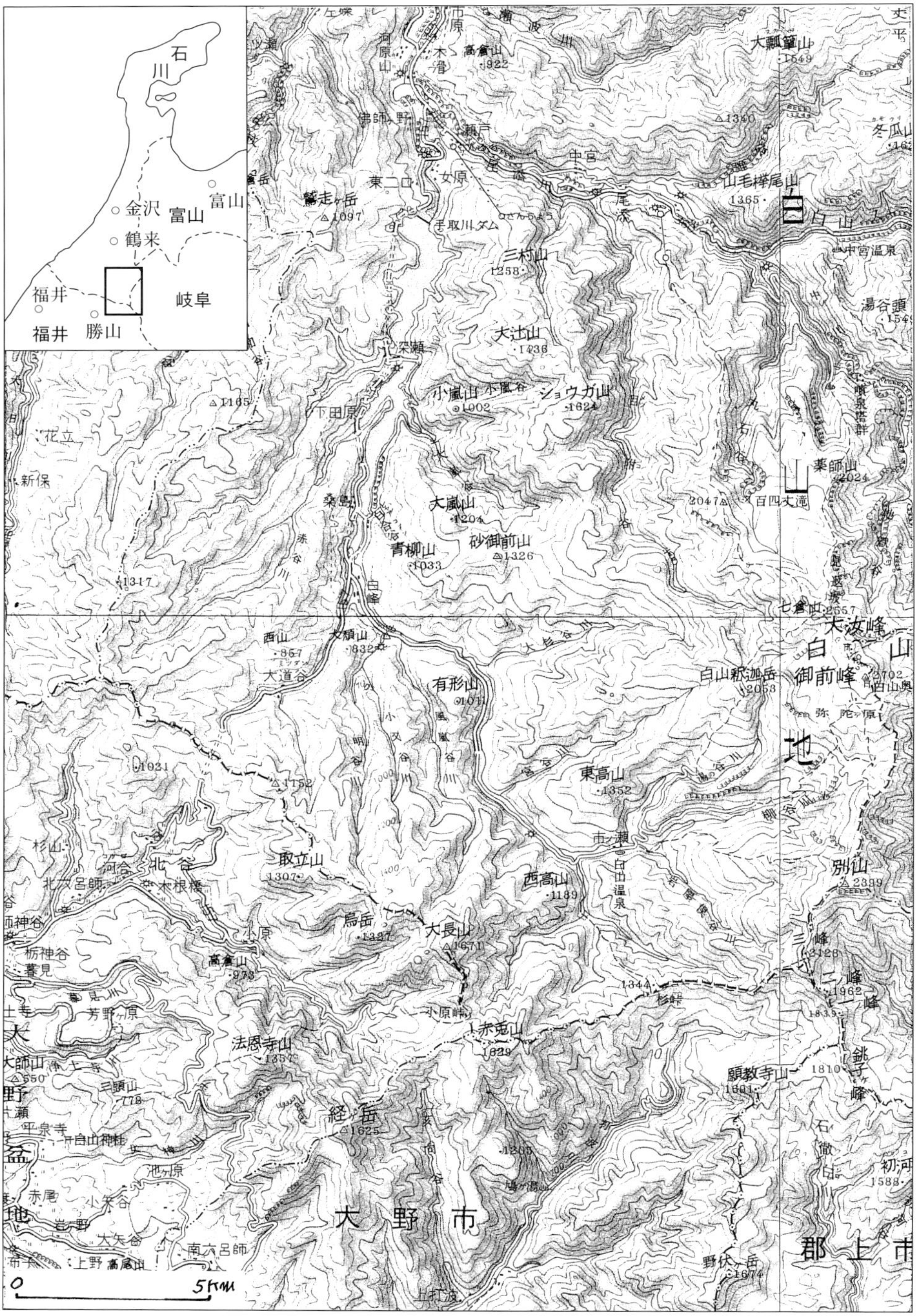

調査地の位置（国土地理院 1：200,000 地勢図「金沢」より）

第一章　奥山人の生活様式「出作り」とは

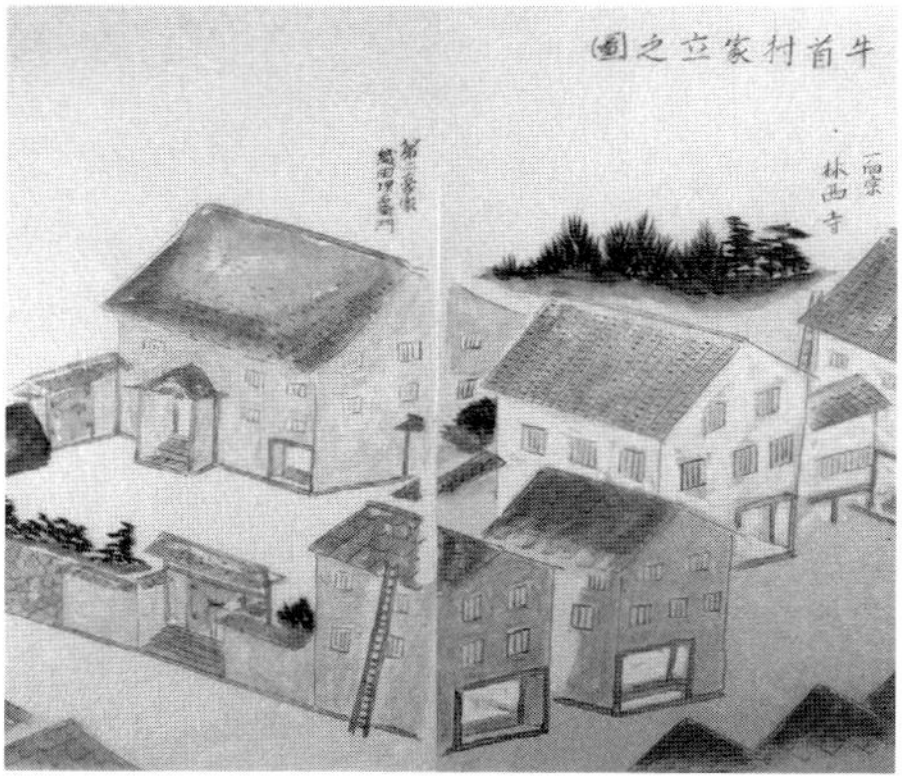

図1 『続白山紀行』に描く白峰集落の家並 「家並各奇麗也，各三階作り也」と記しているように辺地としては立派なたたずまいであった．

この著述は、白山奥山人の生業誌ともいうべきものである。別な表現でいえば、白山直下の出《で》作《づく》りの生業を含めての全体像の記録である。まず最初に出作りとはどんなものかについて、従来までの先学の業績をまとめて紹介し、おおまかな理解をしてもらいたいと思う。

1 江戸時代末の字白峰と出作り

前述のように白峰の現在の行政地名は石川県白山市白峰、合併前は白峰村字白峰、江戸時代は天領下の牛首村である。江戸時代の白山登山紀行文中の牛首（白峰）について、文化十三年（一八一六）『白山紀行』(1)では「大なる家多し」、同年の『白山全上記』(2)では「各家奇麗なり」、天保四年（一八三三）『続白山紀行』(3)では「家数四百五十軒斗《ばかり》家並各奇麗也」と記す。さらに『続白山紀行』の著者は、牛首の家並景観について、「四五〇戸の家族が生活できるのは、大道谷の堂の森で見た出作りのように、夏は山で畑作、冬は出稼ぎ・物乞いをするせいであろう。住居建物は生活が貧しい割に山中稀な大型で奇麗で三階建もある」との内容を記す。補足すると、牛首の家並に驚きの感想をいだいたように読みとれる。紀行文の著者はいずれも越前の人で、谷峠経由の勝山道沿いの堂の森付近「山上或谷間に」出作り小屋が散在していたこと、牛首集落では養蚕空間を確保するため家屋が大型化・多層化していた事実、さらに蚕を飼育するため清潔な環境（奇麗）であった事実が判る。

また『続白山紀行』は、白山越前側登山口の一ノ瀬（現在は市ノ瀬）の出作り戸数が一二戸であったことも記す。これら出作りも牛首と同じように養蚕を稼ぎの要としていたに違いない。越前から来たその著者は、農村はおしなべて集落を作って生活するのに、白山直下の一ノ瀬や堂の森では集落より離れて一軒家でくらす「出作り」に奇異を感じた印象を綴っている。文字通り、集落から外へ出て独立して耕作するという特異な生活様式だからであろう。

表 1　母村（白峰集落）戸数と出作り戸数の移り変り

	天保4（一八三三）	嘉永3（一八五〇）	明治9（一八七六）	明治21（一八八八）	明治27（一八九四）	明治41（一九〇八）	昭和5（一九三〇）A	昭和5（一九三〇）B	昭和14（一九三九）	昭和30（一九五五）	昭和34（一九五九）	昭和47（一九七二）	昭和63（一九八八）
永住出作り		180				(133)	165	209 (162)	93	77	66		4
季節出作り		200				(76)	42	53 (43)	40	32	32		10
計		380		221		209	207	262 (205)	133	109	98	37	14
字白峰	約 450	480	516		427			452		403	366	303	298

天保 4,『続白山紀行』　嘉永 3, 織田利太郎家文書『白峰村史』下（他地域への出作りを含む）　明治 9,『皇国地誌』　明治 21, 幸田 1956 土地台帳旧図より推定　明治 27, 役場資料　明治 41, 幸田 1956 学童数より推定（遼豕録精解による）　昭和 5A, 幸田 1956 浅野不可之民調査　昭和 5B, 加藤 1935, 他地域への出作りを含む（　）は地区内の出作り　昭和 14, 幸田 1956 役場調査　昭和 30, 幸田 1956 役場調査　昭和 34,『白峰村史』下　昭和 47,『白峰村史』3　昭和 63,『白峰村史』3（季節出作り中に通い出作りを含む）

表 2　報告書に見る出作り呼称の移り変り

	田中啓爾(1) 幸田清喜 1927	加藤助参(2) 1935	幸田清喜(3) 1956	加藤惣吉(4) 1973	橘礼吉(5) 1974	佐々木高明(6) 1981
積雪期に母村に帰る出作り	週期的出作り	週期的出作り	季節出作り	季節出作り	季節出作り	季節出作り
積雪期に母村に帰らない出作り	永久的出作り	永久的出作り	定着出作り	永久出作り	永住出作り	永住出作り

(1)『地理学評論』3-4・5　(2)『京都大学農業経済論集』1　(3)『現代地理学講座』2　(4)『白山麓』
(5)『加能民俗研究』3　(6)『尾口村史』3

江戸末期より明治にかけての出作り戸数に関する資料は極めて少ない。江戸末期については織田利太郎家文書「白山麓拾八ヶ村留帳」(4)で、嘉永三年（一八五〇）頃のおおまかな数が分かる。その後昭和初期までは幸田清喜氏の調査(5)に負う所が大きい。昭和六十三年（一九八五）までの戸数変動は表1で示した。

嘉永三年当時、白峰の全戸数は約四八〇戸、その中の七九％の三八〇戸が出作りをしていた。三八〇戸中約二〇〇戸が八十八夜ごろ出作りへ行き、十月下旬に集落へ帰るもので、従来「週《ママ》期的出作り」、「季節的出作り」とよばれていた人たちであり、本稿では以後「季節出作り」という表記をしたい。さらに一八〇戸が年間を通して出作り先で居住し続けるもので、従来「永久的出作り」、「定着出作り」とよばれてきた人たちであり、本稿では「永住出作り」という語を用いることにする。残り一〇〇戸は一年を通じて集落に居住し、周辺山地を日帰りで生業の場としていた人たちである。まとめると、四八〇戸中三八〇戸（七九％）が出作りをしていた。山中の一軒

写真 1　二階建て大型の永住出作り住居　白峰村大道谷太田谷の織田善一家，出作りを「仮の山小屋」とする誤解があるが，この織田家のように間口 3 間 4 尺，奥行 9 間の豪壮な構えで年中生活した．標高 860 m．

写真 2　ネブキ型式の小型出作り住居　白峰村赤岩の山下石松家，右奥に新雪の白山・別山が見える．標高 920 m．

写真 3　標準的中型の季節出作り住居　白峰村大道谷細谷の千滝富吉家，間口 3 間 4 尺・奥行 6 間半．標高 850 m．

家で生活する「出作り」というシステムは、江戸天保期では村の八割の人たちがおこなっており、稀な山村居住生活の実態である。関連して出作りの呼称は移り変りがあり、現在までの動向を表2で示した。

2　昭和初期の白峰と出作り

出作りの出身集落を白峰では地下《じげ》といい、調査者は母村《ぼそん》という。出作り戸数と母村戸数について、関係各村の昭和五年度統計をもとに正確な数的把握を試みたのは、昭和十年（一九三五）加藤助参氏[6]である。すなわち母村集落全戸数に対して、出作り戸数（週期的《ママ》・永久的に分けての総数）の割合を、白山麓全域にわたって精査した統計は、過去にも将来にもなく、資料として極めて貴重である。表3Bによると、白峰の全戸数四五二戸中の五八％二六二戸が出作りをしており、そのうち二〇五戸が白峰地区内で（残り五七戸が白峰地区外）で出作りをしていたことをつきとめている。昭和初

表 3A　昭和５年頃の出作りの分布

県郡別	町村別	現住戸数	出作戸数			出作戸数と現住戸数の比率
			週期的	永久的	合計	
		戸	戸	戸	戸	%
石川県能美郡	白峰村	685	126	196	322	47.03
	尾口村	398	106	5	111	27.64
	新丸村	287	34	26	60	20.91
	鳥越村	1,107	1	8	9	0.81
石川郡	吉野谷村	455	44	8	52	11.43
	河内村	583	6	–	6	1.03
	石川県計		303	243	546	
福井県大野郡	五箇村	277	81	20	101	36.46
	下穴馬村	269	5	–	5	1.84
	上穴馬村	443	–	13	13	2.89
	石徹白村	226	?	?	?	?
	北谷村	485	–	94	94	19.38
	平泉寺村	362	–	4	4	1.11
	勝山町	1,871	–	30	30	1.60
	野向村	408	–	3	3	0.73
	福井県計		86	164	250	
	総計		389	407	796	

（加藤助参，1935 による）

表 3B　昭和５年頃の主要出作り母村における出作り戸数

村別	出作母村	現住戸数	常該区民出作戸数			現住戸数中同上％	常該区地籍内出作戸数			現住戸数中同上％
			週期的	永久的	計		週期的	永久的	計	
		戸	戸	戸	戸	%	戸	戸	戸	%
白峰村	白峰	452	53	209	262	58.0	43	162	205	45.3
	桑峰	221	60	20	80	36.4	55	32	87	39.4
	下田原	12	8	1	9	75.0	28	2	30	250.0
尾口村	鴇ヶ谷	28	22	1	23	82.1	22	1	23	82.1
	東荒谷	17	17	–	17	100.0	18	–	18	106.0
	東二口	30	20	–	20	66.7	20	3	23	76.7
	女原	50	16	–	16	32.0	18	–	18	36.0
	尾添	85	19	1	20	23.5	23	1	24	28.2
新丸村	杖	47	21	16	37	78.7	26	16	42	89.4
	新保	68	6	–	6	8.8	8	–	8	11.8
吉野谷村	中宮	109	49	–	49	45.0	44	–	44	44.0
河内村	奥池	6	6	–	6	100.0	6	–	6	100.0
五箇村	上打波	129	54	20	74	57.4	52	20	72	55.8
	下打波	51	27	–	27	52.9	29	–	29	56.9
下穴馬村	後野	24	3	–	3	12.5	3	–	3	12.5
	長野	16	2	–	2	12.5	2	–	2	12.5

（加藤助参，1935 による）

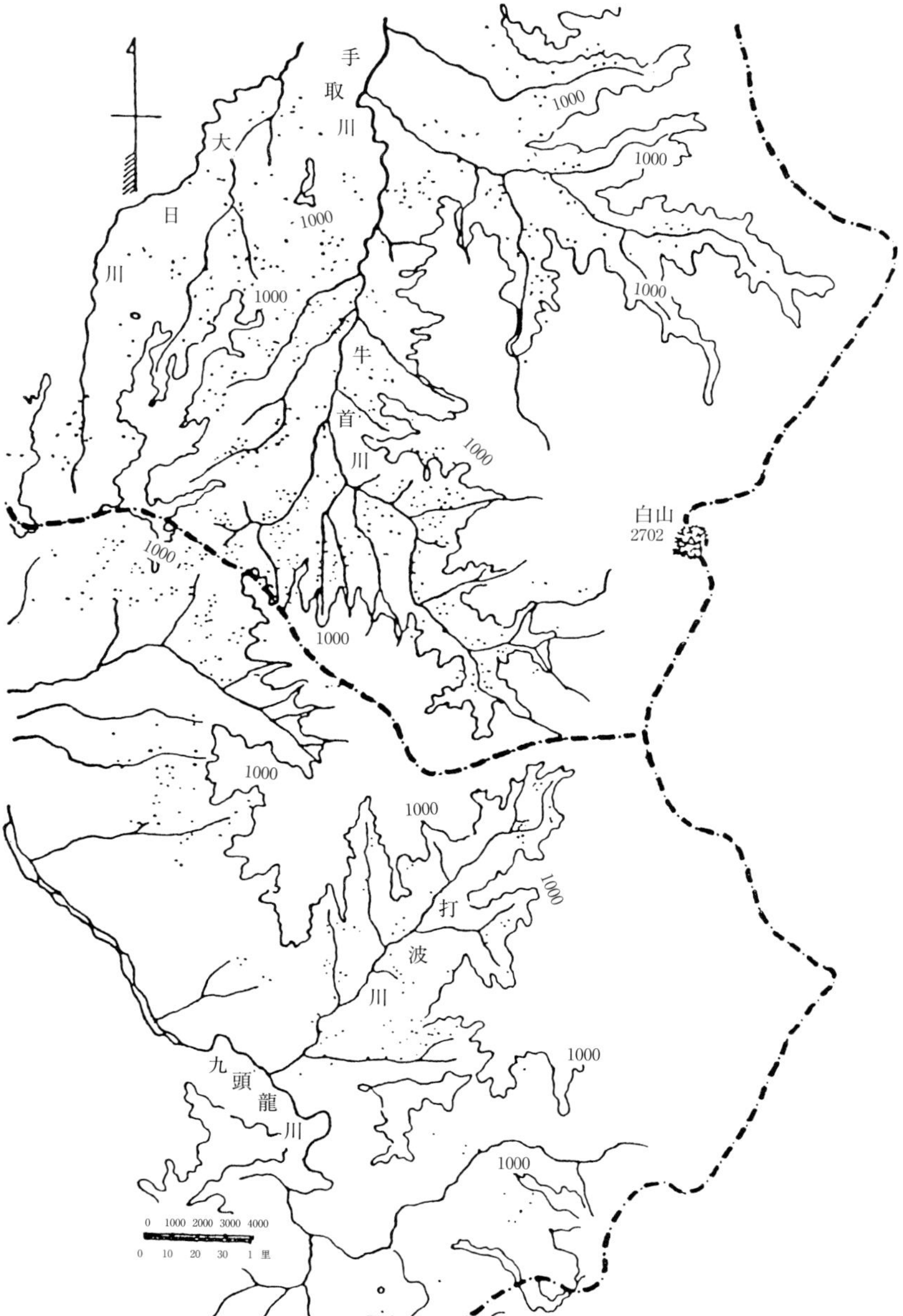

図 2　白山麓における出作り分布図（田中・幸田 1927 年による）

期の地区外への出作り先は、同村の下田原をはじめとして尾口《おぐち》村、新丸《しんまる》村、福井県五箇村のようである。嘉永三年には集落の七九%、時代は変わって昭和五年頃は五八%が出作りをしていた。また、出作り戸数を他村と比較しても桁外れに多い。こんなに多くの出作りを出来させた大きな母村集落は稀有な存在である。端的にいって、白峰を「出作り村」と位置付けしてもよいであろう。

嘉永三年以降の出作り戸数推移については、統一的な基準・視点で調査を続けた資料が少ない。唯一、前出の幸田清喜氏が出作りを季節・永住に分けて、明治四十一年、昭和五・十四・三十年と歴年的推移を把握した調査がある（表1の中に挿入）。これによると白峰の地区内出作りは、明治中期から昭和初期にかけてはほぼ二〇〇戸前後で、大きな増減がなかったようである。そして白峰では、永住出作りが季節出作りより多かったという実態があり、この傾向は江戸期末より昭和中期までの約一〇〇年間続いていたことが分かる。

3 昭和九年の大水害以降の出作り

時代推移とともに起こる経済・産業の構造変動の中で、山地の生業が徐々に機能低下を起こすのであるが、それを表、1で示した白峰の出作り戸数推移の動きで見ると、昭和五年以降に顕著にあらわれる。昭和初期以後、出作りは急激に減少、とりわけ永住出作りの減少傾向が著しい。

減少の原因は、大正期末から昭和初期にかけての不況による生糸の需要減と、代替繊維（人絹）の普及で出作りの養蚕による稼ぎが影響を受けたことである。それ以上に、昭和九年の大水害による打撃が大きかった。とくに手取川源流域でひどく、赤岩出作り群二〇戸中一三戸が流出、市ノ瀬出作り群八戸は全部流失、うち四戸は家族全員死亡という惨劇であった(7)。全域で山崩れ、山道・橋の決壊等で生業山地の劣化荒廃が起こった。さらに水害復旧工事が予期せぬ影響をもたらした。具体的には治山治水のための砂防工事が本格化、さらに水路式発電所工事等で賃労働の機会が増えると、出作りの人々がいち早く反応し、山地依存の稼ぎを賃労働稼ぎに変えていった。

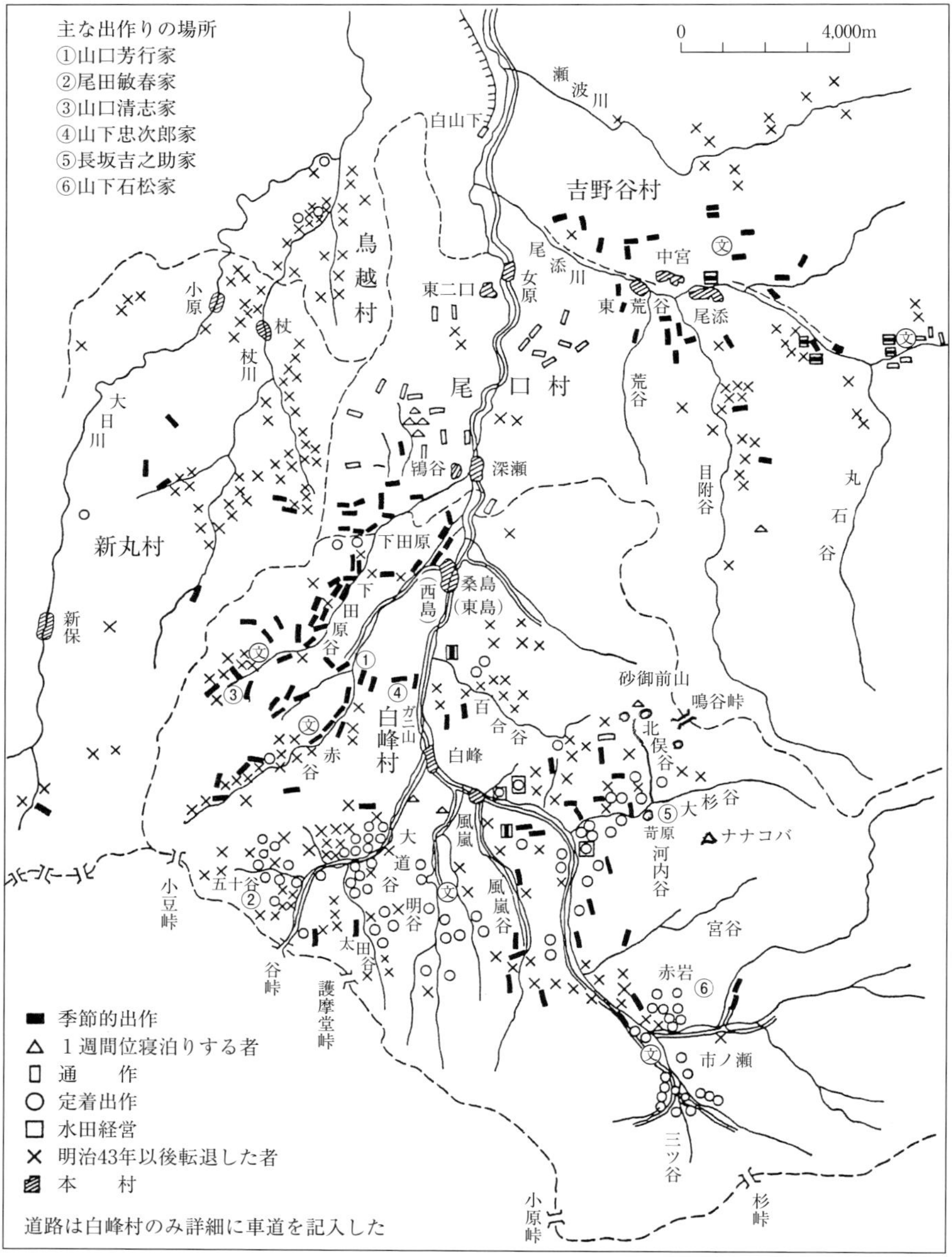

図 3　戦後の出作り分布図（幸田清喜 1956 年による．一部修正）

〔註〕本図の凡例に「定着出作」とあるものは本論でいう「永住出作り」,「季節的出作」は「季節出作り」と同じものである.

4　高度経済成長期の出作り

表1によれば、出作り総数は昭和三十四年、九八戸、[8]昭和四十七年、三七戸。[9]この二つの実数を比較すると、この期間が出作りの終末期といえる。補足すれば、昭和三十年代後半より四十年代前半のいわゆる高度経済成長期にエネルギー革命が進行するのである。家庭生活でもそれまでの炭や木材に代わり、代替としての液体・気体燃料が普及して出作りの炭焼きが影響を受けた。追討ちをかけるように昭和三十八年の豪雪被害（いわゆる三八《さんぱち》豪雪）をこうむる。五m近い積雪で出作り家屋の倒壊があいついだ。

昭和五年以降出作りを止めたのは、季節出作りより永住出作りに多いという実態があった。閉鎖性の強い奥山の出作り地に貨幣経済が滲透してくると、それに対応できる力が強いほど山中で生きていきやすい。季節出作りは、地下《じげ》と山中の二ヶ所に土地と住居の不動産を所有する場合が多いので、資産上は永住出作りより富んでいて、貨幣経済社会への耐性が強いという潜在力をもちあわせていたのでないか。また、地下と山中での二重生活は、二つの稼ぎを複合させるのに有利であったのでないか。具体的には、壮年・若年層が賃労働へ対応するときは地下の住居を基にして稼ぎ、賃労働へ転換できない高齢者は山中出作り住居を基にして農耕・伝統的副業で稼ぐという選択である。つまり季節出作りが、社会変動の波に柔軟で有利に対応できたと考えてみたが、個々の事情もあって一様でないということも実態であろう。

出作り減少の原因を、経済中心の社会変動に求めての説明をした。対して岩田憲二氏は、出作りの土地所有つまり自作か請作かの視点を導入し、その差が通年定住性や転出廃止の一因につながったと考察したが、歴年的推移についての調査はなかった。[10]

5　出作りが一軒家であること

出作りの特色は、主食の雑穀を焼畑で作ることである。平野の稲作は、同じ水田で何十年、何百年と連作ができる。それにたいして焼畑は、山地の草木を伐採、燃やして耕地を造成、施肥をせずに耕地を活用し数年間しか作付けしない。

表 4　白峰の焼畑年次作物と休閑循環系

区画＼年次		火入れ1年目	2年目	3年目	4年目	5年目	6年目	7年目	8年目	9年目	10年目
ア	--------→	ヒエ	アワ	ダイズ	アズキ	休閑開始（約30年間植生・地力の再生をまつ）-------→					
イ	----休閑地---→		ヒエ	アワ	ダイズ	アズキ	休閑地	--------→			
ウ	--------休閑地--------→			ヒエ	アワ	ダイズ	アズキ	休閑地	--------→		
エ	--------休閑地--------→				ヒエ	アワ	ダイズ	アズキ	休閑地	--------→	
オ	--------休閑地--------→					ヒエ	アワ	ダイズ	アズキ	休閑地	--------→
カ	--------休閑地--------→						ヒエ	アワ	ダイズ	アズキ	休閑地

（網掛け）は火入れ地を示す　（白枠）は休閑1年目を示す

そして数年間作付けする作物とその順序は定型化している。火入れ一年目にヒエ、二年目にアワ、三年目にダイズ、四年目にアズキを作り、五年目以降は作付けを止めて休閑《きゅうかん》（休耕）を約三〇年間行ない、植生・地力が再生すると、再度伐採・火入れをする循環型技法をとる。

焼畑は、山間僻地で人の目に触れにくい場所で行なわれているのが理由で、誤解されるときがある。四年間作付けし「五年目一年を休閑する」と勘違いすると、誤解が始まる。その誤解内容は、焼畑用地をヒエ・アワ・ダイズ・アズキの四つと、休閑地一つ計五つに分け、ヨーロッパの三圃式輪作のように、五年サイクルで五つの圃場を循環するとの理解に波及していく。このような誤解がされないように図解したのが表4である。

出作りの焼畑経営は、表で示したように毎年火入れで耕地を造成する反面、毎年休閑地を作り、三〇年という長い年月を費やして地力の再生を気長に待つ農法である。したがって焼畑を安定して続けていくには、算術的には休閑年三〇年プラス作付け年四年、計三四ヶ所の焼畑適地が出作り地内に必要となってくる。山は複雑で、岩場あり、崖あり、湿地ありで、どこでも焼畑ができるわけでない。したがって一戸の出作り経営山地の面積は、平野部の農家よりは桁外れに広くなる。そのため出作りは密集しての生活はできず、山地の焼畑適地に点在して生活しなければならないのである。

6　出作りの焼畑を含めた林野利用モデル――赤谷・山口芳行家

一軒の孤立した出作りが領域山地のどこに家屋を配置していたか、どこで焼畑・常畑・桑畑を造成したか等について、特定の出作りをモデルとして調査した最初は、幸田清喜氏である（一九五六）[11]。その手法は、桑島地内赤谷次郎吉山（図3の①の場所）の出作り山口芳行家の土地利用を地図化した地理学の視点である。ところで岩田憲二・山口一男両氏は、幸田氏がモデルとした山口家に再度注目し、より詳細な記録をした（一九八八）[12]。ちなみに山口一男氏は山口芳行家の長男である。

山口芳行家の一次調査とでもいうべき幸田氏調査は一九五六年、岩田・山口両氏の二次調査は一九八八年である。二回の調査では、山地のどの場所をいつ火入れして焼畑地を造成したかについて、担当者の記憶を一七年間よみがえらせて正確に地図化されており、貴重なのである。一次調査の幸田氏が「白峰の出作り」という主題名の報告の中で、白峰

写真 4　白峰村下田原山セイシ山での焼畑火入れ作業

写真 5　焼畑利用地と休閑地（白峰村下田原山セイシ山）　火入れ地の左は昨年の火入れ地，右は翌年火入れ予定地，上部は広い休閑地，尾根は雪崩を誘発するので利用しない．

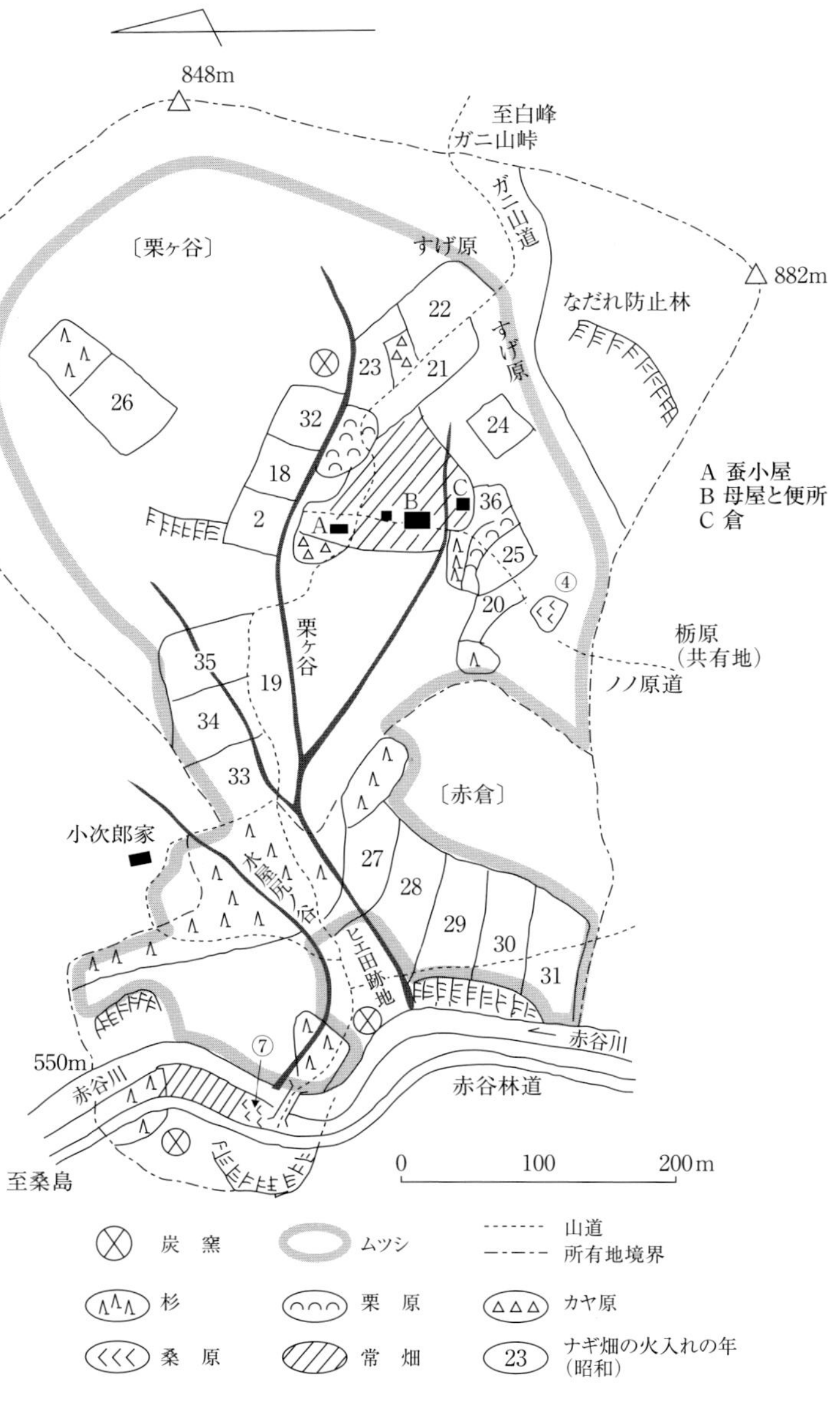

図 4　赤谷の出作り　山口芳行家の経営実態図（山口一男 2013 年原図修正）
その 1　次郎吉山　林野利用概念図

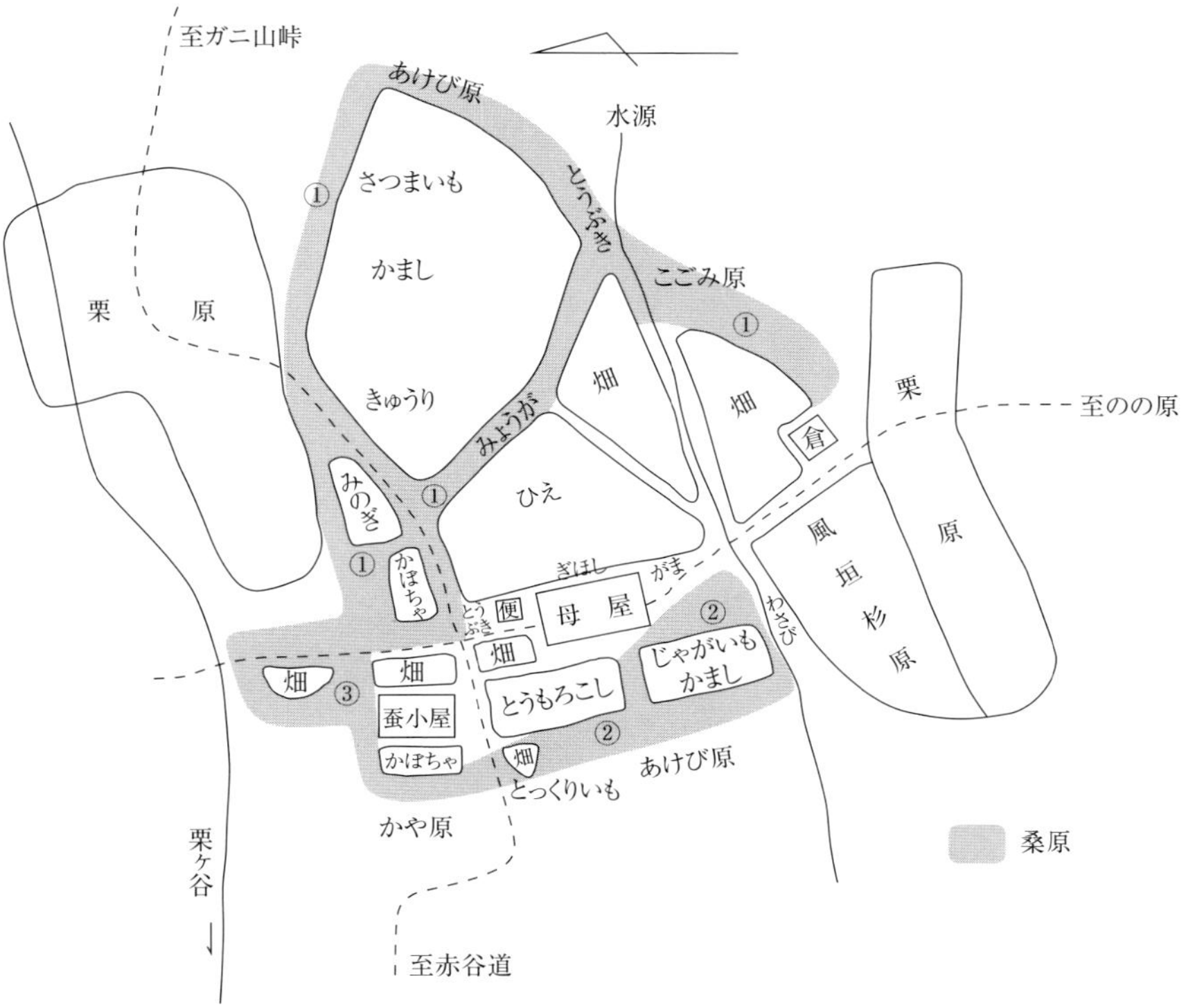

図 4　その 2　次郎吉山小屋場周辺図

地内の出作りではなく隣字《あざ》の桑島地内の山口家をモデルとしたのは、白峰・桑島地内の数多くの出作り現地調査をふまえて、経営主体の芳行氏の情報提供の正確化に傾聴し、山口家が最も定型化しやすい出作りと判断されたものと思う。代が変わって山口芳行家の山口一男氏（昭和二十四年生）が、出作り山口家の一次、二次調査以上の正確化をめざし、自らの体験と両親よりの情報深化をもとに、二〇一三年に三次調査ともいうべき内容を記録したのが図4であり、「その1」は次郎吉山全体の土地利用を、「その2」は出作り住居と周辺の常畑・桑畑・栗植栽地等の詳細を図化している。さらに図で表現できなかった実態を、「次郎吉山の土地利用」と題して添付補足をした。この補足情報は生活・生業の生々しさが伝わってくるので、一男氏の原文のまま記載し、若干の追記を筆者が試みた。

7　補足「次郎吉山の土地利用」

山口一男

1　次郎吉山の所有形態

自山、つまり請山でなく自分の山である。元は二つの出作りであった。上方の「栗ヶ谷」は江戸後期から次郎吉が出作りをおこなっていた。面積は約二三ヘクタール、内常畑一八アール（実測）。

下方の「赤倉」は明治初年に白峰の織田仙次郎から購入。分家の吉次郎（屋号小次郎）が大正十年頃まで耕作。面積は約九ヘクタール、内水田（稗田）一六アール、常畑一二アール。「赤倉」は水田跡地周辺が小屋場、母屋三間一尺×五間半、蚕小屋二間半×四間二尺、馬小屋一間半×一間半があった。

2　次郎吉山までの距離

桑島・西島よりの季節出作りで、村から一里半といっていたが六キロはないと思う。家から徒歩で一時間半程かかった。

3　家屋の規模

母屋　三間半×六間半、茅葺き、二階床あり。

蚕小屋　三間一尺×五間、茅葺き、二階床無し、梯子あり梁に竿を置き物置に使用。

倉　二間×二間半、茅葺き、一階建て、板蔵。

4　山入り・出山《ジャアーマ》

桑島の出作りでは、春地下《じげ》より出作りに入ることを「山入り」、秋出作りより地下に帰ることを「出山」という。山入りし、芽生いたヨモギを採り、草餅を搗《つ》き「山入り餅」として節目とする。しきたりでは、出山の時は栃餅を搗き「出山餅」といい、親戚に配ったが、山口家ではしなかった。村の家、出作りの家にも猫の入口があったので、昔は飼っていたのだと思う。山入りの時、籠の中に猫を入れて担いでいったと聞いている。山には箱仏壇（横四〇cm、奥行二五cm、高さ六〇cm）が年中置いてあり絵像様が飾られていた。多分年寄りが巻物にして担いで山入り・出山していたらしい。

雪下ろしは、大雪の年だけ三月に入って雪が落ちつくと出作りへ行っていた。出作りで棟に雪庇がひどくなる家は、毎年しなければならなかった。

5　地味

地味は母岩と地形と土壌水分が重要要素である。母岩は安山岩類が良く、堆積岩（中生層の手取層群）は悪い。地形は尾根筋が悪く、谷筋ほど（上方から有機質が供給される場所）良い。土壌水分は乾燥地が悪く、湿潤地が良い。焼畑の休閑年数は長いほど良い。次郎吉山は、母岩は中世層で、土壌は赤土、一般的にはハクデンであるが、「赤土ジョウデン」と言われた。斜面はオンジ（陰地）が多い。

6　小屋場の栃・栗・林檎等の有用樹

栃は南側の共有地（ノノ原）に広い栃原がありそこで採取した。一石ほど拾い、2斗は自家用（栃餅一〇臼程）にして残りは売った。

栗原は〇・二ヘクタール。栗原刈りに数日かかった。戦前の収量は三石、最盛時には一日一石実が落ちた。戦後クリタマバチが入り昭和三〇年代に殆んどが枯れた。栗が落ち始めると毎日皮をむき、六升鍋で四〇日間程煮て夕食にした。熟練者の皮むきは、口と歯を使う。一回目の噛みで頭と尻をむき、二回目の噛みで腹をむいた。

山梨・信濃柿はなかった。桃があったが雪で折れた。昭和三〇年頃父が林檎の木を植え、二cm程の小さな実がなったと思うが、これも数年で雪折れした。

果樹以外では小屋周辺にミノギ、ミョウガ（約一五坪）、トウブキ（約一六坪）、ギボシ（一〇株程）を栽培していた。ギボシはコンカイワシ等のナマグサを食うときの皿にした。また水屋尻にはガマ、水源の小谷には報恩講料理用のワサビが少し植えられていた。

7　ムツシの分布

焼畑に適する場所を「ムツシ」という[13]。ムツシに不適なのは雪崩誘発地の尾根筋を含め、岩場・急傾斜地・湿地で、それを除外したムツシの範囲は　で囲んだ。囲んだ域内にも石ゴロ原や急傾斜地が点在する。多雪地なので雪崩防止林や、複雑な局地風に対しての小屋南西部の防風杉林はムツシより外れる。

8　焼畑の火入れ年

一九八八年の原図作成後、父母に聞いたり、一九九一年の現地調査結果を加えたのが、今度の修正図である。昭和二年は、父が小学三年生のとき初めて山に行き火入れを見た場所、昭和三十六年が火入れ最終年。母は昭和十八年に山口家に嫁ぎ、それ以後の火入れ場所を母はよく覚えていたので作図ができた。全体図に縮尺を入れたが、年次毎の焼畑の場所は図で示すことができたが、その広さ・面積については「全体図の縮尺」を参考にしないでほしい。

9　桑原（山桑の植栽地）の分布

①母屋の上方、常畑の畔や周囲
②母屋の下方、常畑の畔から南の風垣杉原にかけて（この桑原が最も広かった）
③蚕小屋の下から栗ヶ谷辺にかけて
④ノノ原道の上方（散在）
⑤栗ヶ谷の上方（散在――図には入れてない）
⑥昭和三十五年に薙《なぎ》畑にした小次郎山境（散在――図に入れてない）
⑦赤谷川左岸の常畑の川辺

桑原①～⑥は「栗ヶ谷」、⑦は「赤倉」地内、面積は約〇・四ヘクタール、養蚕は昭和二十七年まで春蚕だけ飼い、収量は一五～二〇貫。夏蚕は桑が少なくて飼えなかった。

10　炭釜跡

上方「栗ヶ谷」の二つは、戦後桑島の西岸新次郎が木を買い炭を焼いたもの。下方「赤倉」と林道脇の二つは誰が焼いたか不明。

11　水田跡地

稗田の跡で次郎吉家が稗を栽培したことはない。水源は栗谷と水屋尻の小谷から水路で引水し、田の底は漏水しないよう赤土を打ってある。

12　生活・生業をめぐる情報

所有山林　約三二ヘクタール、出作りは昭和四十四年廃止
常畑　二ヶ所約二三アール（小屋場一八アール、川辺五アール）、ヒエ一〇～一五斗、カマシ一〇斗、カボチャ三〇～四〇個、サツマイモ、ジャガイモ、トックリイモ、トウモロコシ、キュウリ、ゴボウ、ネギ、大根、蕪、春菜、大角豆、カタ瓜、大豆、人参等
焼畑（薙畑）　毎年三〇アール（約三反）焼く、昭和三十六年が最終。
一年目　ヒエ九～一一俵（五斗俵）
二年目　アワ四俵（粳粟一〇斗、糯粟一〇斗）
三年目　アズキ五斗
四年目以降休閑
火入れ面積が三反だったのは戦前、戦後は昭和二十九年まで。三十年以降は二反、以後年々縮少、最終三十六年は一反弱になっていたと思う。

追記

ア．次郎吉山という地名　出作り地は、経営主の屋号をつけてよぶのが慣行で、山口芳行家の屋号が「次郎吉」なのである。

イ．焼畑の火入れ年　出作りの主食は、焼畑栽培の雑穀にたよる。次郎吉山のどこを焼畑に利用したか、昭和十八年より三十六年までの一九年間にわたって、火入れ場所が歴年的に図示され一目瞭然である。火入れ場所つまり焼畑に選んだ場所を地形で見ると、次郎吉山最低部は五五〇ｍ、最高部は八八二ｍ、その間に広がる斜面の上方部約三分の一は焼畑に利用せず、下部四分の三を焼畑にあてている。尾根筋最上部を伐採火入れすると、積雪期には雪崩誘発地となるので、永代にわたり焼畑禁止なのである。また上方部は、多量積雪の雪融け期や降水時に有機質が下方部へ流出するので瘠せ気味となるのである。古老は、焼畑適地のムツシは、人体で言えば「臍《へそ》の下《した》」と例え、山地斜面の下半部が良いとしている。次郎吉山の火入れ場所とりもなおさず焼畑圃場の選択は、この伝承にそった形で行なわれていたのを、全

体図が語っている。

焼畑とは、毎年火入れをし、地力を収奪した圃場を毎年休閑し、地力を再生する技法である。この技法は、全体図中の火入れ年を示す数字で理解できるはずである。休閑地に焦点をあてると、次郎吉山では一年目ヒエ、二年目アワ、三年目アズキと作り四年目より休閑するのだから、昭和十八年に火入れした圃場の休閑は二十一年より始まる。だから焼畑最終年三十六年時では休閑一六年目になっている。この休閑年が長いほど地力が再生しているわけで、肥えたムツシでは二〇年ぐらい、瘠せたムツシでは三〇年の期間が必要とされる。

焼畑圃場が、隣接して並列状であれば農作業効率はよくなる。昭和二十一～二十四年、二十七～三十一年、三十三～三十五年のように、三～五年単位のブロック活用をして効率向上を計っている。しかし、二十五年と二十六年、三十五年と三十六年は飛地的活用をしており、結果として効率悪い選択をしている。何らかの事情があったらしい。

ウ．**地力**　ムツシの地力について肥えた土地を「ジョウデン」、瘠せた土地を「ハクデン」とよんで大別する。ジョウデンの表層は腐植質の多い黒土が広がり、ハクデンの表層は黒土が薄くすぐ赤土となる。次郎吉山の肥沃度はハクデンとジョウデンの中間ぐらいで、「赤土ジョウデン」というランク付けであった。通常火入れ後、ヒエ・アワ・ダイズ・アズキと四年作付けするが、次郎吉山は三年作付け後休閑するから、やや瘠せ気味のムツシと考えられる。

日照の良い山地をヒナタ（日向）、悪い場所をオンジ（陰地）という。赤谷筋では右岸をオンジ、左岸をヒナタとする。次郎吉山は右岸オンジで大局的には西向きである。西向きは冬の季節風の吹きざらしとなり積雪は幾分少ない。また気温があがった午後に陽がさすので雪は早く融ける。右岸での焼畑は南寄りの「オンジヒナタ」を選ぶ。

エ．**栗原・栃原・桑原等の「原」について**　「原」とは、有用樹・有用植物の群生地を指す。これらの植生状況は自然生えのものでなく、人の手によって植栽、管理した群生地である。すげとはカサスゲで、稲藁の代用として縄の材料とする。こごみとはクサソテツでいわゆる山菜の一つ。

オ．**桑原**　山桑[14]の群生地①～③（図その2参照）は、母屋・蚕小屋近くの常畑の畔にあり、近いので管理や摘葉するのに便利良い。⑦（図その1参照）は離れているが赤谷川左岸の常畑の一隅にある。④～⑥は焼畑跡地で造成した桑原らしい。ムツシの地味がやや劣るので、山桑の成育もそれに従応するように普通以下と推察される。①～③、⑦は常畑の畔や一部である。常畑は焼畑と違い糞尿肥・蚕糞《こくそ》・緑肥を使っての農耕なので、その周囲の山桑も肥料成分のおこぼれで、焼畑跡地より成育がよかったと思われる。全体として桑の分量が少なかったので夏蚕は飼えなかった。出作りの養蚕は、海抜一〇〇〇mをこえた出作りは寒冷なので例外として、春蚕と夏蚕の二回おこなうのが一般的である。

古くより桑島集落では、「赤谷」という谷筋の生産力について、「谷は奥ほど天気は寒くなるので作りが悪いが、赤谷は奥ほど作りが良い」と言われてきた。この伝承内容を補足すると、「赤谷の奥は天気が寒くなるが、それ以上にムツシの地力が良いので焼畑条件が良い」ということを意味する。次郎吉山は、大局的に上流・下流との分け方をすると、下流域に属するので、地力は奥地上流より劣っていた。焼畑では火入れ後通常四年耕作するが、次郎吉山は三年、これは地力の影響である。同じ傾向は山桑の育ち具合にも見られ、養蚕は通常二回のところ一回であった。「赤谷は奥ほど作りが良い」という伝承は、現実として次郎吉山の生業実態にあらわれていた。

注

(1) 野路汝謙『白山紀行』(久保信一『白山紀行――近世の白山登山』六〜一〇ページ、高島出版、昭和五十一年)
(2) 加賀成教『白山全上記』(『白山紀行――近世の白山登山』二一〜三九ページ)
(3) 高田保浄『続白山紀行』(『続白山紀行――附牛首長加藤氏家系』一〜六七ページ、白峰村役場、昭和四十年)
(4) 織田利太郎家文書「白山麓拾八ヶ村留帳」(『白峰村史』下巻、四三六〜四三七ページ、白峰村役場、昭和三十四年)
(5) 幸田清喜「白峰の出作り」(『現代地理学講座2　山地の地理』二七〇〜二八九ページ、河出書房、昭和三十一年)
(6) 加藤助参「白山々麓に於ける出作りの研究」(『京大農業経済論集』第一輯二四七〜三五一ページ、養賢堂、昭和十年)
(7) 加藤政治氏(明治四十三年生)より聞取り
(8) 「部落別民家配置図」より(『白峰村史』下巻、一七〜三八ページ、白峰村役場、昭和三十四年)
(9) 橘礼吉「白峰村の焼畑・出作り」(『白峰村史』三巻、九四四〜一〇二五ページ、白峰村役場、平成三年)
(10) 岩田憲二「出作りの分布とその考察」(『白山麓自然環境活用調査報告書』八〜二五ページ、石川県白山自然保護センター、昭和三十六年)
(11) 前掲(5)
(12) 前掲(10)

（13）橘礼吉「ムッシの生態的環境条件」（『白山麓の焼畑農耕――その民俗学的生態誌』七五～一〇五ページ、白水社、平成七年）
（14）橘礼吉「山桑（焼畑による栽培技術、管理、安定供給と出作り等）」（前掲（13）六〇八～六一三ページ）

第二章　糧・稼ぎのため奥山に入る

奥山人の主食は雑穀である。山地の草木を伐採・火入れした圃場で作る。一番多く現金を稼げたのは、大まかに言えば養蚕であり、蚕の餌・山桑は山地で造成した山桑畑で作る。つまり奥山人、出作りの人は、主食も一番の稼ぎもすべて山地頼りであった。貨幣経済の進行とともに養蚕への傾斜が強くなると、山桑への希求度が強くなる。山桑がよく育つ山地は、江戸時代末には白峰領域内には不足となっていた。すると奥山人は山桑畑を求めて動いた。その動きの一つとして、山桑の害虫や蚕の病原菌の少ない山地を求めて、領域内のより海抜の高い山地つまり耕作高度限界ぎりぎりへと動いた。もう一つの動きは、遠方だが山桑育ちのよい温暖な山地を求めて、大分水嶺を越えて領域外のより海抜の低い山地へ動いた。前者がここでいう「極高出作り」、後者が「越境出作り」である。

一　水平方向に進出した越前側越境出作り
――よそ者として規制の中で生きる

出作りを水平方向へ移住すること、すなわち他所への転居について、加藤助参氏は昭和五・六・七年の調査でその実態を数的に把握した。(1) 白峰村白峰の出作り二六二戸中、自集落領域内で出作りをしていたのは二〇五戸である。そして永住（永久的）出作り四七戸、季節（周期的）出作り一〇戸が領域外へ出向いていた。白峰村桑島では、永住出作り一二戸が領域外より入りこみ、季節出作り五戸が外へ出向いている。白峰村下田原では、永住出作り一戸そして季節出作り二〇戸が、他より入りこんでいる。補足すれば、白峰村白峰出身の永住出作り四七戸、季節出作り一〇戸計五七戸が、自村の桑島・下田原をはじめ、石川県内の尾口村・新丸村、さらには福井県五箇村等へ、水平方向に動いていた。つまり石川県・福井県を問わず、白峰村白峰の出作り戸数は他と比べ桁外れに多いのである（第一章、表3B参照）。序章で白峰村白峰の人を「奥山人」と位置付けした。加藤氏の調査数値は、出作りという生業慣行・生活慣行は、白山直下の奥山人が創りだした山地利用・林野利用であることを示唆している。

出作りを他集落・他国（県）領域へ水平移動することを、ここでは越境出作りとして表現する。越境出作りを遂行するには、越境先・移住先が稼ぎ・生業にとってより恵まれていることの確認が前提となる。奥山人は、より海抜高度が低く、気候要素が居住・農耕・養蚕等にプラスになる山地を求めて越境した。この報告は、文献資料を通して出作りの移住先や生業等を把握することに主眼をおくこととした。

1　勝山地域浄土寺川源流、湯の谷へ

越前側の越境出作りに関する文献資料中、最も古いものは一六〇〇年代初頭のもの。けれどもこの資料[2]は出作りそのものを直接意味したものではない。

文書一　山畑なぎすて

今度上どうし村の湯の谷の山ばたをふくろた町の者共、七月十六日の日なぎすて申候へば、上どうし村の青木清左衛門様へ申上候処、則なぎすて申町人をよびいたし、御せいばいを被仰付候へ共、我々町中の者共かはんを仕候て、御わび事申上候処、御きゝわけ被成被下置奉存候御事、右の山ばたをうけ作り申者共はうしくび村の七郎右衛門・孫左衛門・兵四郎・四郎三郎、此者共にて御座候由にて、此者共の御年貢は、青木清左衛門様うはなしに杉板二間くれ二千まい指上げ申候、又上同寺村の山手は大豆二石にて御座候とうけたまわり候処、われわれくはんたいを仕候故に、うしくび村の四人の者共の飯米として、大豆十石とひえ十五石当くれに急度相渡し可申候、為其に後日の証文仍如件

慶長六年七月廿一日

ふくろ田町

新　兵　衛（印）

才　　助（印）

（他二九人略）

上どうし村
おもや殿
弥兵衛殿参

文書の意味する内容を考える際、文書表題さらに文書中の「なぎすて」というのは、どういうことを意味するかの解釈が問題となる。(3) 白山麓の一連の焼畑語彙では、焼畑は「ナギハタ」省略して「ナギ」という。(4) 最初の作業は樹木・草の伐採で「ナギカリ」、乾燥後の火入れ作業は「ナギヤキ」である。伐採作業は「ナギステ」といわず「ナギカリ」というのが一般的である。文書に記す「ナギステ」とは、ナギ即ち焼畑を表記の文字どおり「棄てる」ことである。焼畑耕作者が、自作にしても請作にしても、焼畑を自らの手で途中で棄てることはあり得ないことである。焼畑を途中で棄てるための具体的作業は青刈りである。樹木・草を自らの手で伐採し、火入れし、播種して耕作を続ける途中で、自らの手で収穫前に青刈りして放棄することは、ほとんど起こらない。文書の内容は、牛首村（白峰村白峰）の四名の山畑（焼畑）を勝山袋田町の者共がナギステ、すなわち青刈りして焼畑を放棄させたと解釈した。

焼畑の青刈り事件が発生した「湯の谷」とはどういう谷なのであろうか。文書に記す「上どおし寺」とは「浄土寺《じょうどじ》」を指し、現在の福井県勝山市村岡町浄土寺で、集落は浄土寺川の河岸段丘上、法恩寺山の山麓末端部に位置し、水田稲作を主としている。浄土寺川の源流部を「湯の谷」といい、現在、浄土寺ダム副ダムが建設されている場所より上流域にあたる。湯の谷（浄土寺川）と暮見《くれみ》川源流山地、法恩寺山西斜面山地を総称して「奥山」という。この奥山の支配権をめぐって、中世・近世の長い年月にわたって、近郷の村々、平泉寺《へいせんじ》、勝山町の三者が激しく対立してきた歴史的過程がある。

ナギステとは、「焼畑を青刈り放棄することである」との視点にたてば、文書の具体的内容のあらましは、慶長六年（一六〇一）七月十六日、袋田町（勝山三町の一つ）の者どもが、浄土寺村湯の谷地内の焼畑（山畑）を青刈りして棄ててしまったので、浄土寺村が代官青木清左衛門に訴えた。この焼畑は牛首村の四名が請作していたもので、年貢は代官へは杉板二間とくれ（栗木《くりこ》羽《ば》板《いた》）二千板、浄土寺への山手役として大豆二石である。袋田町より、請作人四名の飯米

（焼畑は稲作すなわち米は作れないので主穀は稗となる）として稗一五石、大豆一〇石を当年暮れに納めるという詫び状であろう。補足すると、奥山人が越境出作り先で、地元側の境界争いのトラブルにまきこまれて、焼畑経営が妨害された事実の記録である。湯の谷を含めた奥山をめぐる紛争は「山畑なぎすて」一件以後も絶えなかった。慶安元年（一六四八）には境界山地現地で勝山町と近郷四ヶ村との間で、棒・脇差で脅迫するという事件が、さらに、寛文十一年（一六七一）には法恩寺山で、勝山町と近郷七ヶ村との間で、棒・木刀で乱暴する事件が発生している。(5)

この文書で注目したいのは、江戸時代以前、越前側領域内の浄土寺村湯の谷へ、白峰村白峰より四名が国境を越え遠距離を克服して出向き、焼畑をしていたことである。文書には「出作り」という語彙を見出せないが、たぶん焼畑は出作りにより経営されていたと思う。この四名は、年貢として杉板と栗木羽板（屋根板）を納めていたことも注意すべき点である。杉は山地に自然生えのものがあり、この自然生えの杉より木挽き作業で板は作れる。対するに栗は自然生えのものはあるが少ない。栗材を利用して数千枚、数万枚の屋根板量産は、自然生えの栗だけでは追いつかず、半植林のような栗の管理がなければ成立しない。栗は、木の実採取と栗材利用の二つの面で、出作りにとっては有用樹である。栗木羽板が量産できるためには、まとまった樹木本数が、植樹から三〇〜五〇年を経ていなければならない。慶長六年（一六〇一）に栗木羽板の量産を可能にするためには、一五〇〇年代の半ば頃にはすでに栗は植林され、管理されていなければならないことになる。湯の谷への白峰からの越境出作りは、江戸時代をさかのぼる一五〇〇年代には、定着していたと推察できよう。

2　勝山地域暮見谷へ

一六〇〇年代の中期、白峰村白峰の織田利右衛門家（現当主は織田日出男氏）の先祖が、越前側の暮見谷（現福井県勝山市暮見町地内でスキー場領域内）に出作りしていたという記録がある。この記録は、『白峰村史』下巻、織田利太郎家文書の「家の規矩」の後筆、罫紙とじこみに記すものである。(6)

文書二　家の規矩

当家我等与七代ノ先祖ヲ利右衛門、法名ヲ道願ト申候、御同人始メテ立身致シ候原由ハ、万治元戌年三月越前国大野郡勝山地内字暮見谷ト申所弐拾ヶ年之間出作農業人精シ農事ニ一心ヲ極メ、戸外ヘ出ル時ハ鎌鍬ヲ離サス他事ニ心ヲ掛ケズ農務一心ナリ、（中略）延宝五巳年十一月帰村、家建再建仕候由　此道願殿ヲ以テ当家ノ元祖ト仕候、爾今於テ右作跡ヲ利右衛門作リト唱ヒ候也（中略）元禄十二卯年六月廿三日死去仕候、（中略）

寛政三亥年十一月十日取調理記録置候也

この概要は、初代利右衛門が万治元年（一六五八）三月に、越前側の暮見谷で、二〇年間の請作契約で出作り農耕に精進し、年期がきれた延宝五年（一六七七）十一月に白峰へ帰って家を建て一家を再起し、元禄十二年（一六九九）六月二十三日に死去したことを、寛政三年（一七九一）に調べて記録したというものである。越境出作りを始めた万治元年と、それを書き留めた寛政三年との間に一三〇年間の隔たりがある。利右衛門の初代より六代までの各人の法名と死去年月が明記してあるので、信憑性はかなり高いと思われる。

初代利右衛門が暮見谷に出作りした期間が「弐拾ヶ年」というのは、一六〇〇年代の越境出作りに対しての契約年数を示すもので興味がある。また、延宝五年の帰村時「家建再建仕候」と記してあるので、帰村に際して集落内に家を新築した事実の記録らしい。これは裏を返せば、延宝五年までは集落内に自己所有の家がなかったということであり、織田家は暮見谷で冬越する永住出作りをしていたことを暗示する資料といえよう。さらに織田家の出作り先として、暮見谷以外にも新保《しんぼ》のくら谷（現石川県小松市新保町地内）、打波《うちなみ》山（現福井県大野市上《かみ》打波地内）にもあり、これら三地域に「利右衛門作り」という地名が残っていることも記している[7]。すなわち織田利右衛門家は、延宝期以前、越前側では暮見谷・打波山、加賀側では新保等の三ヶ所で越境出作りを永住出作りでしていた可能性が強い。それにしても織田家は、越境出作り地の上打波や新保へはどの峠道を通って水平移動の遠距離を克服していたのだろうか。奥山人は、平野人にはない傾斜地・山地歩行力を特性として持っていたらしい。

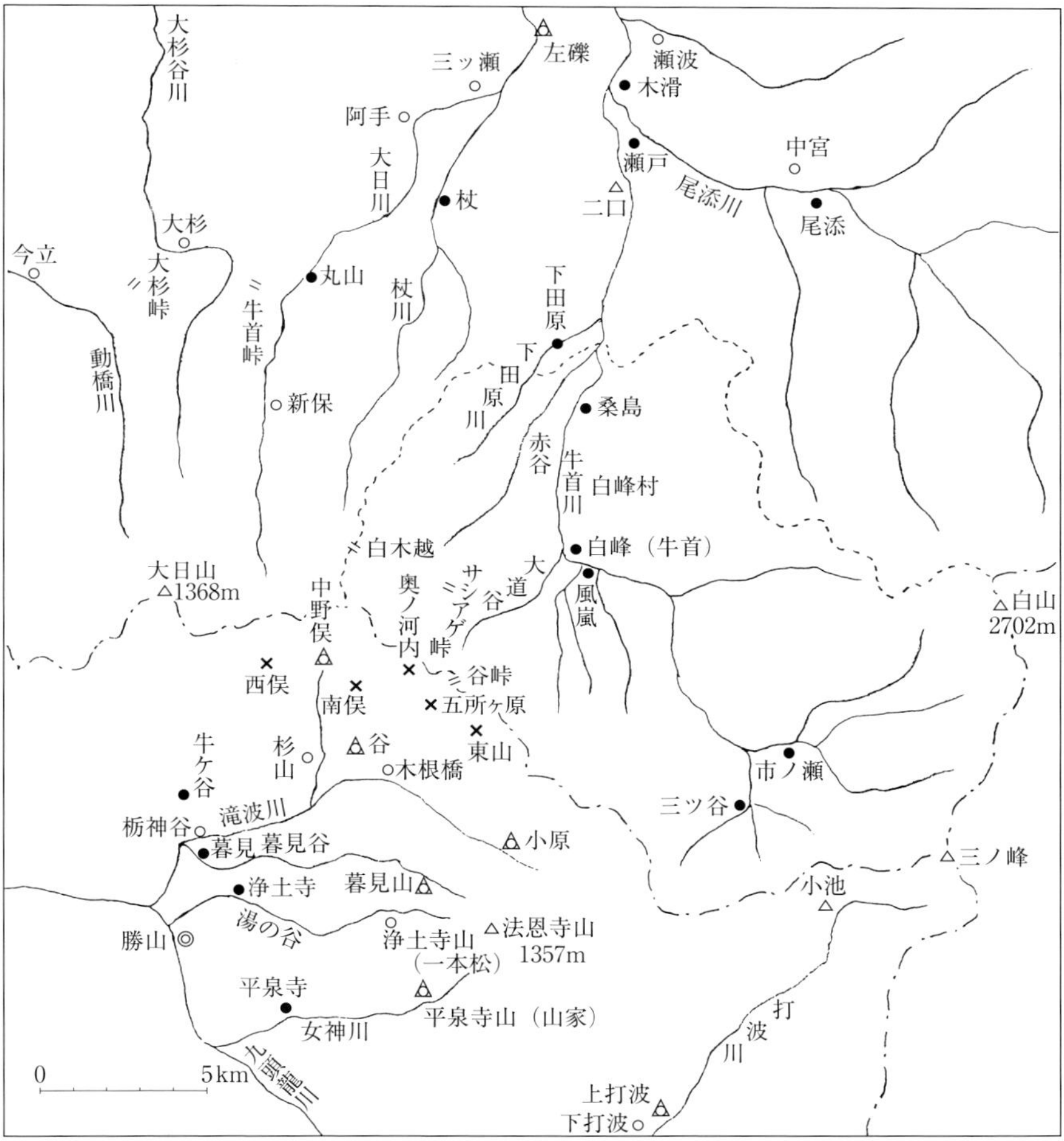

○：織田家文書「白山麓拾八ヶ村留帳」「家の規矩」による（白峰村史編纂委員会，1559）
△：白峰R寺過去帳による（千葉，1983）
✕：『越前北谷物語』による（石井，1998）

図 1　白峰村白峰からの越境出作り地

表 1　牛首（白峰），風嵐，河内からの越前側越境出作り一覧

番号	年号	西暦	出作り地	出自	出作り者名	出典
1	慶長 6	1601	浄土寺・湯の谷	牛首（白峰）	七郎右衛門，孫左衛門，兵四郎，四郎三郎	『稿本勝山史料』村方（23）
2	万治元	1658	暮見谷	牛首	利右衛門	『白峰村史』下巻 454 頁
3	宝暦 4	1754	野向・牛ヶ谷	牛首	孫右衛門，弥四郎，四郎兵衛，甚兵衛，庄六	『勝山市史資料編』2 巻，657 頁
4	明和 7	1770	浄土寺山	牛首	新左衛門，助七，助五郎，三郎右衛門	〃 840，841 頁
5	天明 5	1785	平泉寺，山家，台野山	牛首	九郎三郎	『平泉寺史要』380 頁
6	天明 6	1786	〃 〃 台野山	牛首	幸左衛門	〃 380 頁
7	天明 6	1786	〃 〃 河合地山	牛首	小左衛門	〃 380 頁
8	寛政 4	1794	〃 〃 台野山	牛首	長右衛門	〃 381 頁
9	寛政 4	1794	〃 〃 稗田	牛首	新助	〃 381 頁
10	享和元	1801	〃 〃 保月川北	牛首	孫八	〃 381 頁
11	文化 2	1805	牛ヶ谷	牛首	出作り者 9 名（氏名不詳）	『勝山市史資料編』2 巻，669 頁
12	文化 8	1811	平泉寺，山家，がらり	牛首	長右衛門	『平泉寺史要』381 頁
13	文化 13	1816	〃 〃 台野山	牛首	善佐	〃 381 頁
14	文化 14	1817	牛ヶ谷	牛首	孫右衛門，四郎平	『勝山市史資料編』2 巻，664 ～ 670 頁
15	文政 6	1823	平泉寺，河合地山	牛首	五郎兵衛，新介，孫八	〃 400，401 頁
16	文政 13	1830	木根橋山境	牛首	元治郎	〃 843 頁
17	文政 13	1830	一本松	牛首	助七，利右衛門	『稿本勝山史料』村方（20）
18	天保 2	1831	平泉寺，山家	牛首	小左衛門，善十郎，孫八，五郎兵衛，新助，直次郎	『勝山市史資料編』2 巻，402 ～ 429 頁「平泉寺村宗門改帳」
19	天保 2	1831	暮見谷	牛首	吉右衛門，新左衛門	〃 843，844 頁
20	天保 3	1832	暮見村→平泉寺台野山	牛首	清太夫	〃 430，431 頁
21	天保 5	1834	一本松	風嵐	四郎右衛門，忠右衛門	『稿本勝山史料』村方（20）
22	天保 5	1834	一本松，出し谷	牛首	平之丞平左衛門	〃
23	天保 7	1836	一本松，大獅子谷	牛首	市右衛門	〃
24	天保 7	1836	一本松，大獅子谷	牛首	助七，利右衛門	〃
25	天保 7	1836	一本松，めぶ境	牛首	藤右衛門	〃
26	天保 8	1837	一本松，大獅子谷	三ツ谷	太兵衛，仁右衛門	〃
27	弘化 2	1845	一本松，杉沢	牛首	助七	〃 村方(26)
28	明治元	1868	平泉寺，山家，藤巻西谷	市ノ瀬	与次郎	『平泉寺史要』382 頁
29	明治元	1868	〃 〃 辨ヶ滝	牛首	忠右衛門	〃 382 頁

3　小集団で越境出作りを契約する

一七〇〇年代に入ると、越境出作りに関する文書が多くなってくる。これは一つには、越境出作りの範囲が広くなったこと、他の一つは出作りやムツシ貸借が文書契約でされるようになったこと、さらに宗門人別制の厳守等の社会経済制度の規制化が進んだこと等の二面性が考えられる。ムツシとは、端的には「出作り・焼畑に適する山地」を指す。この期の越境出作りは、四、五名（戸）の小集団で山地・ムツシの貸借関係を結ぶ傾向がみられる。一六〇〇年初頭の浄土寺村湯の谷の場合も四名で契約をなし、年貢は杉板二間、栗木羽板二千枚、大豆二石等は共同で負担していたようである。出自村より異国の土地に来て、単独で交渉するのと小集団で交渉するのとでは、後者が心理的、実務的の両面で有利だったに違いない。

小集団で契約した事例二つを紹介する。一つは宝暦四年（一七五四）、牛首村（白峰）の孫右衛門・弥四郎・四郎兵衛・甚兵衛・庄六の五名は、牛ヶ谷村（現福井県勝山市野向町牛ヶ谷）との間で「山むつし一作請」を契約、交わされた法度の厳守を要求されている。(8) 他の一つは、明和七年（一七七〇）白峰村牛首の四名は連記で、勝山三町との間でムツシ請作の契約をしている。(9) このムツシ文書の特色として、山地を農耕地として貸借契約する際の型式体裁が整ってきたことが読みとれる。そして越境出作りの日常生活は、貸手側の勝山町によって細ごまと禁止事項が列挙され、各種の制限がかけられていて参考となる。全文は次のとおりである。

文書三　むつし山一作請証文之事

西ハ一本松一之落目婦ゟ南指尾を境

むつし山壱ヶ所　東ハ大杉沢ゟ小丸山を境

北ハ大師谷川水流を境

南ハ南又谷川水流を境

請代金三拾両也

内渡方
金拾五両也　卯六月限
金拾五両也　辰六月限
〆
外ニ
銀拾五匁也　何年ニ而も一作相済候迄ハ毎年秋中ニ相立可申候、但山年貢也
粟白米八升　作り初尾毎年秋中ニ相立可申候
一右むつし山之内、作畑之外ハ木草等伐苅之義御勝手次第是迄之通御立入可被成候、毛頭申分無御座候
一右請山ニ付相定申山法度之事
作小屋四軒之外立申間敷事
作小屋ニ一切人寄セ致間敷事
薪類並萱木草売出し申間敷事
右境之外へ一鍬も開出し申間敷事
作場上り畑ニ相成候分、其年限りニ御改請可申候事
一歳々穂之実取入次第在所へ罷帰り山籠仕間敷事、然共作小屋守りハ御差置可被下候
右ハ勝山町惣御百姓中持分奥山之内、右書面之通相定むつし山一作請仕候処実正ニ御座候、則請代金三拾両之内来卯正月限拾五両、辰六月限拾五両、合金三拾両也、外ニ畑作致候内山年貢として毎年銀拾五匁並作り初尾粟八升宛、町庄屋中迄急度相納可申候、ケ様ニ相究出作り仕候上ハ、御法度条目前書之通堅相守可申候、万一此上ニも我儘かましき義有之候ハヽ、何時ニ而茂請所之山御取放し可被成候、其節一言之違義申出間敷候、為後年むつし山一作請証文相渡申所仍而如件

郵便はがき

おそれいりますが切手をおはりください。

101-0052

東京都千代田区神田小川町3-24

白水社 行

購読申込書

■ご注文の書籍はご指定の書店にお届けします．なお，直送をご希望の場合は冊数に関係なく送料300円をご負担願います．

書名	本体価格	部数

★価格は税抜きです

(ふりがな)

お名前 (Tel.)

ご住所 (〒)

ご指定書店名 (必ずご記入ください)	取次	(この欄は小社で記入いたします)
Tel.		

『白山奥山人の民俗誌』について (8468)

■その他小社出版物についてのご意見・ご感想もお書きください。

■あなたのコメントを広告やホームページ等で紹介してもよろしいですか？
1. はい（お名前は掲載しません。紹介させていただいた方には粗品を進呈します） 2. いいえ

ご住所	〒　電話（　）		
（ふりがな） お名前	（　歳） 1. 男　2. 女		
ご職業または学校名		お求めの書店名	

■この本を何でお知りになりましたか？
1. 新聞広告（朝日・毎日・読売・日経・他〈　〉）
2. 雑誌広告（雑誌名　）
3. 書評（新聞または雑誌名　） 4.《白水社の本棚》を見て
5. 店頭で見て 6. 白水社のホームページを見て 7. その他（　）

■お買い求めの動機は？
1. 著者・翻訳者に関心があるので 2. タイトルに引かれて 3. 帯の文章を読んで
4. 広告を見て 5. 装丁が良かったので 6. その他（　）

■出版案内ご入用の方はご希望のものに印をおつけください。
1. 白水社ブックカタログ 2. 新書カタログ 3. 辞典・語学書カタログ
4. パブリッシャーズ・レビュー《白水社の本棚》（新刊案内／1・4・7・10月刊）

※ご記入いただいた個人情報は、ご希望のあった目録などの送付、また今後の本作りの参考にさせていただく以外の目的で使用することはありません。なお書店を指定して書籍を注文された場合は、お名前・ご住所・お電話番号をご指定書店に連絡させていただきます。

明和七年庚寅年七月
作人　牛首村
新左衛門
同　助　七
同　助五郎
同　三郎左衛門
勝山三町
庄屋中
惣御百姓中

文書の記録内容は、前半・後半に分れ、前半は請作山の範囲領域や請作金額と納入方法を決め、後半は出作りの生活上の規制事項を決めている。具体的に請作代金は金三〇両。ところで請作には年限が定めてない。それを補う形で、請作を続けると一年一年に山年貢として銀一五匁を納めるという方法で処理している。この年ごとの銀一五匁は、後述する平泉寺奥山での「桑畑運上」と同じものと考える。これは桑畑に課した役金で、銀で納めることを原則としていた。さらに毎年初尾（初穂）として粟白米（精白した粟）八升を納めさせている。文末に見る請作人は、牛首村（白峰）の新左衛門・助七・助五郎・三郎左衛門の四名であり、請作代金、山年貢、初穂は四名共同責務となることである。

「むつし山之内、作畑之外ハ木草等伐苅之義御勝手次第」の文言は、焼畑目的の草木伐採以外に、請けた山地の樹木・草を伐採することの自由が保障されていることを表している。白峰村のムツシ請作文書では「貴殿御勝手次第御支配可被成候」と書き、伐採の自由保障とともに、植林とそれを育樹しての稼ぎ等、一連の樹木管理の自由も保障している。この越境出作りも、ムツシに桑を植樹したり、杉・栗等を植樹したりしての稼ぎも「木草等伐苅之義御勝手次第」の表記中に含まれていたと推察する。

日常生活上の法度では、住居建物は四棟以上は禁止。これは四人で請作しているので一戸一棟以上は建築禁止となる。出作り地での他人宿泊禁止。薪・茅等の商い禁止。請作山の範囲外耕作の禁止。耕地を常畑にしたときはそのつど請作

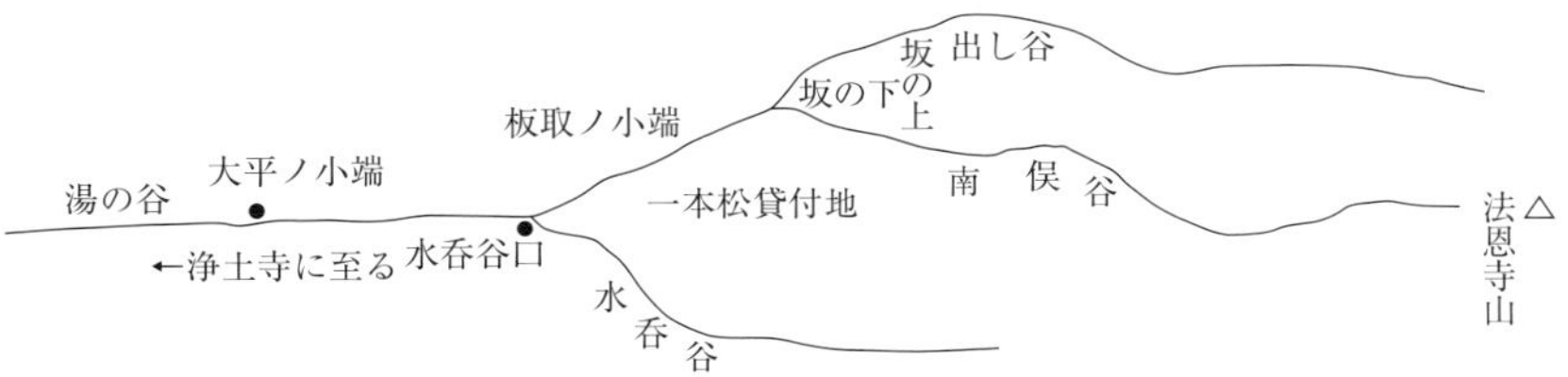

図 2　坂の上・一本松周辺図

条件を改めること等を記す。そして、収穫後は牛首村へ帰り、出作り地で越冬生活することは禁止するが、「小屋守り」、具体的には住居の除雪を担当する者は住んでもよいとしている。つまり、勝山町は、季節出作りは許可するが、永住出作りは禁止している。

ところで、このムッシ請地すなわち出作り地は、文書では「大師谷」と記すが、地元では「出し谷」または「くらがり谷」で通用している湯の谷源流と、支流南俣谷（文書では南又谷）の合流地付近、二つの谷にはさまれた段丘平坦地で、小字地名は「坂の上」である（図2参照）。坂の上は、浄土寺集落より湯の谷渓谷を約五キロさかのぼった僻地にあり、現在の浄土寺ダム副ダムの上流にあたる。ダムはV字型の険しい峡谷地形を利用して建設するから、坂の上の険

写真 1　湯の谷一本松・板取りの小端の出作り住居　まだ使用されており，屋根に雨漏り防止シートをかけてある（1996.10）.

写真 2　湯の谷一本松・板取りの小端の神明神社小祠　昭和46年以後，毎年9月11，12日に住民が集まりお祭りをしている（1998）.

阻性・隔絶性が理解できよう。江戸時代明和期、このような山間部で禁を破って永住出作り・越冬生活をしていても、それを取り締まろうにも実際は不可能に近い。補足すれば、山法度の確認のため、勝山町より浄土寺経由で坂の上へは、積雪二〜三mの雪道を雪崩の危険を冒して徒歩で到達するのは、猟師以外は不可能であり、積雪期には出作り地はある種の治外法権域であった。永住出作りの禁止や他人宿泊の禁止を規制しているが、取締りが不可能なことを逆手に、小屋守りは当然の権利として定着し、加えて女性・子供も越冬していたと推察する。「山籠り」は禁止であったが、「小屋守り」の冬越しは良いとした規制は、永住出作りの事実上の黙認に等しい。

「証文上の規制と実態は隔離している」との情報は、白山直下へ伝播していく。奥山人は「坂の上」の出作りを橋頭堡として、周辺地、具体的には「一本松」へ越境出作り・水平移動を試み、やがて一本松出作り群を形成した。そして安政七年（一八六〇）勝山藩より「村」としての扱いを受けるようになった[10]。時代は下って明治三十四年（一九〇一）には「坂の上」に分教場が開設された。昭和二十八年の通学区域図「坂の上」には、加藤与三松・織田末吉・永井十次郎の姓を見る。この三つの家名は、石川県側白峰系そのものである。

写真 3　平泉寺集落と女神川（左下）　生業の中心は，河岸段丘上の水田経営で，女神川上流の共有地は広大な遊休地であった．

写真 4　越境出作りが住みついた女神川上流・山家のムツシ

4　勝山地域平泉寺女《め》神《がみ》川源流域（山家）へ

ところで一七〇〇年後半、平泉寺《へいせんじ》村（現福井県勝山市平泉寺町）は、牛首からの越境出作りの冬籠りすなわち永住出作りに対しては何らの規制をしていない。『平泉寺史要』には、出作りに関して寛延四年（一七五一）[11]、天明六年（一七八六）[12]、文化八年（一八一一）[13]の文書資料が三通紹介されている。三通のうち、寛延四年の「山家二人に申渡覚」は、平泉寺領域内の出作り関連の最古文書である。天明六年の「今般御頼申上山入仕候ニ付定証文之事」は、牛首村小左衛門が平泉寺村と交わした「山入」・「切畑」、別の表現では出作り・焼畑に関する証文である。内容は三つに分かれる。一つは出作り地とその年貢、二つ目は出作りの厳守事項と禁止事項、三つ目には二月中は宗門改寺請状は牛首村へ行くことが不可能なので雪が融けたらすぐ手続きすることの通達である。

文書四　今般御頼申上山入仕候ニ付定証文之事

一、私義牛首村之出生則七郎左衛門與申者之世忰に御座候処、居村作所おもわ敷からず候に付、当平泉寺村河合地山之内へ先々より為山番両人被差置候、衆中之並に御山に被差置　切畑作仕度段御頼申上候処、各様方御聞済被下難有奉存候、然る上は壱ヶ年に御山手米三俵壱斗納宛、毎年急度無相違上納可仕候、尤右之御山手米、明年之分を当暮に相勤、壱ヶ年づゝ引立先納に仕候様被仰付、其段奉畏入候御事

越境出作り先は平泉寺集落より奥地、女神川源流山地の共有地。関連して平泉寺では加賀側でいう個々の「出作り」を「山家《やまが》」ともいい、さらに共有地内でも出作りが点在している地域を「山家」といって、おおまかな地域名としていた。小左衛門の出作り地は小字地名では「河合」で、地名語源より判断すると、辨ヶ滝のある谷出谷《たにだし》と女神川本谷との出合付近、本谷右岸山地と考えられる。「山手米」とあるが、切畑すなわち焼畑では稲作はできないので「三俵一斗」は米でなく稗と思われる。なお山入（出作り）には年期が限定されていない。

さらに

一、右山之内切り畑、並に桑之木等植付候儀は、先々より被居候両人之衆中、並に相働、御山法急度相守可申候、然る上は木地鉢、こしき、其外之細工物等、決而仕間敷候、山番之義、

両人之衆中之通、急度相守、他所他村より伐苅仕候はゞ召捌置、早速村役人様方へ御注進可
仕候……（後略）

と記す。補足すると、焼畑営農、桑を植樹しての養蚕は先住両人のようにしてもよい。木地鉢、こしき（雪搔板）等の木製加工品を作ることは固く禁止である。他所他村から侵入して不法樹木伐採者の逮捕や注進等の山番の勤めは、先住両人のように守ること等に関して誓約するとの内容である。

ここで注目すべきは、焼畑跡地に山桑を植樹しての養蚕を奨励していることである。平泉寺村を貫流する女神川は経ヶ岳を水源とし、源流山地は広い。この山地は、緑肥用の柴（灌木）・葛《くず》葉・草、屋根材料の茅《かや》、雪垣用の葭《あし》等の共同採取地として、平泉寺集落に居住する水稲農家が入会権をもち無料で活用できた。無料の共同利用山地の一部が、越境出作りによって有料利用地の焼畑地に変わるのである。桑畑についての役金は、村は面積の規模により「桑畑運上」[14]を銀に算出し、さらに米で換算納入させる方式をとった。越境出作りにとっては、養蚕・繭・生糸はかけがえのない現金収入源であった。桑畑運上代は、換金した銭で米を求められるので、繭・米の商いを上手にこなせば、より多くの稼ぎができた。平泉寺村にしてみれば、口明けを待って共有山地を無料開放する入会慣行よりも、越境出作りが奥地に住み、違反者を取り締り、さらに山手米（焼畑年貢代）・桑畑運上米を納入してくれる慣行の方が、山地より幾ばくかの収入が得られることもあり、得策であったろう。

木製鉢・雪搔板等の木製品作りは、出作りの積雪期の副業として行われるのが一般的であるが、平泉寺村は禁止している。無雪期には農耕・養蚕等に多忙で木製品作りはできない。材料有用樹のブナ・ミズナラ等は、出作り住居より海抜高度の高い位置に自生している。積雪期には低い灌木は多量の積雪で埋まり、伐採木はテゾリによる雪上運搬技術を使えば、凍結斜面をいとも簡単に出作り地に持ちこめる。奥山人の木製品作りは、積雪を効率よく活用して行なわれる。木製品作りは禁止であったが、その取締り実務は、女神川源流地の出作り地では積雪期には治外法権的領域となるため、実際は不可能なのである。木製品作りの禁止事項の実体は、空文化されていたと思われる。その後の文化八年（一八一一）、牛首村長右衛門が交わした「一作請証文の事」[15]には、木製品禁止項目はなく、薬草の黄蓮の栽培を許しその運上

についてふれている。この「長右衛門一作請証文」の四六年後の天保三年（一八三二）、牛首村清太夫が交わした「牛首村百姓出作御請証文」[16]には、木製品作りを含めて細ごまとした規制事項の記載はない。

三つ目には

一、宗門之儀、代々一向宗裏林西寺旦那に紛れ無御座候、此度寺請状早速取参差上可申之処、雪中故牛首村江罷越候義、未だ難相成候に付……（中略）……然る上は雪消次第早速牛首村へ罷越、寺請状引越書請取参差上可申候御事。

と記す。文書の年月は「天明六年丑年二月」であり、「二月」に注意すべきである。宗門人別の手続きのため、親寺の牛首村林西寺へ往復することは非常に難儀のため、遅れることの許しを乞うものである。厳冬季の二月は、積雪量は最大値で雪中徒歩の大障害となり、大気温度も最低となり、国境の谷峠（九一〇m）を克服するための気象条件も最悪なので、越境出作り地より国境分水嶺越えの牛首村往復をさけたわけである。この背景として、小左衛門はすでに女神川源流域で、永住出作りとして冬籠りすることは認められていた。したがって、河合で山番役をしていた先住両人（治郎兵衛・三七）も永住出作りであった可能性が強い。

　宗門人別に関して、天保二年（一八二一）の「平泉寺村宗門御改帳」[17]では、平泉寺村惣地の山家居住者に関しても詳細に記録している。この山家居住者とはとりもなおさず、女神川源流山地の出作り民の記録である。九戸の出作り中、牛首村林西寺門徒が六戸で、具体的には山家小左衛門、善十郎、五郎平衛、孫八、新助（武兵衛の地名子《ぢなご》）、直治郎（武兵衛の地名子）である。他の三戸は、勝山浄願寺門徒が二戸、福井本覚寺門徒が一戸である。補足すれば、平泉寺共有地内の平泉寺村出自の出作りは一戸もないという実態である。そして三分の二が白峰からの越境出作りであった。

　なお、平泉寺山家共有地内で徴収した「御山手（地代）」と「桑畑運上」を記録した一覧表には[18]、出作り二一戸（重複記録二戸）が記載されている。そのうち九郎三郎、幸（小）左衛門、長右衛門、善佐、孫八、新助、五郎兵衛、忠右衛門、清太夫の九戸が牛首（現在の白峰）、与次郎が一ノ瀬（現在の市ノ瀬）からの出自である。すなわち記録出作りの約

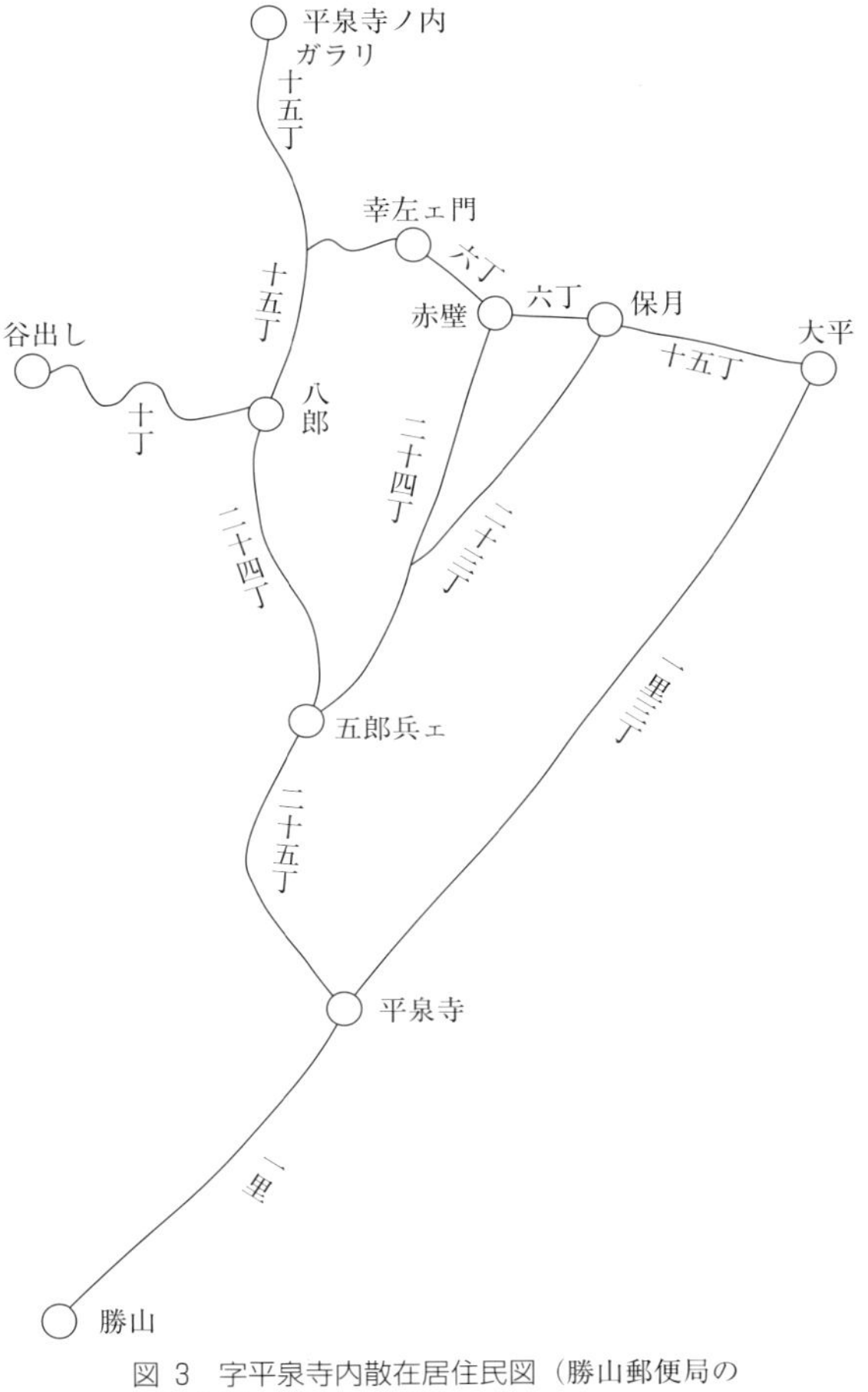

図 3　字平泉寺内散在居住民図（勝山郵便局の配達地図，明治 29 年頃）

半分一〇戸が、手取川水系から加越国境を越えて水平移動して九頭川山系山地へ出てきた、白山直下の奥山人、牛首とその奥地河内の人たちであった。

　関連して、山家の出作り戸数の推移は、明治二十九年時の郵便配達用の「平泉寺内散在住民略図⑲」には、源流よりガラリ、幸左ヱ門、赤壁、保月、大平、谷出、八郎、五郎兵ヱの八地名を記入、八つの小字に一戸の配達家と考えれば、少なくとも八戸の出作りがあったことになる。そして昭和五年『平泉寺史要』出版時には四戸に減少していた⑳。

5　越境出作りと出作り先とのトラブル

　越境出作りは、請作を許されるのと裏腹に、多くの規制すなわち山法度厳守を強いられた。法度項目は、谷筋や請作契約年によりいくぶん異なるが、表2で示した。越境出作りの中には、これら山法度を守らず事件となる者がいた。『稿本勝山史料』村方松村家文書には、文政十三年（一八三〇）、牛首村助七・利右衛門が一本松にて、山法度を守らな

表 2　越境出作りを規制した越前側法度

1．勝山町湯の谷(浄土寺川)一本松　明和 7 年（1770）の場合
一，出作り小屋は，1 棟以外建ててはならない。

一，出作りに，他人を宿泊させてはいけない。

一，薪類・萱《かや》・草等を売りだしてはいけない。

一，ムツシ境界外を耕作してはいけない。

一，常畑になった分は，年毎に請作を更新しなければならない。

一，冬季・出作りでは小屋守以外山籠りすることはいけない。


（『勝山市史資料編』第 2 巻 840，841 頁「むつし山一作請証文」より）

2．平泉寺村山家　天明 6 年（1786）の場合
一，木地鉢，こしき（除雪具）等の木細工物を作ってはいけない。

一，山番のつとめ（他村者の草木伐採取締り）を守らなければならない。

一，萱《かや》（屋根葺材料），葭《よし》（雪垣，蚕具の材料）の採取は「山の口明け」前にしてはいけない。

一，山作業の時，山刀・鎌使用はよいが，斧・鋸の持ちこみはいけない。

一，毎年桑畑運上を面積に応じて納めなければならない。


（『平泉寺史要』379 ～ 382 頁より）

3．勝山町暮見谷　天保 2 年（1831）の場合
一，草木の伐採は自由であるが，畑地の先部（上部）斜面を伐採してはいけない。

（雪崩の誘発防止のため）

一，出作り小屋へ他人を寄せてはいけない。

一，境界の外で，焼畑をしてはいけない。

一，冬季・出作り小屋に小屋守をおく事，しかし家族の冬籠りはいけない。


（『勝山市史資料編』第 2 巻 843，844 頁「三十年季むし山証文」より）

かったので出作り地よりの退去命令を受けたのに対し、牛首村の十郎右衛門・村奥右衛門によって詫言が提出されたことを記す。ちなみに仲介役の十郎右衛門は、天領白山麓十八ヶ村の取次元である。取次元とは幕府陣屋代官の上意下達役で、白山麓天領下の行政・司法をつかさどり、百姓身分で最高位、十八ヶ村を統括していた。違反の二人は幕府陣屋（越前武生）に通じている取次元に、天領同郷の誼《よしみ》感覚で処置軽減を願ったとも考えられる。

また、『勝山市史資料編』第二巻、石畝久弘文書には、文政十三年（一八三〇）、牛首村元治郎が木根橋村境で山盗みをした件に関し、取締山番役が怠慢であったとして、証文を提出したことを記録する。[21] さらに、『稿本勝山史料』村方26「浄土寺文書」には、弘化二年（一八四五）、牛首村助七が、一本松杉沢で杉を伐採したことで詫状を提出したことを記録する。助七という実名が二回出ている。二回いずれも浄土寺村地内の一本松である。牛首・白峰からの越境出作りは、出作り先での規制事項をかいくぐって図太く生きていたことを裏付けている。文

政十三年の助七・利右衛門の違反事実が具体的にどのようなものかは不明である。一本松の山法度では永住出作りは禁止であったが、この規制は有名無実であったらしいことは前述した。たぶん、違反事件以後も助七・利右衛門は、山法度を脇見して取次元を背に、牛首より遊休山地への越境出作りを勧める動きをなし、その成果として安政七年（一八六〇）一本松出作り群は、勝山藩の村としてとりたてられることとなる（文書五参照(22)）。

文書五　一本松村立ての文書

一　当町奥山の内一本松分、是迄年季抔《おろし》の場所追って切り渡し一か村に取立て候上は、其方共永代当領百姓に相成り、一本松支配致すべく候事

一　いよいよ当領へ引越候上は相当の収納米申付くべく候、もっとも収納之義外村々同様直納致し、其外諸雑用等一本松の分は一本松限り差出し、町方と一切懸け組これ無き事、但し人別の儀は少人数に候へば町方人別に繰り込み宗判相改め申すべく事、右は其方共当領百姓に相成り申すべき規定大意かくの如し、なお引越の上委細申し渡すべく候

安政七庚申年二月

勝山（藩）地方《ぢかた》

小林　八十郎（印）

前野　菊次郎（印）

一本松　助　七殿

利右衛門　殿

（石畝弘之家文書『勝山市史資料編』第二巻所収）

この文書の一本松側受人に助七・利右衛門の実名が見えることから、文政の違反はたぶん冬籠りの禁（永住出作りの禁止）を犯したものと推察する。出作り先の禁止事項は表2で示した。

6　まとめにかえて（この項では「牛首」を「白峰」として記述する）

白峰からの越前側越境出作りで最も遠距離に位置したのは、九頭竜川支流の打波川源流の打波（現大野市領域）、次に同じく九頭竜川支流の女神川源流（現勝山市領域）の平泉寺山家、さらには湯の谷の浄土寺一本松である（図1参照）。山家や一本松のような遠隔地をなぜ出作り地として選択したのであろうか。要因として二つの視点をあげてみたい。

第一の要因に、焼畑出作りを営むための広大な遊休山地が存在していたことがあげられる。焼畑は広い休閑地を必要とするため、白峰村の基準では一戸当り一六町（台帳面積）の林野面積が必要となる。越境出作りが最初に進出したのは近世以前のいつ頃か判然としないが、進出先は国（県）境分水嶺を越えたすぐの山地、例えば五所ヶ原・奥ノ河内・東山・西俣・南俣等の遊休山地であったと思われる（図1参照）。ところで近世初期には、白峰に近い加越国境山地には余裕の越境出作りがなく、より遠くの浄土寺・平泉寺周辺の遊休山地に出向くことになる。平泉寺山家の場合、平泉寺集落は河岸段丘の上部に位置し、生業は集落より低い段丘上の水田に依存し、稲作中心の生活であった。集落より奥地山地は、集落に近い場所に限って屋根材料の茅や緑肥（雑草や灌木の葉）の供給地として利用してきたが、女神川源流域山家の広大な山地は、焼畑用地ムツシとしては最適であったが、まったく手付かずであった。この遊休地に白峰の焼畑民は注目した[23]。浄土寺一本松も、山家と同じ条件のもとにあった。湯の谷（浄土寺川）下流に位置する浄土寺の生業は、河岸段丘上の田畑にほとんどを依存し、上流域一本松は水源保養林か緑肥供給地以外、さして利用することもなかった領域で、白峰の焼畑民は一本松周辺の広大なムツシを熱い視点で観察し、出作り地として選択した。

加越国境に最も近い奥河内や五所ヶ原は、北谷の領域である。この北谷集落は、崖錐《がいすい》や河岸段丘を水田に開拓し、水田稲作の営農をしてきた。ちなみに、白峰では冬場の藁製品原料の稲藁購入先は、白峰の最短稲作地の北谷であった。運送は人力に頼っていた時代、最短稲作農地は、最短稲藁運送地であり、北谷産稲藁は「谷藁」とよばれて親しまれていた。したがって奥河内・五所ヶ原は、水田稲作を主眼とした北谷にとっては遊休地であったので、白峰からは距離的にも近く、早い時期（たぶん近世以前）に越境出作り地として選ばれていたと推察する。

第二の要因に、越境出作り先が勝山町に近く、林野（山地）生産物による収益が割得であったことがあげられる。白峰の焼畑民は、近世初期には、焼畑で寒冷地に適応できる山桑を栽植する技術を習得しており、豪雪山地・高冷地でも養蚕経営する能力をもっていた(24)。同じ白山麓でも大日《だいにち》川水系杖《つえ》の焼畑民は、近世末期（嘉永期）でも焼畑で山桑を栽植する技術を取得していなかった(25)。越前側の浄土寺・平泉寺には、杖と同じく焼畑による山桑栽植技術はなかったと思う。平泉寺では、山家の越境出作りの養蚕に対し、毎年「桑畑運上」を面積に応じて銀で納めさせている。浄土寺は、一本松越境出作りに毎年「山年貢」を銀で納めることを決めていた。このことに留意すると、これは山家でいう「桑畑運上」にあたるものと考える。年二回の養蚕ができた越境出作り群は、勝山町に近いという地理上の位置も有利であった。勝山町は、平野と山地の結接点にあり、物資の集散地であった。例えば、越境出作りが繭を売るにしても、出自地の白峰より割高に売れたに違いない。白峰の場合は仲介商・ボッカ（歩荷・運送業者）を経て出荷されるが、山家・一本松の場合は勝山町の商家・製糸業者へ直接出荷できたから、白峰より割高に出荷でき収入源に連なっていた。

出作りとは、焼畑で主穀（ヒエ・アワ等）を自給し、各種の林野利用法を複合させて現金を稼ぎ、生活する営みである。越境出作りにとって、養蚕の他にはどのような林野利用があったのであろうか。文献から探ると、慶長六年（一六〇一）の「山なぎすて(26)」には、湯の谷での杉板・栗木羽板を記す。平泉寺山家での天明六年（一七八六）証文では木地鉢（コネバチ）・コシキ（雪掻板）・細工物禁止を記す。この法度の裏を返せば、越境出作りが現金収入増をめざして活発に稼動していたから、規制強化策がとられたものと推察する。越境出作りは、移住先を選択する際、遊休山地内の焼畑適地ムツシを第一義に、さらに建築材（柱・板）や木製品（木羽板・木地鉢・雪掻板）作りの有用樹原木が放置されていた実態を、しっかりと見極めて進出したに違いない。これらの品々は、消費量で白峰より桁外れに多い勝山町へ、仲買商・ボッカを経ずに直接出荷し割高の収入をあげていた。この経済原則は支出面にも該当する。

商品経済が山村に浸透してくる近世以降、出作りは自給態勢が強いといっても、ハレの食事の米、必需品としての塩・綿布等は外部より購入しなければならなかった。白峰の必需品価格は仲買料・運賃が加算されているのに対し、越前側越境出作りは白峰より割安で購入できた。越境出作りは、勝山町に近いという地理上の優位さから、収入は割高、支出は割安となり、金銭出納上有利、すなわち暮らし易かったのである。

不利な条件もあった。越境出作りは他村での生業のためと、請作経営のため、社会的・経済的な煩雑な手続きや交渉を自力でこなさなければならないことである。藩制期の寺請制度強化のため、母村の檀那寺に所属する証を得る手続きでの遠距離往復をたびたび強いられた。それよりも難儀だったのは、稼ぎに密に関係する請作金額について、「あげる、さげる」の金銭上の交渉である。この交渉では、単独でなく複数での交渉方法をとっていたときもあった。商品経済が山村に徐々に滲透してくると、「桑畑運上」のように毎年の交渉事となり、駆引きを伴った交渉力が必要となり、越境出作り側はやや不利であったらしい。白峰の請作慣行では、山家でいう「桑畑運上」が毎年課せられることはなかった。桑畑運上は繭価格が下落すると大負担となる。また、木地鉢は雑穀の粉食が少なくなると必要性が薄くなる。木羽屋根が瓦屋根に変わると栗木羽製作に影響した。雪掻板は金属製ショベルが普及すると生産減につながった。このような事例に見るように明治以降の急激な社会情勢・消費動向の変動は、越境出作りを含めてあまねく山村生活者にとっては有利でなかった。越境出作りにとって、請作料は暮らしの上でかなりの負担であった。

元来越境出作りは、出自地の白峰周辺での出作りが総合的に不利なので、越境移動して有利な条件地に出てきたのだから、越境出作り地が暮らしにくくなれば、次の有利な条件地を求めて再移動する実態もあれば、再移動せず契約請作料軽減交渉や、新しい契約締結へたくましく動く実態もあった。

ついに明治四十三年、暮見谷越境出作り群一二戸は、勝山町より出作り地の分割譲渡を受け、請作料を必要としない自作出作りとなり永住権を獲得した。この一二戸中一一戸が白峰の林西寺・行観寺・真成寺を檀那寺としている[27]。さらに大正十年、浄土寺内一本松の越境出作り一三戸は、「むつし卸」、「賃貸借」「桑原卸」の名義で契約していたのを一つにまとめ、「地上権」名義で新契約を結び、より自由な山地利用、つまり自作出作りに近い権利をつかんでいる[28]。

越境出作りについて箇条書きで記すと、

1. 越境出作りとは、大分水嶺を越えての他国（県）・他町村での生活である。慶長六年（一六〇一）の記録がある。
2. 越境先は、平野部既成農地でなく、林野中の自力焼畑開拓地である。
3. 越境先では、越冬生活、他人宿泊、木製品作り等の禁止を含めて、多くの規制を受けていた。
4. 稼ぎは、養蚕中心に木製品（板・屋根板・除雪板・こね鉢等）等である。
5. 焼畑作りの山桑に頼る養蚕への賦課金が高く、重い負担であった。

6.「桑畑運上」を含めて請作料に耐えきれず再移住する出作り、対するに、耐えて請作料軽減や自作出作りへの働きかけをする出作り群もあった。

7.明治期、暮見谷越境出作り群は自作出作りへの移行、大正期、一本松出作り群は地上権獲得に成功した。

8.暮見谷は昭和三十年頃[29]、一本松は昭和四十五年無人化[30]となり、白峰出自の越境出作りを起源とした「村・町」の共同体は廃絶した。

注

(1)加藤助参「白山々麓に於ける出作りの研究」(『京大農業経済論集』第一輯、二五四ページ、京都大学、昭和十年)

(2)『稿本勝山史料』村方(23)「山方山論」所収。貴重古文書を選択釈文した手書原稿を製本したもので、勝山市史編纂室が所蔵、製本年は不明。

(3)佐野光臣「福井県側から見た白山麓の出作り」(『福井高社研紀要』第二一号、二〇～三三ページ、福井県高等学校社会科研究会、平成一年)

(4)焼畑語彙については橘礼吉『白山麓の焼畑農耕――その民俗学的生態誌』一〇六～一三一ページ、白水社、平成七年を参照。

(5)『勝山奥山の歩み――芳野原開拓』一一～一七ページ、勝山市教育委員会、平成七年

(6)『白峰村史』下巻、四三六、四三七ページ、白峰村役場、昭和三十四年

(7)前掲(6)四四一ページ

(8)『勝山市史資料編』第二巻、「23　山むつし一作請につき一札」六五七ページ、勝山市、昭和五十七年

(9)前掲(8)、「4　むつし山一作請証文」八四〇、八四一ページ

(10)前掲(5)、一一～一三ページ

(11)『平泉寺史要』「山家弐人ニ申渡覚」三七九ページ、平泉寺村役場、昭和五年

(12)前掲(11)「今般御頼申上山人仕候ニ付定証文之事」三七九～三八〇ページ

(13)前掲(11)「一作請証文の事」三八九ページ

(14)前掲(11)三八二ページ

(15)前掲(13)

(16)前掲(8)、「35　牛首村百姓出作御請証文」四三〇、四三一ページ

(17) 前掲(8)「越前国大野郡平泉寺村宗門御改帳」四〇二〜四二九ページ
(18) 前掲(11)「御山手、桑畑運上の一覧」三八〇〜三八二ページ
(19) 勝山市史編纂室に、勝山郵便局作成の配達用地図二枚と、谷局作成地図一枚が所蔵されている。谷局作成図に「明治二十九年現行」とあるので、他の二枚もその頃のものと思われる。すべての出作り地が詳細に記されている。
(20) 前掲(11)の付録地図「福井県大野郡平泉寺村図」の山家に四戸の住居を記す。
(21) 前掲(8)「7 山番役怠慢につき詫証文」八四三ページ
(22) 前掲(5)二七ページ
(23) 石井昭示『越前北谷物語』四五、四六、一四九ページ、木犀舎、平成十年
(24) 前掲(4)六〇八〜六一三ページ
(25) 前掲(6)「嘉永二年杖村地内持分地見帳」六九三ページ
(26) 前掲(2)文書一
(27) 前掲(5)七三〜八〇ページ
(28) 前掲(5)八一〜九〇ページ
(29) 前掲(5)七九ページ
(30) 前掲(5)八六ページ

二　垂直方向へ進出した極高出作り群
――根雪期間六ヶ月の大杉谷北俣出作りの終焉

五万分の一地形図「白峰」、旧白峰村(現白山市)地内大杉谷川右岸に「北俣谷」の支谷地名を見出す。北俣谷は、砂《すな》御前山《ごぜん》(一三二六m)を水源とし、その谷筋には昭和九年手取川大洪水時六戸の出作り群があった。水害被害で一戸が転出、五戸は戦後も経営したが、昭和三十五年最後の一戸転出で、「北俣」とよばれてきた出作り共同体は消滅した。

六戸の居住地は、白峰集落より約八キロ隔て、海抜は最低部の中村家八四〇m、最高部の藪家一一〇〇mの間に位置

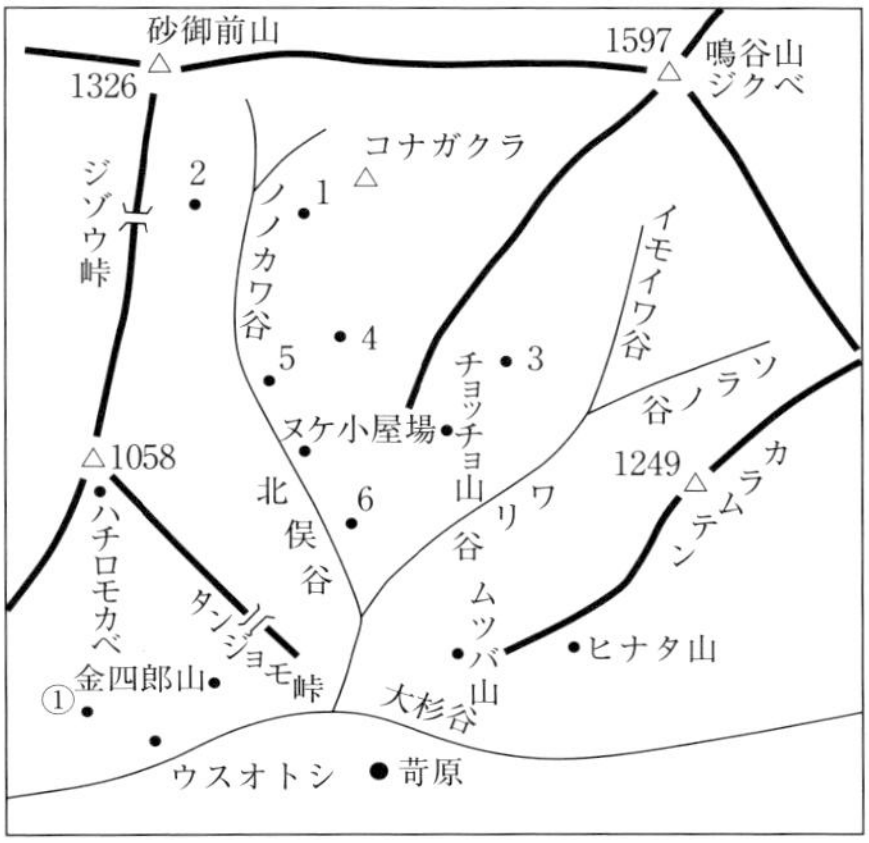

図1　北俣谷周辺の概念図

表1　出作りの垂直的分布

海抜高度	出作戸数	百分比
m	戸	%
300-400	33	4.2
400-500	76	9.7
500-600	108	13.8
600-700	211	27.0
700-800	168	21.5
800-900	126	16.1
900-1,000	45	5.7
1,000-1,100	16	2.0
合　計	783	100.00

（田中・幸田・佐々木による）

する。これら出作りは、白峰村領域内では極高地の出作り群である。六戸のうち、幸いにして四戸に関しての聞取り調査が可能であったので、極高出作りの具体的生業の移り変りと、転出廃絶を選択するまでの過程についての実態の概略を紹介、あわせて白峰村白峰地内に約二六〇戸[1]もあった焼畑・出作り、豪雪山中で孤立して生業を営む稀有な出作りの終焉記としたい。

「北俣」[2]の出作り群を「極高出作り」と位置付けしたことは、出作りの垂直分布を示した表1で理解してもらえると思う。幸田清喜氏らの調査は、五万分の一地形図に見る家屋記号からの判読である。農業集落の最高地としては乗鞍岳東麓の長野県番所（一二四〇～一三四〇m）が著名である。北俣は、番所よりは低位置にあるが、積雪量では格段に多く、多雪地の高冷地であることには変らない。

表2　北俣の出作り群一覧

地図番号	姓・屋号	海抜高度m	土地所有	居住形態	廃止年・転出先
1	薮　与八郎	一一〇〇	持山	ウラの山①より季節出作り	昭二七・勝山
2	永井　小新右衛門	一〇七〇	請山	永住出作り	昭二三・勝山
3	種　伍助	一〇三〇	持山	風嵐より季節出作り	昭一〇・勝山
4	永井清八	一〇二〇	持山	永住出作り	昭二五・勝山
5	織田織松	九四〇	持山	永住出作り	昭三一・鶴来
6	中村滝蔵	八四〇	持山	風嵐より季節出作り	昭三五・風嵐

写真 1　白峰村苛原より北俣・ワリ谷（中央より右）・ノノカワ谷（中央より左）を望む　手前は愛宕末太郎家出作り住居

写真 2　鎌で切り起したツヅレ
落葉は低温のせいで半腐植となる.

海抜一〇七〇m、南斜面の小新右衛門小屋場での根雪は、十一月十～二十日頃より始まり、終りは四月十～二十日頃までほぼ一年の半分は雪に覆われる。最深積雪量は平均四～四・五m、多い年は五mにも達した。このような積雪環境は、人間の居住条件さらには焼畑の農耕条件として決して良くはない。各谷筋には、それ以上の海抜高度では焼畑の生産性が極度に劣るという高度限界「作り境」[3]がある。北俣の出作りは「作り境」の境界線上の山地にある。北俣での焼畑には、「作り境」に順応した技術、集約的な労働力で対処していた。

1　「作り境」での焼畑

①　気象条件とムツシ

ムツシとは、おおまかに焼畑に適する山地を指す[4]。出作りの食糧確保は焼畑に依存した。ムツシの地表面は、半腐植の落葉層ツヅレ[5]が広がり、除去するのに手数がかかった。落葉は、低温で腐植が進まないのである。水分の少ない乾燥地や、地形的に風の通過地で水分が蒸発気味の場所でも腐植が進まないのである。北俣は大地形上、峰部に近いので降水・水分を下方の谷部へ送る場にあたり、全体的に乾燥気味である。風の通過地の山地・ムツシでは、半腐植層が発達して層化し、この層に木の細根が縫うようにはびこってキルティング状となり、鍬での耕起は出来にくい状態となる。小新右衛門家では、ツヅレが厚いときは鎌を使って起して乾燥し、火入れ時に燃料素のヤキシロと一緒にして燃やした（写真2参照）。ツヅレが薄いときは、燃料素のヤキシロを燃やすとき、ゆっくり時間をかけて地表ツヅレを燃やした。「作り境」という高冷地で、しかも乾燥気味の山地におけるブナ・ミズナラ林のツヅレは、火入れ作業の際、より集約的な労働力を使って処理しなければならなかった。

② 焼畑の伐採作業

焼畑の最初の仕事が伐採である。標準的な焼畑の伐採は、休閑地で植生が回復した二次林を伐採したので、ネゾレが多くタチキが少ない。北俣のムツシは、植生的にミズナラ、ブナ、ハンノキ等のタチキワラが多く、それを伐採した。北俣の伐採は、最夏の土用と春先の二回に分けて行った。夏の伐採は「土用伐り」と言い、樹林の低い下層木や草を刈る。補足すれば、積雪で埋まってしまうものを伐って放置しておく。翌年の春先に雪質が固くなって歩行しやすくなると、「春木《はるき》山《やま》」をした。春木山の主目的は薪の伐採・運搬であるが、北俣では焼畑の伐採と、炭の原木伐採をあわせて行った。春先、前年土用刈りした畑地斜面は、雪面より高層木だけが林立しており、この高層木を伐らねばならない。ブナ、ミズナラ等の大木は、丁寧に幹まわりの雪穴を掘って根元で伐ることもあった。

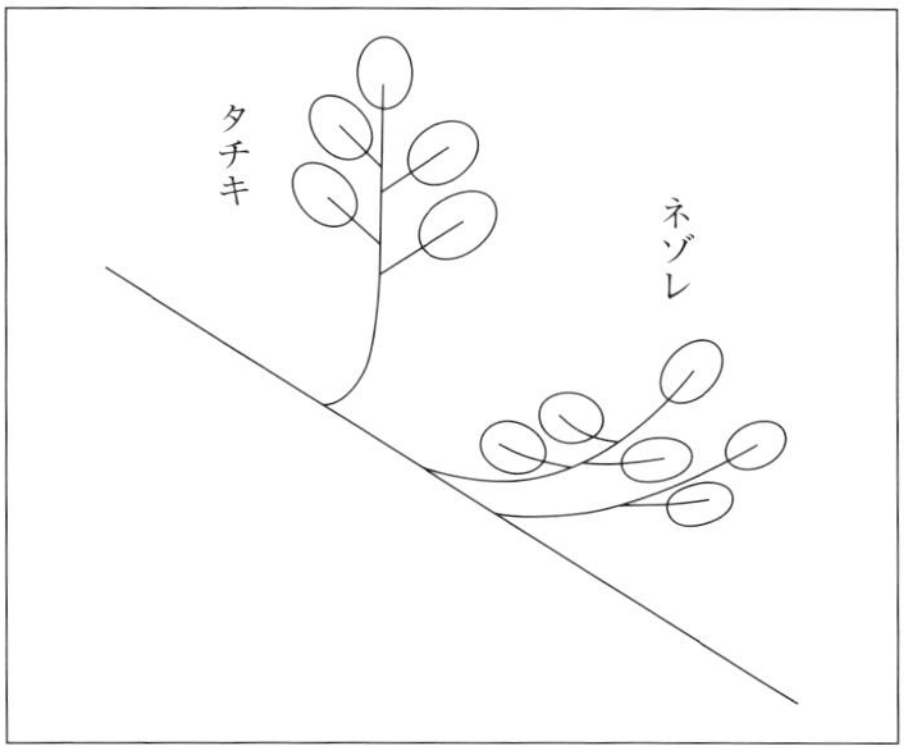

図 2　タチキとネゾレ

　この一連の作業は、固くしまった雪面の上で行う。この春木山の作業時、仮に雪がないと想定すると、前年土用刈りした低層木の上に春木山伐採時の高層木が倒され、低層木と高層木が混然となって、作業がやりにくくなる。春木山は高層木だけが雪面上にあり、低層木は積雪下に埋まっており、作業がしやすかった。このように、土用刈りと春木山伐りの二段階で行った焼畑伐採技法は、北俣ばかりでなく牛首川源流域の赤岩、三ツ谷、市ノ瀬等の標高の高い地域を含め、積雪量の多い出作り地で行なわれてきた。この春木山伐りは、火入れ時の燃料素ヤキシロをとると同時に、時には自家用燃料の薪や、時には炭原木を供給した。そして薪は出作り住居へ、炭原木は炭窯へそりで雪上運搬をした。多量の積雪は非常に便利が良かった。

表3　白峰村大杉谷筋の苛原、与次の山と北俣谷出作り群の雑穀品種名

出作り地 耕作者 海抜高度m	ヒエ 焼畑	ヒエ 常畑	アワ ウルアワ	アワ モチアワ	マメ 焼畑	マメ 常畑	アズキ 焼畑	アズキ 常畑
苛原、与次の山 長坂吉之助 七四〇	ナカテビエ サワビエ	コウボウビエ オソビエ	シロアワ コナボコリ	ムコダマシ キネフリ ネコデ	シロマメ	アオマメ クロマメ チャマメ ゼンコウジ ゴカイサンサン	チュウノクロ シロアズキ ウスグロアズキ	チュウナゴン
北俣谷 出作り群 一〇二〇～一一〇〇	ハヤビエ ゴクハヤビエ 四〇日ビエ	コウボウビエ	アカアワ	クロモチ ネコデ	トチノコマメ	シロマメ	シロアズキ ウスグロアズキ	シロアズキ

山人が初めて白山麓で焼畑を営んだときには、二次林的ムツシ植生ではなく、ブナ、ミズナラ優生樹林が繁っていたと思われる。また一〇〇〇m付近の耕作限界近い出作りは、樹木植生上もブナ、ミズナラ等のタチキワラを多く伐採したに違いない。このような高木林の伐採作業は、夏冬の二回に分けて行うと便利が良かったのである。この伐採技法は、白峰村の多量積雪地域で考案されたと推察する。天保年間の『続白山紀行』では、市ノ瀬地内の焼畑について「麓より此辺迄近年大木のぶなを下より二・三間の所より中伐して皆焼棄而幹ばかり残せり」と描写している。これは春木山の折、雪上で伐採作業をしたため、積雪量分の高さで幹が伐り残ったからである。

③　栽培農作物の品種限定

高冷地で、ツクリザカイ限界地の北俣では、早生種で対応しなければならなかった。概して早生種は、反当り収量が少なく味も劣るものが多かった。具体的品種名の一覧は表3で示した。

ヒエの早生種「四〇日ビエ」は、穂は小型で先が尖り、穀粒の実り方が疎で、穂を握ると中・晩生種の未熟穂のよう

にガサガサしていたという。北俣のヒエナギの反収は二俵半、ちなみに苛原《えらばら》では三俵半であった。反収が少ないから、当然北俣のヒエナギの経営面積は広くなる。調査出作りの四戸のヒエナギの年次別作物は、一年目ヒエ、二年目アワ、三年目マメ、四年目アズキ、五年目ソバで共通していた。焼畑の年次別作物調査では、同じ谷筋で隣り合う出作りでも異なる事例が多い傾向の中で、北俣の出作り群では共通している。

アワはもっぱら焼畑だけで栽培する慣行で、粳《うるち》種と糯《もち》種の作付割合は七対三ほどであろうか。トチノコマメは、種皮がトチの実色で、粒が小さく升嵩が少ない。また豆腐・味噌・煮物にしても味は劣るが、高冷地の焼畑に適していた。ウスグロアズキは、特に寒さと雑草に強かった。種皮が白がかった薄黒色で、粒は小型である。瘠せた土地にも強く、実が収穫前に自然に脱落して多量積雪下で自生を繰り返すほどである。播種しないで自然生えをする作物を「フルセ」といい、フルセのウスグロアズキは年寄りのへそくりになっていた。

北俣の出作り群が、「作り境」線上の山地に散在していた事実は、とりまく環境を克服・順応した生業・生活を成り立たせていたからである。極高出作り四戸についての生活実態を、海抜高度順に紹介する。

2　藪与八郎家（標高一一〇〇m）

藪家の屋号は与八郎家、初代名に因んだものである。鶴来町加藤マツエ氏（大正九年生）は二十歳のとき、三ツ谷の加藤仁助家へ嫁いだ。加藤マツエ氏に、藪家が北俣から転出するまでの記憶をたどってもらった。父藪由三郎は三代目。初代、二代は与八郎山、通称「奥の山」（一一〇〇m）での永住出作り(6)であったが、三代目は大杉谷右岸苛原《えらばら》地内、通称「臼落し」付近の山地を購入後、冬場はこの「裏の山」（七八〇m）で過ごす季節出作りへ変わった。奥の山と裏の山との標高差は三二〇m。裏の山は、奥の山より高度が低いので冬は幾分しのぎやすかったが、山林が「カセジ」というやせ地で樹木・作物の育ちが悪く、焼畑・養蚕等の条件が奥山より悪かったので、生業は五月上旬に奥山に登って営んだ。冬場、奥山の出作り住居の除雪は、嫁入り前には父親が一人で三回ぐらい登って雪下ろしをした。季節出作りは、冬場は麓の「ジゲ」という集落で過ごすのが一般的だが、藪家が冬場で過ごす裏の山も「出作り」の概念に入るもので、北俣の薮家は「出作りの出作り」、「又《また》出作り」とでもいうべき性格のものである。

与八郎山は、ほとんどブナでミズナラもあった。ブナを伐採して炭を焼き、その跡地で焼畑を、さらに焼畑跡地にヤマグワを栽植して養蚕をした。焼畑火入れ初年にヒエを作るときは「ヒエナギ」といい、初年次にダイコンを作るときは「ナナギ」という[7]。北俣のヒエナギの年次作物はヒエ→アワ→マメ（大豆）→アズキ→五年次はソバかエゴマである。北俣のヒエナギのヒエ反収は高冷地のせいで二俵半と少なかった。標準は三俵半。反収が少ないから、当然ヒエナギの経営面積を広くしなければならなかった。現金収入は、炭・繭・麻布・ワサビ等に依存した。寒冷地なのでヤマグワの芽吹きが遅かったので、養蚕は一回だけ。ほとんどの出作りは春蚕・夏蚕の二回行っており、北俣は不利であった。アサは常畑で栽培し、冬仕事に織りあげた。また冬仕事として、夏にイラ（ミヤマイラクサ）、オロ（アカソ）を刈って、皮をはいで糸を作り布に織る。この布は船の帆に使うと聞いている。与八郎山には、ワサビに適する清水が湧き出、自給用に栽培、時に良好なものは現金化した。

高冷地の自然が、生活・生業にマイナスに影響する部分が多い中、一つだけプラス面をあげれば、高冷地なので山菜の生長が抑制され、春から初秋までの長期間多種の山菜が野菜代りに活用できた。例えば北斜面のフキは、白峰の盆祭り九月十三日前に採取、白峰の親戚への中元に贈れるぐらい、遅くまで食材として利用できた。ノノカワ谷をはさんで対峙していた小新右衛門出作りは、見通しが効き、何かと心強かった。両家は申し合わせて、急病人・不幸の発生時は、莚《むしろ》旗を立てることにしてあった。小新右衛門家は昭和二十三年に転出し、父親らは急に寂しくなった。又出作りの薮家は、二ヶ所の住居建築の維持保全が過分な負担であったこともあり、昭和二十七年、勝山市へ挙家転出した。

3　永井小新右衛門家（標高一〇七〇m）

初代小新右衛門の屋号は、尾添地内目附《めっこ》谷源流の永住出作り新右衛門家より、分家したことに因んだものである。四代目のとき、鳴谷《なるたに》峠を越えて砂御前山直下の現出作り地に転居したといわれており、北俣の草分けの家柄としている。小屋場敷地内に「焼《やけ》屋敷」という場所があり、石垣と池（融雪池らしい）をめぐらした住居跡がある。これは大正十三年の失火により、間口五間、奥行八間の出作り住居を焼失した跡地である。その直後、間口三間、奥行六間、前に玄関と後ろに仏間を各九尺付け出したネブキ小屋[8]を新築した。付属してセンジャ（大便所）一棟、ヌケ小屋（強風避難小屋）一棟が別棟であった。注目すべきことは、母屋・便所・避難小屋がすべてネブキ小屋であった事実である。ネブキとは、端的には茅屋根をそのまま地面に置いた形・構造をした建物で、外観は悪いが、耐雪・耐風上、利にかなった建築様式であった。

写真 3　白峰村赤岩の山下石松家の出作り住居ネブキ小屋　永井小新右衛門家もこの型式で，山下家より二まわり規模が大きかった．左側は外便所．

小新右衛門山は緩傾斜地に恵まれ、水田・常畑各々二反を開拓し、ヒエは水田二反と常畑一反で栽培したので、焼畑面積は他家より狭くてすんだ。焼畑の火入れは、ヒエナギは六月五日前、ナナギは七月土用の五郎（五番目の日）前に終える慣行であった。小新右衛門家の代々は、落葉樹を原木とした各種木製品を作る山樵活動をしてきた。出作り小屋場は標高が高く、以高地には居住者がいないこともあって、ブナ・ミズナラの良い原木を求めて探索しやすい。続く伐採、雪上運搬するにも最適地であった。ブナ・ミズナラからは鍬・斧《よき》等の柄を、イタヤカエデから山樵用楔《くさび》を、ミズメからそり滑走板を、ネズから看板の原木等を製作して稼いだ。良質の原木が多量にある場所には、前年秋にネブキ型式の作業小屋を作り、翌春、雪質が固まり雪上作業がしやすくなり、目的地へ最短距離で行けるようになると、宿泊して山樵活動をした[9]。作業小屋は「捧小屋」といい、通称「ジクベ」（鳴谷山、一五九七ｍ）や、「ナナコバ山」（一五〇四ｍ）に建てた。

北俣の越冬生活の準備は、根雪が始まる十一月中旬までに終了しなければならなかった。一年の半分は雪の下なので、その間、屋外作業はむつかしく、まず薪の確保を段取りした。薪のための伐採はしない。焼畑の伐採時、炭は原木伐採と薪用伐採をあわせておこなった。薪の太いものは「バイタ」、これを幼児がいるときは四尺、いないときは五尺の長さに伐った。冬期、幼児が室内で遊んだとき、いろりでのバイタが長ければつまずく危険度すなわち火災の危険度が高いからである。バイタは、春先そりで雪上運搬し、木棚を一二坪以上作った。一坪とは、幅・高さ各六尺立方尺の容積で、北俣では一ヶ月に一坪というのが消費量の目安であった。伐採した樹木を薪に多く費してしまうと、焼畑火入れの際の燃料素が少なくなってしまうので加減しなければならない。

越冬用米「冬米」は白峰から三俵、一日一俵を担ぎ、三日を要した。水稲栽培はしないので、稲藁は福井県北谷地区から谷峠経由で、それぞれ背負い運搬した。稲藁は草鞋《わらじ》・草履《ぞうり》・雪深靴等の藁製品材料として必需品であった。稲藁購入には現金が入用なので、周辺山地の自生植物を代用して現金出費を少なくした。具体的にはスゲ・シナ（シナノキ）・ウリナ（ウリハダカエデ）、半栽培のガマ・ミノギ・ミョウガ等を採取して、その繊維を稲藁の代りとした。

現当主は八代目竹男氏（昭和二年生）、十四歳のとき勝山市の事業所に勤務、十五歳のときから夏場は市ノ瀬の永井旅館に勤め、雑務をするかたわら旅館必需品の運搬「歩荷《ぼっか》」を務め、冬場は北俣の出作りに帰るという賃労働中心の生業に変えた。二十一歳、昭和二十三年北俣の出作りを廃絶し、市ノ瀬の永住出作りとして定着、永井旅館勤めを続け、登山案内人をするときもあった。聞き取り時の平成二年、勝山市からの季節出作りとなり、土木建設業に従事している。

4　織田織松家（標高九四〇m）

現当主は三代目織吉氏（大正七年生）、初代は苛原の永住出作り織田仁平家の分家で、屋号は織松。屋号は初代に因んだもので、初代より北俣で永住出作りをしてきた。

母屋は間口四間、奥行六間、蔵は九尺四方。その他、センジャ（大便所）、水を利用して搗《つ》く唐臼小屋、「コゴヤ」という避難小屋の三棟がネブキ型式であった。コゴヤは、強風時に母屋が倒壊の危険性が生じたときの避難小屋で、下方の中村滝蔵家も強風時には握り飯持参で避難してきた。

最深積雪量が常に四m以上もある積雪期、永住出作りはどのような生活をしていたのであろうか。茅屋根の除雪は、毎年五、六回はやらねばならなかった。茅屋根の妻側に照明と通風を兼ねて障子戸をしつらえ、「マド（窓）」といっているが、冬は玄関口が雪で埋没してしまい、茅屋根のマドが冬の出入口となった。積雪が茅屋根の軒先より高くなり、屋根雪は「下ろす」というより「上げ」ねばならず厄介であった。まず茅屋根の周囲を軒先と同じ高さに除雪し、そこへ筵《むしろ》を敷きつめる。次に、筵の上に屋根雪を下ろして積み上げる。その後、筵を引っ張って、離れた場所へ雪を移動して捨てるという三段階の作業である。北俣の茅屋根除雪は大変な重労働であった。

積雪期、永住出作りを結ぶ生活道路はどのようであったのだろう。織松家の隣家は、与八郎、小新右衛門、清八家で、夏道は織松家から三方向にあった。冬の雪道は、夏道に準じて相互に雪踏みして固め、踏み跡をつける慣行であった。具体的には、季節出作り与八郎家は無人となるので、小新右衛門と清八の二方向に冬道をつけた。両家ともに一〇〇〇mほど離れているので、各自が住居から約五〇〇mを分担、晴天で天候が安定した日に雪道を踏み固める「ユキフミ」をした。降雪の日には冬道が跡形もなくなることの繰り返しを、際限なく行っていたのである。正月元旦（二月正月）の年頭挨拶は、晴天時には雪踏みを兼ねて早朝の五時より家を出、隣家への出作りへ六時頃に着くときもあった。

出作りを含めて共同体でおこなう親鸞忌は、北俣では「お七昼夜《しちちゅうや》」とも「お仏事」ともいう[10]。北俣のお仏事は、苛原の出作り群（一二戸）と共同でおこなっていた。お仏事は普通四日間だが、北俣・苛原では十二月二十三日より二十八日までの六日間、寄合で講宿を決め、一軒より三、四人がお参りしておこなう。白峰から遠く離れているので僧侶を招かず、正信偈・御文を勧めた後お斎《とき》をする。二十八日以外は午後集まり、暗くなるまでにすます。二十八日は「オシアゲ」といい、特別、白峰より米麹を求めてヒエ・アワの濁酒を作り、各自が持ち寄った手前料理で飲食した。お斎の後は、「茶場《ちゃーば》」といって茶を飲み、一年の回顧や世間話で、若衆は宝引《ほうびき》や花かるたで煙草を賭けて興じ、朝方まで過した。この頃は二月正月であったので、二十八日以後年明けまで十日間も仏事をした年もあった。お仏事は宗祖親鸞への報恩というより、冬場の出作り地にとっては唯一無二の楽しみの場であった。講宿は遠いときは約三キロも離れていたが、お参りができたのは、出作りが相互に中間地点まで雪踏みする慣行が定着していたから、たやすく出来たのである。極高出作り群の積雪期生活には、平野部では考えられない生活実態があった。

三代織吉は、男五人、女二人、七人兄弟姉妹の四男である。長男は招集されるまで父の仕事を手伝い、昭和十二年、日中戦争で傷病死した。三男は招集まで白山砂防工事に従事し、昭和十三年、日中戦争で傷病死した。四男現当主は、小学校六年卒業後、日給四一銭で福井県勝山の繊維工場へ、その後、白山湯の谷の支谷、丸岡谷砂防工事に勤めた。昭和十五年に招集を受け、満州、トラック諸島と従軍、昭和二十一年帰国した。次男、五男はともに幼少時に病死した。

白山直下では、アワの収量について「アワと子供は半ばどり」という。意味する内容は、単位面積当り収量の比較では、アワはヒエの半分しかとれないことであり、それは乳幼児が半分しか生存・成人しないのに通じることを表している。織田家では五人出生の男子中、次男・五男は少年期を待たず死亡した。「アワと子供は半ばどり」の例えそのものである。成人した長男・三男・四男は戦争に招集され、長男・三男は戦死、四男だけが生還したというのは、戦争に明け暮れした日本近代史の反映そのものといえよう。

初代、二代の生計は、出作りを基とした伝統的林野利用である。現金収入は、春蚕《はるこ》・夏蚕《なつこ》合わして繭約一五貫、炭千俵、麻布、焼畑産ソバ等に依存した。アサは常畑で作り、清八家の麻釜、麻蒸桶を使用させてもらい、皮をむき、女の冬仕事で織った。時代推移とともに、山村の消費支出がかさばり、大正末期より若年労働力は、白峰村に最も近接する都市部へ出向くようになる。それは福井県勝山の繊維工場を中心とした事業所群であったが、昭和二年、白山の国営砂防工事が本格化すると、若年労働力の勤務先が村内領域であったことが影響して、白山直下の柳谷、甚之《じんの》助《すけ》谷、丸岡谷の工事現場へ賃金稼ぎに積極的に従事した。つまり二代の生業は、焼畑中心の伝統的林野利用、ところで三代織吉の時代になると、工場や土木工事に勤務しての賃金稼ぎが主となってくる。特に白山砂防工事の本格化は、北俣を始めとした白峰集落以南の出作りの伝統的林野の縮少、いわゆる焼畑・出作りの衰退に影響を及ぼすようになる。四男の現当主織吉と、長男、三男の織田家三人の生業履歴は、白峰村の出作りの変貌を物語る際、その代表的事例と言えよう。

5　中村滝蔵家（標高八四〇ｍ）

現当主は三代竹男氏（大正十三年生）、初代は滝蔵で、福井県勝山の一本松より風嵐《かざらし》へ移住。北俣から北海道へ転出した人の山地を購入、風嵐からの季節出作りとなった。出作り住居は、間口三間、奥行六間。別棟に三間・四間の養蚕小屋、九尺四方の蔵、大便所等三棟があった。中村家は、北俣の出作り群では最低部に位置したので、気象を含めた環境条件は一〇〇〇ｍ付近の出作りより優れていた。また、家族数が八、九人と多かったせいで、伝統的林野利用の規模を大きくして、出作り廃絶まで経営した。具体的にはヒエナギの最大規模は二ヶ所を焼き、稗三二俵を収穫した。平均三

○俵内外を経営していた。さらに女子は養蚕を分担した。桑の葉を摘むクワコキのとき、マブシから繭を外すとき、繭の毛バを外すときなど、女の指先仕事が男より優っていた実情もあり、女は養蚕、男は炭焼きと役割分担をして生業を営んだ。養蚕では、焼畑跡地のヤマグワを丁寧に管理し、高冷地での桑の育ちが劣るので、なるべく給桑量を少なくしても繭の収量が減らない技法に心がけた。例えば、養蚕時は室内温度を上げるため夜もいろりで薪を焚く、野鼠が侵入して蚕を食うので猫を飼う、魚の焼煙と匂いを蚕が嫌うので養蚕時は魚を食べない、等々が含まれる。春蚕・夏蚕で繭平均六〇貫の収量をあげた。自家掃立《はきた》てを止め、二眠の稚蚕を白峰から求め、ヤマグワ一七〜一八貫で繭一貫をとり、他の出作りの範となっていた。ちなみに苛原標高七四〇mの出作り長坂吉之助家の住居は、間口四間、奥行七間半の三階建ての典型的養蚕構造であるが、年平均繭収量は五〇貫である。[11] 滝蔵家の六〇貫の数値は、長坂家の五〇貫と比べ平均以上であることが理解できよう。また、炭焼は一八〇俵焼と八〇俵焼、すなわち大小二つの炭焼窯を構築し、家族の集約的労働に頼って二つの窯を交互に利用、窯を休むことなく年間一五〇〇〜一九〇〇俵を焼き続けた。養蚕は昭和三十二年頃に、炭焼は三十五年に廃止した。

以上、極高出作り群六戸中四事例を概説した。その各々がそれぞれ生業上特色があった。その特色が転出廃絶年の差となったようである。

　与八郎家は、始め永住出作りであったが、後に標高の低い山地を購入し、冬場は居住条件の良い低地出作りで生活した。つまり夏場は高地出作りで生業を営み、冬場はしのぎやすい低地出作りで冬籠りした。この事実は、出作りの発生を考える上で大切な問題を含んでいる。白峰村の多数の出作りと中心的集落に関して、焼畑を含めた林野利用上では、山中に散居村的に住むいわゆる出作りが先行し、その後交易や信仰上の要として、居住条件の良い低地に、中心的集落が発生したとする仮説がある。与八郎家の行動様式は、生業はより条件の良い高地で、生活はより安定した低地という行動で、先の仮説を裏付ける事例として貴重である。

　小新右衛門家は、冬季にブナ、ミズナラ等を原木として山樵《きこり》活動を行って現金収入とした。このような亜高山帯の樹木を利用する生産活動は、むしろ焼畑の高度限界地に居住した方が有利である。小新右衛門家は山樵活動をしながら、極高地で農耕条件や居住性で良好な小屋場を見つけ住みついたと推察する。南西斜面の小屋場には、湧水や平坦地に恵まれ、ヒエ田が約二反、常畑が二反ひろがっていた。ヒエ田の収穫は、焼畑の一・五～二倍で格段に多くとれた。小新右衛門山は標高が高い割には農耕条件が優れ、焼畑依存度が少なかった希な事例でもあった。

織田織松家は、標準的な永住出作りであった。現当主の男兄弟五人中、次男・五男の二人は幼少時に死去。長男は出作り家業なかんずく伝統的林野利用を受け継ぎ、後に戦死。他の三男、四男は福井県勝山の事業所、白山砂防工事の賃労働に従業中招集され、三男は戦死。残った四男は家系を継ぐが、賃労働に重きをおいて生計をたてた。日本の工業化、近代化の上で、都市部が余剰労働力を吸収した先は、農漁山村のうち、とりわけ辺地山村であったことは衆知のことである。北俣の出作り群もこの例外ではなかった。現当主は、昭和二十五年、石川県鶴来町の事業所へ単身勤務、三十一年、北俣より挙家転出し出作りを廃絶した。

中村滝蔵家については、初代が勝山一本松より移住してきた歩みに注目したい。一本松は九頭竜川の支谷浄土寺川源流山地にあり、白峰の越境出作りが開いた地で、安政七年（一八六〇）、藩より「永代一本松村立て」を受けて、出作り群が独立した村として認められた所である。[12] 中村家の先祖は、たぶん風嵐より谷峠を越えて一本松へ出作りとして移住、時代が移って滝蔵は出自地の風嵐へ戻り、そして生業は北俣への出作りで営む選択をしたものと、大胆に推察した。

中村家は、篤農家的出作りであった。焼畑跡地のヤマグワ管理を良くし、女子はきめ細かい養蚕技術で、男子は炭窯を二つ作り、年中どちらかの炭窯が機能するという方式で人一倍働き、高い収益をあげてきた。このような家族一体の林野利用でそれなりに成功した出作りは、出作りの廃絶になかなか踏み切れないものである。林野機能の低下で他の出作りが消えていく中でも、中村家の出作りは継続していくが、エネルギー革命で炭価格が急落して労働意欲がもてず、昭和三十五年、炭焼廃業と出作り廃絶を同時に行った。織田、中村両家は山村人口流失現象そのものの該当例と言えよう。

注

（1）加藤助参「白山々麓に於ける出作の研究」（『京大農業経済論集』第一輯二七〇～三五一ページ、昭和十年、養賢堂）に記載する白峰村白峰の出作り戸数二六二戸を参考にした。

（2）幸田清喜・田中啓爾「白山山麓に於ける出作り地帯」（『地理学評論』三巻四・五号、昭和二年）に記載した数値を、佐々木高明が百分比に算出して表化したものである。

（3）橘礼吉『白山麓の焼畑農耕――その民俗学的生態誌』七六～八〇ページ、白水社、平成七年

（4）前掲（3）六一～六五ページ

（5）前掲（3）九八～一〇一ページ

（6）出作りは三つに大別して、夏も冬も年中山地で生活するものを「永住出作り」、冬季に集落に帰るものを「季節出作り」、出作り地で宿泊せず集落から通うものを「通い出作り」とした。

（7）焼畑を白山麓では「ナギハタ」または「ナギ」という。火入れ初年次の作物によって呼称が異なる。初年次ヒエのときは「ヒエナギ」、ダイコン・カブのときは「ナナギ」、ソバのときは「ソバナギ」という。

（8）橘礼吉「石川県白山麓の出作り住居」（『中部地方の住い習俗』一三～二六ページ、明玄書房、昭和五十九年）

（9）橘礼吉「白山麓石川県白峰村河内のコシキ作り――焼畑民のブナ林利用の具体例」（『石川県白山自然保護センター研究報告』第一三集、六五～七七ページ、昭和六十一年）

（10）小倉学「第一部白峰村の信仰」（『白山麓――民俗資料緊急調査報告書』六七～七〇ページ、石川県立郷土資料館、昭和四十八年）

（11）橘礼吉「第一部住生活」前掲（10）『白山麓』二一ページ

（12）『勝山奥山の歩み――芳野原開拓』二七ページ、勝山市教育委員会、平成七年

第三章　豪雪山中の一軒家出作りの特色——出作り住居と小屋場の実態

はじめに

出作りとは言葉の意味から、「集落より出て耕作する」という事実を指す。出作りでは、ナギハタとよぶ焼畑で主食の雑穀を作る。またキャーチとよぶ常畑で桑や野菜を作る。住居（小屋）・倉の建つ敷地と、とりまく常畑や有用樹植栽地を含めて小谷場《コヤバ》という。

出作りが廃絶無人となると、冬場の積雪で住居の茅屋根が抜け、倒壊してしまう。調査中、強風通過地に建つ出作りや、さらには分家新築出作りの建て方はネブキ小屋であったことの教示をうけた。ネブキ小屋とは、屋根を直接地面においたような形の住居で、早く廃絶されたので倒壊して残っていないとの情報であったが、昭和四十四年八月、大道谷《おおみちだに》五十谷《ごじゅうたに》でネブキ型式の尾田《びた》敏春家に出会い感動する。その後、文化庁建造物課による建築学上の調査を経て、出作り地の五十谷から白山ろく民俗資料館の敷地内に解体移築し、昭和五十三年には国の重要民俗文化財となり、出作り尾田家は永久保存された。筆者は、ネブキ小屋内と周辺小屋場での春夏秋冬の奥山人の日常生活をまとめた（第一節）。

出作り戸数は、江戸時代末より明治初期頃が最多であったという。奥山の中で多くの人々が生活を支えられたのは、豪雪と寒冷でも育つヤマグワを焼畑跡地で作っての養蚕で、その稼ぎに負うところが大きかったこと、そしてしだいに養蚕が盛衰すると、出作りもその影響を強く受けてきたとの教示を受けた。昭和四十五年八月、下田原《しもたわら》上流の山口清太郎家を訪れた。一階建てと二階建ての茅葺住居が二棟、栗の大木脇に建っていた。建築資材、屋内の居住性で両者を比較すると、二階建ての方が優れており、その二階建てに住んでおられた。一階建ては納屋として使用されていた。かつては現在居住の二階建ては養蚕専用小屋で、一階建ての方は人間生活用住宅であったことを知り驚く。その理由は、人間の生活空間より養蚕空間がしっかりした造りで立派であったからである。「人より蚕を大切」として養蚕に並々ならぬ精力をかけてきた出作りの歴史を、格差の著しい二棟の建物に垣間見ることになり、山口家の日常生活での蚕と人とのかかわり方を記すことにした（第二節）。

昭和四十四年八月、大杉谷苛原《えらばら》の長坂吉之助家を訪れた。小屋場には母屋の他に大便所、納屋、倉があり、さらに強風時に避難するためのネブキ型式の「ヌケ小屋」もあった。そして苛原地内の隣家（隣といっても約七〇〇m離れている）永吉清正家にもヌケ小屋が作ってあった。強風という自然環境下、局地風の通過地で生活しなければならない奥山人の特殊な居住方式として、「ヌケ小屋」の利用実態記録を試みた（第三節）。

下田原・山口家の小屋場にはクリ・モモ・ナシの果樹があった。かつてはリンゴもあったが、子供の採取時に危険なので伐採してしまったという。果樹は実をつけるまで植樹後数年を要する。山中孤立の出作りでは、何世代にもわたって小屋場に実をつける有用樹を植栽していた。私家版『山下忠次郎家諸雑事記』の中に、大正八年出作り廃絶時の小屋場周辺図がある。出作り地は白峰地内雁山《がにやま》である。小屋場にはクリ一〇本、ナシ九本、カキ四本、リンゴ二本の他、スモモ・グミ等がある。出作り最盛期には、多種の果樹を植栽していた実態記録図であり、豪雪高冷地に適応する有用果樹により、食生活を豊かにしていた実態をまとめた（第四節）。

強風避難用のヌケ小屋を造っていた長坂吉之助家の先祖は、明治十年代に小規模ながら苛原鉱山を経営、失敗した経歴をもつ。さらに明治二十四年、柳谷鉱山の試掘を申請している。焼畑雑穀作りの出作りが、突然、山中奥山で金掘《かねほ》り。山師仕事が出来るわけがない。長坂家は、金掘り・山師の家系と思われる。聞き取り資料が中心であるが、鉱山経営に取り組んだ稀な出作りの事例として、長坂家をとりあげた（第五節）。

一　分家出作り住居・ネブキ小屋と小屋場
——五十谷・尾田敏春家

昭和四十四・四十五年、石川県は伊藤延男・工藤圭章両氏の指導で民家の緊急調査をした。[1] 昭和四十六・四十七年、石川県立郷土資料館は、白山麓の民俗資料緊急調査をした。[2] その当時、尾田家は、旧白峰村大道谷五十谷の忠《チユウ》の山（海抜七八五m、一八頁図3の②の場所）にあった。二つの報告書では、尾田家は出作り住居として素朴な原型を残しており、特に外観上、地面から茅壁が屋根の棟部茅屋根となって葺きあがったネブキ型式で、出作り住居ひいては民家の原型を残しているとの指摘を受け、注目されることになる。(3)

1　尾田家の歴史

尾田家は、五十谷の永住出作り北右衛門の次男忠次郎が分家した家で、屋号は「北右衛門忠《ちゅう》」。忠次郎は親元所有の山地に出作りを構えたのではなく、木戸口孫左衛門の所有山地を文久二年（一八六二）、二一年年期で借り受けており、(4)この頃に尾田家が建ったと思われる。

分家当時は永住出作り。生活・生業が安定した頃ジゲ（母村集落）に屋敷を借り季節出作りとなる。さらにジゲの住居が火災で焼失したのを機に、経費がかさばることもあり永住出作りに戻る。二代忠吉は孫左衛門から出作り先の山地を求め自己所有とする。三代忠松には子供がなく、四代初《はつ》氏は養女。日中戦争の従軍過労で夫をなくされた初が、当時乳児であった五代敏春氏を抱えて尾田家に入られる。昭和四十年敏春氏はジゲに家屋を購入し、永住出作りより季節出作りに変る。生計の中心であった製炭業に見切りをつけ、ワサビ栽培、椎茸・ナメコ生産、山菜加工等に転換されたが、四十五年秋、百数十年続いた忠の山での出作り生活は終りをとげた。

2　尾田家の環境

忠の山全体の地味はやせた方であった。理由の一つには、五十谷周辺山地のヒエナギ（ヒエ主目的の焼畑）は、火入れ後一年一作で施肥をせず、六年間耕作後、休耕する。具体的にはヒエ・アワ・ダイズ・アズキ・コナビエ（二回目のヒエ）・コナアワである。ところで忠の山では、地味が劣り、五・六年次のコナビエ・コナアワは作れなかった。理由の二つには、越冬野菜ダイコンの多収穫をめざすナナギ（ダイコン主目的の焼畑）は地力がなく不可能で、ダイコンは常畑キャーチで作っていた。以上二つの実態より、普通以下の地味であったと判断してもよい。

表1　金沢，白峰，忠ノ山の気温（単位℃），積雪量（単位cm）

日／場所	気温			最高気温			最低気温			積雪量		
	27	28	29	27	28	29	27	28	29	27	28	29
金沢（26）	10.7	11.6	13.8	15.2	18.0	19.4	5.9	3.0	6.6	0	0	0
白峰（482）	7.9	9.0	11.5	10.2	12.3	16.2	3.3	−1.1	8.4	80	73	56
忠ノ山（820）	デキズ	6.2	5.3	8.0	15.1	9.9	−3.7	−4.3	3.0	258	241	228

（昭46.3.27～28　忠ノ山の気温，積雪量は橘礼吉計測）

初雪は例年十一月上旬にあり、人間居住地としては、日本では最大限の降雪量地域に入るといえよう。昭和四十六年三月二十七、二十八、二十九日のわずか三日間だが、金沢・白峰・忠の山の気温、積雪量を比較したのが表1である。三月下旬、忠の山では二m五八cmの積雪量、このときジゲは八〇cm、金沢は積雪ゼロであった。雪融け季の三月下旬で二・六mだから、最深積雪量は五mをゆうに越えていたと思われる。

3　尾田家の小屋場

母屋の外観が最も特色的だが、それに触れる前に、母屋をとりまく敷地全体を俯瞰する。母屋・付属建物が建つ敷地をヤシキとよび、ヤシキと常畑キャーチを合わしてコヤバとよぶ。四十六年時のキャーチでの農耕はほとんどが放棄され、跡地には杉の植林が実施されて土地利用は一変していたので、図1はコヤバの復元図である。キャーチでの栽培作物は、ヒエ、シコクビエ、アズキ、ダイズ、ソバ、モロコシ、ササゲ、キントキマメ、トウモロコシ、ジャガイモ、サツマイモ、サトイモ、ダイコン、ニンジン、ゴボウ、ハクサイ、ハツナ、キュウリ、ナス、カボチャ、エゴマ、ホウキグサ、トマト、スイカ、ニンニク等多様である。

耕地は、キャーチの外にヒエ田が八枚あった。名称付きの田が四枚あり、面積の一番広いのはオオ田（大田）、後の三枚は二代忠吉の兄弟の名前で、「弟の田」という意味のオジガ田、次いで「末っ子の田」の意味のスエガ田、女きょうだい「おか」の名前そのものをつけたオカガ田である。たぶん、初代忠次郎が各々の子供にヒエ田を割り当て、田植、除草、穂取り等の栽培、管理を分担させていたときの名残りである。出作りでは、コヤバのキャーチ等の農作物栽培は、すべて女性・子供の労力で分担することが一般的

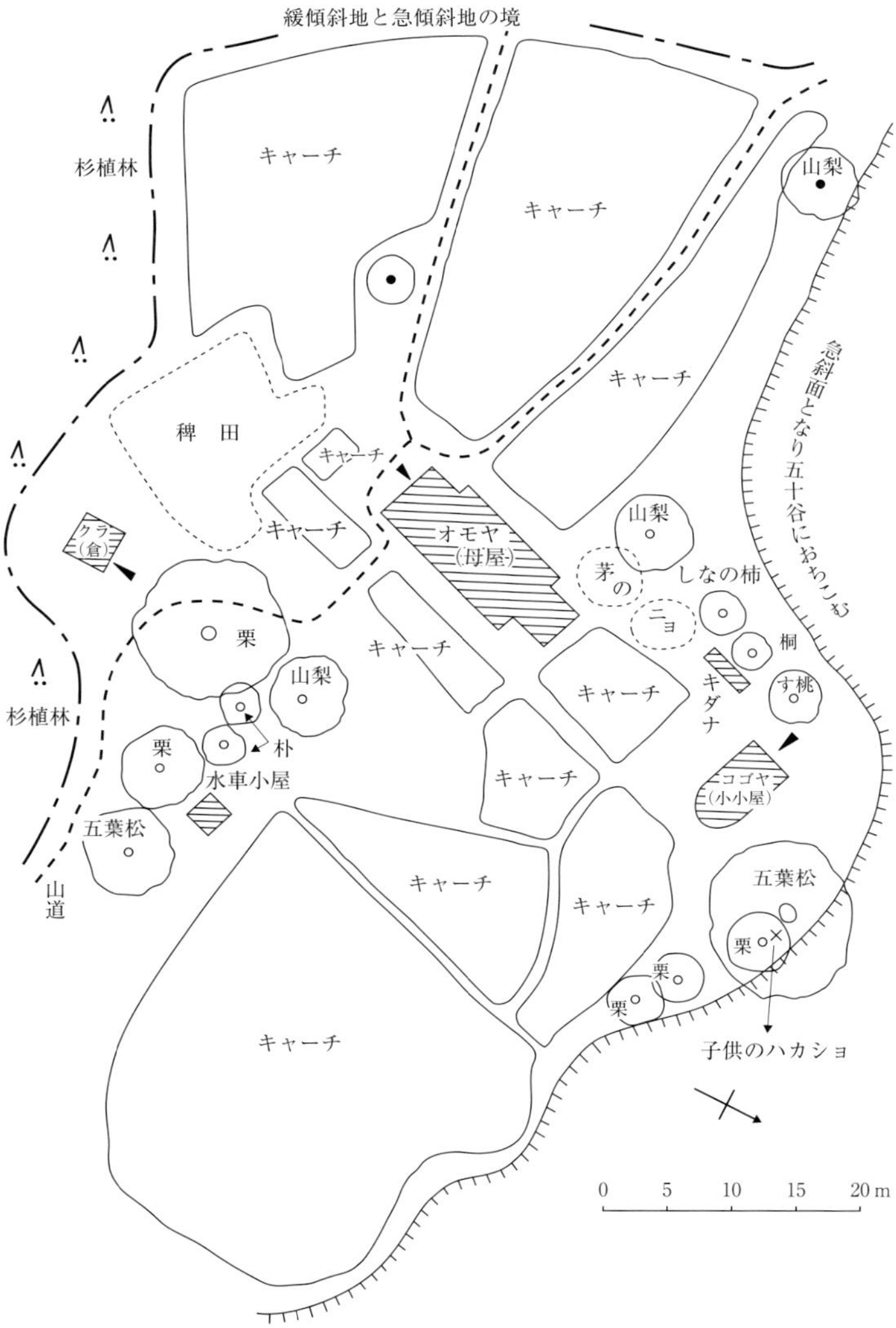

図 1　尾田敏春家のコヤバ　キャーチ，稗田は復原したもの，
水車小屋は昭和 48 年の調査時点で半壊していた．

であると聞いていたが、それを裏付けるものとして興味をひいた。

コヤバ計測時には八枚のヒエ田の境界は探れなかった。ヒエの水陸種は分かれておらず、その単位面積収量では、ヒエ田は焼畑の約二倍も多くとれる。だから出作りは、水利に恵まれると、狭くても水田を開田して主穀のヒエ作りをした。焼畑中心の出作りが、水田ヒエ作りにも力点をおいた営農実態を、尾田家の狭いヒエ田痕跡に見ることができる、関連してキャーチではアワは作らなかった。「アワと子供は半ばどり」という俚言がある。アワは焼畑二年目に作る。二年目アワの収量は初年目ヒエの「半穫り」すなわち半分という意味で、乳児死亡率が二人に一人と高かった時代の比喩である。さらに「キャーチでアワ作ると家絶える」と言い、効率の悪いアワを安定した耕地すなわち常畑で作るのは贅沢との意味を込めた俚言である。

尾田家のヒエ収穫は、ヒエ田で一俵、キャーチで五俵、焼畑で一〇俵を最小予定で耕作した。

コゴヤ（小小屋）はネブキ型式で納屋、クラ（倉）は厚い土壁のタテアゲで収穫穀類の貯蔵、水車小屋はヒエ・アワ・シコビエの製粉に使用。調査時、水車小屋は半倒壊し機能不全になっていた。

また、二ヶ所に茅のニョがある。雪囲い、茅屋根、屋内土間に敷く茅ドド用の茅を苅り取り、乾燥させて積み上げたものである。一方、コゴヤの近くに、越冬時のタキモンを準備貯蔵するキダナ（木棚）がある。

北側の一隅に子供のハカショがある。流産した水児や乳のみ児のモウジャ（死体）を土葬したと伝え、墓所に四角状の自然石を置き、脇に五葉松を植えてある。松の成長状態と初氏からの聞き取りから判断すると、初代忠次郎の代の子供の墓らしい。

写真 1　ネブキ型式のナバイ小屋外観　白峰村大道谷五十谷　尾田敏春家出作り住居

写真 2　多量積雪で埋まった尾田敏春家

写真 3　尾田敏春家のアワガキ（雪崩予防林）　倉の最上部のミズナラ林は雪崩発生予防のため永代に伐採禁止とする.

写真 5　箱仏壇と九字名号

写真 4　母屋・納屋（右側）・外便所（中央手前）がネブキ構造の出作り　白峰村赤岩の山下石松家出作り住居（18 頁図 3 の⑥の位置）.

写真 6　いろり（ジロ）周辺の生活空間

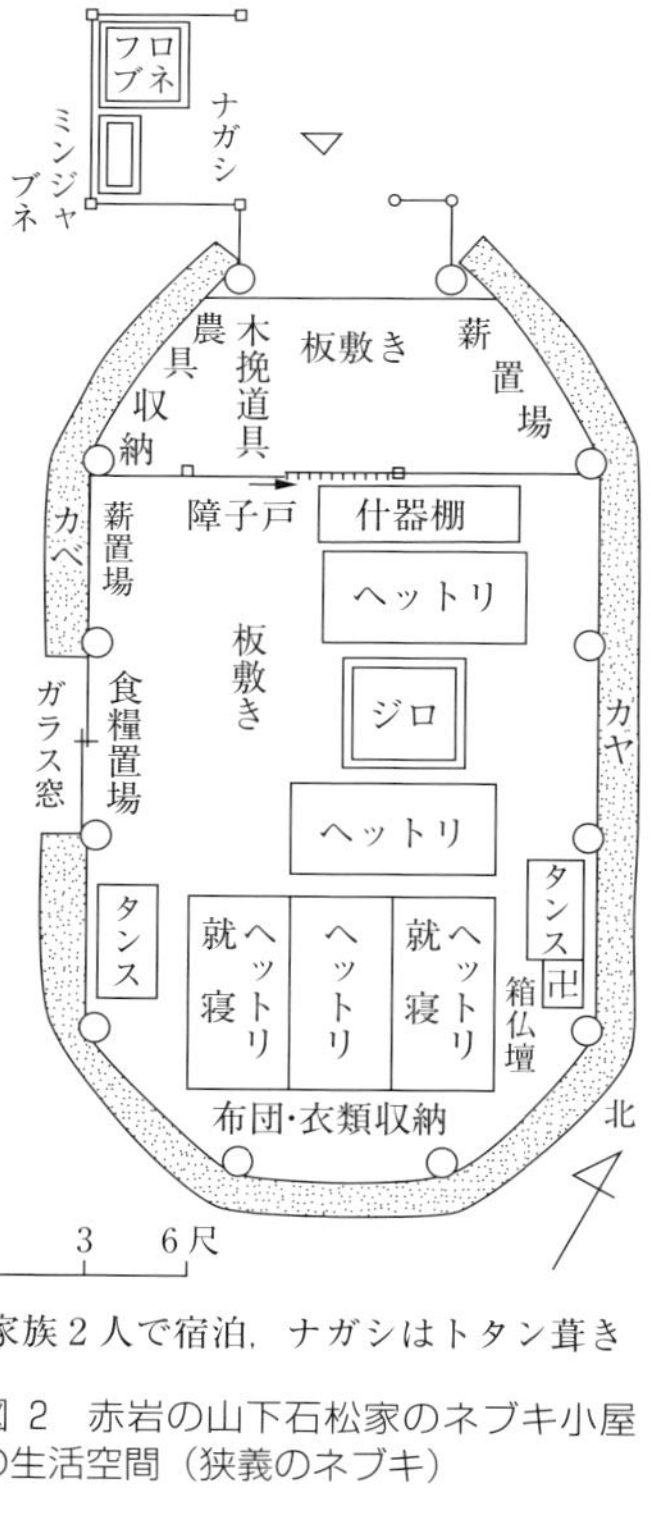

家族 2 人で宿泊，ナガシはトタン葺き

図 2　赤岩の山下石松家のネブキ小屋の生活空間（狭義のネブキ）

4　母屋の外観特色――ネブキ小屋について

昭和初期、大道谷五十谷の出作り群は一六戸、全戸が永住出作り。そのうち尾田家、木戸口ショウタ家、苅安《かりやす》トメ家の三戸がネブキ小屋であった。尾田、木戸口両家は分家出作りで、住居は分家時に建ったことが確実となったが、苅安家については、現家族生存者の聞き取りによっても分家出作りかどうかは不明であるが、分家出作りの可能性が強い。

収集情報により、ネブキ小屋には内部の構造差により三つの類型があったことが判明した。尾田家は構造上「ナバイ小屋」（後述）という数少ない事例であることが分った。（ネブキ型式に対し、いわゆる普通の建屋は「タテアゲ」とも「アシアゲ」ともいっていた。）

①　白峰村赤岩のネブキ小屋

通常「ネブキ小屋」と呼ぶときの構造は、石場の上にガッショウ（合掌）、妻側に追合掌を組み、床を全体的に小判型にする。合掌組を補強するためチュウロウとよぶ横木をネソで結束する。この型式が最も素朴なもので、小型で単室住居となる。昭和四十八年秋、この型式の季節出作りが旧白峰村赤岩地内、標高九二〇mにあることが分かり狂喜する。素朴で原初構造のネブキ型式の母屋、同じ構造の納屋と外便所の三棟が山下石松家の小屋場にあった。山下石松氏の御好意で、昭和五十年四月、残雪の中のネブキ小屋での宿泊、調査の便を受けた。昭和四十八年時の外観は写真4で、五十年時の住居内の生活空間実態は図2と写真5、6で示した。整理された屋内は広く感じ、特に箱仏壇中の九字名号を鮮烈に記憶している。季節出作りでは山入りや出山《ジャーマ》の折、名号や絵像を巻いて背負い運搬していたと聞いていたが、山下家で実例に出会い、奥山人は敬虔な真宗門徒であることを学んだ。

②　白峰村大道谷のロッポウ小屋

狭義のネブキ小屋を大型化し、構造的に堅牢にしたものを「ロッポウ小屋」という。ナラ・クリの先端が二股に分かれた自然木を、深さ約一mの穴を掘り地中に埋め立てる。すなわち掘立柱を構造の中心とする小屋で、この柱を「ロッポウ」とよぶ。次にロッポウの二股の上に桁をのせ、梁組み桝型を組みあげる。さらに合掌を桝型に立て掛けるようにして小屋組みを作り、茅は合掌に沿って石場より棟まで葺きあげる。昭和初期の木戸口・苅安家がロッポウ小屋であった。

調査時、五十谷の季節出作り苅安タマ氏（明治二十三年生）は、昭和三十七・八年頃までトメ山のロッポウ小屋で生活した体験をもっていた。苅安家の出作り住居は、玄関はタテアゲで間口・奥行ともに一間半、水屋と風呂場があった。続いてロッポウ間口は一間半、奥行六間、板敷きのロッポウ小屋が接していた。屋内は中央部を板戸で横仕切りをし、合掌間一杯に「オメャア」という広間、その後ろは板戸で縦仕切りして「ザシキ」「ネドコ」を作り、座敷最奥部に仏壇を安置した。全体として広間型三間取りで、タテアゲと同じ間取りであった。ロッポウは一間間隔で一二本、後部の妻側は追合掌を梁に掛け、船首のような形になっていた。一二本のロッポウで構成する屋内坪数は約九坪である。しかし九坪のほかに、正面図では合掌とロッポウの間隙に、三角形の空間があり「カクゴシ」とよぶ。だから実際には、九坪にカクゴシを加算した約一五坪の生活空間があったわけである。

カクゴシは、家の中では頭がつかえる中途半端な生活空間であるが、衣類・布団・食器棚・薪等を収納するには十分に機能を果たす。このカクゴシには、村税や地域の費用負担（マンゾウ割）が課せられなかった。大正十一年、白峰村の村税課税の基準は、一〇分の五が所得税、一〇分の四が資産状況、一〇分の一が住宅坪数によって算出した[5]。この折カクゴシは住宅坪数に換算されなかった。したがってネブキ小屋は、外観は悪いが生活空間が広く占拠できる割に、村税・地域の費用負担が軽減できたのである。

苅安タマ氏より、五十谷に「ロッポウ様に薬をかけて沸かすような」という古いたとえ言葉があるとの教示を受けた。ロッポウは、合掌とともにネブキの小屋構造を支える役割を果たしているから、時に「ロッポウ様」と敬称をつけて呼んでいたのであろう。苅安家では、物を掛けるための釘はロッポウに絶対うってはいけなかった。「薬をかけて沸かす」というのは、煎じ薬を煮つめるのだからジロ（囲炉裏）のジザイに薬鍋をかけるのが普通の仕事である。したがって、言葉の意味は、ジザイに薬鍋を掛けねばならないのを、まったく的はずれなロッポウに薬鍋を掛けているような、トンチンカンなことを比喩した内容を指しているのである。

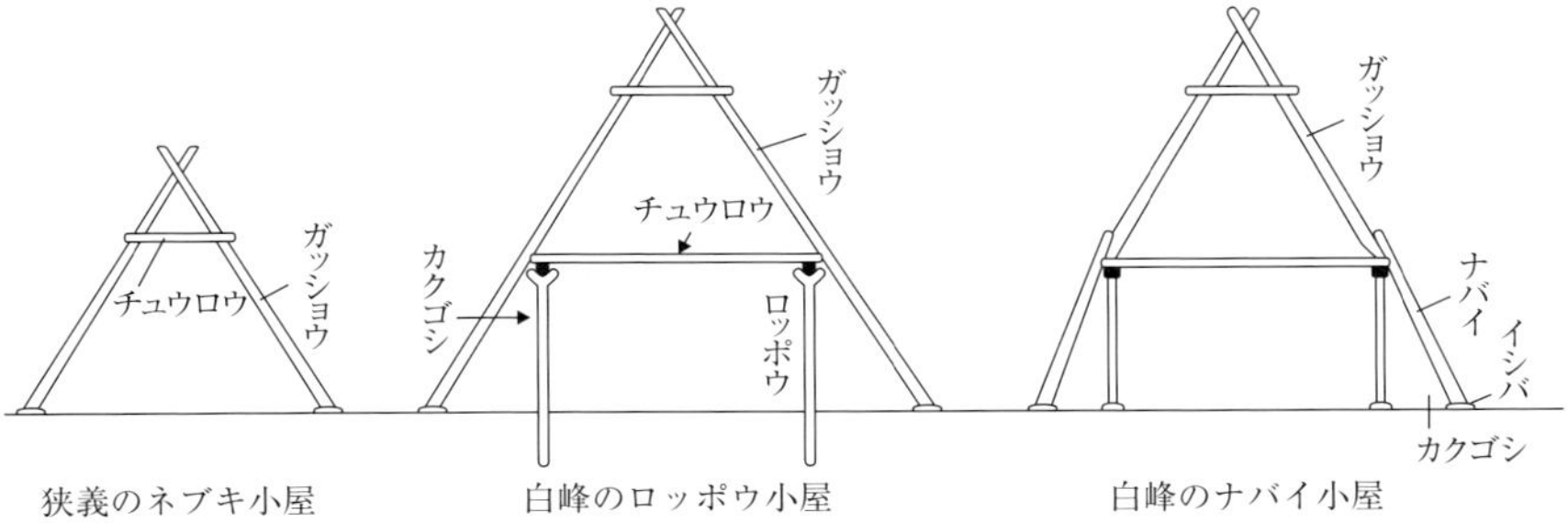

図 3　ネブキ小屋の類型とその構造（正面図）

③ 白峰村大道谷のナバイ小屋

ナバイ小屋の構造は、最初に普通の出作り住居、すなわちタテアゲの小屋組みをし、次に「ナバイ」とよぶ支え木で側面より補強して、茅を覆うのである。だから外観的にはロッポウ小屋と同じであるが、内部的構造はまったく異なるのである（図3参照）。苅安トメ家のロッポウ小屋で生活された苅安タマ氏によると、尾田家のような構造の場合をナバイ小屋とよんでロッポウ小屋と区別していたという。したがって五十谷永住出作り群一六戸の中に、ロッポウ小屋が二棟、ナバイ小屋が一棟、計三棟のネブキ小屋があったわけである。白山ろく民俗資料館内に現存するナバイ小屋は、唯一残っていた旧尾田敏春家を解体移築したもので、「極めて素朴で民俗資料的としても、かなり古くかつ古式のもの」として、昭和五十三年、国の重要有形民俗文化財の指定をうけている。

尾田家初代は、文久二年（一八六二）頃分家し、ナバイ小屋も分家と同時に建てたと推察される。分家出作りがなぜナバイ小屋を建てたのかについては、現当主の見解や、出作り地建立時の建物観察から二つの理由が考えられる。まず第一に、分家出作りは自給的な小屋材料が不足していたと解される。柱の状況を観察すると、一本の柱として真四角で、根元も先も同じ太さで、しかも真っすぐなものはない。また杉材のどの柱も細いため「面皮柱」となっている。このような状況は、材料集めに苦労した事実を物語っている。分家出作りは、材料を自給・調達する労働力や、材料の基盤である所有山林が貧弱であったと思われる。

第二に、小屋場の気象条件があったらしい。居住者の体験談では、ナバイは耐雪用でないという。冬季、棟あたりの除雪をすると、屋根雪はナバイの上に積み下ろすことになり、その荷重でナバイが折れそうになる。そこで雪掘りを行ってナバイを安全にしなければならず、積雪期には大苦労している。小屋場は、五十谷の対岸方向に位置するゴザ山[6]のカエシカゼ（返し風）が強かった。また風向きに恒常性のないマエカゼ（舞風）がたびたび吹きまくった。小屋場は標高七八五mに位置し、山地の大地形・微地形の複雑な影響をうけ、独特の局地風が強かったので、耐風構造としてナバイ型式を採用したと考えられる。このナバイ小屋のナバイは、タテアゲの出作り小屋が台風や春先の局地風に、側面よりツカセという支え木を補強して耐風効果をあげているのと全く同じ方法である。

5　母屋での日常生活

①　屋内は茅敷き・ドドのウチ

創建当初は、ザシキ・オメャアの仕切りはなくひとつづき、板敷きでなく土間に茅を敷き、その上に筵《むしろ》を敷いて生活していた。大道谷では土間に茅を敷いた住居を「ドドのウチ」、床板敷き住居を「エンを張ったウチ」とよぶ。苅安・木戸口両家のロッポウ小屋は、エンが張ってあった。

尾田家がドドのときは、間仕切りがなく、通し部屋でオメャアとよんでいた。オメャアはいろり・ジロを中心として煮焚き、食事、団らん、接客、就寝、行事等の多目的な生活空間の場である。平素はドドの上に筵を敷き、行事・接客の際はヘットリとよぶ畳表を敷いてもてなした。就寝のときは、三代忠松は筵の上に、ボロ布をテープ状にして機織りしたモッコジャックリを敷き、その上で夜着を着用したという。

ドドの生活が長い四代初氏の体験談を総合すると、「見かけによらず暖かい、足あたりが暖かい、座っていても、寝ていても体あたりが柔らかく、暖かい」という。白山麓の早い冬から遅い春にかけては、雪線上の白山連峰から出作り地へ寒風が吹きつけ、粗造な出作り住居の、目に見えず、計量できない多くの隙間より、容赦なく寒風が吹きこんでくる。尾田家のようなネブキ小屋・ドド床は普通の出作りアシアゲ・エンを張った小屋よりは、構造的に隙間風の滲透する空間が少なく、寒風に対し割と効果があった。多量の積雪により、出作りが埋まってしまうと隙間も雪の下となり、両者の小屋は風に対し同一条件になってしまう。板床の木材は、茅より比熱が小さい性質をもっている、換言すれば板は茅より「あたたまり易く、さめ易い」のである。したがって、寒い冬の朝晩は、素足にとって茅は板より感触として暖かく感じたに違いない。反面、板敷に比較し、蚤等の虫類が発生しやすい、湿気を含むと乾燥しにくい、掃除がしにくい、歩くたびに音がする、茅の敷替えに手数がかかる、家の格式等の面で劣る。そこで三代忠松は、大工技術に優れていたこともあって、勝山へ離村した出作り空屋の板を購入、自力で昭和二十二、三年頃、根太をつけ、板張り、いわゆるエンを張った小屋に改造した。

茅は大道谷一帯では、茎の細目のものを雌茅《めがや》、太目のものを雄茅《おがや》といい、雄茅が多い。秋、茅場で苅り取り、ニュにして積み重ねておく。これはドドばかりでなく、屋根、雪囲い、炭俵の材料に利用するものである。ドドの茅の敷替えは春、秋の二回、晴天の日に実施するのを原則とし、年一回の年もあった。春は入梅前、秋は稗・粟等の雑穀類の脱穀・調整作業を屋内で行った後、大掃除する際に実施した。

茅の敷替え作業の順序は、まず古茅をまくり、湿気を含んで腐蝕した茅はキャーチ（常畑）のミョウガ畑に、硬い茅は杉植林地に運び、共に肥料とするもので、尾田家では古茅は決して無駄棄てにはしなかった。ホウキ草で、土間部の地面をていねいに清掃し、新《あら》茅を敷く。新茅は、秋の敷替え時にその年の茅でも時期的に間にあうが、必ず前年の茅を使用する。これは新年の茅は、湿気が十分に乾燥していないので身体に悪く、さらにドドの嵩《かさ》の目減りが乾燥するにつれて著しくなるからだという。茅の並べ方は梁方向に、即ち長方形住居の短辺方向に、束を解き、穂、葉をつけたままで、厚さ四、五寸（一二センチ〜一五センチ）ぐらいに敷き並べる。前年秋、茅の苅取りが出来なかったときは、春の発芽前、積雪で倒された茅が晴天続きでよく乾燥した折に、地面より枯茅を起こして「春茅《はるかや》」を集める。秋に苅り取ったものは「茅《かや》」とよぶ。「春茅」は「茅」に比べて多量積雪でおさえつけられて堅く、暖かくなかった。補足すれば、春茅は積雪期間に、葉がなくなり茎だけになり、その茎も雪により圧縮扁平化し、柔軟性や中空性がないので、居住性・保温性が悪かったのである。

② ミンジャ（水屋）は玄関脇にあり石敷

食物の調理、炊事用具・食器等の水洗い、洗濯等の水仕事の場である。地下水の湧き出るショウズの位置が高く、かつ離れているので、杉製の樋でミンジャまで水を引き、ミンジャブネ（水屋舟）とよぶ受水槽でたくわえて用を足す。冬になると多量の積雪の重さで、樋の継目が狂うので、根雪前にツカセ（支え木）と針金を使って樋を固定するが、それでもひと冬に四回もの継目の狂いが起こり難儀したという。(7) また冬季は、寒冷のためミンジャの石敷の上はたえず水分が結氷し、滑りやすいので、下駄の裏にアシナカを結びつけたミンジャゲタを作って、水仕事をしたという。

野生の食用植物は、出作り、地下《じげ》（出身集落）を問わず、季節食、保存食、救荒食として重要な役割を果たしてきた。これらの野生食用植物の採取から食料までの加工方法・過程を概観したとき、水に晒す行程が多い点に注目したい。水晒しはサワスと称し、サワス範疇には、栃、ナラの実、ギボシのように一度乾燥したものを元にもどすノバスという行程、わらびのように灰を加えた熱湯で処理した後、水につけてアク抜きをする行程、うど等を塩漬けにしたものを水にひたして塩出しをする行程を総称しているように思われる。野生食用植物を水にサワスのがミンジャブネであり、特に春先きのシーズン最盛期には、多量の越冬用保存食を加工生産するため、大型のミンジャブネが必要となってくる。

ミンジャブネは栗の自然木を、ミンジャの規模いっぱいの長さに伐り、それをくり抜いて作ったものを最上とする。尾田家のものは、板を組んだもので、容積は幅七一、長さ一四四・五、深さ一八・五センチで、小型である。ちなみに、河内谷藤部与三家のものは七四×一七八×二七センチの規模のものであり、大杉谷苛原の長坂吉之助家には六一×一三四×三四センチ、五二×一〇四×三二・五センチ、四五・五×三四×一八センチの規模の三つのフネが直列的に並び、樋に近いフネは飲料水に、二番目のフネは山菜をサワシ、野菜を水洗い、夏は食品を冷やす等に利用し、三番目の水は刃物を研ぐのに使用したという。

地下より自給的な出作りは、分量的にも利用度数でも、野生食用植物に依存する傾向は強い。さらに出作りが、谷川等の流水に恵まれていない小屋場に位置するときは、豊富な水量とその受水槽が必要となり、ミンジャブネが発達、大型化したと思われる。

③ ションベンジャとセンジャ

玄関脇のミンジャと反対側にションベンジャ（小便所）とセンジャ（大便所）がある。ションベンジャは別に囲いもせず、板を材料に、手製のジョウゴを壁面に設置し、このジョウゴと、地中の樋で、屋外に埋められている便槽桶ドオケにたくわえられる。センジャは板と板戸で囲い、板敷の一部に適当に空間を空けて、地中のドオケに直接落ちこむようにして大便を貯蔵する。もちろん金隠しはない。

大・小便がドオケ中で発酵したものをダラとよび、追肥に使う。分量的に、一番多く追肥するのはキャーチのヒエ、カマシ（シコクビエ）である。これは苗畑よりキャーチに移植し、植付きが完全になった時期に追肥するもので、ションベンジャのドオケはほとんど空になったという。ダラの中に、刈り取った雑草ツボグサを投入して、ダラとともに発酵したものをミーダラとよんで元肥として使う。

まず梅雨季から最夏にかけて、山野に自生する、茎葉の柔らかく腐蝕しやすい草を苅る。具体的には、ウシノクチャ（ざぜん草）が一番良いとされるが、茅、萱、アザミ、ウド、ガマ、クグミ（クサソテツ）、タカリコ等を刈る。この際、種は肥料とともにキャーチに散布すると発芽するので、実をつけた草は避ける。なるべく雨にうたれないように山積み、

写真 7　ザシキのカクゴシでの収納状況

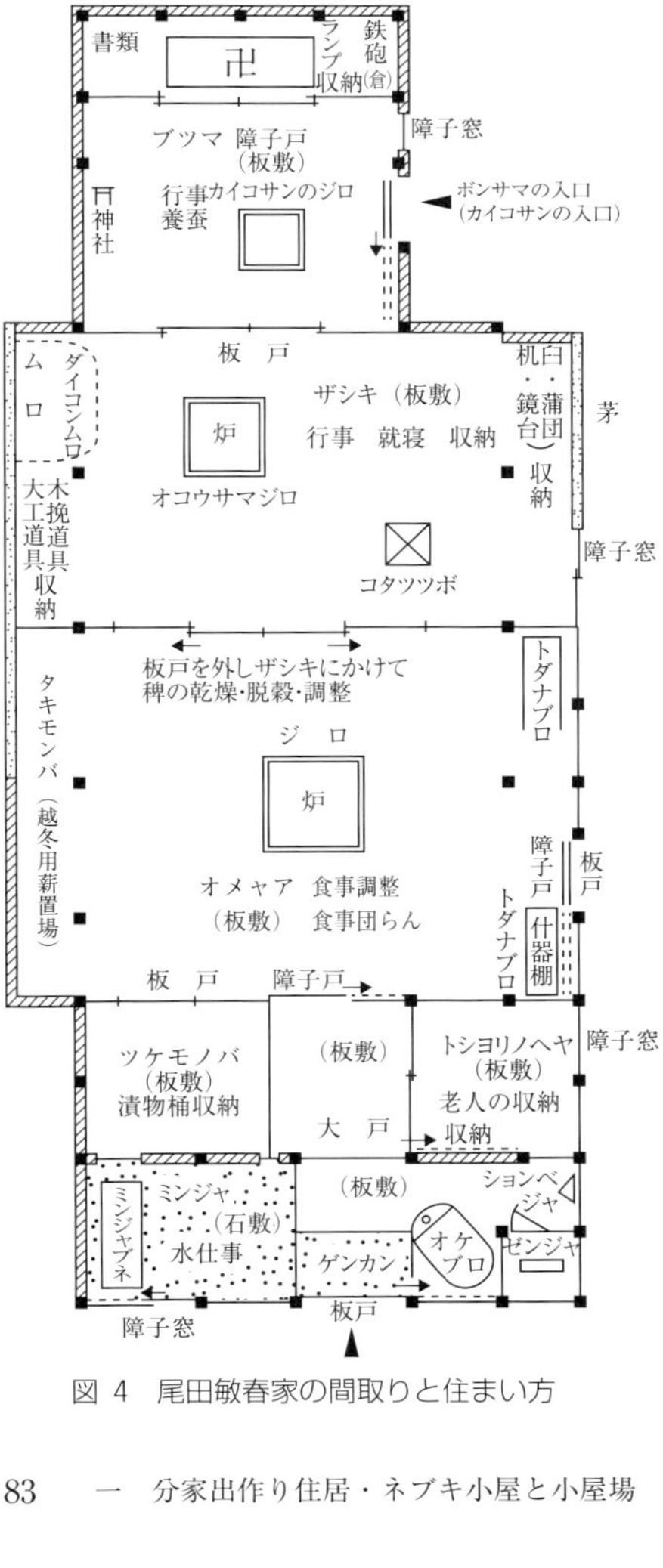

図 4　尾田敏春家の間取りと住まい方

放置する。底から黒い汁が流れだすと発酵腐蝕しはじめた証で、半腐蝕状態のツボ草を鎌で短かくし、ドオケの中にいれて攪拌した後、長期間にわたり自然発酵させる。ツボ草とダラが発酵腐蝕し、ドロドロのゼリー状になったものがミーダラで、ミーダラはキャーチ栽培の農作物の元肥として使用する。

平野部の水稲農家は、自給的肥料の元肥としては、人糞を発酵させたものや、稲藁を核として人糞・家畜糞を素材として作った堆肥の両方を使用してきた。焼畑雑穀栽培の出作りでは稲藁は一本も生産できない。それにかわる無限の野生雑草を素材として、風雪をしのぐ便所のドオケを肥料貯蔵所として元肥を作っていたのである。

④ ツケモノバ

漬物桶専用の置場で、尾田家がネブキ小屋を創設した時から板敷であった。ドド床の茅では、四斗桶いっぱいのダイコンと漬物石の重量には不安定なためであろう。ツケモノバは、桶中で発酵するよう、二方を土壁で囲み、窓をつけず日光を遮断し、恒温性が保たれるような配慮がみられる。尾田家では、ダイコンの漬物はオオクキ、ホンコサマノクキ、タクアン漬、ニシン漬の四種類があった。分量的に多く漬けたのはオオクキで、生のダイコンを丸のまま、葉と交互に並べ、塩だけで漬ける。ホンコサマノクキとは一種の切漬で、ダイコンを切り、時には白菜を入れ塩だけで漬けるが、宗教行事用の漬物なので、毎年ホンコサマ専用の漬物桶を倉より出して清め、心をこめて作る特製の漬物である。タクアン漬は、いずこも同じでダイコン、葉を乾燥し、米糠と塩で漬けたものであり、ニシン漬とは、ダイコンを厚目に切り、身欠きニシンとともに漬けたもので、ハレの行事の漬物であった。尾田家の漬物場には、毎年根雪前に、四斗桶に五本のダイコン漬が用意され、その他山菜の塩漬や、鰯の糠塩漬がたくわえられていた。

白山麓では、ダイコン収穫を第一義とし、焼畑初年度にダイコン栽培をするナナギ（菜薙）とよぶ焼畑型式があり、出作りのダイコンはナナギで自給するのを常としたが、尾田家では、焼畑適地ムツシの地力がやせていたので、ダイコンはすべてキャーチで自給した非常に稀な例であった。(8)

後述するムロで貯蔵するダイコン、ツケモノバで貯蔵するダイコンの漬物というように、なかんずくダイコンは越冬用食糧として野生食用植物とともに重要であった。このようなダイコンを保存・貯蔵するムロ、ツケモノバは、出作り住居内の施設として重要であったことにも注目したい。

⑤ トシヨリのヘヤ

創設時、ツケモノバとトシヨリのヘヤが板敷で、オメャアとザシキはドド床の茅敷であった。尾田家のナバイ小屋が材料は少なく経済的に余裕もない分家出作りの所産であっても、家長たるトシヨリの部屋ぐらいは、格式と見栄の場としてささやかな誇示のため、上部はワリ木で平天井とし、下部は転ばし根太で板張りとしたものである。

⑥ オメャア

尾田家は地床式ドドのときは、単室の通し部屋「オメャア」であったが、高床・板敷に改修の折、間仕切りをしてオメャアとザシキに分けた。ここでいうオメャアは改修区分後のオメャアを指す。ジロを中心とした茶の間機能をもつこの部屋をオメャアとよぶが、白峰地方では家々によって、多少ニュアンスの違うよび方をする。例として、オミャ、オマァ、オマエ等がある。

ジロの火は、尾田家ではヒサマ（火様）とよび、「火」と「火の神」を一体とした呼称である。(9) 特に尾田家のドド床の茅は、ヒサマと隣接しており、「ヒサマは何んでも取っていく」とし、恐れ崇めた。ジロでコロ、キ、ホエを焚く際、火の粉が弾《はじ》くとドドの茅に飛火し危険なので、よく弾く木には藁すべやミノギ等を結んで、弾くのを封ずるという習俗もあり、多く弾く薪は危険なので、ジロより取りだして風呂用に使用したという。

ネブキ小屋を半日、または終日無人にするときは、ジロの四隅の灰の上に塩を置き、ヒサマを清め、かつ鎮め、合掌してヒサマが荒ぶることのないように拝むのを常とした。この際「ヒサマにあげる塩」の量は、年間にして食糧に使うのとほぼ同量を消費したというから驚きである。山村僻地における塩のもつ意味は、平野部の塩とは比較にならぬ貴重さであったに違いないが、その塩を、尾田家ではヒサマに対し多量に使用したことは注目すべきである。民俗的立場をはなれて、灰の上に塩を置くことの化学的意味は次のようである。(10) 出作りの人が常用した粗製塩は多くのニガリを含んでおり、化学成分は塩化マグネシウムである。この塩化マグネシウムは吸湿性が非常に強く、空気中の水分を吸収して灰をしめらす作用をし、隙間風が吹きこんでも灰が立ちあがらず、火災予防と室内美化の一石二鳥の効果があったと考えられる。ちなみに塩化マグネシウムは、未舗装道路で砂利道の砂塵防止にも散布される。

ジロの四隅に、かなりの量の塩を置く習俗は、山村に塩の交易ルートが確立した近世以後と思われるし、またドド床の中にジロが組み込まれ、加えて茅壁ですっぽり囲まれ、絶えず火災発生の危険性にさらされていた尾田家固有のものかも知れない。

⑦ ザシキ

おもに家族の寝室、時には行事をする部屋である。大道谷五十谷の永住出作り、一六軒全部は浄土真宗大谷派に属し、尾田家のホンコサン（報恩講）[11]や、オコゥサマ（講）[12]が行われるときは、オメャア、ザシキ、ブツマの間仕切りをはずして通し部屋を作る。その折、ザシキ、ブツマが行事の主たる場所を占めるので、平素は寝室であるが、ザシキとよぶ。

年寄りが元気なときは、家族全員はザシキで寝た。年寄りは仏間に向かって左側（以下左右は仏間に向かっての位置付けとする）に、若い者は右側に寝た。また仏様に勿体ないから、仏間に足を向けて寝ない。冬はコタツツボの上にやぐらを組み、暖をとった。

ザシキの左の隅、仏間の境にムロ（室）が掘ってある。ムロはダイコンムロともよび、土間に穴を掘り、四囲を壁土で固めたものである。四十九年十月の計測では、壁土が崩れ五〇センチの深さであったが、使用時は約四尺（約一二一センチ）あったという。底に茅を敷き、ほとんどはダイコンを、さらにゴボウ、ニンジン、カブラ、カッツキイモ（じゃがいも）等をいれ、越冬用野菜を保存確保した。特にカッツキイモは、低温に弱く、テゴの中にいれ、稗籾《ひえもみ》で周囲を覆ってムロにいれた。

ザシキの中央左寄りに、ジロが造作してあり、オコゥサマジロとよんでいるが、平素は板敷で蓋をしてある。永住出作りの各家々のホンコサンは、根雪になると、本村や遠方からの親戚・知人の集りに支障をきたすので、十一月中にすます。オコウサマは、出作りが順番に講宿をきめ、十二月から三月の天候不順な積雪期におこなう。この二つの宗教行事は、共に寒い季節なので、行事を催す場所にジロが必要となり暖房用に使用した。この折、オメャアのジロは参加者の共同飲食用料理の煮焚き専用に利用した。オコゥサマジロでは薪は燃やさないで、木炭製造時、完全に炭化しなかった部分ネジリをたくわえておき、これをオコゥサマ炭とよんで、ハレの行事の燃料としていた。

尾田家を最初に訪れた昭和四十四年には、ザシキに電気の屋内配線に使う絶縁用磁器製の碍子《がいし》が数個残っていた。調べてみると、五十谷の対岸、尾田金十郎（屋号ゴザ、以下ゴザと記述）の自家発電所より送電、配線したことが判明した。さらに、この碍子を手がかりに、永住出作りの相互扶助について考えてみたい。

現在、ゴザ家は大阪に在住されているが、谷川の水力を利用して、簡易自家発電所を建設したのは三十一年である。余剰電力は三十二年、右岸のゴザの分家尾田清正（屋号ゴザヨンナカ）家へ、三十五年には上流の木戸口庄右衛門（屋号ショゥタ）家へ送電、便宜を与えた。この時点で、電気がなかったのは尾田初《はつ》家だけになった。これは、発電所が五十谷の右岸にあり、尾田家は左岸にあったから、送電に多大の資材と労力がかかると予想されたからである。電気の恩恵により、生活上の便利さと安楽さを得たゴザ家とその分家ゴザヨンナカ家の両家は、対岸の無燈の尾田家に同情を禁じ得なくなってくる。特に四代忠松は、七十歳を過ぎており、「チュウのオジイに電気の顔を見させて死なしてやりたい」との思いやりから、ゴザの山から谷を隔てたチュウの山へ送電を決意する。三十六年初夏、ゴザ、ゴザヨンナカ両家より男二名ずつ、計四名が一日がかりで、立木を電柱代りとし、一分（三ミリ）のワイヤーを先張りして被覆線を送り、次いで各部屋へ配線、部屋に一つ当て計五箇の電球をつける工事をする。簡易発電所より五十谷の谷底部へ、さらに尾田家へV字型に送電した距離は、二万五千分の一地形図より判読すると約四九〇mに達する。

労力と資材は、ゴザの主家と分家が無報酬で提供したが、何事にまして、その背景にある出作り民の心情は金銭に替えられないものである。それは真宗大谷派門徒として、宗祖の教える慈悲心の実践であり、また地域共同体の一家族への、平等な幸福享受への奉仕である。加えて、電気を提供した側の尾田家と、電気と精神的扶助を受けた側の尾田家は、姓を同じにするが血縁的に無関係であることを付言すれば、この出作り民の扶助の意義は深化されるであろう。かくて尾田家は、三十九年に忠松が他界した通夜の晩も、電燈が遺骸を照らしていた。

平野部では見られない、このような永住出作り民の太く強い精神的絆は、各種の労力を交換するイイ（結）の背景になったことは疑う余地もない。尾田家の電気享受にみられる積極的扶助を、何気なくやり抜く習俗は、約八〇〇mの高度、五m近い積雪量等の過酷な自然条件下、粗疎的に分布している出作りが共存していく潜在的な原動力となっていたに違いない。

⑧ ブツマ（養蚕場を兼ねる）

ブツマは仏壇を安置し、二つの真宗行事の折、中心となる部屋である。分家出作り尾田家の最初の増改築は、ブツマの新築であり、ネブキのオメャア、ザシキと異なり、普通の出作りアシアゲの部屋である。ブツマ新築時点では、オメャア、ザシキは分化しておらず、単室でドドであった。オメャア、ザシキを茅敷ドドにしたり、根太を作り板敷化して生活の便利を計るよりも、ブツマの新増築を先に着手した三代忠松の心情には、生活場面より宗教行事場面を優先・重視する考えと、ホンコウサン、オコウサマへ参集する地域の人々への強い気遣いがあったと思われる。その気遣いとは、分家出作りの尾田家が、地域の行事を一人前として分担し、皆と同じ平均的住居の中で、皆と同じ平等意識をもち行事を催したいと念ずる心情ではなかっただろうか。さりとて、ネブキ小屋を建て替えすることも出来ず、せめて仏の部屋だけでも、格式ある部屋に建てたい願望があったのであろう。このため、何をさておいても、ブツマ新増築に着手し、皆と同じ住居型式への接近をめざしたと推察する。

ブツマにジロが設置してあり、カイコサンのジロとよぶ。またブツマの右側に出入口があり、ボンサマの入口またはカイコサンの入口とよぶ。四代初氏が尾田家にはいられた頃は、現金収入源は養蚕から炭焼きに移行しており、ネブキ小屋内での養蚕体験がないという。聞き取りを総合すると、カイコサンのジロは掃立《はきた》てのときと、養蚕の折に室内暖房に使用したこと、カイコサンの入口は別名ボンサマの入口のように僧侶専用で、平素は使用しないが、養蚕時の給桑作業の際は例外的に使用したこと、養蚕はニカイ（普通の民家の屋根裏にあたる部分）とブツマで実施したこと等が判明した。このように、ブツマは行事の場と同時に、現金収入源としての養蚕場であったことに注目したい。

ネブキ小屋は、蚕のため換気を良くし、作業のため採光を多くし、保温のため日照を多くする窓の設置には都合が悪い。また給桑用に、桑原と蚕室を数多く往復する出入口を造るにも不便である。さらにドド床は、養蚕用棚にはフワフワして不安定であり、採暖のため焚火するジロは火災の危険度が強い。このように、ネブキ小屋・ドドの尾田家は、養蚕との関連ではマイナス面が多い。しかし、新増築のブツマは板敷きであり、小規模ながら蚕室を兼ねることを最初から意図し、ジロ、出入口、明り窓を施設したのである。したがって、ブツマの新増築は、対等に地域の行事を分担する場と、さらに現金収入を増やす養蚕場の増築を意味し、一石二鳥の効果があった。

養蚕業が民家におよぼす影響には非常に強いものがあり、カイコサンのジロ、カイコサンの入口の養蚕に関した二つの呼称がブツマ中に存在することの意義は、「養蚕業がネブキ小屋を、アシアゲ・タテアゲの小屋へと、茅敷のドド床を板敷の高床へと変化移行させるテコ的な役割をしたこと」を表現したものとして注目したい。

まとめ　出作りとその住居は、消滅過程の終局ともいえる時期に至った。現存していた唯一のネブキ型式の尾田家と、五十谷に過去に存在した三棟のネブキ小屋での生活体験者の教示資料をもとに、出作り住居の原型やそこでの具体的生活を検討し、以下の特色や視点をまとめた。

イ．ネブキ小屋は、分家出作りとつながりが深い。

ロ．ネブキ小屋には、構造的な差により狭義のネブキ小屋、ロッポウ小屋、ナバイ小屋の三種がある。

ハ．ネブキ小屋は、カクゴシの利用で生活空間が割と広いのに、村の戸数割負担金等が軽くすんだ。

ニ．ナバイ小屋は、耐雪性は弱いが耐風性に強く、ロッポウ小屋に比べ、材料的余裕のない分家出作りが建てた。

ホ．ネブキ小屋、ドドは割と暖く、寒冷地・積雪地に適するが、火災に対し無防備、養蚕棚には不安定等の欠点も多い。

ヘ．ミンジャブネが大きいのは、多種類の野生食用植物を多量にサワス仕様と関係が深い。

ト．根雪期間の長い永住出作りは、越冬保存食糧としてダイコンへの依存度が強く、屋内にダイコンムロ、ツケモノバ等、大根の占める空間が広い。

チ．養蚕業の導入は、ネブキ小屋、ドドの出作りを、タテアゲ（アシアゲ）小屋、エンを張った出作り（一般的出作り住居）へ変化移行するのを促進した。

追記　昭和四十五年秋、尾田家の出作りは廃止、住居は無人となり冬期の雪下ろしも止めた。昭和五十年十一月、白峰村は当時文化庁文化財保護審議会専門委員の竹内好太郎氏の提言をもとに、所有者尾田敏春氏の許を得て緊急解体作業をした。移築復元を前提として、柱・桁・梁・合掌・ナバイさらには貫《ぬき》一本、板一枚にも通し番号をつけ解体した。その後昭和五十二年、白山ろく民俗資料館敷地内に移築、昭和五十三年、国の有形重要民俗文化財の指定となった。

注

（1）『石川県の民家――民家緊急調査報告書』石川県教育委員会、昭和四十八年
（2）『白山麓――民俗資料緊急調査報告書』石川県立郷土資料館、昭和四十八年
（3）前掲（1）五五ページ
（4）尾田敏春家所蔵文書「文久二年一作売渡申山むつし証文之事」
（5）『白峰村史』上巻、七一ページ、白峰村役場、昭和三十七年
（6）尾田金十郎家の所有地が五十谷左岸にあり、この尾田家の屋号が「ゴザ」なので通称ゴザ山という。
（7）前掲（2）一三、一四ページ
（8）橘礼吉『白山麓の焼畑農耕――その民俗学的生態誌』三三六〜三三九ページ、白水社、平成七年
（9）前掲（2）一八ページ
（10）笠島芳次氏（当時金沢市立工業高等学校化学担当教諭）より教示を受けた。
（11）出作りの家々が宗祖やその家の先祖へ報恩する講で、個々が家ごとに行う。集まるのは親戚が多い。前掲（2）六七ページ
（12）五十谷出作り群が地域的にまとまって行う報恩講で、講宿は順番を決めて各出作り住居で行い、集まるのは地域の人々である。前掲（2）六八ページ

二　焼畑のヤマグワ栽培で繭の多収量をめざした出作り
――下田原山・山口清志家

山口家の出作りは、下田原セイシ山、標高七二〇m、下田原川右岸（一八頁図3の③）にある。現当主は六代目。二

代目のとき、下田原の太郎兵衛から現有地を購入した。山林は台帳面積で約一五町、実際の広さは三〜四倍ぐらいかと評価している。当初より桑島からの季節出作りである。昭和二十五年頃まで焼畑・養蚕を続けた。現在も山口清志氏は、山林管理と常畑での野菜作りのため、金沢より通い出作りをしている。特筆すべきは、毎年自家用ダイコン目的の焼畑ナナギと、白山ろく民俗資料館と共同で雑穀の種繋ぎ目的の焼畑ヒエナギを継続されている事実である。

この出作りの初見は昭和四十四年、五代目清太郎氏の代、当時母屋は納屋に転用、人間生活はコゴヤ（蚕《こ》小屋）で行われていた。補足すれば養蚕用建物が、人間居住用建物より立派な造りであるため、養蚕を廃止した時点で、蚕の小屋で人間が生活していたのである（写真1参照）。山口家では、昭和初期の養蚕最盛期には約百貫の繭を生産した[1]。山口家の「年間繭百貫」という数値は、他の出作り——具体的には白峰地内河内谷・藤部《とうぶ》与三《よさ》家二〇貫、細谷・千滝《せんたき》冨吉《とめきち》家三〇貫、大空《おおぞら》・愛宕《あたご》冨士《ふじ》家四〇貫、苛原《えらばら》・長坂吉之助家五〇貫等——と比較すると、その多さが理解できよう。

蚕は桑の葉で飼う。繭が多収量であったのは、多面積の桑栽培地があったからである。山口家の小屋場の常畑には桑畑は皆無で、山地に散在する焼畑産の桑だけに依存していた。その桑は地元でいう「ヤマグワ」という在来種である。ヤマグワという品種の特色や、焼畑でのヤマグワ栽植技法と管理については、拙著[2]で詳しく記述したので省略する。

写真１　白峰村下田原山・セイシ山の山口清志家出作り住居　左よりコゴヤ，手前右コクソゴヤ，右オモヤ

1　養蚕専用建物コゴヤ（蚕小屋）

繭百貫を作る山口家の小屋場には、人が生活する母屋と、養蚕専用建物コゴヤ（蚕小屋）と、コクソゴヤ（蚕糞小屋）等、茅葺き建物三棟があった。人が生活する母屋は、一階造りの単室住居。山口家は季節出作りで、冬場は集落ジゲに帰るので母屋で生活しないこともあり、実際コゴヤより造作が悪かった。繭価格の変動はあっても養蚕はかけがえのない現金収入源で、出作りでは「オカイコサン」との丁寧なよび方をして大切にした。繭の多収量をめざすときは、養蚕棚を組む場・空間を広げなければなら

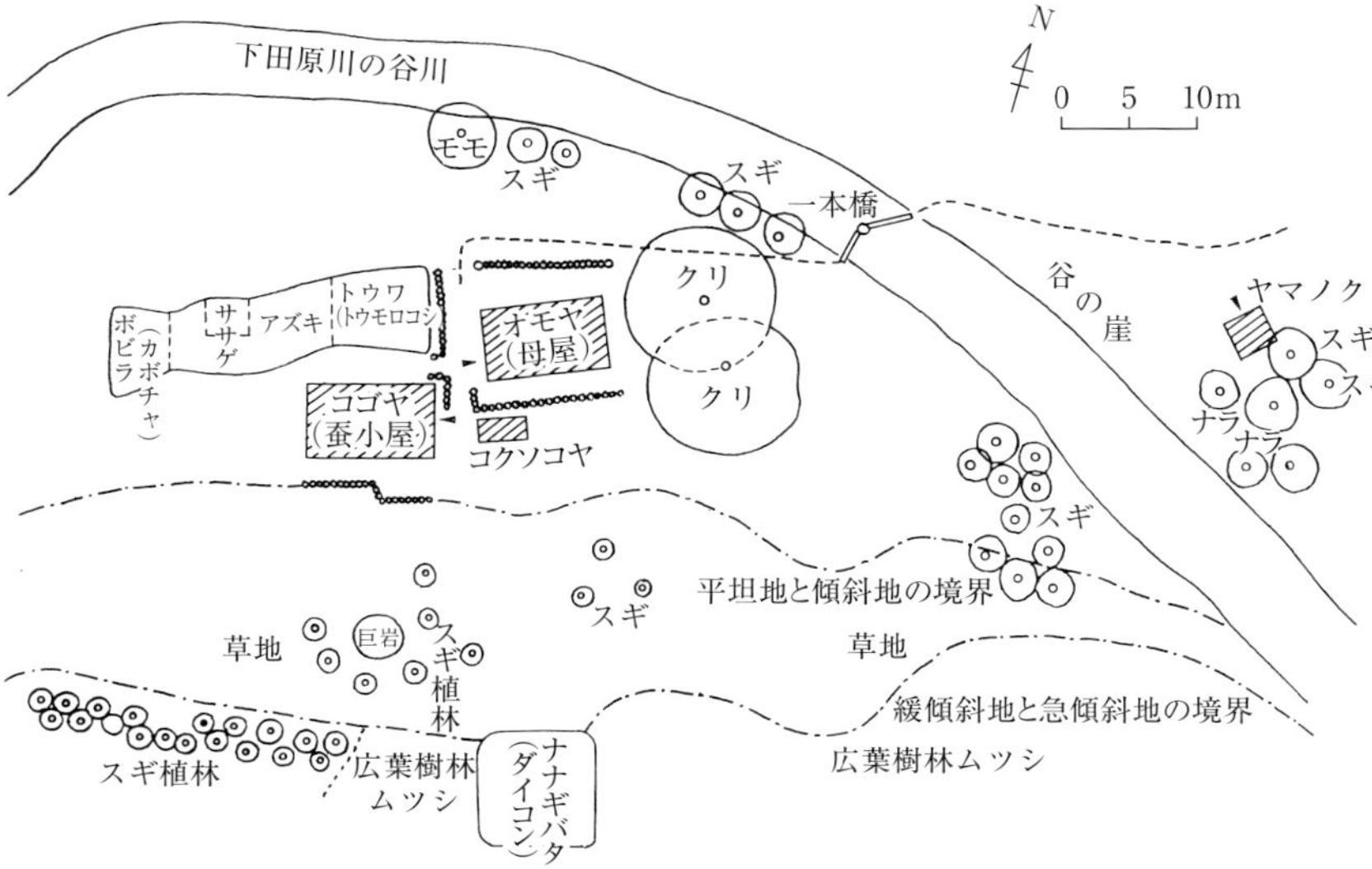

図 1　下田原山・セイシ山　山口清志家出作り住居周辺図（昭和 46.8 計測）

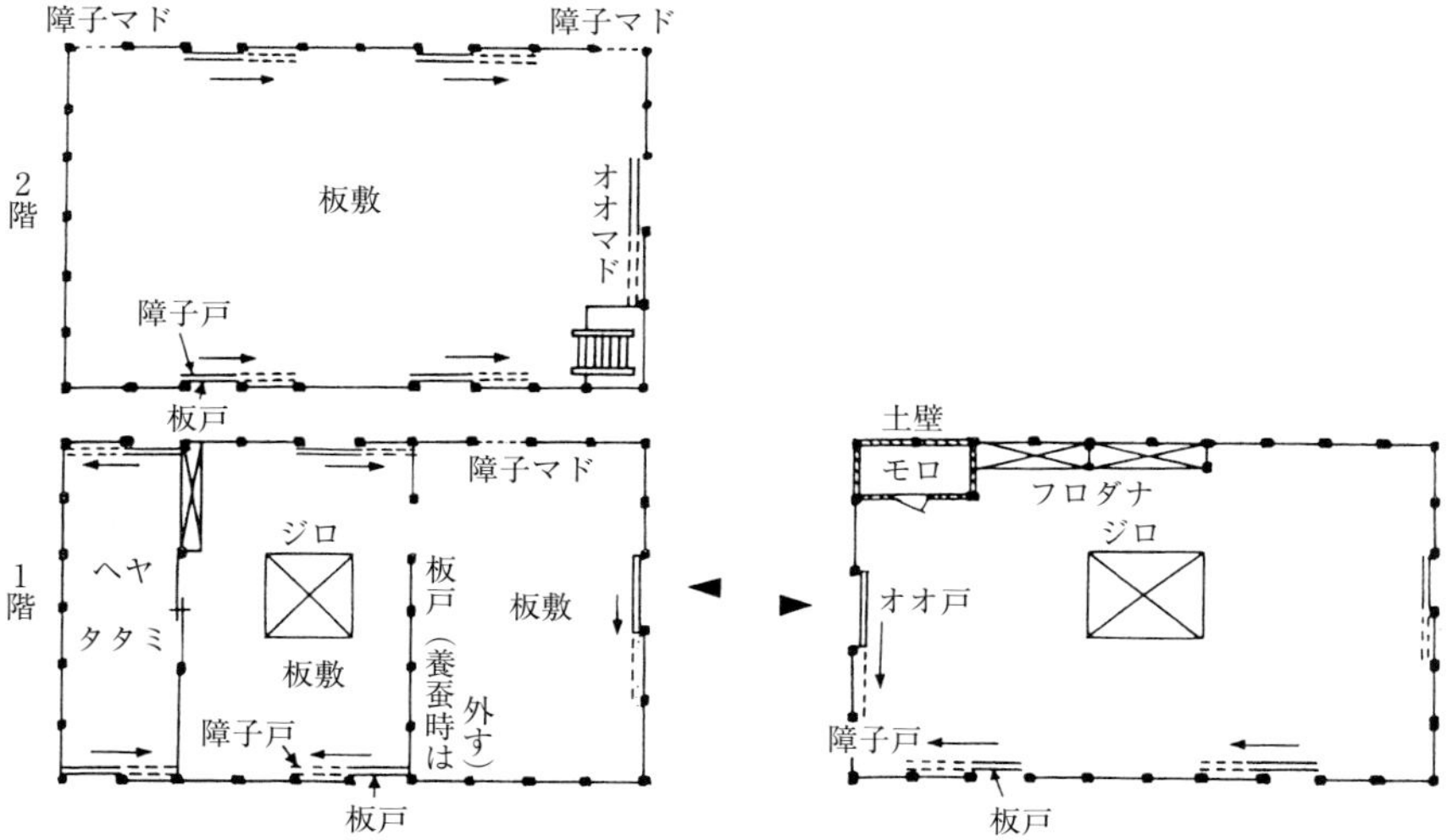

イ．コゴヤ（蚕小屋）間口３間１尺，奥行５間１尺　　ロ．オモヤ（母屋）間口３間，奥行５間

図 2　下田原山・山口清志家出作り平面図

ず、山口家は茅葺き二階建ての専用建物を新築した。二階は一階と同面積で、屋根裏を「三階」とよんで、一、二、三階全部に養蚕棚を組み、春蚕《はるこ》・夏蚕《なつこ》の年二回の養蚕をした。白峰村の収繭量統計では、[3]明治二十五年約二万貫、漸次減少傾向で大正五年は約一万貫、昭和九年の手取川大水害を機に衰退する。収繭量の推移事情を勘案すると、コゴヤ新築は、大正末期頃と思われる。コゴヤ内で、オカイコサンと山口家の人がどのようにかかわったかについて紹介する。

コゴヤは、梁間が三間一尺、ユキ間（奥行）五間一尺の建物である。縦横各一尺の半端は、養蚕棚をユキ間方向に二列に組み、二列の養蚕棚の間を行き来しながら給桑等の作業を行ないやすくするために、特別に幅広にこしらえたものである。平野部の水稲農家は、三尺単位で家の規模を決めているが、養蚕を唯一の現金収入とした焼畑出作りでは、多くが寸足らずの半端型式にわざと建てたのである。

一階、二階、三階に二列の養蚕棚を組む。その中心は二階。採光、日照をより多く採るため、窓を対向するように設置している。窓は、障子戸、板戸の二重である。春蚕は、低温日はジロ（いろり）で火を焚き保温につとめ、夜半や明け方に冷え込むときも火を焚く。湿度が高いと、ジロで火を焚き、乾燥した空気を送り、湿度が低いと、養蚕棚の間の板敷に水をまいた。また、春蚕、夏蚕を通して、三眠以降は夜明けまで二、三回のヨグワ（夜桑）を補給しなければならず、養蚕期間にはコゴヤで家族が交替で泊った。コゴヤのジロでは、「オカイコサンに炊事の臭《におい》・煙は毒」として煮たきはしなかった。特に魚焼き、茶を煎じることは厳禁であった。山口家のコゴヤは、母屋の目の先にある。母屋で寝起きしてもよいと思われるが、わざわざ一人が必ず交替でコゴヤに泊まり、温度計・湿度計に神経をとがらせ、蚕の動き、桑の有無に注意し、六月初旬より八月末まで約三ヶ月間、蚕と寝食を共にしていたのである。[4]

2　マユモロ（繭室）とコクソゴヤ（蚕糞小屋）

最盛期に百貫もの繭を作った出作りはそう多くはない。上《じょう》繭は売り、現金収入とする。毎年、売れ残った屑繭や玉繭（二匹の蚕が一緒になって作った変形繭）が五貫ぐらい必ずでた。これらを乾燥するモロ（室）とよぶ繭乾燥場が母屋のオミヤアの一隅にある。モロは、周囲を土壁で厚くおおい、竹簀《たけす》で四段に区切り、その簀の上に繭を置き、下の火鉢に炭火をして乾燥する。このような施設と過熱乾燥でさなぎを殺す。殺さないと、さなぎは時期がくると蛾になり繭に穴があく、つまり長期貯蔵ができなくなってしまう。乾燥した繭は、晩秋にジゲの桑島へ下山のとき背負って運搬し、冬期の副業として女の手によって玉糸とし、紬の材料とした。

また山口家には、蚕の糞（コクソ）を貯える小屋を大便所[5]に付設している。コクソはキャーチの畑作物の肥料に使う。コクソ収納小屋をセンチャ（大便所）と言わず、コクソ小屋と言っているのも、養蚕に賭けていた出作りらしい。

表 1　給桑回数と時間

回数＼時間	1 回目	2 回目	3 回目	4 回目	5 回目	6 回目
4 回	5 時	11 時	16 時	22～23 時		
5 回	2	5	10	14	19 時	
	5	11	14.5	18～19	23	
6 回	2	5	10	14	18	23 時

（加藤惣吉，1973 による）

写真 2　養蚕の給桑作業　白峰村河内谷大空の愛宕冨士家出作り

写真 3　愛宕家のコキダメ　連続降雨に備え摘葉し，ビニールで覆い，幾つもの山にしてある．

3　濡れヤマグワの屋内コキダメ

蚕は雨で濡れたヤマグワを嫌って食わない。だから濡れた桑葉は干さなければならない。出作り地は白山直下の山地であり、平野より雨風が強く、回数も多い。雨が予想されると、急いで桑葉を摘んで貯える「コキダメ」をした。(6) 一日ぐらいはコキダメの分量でまかなえるが、連日雨が続いた場合は大変で、雨中で濡れ桑を摘み屋内に拡げてコキダメをして干した。当時の蚕は四眠の後、上蔟《じょうぞく》する。蚕は三眠以降食べる量が多くなり、給桑回数は夜半を含めて五、六回となる（表1参照）。給桑以外の仕事もあり、寝る間もない忙しさとなる。四眠から起きると俄然盛んに葉を食べるのが上蔟寸前まで続き、家族全員で摘葉、給葉に専念する。この時期に雨が続くとコキダメ作業は大騒動となる。特に春蚕が最も多くの桑を必要とする梅雨入り時期と重なるので、毎日の天気は神頼みとなった。

養蚕衰退期の給桑は、葉つきの枝のままに変わるが、当時は一枚一枚の葉ごとに摘んで給桑していた。蚕が三眠以上となり、三日間の雨天を予想したコキダメは、猫の手も借りたいほどの作業となる。一日八〇貫を給桑すると、三日間で二四〇貫の葉を貯えねばならない。山口家では、コゴヤ内部の空いた場所、例えば二列に並べた養蚕棚の間のように、人がやっと歩けるほどの間も見逃がさず、桑置場とした。一時、一二人家族だったので、母屋は平時でも寝る場所が狭かった。母屋がコキダメ場になると、互いに肩を摺り合わして寝た。母屋では、日常人間が歩き、寝起きしている板敷上に桑を置くと、汚れたり穢《けが》れたりするとして、コキダメ専用のクワイタ（桑板）や茅製の簀を敷き、その上に桑の葉を置いた。濡れた葉を干すときは、高く厚く山状に積むと、葉の呼吸で葉そのものが温かく熱をもつので、薄く積んで並べておく。隙間風、時には直射日光が入ると、葉の水気が蒸発し、しおれてしまうので、コゴヤの二重窓内側の障子戸にカミコ（和紙）をあてたり、時には窓外側の板戸を閉めきって外気・日光をさえぎる。このように蚕を最優先した生活実態は、山口家以外の出作りでも大同小異であったと思われる。

4　山口家の板戸覚書

昭和四十四年、山口家を訪れたとき日常生活はコゴヤに移っており、板戸に以下に紹介する覚書が白チョークで書かれてあった。当時の当主清太郎氏が昭和二十三年頃に記したものであった。七月二十三日の道草刈りを最初に、十一月十八日の出作りを閉じて山を出た日を終りとして、その間の十一日の特定日について生業・天気をメモ風に書記していた。板書全文は上段に、その補足を下段でまとめる方法をとり、出作りの生活を把握する一資料としたい。

板書覚書

七月二十三日　道草かり

七月二十九日　ウリ食初め

八月二日　つけがま

八月三日　蚕かづき

八月五日　ふな寝る

補足

当時は現在の左岸林道が開通していなかった。上流の出作りへ行く山道は右岸にあり、山口家の屋敷内を通っていた。屋敷内には一本橋があり共同で使っていた。強雨時は下田原川の水量が急増し、橋を渡れないときは山口家の蔵や母屋で雨宿りする人もいた。この日は、下田原出作り群で、道草刈りや橋の補修等を共同労働でしていた。

ウリを含めて自給野菜は、屋敷内の常畑で作る。常畑のウリを初収穫した日。

炭焼きの工程は三つ。「つけ窯」で窯の中に詰めた原木に着火する。「いけ窯」で火を消し窯を密閉する。[7]「出し窯」で焼きあげた炭を窯より取り出す。三工程の最初の仕事をなし終えた日。

当日担いだのは、どんな蚕なのであろうか、またどこへ運んだのであろうか。ヒントは、次の八月五日の記事内容に含まれていると思う。「ふな寝る」とは、「三眠《みん》を終えたフナノイコが四回目の脱皮・眠に入った」という記事だから、三日に担いだのは三眠を終えた蚕と思われる。「蚕かつぎ」という簡潔な記事の内容は、上簇までの養蚕暦から推察すると、次のような実態が山口家にあったと思う。つまり、「蚕の数が予想以上に多く育ったので、準備した蚕具（マブシ・簇）・繭作り場が不足となるので、他の養蚕家へ背負い運搬した日」とのメモである。もっと丁寧に言えば、四回目の脱皮を終えたハイコ（五齢期の蚕）は、体が透明になると糸を吐き始める。すると個々の蚕が繭を作る場所、マブシに入れてやらねばならない。蚕は日中・深夜かまわず突然繭作りをする。この時点で蚕数が多くマブシ不足が生じると、後の祭りとなってしまう。そこで三齢時の時点で蚕数が期待以上に多いので、外へ担ぎ出して緊急対策をしたのである。清太郎氏の担ぎ先は、下田原地内なのか桑島集落なのか、聞き漏らしたので分からない。

蚕は掃立てより眠《みん》・脱皮を四回繰り返した後に繭を作る。蚕は眠の回数により呼名が変る。それは表2で示した。[8] だからこのメモは三眠を終えた「フナノイコ」が四眠を始めた日を記す。繭は生長するにしたがい桑を多く食べるので、ニワノイコ、ハイコへの給桑作業は日ごとに多忙となり、雨が降れば桑葉干しのため戦場《いくさば》となる。「これから桑摘みに頑張らねば」との気持を込めて記したのかも知れない。

八月十一日　初出しかま

今年最初の炭焼きは、八月二日「つけ窯」で火入れをし、本日十一日に焼き終えた炭を窯より取出す「出し窯」をした。炭焼きに関する一連のメモ。

八月十二日　ヒトリ天井上《あげ》

「天井あげ」[9]という仕事は、炭窯作りの最終工程をさす。八月二日つけ窯、十一日出し窯をした炭窯の他に、新しい炭窯作りを一人で、つまり独力でおこなったことを記す。炭窯作りは、最初は円形の穴を握り内側に石を積む。次に原木を縦に詰める。さらにその上に横に並べて天井部をドーム状にする。その上に筵《むしろ》を掛け、水でこねた土を覆せて仕上げる。一連の仕事は、共同労働イイですることが多いが、この窯は清太郎氏独力でしたようである。イイのときは、中間食コビリにはボタモチ、仕事後は昆布巻・酒がでた。

八月二十八日　まゆ売り

夏蚕の収繭は八月上旬だから、夏蚕の繭の出荷日の記録である。繭は上繭・玉繭・屑繭に分ける。上繭は、買手の計量で目減りしないよう自家計量し、桑島集落へ売りにいった。売れ残りの玉繭・屑繭は母屋の繭室《むろ》で過熱処理し、冬場に女手により紬、綿帽子の原料とした。

十月八日　あられ降

初あられ降雪を記す。

十月十二日　初しも降る

初霜を記す。

十一月一日　初雪降る

初雪を記す。

十一月十一日　ほうがち

収穫したヒエ・アワ等の穂を、屋内で火力乾燥[10]した後、大型木臼と横杵《きね》を使って穂を叩いて脱穀する農作業を「穂搗《が》ち」[11]といい、その仕事をした日。

十一月十八日　じゃーま

炭・繭の出荷、ジゲへの収穫農作物の運搬等を終え、無人化

表2　蚕の生長区分と各生長期名称

生長期区分	日数	各生長期の名称	
		標準名	桑島での地方名
掃立て～1眠	7～10日	1齢	ヒトツネノイコ
1眠～2眠	6～9	2齢	フタツネノイコ
2眠～3眠	6～9	3齢	フナノイコ
3眠～4眠	6～9	4齢	ニワノイコ
4眠～上簇	7～10	5齢	ハイコ

する住居の雪囲い、屋内外のツカセ等をすると出作りを閉じる。出作り地より集落に帰ることを「ジャーマ（出山）」といい、十一月十八日以後は集落での生活をした。ちなみにジャーマに対し、出作り地に入ることを「ヤマイリ（山入り）」という。

終り

一三日間の記事の中で、生業については養蚕が三件、炭焼きが二件ある。山口家では、昭和二十三年八月に炭焼窯を増設、二つの窯を交互に活用して生産量を増やす策を始めた。この記事から、山口家の稼ぎは養蚕から炭焼きに傾斜させていった事情が分かる。そして昭和三十年代前半頃に養蚕を止めている。

十月以降は、初霰《あられ》・初霜・初雪を記す。白山麓の根雪は突然やってくる。毎朝天気を見て出山前の準備に追われる。そのせわしさが感じとれるメモである。

注

（1）『白峰村史』第三巻「白峰村の出作りの実態」九八四〜九八九ページ、白峰村役場、平成三年
（2）橘礼吉『白山麓の焼畑農耕――その民俗学的生態誌』六〇八〜六一三ページ、白水社、平成七年
（3）『白峰村史』下巻、六一ページ、白峰村役場、昭和三十四年
（4）『白山麓――民俗資料緊急調査報告書』二〇、二一ページ、石川県立郷土資料館、昭和四十八年
（5）前掲（4）一一四ページ
（6）前掲（4）二一ページ
（7）『白山自然ガイドマニュアル』「人文・炭焼き1、2」石川県白山自然保護センター、平成十一年
（8）前掲（3）八四〜八八ページ
（9）前掲（7）
（10）前掲（2）一六四〜二一四ページ
（11）前掲（2）二一四〜二一八ページ

三　高地出作りの強風避難小屋（ヌケ小屋）

――苛原・北俣出作り群

1　ヌケ小屋とは

ヌケ小屋との最初の出合いは、昭和四十四年八月、大杉谷苛原《えらばら》の出作り長坂吉之助家の小屋場である（一八頁、図3の⑤の場所）。小屋場には土蔵、納屋の他にネブキ型式のヌケ小屋があり、強風時には逃げこんだと聞き驚く。

長坂家は、かつては苛原一二戸（永住出作り九戸、季節出作り三戸）の組頭を務めた家で、先祖は明治期小規模な鉱山経営をした特色ある出作りであった。金沢平野部の茅葺き水稲農家は全部が一階建てであるが、長坂家は養蚕に重点をおいた二階建ての茅葺き住居である。(1) 二階建てのせいで住居棟高が平野部農家より高く、強風時には相当風当たりが強かったと思われる。現在この建物は、大型出作り住居のモデルとして白山ろく民俗資料館に移築されているので、一般に見聞できる。

また、近隣の苛原・永吉《ながよし》清正家では、生活本拠地の母屋は出作りを放棄したので倒壊寸前であったが、ヌケ小屋は破損が進みながらも現存していることが判明した。つまり、一冬を越すごとに、出作り慣行の残像としての住居が倒壊焼失していく過程の中で、白峰村大杉谷と北俣谷合流地点、すなわち苛原地区にヌケ小屋二棟が現存していたのである。

この報告は、苛原地区とあわせて北俣谷地区の出作り群で行われていたヌケ小屋の利用慣行に関して、山地で生活した人々の生活実態の一つとして紹介するものである。

2　調査地大杉谷苛原について

かつての手取川上流部の呼称、具体的には尾添川合流部より上流部の本川は「牛首川」と言っていた。牛首川は、白

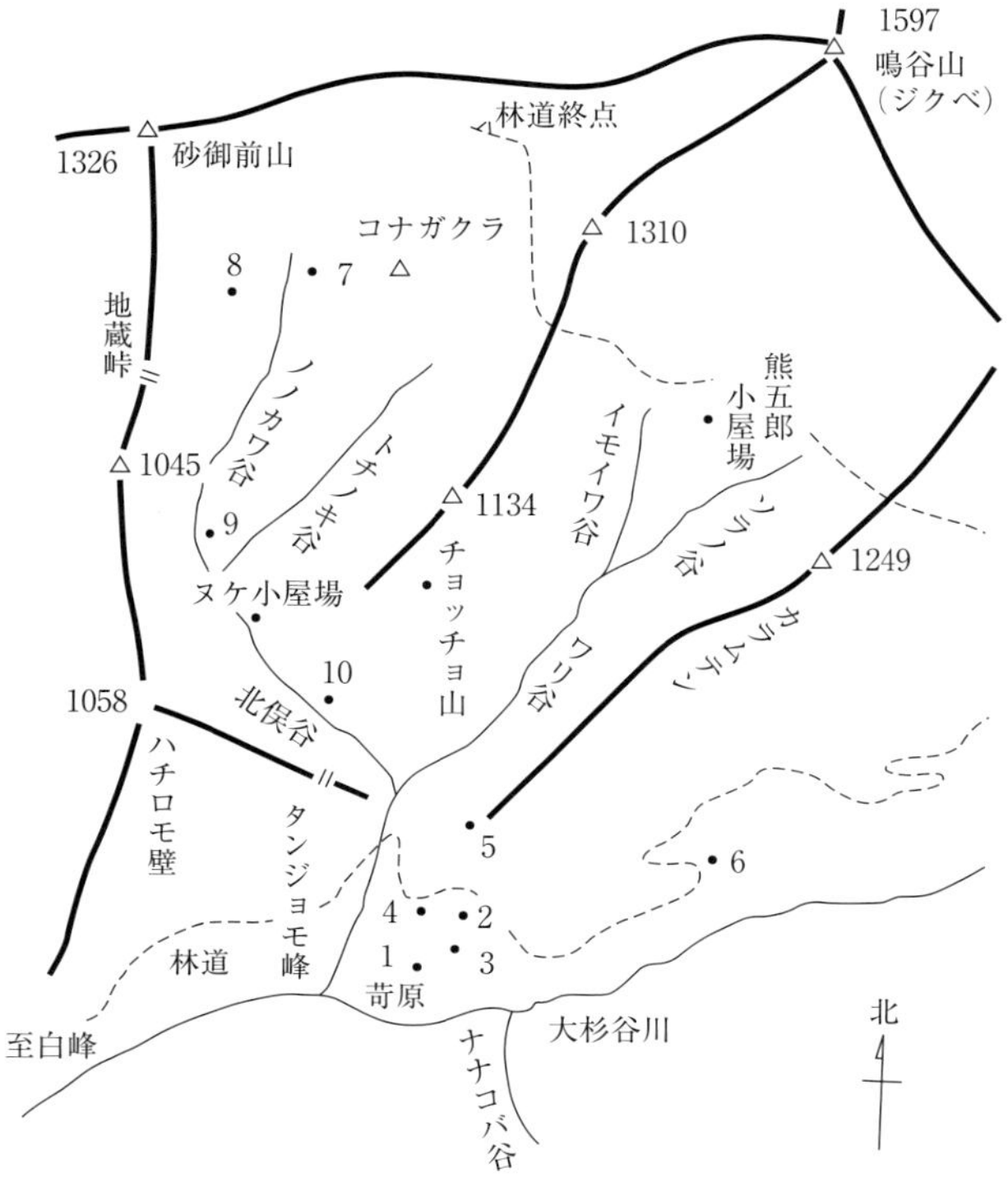

図1　大杉谷苛原と北俣谷周辺の概図　図中の数字は，表1（105頁）・表2（111頁）で示した出作り地の所在を示す

峰集落上流右岸より、大杉谷が本川に流れこむ。国土地理院発行の地形図では大杉谷と表記するが、伝承者の記憶する地名すなわち慣行地名では「河内谷《こうちだん》」と言い、大杉谷とは言わない。白峰集落より大杉谷右岸に沿った林道を約五キロ行くと、右岸山地より北俣《きたまた》谷が急傾斜で落ち込んでいる。大杉谷と北俣谷の合流地付近の緩傾斜地を「苛原」と言い、慣行地名では「河内谷苛原」である。「河内谷」という慣行地名を国土地理院発行地図では採用していないので照合できないから、以下「大杉谷苛原」とする。

3　伝承による強風系とその対策

①　強風についての伝承

白峰村の出作り地域におけるオオカゼに関する民俗的伝承は、次のようである。台風や、台風並みの強風を総括して「オオカゼ」と言う。オオカゼは大別して、春のオオカゼと秋のオオカゼがあった。秋のオオカゼとは、いわゆる台風のことである。春のオオカゼとは、三月中旬より五月上旬にかけて吹き、牛首川源流域に限定的に吹く局地的な強風らしい。

春のオオカゼに関して、手取川ダム着工以前、水没した尾口村・五味島《ごみじま》・釜谷《かまたに》・深瀬《ふかぜ》の各集落で聞き取り調査したところ、深瀬では「雪が融ける季節に白山オロシが吹く」という伝承に接した。さらに白山オロシは、下流の釜谷・五味島ではほとんど影響がなかったことも分かった。ちなみに、深瀬集落では「深瀬の家は、白山オロシが吹くのでタテ屋にする」と言う。タテ屋とは、牛首川の谷筋方向に建物棟方向を合わした住居を指す。対するにヨコ屋とは、棟方向を谷筋方向と直角にした住居を指す。白山オロシは、谷筋方向に沿って吹くため、タテ屋は風当たりが少なくてすんだ(2)。

オオカゼの風向は、春も秋も南東方向が卓越していたため、白峰村では風向に重点をおき「タツミカゼ」と言っていた。第二次大戦後のトランジスターラジオ普及期まで、各出作りは情報から隔離された状態であった。出作りは、電源地帯にありながら電気の普及がないので、ラジオ受信機が皆無であった。また、集落より遠く離れた山地に散居するため、新聞配達もなかった。したがって、秋のオオカゼすなわち台風情報は伝達されず、各出作りは観天望気の体験にたよるしか術がなかった。秋、見馴れない雲が走り、空気が澄んで白山が近く見え、気温が急上昇し風が強くなると、タツミカゼの前触れで予知はできた。ところが、春のタツミカゼは、突如として発生するので準備ができず、被害は大きかった。現今でも、春のタツミカゼは気象台でも予報するのがむずかしく、スキー場のリフト運転を中止しなければならぬほど厄介な局地風である。

② 強風による母屋倒壊事例

出作り住居の火災消失事例や強風倒壊事例は、聞き取ることは非常に困難である。このような事故は、出作りの細心注意、万全対策が欠如していたから発生したとの意識が強く、「他家の不名誉は口述はしない」という義理堅さと共同体意識のせいである。このような状況下で、採取した強風による倒壊事例は三件あった。実際には、もっと多くの事例があったと推察する。

春のタツミカゼに関する伝承事例は二件あった。一つは、明治末期、桑島地内百合谷《びやこ》、標高七四五mの季節出作り・イッチョモ（市右衛門）家である。他の一つは、大杉谷苛原、標高七五〇mの永住出作り・ヘイチ家である。百合谷・苛原の事例ともに母屋の倒壊である。特に前者のイッチョモは、夜中にヌケ小屋に避難して眠りにつき、翌朝目を覚ましたら母屋はなかったという凄まじいものであった。秋のタツミカゼの伝承事例は一件で、明治四十三年（一九一〇）

に起こった。大杉谷上流部右岸、標高一〇七〇ｍの季節出作り・イシキチ家の母屋が倒壊し、母親と乳児が下敷きとなった。母親は死亡したが、乳児は奇跡的に抱かれた胸の中で生存、救助されたという惨絶なものであった。

③ 強風対策

出作りは、複雑な山地地形の中にある一軒屋である。山地は、端的には凸地と凹地、急斜地と緩斜地の構成でなっている。強風は、複雑な山地を吹き渡るとき、ある場所では集束し、ある場所では拡散する。順風は、さらにカエシカゼ（返風）やマエカゼ（舞風）に変化し風向が定まらない。そして集束した強風は、出作り住居を瞬時にして倒壊させる。標高の高い出作り地は、風当たりが強いばかりか、時間的にも長く強風に見舞われる。この傾向は、秋のタツミカゼすなわち台風で著しかったという。

耐風・耐雪を兼ねた住居構造は、茅屋根を直接地面においた天地根元風にすることで、白峰村白峰でいう「ネブキ小屋」である（新丸《しんまる》村小原《おはら》では、「ヤモメ小屋」という）[3]。ネブキに対し普通の型式を「タテアゲ（建上げ）」、または「アシアゲ（足上げ）」と言っている。白山ろく民俗資料館敷地内の尾田《びた》敏春家は、かつては大道谷五十谷にあった永住出作りで、耐風構造を優先させた変型ネブキ小屋で、国指定の重要有形民俗資料となっている。

風当たりが強く、影響時間の長い出作り地では、その程度差に応じて、三つの方策で対処していたようである。影響最大の出作り地では、人間が生活する母屋もヌケ小屋もネブキ型式にした。影響が中位の出作り地では、母屋は普通のタテアゲ、ヌケ小屋はネブキにした。影響の低い出作り地では、ヌケ小屋を特別に作らず、土蔵や納屋をヌケ小屋に転用した。ここでとりあげる強風時避難のヌケ小屋と避難慣行、すなわち苛原のヌケ小屋二棟は、影響中位の出作り地の対処法である。補足すれば、長坂吉之助家・永吉清正家のいずれもが、母屋は普通のタテアゲで、ヌケ小屋がネブキなのである。

4 苛原・長坂吉之助家のヌケ小屋

① 構造・規模

長坂家は標高七四〇mにあった。ヌケ小屋は、強風で母屋が倒壊する恐れがあるので建設したのだから、母屋についても触れておく。母屋は、明治六年（一八七三）の建築で、間口四間・奥行七間半、茅葺き住宅としては珍しく二階建てである。建築材の柱・梁・桁等は、頑強な材を使用しており、その実態は白山ろく民俗資料館で実物で検証できる。付属建物としては、ヌケ小屋の他、二間四方のクラ（土蔵）、間口二間半・奥行三間のコゴヤ（納屋）、二間・五尺四寸のセンジャ（大便所）等があった。

ヌケ小屋は、母屋より約二五m離れて建っていた。その規模は、石場間口二・六m、奥行四・四m、棟高（オサエザオまでの高さ）二・〇mである。構造は、基礎石イシバの上に三組の合掌を組み、合掌を構造的に強化するため、スジカイを掛ける。合掌に「コスズ」という横木（丸太材）を渡し、茅をふきあげてネブキ小屋を作る。床は、土間に茅を敷きつめ、その上に板を仮に敷きつめてあった。昭和四十四年（一九六九）の初見時、妻の西側は板で閉ざし、対するに妻の東側を出入口として利用するため何も施設せず開放してあったが、かつては板戸をしつらえて、強風に対処してあった。冬にはヌケ小屋全体が積雪に被われ、雪の重量で合掌が押さえつけられ、合掌間口が広がってしまう。そこで春先には、合掌組を復旧しなければならなかった。

写真１　白峰村大杉谷苛原・長坂吉之助家のヌケ小屋と吉之助氏

写真２　長坂吉之助家の母屋　手前に水を引いた樋の残がいが見える．ホースに変った．

② 強風時の避難生活

長坂家では、春のオオカゼに関しては、性質上二つに分けて対処していた。一つの強風は、三月中旬より四月上旬にかけて吹く「ヤマセ」という白山オロシと、他の一つの強風は、四月中旬以降に吹くフェーンでないかと推定する風である。そして、前者は後者より予想がつきにくかった。昼間に吹く強風は、樹木のなびき方、家屋の揺れ具合が目で確認できることもあって、強風の程度が判断でき心理的に安心できた。ところが夜間の強風は、真っ暗闇で外の状況が把握できず、風を発生源とする音だけが目安となるのみで、心理的不安感が増幅された。感覚的体験からオオカゼは、夕方しだいに暗くなっていく時間帯が最強になると信じられていた。だから、昼間にヌケ小屋に避難したという事例は少なかった。

春・秋のオオカゼが吹く季節になると、平素は収納小屋を兼ねているので、収納物を他に移し、避難空間を用意した。オオカゼの急襲で、収納物移動が間に合わぬときは、クラへ避難した。クラは二間四方で、三尺ごとに柱があり、構造的に強かったからである。長坂家では、母屋の広間に掲げる柱時計の振子を目安として強風度を計り、ヌケ小屋へ逃げこんだ。強風で、母屋がミシミシと音をたてても、振子が止まらなかったら母屋で生活した。振子が止まると、ムシロ

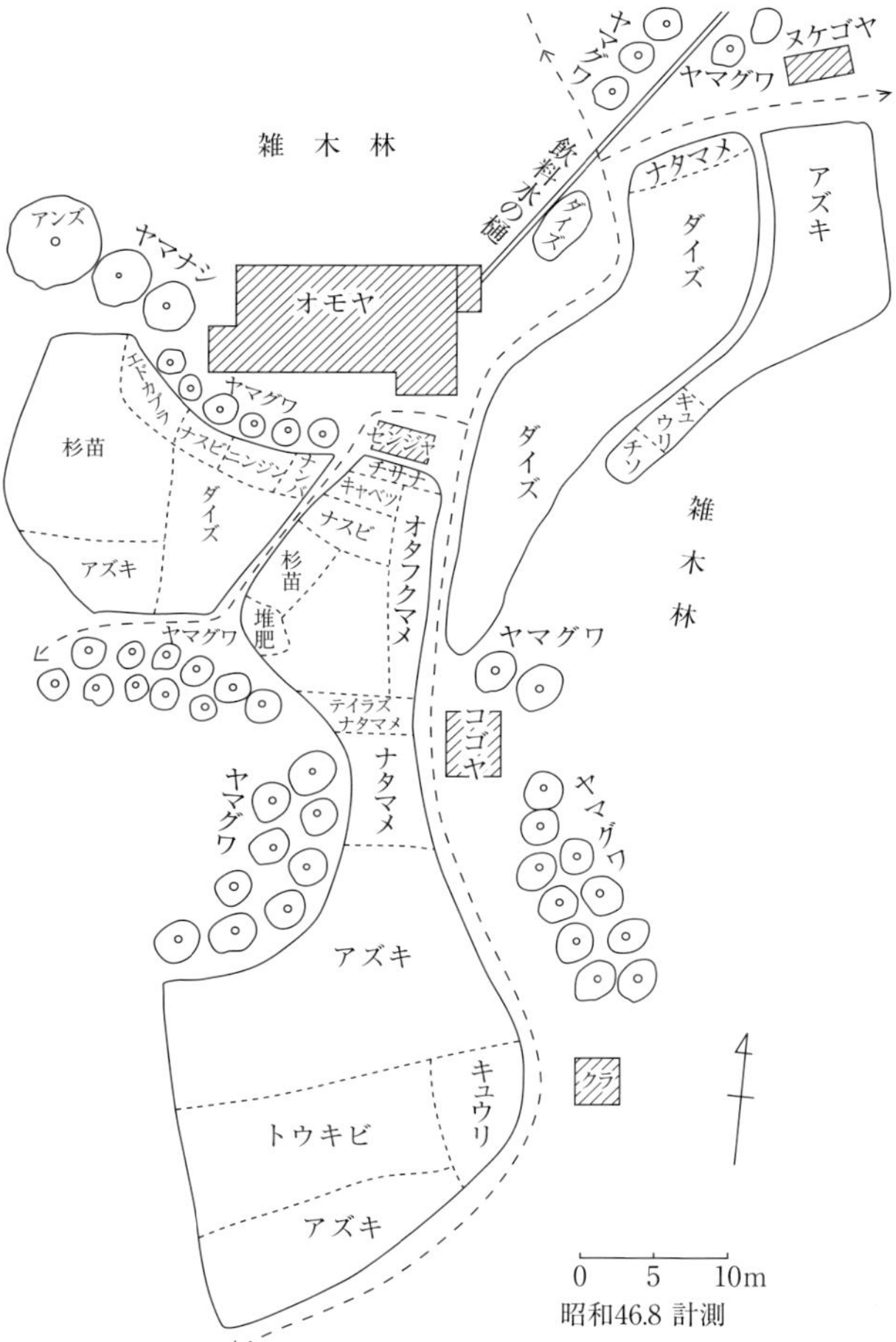

図 2　長坂吉之助家小屋場の概要図

(筵)・ヘットリ(畳表)・布団を持ちこんで、家族全体で雑談し、夜間には仮眠し夜が明けるのを待った。子供は、ヌケ小屋に入ると居住環境が変わるので、大人の心配をよそにはしゃいでいた。ヌケ小屋の利用度は、年に二、三回であった。周辺の出作りでヌケ小屋のない家は、長坂家のヌケ小屋を利用させてもらう慣行であった。「ウチがバリバリ言うから、ヌケ小屋使わしてくれ」と言って、空身で避難してきた。長坂家のヌケ小屋は、近隣の向原《むかいばら》四郎松家、藤部《とうぶ》折松家が利用した(表1、図1参照)。だから、ヌケ小屋で仮眠すると言っても、三家族がネブキ小屋内に入るときもあり、横になって寝るという体でなく、大人は座ったままの状態で仮眠した。

③ ヌケ小屋の多目的利用

長坂家では、隣の藤部折松家と共同で、ヌケ小屋にカッタリを施設して利用した。「カッタリ」とは水唐臼のことである。唐臼とは踏臼のことで、水唐臼とは人間の足の荷重に代わって、水を受ける箱を付けて水の重量によって杵を上

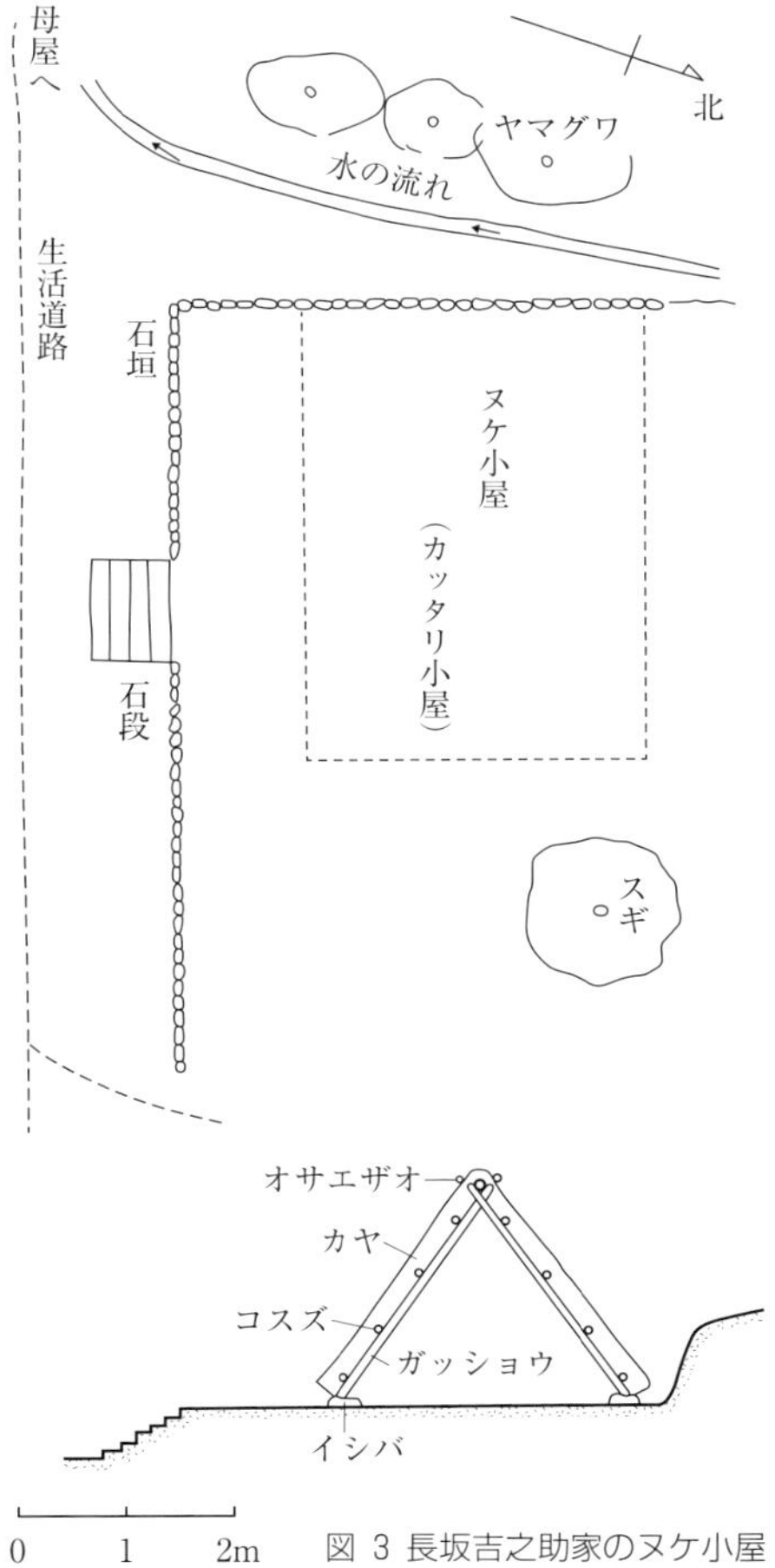

図 3 長坂吉之助家のヌケ小屋

表 1 苛原のヌケ小屋利用状況

所有者	利用者
1. 長坂吉之助	3. 藤部折松
	4. 向原四郎松
	5. 小田六松
2. 永吉清正	6. 木戸口謙正

◀------ 強風時避難
◀------ カッタリの精白利用
出作りの番号は,図1での所在地を示す

下させる装置で、これを白峰村ではカッタリと言った。具体的には、谷川より長さ六尺の樋三本で水を引き、「ミ」という水箱をスギのアカミを材にして作り、石臼をつく仕組で、出入口の反対妻側にこしらえた。スギのアカミ材は、クリ材より耐水性が強いので使ったという。

カッタリは、秋から冬にかけて、アワと玄米の精白に使った。アワの精白は、人力による杵・木臼使用と、水力によるカッタリ使用の二つがあった。二つの技術は共に、ヒエと比べ長時間を費やして、丸型の穀実が細長く変型するまでつかねばならない。人力依存のヒエ・アワの精白は、昼間は山仕事に精をださねばならないので、夜間に実施する慣行で、一晩大人三人で、精白は三～四・五斗ぐらいしかできず、そして激しい労働は翌日の仕事にも影響した。アワの精白は、長時間を要する上に量的に多くは精白できず、しかも疲れが残る作業なので、水の便利がよいとカッタリに代行作業を依存するようになった。長坂家のカッタリは、石臼の容量のせいで、一度の作業で一斗を単位として精白した。水量の豊富な日には、一日四回の精白ができた。石臼に新旧のアワを入替えするときには、老人・子供がその役を分担すればよく、つくのは専ら水力であるから、労働力の省力化には便利で良かった。「アワ五合実《ごんごうみ》」と言い、精白歩どまりは半分で、あとはヌカになった。アワの精白実は丸型実で、穀粒を石臼でひき割ってから精白するヒエと異なり、米粒のように一粒一粒のままで精白を終える。歩どまりは、作りが良い年ほど良く、稀に「七合実」になる豊作年もあったという。

山中に孤立する出作りでは、現金収入が少なく支出を可能な限り少なくする必要に迫られた。苛原と周辺の出作り地には稲作水田が皆無で、各出作りは必要量の米を購入したが、その際も出費を少なくする努力をした。白峰集落の商店より購入すると割高になったので、谷峠を越えて福井県の稲作農家より直接玄米を買い、自力運搬し、自前で精白して出費を抑えた。この場合は、米価が安い上に米糠も手に入り一石二鳥であった。米の精白は、ヒエ・アワと比較すれば非常に簡単で、雑穀精白時の木臼を使用すればよく、省力化を計るときカッタリが最上策であった。長坂家は白峰集落から、藤部家は福井県北谷地方（勝山市）から玄米を購入し、ヌケ小屋のカッタリで精白した。カッタリによる米精白には、長坂・藤部両家ばかりでなく、周辺の出作りも利用していた。遠方から来た利用出作りは、約一・五キロ離れた孫三郎山（標高八二〇ｍ）の木戸口《きどぐち》謙正家、約一キロ離れたムツバ（標高八六〇ｍ）の小田《こだ》六松家等である（表1、図1

参照）。遠くの出作りから来て、夜通しカッタリを使用すると、精白時間が長すぎて歩どまりが悪くなるので、夜半の水止め作業を長坂・藤部家に依頼し帰宅した。カッタリの精白・修理・管理は長坂・藤部両家でやっていたが、他家が利用しても別に料金やお礼をとることはなかった。

また、ヌケ小屋はカッタリを施設してアワ・米を精白した他、俵詰めにした木炭を納屋代わりにして出荷時まで一時的に収納した。

5　苛原・永吉清正家のヌケ小屋

①　構造・規模

永吉家は標高七六〇mにあった。母屋は、昭和三十八年（一九六三）の建築で、間口三間・奥行六間、茅葺き一階建てであった。母屋と常畑は同じ平坦地にあり、ヌケ小屋は常畑より小さい谷へ移行する緩斜面を削って平坦地を造成し作ってあった。ヌケ小屋の谷側方向では西側にスギを植林しカザガキとしていた。カザガキとは防風林のことである。昭和四十五年（一九七〇）の調査時には出作り住居は放棄され、カザガキの役をする立派な成木は伐採した後であった。ヌケ小屋は、常畑を介して母屋より二四・五m離れて建っていた。

ヌケ小屋の規模は、石場間口三・六m、奥行四・二m、棟高三・〇mである。構造は、石場の上に三組の合掌を組み、構造補強のためスジカイとハリを掛ける。奥部には三本の追合掌を掛けて室内空間を広くしている。合掌にヨコザオ六本を渡し、茅で屋根・壁を兼ねて葺き、いわゆるネブキ型式にした。棟部分は、スギ皮を二つ折にして茅を被い、雨雪の浸透を防ぐ機能を補強した。妻の北側には、幅三尺高さ五尺八寸の既成障子戸をあてがい、さらにありあわせの板を使用して全体を塞いでいた。床は、戸の内側四〇cm幅で履物脱ぎの土間を設け、その奥は板敷きにしてあった。永吉家の場合の板敷きは、大工仕事で固定してあった。補足すれば、長坂家の場合は板敷きであるが、固定したものでなく板を並べた程度で、板がまくれるのである。

写真 3　白峰村大杉谷苛原・永吉清正家の母屋とヌケ小屋（左下・杉木立の中）

写真 4　永吉清正家のヌケ小屋

② 強風時の避難生活

春・秋のいずれのオオカゼの方向も、大局的に南風が卓越するわけであるが、永吉家の小屋場は、強風が山地地形で複雑に変化する「カエシカゼ」という北風が吹き荒れた。永吉家の小屋場は、長坂家より標高差で約二〇mほど高かった。苛原という地名は、急峻な山地地形の中で、この地が平坦地・緩傾斜地が面積的に広くまとまっていたのが由来と考えられる。永吉家は、苛原の中で最も高い場所にあって、母屋の背後より緩傾斜地が急傾斜の山地となる遷移点というべき位置にあった。このような地形環境のせいで、風当たりは長坂家より強かったという。強風が吹くのであれば、家屋構造をそれなりの強さにすれば良いわけであるが、永吉家の出作りは頑強でなかった。具体的には、長坂家はウマ（梁）とウシ（牛梁）に頑強な材を使って耐雪・耐風構造にしてあったが、永吉家にはウマ・ウシを使用してなく、構造的には弱かった。

長坂家では時計の振子が止まるとヌケ小屋に避難したが、永吉家は、風当たりが強い上に家屋構造が強くなかったので、オオカゼが吹くとそのつどヌケ小屋に避難した。一年の避難回数は五、六回で、長坂家と比べると多かった。永吉家は、長坂家と同じくほとんど昼間避難することはなく、夜間の避難である。オオカゼのせいで、家の桝組も屋根の合掌も一緒になってミシミシ・バリバリと音を出して動いた。夜間は、気持ち悪くて寝つかれないのでヌケ小屋に入った。昭和四十五年（一九七〇）、小屋の前部には痛みが発生していたが、利用時の生々しい痕跡が残されていた。小屋内には、照明用石油カンテラ一、イソライト製焜炉一、ビニール袋に入れた木炭一包、木製棚一が置いたままにしてあった。棚の中にはマッチ大箱、食器、雑誌等があり、さらに室内には檜笠二点、衣類数点が吊り下がっていた。この状態から、

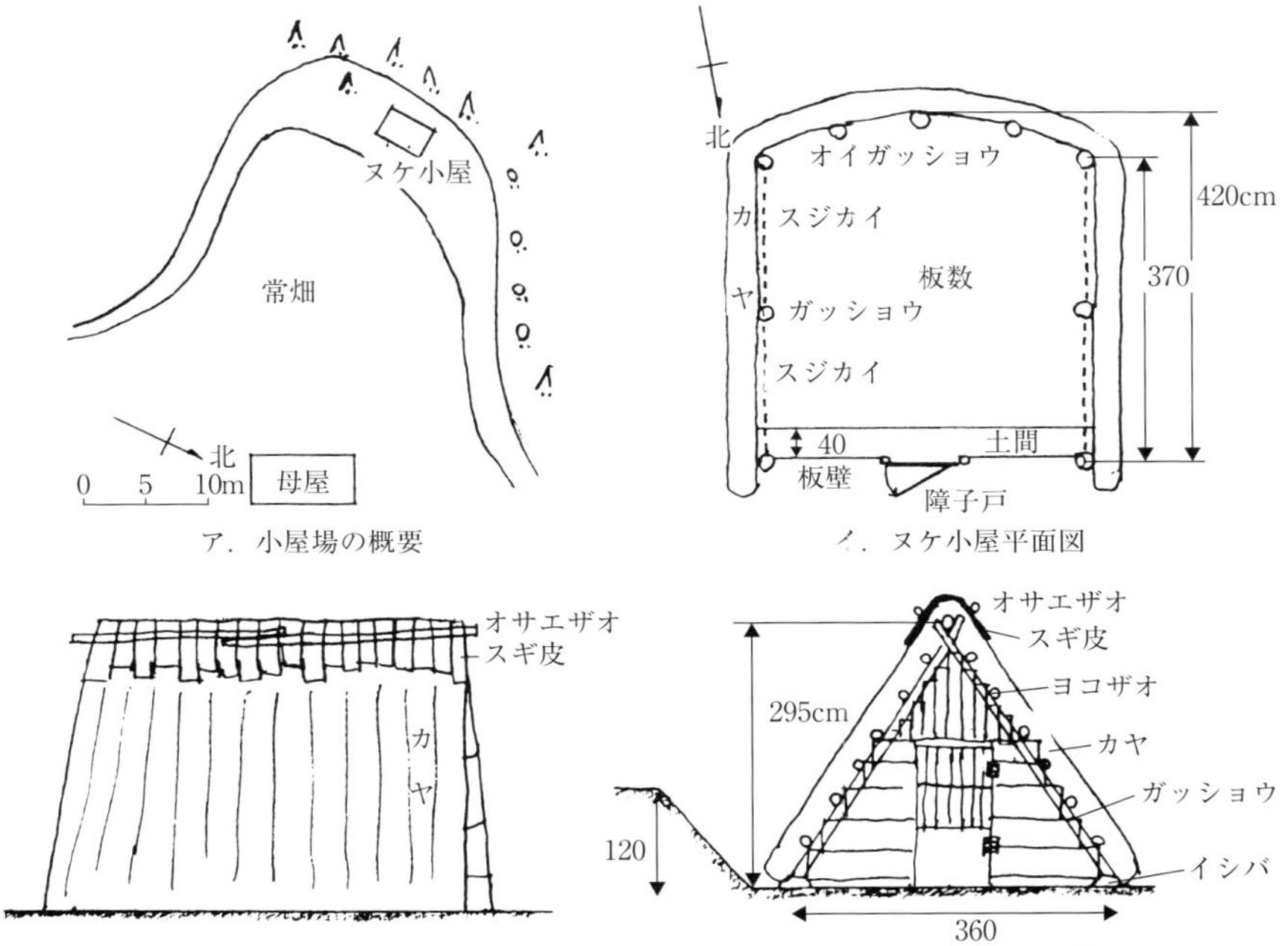

ア．小屋場の概要　イ．ヌケ小屋平面図
ウ．ヌケ小屋の側面図　エ．ヌケ小屋の正面図

図 4　永吉清正家のヌケ小屋

ヌケ小屋内には最低必需品を常時準備し、強風の襲来に対し、いつでも避難できるようにしてあったと推察した。

永吉家の最大家族数は一四人。家族一〇人のときは大人も子供も全員が横になって寝れた。一四人の際は小屋は狭く、子供だけが横になって就寝したが、大人は座って、茶をシチリン（焜炉）で沸かして雑談し、時の過ぎるのを待った。永吉家のヌケ小屋は、長坂家と同様に隣の出作り・木戸口謙正家も利用した。共同利用のときは、相互に情報交換ができ、楽しい雰囲気があったという。

③ ヌケ小屋の多目的利用

永吉家では養蚕を経営する期間と、雑穀穂の脱穀・精白をする期間に、ヌケ小屋を母屋代わりとして生活した。出作り地の養蚕は、春蚕・夏蚕の年二回で、桑は焼畑跡地に植栽したヤマグワである。当時の蚕は、ヤマグワの濡れたものは食わないので、雨天の日には濡桑を乾かし、さらに雨が予想されると桑を摘み貯えなければならなかった。ヤマグワを摘み、屋内で乾燥もしくは貯えることを「コキダメ」という[4]。養蚕期間は、母屋の戸障子をはずして養蚕棚を組み、コキダメの際は戸を閉めきって外気・日光を遮り、屋内全面にヤマグワの葉を並べておく。コキダメが始まると、ヤマグワのため生活空間が占拠され、人間は広げられたヤマグワの隙間で寝起きした。永吉家では、コキダメのときは、ヌケ小屋で寝起きした。

白山麓焼畑地域のヒエ・アワ・シコクビエの穂の乾燥・脱穀は屋内作業である。母屋内に「アマボシ」という穂乾燥施設を特設して、いろり火を熱源として乾燥した。(5) 乾燥後の脱穀は夕食後から就寝までの夜間に行った。ウスとキネで穂に衝撃を与え一粒一粒の穀粒を外す作業は、その衝撃が強いほど効率が良い。強い衝撃でホコリが母屋中にたちこめ、衣服・家具は真白となる。母屋は閉め切りで、充満したホコリは、ランプの下部にある細かい空気穴の目をつまらせ、そのため空気が入らなくなって燈が消えてしまうほどである。また、ウスとキネの衝撃は、騒音と振動をともなった作業でもある。永吉家では、子供は母屋で寝ようにも騒動・振動でままならず、ヌケ小屋で寝た。脱穀は、乾燥余熱が残っているうちに済ませる慣行で、夜半を過ぎ二時、三時になることもあった。大人は、ホコリを掃除した後寝ればよいわけであるが、永吉家では飛散したホコリは並大抵ではなかったので手をつけず、乾燥・脱穀期間中はヌケ小屋で寝起きした。雑穀穂の乾燥・脱穀作業の期間は、割と長く約二〇日間から一ヶ月ほどで、その間ヌケ小屋で寝泊まりした。

永吉家のヌケ小屋のように、強風時の避難ばかりなく、養蚕期間や雑穀穂の乾燥・脱穀期間にも利用したという事例は、他の出作りにもあった。河内谷平岩《へらいわ》の出作り・小田《こだ》又七家がそれである。小田家の母屋は、間口四間一尺・奥行七間の二階建てで、二階全部を養蚕空間にあてていた。付属建物としてヌケ小屋一棟があった。補足すれば、クラ・コゴヤはなかった。ヌケ小屋の規模は石場間口二間・奥行四間。構造は四組の合掌をかけたネブキ小屋で、玄関に庇を出し出入口に筵を下げてあった。小田家の母屋建築は二階建てで、養蚕に重きをおいた住居型式である。養蚕期間中は、母屋のネドコは使用せず、家族全員がヌケ小屋で寝泊まりした。また、雑穀穂の乾燥・脱穀期間中、子供たちはヌケ小屋で寝泊まりした。大人は、穂の乾燥時、熱源としていろりで大きい火を取り扱う役割があり、火の管理(火の用心)のためいろりの周囲で寝泊まりした。

6 大杉谷北俣出作り群の強風避難

大杉谷苛原の下流約五〇〇m付近で、右岸より支谷の北俣谷が合流している。かつて、北俣谷源流には六戸の出作り群があり、出作りが存在した山地と出作り群の共同体を「北俣」とよんでいた。極高の出作りは標高一一〇〇m、最低の出作りでも標高八四〇mで、大局的には砂御前山の南斜面に立地していた（表2、図1参照）。山地での風の影響は、伝承者によれば、標高が高くなればなるほど風力が強く、影響時間が長いという。標高七四〇〜七六〇mの大杉谷苛原でも、強風避難用のヌケ小屋を建設したのだから、苛原より一段と高い北俣では風の影響を強く受けたと予想される。さらに、オオカゼは南風や南東風が卓越していたから、砂御前山南斜面の北俣では、オオカゼの影響をまともに受けたのではないかと推察する。北俣に存在した出作り六戸中四戸より聞き取り調査が可能であったこともあり、標高の高い場所の出作り住居と風の関わりについて、以下に概説する。

表 2　北俣の出作りの住居状況

出作り	標高	斜面の向き	住居状況
7．薮　与八郎	1100 m	SW	母屋・便所はネブキ，ヌケ小屋無
8．永井小新右衛門	1070	S	母屋・便所はネブキ，ヌケ小屋有
9．織田織松	940	S	母屋・納屋等はネブキ，納屋をヌケ小屋に兼用
10．中村滝蔵	840	S	母屋・蔵等はタテアゲ，ヌケ小屋無

出作りの番号は，図1での所在地を示す

薮与八郎家[6]　小屋場は標高一一〇〇m、母屋は間口三間、奥行六間。付属建物は二間四方の板倉一棟、センジャ（大便所）が二棟ありいずれもネブキ小屋、そのうち一棟は肥料貯蔵を目的としていた。ヌケ小屋がなかった点を考えると、標高が一〇〇〇mを超えている割に、強風の当たりが弱かった小屋場と推察される。

永井小新右衛門家[7]　標高一〇七〇m、母屋は、間口五間、奥行八間の大型出作り住居であったが、大正十三年火災で消失した。新しい出作り住居は間口三間、奥行六間、さらに前に玄関と後ろに仏間を各九尺付け出したネブキ小屋にした。付属してセンジャが一棟、ヌケ小屋一棟があり、どちらもネブキ小屋であった。小屋場にはヌケ小屋が特設してあったこと、さらに、母屋・大便所・強風避難小屋の三棟いずれもがネブキ小屋であったこと等を勘案すると、永井家は風当たりの強い小屋場に立地していたと推察する。なお、ヌケ小屋は冬場には漬物小屋を兼ねていたという。

写真５　白峰村赤岩地内のネブキ小屋　北俣の藪家・永井家・織田家はこの型式で，構造上，強風・多量積雪に強い

織田織松家[8]　標高九四〇m。母屋は間口四間、奥行六間。クラ（土蔵）は九尺四方。コゴヤ（納屋）とカラウス小屋は、共に石場間口二間、奥行三間でネブキ小屋であった。強風時には年に数回コゴヤに避難し、コゴヤをヌケ小屋に兼用していたが「ヌケ小屋」とは呼ばなかった。カラウス小屋は、長坂家でいうカッタリすなわち水唐臼を施設したものである。母屋とクラの二棟は普通のタテアゲ、コゴヤ・カラウス小屋の二棟は耐風耐雪構造のネブキであった事実から推察すると、この出作り地の風当たりは相当強かったものと思う。

中村滝蔵家[9]　標高八四〇m。母屋は間口三間、奥行六間。クラは九尺四方。コゴヤは間口三間、奥行四間。三棟いずれもが普通のタテアゲであった。その他、ネブキ型式のセンジャ（大便所）があった。センジャをネブキ型式にするのは出作り地で共通した慣行で、強風対策の意味は薄い。母屋・クラ・コゴヤの三棟がタテアゲであった事実から、この出作り地は風の影響が強くなかったと考えられる。

「ヌケ小屋場」という地名　北俣谷は、左俣のノノカワ谷と右俣のワリ谷に分かれ、さらにワリ谷はイモイワ谷とソラノ谷に分かれる。北俣の出作り群六戸のうち五戸がノノカワ谷水系の山地に、一戸がワリ谷水系の山地にあった。風と出作り建築との関連について概説した四戸の出作りは、ノノカワ谷水系にあった（図1参照）。ノノカワ谷沿いの織田織松家と中村滝蔵家のほぼ中間地点、生活道路沿いの標高八八〇m地点に、「ヌケ小屋場」という地名が存在したことを、織田織松氏より教示を受けた。「何々小屋場」という地名は、実際には数少ない。北俣谷には、ノノカワ谷に今話題にしている「ヌケ小屋場」と、イモイワ谷に「熊五郎小屋場」があった。一般的な出作り地名は、出作りを経営する人名・屋号をつけている。例えば、薮与八郎が経営する出作り山地の地名は「与八郎山」、永井小新右衛門家の出作り地は「小新右衛門山」となる。ところで、「与八郎山」「小新右衛門山」と言わないで、「与八郎小屋場」「小新右衛門小屋場」と言うときは、その意味する内容が違ってくる。

熊五郎小屋場と言うときは、かつて熊五郎家の出作り住居が建っていた跡地で、何世代か以前に出作りは廃絶され、住居の礎石・石垣等が遺構として残っている場所である。そして熊五郎山と言うときは、出作り住居も存在し、出作り経営が続けられている状態を指すものである。この原則を、「熊五郎小屋場」「ヌケ小屋場」にあてはめれば、二つの地名は共に、歴史的地名で、過去に熊五郎の出作り住居があったこと、過去にヌケ小屋があったことを物語っている。補足すれば、「ヌケ小屋場」という地名は、地名存在場所に、幾世代も前に強風避難小屋があった証なのである。もし、「ヌケ小屋場」のヌケ小屋が、出作りの誰かが作った私的のものであれば、「ヌケ小屋場」という地名がつかず、出作りの人名・屋号がついたのでないかと思う。織田織松氏は、周辺出作りが共同でヌケ小屋を作り共同利用していたから、ヌケ小屋に私的名称がつかなかったのでないかと指摘された。この地名由来説には、まったく同感である。苛原の長坂家や永吉家のように、私的なヌケ小屋を周辺出作りが使わしてもらう慣行があったことから類察すれば、共同でヌケ小屋を作り共同で利用する慣行もあったはずである。

7　大道谷太田谷・尾田富一家のヌケ穴

出作り尾田《びた》富一《とめいち》家は、大道谷太田《おおた》谷左岸富《とめ》ノ山（標高七七〇m）にあった。富ノ山の地形は急峻で、母屋は急斜面をL字型に整地して建て、規模は間口三間・奥行七間半の規模であった。尾田家のように、平坦地が狭く山を削って建てた住居を「山をかんでいる家」と形容し、それは「山を担いでいる家」という意味である。山を削って母屋を建てたから、山側はほぼ垂直状の小さい崖となる。この小さい崖の高さは、母屋の前部玄関脇で三・九m、後部脇で二・七mで、「山を担いでいる」程度が理解できよう。春・秋のオオカゼの風向は、尾田家のある山地ではタツミ（南東）で、他の出作り地より風当たりが強かった。尾田家では、強風用の避難小屋に代わって、母屋の後部脇の崖に避難用の横穴を掘り、年に四、五回利用した。この穴は、「ツチアナ（土穴）」とか「ヌケアナ」といい、穴の形は炭焼釜の内部を真似て入口部は狭く、内部は方形で約二坪の広さ、天井はドーム状にしてあった。タツミカゼが吹くと、筵を持ちこんで敷き、寝泊まりした。

8 強風時に脱穀用木臼を吊り下げること

白峰村の出作り地域には、「タツミ風が吹けば臼を下げよ、うちがつぶれない」という俗信がある。ここでいう臼とは、ヒエ・アワ穂の脱穀用木臼のことである。形は、円筒型ではなく、中央部がくびれた型であり、その外径は八〇～九〇㎝という大型で、重量も相当なものである。脱穀用木臼が、大型でどっしりしているので、「不動のもの」「大切なもの」との意識を生み、家長に例えて「ウチのオヤジ」「ウチのゴテ」との異名もあった。このように木臼を重鎮とする意識が、「木臼に神頼みし、家を守ってもらう」という心理的依存心を起こし、俗信すなわちまじないとなったのかも知れない。

別の視点では、重量のかさばる木臼を梁より吊り、住居の重心を下に移せば、倒壊予防策としては理にかなっており、合理的対策にも通じている。河内谷平岩・小田又七家では、強風時、母屋内には急遽臼を吊り下げ、屋外では側面の支え木「ツカセ」の元部に「ヤ」という木製楔を打ちこみ、ヌケ小屋で泊まったという。強風時、民家内の梁に臼をぶら下げる習俗は、北海道のアイヌの人たちの住居にもあった。この事例では、各家では二箇ほどの大して重くない臼を使っていたが、住居も小型なので理にかなった策であると、鷹部屋福平氏は指摘している。[10]「タツミ風が吹けば、臼を下げよ」との伝承・行為は、臼に対しての信仰的意識から発生した俗信なのか、それとも体験的行為から発生した合理的対策なのか、判断しかねる。

9 まとめ

事例数が多くはなかったが、山間僻地で孤立して生活する出作りが、強風襲来時の自衛策としてヌケ小屋を建て、多目的に利用した実態を、可能な限り紹介した。その概略は次のようである。

1. ヌケ小屋とは、強風時の避難小屋で、集落内にはなく、出作り地先の山地にあった特色的な建物である。

2. ヌケ小屋の構造はネブキで、春・秋のオオカゼに年数回避難した。避難時は夕暮れより翌朝までの夜間が主であった。
3. ヌケ小屋は、所有者だけでなく周囲の出作りも利用した。また、ヌケ小屋を共同製作し、共同利用する慣行もあったらしい。
4. ヌケ小屋の代わりに、横穴式のヌケ穴もあった。
5. ヌケ小屋は強風時だけでなく、養蚕や雑穀穂脱穀の期間にも寝泊まりし、その慣行を恒常化した出作りもあった。
6. ヌケ小屋は、水唐臼を施設してアワ・米の精白に、出荷前の炭俵収納に、冬場の漬物桶収納等、多目的に利用した。

終わりに、ヌケ小屋を必要とした社会的要因に触れておきたい。

写真6 ツカセを施設した出作り住居 白峰村赤谷・山口市次家

広大な山地のどこもが焼畑に適するわけでなく、山地のどこもが出作り住居に適するわけではない。白山麓は豪雪山地であるため、標高七〇〇m以高地では、多量積雪が早く融ける南向き斜面が焼畑適地、さらに出作り適地になりやすい。白山麓では春と秋、「白山オロシ」「タツミカゼ」という呼称の強風が吹く。この強風は、呼称が示すように大局的に南風である。雪が早く融け日照時間の長い南斜面は、農耕・居住条件は良かったが、反面、強風が吹き渡る斜面でもあった。初期の出作り住居は、耐風構造に重点をおいたネブキ型式で、風当たり容積を少なくするため小型の建物であったと思う。

ところで商品経済が普及してくると、白山麓の僻地出作り地にもその流れが浸透してくる。出作りでは、焼畑でヤマグワを栽植する技術を安定させ、養蚕を行い、繭・生糸の売却を計るようになる。養蚕による現金収入増をめざすときは、方策として養蚕空間を拡大することがなされた。養蚕空間の拡大とは、出作り住居を平面的、立体的に広くすることである。平面的拡大とは、間口・奥行の規模を一段と大きくして大型住居を作ることであり、立体的拡大とは、ネブキ型式を止めタテアゲ型式に改め、さらに一階建てを二階建てにすることである。養蚕のため大型化・二階建てとなった出作り住居は、耐風性ではネブキ型式の住居より弱かった。住居の大型化で、養蚕空間が増え繭収量が増えても、出作り民の強風への心理的不安はぬぐいきれない。そこで養蚕向きの大型出作り住居は、強風時の緊急性に備えて、伝統的な耐風構造のネブキ小屋を評価して併設し、避難用に利用したのである。そして養蚕は衰退しても、大型住居にとってヌケ小屋の必要性は変わらないから、長く残ってきたものと思う。

ヌケ小屋が存在した出作りや、ヌケ小屋慣行を伝える出作り等の住居規模は、概して大型の傾向にある。具体的には、長坂吉之助家は四間・七間半で二階建て、小田又七家は四間一尺・七間の二階建て、尾田冨一家は三間・七間半、永吉清正家は三間・六間である。ヌケ小屋は、養蚕空間拡大のための住居拡大策と、非常に関係が深かったのである。

注

(1) 橘礼吉「石川県白山麓の出作り住居」(『中部地方の住い習俗』一三～三六ページ、明玄書房、昭和五十九年)
(2) 橘礼吉「尾口村の住生活・家の向き」(『石川県尾口村史』第二巻・資料編、六〇五ページ、尾口村役場、昭和五十四年)
(3) 前掲(1)三二ページ
(4) 橘礼吉「住生活・養蚕との関連」(『白山麓――民俗資料緊急調査報告書』二〇、二一ページ、石川県立郷土資料館、昭和四十八年)
(5) 橘礼吉『白山麓の焼畑農耕――その民俗学的生態誌』一七六～一八九ページ、白水社、平成七年
(6) 橘礼吉「白峰村の焼畑出作り」(『白峰村史』第三巻、一〇一四、一〇一五ページ、白峰村役場、平成三年)
(7) 前掲(6)一〇一五～一〇一七ページ
(8) 前掲(6)一〇一七～一〇一九ページ
(9) 前掲(6)一〇一九～一〇二一ページ
(10) 鷹部屋福平『アイヌの住居』四四、四五ページ、彰国社、昭和十八年

四　木の実・果実を食糧源とした出作りの植栽実態

——雁山《がにやま》・山下忠次郎家

1　『山下忠次郎家諸雑事記』について

『白峰村史』（白峰村役場、平成三年）刊行に際し、その編集に参加された村民の一人山下鉱次郎氏（明治二十八年生）は、自力によるガリ版刷りで、六十九歳のとき（昭和三十九年）『山下忠次郎家諸雑事記』[1]を自費出版した（以下『雑事記』と略して記す）。その末尾に「雁山平《がにやまだいら》の図」、「元忠次郎持分雁山全図」と題して二枚の図を添付されている。鉱次郎氏は出作り先の雁山で生まれ、そこで育ったが、二十四歳（大正八年）のとき出作りを止め、白峰集落住まいとなる。二枚の図には、鉱次郎氏が雁山でのかつての生活全体像を後生に残しておきたいとの執念が読みとれる。懸命に記憶をよみがえらせて四五年前の出作り住居配置、周辺の常畑・ヒエ田、植樹等について克明に記す。例えば、図上表記の特色の一つとして、栗について先祖が一〇本の栗の木一本ごとに名前をつけており、その場所を図上で示してある。鉱次郎氏流の詳細と正確さが見てとれる。

出作りの生活実態については、口述で協力を受ける場合が多い。それはそれなりに理解の一助となるが、図で「どんな栗の木がどこにあり、何本あったか」、「どこにヒエ田が何枚あったか」等の実態は、言葉による説明より図上の無言表現の方が、遥かに分かりやすい。自給自足性が強く、雑穀を中心とした出作りの食生活にとって、木の実・果実は貴重な食糧源である。二枚の図には、栗・梨・柿・りんご・すもも・ぐみ等の植栽場所が詳細に図示されているのに驚く。山下家で何世代にもわたって有用樹を丁寧に管理してきた仕事ぶりが読みとれる。以下の報告では奥山人が、木の実・果実とどのようにかかわってきたかを、雁山・山下家の事例で紹介したい。

2 雁山について

雁山は、おおまかには牛首川左岸、白峰・桑島領域の境界付近にある（一八頁、図3の④の場所）。詳しくは、谷峠を水源とする大道《おおみち》谷川が、本流牛首川と合流する出合い寸前で、左岸より三角点八六一・四mを水源とする小谷雁山谷が大道谷川に流れこむ。雁山谷をさかのぼること、海抜六〇〇～七〇〇mにかけて緩斜地があり、山下家では「雁山平《だいら》」とよび、出作り住居は六二〇m付近にあった。昭和三十二年発行の国土地理院五万分の一地形図「白峰」には、大道谷より赤谷に抜ける山道途上、六二〇mに住居表示が掲載されており、これが山下家出作りである。発行年の昭和三十二年には出作りはすでに廃絶されていたが、明治四十三年測図発行の全情報修正が完遂されず、多くの出作り位置図が残ったもので、怪我の功名とでもいえる修正測図である。この地は白峰地内、本村白峰へ二・五キロ弱とほど近く、何かと便利の良かった位置である（図1参照）。

鉱次郎氏の五代ほど前、初代忠次郎が雁山で出作りを始め、祖父の代に自己所有とした。所有山地は北西向き、山林一六町六反歩、田畑三反三畝二六歩。母屋は間口四間、奥行八間の二階建て(2)。出作りとしては大型、養蚕に重点をおいた造りである。付属建物として三間五間の納屋、床下は半地下で馬屋として利用、山林地主山岸家の持馬を飼っていた。唐臼《からうす》小屋、蚕糞《こくそ》小屋があったと記すが、図には記載がない。

雁山での山下家の食糧は、「常食は稗飯であったが、子供や老人に食わすため、毎月三合か五合ほどの粟飯か米飯を拵《こしら》えた」と記す(3)。すなわち主食物はヒエで、図で示されているヒエ田と、山中の焼畑適地ムツシを活用して作っていた。

3 祖父六三郎の植樹

出作りの人は、母屋と付属建物のある場所をヤシキ、周辺の常畑をキャーチとよぶ。そしてヤシキとキャーチ・ヒエ田を含めての場をコヤバという。コヤバで何世代にもわたって植樹してきた木々について、まず『雑事記』の本文「四、忠次郎と雁山・3」の項で栗について記す(4)。次に「六、祖父六三郎と祖母多満・1」の項で梨・林檎・シナノ柿等につ

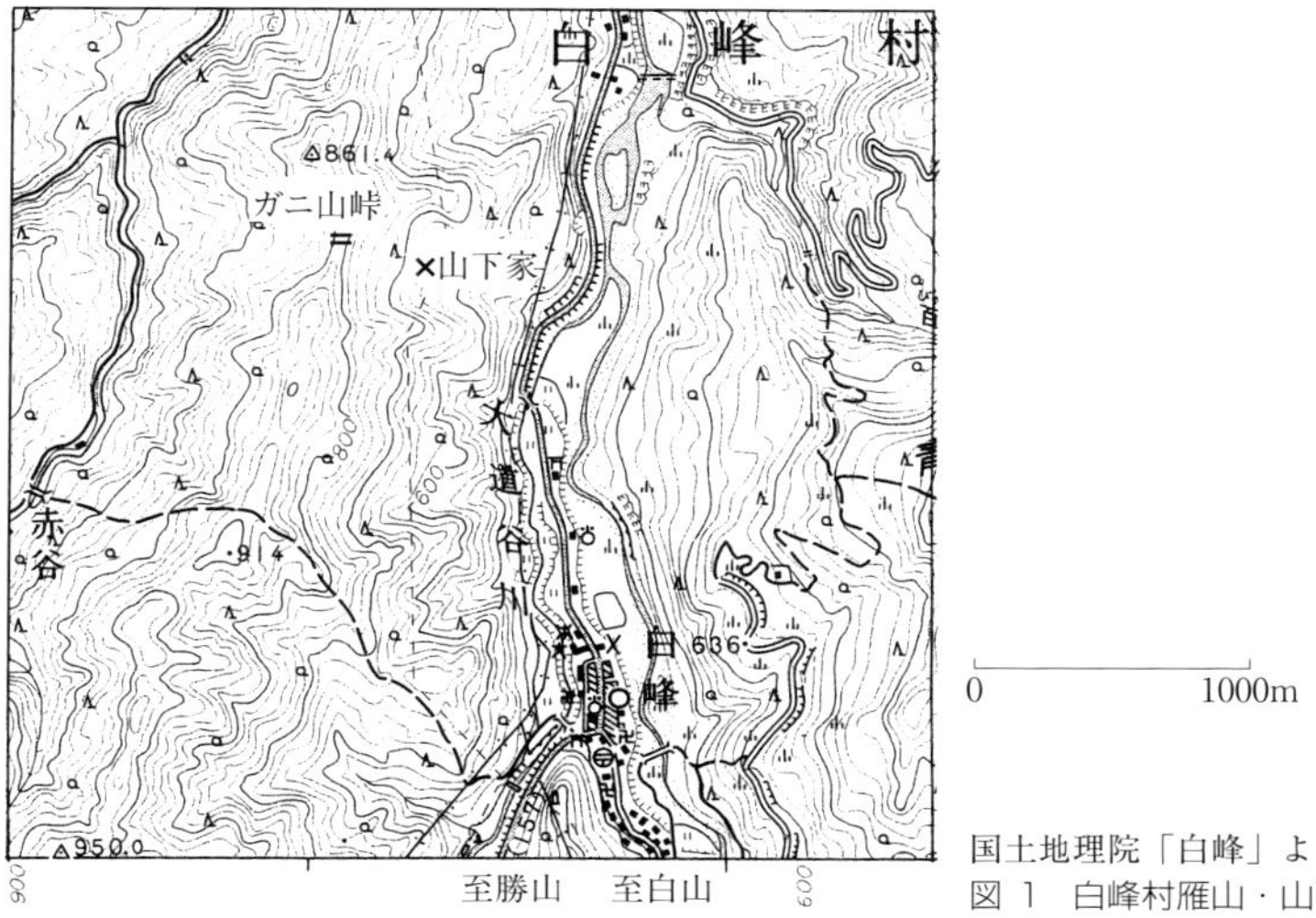

国土地理院「白峰」より
図 1　白峰村雁山・山下家の位置

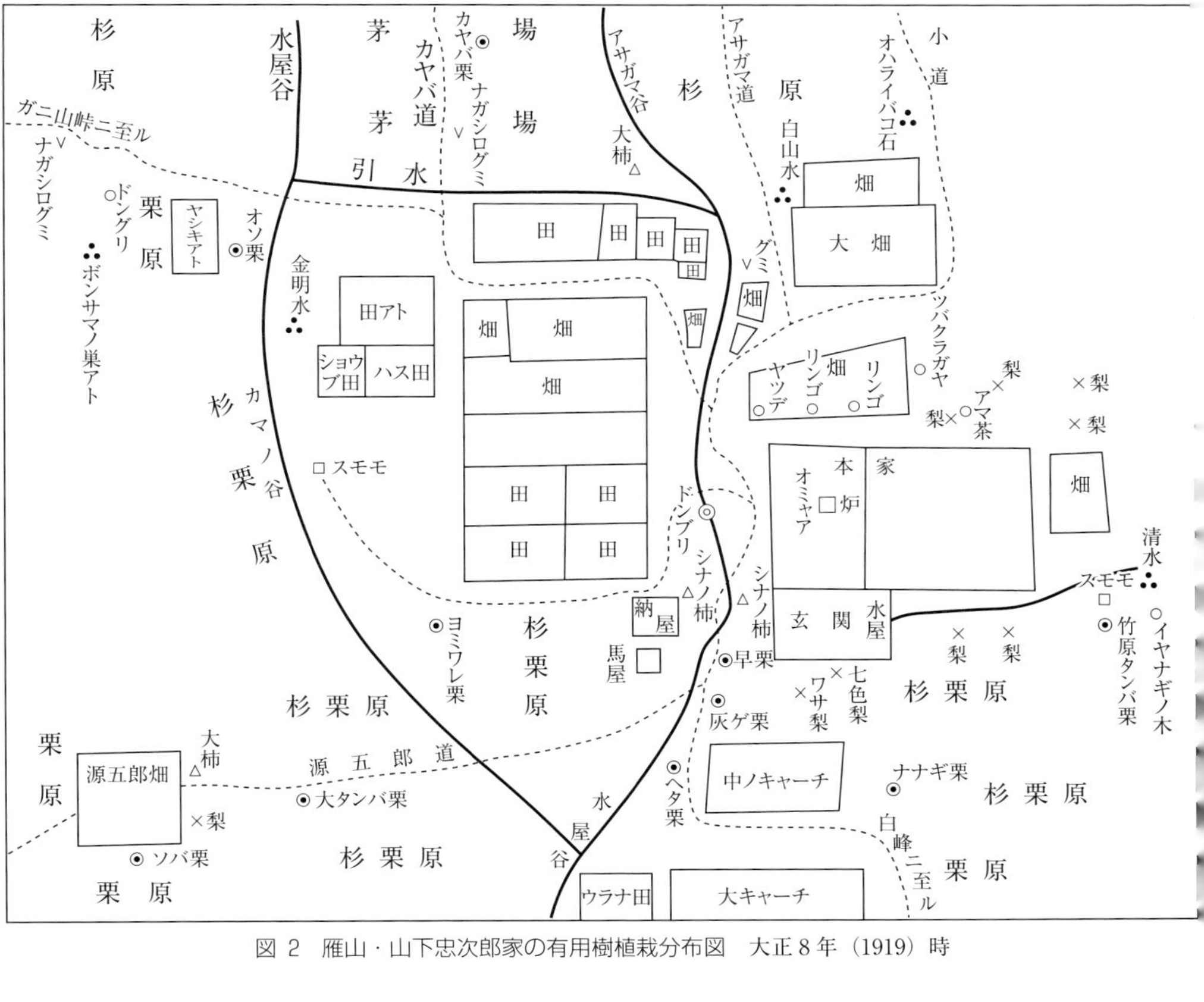

図 2　雁山・山下忠次郎家の有用樹植栽分布図　大正 8 年（1919）時

いて記す(5)。関連して木々がコヤバのどこにあったかの場所を二枚の図で示した。ここでは、まず有用草木の植樹が大好きであった祖父の思い出を中心に、梨、林檎、シナノ柿等を記した本文を紹介することから始めたいと思う。

祖父は木と草花等を作ることが大好きで、至る処から苗を求めて家の周りに植えてあった。

梨の木は、家の周りに七本あって、私の小さな時分に一抱もある大木になっていたその枝には接木《つぎき》をしてあり、一本の如きは菊一、たな梨、梅ばち、ぜんこうじ、こぶ梨、ごろべえ等、幾種類もの実がなるのであった。その他の木にも三種、四種と接木がしてあった。当地では梨の実は、二年に一度か三年に一度しかならなかったが、なり年になると家の中へ一ぱい拾い込んでおいて、村へ売りに出たものであった。

林檎の木も二本あった。小林檎だが毎年千個近くもなった由だが、私の十才ばかりの年毛虫がついて二本共枯れてしまった。又、李《すもも》の木も三、四本あって毎年よくなった。

家の前にはシナノ柿が二本あって、その一本は四、五尺周りの木であった。そして毎年三、四斗の干柿がとれた。この木は二本共たまにしか種子がないので皆に喜ばれた。大柿（しぶ柿）も四、五本あって、毎年千個以上の実がとれた。又、桐の木もあちらこちら畑のふちに二、三十本あって、二十年に一度づつ位売り払った。

その他、クヌギは当地方にはなかったので、ボンサマノスの処に一本植えてあって、一尺七、八寸周りの位になっていた。祖母はこの木をドングリの木だと言っていた。家の後の山際にイヤナギという柳の一種も植えてあって高さは七、八間も延《ママ》び、私が山を出る時には四、五尺周りに太っていた。祖父は、行勧寺のお寺の建て替えのときに棟木にするのだと言うて、この木を植えたのだと、父や祖母は何度も話して聞かせた。父もこの木を大切にして毎年周囲の草木を切り払ったりしていた。が今は人手に渡ってしまった。私は先祖に対して申訳ないと思ってならない。

栗の木を作ることも熱心で、毎年秋になると栗林中を見廻って歩いて、傾いている木につっかい木を入れたり、根本に石をつくねたりした。子供達がその後をついて歩いては「そりゃ、トトこまかい栗じゃぞや」と言うと

「わっら、こまかい栗はうまないなァ」と言いながら、片っ端から手入をして歩いた由、祖母や父は話して聞かした。私が栗を拾いに歩いた時、そのつっかい木や石のつくねたのが残っていたのを記憶している。

又、花卉類ではあじさい（手まるの花）、色々の花の咲く花しょうぶ（かきつばた）、赤白の花の咲くしゃくやく（白花の咲くのをくさばすといった）、色々の花の咲く菊類、ききょう、あまちゃ、やつで、ぼけ（ぼけもの花）、なんてん、つばき等多種多様の草花類を植えてあった。その他、子供の食用としていっつき、河原ぐみ、ながしろぐみ、小いぶ（小粒の山ぶどう）等も作ってあった。

① 梨は村へ売りにいく

ここでは、草木の植栽が大好きであった祖父についての思い出を書いている。その中でも梨の木の記述は注目したい。そして出作り地の梨はヤマナシで、実は小さく堅い。他家に優生樹があるとその枝を乞い、接木をして増やしたこと。

写真１　ヤマナシ　左は市販のミカン

表１　明治27年特用農産物表　果物

種別	数量	金額　円	単価
栗実	400石	2,000	1升5銭
栃実	68石	1,360	1升2銭
林檎	40,000顆	40	1顆1厘
梨	90,000顆	180	1顆5厘
桃	25荷	7.5	1荷30銭
胡桃	10石	50	1升5銭

旧白峰村役場所蔵資料より

個々の梨の木に、山下家流の固有名を付けて愛しんでいる。その銘は菊一・たな梨・梅鉢・善光寺・こぶ梨・五郎兵衛（以上本文）、七色梨・フサ梨（以上図）等で、図では九本を数える。生《なり》年には売ったと記す。梨の値段は明治二十七年時、一顆《つぶ》五厘であった。[6] 祖父は、梨を売って稼ぐことを頭に入れて接木・植樹したと思われる。

ヤマナシは堅く、歯の丈夫な者でも堅さを感じる果実である。筆者も交流の深い浦ハツエ氏（昭和五年生）と一緒にヤマナシを穫ったとき、熟して地上に落ちた実の中に鼠のかじったものがあり、ハツエ氏は拾っておられた。「野生動物は未知の菌をもっているから危ない」との筆者の声掛けに、「年寄りで歯の悪い者のために、鼠がかじった、かじらないに関係なく茹《ゆ》でて柔らかくするので、そのとき消毒している。自分は歯が悪く茹でて食べる」とのやりとりを思い出す。他の出作りでも、ヤマナシの熱処理が目立つ。下田原・山口清志家では焼き、五十谷《ごじゅう》尾田敏春家ではいろりの熱灰の中で蒸し焼きにして食べている。たぶん山下家も、歯の丈夫な者は生のまま、年寄りは熱処理して食べていたと思われる。なお、浦家で生で食べるときは、穫った後一週間〜一〇日ほどたってから食べた。少し酸味が抜けて甘味が増し、少し柔らかくなるからという。

② 林檎は千顆もなる

林檎は千顆近くもなったと記すが、山下家で生で果実として食べる以外、どのようにして食べていたか分からない。林檎の果実は、冷温では長期間貯蔵が可能な性質をもつ。十一月初旬に収穫すると、それ以降の高冷地出作りはほどなく積雪期に入り、寒冷な環境となる。したがって、適格な貯蔵場所を選べば、千顆近い林檎は積雪期間中、生で食べられた可能性がある。これは、あくまで林檎の貯蔵性に重きをおいた推察であって、山下家の林檎食習の実態は分からない。現在も出作りをしている下田原、山口清志家の養蚕用建物の南西に、かつて林檎があった。紅葉の頃に実をつけると、子供が二階の窓から身を乗り出して穫り、危ないので、祖父が留守中の孫の事故を案じて伐採してしまった。清志氏は十歳頃、林檎が食べられなくなり非常に残念な思いをしたという。山口家の林檎は、初冬の湿雪に弱くよく雪折れしたが、雪折れ痕の新枝には実を多くつけていたという。

③ 干柿「信濃柿」を三、四斗作る

干柿にしたシナノ柿は、径二cmぐらいの小粒なので豆柿ともいい、柿の原種、野生種ともいわれる信濃柿《しなの》にまちがいなかろう。他の出作りでは、子供のおやつや家の報恩講の茶菓子としてガヤの実とともに利用した。シナノ柿の干柿は、「信濃柿」という商品名で白峰集落で土産品として売っていた。商品としての信濃柿について、明治三十九年の白山登山紀行文には、[7]「山岸十郎右衛門家の門側に〝名物信濃柿〟と書せる招牌あり、試みに一袋を購入せしに豆柿の乾製にして云云」とあり、また明治四十四年の登山案内書には、「信濃柿は此邑の名産にして、藁に包み上に吊し薫蒸し烏柿《うし》

写真 2　熟して落ちたシナノカキ　右は 100 円鋳造貨.

として販売す[8]」とあり、明治期には白峰の特産土産品となっていた。山下家で作った三、四斗の信濃柿は、売ったのか、自家消費したのか分からない。

④ 子供のおやつとした木の実

木の実を子供のおやつとするため、コヤバでイッツキ、グミ、イブ等を育てていた。イッツキとはヤマボウシの地方名、秋に親指の頭ほどの赤い実をつけ、熟すると紫色になり甘くなる。グミの地方名は個人差があった。実をつける時期によりナツグミ、アキグミという人。さらにナツグミとサツキグミ、アキグミをハクサングミという人がいる。ハクサングミという人は、白山が見える場所に生えているものは白山様のおかげでうまいという。山下家ではアキグミは特に河川敷で多く自生しているので河原グミ、ナツグミはアキグミより少し大粒なので、その形と色合からナガシログミと言っていた。山地に広く自生しているヤマブドウを地方名でオオイブ（大イブ）といい、オオイブより小粒の実をつけるのをコイブ（小イブ）という[9]。共に紫色の実ですっぱいが、霜がおり始めると徐々に甘くなるという。尾田敏春氏によると、ナガシログミ（ナツグミ・サツキグミ）はどこにでも自生しているものでなく、「植えたもの」で、同じようにコイブもオオイブ（ヤマブドウ）と違って「植えたもの」としている。

補足すると、グミ・コイブは他所よりとってきて移植したもので、移植後は多く手数をかけず生えるにまかせておくが、ほったらかしでもない。これは「栽培」という概念の半分の状態「半栽培」で育てていたともいうべき、樹々とのかかわり方である。山下家が子供のおやつとした果物は、出作り地の半栽培の果樹ともいえるもので、

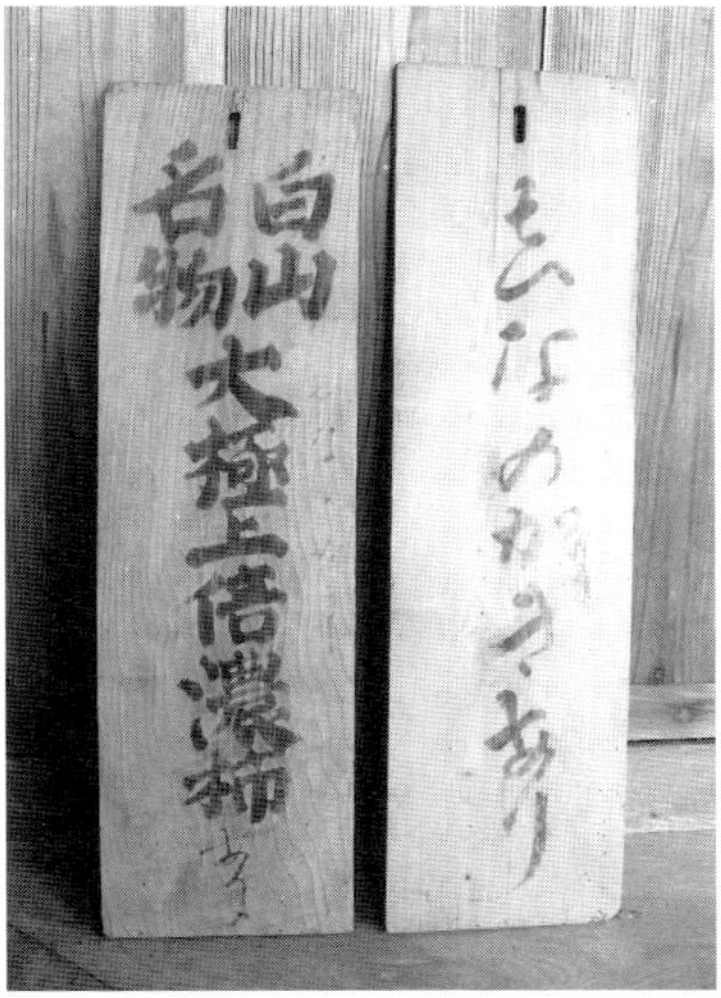

写真 3　干しシナノガキの看板（白峰・山岸祐一家所蔵）

ヤマボウシを除けば、樹高ひいては果実をつける高さは、子供の身長に合った樹々である。

4　雁山の栗林

草木の群生状態やその場所を「原《はら》」をつけて呼ぶ。茅原・桑原・栗原・杉原等である。山下家では、杉原の中に栗が点在するときは「杉栗原」と呼んでいる。『雑事記』本文では、栗について次のように記す（ルビについては片仮名・平仮名が混在していたが片仮名に統一した）。

栗林は沢山あって「雁山の沢山の栗原は、なり年にはどんなに沢山の栗が採れるだろう」と言って人々は羨んだものである。

家のハマ、中の畑《キヤーチ》の周囲、釜の谷からボンサマの巣の辺、源五郎畑の周囲、新畑《アラキヤーチ》から大畑《キヤーチ》の周囲、源五郎畑のハマ、下雁《シタガニ》一帯の林、その他あちらに三本、こちらに五本という具合に散らばっていた。当地方では、栗の実は隔年にしか実らないので、実る年をなり年と言った。そのなり年になると、家中栗拾いをして盛りになると十数斗を拾う日が何日も続いた。その実は夜業に皮をはいで二ヶ月ほどは常食とした。当時は余り買手がなかった。又、あっても非常に安かったので、あまり売らずに常食にした。

朝、家のハマから拾い始めて中の畑《キヤーチ》の周囲を廻り、新畑から大畑のハマに出て水屋の谷を渡り、源五郎のハマからその周辺を拾って、釜の谷からボンサマの巣の所へ出て、茅場栗を拾い栗原中を一まわりして家へ帰るのは二人三人で半日には忙しかった。

これらの栗林は、九月初めになると全部下刈りをして拾い易い様にしたが、下雁は刈らなかった。栗は九月十日からの盆の引きつぎになると、早栗から落ち始めて、ごく遅栗になると十月の下旬頃に落ち出すものもあった。余り大きい実のものはなかったが、普通大のものが主であった。

栗原中の名木

(一)　竹原丹波栗　家の後の竹薮の中にあったので、その辺での大栗であったからこの名があった。

(二)　灰《ヒヤ》げ栗　よく揃った中栗で、焼いて食べると渋がよくとれて美味しかった。栗の上方が灰色がかっているのでこの名があった。家のすぐ側の道の中へ落ちるので、飯のすんだとき素足かアシナカ（足半）ばきで拾って来て、焼いて食べるのが楽しみであった。こんな木は方々に五、六本あった。

(三)　早栗　九月十五日で盆が終って、山入りをすると、もう家のハマな道の中へ落ちていた。

(四)　ヘタ栗（ミヨシ栗）　家のすぐハマに生いていた。栗の実はそのいがの中に三粒あるのが普通であるのに、この栗は一粒か二粒で後は杓子の様なヘタであった。又、三粒共ヘタであるものも半分位あったけれども、栗実は大きかったので、いつまでも一まわりして拾うのであった。私の四、五才の時か祖母は小さいドウランをこしらえてくれたので、子供心に喜んでそれを持って栗拾いに出た。そしてその木の下にいって子供心にそのヘタが好きであったのであろうか、栗を拾わずにそのヘタばかり一〇個ばかり拾ってくると、母はそんなもの食べられるかとさんざんにわらわれたので、それを家のそばの道のはたにあけてしまった。十一月出山する時にも、そのヘタがそのまま残っていて可愛かったと母は時々話されたのを覚えている。

(五)　ヨミワレ栗　家の向いの田のハマにある、周り丈を越す大木で、大栗であったが一個も残らず表皮がヨミワレているのでこの名があった。

(六)　ナナギ栗　中の畑《キヤーチ》のハマにあって、七、八尺周り位の大木が二本あり、一本は右の方へ、一本は左の方へ傾斜していた。昔この木の側に菜薙畑《ナナギバタ》を刈って焼いた時、二本とも幹の一方が焦げたが、枯死せずに残ったのでこの名があった。この栗は中栗だが面白い栗で生で表皮をむくと、渋皮もくるくるっと一皮にむいて取ることができた。

(七)　大丹波栗　祖母六三郎が苗木を貰って来て植えたのだと伝えられていて、祖母は丹波のテテウチ栗と言っていた。余り大きい栗ではないが、奇麗な中栗にも大きい方であった。

(八)　茅場栗　茅場の中ほどにある大木で、よく揃った中栗で、よくなるとこの木一本で三、四斗ほども実がとれた。離れ木なので毎年父が落して拾った。

（九）　蕎麦栗　源五郎畑のハマにあって、あまり大きな木ではないが、一つのいがの中に四粒・五粒・七粒と実がはいっているので、その形は三角で丁度蕎麦の実のようになっているからこの名があった。

（一〇）　ヒヨヒヨ栗　源五郎畑の少し離れた処にあって、いがの中に丸い実がただ一つだけはいっていた。普通の栗はいがの中に三つはいっているが、もしこの中で未熟のができるとヘタになっているが、この栗は一粒二粒実のっていてもこのヘタがなかった。実が一つの栗はゆでて中の肉を針などで掘り出して、糸をつけてふりまわすと、ヒヨヒヨと小さい音がするのでこの名があった。

（一一）　スリサゲ栗　下雁の中にあって四、五尺周りの大木で、栗の実のいがになりついている所が、実の半分ほどもあって、丁度チョンマゲ頭のヤロ（頭の前をそりあげてある所）をスリサゲタ様になっているからこの名があり、下雁での大栗であった。

（一二）　エガ栗　あちらこちらに五、六本ほどあった。熟するといがの中に実が入ったまま落ちるのでこの名があった。落ちても実が地面に散らないので、鼠等に食われずよく拾える栗であった。

（一三）　遅栗　家の前の上の屋敷跡のハマにある大木で、十月下旬頃他の栗がすんでから落ち出す。極遅の栗で、雪が少し早く降ると雪の中へ落ちて穴があいているので、その穴に手を入れて拾うのであった。

①　栗の木一三本に名前を付けていたわる

『雑事記』中の「雁山平ノ図」判読から、当時の栗の植樹状態をみると、栗だけの群生地「桑原」は平《だいら》の最低地源五郎畑の周辺に、対するに杉だけの「杉原」と茅採取地「茅場」は平坦地より山に入った山側斜面にある。補足すると、コヤバの山側に杉、谷側に栗と分けて植樹したらしい。この傾向は小屋場の西側で顕著で、杉原と栗原との中間的場所に杉と栗を混在させる「杉栗原」を造成している。コヤバの栗の中から愛着をもっていた一三本を選び、「名木」とよんで紹介している。実の粒の大小により鉱次郎氏の尺度で「大栗」「中栗」に分け、また幹周り四、五尺以上を「大木」として記す。このうち「竹原丹波栗」「大丹波栗」「早栗」「遅栗」は品種名であり、後の九本はそれぞれに人間の姓名にあたる名前をつけていた。例えば、不完熟実ミヨシを多くつける劣等樹には「ヘタ栗」と名付けたが、差別なく可愛がっていた。イガの半開き形がちょんまげ頭に似ているので「スリサゲ栗」と名付けたのも面白い。この栗は断髪令以前の江戸期に植樹され、そして命名されたに違いない。スリサゲ栗は、出作り山下家の歴史を物語る栗の大木である。中の実を掘りだした殻《から》に糸をつけて振り回すとヒヨヒヨと音をだす大粒実のヒヨヒヨ栗は、栗の実が子供の遊び具に利用していた稀有な例である。

② 毎日十数斗を拾う

栗拾いは九月十日頃より十月末まで続き、効率よく採取する順路や、最盛期には二、三人で半日を費すこと、その量は十数斗を拾う日が「何日」も続いたこと等を記すが、年間採取総量の記載はない。最盛期一日「十数斗」を仮に、一〇斗つまり一石とし、「何日」を仮に五日として少なく見積ったとすれば、最盛期は五石の収量となる。また多めの見積りとして、採取量一日一五斗、日数を六日とすると、九石となる。補足すれば最盛期で五〜九石だから、年間採取量は一〇石近い数量となるはずだが、あくまで推察量である。「栗の値段が安かったので余り売らず常食とした」との記述から、一部は売って現金化していた。明治二十七年の栗一升は五銭である（表1参照）。「二ヶ月常食した」とあるが、山下家の栗の常食としての料理法、食べ方は分からない。

③ 常食としての栗

下田原の出作り山口清志家では、生年《なり》には約二石五斗、平年は二石を穫った。栗の常食としての食べ方は二通り。一つは栗だけを単品として飯の代用食とする食べ方、もう一つはヒエ飯の増食材としての食べ方である。栗の季節になると祖母は、毎日翌朝分の皮むきを水場や川でおこない、水に浸けておく。内側のシブ皮むきは根気が必要で、どの出作りも年寄り仕事。ところで、清志氏の子供期、祖母より栗の皮むき代行の手伝いをたびたびさせられた。その二重の皮をむく具体的技法は、まず口と歯を使って外皮をむく。祖母は歯が悪くなったので手伝い回数が増えてくる。次にシブ皮は下田原川の流れを利用し、ざるの中で互いにすり合わせるように研《と》いで内側のシブ皮をむいた。一回の量は出来あがりで二升が普通で、三升のときもあった。

単品としては、茹でサツマイモと同じ料理法、食べ方であり、「クリニボシ」とよんでヒエ飯の代用食とする。サツマイモと同じで、少し急いで食べると胸がつかえるので、アザミかそれともナ（焼畑大根の干し葉）入りの味噌汁が付きものであった。筆者はクリニボシを作って試食した。不思議な食感であった。「栗は旨いから沢山食べたい」という気持で食べると、分量を多く食べないのに「腹一杯」の味覚、つまり「満腹感」を感じた。筆者の「満腹感」を出作りの人は「胸がつかえる」と表現したのだと思う。クリニボシは、多量でなくても「胸つかえ」「満腹感」を抱かせる食物で、その食感をアザミ汁やナ汁で調和させて「飯代《めし》り」とする慣行は、稲作のむつかしい出作り独特の食習慣といえよう。

写真４　出作り地の栗原管理　白峰村苛原・愛宕末太郎家に熊が木登りして実を食うのを防ぐためトタンを巻き，リス・ネズミの被害を少なくするため下草刈りをていねいにする．

ヒエ飯の増量材とするときは、前夜さっと煮ておく。米少量を混ぜたヒエ飯の場合は、八割炊きあがったときに、栗を入れて攪拌し、栗が均一になるようにしてクリイイに仕上げる。

栗は、毎日続く何の変哲もないヒエ飯の味覚にアクセントをつける役割をするとともに、主穀のヒエ分量を減らすための増量材の役割も担っていた。茹で栗も、栗入りのヒエ飯も、その旨さは一級品であるが、連日続くと旨いというより普通になってしまう。つまり飽いてくるという。

山口清志家で栗常食が続いたのは何日間であったかの疑問について、二つの数値からおおまかに把握できる。翌日分の皮むきは二升、多いときは三升という数値。年間収量は平年は二石、生年は二石五斗という数値。この二つを勘案すると、栗食日数が分かることになる。一日分二升五合とすれば、平年時は八〇日、生年時は一〇〇日となる。ただしこの八〇日、一〇〇日というのは三食中の一食を栗食にした日数で、三食全てを栗食にした日数ではない。雁山の山下家は、下田原山口家と大同小異の料理法で、栗常食をしていたと思う。

④ 材は栗木羽に

図2での「杉栗原」はかなり広い面積で、栗と杉が混在する植林地の表現である。栗・杉ともに板屋根の材料として、職人が原木材を割り、「木羽《こば》」として出荷する。山下家は、栗木羽の原木を育て、それで稼ぐことを目当てに杉栗原を管理していたと思う。木羽板は、鍬の柄や除雪板等とともに、白峰村の明治・大正期にかけての木製品としての稼ぎ物であった（表2参照）[10]。木羽板は都市部で瓦屋根の普及とともに需要が少なくなった。

5 出作りにとって植栽樹木とは

山下家が植栽樹で力を入れたのは、第一に杉、その次に栗であったと思う。杉について『雑事記』本文では、「杉は一番沢山あった。（中略）雪に乗る木は数として見ないが四、五千本もあったと思われる」と記す。杉は普遍的需要があり、安定した稼ぎができる。「雪に乗る木」とは、春先に橇《そり》の雪上運搬で出荷できる成木を指す。

山下家は杉の次に栗に重きをおき、「杉栗原」を随所に作っていた。栗を含めて柿等の木の実を日常の食糧として利用する事例頻度は、食生活史上は時代をさかのぼるほど多かったに違いない。山下家の「十数斗を拾う日が何日も続いた。その実は夜業に皮をはいで二ヶ月ほど常食とした」との記録は、ヒエを主食とした奥山人の栗とのかかわり方を如実に語るとともに、稲作の未発達時代、あるいは稲作条件の悪い地域の食生活上の一つの資料でもある。このような視点で、栗の食習について調査した先学の記録がある。

表2　木羽板生産の推移

年次	生産量　束	金額　円
明治28	25000	1250
38	15000	1950
40	30000	3600
43	25000	1750
大正2	14600	3190

旧白峰村役場所蔵資料より

瀬川清子氏は新潟県北蒲原郡の栗飯に注目し、「二十四、五俵も干して軒の上に貯えた」という報告で採取数量に触れた[11]。赤羽正春氏は「生存ミニマム」という考古学的視点で、ブナ林帯の自然物採取を数的に把握するため、東北の河川源流村をモデルとして詳細な報告をした[12]。その一環として栗の実について、山形県西川町大井沢では「十俵を下らないだけ各家で保存した」、福島県只見町長浜では「一軒の家で何石も拾いクリだけで冬を越した年もある」、山形県小国町金目では「一軒の家では最低でも二俵を越す干栗が保存食として縁側に積まれた」と具体的数値を報告した。農文協『日本の食生活全集』記載の秋田県田沢湖町刺巻では、「栗はよい木で一本から五貫も落ちる。一朝で十貫もひろい集めることは珍しくない。どこの家でも十俵から十五俵ほどひろい、干栗、砂栗、水栗として保存し食べた」と採取量と保存量について記している。[13] 瀬川・赤羽両氏や農文協の報告事例では、一軒当りの実利用量が思いの外多いのに驚く。

石川県白峰村白峰の出作り山下家の栗の実採取量は、「最盛期十数斗を拾う日が何日も続いた」との記述より、少なめの見積りで五石、多めの見積りで九石と推察した。この数値は出作り一軒だけのものであるが、具体的であることと、筆者の予想を遥かに超える多さである。「その実は夜業に皮をはいで三ヶ月ほど常食とした」との記述については、三食の中の三食なのか、二食なのか、一食なのか分からないが、主穀のヒエとともに二ヶ月間主食物となっていたのである。日本の山村で栗はどんな食べ方をしたかについては、赤羽氏による農文協の『日本の食生活全集』の記載情報一覧で具体的に分かる。[14] しかし、栗を主食物・副食物とした一軒の採取量や、常食としての利用頻度についての情報は少ない。筆者は、白山麓の出作りの一軒当りのトチの実・クリの実の採取量について調査したことがある。[15] この調査では、平均してトチの実の方への依存度が強い傾向であった。山下家のコヤバには図で見る限りトチが一本もない。対するにクリが一一本と多い。この植樹実態がクリ採取量の桁外れの多さにつながっていた。出作りは、個々の自然環境や、生活者の有用樹観等の違いにより、クリに重きをおくかトチに重きをおくか等の選択をして、有用樹に対処していたらしい。山下家は、樹に名前をつけたのは栗と梨であることから、栗と梨を重用したことには間違いない。山下家の『雑事記』中の採取量と常食日数は、おおまかな数値であるが、瀬川、赤羽氏が調査した同種の数値との比較も可能となり、栗の実の主食物利用の数値として貴重資料と評価したい。

山梨についても固有名をつけ、本文中に五つの名を見る。さらに図上で九本の植樹場所を示す。採取量は不明であるが、「村へ売りにいった」とあるから、生年《なり》には果実として現金化していた。食べ方は記してないが他の出作りの食習を参考にすると、堅いので「茹でる」「焼く」「熱灰の中で蒸焼する」等で食べていたと思う。補足すれば、奥山の出作り地の山梨は、生の木の実としてデザート利用はもとより、さらに熱処理して野菜的な食べ方で副食物として多量に食べていたのは注目すべきである。

山下家では栗の実は、約二ヶ月間主穀の稗を補い主食物であった。山梨は野菜的な食べ方で副食物であった。栗や梨が多く穫れたのは、コヤバの樹々に先祖が長年手がけてきた成果である。栗については、雪折れ防止の支え木構え、採取時に邪魔になる大小の石を集めての塚作り等の手数を記す。この石塚は、二つの役割をする。一つは大きい石は仕事の効率を悪くするので集めて積みあげる。他の一つは、石塚は適宜な隙間があるので蛇がすみつきやすい。石塚を巣にした蛇は、栗の実を食いあらす鼠をとってくれるので、一石二鳥の役目をするのである。梨については、他より優れた枝をもらって接木して種類を増やしたことを記す。グミ、ヤマブドウは、自生種をコヤバに移植しておやつにしたことを記す。これら出作りの人々のコヤバの樹々とのかかわり方は、商品としての果実栽培の丁寧さには程遠いが、ほったらかしではない。赤羽氏は部落共有林の栗山の植栽・管理について「半栽培」という概念で報告した。[16] 白山直下の出作りの人々と有用樹とのかかわり方は、赤羽氏にならって「半栽培」と表現しておきたい。

山下家のコヤバの有用樹は、独自の固有名をつけ何世代にもわたって半栽培で育ててきた。都市生活者は、樹の姿形、巨大さ等の条件で優れたものに名をつける。例えば金沢の兼六園の「唐崎の松」、「根上がりの松」がそれで、その規範は美的観賞に重きをおく。奥山人は、都市生活者と違った規範、すなわち実を多くつけてくれる樹に、毎年多くの実りを期待して名をつけ可愛がってきた。出作りの人が、コヤバの食糧源としての有用樹に名をつけていとしむのは、人と樹木のかかわり方の一つとして、独特の樹木観として興味深い。

注

（1）山下鉱次郎著、小倉学校閲『山下忠次郎家諸雑事記』昭和三十九年。この文献の初見は、石川県立図書館内の「小倉学文庫」の整理作業時である。B5版、縦書き二段組、ガリ版（謄写版）、本文四六ページ、付録二四ページからなり、判読しにくい部分もある。一〇〇部配布されたらしいが、現在の所蔵者は不明で、一般読者は自由に利用しにくい状況となっている。内容は山下家の先祖由来、出作り地雁山と小屋場、祖父母・父母・鉱次郎夫妻のライフストーリー等、付録として山下家系図、雁山地図、財産、仏壇、仏具等を記載する。

この文献を学術的に分析したものとして、千葉徳爾「山下忠次郎家諸雑事記――石川県白山麓出作り者の記録」（『千葉徳爾著作選集』2、東京堂出版、昭和六十三年）があり、出作り地の条件、雁山の土地利用等を記す。

（2）前掲（1）五ページ
（3）前掲（1）一一ページ
（4）前掲（1）五～七ページ
（5）前掲（1）九～一〇ページ
（6）現白山市白峰支所（旧白峰村役場）の山下誉氏の御好意により資料の閲覧の便を受けた。
（7）大平晟「加賀白山の表山登り」『山岳』二年三号、日本山岳会、明治四十年（『白山連峰文献集』二一ページ、古川脩・力丸茂穂編集発行、平成四年）
（8）加藤賢三『白山』一五三ページ、有声館、明治四十四年
（9）白山ろく民俗研究会『出作り農民から学ぶ自然に生きる生活の知恵』一六ページ、平成十一年
（10）前掲（6）
（11）瀬川清子『倉生活の歴史』四三ページ、東京書房社、昭和五十七年
（12）赤羽正春『採集――ブナ林の恵み』一七三～一九七ページ、法政大学出版局、平成十三年
（13）『聞き書秋田の食事――日本の食生活全集⑤』二九九ページ、農山漁村文化協会、昭和六十一年
（14）前掲（12）一九四、一九五ページ
（15）橘礼吉「白山麓の焼畑地域における堅果類の食物利用――石川県白峰村の木の実食（トチ・クリ・ナシ）慣行」（『石川県立歴史博物館紀要』二号、一～二六ページ、平成元年）
（16）前掲（12）一九六ページ

五　出作りが鉱山経営を手がけた稀な事例
――苛原・長坂吉之助家

1　長坂家の歴史

長坂家との最初の出会いは、昭和四十四年。出作り住居としては大型でどっしりとした構え。家屋はその家の財力を

反映する場合が多いので、長坂家に興味を引きつけられた。

長坂家の屋号は「与次《よじ》」、そして他の出作り家から「テンポ与次」の渾名《あだな》でよばれていた。そのわけは、長坂家の先祖は「山師《やまし》」で金《かね》掘り、山師は常に大袈裟な言動が目立ったので、方言として「テンポ」というニックネームをつけられていたのである。さらに「長坂家の小屋場の周囲の木々を見て何か気付かなかったか」の質問を受ける。調査者として何も感じなかったが、「昔、長坂家は小屋場で銅を精錬したので鉱毒で木は枯れ、今の木は再生したもので背丈は少し低く、細い」、さらに「まわりの出作り小屋場の木は煙で葉を落とし、昔は長坂家はまわりより文句を受けていた」との情報を聞いた。

写真１　白峰村大杉谷苛原の長坂吉之助家出作り住居

長坂家の永住出作り住居は、[1]焼畑農家を代表する大型出作りとして貴重とされ、昭和六十三年、白山ろく民俗資料館に移築、平成十六年には県指定有形民俗文化財に指定される。移築当時、福井県打波川源流の出作り、上小池《かみこいけ》から養子に来られた四代吉之助氏は健在。「自分は養子なので、義祖父母・義父母から先祖のことを詳細に聞き、多くを記憶している。それを次世代に伝えなければとの強い思いをもっている。そして長坂家の歴史ばかりでなく、苛原のことも沢山覚えるようにしている」と熱意をもって語られた。その長坂家の歩みは、次のようである。

初代は今保《こんぼ》与次郎、元来苛原《えらばら》の出自でなく他地域からの移住者である。実家は尾口村尾添地内の目附《めつこ》谷源流、通称「与次のわさび沢」付近（標高約一五〇〇ｍ）に住む永住出作りである。実家の今保家は、先祖は今保兼光《かねみつ》と名乗った刀鍛冶の家系と伝え、代々鉄を含めた金属・鉱石の知識に秀でた技術を取得していたという。初代与次郎は分家し、分水嶺上の鳴谷峠（「苛原峠」ともいい、標高約一四〇〇ｍ）を越え、谷違いの大杉谷筋の白峰地内苛原に転居して来た（図1参照）。そして屋号は、実家の「与次」を受け継いだ。

二代は与三郎。[2]白峰本村の林西寺住職の勧めにより今保姓を長坂姓に改姓した。ちなみに長坂家は聖得寺門徒である。長坂とは自然地名で、その由来は、北俣谷から今

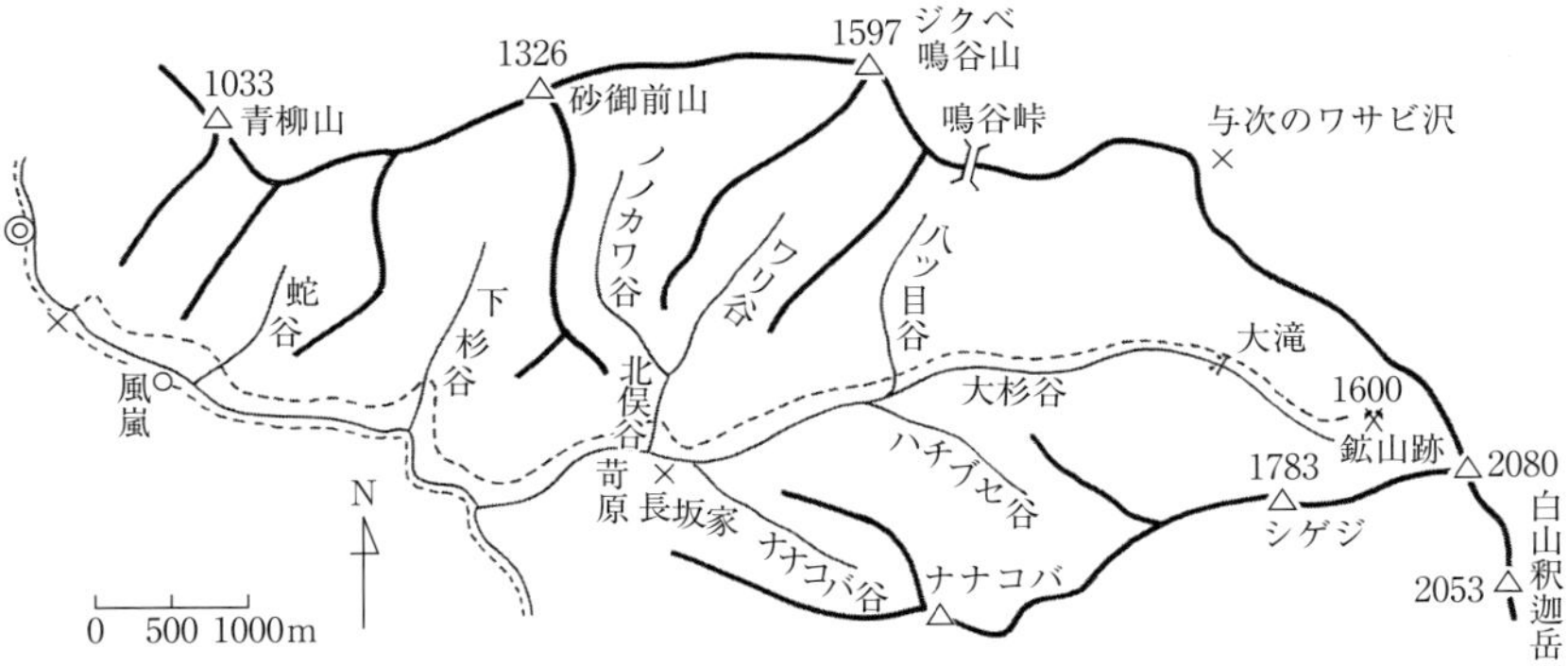

図１　長坂家，苛原鉱山跡概図

保家出作り地までの山道は、一連の登り坂が長く続いていたことによる。林西寺住職は、出作り地に近い自然地名「長坂」を今保家に贈ったのである。白峰には真宗大谷派の六ヵ寺があるが、その中で林西寺は由緒が古く、かつ最大寺院である。

三代は与一。明治五年、与一の五歳の秋、出作り住居を焼失した。民俗資料館に現存する住居は明治六年の建立である。与三郎は、明治十年代に苛原鉱山を経営、出作り住居周辺で薪・炭を使用して精錬作業を行ったので、有毒ガス・煙による被害が樹木に及び、枯死や多量落葉があったという。苛原鉱山は、銅・銀・鉛を産出したが、明治十六年経営不振で倒産、その際、所有山林約四〇町を福井県勝山の酒造業者に売却した。

2　苛原鉱山の実体

出作りが、小規模にせよ鉱山経営をしていたことは稀なことで、驚くべきことである。数少ない情報から苛原鉱山の全体像を構成してみよう。

まず苛原鉱山の位置に関しては、戦前の参謀本部や戦後の国土地理院発行の地形図上には記載がなく、場所確認は不可能であった。ところが昭和四十二年、北日本測量編集、日本山岳会石川支部発行の登山用地図「白山」[3]に、大杉谷源流、標高一六〇〇ｍの所に⚒の印があり、「鉱山跡銀銅鉛」と表記してあるのを発見した。この表記は長坂家が伝承する「苛原鉱山では銅・銀・鉛をとった」と一致し、苛原鉱山に間違いない。地形図上の鉱山は、標高七四〇ｍの長坂家小屋場より、大杉谷の遥か六キロ上流右岸に位置し、大杉谷源流の小峰二〇八〇ｍの直下にある。鉱山の位置は、大杉谷をはさんで対岸の小峰シゲジ（一七八三ｍ）と向きあっていたというから、実際は地図上の⚒の印より約一〇〇m高い一七〇〇m付近と推察する。鉱山と出作りとの標高差は約九六〇mである。ちなみに、白峰本村は出作りより約五キロ下流に位置し、その標高差は約三六〇mである。出作りから鉱山や白峰本村への地形図上の水平距離・標高差を比較すれば、鉱山がいかに遠隔地にあったかが理解できるであろう。苛原鉱山の「苛原」という地名は、長坂家出作り住居の周辺平坦地を指す地名であり、与三郎は鉱山の名称に自己の生活地の地名をあてたものと思う。

鉱山は、露天掘りでなく、坑道掘りで一～四号までの穴があり、春先には痕跡が見られるという。たぶん、冬季は積雪量を考えると採掘は不可能であったであろう。当時、苛原や北俣谷には一八～二〇戸の出作りがあり、これらの家族が採掘や鉱石運搬、精錬に従事したと推察する。選鉱は、長坂家の出作り住居内で、槌で叩いて粉にしていたと伝えている。精錬に、薪を多量に使って煙害が発生したという技法は、銅精錬の「焙焼」[4]と推察する。この精錬には、薪を三〇日間も燃やさねばならず、その際、亜硫酸ガスが発生し樹木に被害を与えたのであろう。焙焼の後は素吹《すぶき》・間吹《まぶき》[5]となり、珪石を加えて炭で精錬し粗銅を作る。粗銅から精銅を精錬する過程で、銀・鉛を分離するのである。

焼畑で永代に雑穀栽培を続けてきた出作りが、ある日、ある年、突然鉱脈を発見し、採掘し、精錬できるわけがない。伝承では、資金は金沢の「法島誰がし」の援助を受け、技術は与三郎が担当していたという。長坂家の先祖は今保姓、刀鍛冶であったというが、たぶん大鍛冶であったと推察する。たたら吹き、すなわち砂鉄・炭を原料として、ふいご（たたら）を使って和鉄製鉄の技術をもち、自家製地鉄《じがね》で周辺出作りの農具・山樵道具を作る野鍛冶を行ない、時々に刀剣も作っていたと思われる。与三郎は、和鉄精錬法ばかりでなく、銅精錬法も習得していたと推察する。銅精錬には鉱石の融解時の攪拌、吸上げ、引き出し等に複雑な形状をした三〇数種の鉄製吹用具が必要となる[6]。明治十年代、これら重量のある精錬用具が、資金出所の金沢より白峰村最奥部へ運搬されてきたとは考えられない。与三郎は鍛冶技術を習得していたから、専門的な吹用具を自家調達できたので、孤立した山地で銅精錬ができたと推察する。現在、旧長坂家住居周辺では、精錬残滓物カナクソが発見できないこと、また鉱毒で枯死した樹林の跡地に完全に植生が回復していること等を勘案すると、鉱山経営は長期ではなく、短かい年月で倒産したものと思う。

試堀願（袋綴）

石川県加賀國金澤市中本多町三番丁
九番地　士族
平野在直
外六名

名称柳谷鑛山試掘地
石川縣加賀國能美郡白峰村大字白峰
小字廿九号貳番ノ内
但官有社地山林
右之ケ所ニ於テ金銀鉛銅鑛含有致シ候見込ニ付試堀許可
相成度相願候也

明治廿四年十一月三十日　願人　平野在直
仝縣仝國河北郡木越村タ百拾七番地
仝　境長四郎
仝縣仝國能美郡白峰村大字白峰ロ百百六十六番地
平民　仝　松原傳八
仝縣仝國石川郡鶴来町タ九十番地
平民　仝　吉岡六兵衛
仝縣仝國能美郡白峰村大字白峰ヨ廿三番地
平民　仝　長坂与次郎
仝縣仝國仝郡仝村仝字ロ百五十一番地
平民　仝　根倉三左ヱ門
仝縣仝國金沢市片町十番地
平民　仝　金守与兵衛

農商務大臣陸奥宗光殿

（別紙に、兵庫縣摂津國川辺郡中谷村ノ内上野、測量者山内右太松作成の尺度六千分の一、「柳谷鑛山出願試堀實測圖（39×55㎝）」が添付されている。）

石川県立歴史博物館所蔵文書

3　柳谷鉱山試掘願

県立歴史博物館の未整理文書中に、偶然にも上に示す「柳谷鉱山試掘願」を発見した。

柳谷とは、手取川本流の最源流地名で、試掘申請場所は、添付地図より現登山道・砂防新道途上の甚之《じんの》助《すけ》小屋周辺である。筆頭者は金沢の士族平野在直、他六人が名前を連ねる。地元白峰村では松原伝八、根倉三左ヱ門、初代長坂与次郎の名前を見る。試掘願提出年は明治二十四年、提出先は農商務大臣陸奥宗光である。二代与三郎が苛原鉱山経営に失敗したのは明治十六年、与三郎は債務者なので新鉱山申請不適格扱いされたのでないか。長坂家は倒産より十年も経過しないうちに新鉱脈の発見に加担している。リスクの大きい鉱脈採鉱に投機する長坂家の態度は、「焼畑雑穀作りの出作り」という枠から遠く離れた生き方である。試掘願提出後の経過は不明である。

4　今保姓を改姓した意義

長坂家は目附谷筋より大杉谷筋へ転居後、鉱山経営にあたった。これは裏を返せば、大杉谷源流域で鉱脈を発見したので、目附谷より移住して来たのである。つまり長坂家は、他の多くの永住出作りのように、広大な所有山地を焼畑に充て、永代に定住することはなかった。長坂家は、大鍛冶と野鍛冶を兼ねた技術を伝統的に保有し、白山の山深い尾根・谷を跋渉しながら鉱脈探しに努力し、鉱脈発見近くに居着いて生業をたててきたものと推察する。

白山麓に散在する出作りの発生由来に関しては、大部分は永代に焼畑雑穀栽培を続けてきた者の定着化と考えられている。しかし部分的であるが、木地師的職能をもった者が定着化したらしい実態も判明し、また仮説的に漆掻き、猟師、鉱山師等の定住化も考えられてはいる。鉱脈を発見し鉱山経営を志す与三郎は、林西寺より長坂姓を受ける。伝承では「林西寺住職の奨めにより改姓した」としているが、実態は長坂姓を積極的に受けたのではないかと思う。とにかくこの改姓の事実に特に注目したい。

木地師は全国の山村を巡回する際、天皇や親王の綸旨や縁起を持参し、巧みに生業の正当化と独専化をはかり成功した。鉱山経営は、河川水汚濁や森林破壊等で周辺環境を悪くすることは必定である。体験的に鉱山師は、他地域で生産活動をする以前に問題（公害）派生を予見し、まず生産活動をする地域の在地有力社寺の保護や承認を受けることを、常套手段としていたのでないか。外来者の今保家が、白峰で由緒があり最大寺院の林西寺住職より姓を受けた事実は、なにより周辺出作りに対しての精神的説得力をもち、鉱山経営に関して良い影響をもたらしたと推察する。今保家が高度な採掘・精錬技術を習得していても、周辺出作りからの労働力供与がなければ、鉱山経営は成立しない。今保より長坂への改名は、鉱山経営にとって有益であった。木地師が皇族の権威を借りたと同じように、鉱山師は在地有力社寺の保護を受けた。木地師も鉱山師も、ともに漂移性の強い職能である。

鉱山師が社寺より姓を受ける慣行は、他地域でもあったかは情報不足である。姓名の授与慣行は武家社会にあり、戦国期には武功のあった家臣に主人の姓の一字を与えたり、近世には武家一族の勢力拡大策として同姓を与えた事例がある。鉱山師は、有力社寺より姓を受け、地域住民より拒否されがちな鉱石採掘・精錬等の業務に、形をかえた保護と承認を得て着手したのである。長坂家は、数多く散在した焼畑・出作り中では、苛原鉱山を経営し、柳谷鉱山の試掘願を提出する等、ことのほか異色の家柄であり、鉱山師が定着した事例として貴重な経歴をもちあわしている。

追記　鉱山は明治十六年経営不振で倒産、同時に所有山地は福井県勝山の酒造業者に売却した。結果、長坂家は不在地主に地代を払って出作り生活を続けることになる。

時代は下って太平洋戦争後の四代吉之助氏の代に、二代与三郎が失った山地が国家政策のもとで予期せぬ形で長坂家の所有になった。その政策とは、昭和二十二年より始まった農地改革である。不在地主の農地所有は認めず、国がそれを一時買上げ、小作人に安く分与する改革である。小作出作りは、白山麓の焼畑地域では「山地は単なる山林ではなく、焼畑を営む農地である」と農地委員会に訴え、焼畑出作り地を農地改革の対象地としたのである。

現在、長坂家は白山ろく民俗資料館内に移築されている。母屋は間口四間、奥行き七間半、玄関・仏間・水屋等の下屋をもつ二階建て（地元では「三階建て」という）の茅葺き出作り住居で、建設年は明治六年とはっきりしている。明治四十二年、季節出作りに移行、その間の生業は養蚕中心だが、鉱山経営や林業、ワサビ栽培と多様な生業を複合させ、特色的な大型焼畑出作りとして注目された。昭和五十九年、出作りを廃止、昭和六十二年白峰村は、永住出作り住居のモデルとして、建造物ばかりでなく生活・生業用具を含めて保存することに決め、解体移築した。平成十六年、母屋・便所・倉・民具五一〇点が石川県指定有形民俗文化財に指定された。

注

（1）『白山麓――民俗資料緊急調査報告書』三〇ページ、石川県立郷土資料館、昭和四十八年

（2）与次郎には長男与三郎、次男今吉、三男与一の三人の男子があった。最初与三郎が家督を継いだが、父与次郎と鉱山経営を含めた生業のことで、ことごとに意見対立が起り、住居も別棟に建てて住まいとしていたこともあり、与三郎は健在であったが、早々に三男与一に家督を譲った。なお三男今吉は桑島の臼井長与門家の養子になった。

（3）五万分の一地形図「白山」明治四十三年要部修正、昭和四十五年修正編集（国土地理院承認第六五七五号）、北日本測量株式会社

（4）（5）（6）『図録山漁村生活史事典』「山村に生きる人々」三八～四〇ページ、柏書房、昭和五十一年

備考　『石川県能美郡誌』（大正十二年十一月刊）に、苛原鉱山・柳谷鉱山について次のような短い記述がある。苛原鉱山について「銀山、小字河内谷苛原谷に銀山あり、明治初年土地の人民採掘を試みたるも、其の産額少なきを以て業を廃せり」、柳谷鉱山について「柳谷金鉱、白峰小字柳谷の方面には一帯の金鉱脈あるが故に、昔時より屢々試掘せりと雖も、未だ其の目的を貫徹せしものなし、蓋し交通不便にして経費を要すること至大なるが故なり」。

第四章　稼ぎのため岳・谷・岩場に分け入る——多様な生業複合の実態

ナーバタ
シゲジ
ミンジャの谷
棚倉
奥シゲジ
尾口村
シゲジ
サワガジャラ
ナナコバ山
大倉
カン倉
白山釈迦岳
丸岡谷の滝
エーグラ
アラネ
カナキダン
ショウブ山
エーグラ
ジョウゼン
エーグラ
青
森
壁
笹倉
ハテガ倉
ワシの巣
入足平
イップクバ
指
尾
奥
天
井
サヨモ谷
山田屋の
ナーバタ
猿壁
中山
オーバタの
ナーバタ
大ノマ
シゲジ
下ダンドコ
エーグラ
上ダンドコ
エーグラ
ミンジャの谷
ナンマイダ谷
チブリ
吹向
ケンブツバ
奥汁鍋
汁鍋
ヒナタ
汁鍋
オンジ
今宿
イップクバ
奥ヤスンバ
マスドメ
ワレズ
見物場
縦
倉
エーグラ
トッサカ
エーグラ
奥
縦
倉
エーグラ
ペットイワ

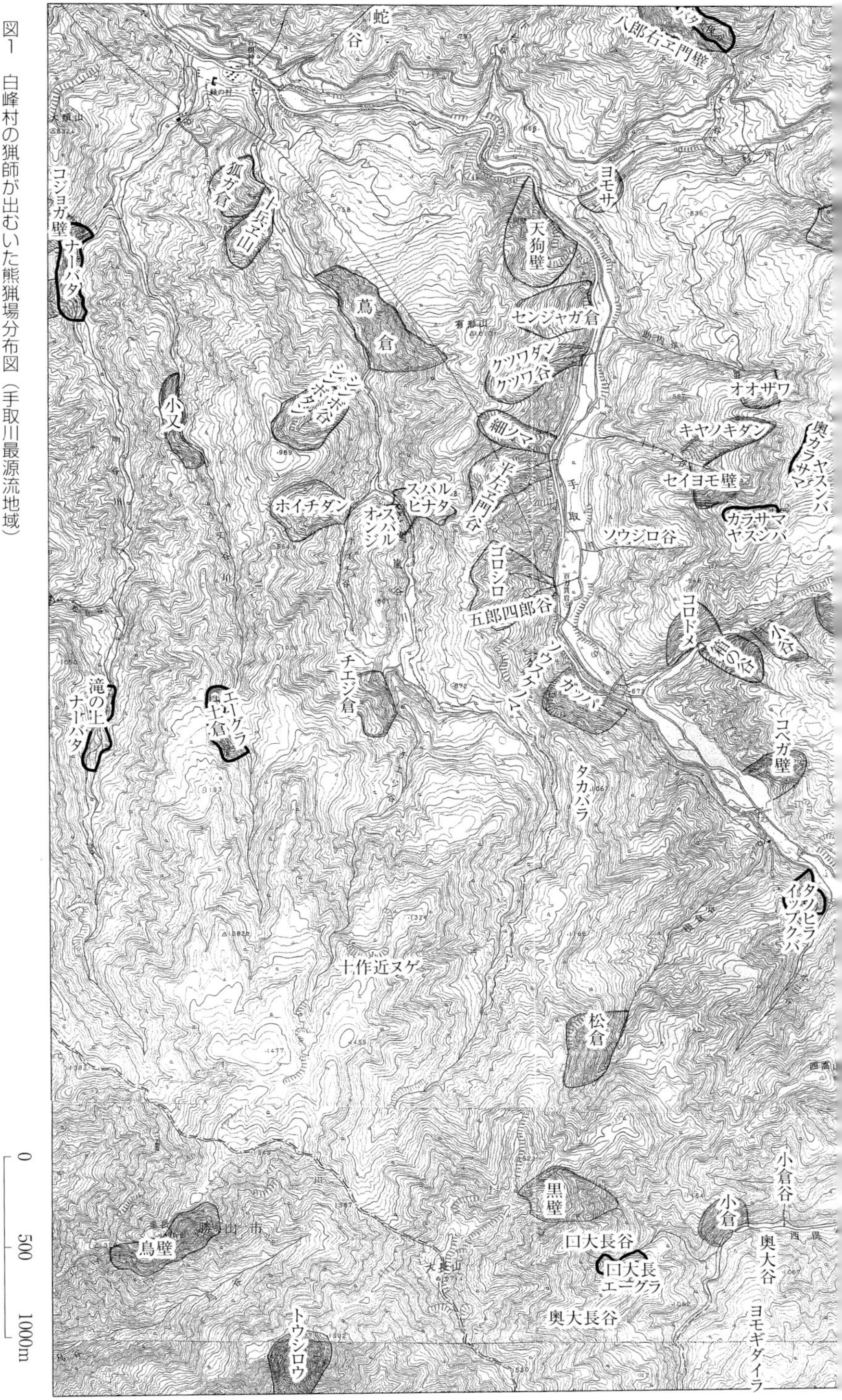

図1　白峰村の猟師が出むいた熊猟場分布図（手取川最源流地域）
〇はナーバタ、エーグラさらにはヤスンバ（イップクバ）を示す。名称だけの表示はマキグラを示す

一　春、猟場で熊を獲る

1　熊狩りのあらまし(1)

白峰でのツキノワグマ（以下「熊」と表記）猟は、河内《こうち》とよばれた最奥居住地での捕獲数が多かった。河内とは、現白山登山口の市ノ瀬《いちのせ》（中心地海抜約八三〇ｍ）と周辺赤岩（中心地約八五〇ｍ）、三ツ谷《みつだに》（中心地約八〇〇ｍ）の出作り群の総称で、昭和九年四一戸、昭和三十一年二一戸の永住出作りがあったが、現在は出作りは廃絶し、夏季の温泉旅館と建設会社事務所、登山ビジターセンターがある。ここでの報告は、かつて河内での熊狩り体験者による情報を中心としてまとめた。狩の技法は三つで、そのあらましは次のようである。

巻《まき》狩り　冬眠から目覚めた熊を小集団で斜面上部へ追いあげて獲る猟である。

ナーバタ狩り・エーグラ狩り　春先芽吹いた草地ナーバタ、さらには新芽や花を多くつけるブナ林エーグラで、単独または複数で待伏せしたり、忍び寄って獲る猟である。この時期になると冬毛も変わって毛並みは悪く、消化液胆汁は少なくなって胆は軽く、肉だけでしか稼げない。

穴熊狩り(2)　冬眠中の熊を穴奥より口部におびき出して射とめる猟で、「おおっぴらにする猟でない」とする。つまり、実行者の胸中にしまっておき、他言は避けるということである。穴に付いた血痕は雪でぬぐっても熊は数年間、また煙でいぶり出したときは一〇年間ぐらい、血や煙の匂いが残り居つかない。補足すれば、冬眠穴は住処《すみか》であると同時に繁殖場でもあり、穴熊狩りを頻繁にすると、熊の生育環境が悪くなり、ひいては熊の数に影響するという視点である。

三つの猟でのおおまかな捕獲数割合について、河内での体験豊富な笹木辰男氏（昭和三年生、市ノ瀬出身）によれば、昭和三十年代の年間平均頭数では巻狩りで一〇頭、ナーバタ・エーグラ獲りで四頭、穴獲りで一〜二頭であったという。ちなみに年間最多捕獲数は、昭和四十一年秋から翌年春にかけての四三頭で、「これ以上獲ると熊が少なくなる」とし

表 1　白峰村の猟師が出むいた猟場一覧

谷筋		マキグラ（ホングラ・トマリグラ）	ナーバタ（エーグラ・ヤスンバを含む）	摘要
谷名	左岸・右岸			
別山谷	右 左	汁鍋《シルナベ》ヒナタ 〃 オンジ		このクラではクマが効率良くとれるので，クマ汁ができやすい猟場という意味．トガ・モミ等の立ちあがる木はこのクラまで生える．以高地はハイマツが生え冬場は雪に埋もれ真っ白の斜面となり，クマは見つかりやすいので行かない．トガ・モミ等のクロバはクマが隠れやすい． オンジは人は登れるが，ヒナタは人は登れない．オトシカベ猟をする． 猟場へは夏道コースはとらない．車道経由で別当出合へ行き，チブリ小屋めがけて真登して猟場へいく．
			吹向《フキム》けのケンブツバ	チブリ小屋の場所．見晴らしが良く見物場とする．吹向けとは，風の通り道を意味する語彙．
	左	奥汁鍋		汁鍋より逃げたクマが隠れる．別山谷最奥の猟場．
岩屋俣谷	右		樅倉《モミクラ》エーグラ	谷川筋にナーバタ，斜面下半部はブナ．クマにとっては山菜のナもあり，ブナの新芽・花もあり，木穴の隠れ場もあり，最良のエーグラ．ブナについたクマをとる時もあれば，巻狩りでとる時もある．トメウチバにネゾレのトガが一本ある．
	右		奥樅倉エーグラ	小学生が猟に同行し，谷筋でウケ役をしていて谷川に落ち，滝つぼで水死した猟場．
	右		トツサカエーグラ	ナーバタの上に壁．壁はアカヌケ（山崩れ）もあればイシナのガンバンの所もあり，ガンバンの尾根にはマツがチョロチョロあるが，全体にブナが多く生える．エーグラでクマを見つけると巻いてとる．
	左		奥休場《オクヤスンバ》	移動途中のクマが一服する所．足跡があっても猟はしない．
	左		休場	一度だけとったことがある．（笹木辰男氏）
	左		オハコヤのヤスンバ	クマがとれなかった狩りの帰途，ヤスンバは人間が山菜をとる場所でもある．
東俣谷	右	ベット岩ヒナタ		一つのマキグラにヒナタ・オンジのつく場合は，谷を挟んで両岸に猟場があると

谷筋		マキグラ（ホングラ・トマリグラ）	ナーバタ（エーグラ・ヤスンバを含む）	摘要
谷名	左岸・右岸			
	左	ベット岩 オンジ		きである．ヒナタ（日向）は日がよくあたる南向きや東向きの斜面，オンジ（陰地）は日当りの良くない斜面．これ以奥は真っ白な斜面になる． シルナベと同じ植生条件でよくとれるクラ．越前より逃げて山越えしたクマが隠れこむ場所．非常に険しくセコにとって恐ろしいグラ．
	右	ワレズ		谷口で二つに分かれる谷をワレズというらしい．東俣谷右岸は岩屋俣谷左岸と比べ地形が緩く，狩りがしやすく，割と効率が良くクマがとれた．
	左	鱒止《マスドメ》		谷川の幅全体が滝となっていて魚止め地形となっていたが，現在は発電所取入堰堤となっている．集落に近く，クマがとれた良いマキグラ．
中の俣谷	左	名前のないクラ		冬場でも雪のつかない壁で，猟の始めにとりくむクラ．ゼンマイの良い採取地でもある．
西俣谷	左	黒壁		越前側でとりそこねたクマがいつく壁でホングラ．良くとれて効率の良いクラ．
	左		口大長《クチオオチヨウ》 エーグラ	ウドワラ（ウドの群生地）周囲にはブナも多く，良いナーバタ・エーグラである．
	左	小倉《コクラ》		広さは狭いが，ふつうのマキグラである．
	右	柳《ヤナ》が倉		川筋に柳が群生しているので柳が倉，マキグラ．
三ツ谷川	左	豊右衛門《ブンニヨモン》の天狗壁		下方部が車道に近くなってしまったので，クマがいつかなくなってしまったマキグラ．
柳谷・赤谷	左	シゲジ		春の積雪期，登山者は砂防新道コースをとって室堂をめざすので，クマは人を避け自然的に赤谷にはいるので，効率よくとれた．シゲジは汁鍋と同じく最奥のマキグラなので良くとれた．
	右	ナカヤマ ヒナタ		マサウチ（柾打ち）した自生檜の大木が尾根にある．
	左	ナカヤマ オンジ		

谷筋		マキグラ（ホングラ・トマリグラ）	ナーバタ（エーグラ・ヤスンバを含む）	摘要
谷名	左岸・右岸			
柳谷本流	左		オーバタのナーバタ	フキ・ウドの多い山菜採取地でもある．今は砂防工事でナーバタでなくなった．
	左		ウエダンドコのエーグラ	ブナの新芽・花にクマがつく．所々にナーバタがある．
	左		シタダンドコのエーグラ	ミズナラ・ブナの新芽・花にクマがつく．林の中にナーバタが散在する．
別当谷	右	笹倉		慶松平の真下．元の市兵衛茶屋の真上，スズタケが群生するクラで，よくとれたクラ．
柳谷本流	右	奥天井		尾根筋にシャクナゲが群生していたマキグラ．北美濃地震のときに大崩れが起り，シャクナゲも全部なくなりドベラになってしまい，マキグラでなくなった．往時は笹倉と大天井を一緒にカケマキし，笹倉の最上部を撃ち場とした．
	右	猿壁		市ノ瀬より最短のマキグラ．撃ち場は旧道のハンサ坂（イタギ坂ともいう）．谷の谷口と最奥の猟場は両方ともわりと多くとれた．車道開通でマキグラが上下に分断され猟場でなくなった．
湯の谷	右	大倉		大きい（幅広）壁で険しい．セコが登れるのは一・二ヶ所．壁にはイブキ（シンパク）が生えているのでイブキ壁ともいう．クマがとれないと盆栽用にイブキを採って帰るときもある．
			アラネエーグラ	クロバ（常緑樹）が少なく，クマを見つけやすい．大倉・アラネともに谷奥の猟場なので良くとれた．
	右		湯の谷のナーバタ	谷川に沿ってナーバタが細長く続いている．
	右	丸岡谷の滝		クマがお産をする場所らしく，毎年ニコ（子グマ）連れのクマをとる．お産には，良い穴があること，年中ショウズがでて水のきれいな所が最良といい，丸岡谷の滝周辺を適地と見ている．誰も穴のクマをとった例がない．けれども，一度に二組の親子グマをとったことがある．
	左	青森壁トマリグラ		檜をはじめとしたクロバが細く，長く帯状に続いているクラ．昼間湯の谷のナーバタで餌を食い，夕方帰るとき青森壁に

谷筋		マキグラ（ホングラ・トマリグラ）	ナーバタ（エーグラ・ヤスンバを含む）	摘要
谷名	左岸・右岸			
				はいる．またアラネをトマリグラにするクマもいる．
	左	指尾《サシオ》		普通のマキグラというより，出産するらしい穴があるクラ．
	右		ジョウゼンのエーグラ	花をつけるブナが多くあり，ブナにクマがつく．営林署がブナを伐採してしまった．
	右		ショウブ山のエーグラ	メガヤ・アザミ・オオウド・オオゼリが多く生え，クマが良い餌場とする．10回猟に行くと5回は必ずとれる良いエーグラ．
湯の谷	右		人足平《ニンソクダイラ》イップクバ	クロバが点在し，クマが休憩する所だが寝泊りはしない所．
	右	鷲《ワシ》の巣《ス》		良くとれたマキグラ．
	右	サヨモ谷ホングラ		市ノ瀬・赤岩の人間居住地に近いが，巻狩りをすると良くクマがとれた．湯の谷谷口にあり，春一番早く猟ができる．クラの下には山田屋のナーバタがあり，餌を食いに出る時もある．
	左　右		山田屋のナーバタ	山田屋とは白山温泉の旅館名．猟期には温泉は開業しておらず，近くのナーバタにクマがつく．右岸中心に左岸にもナーバタがひろがる．
	右		鳩《ハット》の湯イップクバ	大水害以前鳩の湯という温泉があった．檜が数本自生しており，クマの通り道でクロバの陰で一休みする所．
牛首川	左		今宿《イマジユク》イップクバ	スゲが生えているのでスゲ壁ともいう．スゲ自生地は壁の下にあり，水が冬でも少し落ちている．クマの通り道．
小三ッ谷	出合左岸		タノヘライップクバ	
根倉谷	左	檜倉		越前側で猟をしてクマを逃がしたとき，多くは西俣谷黒壁か檜倉に隠れる．尾根筋の檜自生地を撃ち場とする．一般的に黒壁と檜倉を同じ日に巻く．
牛首川	右	コベが壁		河内の火葬場の下の壁，根倉谷発電所の真向いにあたる．コベとは小さい家のハナタレ女の子をさす．クマのいつく穴もある小さく狭いクラ．

谷筋		マキグラ（ホングラ・トマリグラ）	ナーバタ（エーグラ・ヤスンバを含む）	摘要
谷名	左岸・右岸			
宮谷	右	ハテガ倉トマリグラ		昼はショウブ山のエーグラで餌を食い夜はハテガ倉，ヒョウシロで寝泊りするらしい．一つ一つ巻く時もあれば，二つ一緒にしてカケマキする時もある．
	右	ヒョウシロトマリグラ		
	右	ノノ倉		湯の谷で猟をして逃げたクマは宮谷右岸のマキグラに逃げ隠れる．湯の谷で猟をした当日，または翌日に猟をする．
	右	水谷		
	右	箱の谷		
	支谷カナギ谷			
	右	カナギ谷ヒナタ		マキグラであるが　横広で獲りにくい猟場である．
	左	カナギ谷オンジ		
	左	コロドメ		コロとは丸太のこと．川流しで運ぶため用材を貯える場所をコロドメという．シゲジ・ナナコバより下りてきたクマが，牛首川本流の水流が多いと渡れずこのクラに留まるらしく，良く獲れたマキグラ．

て、途中で猟期を閉じた。ここでは、頻度数の多い巻狩りと待ち撃ちの二つの猟についてまとめた。

2 猟場

河内の猟場は一四〇～一四一ページの図1(3)で示した。この分布図は白峰の左《さ》屛《へい》公一氏の手書き図をもとに、より正確をめざして国土地理院二万五千分の一地形図に書き込んだものの縮尺版である。猟場は、巻狩り系一〇一、ナーバタ・エーグラ狩り系四四、計一四五ケ所が分かった。猟場とは、とりもなおさず熊が長時間生活している場所で、それは越冬の住処《すみか》であったり、日常の餌場であったり、荒天時の避難地であったり、晴天時に日向ぼっこをする場所であったり、移動の途中での休み場であったり等々の山地である。これらの場所は、何世代にもわたる過去の猟体験で見究めた特定地で、ここでは手取川最源流地の別山谷・岩屋俣《また》谷、三ツ谷川・柳谷・湯の谷・宮谷系猟場に限定し、それぞれについて猟師の語った特色について、表1の摘要欄で示した。

この図では猟場は分かるが、出作りの分布は分からないので、便宜上、赤岩・市ノ瀬・三ツ谷の神社位置を⛩で示した。各出作りは神社を中心にひろがっていた。出作りの人は「わしらクマンバ（熊場）の中におる」と表現する。熊生息地と出作りの小屋場や生業地が共存している様を指している。だから出作り家の屋号が猟場地名につながることになる。事例として、湯の谷出合近くの「佐右衛門《さよも》谷のホングラ」、大杉谷・北俣谷出合の「八郎右衛門《はちろも》壁のホングラ」、大嵐《おあらし》谷の「十兵衛山」等がある。熊と人間の共存は地名ばかりでなく、日常生活でも見出すことができ、枚挙にいとまがない程である。平成十九年六月、下田原地内での焼畑火入れ作業時、約一〇m下の谷川を熊が急ぎ渡渉するのを間近で見た。大道《おおみち》谷五十谷の伍在《ござ》家は、ヒエ田約三反を稲田に転用して経営、熊は棚田の石垣中の沢蟹を餌とするため、毎年田植前に石垣補修を強いられた。つまり、人間と熊が同じ山地領域で生活しているため、猟のため小屋掛けして宿泊する方法、すなわち遠くへ出向く必要はなく、居住地周辺での日帰り猟である。

① マキグラ（巻倉）

巻狩りの猟場はマキグラ（巻倉）といい、固有名詞をつけている。出作りの屋号名をつけたクラは前述した。優生植生をつけた檜倉、樅《もみ》倉、笹倉等。谷の地形相をつけた鱒止め、スバル等。動物名を冠した猿壁、鳩の湯等がある。クラとは、本来岩場や露出した巨岩を指す。白峰の猟師がいうクラとは、支脈的な小尾根間にはさまれた小さい谷とでも凹地ともいうべき地形で、岩場のある場所をさす。そしてクラより大きいとタンといい、いわゆる谷である。さらにクラより小さく細い谷をノマといっている。クラの下部は水の流れとなり、最低部はタン（谷）に接し合流する。その上に急峻な傾斜地または岩場があり、最上部は主脈的尾根に連なっている。植生は急傾斜地や岩場にはヒノキ・ヒメコマツの針葉樹やシャクナゲ・イヌツゲ等の常緑樹が散在し、最上部の主脈尾根やその周辺はブナ・ミズナラ等の広葉樹が広がっている。

② ホングラ（本倉）

ところで、河内ではより多く獲れる効率の良いマキグラをホングラという。例として、湯の谷出合の佐世衛門谷、大杉谷源流のシゲジ、その下流のハチブセ、その下流北俣谷出合の八郎右衛門《はちろも》壁等がある。これらの猟場は、「佐世衛門谷のホングラ」のように称して通常のクラと違えている。ホングラに共通する環境は、その下部にナーバタがあり、クラとナーバタが繋がっていることである。ナーバタとは後述するが、熊の好む野草群生地を指す。猟師によれば、上部のホングラの中には熊の居付きやすい石穴・木穴・土穴がいくつもあるらしく、冬眠場にふさわしい。冬眠明けに熊は穴より出て、少し動くだけで下方のナーバタの野草芽吹きを探りやすい。野草が芽吹いていないと、穴で半冬眠をして芽吹きを待つ。野草が芽吹いていると、昼はナーバタで餌を少しあて食い始め、夜は穴ですごす。この動きをしばらくして行動範囲を広げていくという。クラの下にナーバタが繋がっている場所は、冬眠明けの熊を狙うには格好の猟場なので、「ホン」という言葉を冠せて本当の巻グラという意味をこめていた。また名称の中には、この時期の熊の胆・皮は最高に稼げたという情況も含んでいたかも知れない。

③ ナーバタ（菜畑）・エーグラ（餌倉）

猟場には、クラばかりでなく「ナーバタ」とよぶ草地や、「エーグラ」という餌場がある。

出作り民は、茎・葉・根を食べる野菜すなわちダイコン・カブラを総称して「ナ」というが、猟師のいう「ナ」とは、アザミ（ハクサンアザミ）・ウド・オオウド（シシウド）・ウシノクチャ（ザゼンソウ・ミズバショウの総称）・メガヤ等、熊が好んで食べる野草を総称している。バタは畑をさす。だから、ナーバタとは、アザミ・ウド・ウシノクチャ・メガヤ等が群生し野草畑を呈している所で谷筋にひろがっている。猟場地図では、湯の谷では山田屋のナーバタ、湯の谷のナーバタ、柳谷川のオーバタのナーバタ等である。

猟師は、「湯の谷のショウブ山は良いエーグラで、メガヤ・アザミが多く熊がつく。一〇回行くと五回とれる」、「ジョウゼンは巻クラでなくエーグラで、雌のブナが多くその花を食いに熊がつく」等と言う。エーグラは猟場地図中に見るように谷筋のナーバタとは違い、緩傾斜地中の広い草地、さらにはブナ林を指し、熊の餌場とした所である。花を多くつけるブナ群生地としては、別山への登山路途中の上ダンドコ・下ダンドコ、湯の谷九岡谷出合のジョウゼンがある。メガヤ・アザミ等の野草の多いエーグラとしては、前述したショウブ山がある。小さなブナ林と狭いナーバタが混在する場所もエーグラとしており、岩屋俣谷の樅倉《もみくら》が該当する。

ショウブ山のように成功率五割のエーグラを「良い猟場」と言っているが、行けば成功率一〇割で必ず獲れる猟場を、

「行けば必ず熊汁ができる」という意味をこめて「汁鍋」という地名付きの巻クラがある。ここは別山谷を挟んで、日《ひ》向《なた》・陰地《おんじ》の二つのクラが対峙し、どちらかに必ず熊が居付いているという。対するに、熊が居付いている気配があるが、猟の実務が無駄になるとして実行しない場所がある。これは、ナーバタやエーグラにあり、足跡を見つけても、ここは時間をかけて餌をとらず小休止するだけで、すぐ他所へ移動するとして、「ヤスンバ（休場）」、「イップクバ（一服場）」の地名をつけている。前者のヤスンバとして岩屋俣谷に、後者のイップクバとして今宿《いまじゅく》谷にある。多くの実動経験からつかんだ熊の生態観である。

3　巻狩りの技術

河内や母村の白峰集落では、通常四月上旬より巻狩りの季節となる。雪面上の足跡、雪面上の熊の実体の発見を基に狩りをする。

①　狩りの情報

アトミ（跡見）　「熊の足跡を発見した」という情報提供者をアトミ（跡見）という。この情報で狩りが成功すると、アトミに分配の一人分が、さらに狩りのセコ（勢子）に参加して成功すると二人分が、また熊が移動して隣のクラで成功したときも半人分が与えられるという原則があった。実際は、アトミの情報を確認するため、セコがクラを一周して足跡がクラの外へ出ていないか、すなわち熊がクラの中に留まっているかのフミマワシ（踏み回し）後に狩りをする。

ケンブツバ（見物場）　アトミからの情報がないときは、猟師自ら眺望抜群の小峰ケンブツバ（見物場）に登り、長時間費して、雪面上の黒点・熊発見に努める。河内ではベットウ岩上部の小峰海抜一五七八mと、別山登山チブリ小屋の位置「吹向《ふきむき》」が該当地である。

メッポウ巻　最初の巻狩り実施について、アトミの情報がないときは、猟師の総合判断で居住地に近いクラで試し猟をして冬眠情況を探る。この狩りをメッポウ巻といい、尾添川水系の中宮《ちゅうぐう》ではムッタ巻という。河内では湯の谷の佐世衛門谷、柳谷の猿壁で行った。

②狩りの分担

セコ（勢子）　巻狩りとは端的には尾根の射手《うちて》に向かって谷から追手《おって》が熊を追い上げる方法で、追手の追上げ技術の優劣が狩りの成否に影響する度合が強い。追手役を白峰ではセコ、尾添川小域ではヨボリコ（呼ぼり子）という。急傾斜の雪面を登り下りする技術は勿論、熊の逃げる速度より早く雪面を走行する技術も必要となる。熊は追われると高所へ登る習性があるが、時には下方の低所へ、時には下流方向に急転したりする。また、斜面途中で木穴や灌木中に雲隠れしたりするので、臨機応変の能力も必要である。強風が木の梢を通るときは音を出す。急峻なノマは雪融け期は水量が多く音を出す。これらの自然音に負けない掛け声も必要となる。熊は音に敏感らしく、弱く通らない掛け声のセコ側に逃げようとする。「声が通らない・声が通る」の差は天性のもの、セコ頭《がしら》はセコの総合力を考えて分担場所を決めた。

優秀なセコ頭として著名な人物としては、白峰大道谷の尾田《びた》玉之助氏（大正九年生）、中宮の辻本勝氏（大正十二年生）がいた。尾田氏は、ガダルカナル島激戦の生き残りで、銃による負傷の体験から生涯銃を拒否したとされる。辻本氏は、体格は小柄だが、どんな岩場、どんな氷雪斜面でも熊より早い動作の持主であったとされる。白峰の掛け声は「エッホーホイ、エッホーホイ」、または「エッホー、ホイホイ。エッホーホイホイ」、中宮では「ヤッホー、ヤッホー」である。

巻狩りには、追手のセコと射手の鉄砲撃ちの人員配置の仕方で、縦巻《たてまき》、横巻《よこまき》、落し壁、呼《よ》ぼり壁の技法がある。追手・射手は、その配置場所と役割により名称が異なり、河内や白峰の事例を四つの図で示した（図2参照）。追手のセコには、尾ヨボリ・中入り・奥ジキリ・横アミ・ウケ・アイナミ等があり、個々の猟場の特質や参加人数によって、適格な配置と対策をとる。各々の役割は次のようである。

尾ヨボリ　下流側の尾根を担当する。尾根上は、低い灌木は雪で埋まり、高木があっても全体的に凹凸のすくない雪面で白一色なので、黒い熊は見つかりやすく退路としない。初歩的雪氷技術があれば分担できる。

中入り（谷ヨボリともいう）　登るのは谷筋で、地形変化が激しく険しい。小岩場・小滝があり、常緑樹・落葉樹がモザイク状に生え、熊の退路としてはふさわしい。高い登高技術が必要。中入りの第一声ヨボリダシを合図に、まず尾ヨ

イ．標準的な巻倉（タテマキ）

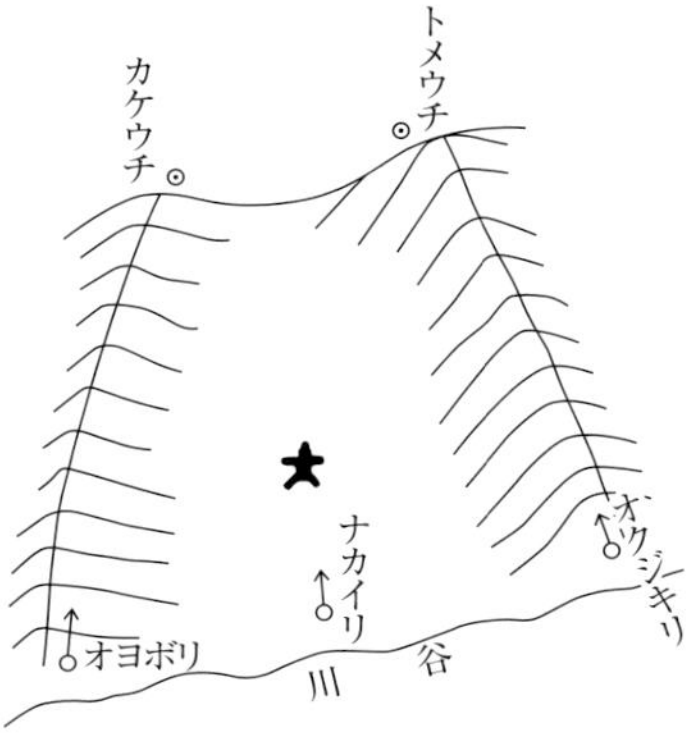

ロ．狭い巻倉を小人数でするタテマキ
宮谷ハテガクラの事例

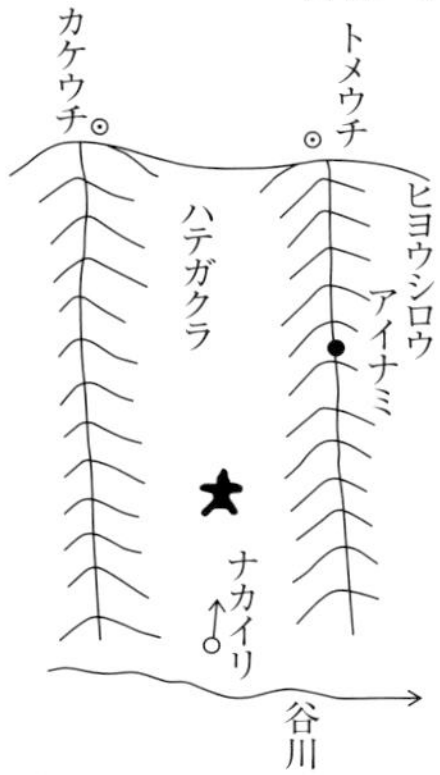

ハ．広い巻倉のタテマキ（湯の谷大倉の事例）

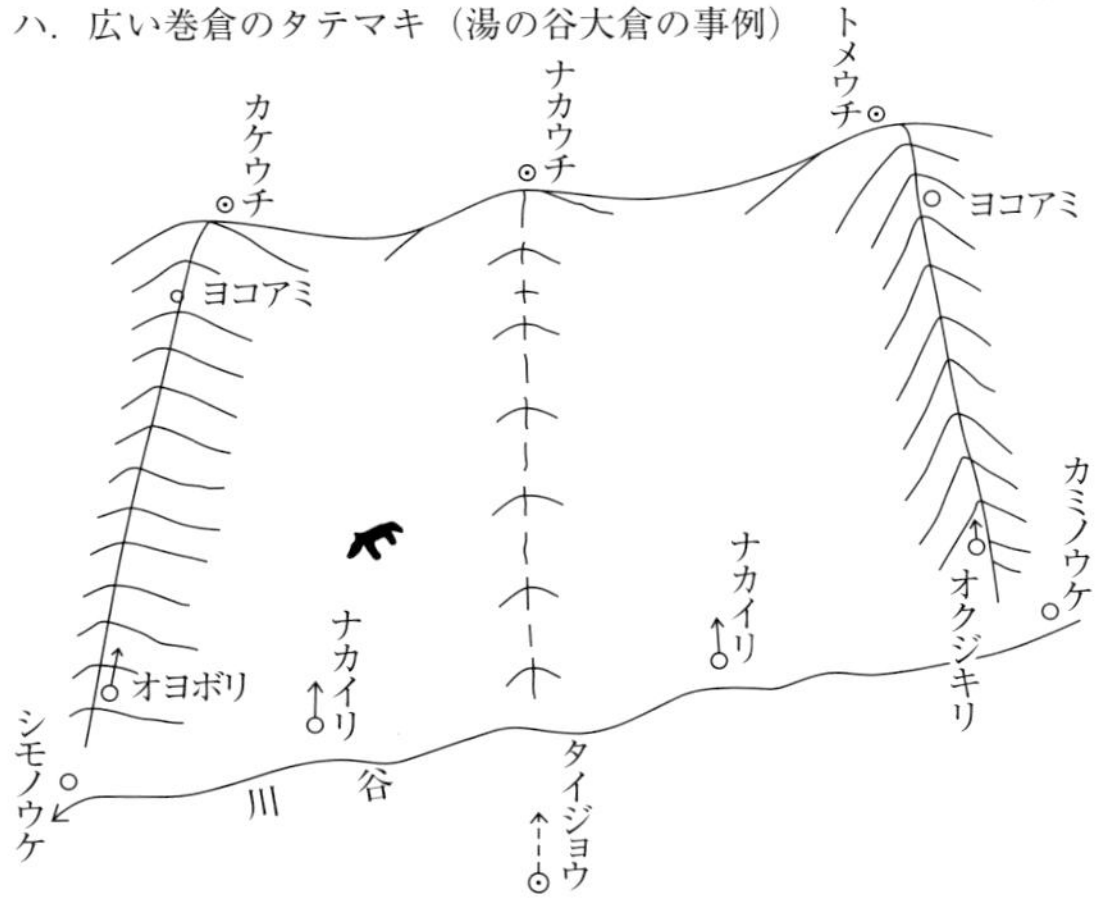

ニ．ヨコマキ　風嵐谷蔦倉の事例

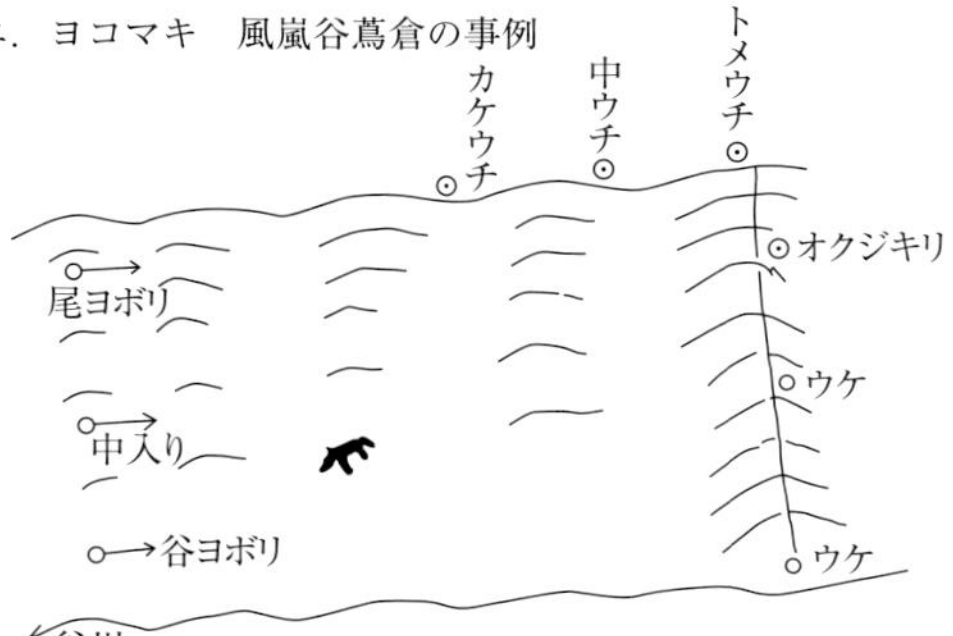

図 2　巻狩りの分担とその配置

ボリ・奥ジキリが掛け声とともに動き、熊を中入り方向に追い込み、セコ役が熊をとり囲むようにして登る。

奥ジキリ　熊は追われると習性として斜面を登る。つまり斜面を下ることは少ない。最終場面では射手ラインを突破するか、奥ジキリの尾根を越え上流方向へ逃げる場合が多い。この傾向より猟場奥部を仕切るという意味と思われる。

横アミ　熊は射場近くになると、危険を察知するのか尻ごみして動かなくなる。これは、動きを静止しながら最終退路を模索している動作だと猟師は言う。そこで多人数のときは、セコ役と射手役を兼ねた横アミを配置し、クラの両サイドを固める。

ウケ　熊の中には、まれに途中で下方へ逃げ谷川まで下り、さらに谷川沿いにセコの枠外へ逃げる動きをするときがある。この動きを封じる役がウケで、谷筋で静かに構え、熊が来たら実動する。上流方向を分担するのが上《かみ》のウケ、下流方向は下《しも》のウケという。ウケの実動事例が多くないので、子供でもよいし、犬連れの老人でも務まる。岩屋俣谷の奥縦倉は、小学生が谷筋でウケ役をしていて、誤って谷川に転落し滝壺で水死した猟場である。ウケの役所《やくどころ》は軽いといっても、積雪期の山は常に危険をはらんでいる。

アイナミ　セコの数が少なく、小人数での狩りのときの役で経験豊かな者がつく。図示した宮谷ハテガクラの実積では、熊は下流のヒヨウシロウへ逃げることが多かったので、境の尾根上で二つのクラを見渡す場所にアイナミをおく。順調にいけば問題はないが、人数が少なく追上げに失敗し、熊は隣のヒヨウシロウに逃げたことを見つけたときは、ハテガクラの狩りは中止、ヒヨウシロウへの人員配置換えを指示しなければならない。

タイジョウ　巻狩りで、熊は追い上げられると、白一色の雪斜面を避け、見つかりにくい灌木の中を動く。特にセコの中入《なかい》りは直接肉眼で熊を追跡することができなくなったり、シャクナゲ群生地に隠れた熊を見逃すことも起こる。そこで、クラの対岸で猟場を一望できる場所に「タイジョウ」という役をおき、熊の動きをセコ・撃手《うちて》に連絡する。連絡手段は声でなく体全体を使ってのいわゆるボディ・ラングウィッジ方式である。熊が上方へ動けば、タイジョウは四つん這いになって上方向に歩く。同じように左右上下に動いて伝達する。尾添川水系の中宮ではムカイダチ（向立ち）とよんでいる。河内での具体例でいうと、湯の谷大倉の縦巻のタイジョウ場は、対岸のカン倉で登るのにも苦労する場所である。

鉄砲撃チ《てっぽうう》　追い上げた熊を銃で射とめる役は、そのものずばりでテッポウウチという。セコと同じく、その配置場所は四つの図で示した（図2参照）。クラが小さいとき、小人数のときはカケウチ、止メウチ。クラが大きいと中ウチをおく。

熊の退路は生態的に固定化するといい、各クラの射ち場は体験上固定化する傾向があった。退路の尾根上に巨岩があるときは巨岩の陰を利用したので、イシウチバの名称、ブナの巨木の陰にはブナウチバ等の名称をつけている。射ち場は、銃を回して撃ちやすいように邪魔な木があれば伐り、また弾の命中を邪魔する低木が雪面に出ていれば伐っておかねばならない。熊は視力は強くはないが、臭覚は優れていると言い、鉄砲撃ちは、臭いを発する湿布剤（例えばサロンパス）の使用禁止、喫煙、ガム嚙みも厳禁である。セコの声が近づくと、木・岩になった気分で寸分の動きもせずに待つ。メンノタマ（目の玉）を動かさず瞬きもしてはならないと言う。

セコは熊を、止メウチのいる高い方へ追い上げるように力を合わせる。カケウチ近くに熊が動いても、止メウチ方向に誘動して射とめるのを原則としたが、猟師の思惑通りにいかない。熟練者で命中率の高い者が止メウチ場に、経験浅く命中率の低いと予想される者がカケウチ場につく。ウチ場では熊との距離が五〇～三〇mぐらいまで我慢して発砲する。どちらかの鉄砲撃チが発砲し射とめれば成功。しかし、セコが苦労して追い上げたが射場で発砲に失敗し、クラの外へ逃がしたときや、事情にもよるが鉄砲撃ちの過失性が大きいと認めた場合、河内では清酒二升を過科としてだす慣行であった。

③狩りの技法

縦巻《たてまき》　巻狩りの大方は、図2で示したようにクラの縦（垂直）方向に熊を追い上げる。いわゆる縦巻である。

横巻《よこまき》　「ナミの良い横広」のクラで行う狩りで、セコの追い上げ方向にちなんだ猟法名である。ナミとは、斜面の水平方向の凹凸状態を海の波に例えたもので、「ナミが良い」とは水平方向の凹凸が少ない斜面を指す。セコは、等高線に沿うように横方向に進み、その見通しも割と良い。柳谷川の奥天井、風嵐谷の蔦倉での狩りが該当する。谷ヨボリが早く動いて熊を上部へ追い上げ、遅れて中入り・尾ヨボリが動き、終番は縦上げになる場合が多い。奥ジキリは鉄砲持ちでなくてもよい。

落《おと》シ壁《かべ》　クラが谷を挟んで向き合って対峙しているものがある。河内では別山谷の汁鍋《しるなべ》、赤谷の中山、三ツ谷川・東俣谷のベット岩等が該当する。対峙するクラは日照加減で日《ひ》向《なた》・陰地《おんじ》と名付けて区別する。具体的には、汁鍋では右岸を汁鍋日向、左岸を汁鍋陰地とよぶ。左岸の陰地はクロキ（常緑樹）のヒノキ・モミ・シャクナゲが茂り、熊にとっては隠れ場が多く降《ふ》りクラである。降りクラとは、春先、冷たい雨・みぞれ・雪が降り続くとき、熊が雨宿りするように居付くクラを指す。降りクラは、劣悪な気象を弱めてくれる常緑樹や、岩が庇状になった岩場や岩穴が多いのである。右岸の日向は、クロキが少なく雪一色の斜面が広く照《て》りクラである。照りクラとは、日差しが長時間当たり、メガヤ自生地の多いクラを指す。春先に野草の中で最初に芽吹くのはメガヤで、冬眠からさめた熊は、晴天が続くと照りクラでメガヤの新芽を食い、その後は光に当たって短時間昼寝をする。汁鍋でのセコの実務は、クロキの多い陰地ではやりづらく苦労が大きい。対するに雪斜面の多い日向はやり易い。まず両方の射場で、相互に対岸を観察し熊の発見に務める。狩りのしにくい陰地で熊を見つけると、射場よりジグザク状に下降して熊を谷に追い落し、狩りのしやすい日向に追い

写真 1　尾口村丸石谷，大倉《オオクラ》の縦巻《タテマキ》猟（昭和 42 年 4 月上旬）

その 1，対岸の水力発電所取入口で，人員配置を段取りする．正面雪型が逆三角形の所に熊がいる．

その 2，鉄砲撃《テッポウウ》ち 3 人を尾根筋におき，勢子《セコ》3 人で谷筋より追いあげる．3 人の銃はいずれも村田銃．猟は失敗して熊を逃がした．

入れる。このとき熊は谷川に沿って逃げるときもあり、上《かみ》と下《しも》にウケを配置して退路を塞ぐ。日向に入った熊は、通常の縦巻で狩りをする。つまり、狩りの最初に「追い落とす」という技法をとっているのが、「落シ壁」の名称由来であろう。陰地の氷雪面は午後も日差しが悪く凍っており、危ない。日向の雪一色の斜面が凍ったときは、スリップすると谷底まで一気に滑落するので危ない。汁鍋でのセコ役は、氷雪歩行技術の高い者が担当した。

呼《よ》ボリ壁《かべ》　クラの最高部が岩壁になっていると、セコは最終段階で岩壁に登れなくなる。そこで岩壁の真下で大声を張りあげて射場へ追い上げる、この猟法を指す。該当猟場は、明谷《みようだに》の支谷松倉谷の松倉で効率よく獲れた。(4) 牛首川右岸の天狗壁は、急峻で縦巻や呼《よ》ボリ壁の猟法で試みてきたが、効率が悪く、ほとんど狩りはしない。

カケ巻キ　二つまたは三つのクラを一緒にして巻狩りする猟法をさす。事例は百万貫の岩付近の平左衛門と細ノマの合併、それに隣接する平左衛門と五郎四郎《ごろしろ》の合併、人数が多いときは細ノマ・平左衛門・五郎四郎三つを合わして行った。

4　ナーバタ狩り・エーグラ狩り

①　ナーバタ狩り

白山直下の河内では、五月に入ると雪崩発生地や、陽当りが良く開けた谷筋は土が露出し、メガヤが真っ先に芽吹き、ついでアザミ・ウシノクチャ等が芽吹き、野草の畑状を呈する。これをナーバタということは前述した。ナーバタは樹木が生育しない場所でもある。表層雪崩・底雪崩の発生・通過地は木の根が根付くことができない。雪崩の最末端は大規模なときは雪橋となって谷を塞ぐ。小規模であってもナダレクソ（登山用語でいうデブリ）となり、雪塊が堆積し木を押し倒してしまう。木の生えていない草地で餌をとる熊は、草丈が短かく体が隠れないので人間の視界に入りやすく、危険が大きい。熊は、前年秋にブナ・ナラの実が豊作のときは、本能的に危険度の高いナーバタに出没する機会は少ないという。残雪期の林床、落葉の下にある前年のブナ・ナラの実は、雪の水分を一杯含んでふくらみ、爪で実を割って皮を外しやすい。前年木の実が豊作だと、雪融け期には少なくなった残雪の下に食べやすくなった木の実が多くあり、熊は前足で雪を掘り、落葉と木の実を選び分け、効率良く食べることができる。補足すると、早春より木の実にありつけ、春盛《さか》りまでに一応は食欲は満たされ、食欲が薄れているので、ナーバタへの出没が少ない。

効率の良いナーバタは、その上部にクラがある場所で、昼はナーバタで餌を食い、夜はすぐ上のクラに居付きやすく、熊にとって生息環境として便利がよかった。該当例として、湯の谷の山田屋のナーバタがある。狩りは、ナーバタに出て来る熊を気長に待ち伏せする待《ま》チ撃《う》チ、餌場の熊に風下より忍び寄って獲る寄《よ》リ撃《う》チがあり、いずれも単独猟である。戦前、五月上旬のこの猟場には外仕事が少なかったので、半日近くも待って待チ撃チしたことがあったが、寄リ撃チの場合の方が多かった。

この時期の熊の稼ぎは、巻狩り・穴熊狩りと比べると格段に少ない。冬眠明けから日数も多く経過しているので、消化液胆汁は少なくなって胆は軽く、毛並も冬毛は変ってくるので、肉の稼ぎしか期待できない。

② エーグラ狩り

端的にいえば、ナーバタとは多年草が多い草の餌場、エーグラとは花を多くつけるブナ群生地つまり木の餌場である。熊が好む花は、草ではザゼンソウ・ミズバショウ、木ではコブシ・ブナである。コブシ群生地は、ブナ林と比べれば面積はいたって狭い。だから、花をつけたブナ林は格好の餌場となり、木登りして食べる。花を多くつけるブナには、登った際の爪跡が残っている。猟師のブナ観によれば、ブナの花は雄・雌があり、熊は区別せず餌とする。雄花・雌花があるのと同じく、ブナの木自体にも花を多くつける雌木《めすぎ》と、花の少ない雄木《おすぎ》があるとする。雌木でも精力が劣えたときや年老いた木が、花を多く咲かすとする。猟師は、雌木の多いブナ林を「エーグラ（餌場）」とよび猟場とした。

「エーグラのヘラに熊はつかない」、「ヘラのブナに熊は上《あが》らない」という。ヘラとは、平状《たいら》の緩傾斜地をさす。猟師の説明では、ダンドコのエーグラは全体が緩傾斜でブナ林が広がっているが、急傾斜地も部分的にありヒノキが自生している。熊は夜ヒノキ自生地を寝ぐらにし、昼はすぐ隣のブナの雌木の花や新芽を食いに出るが、緩傾斜の中央部へは出て来ない。傾斜が緩いと熊も動きやすいが、人間も動きやすいからである。だから良いエーグラとは、ブナの雌木と針葉樹が混在するような急傾斜地である。

熊の食性の一つとして、例えばアザミを餌とすると、他の餌を一切とらず終始同じものにこだわる習性をもつ。木登りして花、時には新芽を食い始めると、三～四時間も、時には半日も同じ樹上で餌を食う。成熟熊は体重が重く小枝の上に乗れないので、枝を手許に引き折って花を食う。その結果、引き折った枝が幾重にも重なった形ができ、これを「棚《たな》」といい、中央部が鳥の巣のように窪んだ形のときは「苞《つと》」という。棚・苞は、冬眠前木登りして木の実を大食いするときもできる。

岩屋俣谷の「樅倉《もみくら》」は代表的なエーグラである。最上部の撃場には針葉樹モミ（ツガ）があり、全域にブナが広がり、谷筋はナが群生する。熊は、昼間は谷筋のナや斜面のブナの花・新芽を食べ、夜はモミ・シャクナゲ等の常緑樹の中ですごす。この樅倉は猟師により最良のエーグラとする者もいれば、ナーバタと位置付けする者がいた。ブナの木に登っている熊は、標的としての熊の前面には枝が重なり合って邪魔し、弾の命中率は零に近い。単独のときは木から下りて来た瞬間を待って撃つので、長時間待たねばならない。木登りの熊を強制的に雪斜面に下ろし、その後、巻狩りで獲るのを予定したときは、人数を増やして出向いていた。

5　狩りについての俗信

狩りの成否は一瞬の動作で決まる。また成否は稼ぎの多少にも連なるので、不猟につながる一切のものを忌避した。河内では、身内に出産・葬式があったときは、穢れるとして猟に出なかったというが、その忌の日数については昭和一桁生まれの猟師の記憶にないというから、出産・死の忌は厳しくなかったと思われる。関連して、妻が妊娠していると、「腹に子がこもる」のが「鉄砲弾のこもるのにうつって弾《はじ》けない」として嫌がられるので、加わらなかったと伝える。産の忌は、尾添川水系の中宮《ちゅうぐう》では厳しかったようで、その日数は戦前は二一日、昭和年代は七日と順次緩くなり、調査時（平成一〇年）は三日と短かくなっていた。関連して「山の神は梅干が嫌いなので握り飯の中に入れてはいけない」と猟師は厳守していた。そのわけは、「梅干の形、果肉の中に種がある形は女の性器に似ているから」と古老は言う。「梅干の形が女性陰部に通じる」という猟師の意識と産の忌はつながるものなのかどうか。

その他の忌避行為には、猟場へ往来する途中猿に出くわすと、「弾が去る」として、蛇を見ると「狩りに長い時間かかる、長い期間熊がとれなくなる」として、倒木の椎茸（きのこを方言でコケといい、椎茸もコケ）や毒ごけに会うと「こける（失敗する）」として忌み嫌い、見て見ぬふりをした。同じ意味で会話では、猿・蛇・こけ、さらには岩魚も禁句であった。岩魚は「水中をすばやく逃げる」のが「熊が逃げる」に通じるからとする。対するに、吉兆をもたらすものとして、猟場までの雪面上につけられた兎・カモシカ・狐等の足跡がある。足跡を獲物と見立てて鉈《なた》で足跡に×をつける。これは獲った熊の腑分けの動作をまねたしぐさといい、すすんで鉈で呪い動作をして猟場に行った。

6 獲物の解体と分配

解体 河内では猟場は出作りに近かったので、解体は居住地でするのが原則であった。皮をはぐ順序は、白峰で現在行っている技法を図3で示した。まず陰部より喉元へ刀を入れて腹をさき、次に前足、後足を切り開き、その後内臓を摘出する。河内では身を開くことを「蔵《くら》を開く」という。胆《い》が桁外れに高価であった時代、胆を宝に見立てていたことを表現した言葉である。まず換金性の高い胆を摘出。次に「タチ」という膵蔵を摘出し、若い者に獲った方向の山へ行かせ、木の又に置かせて山・神への供物とした。

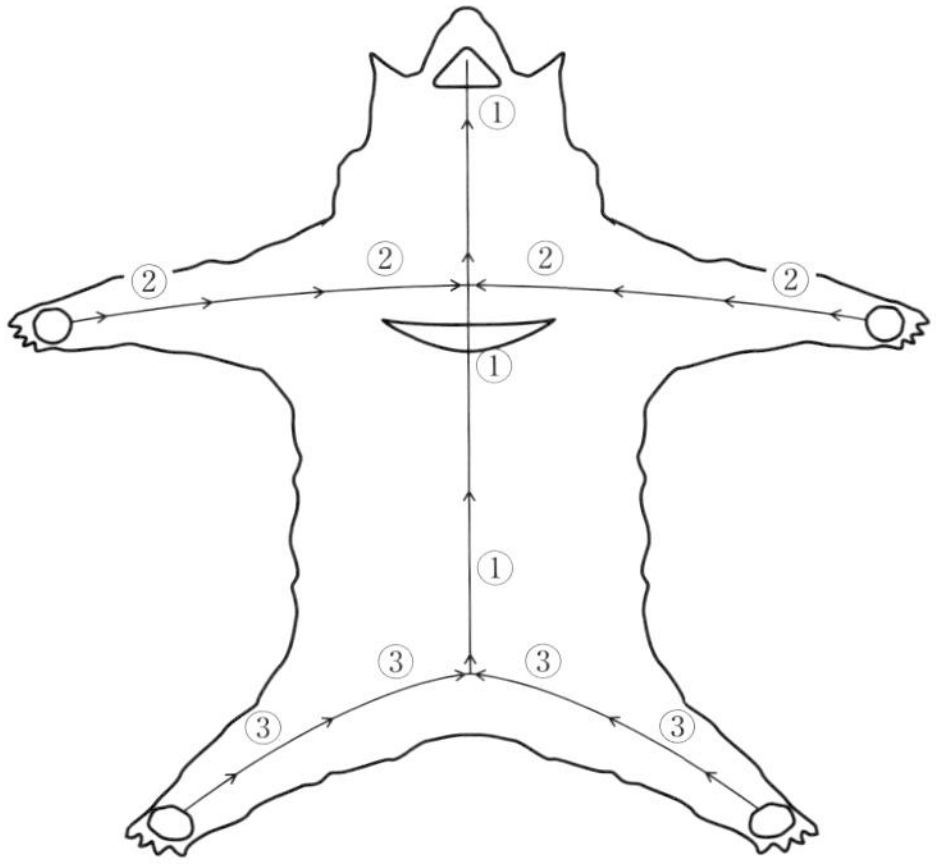

①は尻の方から頭に
②→③は，③→②になる事もある

図 3　白峰の熊の皮をはぐ順序

分配・一割分け 獲物は参加者で平等に分ける。分けるのは、肉、商品として精製した胆・皮の代金等。肉は解体時に猟の参加者と、熊発見の情報提供者アトミ（跡見）を加えた人数で山分け、籤《くじ》引きで分ける。ただし頭は分けない。射とめた鉄砲撃ちがうけとる。関連して、頭と胴体を切断する頭《あたま》ドリは、鉄砲撃ちはできず常にセコ頭《がしら》がした。これは頭部分を多くとると残った肉が少なくなり、各自の肉配分が減り苦情の因となるからである。

胆・皮の代金は六月五日の菖蒲の節句頃に分けた。代金の分け方は、猟銃の手入れ、弾薬準備をする鉄砲撃ち、さらに危険地を分担して追い上げる技術のセコには、一割の加算をした。すなわち「一割分け」をした。

河内での昭和初期頃の一割分けの慣行は、鉄砲撃ちとセコでは少し異なっていた。

初弾を命中させた鉄砲撃ちは一割増、実際は約一割弱であった。また命中弾を撃たなかった鉄砲撃ちは、常時の弾薬用意や猟銃鑑札申請のための出費があるため、五分の割増を受けた。セコが中入り役で危険場所を分担したときも割増がついた。この割増分は、時代推移とともに変ってきていた。最初は手の皮が現物支給された。セコは、手皮を巾着(金銭を持ち歩くポシェット風皮袋)や煙草入れに加工し稼ぐことができた。しかし、生活の近代化で巾着等は不要となり、また、手足部分のない毛皮の商品価格が下ることもあって、現物支給はやめた。代りに手皮製巾着一杯分の米、すなわち米一升を割増とした。さらに戦前では現金一割増に変ったという経過をたどった。

7　狩り祝いを兼ねたカワハリ

皮剝ぎ、解体、皮張りを終えると、猟師は熊の肉を料理して一杯飲む席を設ける。この飲食の場を河内では「カワハリ」という。カワハリを「する」「しない」の選択は、初弾を命中させた鉄砲撃ちだけが決めることができた。カワハリの対の選択肢は一割増である。つまり、カワハリを選ぶと胆・皮の稼ぎ高の一割分けは受けられなくなるのである。鉄砲撃ちは、一割分けが得か、カワハリが得かを天秤にかけて選んでいたという。その具体的作法は次のようである。

カワハリを選ぶと飲食の宿を受けもち、宴をとりしきる責務を負う。晩方、各自は米一升を持って宿に集まる。鉄砲撃ちはすでに頭を受けており、頭・肋骨・皮より外した十分な量の熊肉で汁・煮物等の熊料理を作る。持ち寄った米全部を飯に炊く。このときの米飯はヒエ・アワの混ざらない純粋な米飯である。参加猟師は、熊肉料理を肴にして宿からのふるまい酒をたらふく飲み、日常食べない純粋米飯を腹一杯食べ、遅くまで夜明かしをした。この一連の場を古くより「カワハリ」というが、そのわけは不明とする。たぶん、皮張りの作業時に皮から外した脂肪・肉を宿の熊料理にあてたことに由来しているのでないかと考えてみた。

河内で、ヒエ・アワを混ぜない純粋米飯を食べる機会は、正月や宗祖親鸞の報思講でのお斎《とき》の席ぐらいであった。カワハリの食膳は、熊肉以上に米飯が主役ともいえよう。宴席で米飯を腹一杯食べたにしても、持ち分の一升は食べきれず米飯は残った。残った米飯も熊料理も、持ち帰れない慣行で、それは宿の家族にまわされ、カワハリの恩恵すなわち満腹感は、宿の子供・女性・老人へと広がっていく配慮がなされていた。したがって鉄砲撃ちは、家族数が多い場合はカワハリを選んだ。狩猟期最初の獲物では、狩り祝いを兼ねてカワハリをすることが多かった。カワハリの回数は、鉄砲撃ちの人数を上回ることはなかった。補足すると、初弾を当ててもカワハリを選ばない者もいたし、熟練者は初弾命中を何回してもカワハリは一回にとどめていた等の事情による。鉄砲撃ちがカワハリを選ぶと、下山途中で居住地が近づくと空砲を撃つ「祝い鉄砲」をして連絡した。カワハリ慣行は河内だけで行なわれ、ジゲの白峰や他の谷筋では行なわれていなかった。

8　食材としての熊

白山奥山では、熊の胆・皮・肉は副次的、臨時的稼ぎとして重宝な山の幸であった。日本列島で白山以南地域には熊狩猟地が少ないこともあって競合商品もなかったからである。胆と皮による稼ぎについては持論として後述するので（第二節・第三節参照）、ここでは熊の肉が食材としてどのように活かされていたかをまとめた。

①　熊肉の値段とその稼ぎ

かつて白山直下、三ツ谷の林家は萬家《よろずや》を営み、出作り群や温泉宿を相手に商いをしていた。林家の大正三年の記録(5)では、熊の胆・皮・肉を扱った記録がある。当時は冷凍設備がなかったから生肉は保存できず、約一二キロ下流の人口集積地の白峰集落へ出していた。主な買手は上層家や真宗道場や寺院主であった。猟師以外の人にとっては、熊肉は日常のおかずでなく、金のかかるおかずであったらしく、買手は多くなかった。大正三、四年時の熊肉一〇〇匁《もんめ》単価を見

表 2　三ツ谷林七蔵家大正 3 年『売買帳』に見る熊の肉

年月日	質	分量	100 匁単価	値段	売り手先
大正 3 年 4 月	頭黒焼き	1 ヶ		1 円 50 銭	島田・五味島
5. 3	下肉	500 匁	20 銭	1 円	鶴野・白峰
5. 7	手	700 匁	21 銭	1 円 50 銭	竹石松・市ノ瀬
5. 8		400 匁	35 銭	1 円 40 銭	鶴野
6. 6	塩肉			2 円 50 銭	山田屋・市ノ瀬
大正 4 年 3 月 22 日	手	1 本		2 円	清兵衛・白峰
4. 22		1 貫 50 匁	22 銭	2 円 10 銭	竹石松
5. 14	足	850 匁	25 銭	2 円 10 銭	林西寺・白峰
5. 16		210 匁	22 銭	45 銭	清蔵・大道谷

ると、最安値は二〇銭、最高値は三五銭であった。また生肉ばかりでなく塩蔵肉も商いしていた。一回の商い量では、最小単位が二一〇匁、最大が一貫五〇〇匁。後者は郵便配達用のもので、毎日河内と白峰間を往復し、熊肉について私的仲買いをして利鞘を稼いでいた場合の分量である。

売買帳に記す熊肉と魚の値段比較をみると、河内での塩鯖一本は五〜六銭、焼鯖一本は一二〜一七銭。塩鰤《ぶり》一本は三円〜三円八〇銭。熊肉と魚の両者を比較すると、熊肉一〇〇匁は塩鯖五本弱、焼鯖では二本弱に相当する。塩鰤一本は熊肉一貫二〇〇匁強に相当する。値段上、私的感覚では、大正初期の熊肉は鯖より優位、塩鰤に対しては劣勢のような気がした。

かつて河内・市ノ瀬に在住した笹木辰男氏は、「三八《さんぱち》豪雪（昭和三十八年の豪雪の通称）」年に白峰へ移住、猟期には河内へ出向いたり、白峰周辺で狩りをしていた。昭和四十五年以前は国道の機械力除雪がなかったので、冬の白峰は陸の孤島と化し生鮮食料品が乏しかったので、熊・兎の肉が重宝がられ、多くの人が解体現場へ買い求めに来て、売れ残ることはほとんどなかった。当時、笹木氏は熊の胆・皮の精製を一手に引き受け、その現金化についても任されていたので、その実情に詳しい。この頃の胆・皮・肉によるおおまかな稼ぎ事情は次のようである。

体重二〇貫の大きさでは、皮は五尺六寸〜八寸ほどで、約一〇万円。胆は二〇貫の成熟熊で良質なものは約一五匁内外、「胆は皮の三倍位」という目安なので約三〇万。肉の量は「体重の六割」という目安なので一二貫。その稼ぎは「皮の一倍半から二倍」というので、一倍半と見積れば約一五万円となる。すると肉一貫は一万二五〇〇円、一〇〇匁一二五〇円。これをグラム換算すると一〇〇グラム三三三円となる。当時の牛肉価格は情報不足なので比較はむつかしい。現在の牛肉価格を基準としたときは、熊肉は中級の牛肉並みというところであろうか。昭和四十五年国道に機械力除雪が導入され、真冬でも牛肉・豚肉が白峰に流通してくると、熊肉・兎肉離れが急激に起り、それに伴い肉の稼ぎも急減した。

② 熊肉の食べ方

熊肉は、奥山での動物性蛋白質として一頭で享受できる分量が多く、貴重な栄養源であった。加えて、食べようとする意志があれば食べられる臓器も多い。白峰でも、白山直下の河内、集団で生活する白峰集落との間には、熊を「食べ尽くす」度合が違っていた。具体的には「内臓は食べたか、捨てたか」、「血は飲んだか」、「どのように調理していたか」等について幾分差が見られた。ここでは、機械力による除雪導入以前の熊肉調理法をまとめ、諸臓器の活用については三地域の処理法を表3でまとめた。

赤身・白身　脂の極めて少ない肉は赤身《あかみ》、脂肪を多くつけた肉は白身《しろみ》という。雌は白身を多くつけ、雄は赤身が多い傾向という。赤身の肉質は、煮る、焼く、汁の具にしても、兎・牛と比べれば格段に硬い。肉は計り売りで、手・足を一本単位で売ることもあった。足は手より肉を多くつけ、体重二〇貫ぐらいだと三〜三貫五〇〇匁、四〇貫だと約五貫もある。肉で旨い部分は「ケツベタ（尻）回り」というから、腰骨回りの肉。それより「胴体の背筋の肉」が旨いという猟師もいる。

刺身　体重一〇貫ぐらいの若熊の肉は柔らかく旨いとし、わさび醤油で刺身として食べる。特に足の白身の刺身を最上とするが、この刺身は猟師とその家族で食べ、一般の消費へ回らない。成熟熊の肉には、時として素麺より少し細い蛔虫が寄生しているので刺身にはしない。

赤身・熊汁の具材　赤身は味噌汁の具にするのが多かった。日常のおかずとして家族一同が、煮物・焼物より手っ取り早く熊肉を食べることができた。

赤身の熊汁は、かなりの時間をかけて出し汁を作り、具は骨についた肉を外し、赤身肉を混ぜて増やす。具体的調理順は、解体時に肉を外した骨を鉈《なた》で割切し、大鍋で長時間水焚きする。このとき塩を含めて調味料を入れると肉は外れない。途中、骨に取り残された肉を丁寧に外し、さらに骨の髄に含まれている旨味成分を煮出し、数回分の出し汁を作

表 3　食材とした熊の諸臓器

	白峰村市ノ瀬	白峰村大道谷	吉野谷村中宮
脳	杓子ですくって，ゆでて食べる．鱈のしらこ，固まる前の豆腐の感じ．味は脂肪のかたまりの感じ．	生は薄紫色がかったような白色．ゆでて食べる．鱈のしらこのような柔らかさ．	鱈のしらこ，かに味噌の感じ．
血・ゴウチ	ゆげの立っているのは飲みやすい．さめるとなまぐさくなり，飲みにくい．精がつく，肺が強くなるとして飲む．	茶碗ですくって飲む．5合位ある．強壮剤として，肺病に効くという．女は飲まない．	なまぐさい．戦前，肺病の者は必ず飲んでいた．
肉	背筋が一番うまい．後足のモモタノシロミは刺身にする．脂身はアザミと共に汁にすると最高．煮る，焼くより，多くは汁の実にする．	若く10貫位の肉は柔らかくうまい．後足のシロミ付き肉は，刺身にする．多くは汁の実に．アザミ・堅豆腐を具，焼いた時はニンニクしょう油で．脂は料理に使う．	冬眠からさめたすぐの脂身（シロミ）はうまく，刺身に．ワサビしょう油よりショウガじょう油がうまい．脂は料理に，特にアザミ汁の中へ入れるとうまい．
心臓	刺身にすると，あっさりしてうまく，後足のシロミよりもうまい．ワサビを猟の帰りにとってきて，ワサビじょう油で食べる．	刺身はあっさりして，うまい．イカの刺身のような味に似ている．	刺身
肝臓・クロキモ	刺身は少し苦味があるがうまい．苦味は薬になるという．萎縮状のものは肝硬変ですてる．	刺身は，心臓・シロミの肉よりうまい．煮ても焼いても食べる．	少し苦味や匂があるが，刺身にするとうまい．
肺臓・アカキモ	食べない．	食べない．	スポンジのような感じで食べる者は少ない．
腎臓・マメ	食べない．	腸・骨と一緒にして水炊きする．	焼いて食べる．
膵臓・タチ	食べない．	焼いて食べる．	食べない．
胃・イブクロ	焼いて食べる．	焼いて食べる．	焼いて食べる．好きな者は，分厚くコリコリしてうまいとする．
腸・ヒャクヒロ	雪の上をひきずり，さらしてきれいにしてから，ゆっくり煮て食べる．今は焼いて食べる者もいる．	昔は放っていたが，焼いて食べるようになった．味もなくかみきれない．	前は食べなかった．焼いて食べているが，かみきれないので若者好み．
掌	2時間ゆがいて，身をはずして食べる．脂が多いが脳味噌よりあっさりしている．量は少ない．	ゆがいてから食べる．	長時間水炊きしなければ，かたくて食べれない．焼いて食べる時もある．
気管・ノドブエ	口で息を入れてふくらまして薄く切り，塩をまぶして焼いて食べる．	口にくわえて空気を入れてふくらましてから切る．塩をふって，焼いて食べる．	食べない．
舌	薄く切って，塩をまぶして焼いて食べる．うまい．	焼いても，煮ても食べる．	単品として食べない．
その他	余った肉は，わらづとの中に入れてぶらさげるか，桶の中で塩付けした．	戦後，臓物（モツ）料理が町より入ってきてから，胃・腸を食べるようになった．以前は食べなかった．	頭（舌，ほほ肉），背骨，あぶら骨，てのひら等を一緒にして水炊きして肉を外して，料理に使う．

る。この出し汁を活用、骨から外した肉が不足のときは赤身を追加する。最後に、保存してきたアザミを入れ、味噌で味付けして熊汁を仕上げる。熊汁では、アザミの取り合わせを最高とする。乾燥して保存してきたものを水で戻し、細かく刻んで入れる。ないときは、ダイコンかゴボウでもよいし、白峰独特の堅豆腐を入れるときもある。ちなみに河内では、熊汁はアザミ、兎汁はゴボウ、岩魚汁はネギの取り合せを定番としていた。

白身・刺身や炒物　脂肪肉のシロミは暖かくなった五月下旬頃にはなくなってしまう。足の太もも部分に多くあり、厚さは五、六㎝に及ぶものもあり、肉質と色は、いわゆる「鯨の皮」と似ており、薄く切って刺身にする。そのときワサビ醤油よりショウガ醤油の方が合うとする猟師が多い。また溶かして炒め物や汁の中に入れて利用した。

掌の肉　分量が少量で非常に硬いが、無駄にせず食べる。酒の肴にするときは二、三時間水焚きする。すると蟹の皮・身のように外れやすくなる。焼いたときは、暇にまかせて少量の肉をくじり出して食べる。

③ 熊肉の保存

猟師は売れ残った肉は、桶で塩漬けして保存した。別の方法としては、塩をまぶして稲葉つとの中に入れ、いろりの熱・煙が通りやすい所で吊し、乾燥保存した。

④ 食材とした臓器

熊は最大型の野生動物で、一頭で享受できる肉をはじめ内臓の分量も多いので、猟師は捨てる量を最小限にした調理で食べ尽くしていた。臓器を食べるといっても、撃とめた当日か翌日か新鮮な物に限定される。だから食べるのは猟師自身か、猟師周辺の人となる。

表3は、三つの谷筋の事例で示した。とにかく手取川本流源流域の出作り群では、授かった熊の〝生命〟を丸ごと無駄なく食べ尽くしている感がある。

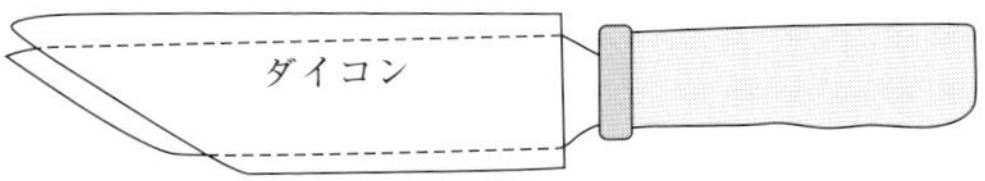

図 4　ダイコンを被せた脂とり小刀（想像図）

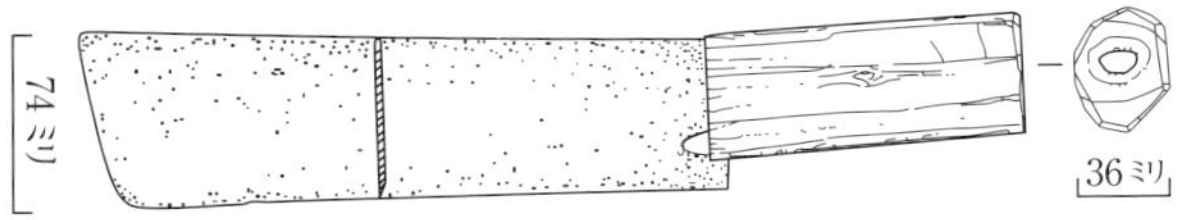

図 5　阿仁マタギの脂とり庖丁（『阿仁マタギ用具』より）

写真 2　熊の脂　左がカガ脂，右が皮脂（ナゴ）

9　薬剤としての熊

脂《あぶら》は付着している部位の違いで分けていた。一つは、皮と肉との間の脂で、河内では「ナゴ」、白峰では「皮脂《かわあぶら》」という。もう一つは、腸に付いている脂で「カガ脂《あぶら》」といい、共に手で外す。取り外した脂は、鱈の白子のような柔かさで、共に煮つめ上澄みの不純物を捨る。液状のものを口広瓶か缶で保存する。熱がさめると硬いバター状になり、何年間も長持ちする。河内では皮から脂を外すとき、小刀の尖端すなわち切っ先にダイコンの尻っぽを被せて、刃渡りの長さを調節した。小刀をそのまま使い手許が狂って刀が深く入り、商品としての皮に切傷がつかないように工夫した。狩猟期の初めほど脂を多くつけており、体重四〇貫ぐらいだと海苔の佃煮瓶四、五本はとれるという。カガ脂は皮脂よりも精製度を吟味しており、皮脂より良質とし、共に薬剤・食材として利用した。

複数の猟師が「今も使っており冷蔵庫の中にある」といい、「母親が水仕事の後ハンドクリームとして使う」、「料理に使うと子供は動物臭いというので、自分らだけのアザミ汁の中に入れる」等、現在も利用しているという。現在も女性ハンドクリームに利用されていることに注目し、かつては熊の胆は「万病に効く、胆一匁金一匁」と薬剤として貴重視されていたように、熊の脂も現在以上に高いランク付けを受けていたのでないかと考えられる。猟師が言うには、「熊の脂は今のオロナイン、昔のメンソレタームと同じ」とする。その具体的効用は、日常生活や仕事上の切傷、火傷、かぶれ、裂痔《きれじ》、年寄りの床擦れ等の塗り薬である。別な表現では、皮膚疾患、外傷治療薬等の自家製軟膏として、奥山人は熊脂を重用していた。特に冬場の女性のあかぎれと子供のしもやけには、なくてはならならぬ塗り薬であった。

あかぎれは、温暖な西南日本の人には理解しにくいかも知れない。白山直下の奥山は豪雪地・寒冷地で、厳寒の中での炊事・洗濯等の水仕事は、女性の指や皮膚にとっては過負担で、また当時は必ずしも栄養が充足されておらず、とりわけ皮膚活力の乏しい熟年以上の方にとっては、手先が冷水で冒され皮膚が裂けて痛む。これがあかぎれである。私の祖母・母は、あかぎれの裂け目に富山の売薬膏薬《こうやく》（絆創膏）を使っていた。子供のしもやけとは、長時間雪遊びに夢中になったりすると、手足の指先が局部的な軽い凍傷にかかり、皮膚が赤黒く腫れて痛かゆくなる症状で、特に足の小指がかかりやすい。

表 4　熊の脂を皮膚特効薬に使った事例　（　）内数字は注番号を示す

場所地名	効用	資料出自
青森県野沢村片貝字滝山（下北半島恐山山地）	ひび・あかぎれ・びんつけ油の代用	『狩猟伝承研究』(6)
秋田県西木村檜木内字上戸沢（出羽山地）	ひび・あかぎれ・やけど	『狩猟伝承研究』(7)
秋田県山内村三ッ又（栗駒山山系）	ひび・あかぎれ	『狩猟伝承研究』(8)
山形県大江町柳川（朝日山地）	ひび・あかぎれ	『狩猟伝承研究』(9)
新潟県山北町山熊田（朝日山地）	皮膚のあれ・かぶれ	『狩猟伝承研究』(10)
新潟県朝日村三面（朝日山地）	切傷	『山に生かされた日々』(11)
新潟県鹿瀬村実川（飯豊山地）	やけど・ひび・あかぎれ・切傷	『狩猟習俗』(12)
福島県田島町粟生沢（越後山脈）	あかぎれ	『狩猟伝承研究』(13)
富山県黒部市福平（飛騨山地北部）	傷薬	『猟の記憶』(14)
富山県大山町笠山（飛騨山地北部）	傷薬	『猟の記憶』(15)

備考　富山県以外は旧市町村名なので断わっておく.

ここで、薬剤としての熊の脂と出作りの養蚕での繭とのかかわりについて触れておかねばならない。その訳は、近世中期以降、養蚕による現金収入稼ぎがしだいに大きくなり、女性の指先仕事は稼ぎに連なる機能をもっていたからである。養蚕期の桑の摘葉や、蚕を直接つまんでの作業時、男性の手より女性の柔い触手は必要機能で、荒れた手先では能率が悪かった。つまり、熊の脂は、長い冬場の女性の手先を守り、ひいては繭の多収穫にもつながる役目をもち、養蚕に賭ける奥山人にとって大切な常備薬でもあったのである。

白山直下の奥山で、熊の脂が寒さに冒された皮膚の特効薬とされていたから、白山以北で寒さがより厳しい狩猟地にも同じ事例があるに違いないとの推測から先学者の報告を探ると、該当事例がでてきたので表4で示した（「資料出自」の項の（6）～（15）は注番号に対応する）。具体的にはひび・あかぎれ・火傷・かぶれ・切傷等に活用されていた。

新潟県三面《みおもて》では、かもしかの脂と混ぜ、缶に入れるとさびがくるので瀬戸物で保存した。富山県福平では種油と混ぜ、深鉢で保存。白峰ではびんで保存等、保存には金属を避けていた。脂を外すとき、秋田県阿仁地方では脂とり専用庖丁[16]と専用砥石[17]を作ったり、白山奥山では刃物に大根を被せたりして吟味している。このような丁寧な仕事ぶりは、脂を外すときに大切な毛皮を痛めないという配慮と、少量の脂でも無駄なく活用したいという配慮が重なった所作といえよう。

注

（1）手取川上流域の熊猟についての先学の報告には次のような論考がある。
　イ．千葉徳爾「手取川上流における狩猟者の組織とその活動」（『白山資源調査事業報告』六八、六九ページ、石川県白山調査委員会、昭和四十八年）
　ロ．天野武「狩猟」（『白山麓――民俗資料緊急調査報告書』四七～五〇ページ、石川県立郷土資料館、昭和四十八年）
　ハ．水野昭憲・花井正光「手取川上流域におけるツキノワグマの狩猟形態とその変化」（『石川県白山自然保護センター研究報告』第九集、八五～九四ページ、昭和五十八年）
　ニ．森俊「白山麓白峰の穴熊狩り」（『加能民俗研究』32、二三～三二ページ、加能民俗の会、平成十三年）
　ホ．野崎英吉「ツキノワグマと狩猟（『吉野谷村史　自然・生活文化・集落編』八一～八七ページ、石川県吉野谷村、平成十四年）
（2）前掲（1）のニ
（3）橘礼吉・山口一男「石川県白峰村の猟師が出むいた熊猟場分布図」（『石川県白山自然保護センター研究報告』第三一集、一二三～一二七ページ、平成一六年）。マキグラの分布図を最初にまとめたのは、水野・花井両氏。山口一男と橘は、巻狩りが廃絶寸前なので、左屛公一氏の情報をより正確化するため、国土地理院発行図三枚を活用してまとめた。
（4）「松倉」は図1で示した領域外にあり、前掲（3）を参照。
（5）『大正三年一月改売買帳、林七蔵』金沢市窪三―三七八、林茂氏所蔵
（6）千葉徳爾『狩猟伝承研究　総括編』一三五ページ、風間書房、昭和六十一年
（7）前掲（6）一四九ページ
（8）前掲（6）一七九ページ

(9) 千葉徳爾『狩猟伝承研究　後篇』二二九ページ、風間書房、昭和五十二年
(10) 前掲(9)二二五ページ
(11)『山に生かされた日々――新潟県朝日村奥三面の生活誌』一〇六、一〇七ページ、「山に生かされた日々」刊行委員会編集発行、昭和五十九年
(12) 佐久間淳一「赤谷郷の狩猟習俗」(『民俗資料選集　狩猟習俗Ⅱ』一五七ページ、国土地理協会、昭和五十三年)
(13) 前掲(6)一八九ページ
(14) 森俊『猟の記憶』九四ページ、桂書房、平成九年
(15) 前掲(14)一〇二、二〇三ページ
(16)『阿仁マタギ用具――文化財収録作成調査報告書』八一ページ、秋田県教育委員会、平成二十年
(17) 太田雄治『マタギ――消えゆく山人の記録』二三五ページ、翠楊社、昭和五十八年

二　商品としての熊の皮

奥山人の生業は多用な稼ぎの複合である。その中で熊猟による稼ぎはランク最上位であった。すなわち熊の皮・胆《い》・肉は産物として、商品として高く売れてきたという経過と実態があった。幸いその価格について、江戸時代では安永期・天明期、現代では大正期の具体的数値が把握できたので、「熊の皮」「熊の胆」を「熊狩り」から独立させ、特論として詳述することにした。

1　生皮の乾燥――カワハリ

熊の皮を商品とするには、鞣《なめ》す作業、すなわち皮の脂をとり、さらに毛止めをすることが必要となる。年輩の猟師の記憶によっても、古くから鞣すのは外部へ発注していたが、しかし鞣す前の生皮を乾かすのは猟師の仕事である。

写真１　白峰集落内の熊生皮の乾燥，右がシナイ張り，左が板張り

昭和四十年代後半頃までは、獲った熊の皮すべてに買い手がつき売れた。猟師の自宅前の空地は、狩猟期には熊の生皮の干場となっていた。生皮の乾燥作業を白峰では「皮張り」という。ところで奥地の三ツ谷出作り群では、「カワハリ」は二つの事実を指す。三ツ谷では生皮の乾燥作業も「皮張り」、その仕事を終え皮から外した肉・脂、頭の肉を使っての捕獲祝いの共同飲食の場をも「カワハリ」という。三ツ谷のカワハリについては「第一節6　獲物の解体と分配」で詳述した。

皮を「大きさ」の尺度で商品化するときと、毛並の「良さ」の尺度で商品化する場合とでは、皮張り技法は違ってくる。大きさで商いたいときは、生皮の周囲に引っ張る力を加え、皮を少しでも大きくして鞣屋へ出す。毛並の良さで商いたいときは、皮を大きくすると毛並は密から疎になるので、生皮そのままで鞣屋へ出すのである。

①　シナイ張り

大きい皮はシナイを使っての皮張りをした。シナイとは、皮の回りに均一な力を加えて引っ張り、皮面積を広める装置である（写真1参照）。まず外シナイと内シナイを準備する。外シナイは高さ九尺、幅四尺の方形の組木枠であり、常備してある。内シナイは、曲がった自然灌木二本を対峙させ、下には横木一本計三本を使い、皮の外形に合うようにした木枠である。

作業は生皮を内シナイに紐で外側へ引っ張って結び付ける。次に内シナイを外シナイに結び付けて外側へ引っ張り、生皮を広げて大きくしながら乾燥させる。このとき手足は外シナイで引っ張る。雨が降らない限り外で乾かす。毛が生えた表、毛のない裏を適宜ひっくり返し、時には紐を強く締めて乾燥する。夜や雨天日は、屋内のいろりの上に皮専用の火棚をこしらえ、その上にシナイを乗せる。いろりの火力は天日と違って強い。また当たり方が均一でないので、シナイを動かさねばならず、手数がかかり厄介である。このときは薪を燃やさず熾《おき》での乾燥とする。理由は皮が煙臭くなるからである。六尺以上の皮は「大きさ」で売るので、次が獲れるまでシナイに張ったままにして置く。普通のものは一週間ぐらいで外す。次々と獲れたときは三、四日で外すときもあった。

② 板張り

小さい熊皮は板に釘で打ちつけて張り乾かす。毛並の良い皮は「皮張り」をしない。皮張りで皮を引っ張って伸ばすと、毛の密度が薄くなってしまう。毛の黒色が濃く、つやつやし、「月の輪」[1]がはっきりしている場合には、毛の高品質を「売《う》り」にして商品化したいので、シナイ張りは避ける。毛並の良い皮一枚に約五キロの塩を、表と裏に力を込めて均一に擦り込む。すると塩分が皮に滲み込んで収縮し、毛並が密に混んでくる。塩付けの皮を巻いた状態で鞣屋へ送った。

表１　猟師集団が使う雌熊・子熊の呼称

子熊・親熊の状況	白峰・市ノ瀬	中宮・尾添
熊は普通２匹を産む．その年に生まれた二つの子で，雌熊に連れられている子熊	ニコ	ニコ
ニコを連れた雌熊を指す時もある．ニコと親の雌熊を総称する時もある．	ニコモチ	ニコダシ
前年２月に生まれた２匹の子熊で，雌熊に連れられているもの．	ミツゴ	中宮　ミツウシ 尾添　ミツビシ
ミツゴ２匹を連れた雌熊を指す時もある．ミツゴと親熊を総称する時もある．	ミツゴモチ	
２年前に生まれた雄子熊で，親雌熊と一緒に行動しているもの．	フルコ	イチコ
雄子熊１匹を連れている親雌熊を指す時もあり，フルコと親熊を総称する時もある．	フルコモチ	

発注する鞣屋は、白峰の場合は古くより固定化していた。昭和四十年代半ばまでは、金沢、ＪＲ北陸線浅野川鉄橋近くの鞣屋へ、それ以後は白山市松任の鞣屋へ依頼した。鞣屋は、皮一尺四方をツボ（坪）といい、「一ツボ幾ら」の単価をもとに皮一枚ごとの鞣代を決める。鞣すという仕事は、通年安定した仕事量があるわけでもない職種で、職人数が非常に少ない。だから、鞣代は高く、また外への依頼が自由にできないという事情により、鞣屋は強気であった。鞣代交渉はむつかしく、駆引きが必要とされた。

2　大正・昭和期の熊皮の価格

白峰での皮の売値は、一頭ごとに猟師側で決めていた。値段を決める際の第一の要素は「大きさ」で、それにより「五尺熊」「六尺

表 2　三ツ谷・林七蔵家文書に見る熊皮と米の価格比較

年・月・日	熊　の　皮			標準米換算 1斗2円38銭として
	質・数	売り手先	価格	
大正 3.6.2	上，1枚	山田屋，市ノ瀬	17円50銭	7斗4升
4.5.18	大，6尺5寸	安藤，金沢	19円	8斗
5	2枚	山田屋	25円	2枚　1石5升 （1枚　5斗2升）
5.24	小，4尺3寸	安藤	6円50銭	2斗7升
7.24	1枚	山田屋	7円	2斗9升

熊の皮情報は大正3年『売買帳』より，米価は大正2年『大福帳』より．

熊」等といい、概して六尺以上の雄の毛皮で「月の輪」のはっきりした物が最良品であった。成熟した雄熊は雌熊より早く冬眠から覚め、三月下旬に穴を出る。まだ山地は積雪期で寒冷が続き、冬毛の質は耐寒性が維持され、黒毛は色濃く艶も良く、毛並が良い。毛並ばかりでなく胆も重く、肉質も良く旨いのである。雌熊は子熊を連れているので、冬眠の穴から出るのが遅く五月上旬となる。外気温度も高くなるので、冬毛が少しずつ抜けて毛質が変り始め、毛が劣化してくる。猟師は、雌熊でもニコモチの雌親熊はミツゴモチの雌熊より毛並が良いとして、雄熊と同等視して値段を決めている。ここで、白峰の猟師が使ってきた雌熊のよび名に関して一覧表で触れておく（表1参照）。

ニコモチの雌は二月に出産する。冬眠前には、親熊は妊娠中の胎児のため懸命に栄養をつける。二月厳寒の穴での出産で、出産直後の子熊を寒さから守るため冬毛の毛並は最良状態で、その毛並が冬眠明けも続いている。また、子熊が親熊の乳房をしゃぶっている期間が長いほど、乳房回りの毛並が悪くなる。ニコはミツゴよりその時間が短かい。すなわちニコモチの雌熊は授乳による毛並劣化が少ないのである。ミツゴモチの雌熊は、ミツゴへの授乳期間が長いので、胸や乳房回りの毛が抜けたり、擦れ切れてしまい毛並劣化が目立つ。そのためミツゴモチの雌熊の皮は、雄熊の六、七割の値段になってしまう。

笹木辰男氏が最高値で売った熊皮は、「三八豪雪」の翌年昭和三十九年、高さ八尺、幅四尺の雄熊で四〇万円であった。猟師が年間、熊猟でどれほど収入があったかは未調査である。道路の機械力除雪がなかった時代、日常生活の洋風化が進んでいなかった時代、白山麓の狩猟は複合生業といえないにしても、皮・胆・肉等は副業としてかなりの稼ぎがあったと考えられる。大正初期、熊皮と標準米米価の比較ができる数値があったので表2で示した。補足すると、「猟師が獲った熊の皮でどれくらい量の米を買えたか」という数値ではなく、奥山の萬屋《よろずや》の帳面上で「熊の皮一枚は標準米でどれくらいの量に当たるか」という数値である。猟師

表3　白峰村の物産・獣皮統計表

大正年代 年	総枚数 枚	金額 円	熊			兎			貂（てん）			ムジナ（穴熊）			その他 円
			枚数 枚	金額 円	単価 円	枚数 枚	金額 円	単価 銭	枚数 枚	金額 円	単価 円	枚数 枚	金額 円	単価 円	
5	70	140													
6	726	145	6	60	10	700	35	5							50
7	629	219	9	99	11	600	42	7							78
8															
9	674	439													
10	536	895	3	150	50	500	175	35	15	300	20	18	270	15	
11	529	355	4	200	50	500	75	15	10	35	3.5	15	45	3	

の手取り米量は、表中の米換算値の約二割減ほどと考えたい。さらに熊は、小集団の巻狩りで獲るときもあれば、個人でナーバタ狩りで獲る場合もあるので、熊猟の皮で猟師一人がどれほど稼いでいたかの換算はむつかしい。

シベリア出兵と毛皮価格　白峰村役場の公的統計では、農林業に関するものは詳細に算出されているが、狩猟に関するものは少なかった。所蔵資料中より唯一大正期のものを見つけたので表3で示した。

表2の林七蔵家文書では大正三年・四年、表3の役場資料は五年より十一年にかけてのもので（八年は記載なし）、二つの表より、時代推移による毛皮価格の変動が分かる。役場資料での熊の皮単価は、大正六年一〇円、七年一一円。これに対し大正十年・十一年は共に五〇円で、約五倍に高騰している。同じ傾向は兎の皮にも見られ、単価五銭・七銭に対し、十年は三五銭と五倍に高騰した。しかし三五銭の高値は束の間、十一年には一五銭に下落している。この下落はムジナ（穴熊）でも同じであった。この毛皮価格の上下動は、ロシア革命への干渉のためのシベリア出兵に起因する。シベリアは極寒の地で、軍用防寒毛皮の調達による影響である。実際、毛皮相場は、大正七年七月の出兵開始で急騰し、大正十一年六月の撤兵を機に反動急下落した。大局的に、日清・日露戦争後、国は軍用防寒毛皮のストックに対処してきた。そこへシベリア出兵という干渉戦争が作用して、投機的毛皮相場の上下動となった(2)。つまり、シベリア出兵という国策が、白山奥山をフィールドとする猟師の獲物価格にも反映したのである。具体的には大正四年、熊の皮・大は一九円、小は七円。大正十年はシベリア出兵のせいで大小平均して五〇円である。大正八年の役場統計はないが、猟師は大正八・九・十年は、予期せぬ副収入があったはずである。

3　天領取次元《とりつぎもと》山岸家文書にみる熊の皮

写真２　天領期取次元を務めた山岸家　石垣屏，式台口，母屋を望む

白山市白峰・桑島地区（旧白峰村）は、藩政期には幕府直轄地天領であった。旧白峰村白峰（天領期牛首）の山岸家、桑島（天領期島）の杉原家・山口家には、当時の文書が多く所蔵されており、文書目録(3)が刊行されている。三家ともに、天領支配組織の一端を分担しつつ商業活動もおこなっていた。三家の所蔵文書の中に、熊の皮、熊の胆に関するものを探索したところ、熊の皮については八点、熊の胆については三点の所在が分かった。仮説的に、主要な流通経路から外れた山間僻地の白山直下で、猟師の獲った熊の皮・胆は、重さが軽くかさばらないので消費地への運搬上の労苦が少なく、平野部に類似の競争商品もなかったこともあり、割高に稼げたのではないかと考えてみた。幸いにも、当時の取引き数・値段・商い先が記してあるので、熊の皮・胆の稼ぎが日常生活でどれほどを占めていたか、別な表現では熊の皮・胆の値段はどれくらいの米の量に相当したかを計量的に把握することに焦点をあてた。明治初期、白峰五二戸中「猟業ヲ兼スル者十戸(4)」とあるが、勢子《せこ》を含めると数倍の者が関係していたと思う。さかのぼった天領期にも専業猟師はいなかったと思う。奥山人は、ワサビ作り、鍬の柄や雪掻板作り、薬草採取、サクラマス・イワナ獲り、養蚕等の複合的稼ぎの一つとして狩猟をおこない暮らしていた。複合的稼ぎの中で狩猟の占める分担・役割を幾分か解きあかすことができればと思う。

①　山岸十郎右衛門家のこと

熊の皮に関しては『山岸十郎右衛門家文書目録』（以下『山岸家文書』と略記）中に、江戸期のもの七点、明治期のもの一点がある。その内容に触れる前に山岸家の家柄について述べなければならない。山岸家は白峰（天領期牛首）の旧家で、白山麓十八ヶ村が天領であったとき、代々取次元《とりつぎもと》を勤めてきた。

嘉永三年・相続方並熊皮御買上之義ニ付呼出状

白山麓拾八ヶ村相続方幷熊皮御買上
等之義ニ付申談義有之条
代人ニ而者不相済銘々
此飛脚一同無相違可
承知候若心得違いたし
延着及候而者御用差支
難相済条急度飛脚
同道可罷出候若不参ニ
おゐて者可為越度者也
戌　本保
七月九日　御役所　㊞

牛首村
十郎右衛門
利右衛門
孫左衛門
奥左衛門

天領は陣屋をおき代官を配置して治めた。陣屋は越前本保（現福井県越前市・武生《たけふ》）におかれ、越前国一八七ヶ村と白山麓一八ヶ村を支配した。代官は、百姓から割元と称する下役を登用、これは代々河野輔八を名のる者が世襲した。さらに割元の下に百姓身分の大庄屋を取次元として、日常細部を仕切らせていた。延宝期以降の白山麓一八ヶ村の取次元は、白峰の山岸家・織田利右衛門家、桑島の八左衛門家が勤めていたが、寛保期後は山岸家の世襲となっていた。取次元は、文字通り役所・幕府との取次交渉であり、また現場実務役として各村の庄屋・長百姓をまとめながら、村々の自治・年貢・治安等の全般にわたって取り仕切っていた。

熊の皮に関する文書七点中、本保役所からのものは四点、割元河野家からのものは二点ある。役所からの嘉永三年呼出状には、「不参においては越度たるべし者也」と威圧的表現を使っている。対するに割元からの文書は、相互に上級百姓という立場もあり、「御心配おつかい下されかたじけなく奉り存じ候」などと丁重な文言を使っている。

②　取次元の責務としての熊皮調達

文書七点について年代順にみると、安永三年（一七七四）と天明四年（一七八四）の二点は熊皮の価格を書きとめたもの、天明五年（一七八五）の一点は、幕府へ献上した熊皮を覚書風に作図したもの（山岸家文書A―〇〇八二）、天保九年（一八三八）の三点は役所より熊の皮九枚調達を受け、その納入までの顚末を記したもの、嘉永三年（一八五〇）の一点は、取次元は助役三名と一緒に役所へ出頭せよとの呼出状である。まずこの呼出状（山岸家文書A―〇二〇〇）を問題として取り上げたい。

呼出状の要旨は、（一）相続の件と熊の皮買上について申し渡したい用件がある。（二）使いの者と一緒に四名は至急本保役所へ出頭せよ。（三）代人は許されず出頭しないときは失態とみなす、というものである。

なぜ取次元ばかりでなく三人を指名し、四人の出頭を命じたかについては訳があった。弘化四年（一八四七）、婿養子亀之介が一六歳で家督をつぎ十郎右衛門を襲名した。役所は、幼若な取次元を補佐する織田利右衛門・木戸口孫左衛門・鶴野奥左衛門を取次元助役にあたらせたことによる。[5] 役所は、取次元と助役三人の合議体制を強化するため、さらには今後の皮調達にも落度のないことを、四人がそろった場で直接命じたのである。命じた内容に「熊皮御買上」の項目をあげているのに注目すべきである。これは役所が買い上げるのでなく、江戸表すなわち幕府買上げの仲介をするもので、取次元が調達できないと役所の職務怠慢へと繋がりかねないことになる。この呼出し以前、後述するが、江戸表は、取次元を通して白山の熊の皮を安永三年には八枚、天明四年は四枚、天保九年は九枚と買い上げていた。役所が過去三回の江戸表の一括買上げに対応できたのは、白山麓一八ヶ村取次元の努力が背景にあったからである。

③ 天保九年熊皮九枚幕府買上げ一件について

天保九年（一八三八）「熊皮御買上ニ付達」（山岸家文書A―〇〇九七）では、熊の皮を買上げ枚数をそろえて、期日の四月十五日までに必ず持参すべきことを命じている。書出しの「利右衛門手へ取入置」と記した中の「手」に注目したい。手を「手下」と解釈すると、利右衛門手下の猟師が獲ったものとなる。手を「手配」とすると、利右衛門が自らの商いで取得したものとなる。天保九年の熊皮納入については利右衛門が関与していたことが分かる。この利右衛門家は、十郎右衛門家、孫左衛門家とともに「牛首の御三家」といわれた旧家である。御三家は通称「親っ様」で、広い畑地・山林・屋敷地を持ち、多くの村民に貸与し、貸与された者は「地内子《じなご》」といった。地内子は金銭による代償のほか賦役もあり、年間二三～二五日の無償労力提供を課せられた。[6] 手を「手下」とした場合、それは地内子を指す場合も考えら

天保九年熊皮御買上ニ付達

其村利右衛門手江取入置
御買上相願候熊皮御買上之
積ニ相心得不残取揃来ル
十五日迄相違持参可到候
此書付節可相返者也

戌
閏
四月十一日　御役所㊞

白山麓
取次元
牛首村
十郎右衛門

天保九年　熊皮江戸表より催促ニ付書状

（端書裏）
「山岸十郎右衛門様　河野和三郎」

此間より毎度調之義
御頼申上候処其時之
御心配遣被下忝奉存揃候
一、熊皮之義江戸表より
御催促御座候に付又々
御差紙被遣候義御座候
尤昨日之御紙面二十五日
ニ者無間違御出之趣者
承知致候間其段申上候処
其節熊皮持参無之
時者大ニ差支候間猶又
被仰越候義ニ御座候十五日
御出之節何分無相違
熊皮御持参可被下候
九枚相揃不申候ハヽ
七枚ニ而も是非々々
御持参御座候様可
申上旨被仰候間左様
御承知可被下候以上
後四月十一日　わり元
取次元中

天保九年熊皮九枚受贈ニ付礼状

御紙面拝見如仰向暑
之砌ニ御座候得共先以御全家
愈御安康之由奉賀候
然者熊ノ皮九枚送り
被下誠ニ御心配之段
御役所よりも能々
申聞候様仰聞候儀ニ御座候
先者追便万々可得
御意如斯御座候
早々以上
〆　閏
四月十六日
本保
河野輔八
牛首
山岸十郎右衛門様

れる。地内子は従属性の強い身分なので、猟師が利右衛門の地内子であれば、熊の皮は他家へ取り入ることはできず、必然的に親っ様の利右衛門家へ取り入ることになる。役所の熊皮買上げにつき、取次元十郎右衛門家を有力者利右衛門家が、とりもなおさず親っ様同士が一体となって処していたことが窺われる。ちなみに利右衛門は、弘化四年(一八四七)、取引元助役の任に就いている。

「熊皮御買上ニ付達」文書と同じ日付の「熊皮江戸表より催促ニ付書状」(山岸家文書A—〇二一六)は、割元より取次元宛の書状で、それは豪農同士のこともあり、今回の熊の皮買上げについての内情を連絡し、粗相のないよう、なお一層気を遣ってほしい旨を、丁寧に指図というよりお願いする文書と読みとれる。その要旨は、(一)今回の買上げについて江戸表すなわち幕府から催促状がきているほど差し迫っている。(二)書状で十五日は守れることは承知した。(三)期日の十五日に熊の皮が役所手許にないときは、催促状のこともあり大きな支障となる。(四)もし注文の九枚が調達できないときは、七枚でもよいから必ず持ってきてほしい、というものである。

九枚調達について、江戸表は入用を急ぐのか催促状がきていた。催促の要求内容は「期日を守れ」なのか「注文数を守れ」のどちらかである。役所から取次元へは「不残取揃」とあるので「数」についての要求かと思えたが、割元から取次元への内情連絡では「九枚相揃不申候ハヽ、七枚ニ而も是非是非」とあるので、期間厳守早く納めよと催促していたことが分かる。つまり、幕府—本保役所代官—割元—取次元という縦方向の上位下達が、熊の皮買上げにも端的に表れていた。取次元山岸家は、代官と割元から硬軟二通の文書で、期日・枚数の厳守についてプレッシャーを受けていた実態があった。

四月十六日付「熊皮九枚受贈ニ付礼状」（山岸家文書A―〇二一三）は、納期四月十五日に熊の皮注文数九枚が滞りなく届けられたことに対し、割元より取次元へ時候挨拶から始まって丁重なねぎらいを兼ねた礼状である。役所は、取次元へは当然の債務として捉え、それに代わって割元は百姓同士の取次元へ、一回として多かった九枚買上げについての努力を、おもんぱかっての心遣いが見え隠れしている。

熊の皮九枚は、幕府への献上品でなく販売商品である。寛政十一年（一七九九）『日本山海名産図会』「補熊《くまをとる》」の項で[7]は、「胆を取り皮を出すこと奥州に多し」と記し、さらに胆に関して「加賀を上品とす、越後、越中、出羽に出る物これにつぐ」と記す。ここでいう加賀とは、白山麓の天領域にあたる。すでに寛政期には、東北・北陸から移出される熊胆・皮は少量であっても、集積地では名産図会に記すように品評の上、優劣が下されていた。すなわち価格差をつけた商品化が始まっていた。幕府より多量の買上げを受けた白山の熊の皮は、東日本他地域より良質な商品であったのか、それとも多量調達に対応できる商品ストックができる狩猟体制があったからか、興味ある問題である。

④ 安永・天明期の熊皮の価格――取次元の役所への売上価格

熊皮の価格を記した二点の文書は、取次元より天領役所へ売ったときの値段である。安永期（山岸家文書A―〇〇六八）は六ランク、天明期（山岸家文書A―〇〇八〇）は四ランクに分けて値付けしている。たぶん、皮の大小、毛皮品質の優劣等を総合して分けたものだろう。最も高いものは銀三二匁、最も安いものは八匁だが、これは陣屋勤めの者の私的買物らしいので、安永期幕府納入枚数は八枚である。二点の文書に見る熊皮の価格は、適正価格なのか、安いのか高いのか皆目分からない。

ただ安永三年（一七七四）は九枚、天明四年（一七八四）は四枚について各々最高価格、最低価格が分かり、平均価格も算出することができる。この当時、白山で獲った熊皮の価格が厳然として具体的数字で記されているので、この文書記録は貴重といえよう。

かもしかの皮価格については、千葉徳爾氏の調査情報がある。岩手県沢内村太田で大正末期、「皮一枚が米一俵」[8]、同様に青森県川内村畑で大正十四年の禁猟前後、「皮一枚が米一俵」[9]との端的な表現で換算率を表わし、実際猟師はこの

安永三年熊皮代銀請取覚

（端裏書）
「助右衛門参節返事　熊の皮請取書」

覚

一、い印　熊のかわ　弐枚
　ろ印　代六拾四匁
一、は印　熊のかわ　壱枚
　代二拾八匁
一、に印　熊の皮　弐枚
　ほ印　代五拾目
一、へ印　熊のかわ　弐枚
　と印　代四拾二匁
一、ち印　熊のかわ　壱枚
　代拾九匁
一、り印　熊のかわ　壱枚
　代八匁　此壱枚ハ山岡様自分之様ニ相究
　而近而山岡様御見へ候ハヽ、引合
　可申由佐藤様被仰此分相徐申候
〆熊のかわ九枚
代銀合弐百拾壱匁　但　小判六拾弐匁かへ
右之代銀渡被下慥奉請取候為其印形
指上申候以上
　安永三年四月
　白山麓取次
　牛首村
　十郎右衛門　㊞
本保
　御役所

天明四年熊皮代銀請取覚

覚　ひかへ

一、い印　熊之皮　弐枚
　ろ印
　代　五拾匁
一、は印　熊之皮　壱枚
　代　弐拾匁
一、に印　熊之皮　壱枚
　代　十四匁
〆　四枚
　代　八拾四匁
右之通御座候以上
　十八ヶ村取次
巳四月十四日
　十郎右衛門
本保
　御役所

おおまかな基準でかもしかの皮と米とを交換していた。これにならって熊の皮一枚は、どれくらいの米の量に相当するかを算出することにした。

天明二年から七年にかけて、全国各地に大飢饉が続き米価は高騰した。特に四年（一七八四）の米価は平年作の二倍にも達していたので、安永三年（一七七四）の米価で算出することを選択した。『角川日本史辞典』「近世米価表」[10]によって、熊の皮八枚の平均価格銀二五・四匁の米換算を検証した。安永三年、大阪米相場での加賀米相場は不明なので、この年の肥後米の割安値（一石銀四八匁）では五斗三升に相当する。またこの年の京都春期小売米（一石銀五三匁）では四斗八升に相当する。

猟師居住の牛首周辺は焼畑雑穀地域であり、米移入先は越前側は勝山、加賀側は鶴来《つるぎ》で、勝山藩の米一俵は三斗五升（勝山市史編纂室より教示）、加賀藩は五斗入りであった。安永三年熊の皮一枚は、米五斗三升または四斗八升に相当した。「米一俵三斗五升」の勝山藩の尺度では「熊の皮米一俵」の伝承は完全に成り立っている。「米一俵五斗」という加賀藩の尺度では、米五斗三升のときは当てはまり、四斗八升のときはほぼ近い数値である。安永期の白山では、「熊の皮一枚が米一俵」と端的に表現しても過言ではなかろう。

先に触れた岩手県沢内村、青森川内町のカモシカの「皮一枚が米一俵」は、江戸時代ではなく大正年代末の猟師の手取り・収入である。白山熊の場合は、猟師の手取り・収入ではなく、取次元が猟師の獲物をまとめて幕府御用達品として、天領役所へ売った価格である。

「まとめ」の項でも触れるが、牛首の猟師集団は取次元や豪農をスポンサーにして、米・味噌等の食糧や資金の援助を受け、見返りとして毛皮・胆を届けるという仕組みで猟をするときがあった。勿論フリーの猟もあった。安永期八枚、天明期四枚、天保期九枚とまとまった数で幕府へ納入していた「数」に注目したい。それも幕府御用達という商品だから、皮は大きく、毛並みも良質のものが白山より江戸へ持ち込まれていたはずである。取次元がまとまった数を調達できたのは、一つにはスポンサーとしての見返り品として猟師から受け取ったもの、他方、猟師のフリーでの猟獲物を普通の取引品として受け取ったものの二つである。

安永・天明期の熊の皮価格は銀の秤量で記してある。この価格が現代ではどうなるのかについて、日本銀行貨幣博物

表 4　安永 3 年（1774）の熊の皮価格

記号	価格（銀・匁）	1 枚平均価格（銀・匁）	現代の円価値 銀 1 匁＝4848 円として
い ろ	64 匁	32 匁	約 155,100 円
は	28	28	135,700
に ほ	50	25	121,200
へ と	42	21	101,800
ち	19	19	192,100
り	8	8	38,800
	8 枚合計 203	平均価格 25.4	平均 約 123,000

「り」は天領役所勤めの武士の私的買入なのではぶく．現代の円価値では 1 両 35 万円（日銀貨幣博物館資料による．）

表 5　天明 4 年（1784）の熊の皮価格

記号	価格（銀・匁）	1 枚平均（銀・匁）	現代の円価値 銀 1 匁＝5333 円
い ろ	50 匁	25 匁	約 133,300 円
は	20	20	106,700
に	14	14	74,700
	4 枚合計 84	平均 21	平均 約 112,000

館のホームページ（二〇一四年一月）による「十八世紀において一両は大工運賃換算で約三二万円」を基にして、算出を試みた。安永元年相場では一両＝銀六六匁。一両三二万円として、銀一匁＝四八四八円。天明四年相場では一両＝銀六〇匁、すると銀一匁は五三三三円。これを基準に、現代の円価値に換算したそれぞれの熊の皮一覧価格は表4・表5で示した。最も高い皮は約一六万円。安い皮は七万円である。この数値は非常におおまかなものであることを断っておく。

⑤ 天明五年御上差上熊皮絵図――取次元の山人より買上価格

天明五年（一七八五）「御上へ差上候熊皮絵図」（山岸家文書A―〇〇八二）は、取次元山岸家が四月十四日付で、「御上」へ熊の皮四枚を献上したとき、どんな皮を取り扱ったかを書付けとして残す目的で、絵図風に描いたものである。四枚の熊皮絵図の他に、「天明五年四月御上へ指上候熊皮絵図仕切り熊之皮図」、さらに「熊之皮図四月十四日納」の文字を記す。原文は「指上」、文書目録では「差上」としており、ここでは「差上」としておく。

先にとりあげた天保九年（一八三八）の熊皮九枚、安永三年（一七七四）の九枚、天明四年（一七八四）の四枚いずれもが、取次元山岸家より本保役所を通じての幕府への売上げ品で、その価格がはっきりしたものもある。この絵図で示した四枚は売上げ品であり献上品である。献上先の「御上」とは『広辞苑』[11]によると、「天皇・朝廷、政府・官庁、主君・主人」等とある。天領取次元の山岸家が記した「御上」とは幕府系の尊称に間違いなく、幕府かそれとも将軍のどちらかと考えられるが、詮索はできない。ちなみに天明五年の幕府老中は田沼意次、将軍は十代家治である。

絵図は、まず熊皮の外形を線書きし、その内側余白部分に、殺傷時の槍穴と思われる穴の位置、さらに誰が、いくらで買い求めたか等を書き込んである（写真3参照）。い印の書込み例では、「長さ六尺、よこ三尺五分」、「助右衛門十九匁かう」とある。四枚の皮に書かれていた内容は表6で示した。

いろは印の三枚は助右衛門が買い、に印は壱右衛門が買ったことを記す。助右衛門については、安永三年熊の皮八枚を天領役所へ売ったときの値段覚書（山岸家文書A—〇〇六八）にもその名を見出す。助右衛門は山岸家の地名子《じなご》を統括する番頭役「小方」を務めた人物であろう。先にも触れたが、取次元山岸家は、牛首第一の家格と経済力をもつ豪家「親っ様」である。地内子とは親っ様の敷地内に建つ長屋に居住、常畑や焼畑用山地を借りて生計をたてるほか、親っ様の隷属者として働き、食物や賃金を受ける者をいい、山下という姓を名乗っていた。その名残りは続き、昭和二十八年時においては、総世帯数二七一戸中、山下姓は四〇戸を数えた[12]。つまり、献上の三枚は、山岸家の地名子の総括を担当した番頭役助右衛門が、猟師より買い上げたことと、その買上げ値段をメモ書きしていた。他の一枚の買上げも助右衛門と同格の手代の者の買上げに違いなかろう。

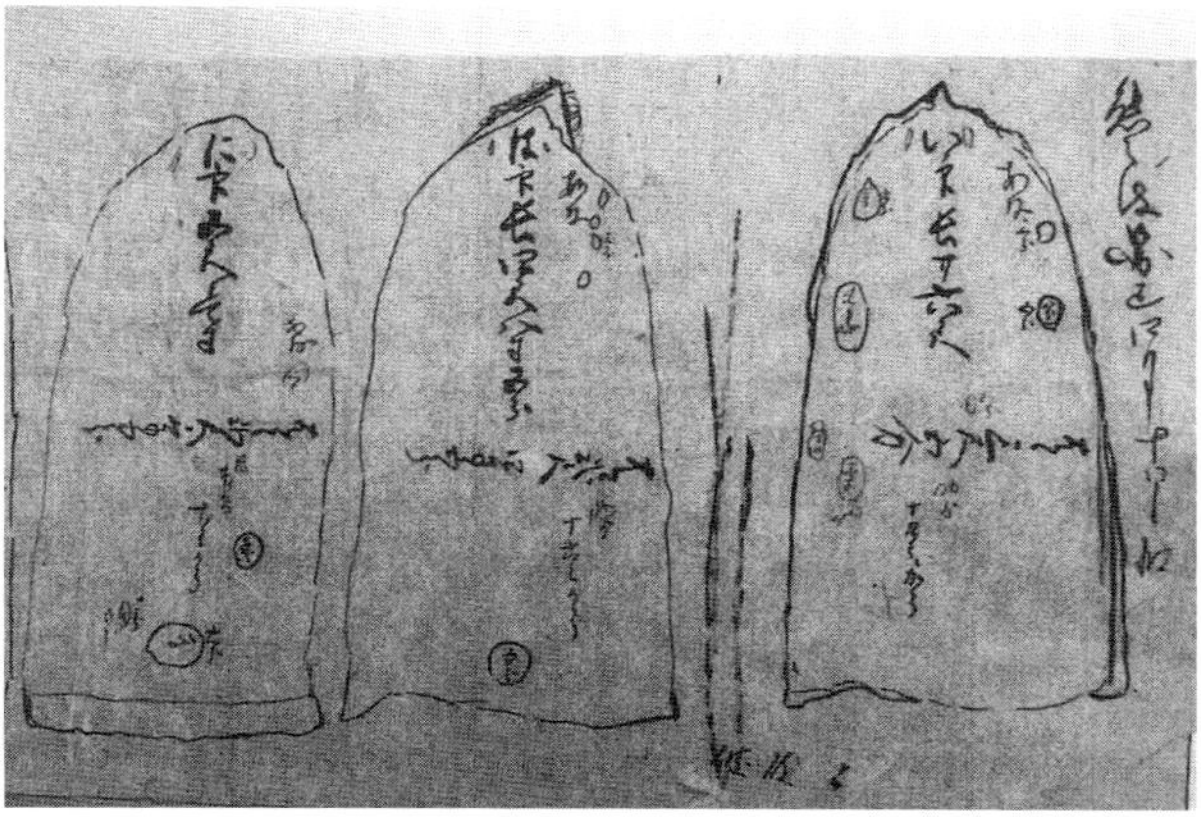

写真 3　天明5年，御上差上熊皮絵図の中の3枚であり，左に「ろ」の熊皮絵図があるが省略した．

表 6　天明5年（1785）熊皮絵図に書かれていた情報一覧

	皮の大きさ		買値 銀匁	仲買人
	長さ	横		
い印	6尺	3尺5分	19	助右衛門から
ろ印	5尺8寸5分	2尺8寸	19	助右衛門から
は印	4尺8寸5分	2尺4寸5分	16	助右衛門から
に印	5尺1寸	2尺4寸5分	10	壱右衛門から
平均	5尺4寸5分	2尺6寸9分	16	

　山岸家文書により、天明四年（一七八四）の天領取次元から幕府への熊皮売上げ価格が分かり、さらに翌天明五年の、取次元による猟師からの買上げ価格が分かった。両者は一年違いなので単純に比較できないにしても、天明四年時の四枚平均売上げ価格は銀二一匁、天明五年時の四枚の平均

買上げ価格は銀一六匁で、買値一六匁と売値二一匁の差は、私的に大きいと感じた。この比較的大きい差は、「買い手親っ様・取次元」と「売り手地内子・猟師」という上下関係が生みだした差額でなかろうか。

4　上級武士間の熊皮用途

白山の熊の皮は、幕府が本保役所（現福井県越前武生）を通して買い上げていたわけだが、幕府や上級武士は熊の皮をいったい何に使っていたのであろうか。熊皮の用途法を武鑑や武具事典で探ると、それは殺傷器具としての武具ではなく、権威を示す武具に使用されていた。幕府での使用法は直接的に探れなかったが、大名等がどのように使ったかを探れば、武家の頂点徳川家での使用法も類推できると考えた。

敷物　熊の皮の一般的用途は敷物である。上級武士が城や屋敷で座臥するときの敷物は、藺《い》を染めて織りだした花莚《かえん》、さらには輸入毛氈《もうせん》・絨毯《じゅうたん》で、威容を誇示するときは熊の皮を使用していたようだ。今様にいえば高級インテリアである。武具事典[13]によると、熊の皮は、鷹狩・川狩・山狩等の休憩時、時には戦の陣営で「敷皮」として使った。使用法は地面に直接置いたり、楯板の上に敷いたり、床几《しょうぎ》や櫃《ひつ》の上に掛けて着座した。今様にいえば高級アウトドアグッズである。

馬印　上級武士の馬側に立てた長柄付きの標識で、その存在を誇示する役をもち、大小があった。豊臣秀吉の千生《せんなり》瓢簞《ひょうたん》や徳川家康の金の開扇《ひらきおうぎ》等が有名である。この馬印に羽毛、獣皮を使うものもあり、さらにデザインも個性的であった。熊の皮を使用したのは蒲生《がもう》氏郷《うじさと》で「熊の棒[14]」と称されていたが、具体的形状はわからない。羽毛を使用したのは薩摩島津義弘で、「鳥毛の一本杉」と称するものであった。

槍鞘《さや》の装飾　槍は平和が長く続いたこともあり、その機能は武具より儀杖の具として重用されるようになる。具体的には、出仕、寺社への参詣、行列（参勤交代）等の際、伴の者に持たせて随行させる槍は、柄・鞘に蒔絵《まきえ》・螺鈿《らでん》を施して美麗に加飾するようになった。特に大名級になると、加飾鞘の上に、獣皮・羽毛・ラシャ等で個性的デザインの覆《おおい》袋を作って被せ、行列時や詰所では誰々の所持する槍と一目で分かるようにした。槍鞘の加飾袋が家印の機能をもつようになると、熊の皮が重用されるようになった。熊の皮を槍鞘に使った大名は、文化元年（一八〇四）の『武鑑[15]』では、

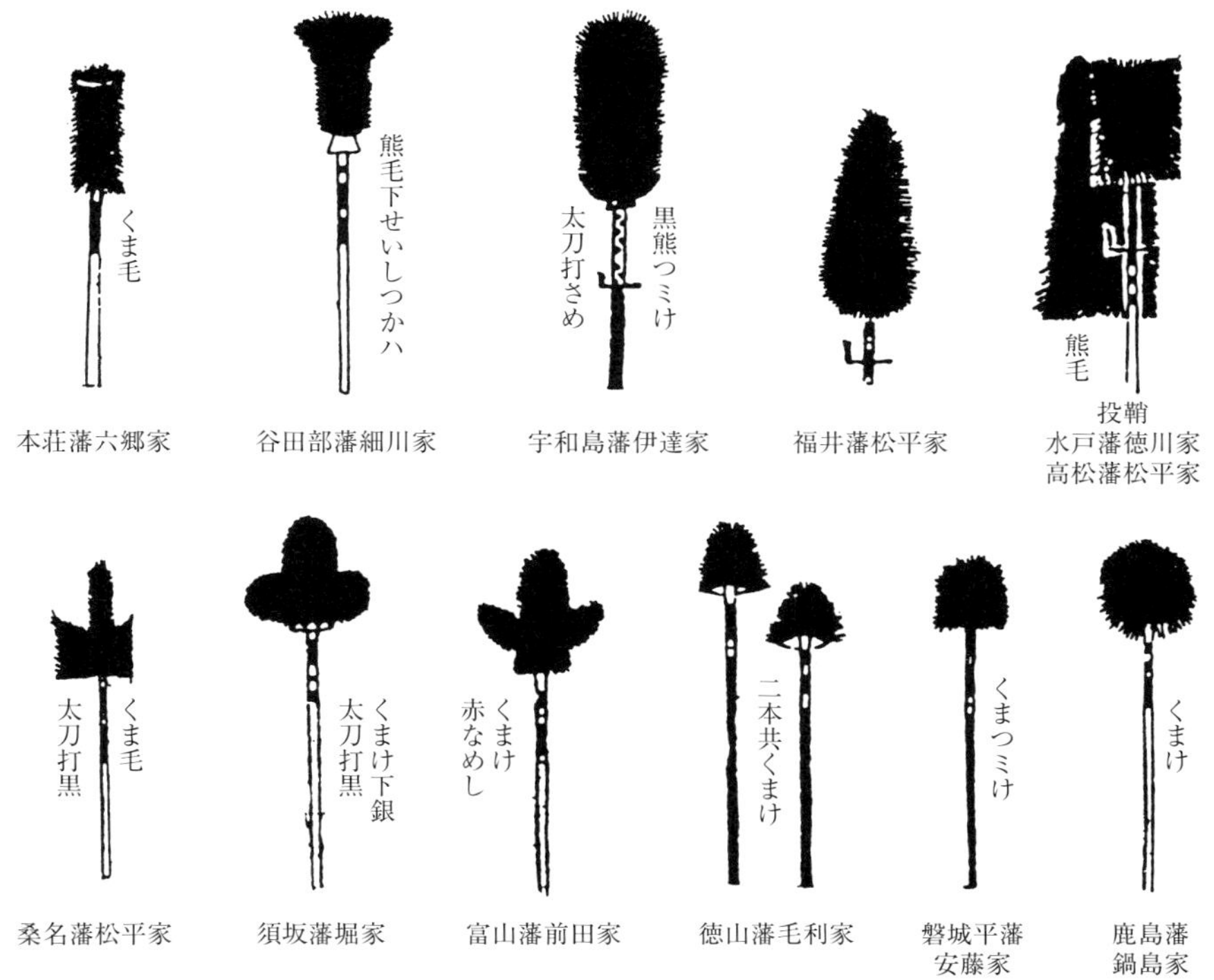

図1　熊皮を槍鞘に使った事例　文化元年（1804）『武鑑』による.

水戸藩徳川家をはじめとして、福井藩・桑名藩・津山藩・福山藩・高松藩の各松平家、本荘藩六郷家、富山藩前田家、須坂藩堀家、忍藩阿部家、谷田部藩細川家、徳山藩毛利家、宇和島藩伊達家、鹿島藩鍋島家等があり、特色的デザインのものは図示した（図1参照）。熊の皮を槍鞘に用いた藩を通観すると、第一に目につくのは、水戸藩徳川家を始め、徳川の旧性松平を名乗る親藩が多いことが分かる。補足すれば熊の皮は、徳川家一族の威容を示す最高の道具立であった。

特に水戸藩徳川家のものは、熊の皮で作った細長状の覆袋を、袋より短かい鞘に被せ、その余りを後ろに折り垂らしておく「投鞘《なげさや》」(16)という型式である。この投鞘は水戸藩徳川家以外は高松藩松平家の二藩だけであり、威容の最高シンボルであった。熊の皮を鞘の覆袋に使ってはいるが、「藩格から不似合」と江戸町民から皮肉られる藩もあった。川柳は「越前は肥後の加勢を頼むなり」(17)、つまり合戦での加勢ではなく、肥後ずいきならぬ熊の皮の加勢で、福井藩松平家の威厳を保っているとの比喩である。

第二の観点として、常陸水戸藩、同じく谷田部藩、肥前鹿島藩等は自国領域内に熊の生息地がなく、他国より熊の皮を商品調達していたと思われることである。特に水戸藩の投鞘では、幅広・長尺の熊の皮が必要となる。換言すれば水戸藩の投鞘は、超大型の熊の皮かそれとも中・小型の熊の皮を数枚繋ぎ合わさなければ作れない。

関連して、藩主の前に立てる槍の数についても幕府の許可が必要であった。彦根藩井伊家は大家であったが一本槍、しかし外様前田家は三本槍、仙台藩、薩摩藩も三本槍と伝えるから(18)、水戸藩は三本槍かそれ以上の本数であったろう。水戸藩の槍の本数、投鞘での熊の皮の消費量を勘案すると、この藩は最も多くの熊の皮を槍鞘覆いに使っていたこととなり、それを他国より商品調達していたことになる。

また、讃岐高松藩・伊予宇和島藩・伊勢桑名藩は、その後背地の四国山地・鈴鹿山脈には、現在より熊が密度濃く生息していても、覆袋の補修あるいは取替のための熊の皮の自国内調達は、かなりきびしかったのでないか。

参考のためさらに言えば、外様大名の槍鞘権威付けは、仙台藩伊達家は猿毛と黒鳥毛、薩摩藩島津家は白熊《はくま》（中国輸入の犛牛《ほうぎゆう》）、加賀藩前田家は黒ラシャを使い、いずれも三本槍。なお熊の皮以外の獣皮を使った事例としては、猿・兎・貂《てん》・白熊・ラッコ・シカ（かもしか）等が使われていた(19)。

第三の問題は、熊が密度濃く生息した東北・北陸の諸藩中、熊の皮の使用は本荘藩・越中藩・須坂藩と少ないことである。これは、熊の皮が入手しやすい自然環境が領域内にあっても、熊の皮の使用を規制する身分上の制約があったのでないかと推察する。

槍印　大名や上級の武家は、槍の印付《しるしつけ》の鐶に小帛《こぎれ》・熊・白熊等の垂れを結びつけ、所持主や家名がわかるようにした(20)。槍印用のものは鞘用と比べると少量だが、熊の皮には変わらない。どの大名が熊の皮を使っていたかは情報不足でわからない。

上述のように、熊の皮は江戸時代、実用敷物、さらには馬印・槍印・槍鞘の装飾に使用されていた。槍鞘に熊の皮を使用したことについては文化期の武鑑で、その藩や、そのデザインが具体的に把握することができた。熊の皮の武具利用について、村上一馬氏[21]は「江戸時代前期では熊胆よりも熊皮の方が重要視されていた。それは武家の武具として熊皮が利用されていたからである」と指摘、さらに十七世紀にはいると仙台藩・弘前藩・盛岡藩・会津藩等では、熊の皮の領外移出を禁じる「津留《つどめ》」の施行について触れている。狩猟は城下より遠隔辺境地でおこなわれていたから、津留の裏側での秘かな取引もあったのではないか。熊の皮が天領白山麓より幕府へ納入されたのは十八世紀半ば以降である。これはいわゆる民間ベースの商取引ではなく、白山麓の取次元―越前の天領役所―江戸幕府というルート、いわゆる官製取引である。熊の皮を使用する階層は上級武家に限られ、かつその量も他商品と比べれば格段に少なかった。十八世紀半ばになると熊の皮は、熊が密度濃く生息する山地がありかつ狩猟集団が存在した東北・北陸地域から、関東を含めてそれ以西の地域へ、官製取引あるいは法度裏側取引を通して、細々とした移出・移入路があったものと思う。

5　文政期、白山熊が金沢城下へ

鶴来町生まれの儒学者であり画家の金子鶴村《かくそん》は、晩年、加賀藩の重臣今枝家に仕えた。その間の文化四年（一八〇七）から天保九年（一八三八）までの三一年間、日記[22]を詳細に記した。鶴村の白山登山紀行文『白山遊覧図記』『白山史図解録』では挿絵が多く描かれている。この白山登山の案内役として麓の尾添《おぞう》（旧尾口村、現白山市）村民の助けを受けたのが機で交際が始まったらしい。『鶴村日記』中、尾添の猟師が獲った熊が、一儒学者を通して金沢城下に渡った事例が三件あったので紹介する。

熊の皮周旋を依頼された[23]

文政二年四月二十四日　山崎様へ熊之皮見セニ上申事、山崎様より明後二十六日八ッ時より参候様ニ申来候、河野三郎右衛門へ熊之皮見セニ遣候事

四月二十六日　八ッ時より山崎様へ上る、葛もち出る、帰路懐中紙入拝領致かへり申事

（注）文政二年（一八一九）四月二十三日の末尾に尾添菊次郎止宿とあるので、熊の皮は尾添よりきた。山崎家を明後

日午後二時に訪ねる予定で、河野三郎右衛門へ現物を持ってやらせた。二十六日山崎家訪問は記されているが、購入されたがどうかは触れておらず、「葛餅の接待、懐中紙入拝領」とあることから商いが成立したらしい。

生きた熊の子が来た

文政九年四月二十五日[24]　昨日尾添村十左衛門熊之子持来る御屋敷弥八郎様之御慰ニと存紙面添遣処、御止メ被成金壱歩十左衛門江被下候事

（注）昨日尾添の十左衛門が熊の子を持ってきた。「御屋敷の愛玩用にとしていかが」旨の書面をつけて持っていかせたら、受けとめて下さって金一歩を下されたという内容である。鶴村が仕えた今枝家は人持組《ひともち》（多くの配下の人を持つという意味）の筆頭、一万四千石の家柄で屋敷は高岡町にあった。文政九年（一八二六）当時の当主は今枝易良《やすよし》、通称は「万之佐」「弥八郎」とは初代の通称、後に初代通称を襲名していたのであろうか。代金一歩では米約二斗五升を求めることができた（文政九年大阪米相場における加賀米相場で算出）[25]。また、金一歩は現代の金額ではいくらに相当するのであろう。日本銀行貨幣博物館のホームページでは、金一両は米価換算では約六万円、大工賃金換算では三二万円であるという。金一両は四歩であるから、生きた熊の子は米価換算では約一万五〇〇〇円、大工賃金換算では約八万円で、二つの換算値に開きがある。つまり尾添の猟師は、熊の子を生捕りにして金沢城下に持ちこみ銭にしていた。尾添より金沢までの熊の運搬実務を考えると、熊の子の大きさは猫ぐらいと推察する。長く平和が続いた江戸時代後期、日本最強の哺乳類である熊をペットとして飼っていたのは、支配層上級武家の風俗としてはうなずける。

熊の肉が送られてきた

文政十二年四月六日[26]　尾添村より熊之肉来る〆弐百目有り、駄ちん百三十文遣候

四月七日　尾添之者帰る、弥四郎江紙面遣候事

四月八日　古藤・清川・小川・西良久熊之肉九百目右遣候

（注）尾添村民が泊まりがけで熊の肉一貫二百匁を送り届けてくれ、運び賃として一三〇文を渡した。贈り主は弥四

郎らしく礼状を持たせたことを記している。そして翌日、九百匁を知人に分けたとあるので、金子家の分は三百匁となる。獣肉禁忌の解は室町時代の武家が先鞭をつけ、熊・かもしか・鹿・猪等の大型獣が食べられるようになる。鶴村が熊の肉を配ったのは、文政十二年（一八二九）生類憐みの令が廃止になって一二〇年を経過した文政期であり、金沢の城下では熊肉配布に対し知人より忌避されたという記述がなく、武士間では獣肉を忌む気風は薄くなっていたようである。持ちこんだ村民へのお礼一三〇文では、米約一升五合しか買えない（寛政十二年大阪米相場での、加賀米相場で算出）。この村民は依頼人弥四郎からも駄賃をもらっておれば、どうにか労は報われることになる。依頼人弥四郎は、天領期に村役人を勤めた旧家である。

関連して、幕末元治期の金沢の町人が記した『梅田日記』[27]には、熊の肉を尾添村民が城下で振売り、それを町人が金沢独特の治部《じぶに》煮[28]料理の食材としていたことを記す。白山熊の肉は、幕末金沢城下では武士ばかりでなく町人も食べていたのである。ちなみに、尾添と金沢は約二〇キロ離れており、奥山人はこの距離を往復徒歩で克服して細々と商いしていた。

6　まとめ

安永期八枚、天明期四枚、天保期九枚と天領役所調達の熊の皮は、手取川最奥集落の牛首と、さらに牛首より奥地の出作り群、特に市ノ瀬・三ツ谷・赤岩の河内《こうち》で獲ったものと決めつけてもよい。河内以奥には人間居住地がなく狩猟域も断然広く、さらには国境を越えて飛騨庄川水系の尾上郷《おがみごう》川流域まで出猟することもできた。牛首とその奥地河内に、熊狩組織として一年単位で、猟師と資金提供者との間で契約を交わして熊狩をしていた慣行に触れねばならない。

熊の生息密度が天領（加賀）領域より濃い飛騨方面への越境猟へ出立するとき、豪農・旧家より米一日一升（上限は一斗）、味噌一日一合の換算で援助を受ける。帰郷後、熊一頭につき熊の皮と足一本に相当する肉がスポンサーの取り分。その他は値をつけてスポンサーが買う。捕れなければスポンサーの丸損、三、四頭仕留めれば成功となる。この仕組みは明治後期頃まで続き、最後のスポンサーは牛首の山岸十郎右衛門家と市ノ瀬の加藤小新右衛門であった[29]。スポンサーの取り分が胆でなく皮であったことに注目したい。この契約狩猟は、十郎右衛門家とりもなおさず取次元の強い意志が働いて作られた公算が大きい。取次元は、一度に多数の熊の皮の買上げを命じる江戸表・天領役所に対し、「一年契約の熊狩」方式で熊の皮をストックする手だてを創った。もし江戸表よりの買上げがなかったら、普通の交易に回せばよいわけである。

猟師にとっては、契約狩猟はさておき、フリーの狩の獲物を普通の取引で取次元が買い取ってくれることも都合良かった。猟師が熊の皮や胆を町へ売りに行った様を、宮沢賢治は童話『なめとこ山の熊』で書いている。岩手県豊沢川源流の猟師が、熊の皮を町の荒物屋へ売りに行く。荒物屋は雑穀・木の実を常食としている猟師の貧しさを見据えて買いたたくというストーリーである。白山直下の取次元と猟師の間柄は、「奥山の猟師と町の商人」「猟師は稗、商人は米」という関係ではない。白山直下は地形急峻、冷涼気候で稲作ができず、猟師も取次元も焼畑作りの雑穀を主食としてきた。同じ地域に住み、同じ生活基盤の上にたち、相互に公平な商いを続けてきたからこそ、江戸表・幕府からの何回にもわたる、それもまとまった数の注文に応じることができたのでないかと思う。つまり、手取川最奥の集落牛首地内に、広大な源流域を猟場とする猟師と、地元十八ヶ村天領の取締役、そして猟獲物を江戸表に仲介する取次元が同居していたとする条件は、猟師にとっても取次元にとっても相互にプラスであったと位置付けしておこう。

武家では熊の皮を「投鞘」という型式で使い、その槍を数本並立させて威容を誇示できたのは、水戸藩徳川家だけである。別な表現では、江戸文化期の熊皮最多消費藩は水戸藩であった。本家の将軍家は分家よりさらに多くの熊の皮で権威付けを計っていたから、白山より一度に八枚・四枚・九枚と多くを調達していたのだろう。巨視的にみれば、将軍家と水戸藩の両徳川家で使っていた熊の皮は、他藩より桁外れに多いことが分かった。特に将軍家には、東日本の各藩大名から熊の皮の献上が多々あったと思われるが、白山熊にこだわって納入時期・枚数の厳守を指示しているのは、熊の生息地が白山信仰奥宮の裾野山麓であったことに関連があると思われる。白山は奥州藤原氏が厚く信仰したと伝え、主峰御前峰《ごぜんがみね》鎮座の十一面観音は藤原秀衡寄進と『白山記』(30)は書き、古くより加賀・越前・美濃の三方よりの登拝路で信仰者を集め、北陸・東海・関東・東北に多くの勧請社寺をもち、霊山としての認知を高め、江戸時代中期になるとその知名度は知識人の間に定着していた。その証として、日本南画の先駆者池大雅の業績をあげておく。寛延元年(一七四八）富士山、翌年白山・立山に白衣の行者姿で登って、号を「三岳道者」と称し、宝暦一〇年（一七六〇）には再度の三岳登拝を遂げている(31)。熊の生息地が無名の山から霊山・名山として高名になったことは、権威付けの装置としての熊皮の価値をさらに高めたことだろう。

江戸時代、白山越前禅定道の登山口、市ノ瀬周辺、すなわち手取川本流域で牛首系猟師が捕った熊は取次元を通して江戸へ出されて換金。加賀禅定道の登山口、中宮・尾添周辺、すなわち支流尾添川流域で、尾添系猟師が捕った熊は金沢城下へ出され、武士を介して熊の子・皮は武士層で換金、肉は武士層の贈答品に、さらに猟師自身も肉を城下で振売りし、町人の食材に供して換金していた。

注

（1）下顎部の「月の輪」は解体時に刃物で中央を二分されるので、皮張り時には月の輪の形はなくなってしまう。
（2）田口洋美「列島開拓と狩猟のあゆみ」（『東北学』3、六七～一〇二ページ、東北芸術工科大学東北文化研究センター、平成二年）
（3）『白山麓島村山口・杉原家文書目録』石川県図書館、昭和五十一年。『越前加賀白山麓十八ヶ村取次元山岸十郎右衛門家文書目録』石川県立歴史博物館、平成十七年
（4）「加賀国能美郡白峰村の民業」（『皇国地誌、加賀国能美郡村誌白山麓』、私家版、昭和六十二年）
（5）若林喜三郎「天領時代・白山麓十八ヶ村」（『白峰村史』上巻、六四二ページ、白峰村役場、昭和三十七年）
（6）清水隆久「村のなりたち」（『白峰村史』上巻、六七〇～六八〇ページ）
（7）千葉徳爾註解『日本山海名産名物図会』、七七～八四ページ、社会思想社、昭和四十五年。なお本書は、平瀬徹斎『日本山海名物図会』も併録している。
（8）千葉徳爾『狩猟伝承研究』後篇、二三二ページ、風間書房、昭和五十二年
（9）前掲（8）二五二ページ
（10）『角川日本史辞典』「近世米価表」一一五五～一一五八ページ、角川書店、昭和四十一年
（11）『広辞苑』第二版、二八六ページ、岩波書店、昭和四十六年
（12）清水隆久「白山々麓における地内子制度の研究」（『石川商経研究』第四号、一～四七ページ、昭和三十年）
（13）笹間良彦『図説日本合戦武具事典』一九五ページ、柏書房、平成十六年
（14）『大増訂国史大辞典』三二一ページ、吉川弘文館、昭和十一年

(15) 石井良助監修『編年江戸武鑑　文化武鑑Ⅰ』五〜九三ページ、柏書房、昭和五十六年
(16) 前掲(13)一一七ページ
(17) 忠田敏男『参勤交代道中記――加賀藩史料を読む』一〇九ページ、平凡社、平成五年
(18) 前掲(17)一〇六ページ
(19) 前掲(15)
(20) 前掲(15)一一七ページ、『広辞苑』第二版、二二三九ページ
(21) 村上一馬「江戸時代クマの胆はいくらだったか」(佐藤宏之編『小国マタギ共生の民俗知』二五七〜二六四ページ、農山漁村文化協会、平成十六年)
(22) 『鶴村日記』上編、中編、下編、石川県図書館協会、昭和五十一年
(23) 前掲(22)中編㈠、二二一、二二三ページ
(24) 前掲(22)中編㈡、五五六ページ
(25) 前掲(10)
(26) 前掲(22)下編㈠、一九八ページ
(27) 長山直治・中野節子監修『梅田日記――ある庶民がみた幕末金沢』一一〇、一一一ページ、能登印刷、平成二十一年
(28) ツグミ・鴨・鶏肉《かしわ》を用い、すだれ麩・せり・椎茸等と濃味で煮るとき、肉に小麦粉をまぶして煮こみ、味を外に逃がさない。わさびをつけて食べるのも特色で、加賀料理の逸品である。
(29) 千葉徳爾「手取川上流における狩猟者の組織と活動」(『白山資源調査事業報告』、石川県白山調査研究会、昭和四十八年)また、スポンサー付きの狩猟については前掲(2)で田口洋美が、新潟県津南町、福島県会津盆地の事例報告をしている。
(30) 『白山記』(『石川県尾口村史』第一巻資料編、二二二〜二二八ページ、尾口村役場、昭和五十三年)
(31) 山崎安治『日本登山史』一六六ページ、白水社、昭和六十一年

三　商品としての熊の胆

奥山人の生業は多用な稼ぎの複合である。奥山人が熊猟に集中していた時代、特に熊の胆《い》・皮による稼ぎは、他の稼

ぎより桁違いの高値で現金化されていた事実は、「胆一匁《もんめ》米一俵」の言葉のように、既成観念として伝えられてきた。

ここでは猟師の獲った熊の胆の稼ぎが、日常生活の中でどれほどを占めていたか、別な表現では、胆の価格・取引数・商い先等を、可能な限り数値で計量的に把握することに焦点をあてた。

1 熊の胆とは

熊の胆とは、ツキノワグマの胆汁の袋ともいうべき胆嚢《たんのう》を干しあげたものである。胆汁は肝臓で生成され、一時的に胆嚢に貯えられ、その後腸に注がれる消化液である。熊が餌を多くとれば消化液の胆汁が多く消費される。だから、冬眠を終えて穴から出たばかりは、胆汁が多く使われていないので胆嚢が大きく重いのである。時期では、冬眠明け、またはその寸前に穴で獲った熊の胆嚢を最良とし、やがてブナの木に登り新芽や花を食いだす頃は胆は軽くなり、また同時期、高茎草原ナーバタに出て盛んにアザミ・シシウド等を食べると、胆は銭にならないとする。

熊の胆は万病に効く良薬とされ、平野・里山には同類品はなく、奥山人にとっては軽くて極小で最も稼げる商品で、古くは他地域では、「胆一匁は金一匁、米一俵」といわれたほどの価値がある。(1) 胆は重さで商いされ、胆の軽量は、猟師にとって狩の収益に直接影響する最大関心事であった。獲物を解体し内蔵・肉・毛皮に分けることを「クラを開く」という。クラとは蔵《くら》のこと、宝蔵という言葉があるように、お宝・貴重物を収納する建物である。胆が重いか軽いかの実態を宝物の多少になぞらえて、「蔵を開く」と表現したものであろう。また旧白峰村三ツ谷の地主商家であった林七蔵家（現当主林茂氏）は、猟師より獲物一頭を丸ごと買うときがあり、先祖よりこの商いを「丸買いは博打《ばくち》と同じ」と伝え、収益についてはリスクが大きかったことを物語っていた。熊の皮は外見で品質の良し悪しは判定できるが、胆は解体しなければ軽量が分らないので、軽いと損、重いと得、その金額差が大きかったことを表したものである。

2　胆の軽重についての予知

猟師は自前で解体して皮・胆に分けて稼ぐときと、一頭丸ごと売って稼ぐときがあった。獲物を自前で腑分けして稼いだ方が得か、丸ごと売った方が得かの選択は、胆の軽重にかかっている。猟師は「胆が大きいか小さいか、胆が重いか軽いか」を予知・予見して対処しなければならなかった。白山奥山人の胆の軽重についての予知伝承は以下の通りである。

①　木の実に関するもの

秋、ナラの実が多かった年は胆は重い。秋ブナの実が多かった年は胆は軽い（秋ナラの実を食べた熊は胆は重く、ブナの実を食べた熊は胆が軽い）　同じような予知伝承が二つの地域にある。新潟県津南町には[2]、「ナラの実のなった年は熊の胆が硬くその質もよいという。ブナの実の多い年は胆は柔らかいとされ、年によってはみな質が悪く、小さいことがある。これは食物によるらしい」。富山県朝日町蛭谷では[3]、秋のブナの実ではなく、春先ブナの花期について「今年ブナの花が多く咲いたから熊のイブクロないぞ」といい、ブナの花は脂ぎっているため胆汁消費が増えるとしている。ブナは花ばかりでなく実もナラより脂分が多く、胆汁を消費するらしい。

秋、信濃柿が多く実った年は胆は軽い（秋柿を食った熊は胆が軽い）　出作り住居周辺には、栗・山梨とともに柿が植樹してあり、信濃柿とも小さいので豆柿ともいい、いろりの上で干柿とした。この柿を夜寝静まった頃に熊が食いにきた。熊は柿を食いだすとそればかり、ナラの実を食いだすとそればかり食う習性があるらしい。他地域に同じ予知伝承はなかった。

②　熊の個体に関するもの

月の輪のはっきりした熊は胆が軽い　同類の予見伝承として、新潟県赤谷郷[4]には「月の輪が小さいと胆は大きい」。山形県米沢市関町[5]には「月の輪が大きいほど胆は小さいと伝えているが、自分の体験では事実のように思われる」等がある。
　この予言伝承について、長野県栄町屋敷の山田亀太郎氏[6]（大正元年生）の口述は貴重である。「月の輪が、熊が七つ八つになるてえと、これがサビてくるんだ。白いのが薄くなりながら赤くなってくるんだ。そういう熊をとってみると胆はいっぺえあるし、中身が濃いんだ。そういうのがいいんだ。まあ年の若い熊は及ばないな」と、多くの体験をふまえて具体的に述べられており、説得力がある。月の輪の汚れを成熟体の指標として、対するにきれいな白い月の輪は成熟前の若熊の指標とするとらえ方である。成熟体の胆は大きく重いのが一般的であり、この事実を表わしたものである。

耳たぶを摑み固いと胆が重い　これも若熊の胆の指標として「月の輪の汚れ」を検分するのに準ずるもので、「耳たぶの肉の柔かさ固さ」を若熊・成熟熊を判別する指標としたもので、他地域での報告事例はない。

アリコが付いていると胆は重い　アリコとは、冬眠中の足裏についている垢《あか》とでもいうべきもので、分厚く固くなった様をさす。冬眠から覚めて歩きだし餌を食べ始めると、しだいにアリコはなくなっていく。アリコの状況は、冬眠穴から出た日数とつながっており、胆は冬眠明け直後に獲った熊ほど大きく重かった実態を反映した予知伝承である。

　同じ予知伝承は富山県大山町笠山にもある[7]。その内容は、「熊が捕食を停止し冬眠穴居しているときには、足裏に苔が生えタコ状になっている。逆に冬眠から醒めてクサクイのため二、三日歩くと、足裏はスベスベでタコもない。よって足裏に苔があれば胆嚢は大、なければ小と判断した」である。白山奥山で「アリコ」という実体を、富山県薬師岳山麓では「苔《こけ》」、秋田マタギ

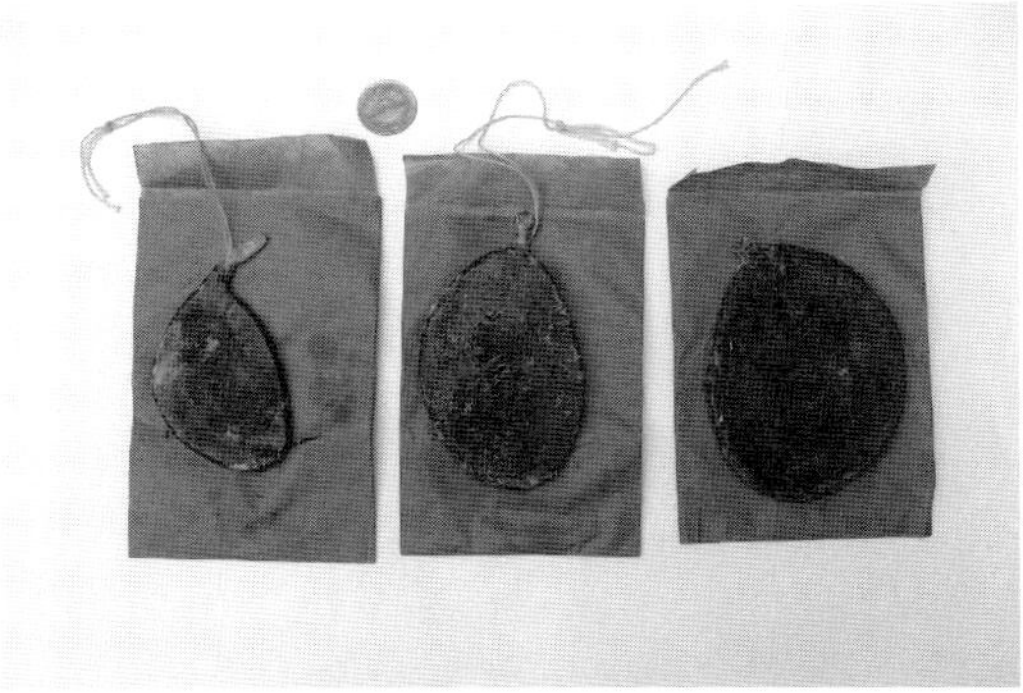
写真１　乾かした白山熊の胆　左上は100円硬貨　白峰村の猟師グループ提供

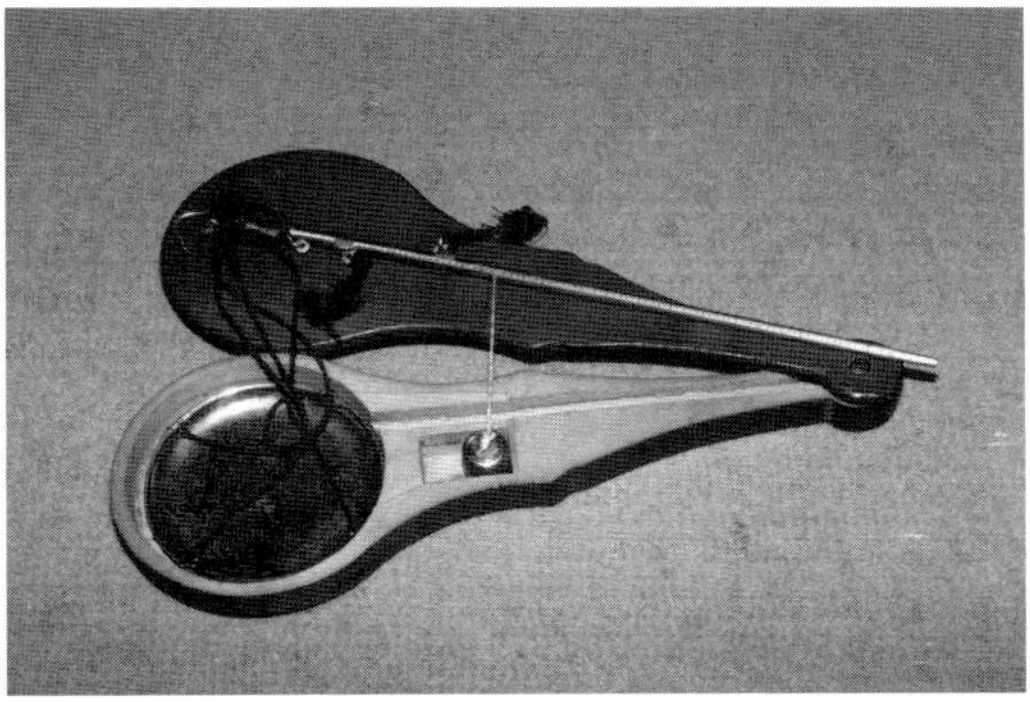
写真２　胆の商いに使った棒秤　白峰村の猟師グループ提供

は「マメ」といっている[8]。

毛並のつやつやした熊の胆は大きい　同じような予知伝承について、秋山郷山田亀太郎氏は「毛の長い頭のバサバサしたようなのは胆は余りねえんだ。頭がキロッとしたような、毛の短い黒いピカピカ光ったようなのは、ナリは小さくても胆はあるんだ」といい、生態的に生々しく把握している[9]。

腹のミゾウチ（鳩尾《みぞおち》）がへこんでいると胆は大きい。腹がでぶんと脹れていると胆は小さい　人間でいえばメタボリック状の腹では胆は小さいということで、同類の予知伝承は他地域にない。

3　商品への加工（干し方・分留《ぶど》まり）

旧白峰村三ツ谷の林七蔵家（現当主茂氏）は、離村時まで地主商家として萬屋《よろずや》を経営。その中に熊の胆・皮・肉もあった。胆については、一頭丸ごと買い込んだもの、猟師が肝をメンパ（檜製曲物）に入れて持ち込んだものがあった。分水嶺を越えた福井県上小《かみこ》池《いけ》の猟師は、例年丸ごと持ち込んでいた。林家では、それらを干しあげて整形、商品として仕上げ、さらに商いしていた。肝を干す技法には幾分個人差があった。林家の方法は次の通りである（図1参照）。

イ、生胆を奉書または和紙の上にのせる。

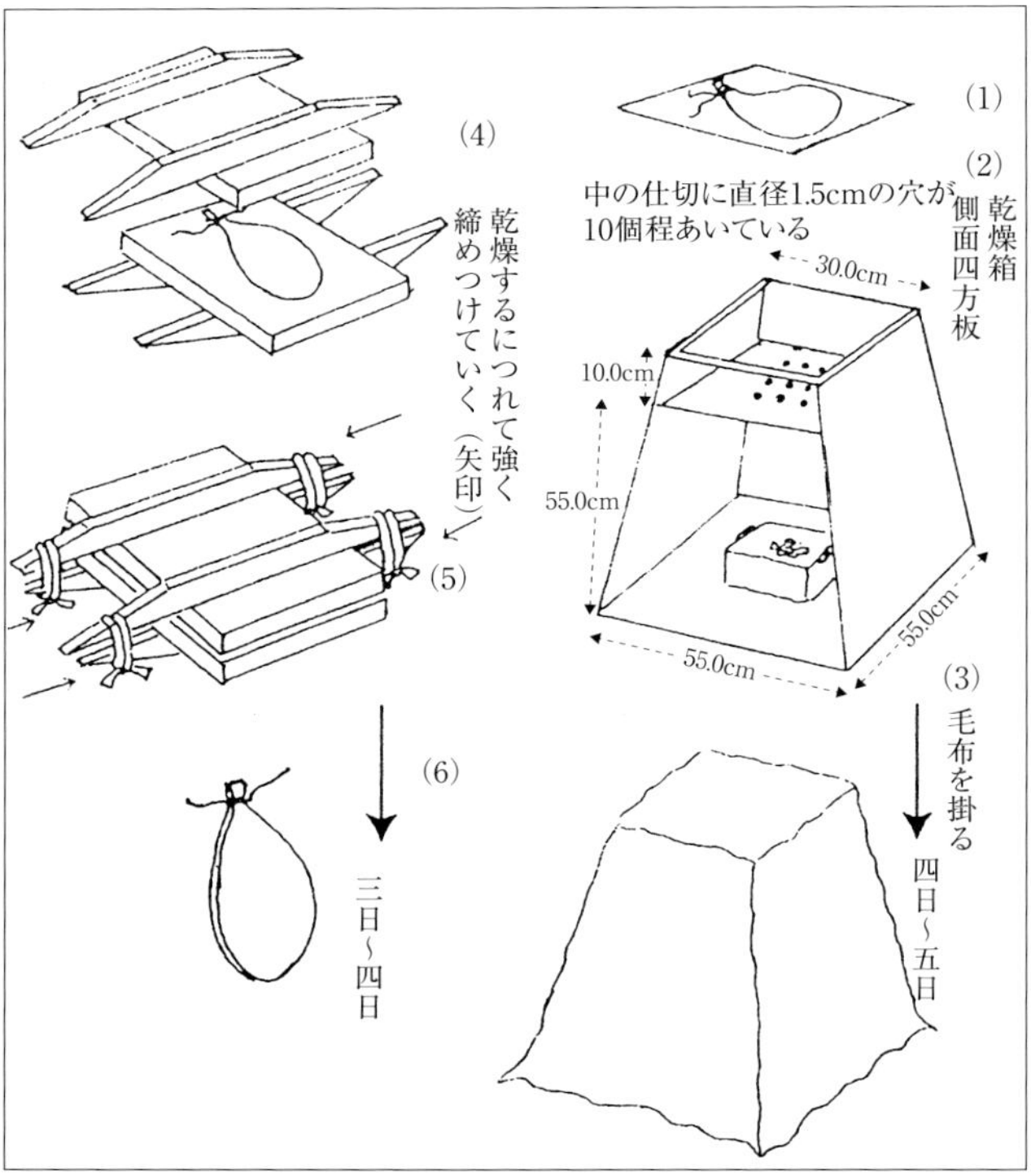

図１　熊胆の乾燥技法　元三ツ谷在住林茂氏画

ロ、乾燥箱の上段へ入れ置く。一斗缶を二つ切りした火鉢に炭火を入れ灰で埋め、熱源とする。

ハ、時どき取り出して親指と人差し指でよく揉む。固い所があればぬるま湯に浸してよく揉む。

ニ、耳たぶほどの固さになったら、ナゴ（解体時皮と肉の間にある脂）を板の両面に塗り、上下に挟んで紐で緩く結んで締める。

ホ、乾燥にしたがって矢印方向に強く締めつけていく。全体の厚さにむらができないよう強く締めつける。ナゴを板に塗っては五～六回（一日三回）繰り返して仕上げる。都合一週間から一〇日かけての手仕事である。

現在も胆を取り扱っている笹木辰男氏（昭和三年生、旧白峰村市ノ瀬出身）によると、干し上げての歩留まりの最良質は「三《さん》の一《いち》」といって三分の一、良質は四《よん》の一《いち》、標準は五の一。劣悪のものは十の一のものもあったという。笹木氏の最も大きかった胆は干し上りで二十五匁《もんめ》。親熊の良いものは約一五匁ぐらい、標準のものは十匁内外。フルコ（三歳の雄子熊）は五～八匁。ミツゴ（二歳の子熊）は三、四匁であるという。

完成品の色合では、コルタールのような真っ黒で艶のあるものを良質とする。冬眠から覚め餌食いを始めると茶色をおび、べっ甲色というか焦げ茶色となってくる。[10] 笹木氏は、完成品が売れたときは売値を均分するため、小布に猟の参加者名全員を墨書して、胆に結びつけておいた。

4　奥山の商家・林家『売買帳』にみる胆（大正三年）

林家の『大正三年一月改売買帳』[11]の中より、熊の胆・皮・肉の取引記録を抽出したのが表1である。関連して、勝山と取引した生活用品の価格を示したのが表2である。胆は大正三年（一九一四）には三回四切れを売り、翌四年は一一回にわたり一五切れを売っている。この年は重さ、値段、それに品質と思われる「上」という符号を書く。両年とも、小片に細分して直接消費者に売り、最小は九分、最大は二匁八分。一匁単価は二円八九銭から三円三三銭である。胆の商い先は、山田屋と中吉が二回、滋賀県南部末松が二年連続、後は年一回の商いであり、いずれも個人消費のものと考えられる。個人は薬屋と違って胆一つ丸ごと求める必要もなく、高価すぎるので負担が大きい。個人側にとっては、林

表 1　三ツ谷林七蔵家大正 3 年『売買帳』に見る熊の胆・皮

年月日	熊の胆			熊の皮		売り手先
	分量	1 匁単価	価格	級・数	価格	
大正 3 年 5 月 10 日	1 切		40 銭			島田・五味島
5.21	1 切		2 円			南部・滋賀県
5.21	2 切		3 円 60 銭			太平・白峰
6.2				上・1 枚	17 円 50 銭	山田屋・市ノ瀬
大正 4 年 5 月 18 日				大 6 尺 5 寸	19 円	安藤・金沢
5				2 枚	25 円	山田家
5.24				小 4 尺 3 寸	6 円 50 銭	安藤
6.6	2 匁 8 分	3 円 21 銭	9 円			権右衛門・白峰
6.8	上 1 匁	3 円 30 銭	3 円 30 銭			多田・勝山
6.8	9 分	3 円 33 銭	3 円			中吉・勝山
6.8	2 匁 7 分	2 円 89 銭	7 円 80 銭			中吉・勝山
6.14	2 匁 4 分	3 円	7 円 20 銭			稼本・野々市
7.8	上 2 切		3 円			南部
7.8	上 2 匁	3 円	6 円			谷口・五味島
7.8	3 切		5 円			山田屋
7.10	1 切		1 円 50 銭			林・東二口
7.18	2 匁 2 分	3 円	6 円 60 銭			山田屋
7.24				1 枚	7 円	山田屋
8.14	1 切		1 円 30 銭			林西寺・白峰

家は必要に応じて小片でも売ってくれ、しかも薬屋より割安で買うメリットがあったろう。

熊の胆の売値と、林家の生活用品の仕入値の比較を試みると、熊の胆が民間薬として高値に扱かわれていた程度が理解できると考えた。胆の一匁の大きさは五〇〇円硬貨ぐらい、その良質胆は一匁三円三〇銭。これは標準米一斗四升、清酒一斗、塩鰤一本に相当する（表2参照）。

『売買帳』は、胆の他に、皮・肉についても書きとめてある。この記録で顧客商い先では山田屋が目立っている。山田屋は、市ノ瀬湯の谷出合左岸にあった温泉旅館で、冬場の根雪期間は閉館して福井県勝山に移住し、雪融けを待って開湯する経営である。大正三、四年の二年間で、胆は二回四切れ、皮は三回四枚、塩蔵肉一塊を林家より買っている。このうち、肉は自家用で旅館料理用、胆と皮は自家用でなく宿泊温泉客への仲介品とみた。胆は大正四年七月八日の三切れ、これは三人の客に一切れあて売るためらしい。さらに一〇日後の七月十八日にも一切れを求めており、いずれも宿泊客用と判断できる。毛皮についても大正三年には一枚、四年には五枚計六枚も買い、これは明らかに温泉客への仲介品である。

昭和九年（一九三四）の大水害前、市ノ瀬に山田屋と並んで温泉旅館白山館があった。白山直下の河内の熊猟での獲物の一部、具体的には生肉・塩肉（一六二ページ表2参照）、加工された胆や皮は旅館で商いされ、他地域からの宿泊者へ流通していた実態が明らかになった。またこの温泉旅館は、手取川源流域でサクラマス・イワナをとっていた渓流漁従事者にとっても、漁獲物を直接買いこんでくれる得意先であった[12]。手取川本流の最源流域で狩猟・渓流漁にたずさわる奥山人は少数であるが、秘湯白山温泉は、熊の胆・皮は間接に、サクラマス・イワナは直接現金を稼げる場であった。

5　林家『大福帳』にみる熊一頭丸ごとの売買と猟師の取り分（大正二年）

かつての三ツ谷の萬屋《よろずや》は、三ツ谷・赤岩・一ノ瀬（まとめた通称は河内《こうち》）の各出作りへ、米・塩等の日用品を売掛金とし、麻布・鍬の柄・雪搔板・兎・熊等を買掛金として、九月盆と年末の年二回で精算する方法で商いしていた。『大正二年十一月改大福帳』[13]の買掛金の中に、「熊の割」という出作り七戸からの入金（買掛金）が記され、その一覧を表3で示した。

表3中、1の加藤勇京は赤岩在住、積雪期の狩猟では白山御前峰（二七〇二ｍ）を越え、岐阜県鳩谷ダム真上の妙法山（一七七六ｍ）まで出向き、その折、経筒を発見したほどの強者である。「熊の割」という入金は、林家現当主林茂氏の教示で、テッポウモチの勇京が総勢七人の巻倉方式の集団猟を指揮、勇京自身が射とめた熊を丸ごと林家へ持ち込み、合議の上、七人の分け前を割り振ったものと分かった。勇京と

表 2　林家資料にみる河内の物価

品目	勝山よりの仕入値
割得米 1 俵（4 斗）	8 円 50 銭（1 斗 2 円 13 銭）
標準米 1 俵（4 斗）	9 円 50 銭（1 斗 2 円 38 銭）
清酒 1 斗	3 円 15 銭～ 4 円 80 銭
塩鰤 1 本	3 円～ 3 円 80 銭
塩鯖 1 本	6 ～ 7 銭
焼鯖 1 本	1 円 25 銭～ 1 円 80 銭
塩 1 俵	50 銭～ 60 銭
石油 1 斗	2 円

備考．大正 3 年頃．米価は「大福帳」の小売値

表 3　三ツ谷林七蔵家大正 2 年『大福帳』に見る熊の割

氏名	熊の割	平均分前との増減％
1．加藤勇京	7 円 59 銭	5.3
2．加藤乙市	7 円 50 銭	4.0
3．林利之助	7 円 50 銭	4.0
4．加藤喜太郎	7 円 30 銭	1.2
5．加藤仁吉	7 円 13 銭	－1.1
6．加藤喜左衛門	7 円　3 銭	－2.5
7．加藤甚五郎	6 円 45 銭	－6.2
計：熊丸毎 1 頭価格	50 円 50 銭	
1 人の平均分前	7 円 21 銭	

表 4　富山県八尾町谷折，西嶋健松氏の記録抜粋

年・月・日	狩人数	皮		胆		肉(円)	1 頭総収入(円)
		大きさ（尺）	価格（円）	重さ（匁）	価格（円）		
昭和 28. 4. 13	猟師 2 人 勢子 2 人	丈長 7 幅 4	生乾皮 12.000 （25.3%）	乾仕上げ 22	1 匁 1.200 26.400 （55.7%）	100 匁 150 9.000 （19.9%）	47.400
29. 4. 12	猟師 2 人	丈長 5.5 幅 3	7.000 （33.0%）	乾仕上げ 10	1 匁 1.200 10.800 （50.9%）	100 匁 150 3.400 （16.0%）	21.200
31. 4. 14	猟師 1 人	ナメシ 仕上げ	9.000 （35.4%）	乾仕上げ 10	1 匁 1.200 12.000 （47.2%）	100 匁 140 4.400 （17.3%）	25.400

備考，森俊『猟の記憶』より表化．（　）は総収入に対する割合，橘により算出．

2・3は鉄砲持、4・5・6・7はセコ（勢子）役で、セコは分担場所の危険度の軽重で差をつけたらしい。つまり、熊一頭を林家へ納めて現金を受け、その場で七人で分けたのでない。猟の貢献度により帳面上で割り振って、各自の売掛金の穴埋めにしたのである。つまり七人の「熊の割」合計は熊一頭分の売り値で五〇円五〇銭である。

林家が熊一頭を五〇円五〇銭で買い、胆を加工販売してどれほどを稼いだかは全く分からない。これに関連する参考資料を表4であげておく。富山県八尾町谷折の猟師による詳細メモで貴重な狩猟記録である。[14] 熊一頭の稼ぎを、胆・皮・肉に分けて記録。胆の稼ぎは一頭総収入の約半分を占めていたことが分かる。白山奥山の場合もこれに準じた割合で、胆の稼ぎがあったと考えてもよいのでなかろうか。

奥山の出作りは、流通路が閉ざされる根雪前に越冬用米を求める。大福帳でみると、表3の加藤勇京、加藤仁吉、加藤甚五郎の三家が林家より越冬米を求めたとき、一斗二円三八銭で二俵～二俵半を求めている。また三家は無雪期には一斗二円一三銭の割得米を時どき求めている。猟師個人の「熊の割」はどれほどの米の量に当たるか、大福帳の米価で算出すると、加藤勇京の七円五九銭は越冬米三斗二升、加藤仁吉の七円一三銭は越冬米三斗、同じく加藤甚五郎の六円四五銭は越冬米二斗七升に当たる。

三ツ谷出作り群一一戸の年間粳米《うるちまい》の平均購入量は一石六斗三升であるから、[15] 数字上は一頭捕獲の狩りに五回ないし六回参加したら、ほぼ年間の米消費量をまかなえることになる。熊狩りは割と効率の良い稼ぎであったといえよう。問題は、獲れるか獲れないかにかかっており、不安定要素を含んでいた。

6　記録された熊の胆

①『日本山海名産図会』で評価された白山熊の胆（寛政十一年）

白山熊の胆が全国ブランドになったのは、『日本山海名産図会』[16]の影響力が多大である。著者は大阪の町人本草学者、木村孔恭（蒹葭堂）で、寛政十一年（一七九九）の刊行である。この書の刊行からさかのぼること宝暦期には、各地の名産品が注目され、その商いも緒につきはじめていた。具体的には宝暦七年（一七五七）、江戸湯島で平賀源内らが中心となって、植物・動物・鉱物等の薬種を全国各地より集めて展示品評する、最初の薬品会が開催された。遅れて大阪では江戸に対抗するように、戸田旭山が大薬品会を開催した[17]。つまり、宝暦期には江戸・大阪の二つの都市で、各地より集めた薬種を集めて品評する見本市が、競い合っていた。木村孔恭は、従来の本草学にとらわれず、物産の生産活動や交易を考証、現代でいう経済地理学的視野を加味して編集した。交通の未発達な時代、辺境の熊狩猟地まで出むき、捕獲技術については挿絵入りで、一般人には生涯目にすることのできない熊狩りを衆知させる手段をとっている。絵師蔀《しとみ》関月とのこの共同視覚化による提示は、全篇でおこなわれて理解しやすい。

「巻之二捕熊《くまをとる》」の項では[18]、三枚の挿絵（わな猟一、穴熊猟二）でその技法を描写した。「取膽《いをとる》」[19]では各地産の胆を比較、品評時の留意点に触れ、「試真偽法《にせをこころみるほう》」では偽物の判別法について、さらに「制偽膽法《にせをせいするほう》」ではその作り方を書いている。筆者が、熊の胆については他の物産より紙面を多く費やしているのは、熊の胆に対し特別の思いがあった証といえよう。

「熊の胆は加賀を上品とする。越後・越中・出羽に出る物これに亜《つ》ぐ」との記述は、大阪に集積した因幡・肥後・信濃・紀州・四国・松前・蝦夷等産と比較した結果の評価である。最高位の加賀産の胆は、とりもなおさず白山熊のものである。さらに加賀産を乾燥終了後の色合いで質を三つに、また捕獲時期によって上下に評価を分けて記述している。加賀産を黒・豆粉・琥珀と三つに色別、夏胆・冬胆と二分できたのは、大阪に白山熊の胆が数多く集積していたからか、それとも筆者が白山麓の猟師を訪ねて直接情報を把握したかのいずれかである。『名産図会』と題するからには、品質上は勿論のこと、供給上も安定していなければ薬種商品として高い評価を受けられない。名産熊の胆の産出国として指定を受けた加賀・越中・越後・出羽四つの国の中で、加賀白山は大阪に最も近く、安定した出品数（供給数）があったからに違いない。

白山麓の胆が四ヶ国中で「上品」の最高位であったのは、冬眠から覚めた直後の熊を捕獲していたから、胆汁が使われておらず、そのため品質が良かったたせいであろう。白山には冬眠明けの熊を見つけやすい「出作り」という人文的環境が古くよりあった。昭和初年、白峰村白峰の戸数は四五二戸。このうち一六二戸が本村の海抜四九〇mから約一二〇〇mまでの豪雪山地に、夏も冬も、年間を通して孤立的生活をする永住出作りがあった。(20) この出作り慣行は、江戸の宝暦期にはすでに定着化しており、永住出作り分布圏はとりもなおさず熊の生息地で、今様に言えば人間と熊が共生していた。出作りが、春先の雪斜面に熊足跡を見つけ猟師に連絡。成果があったときは狩に不参加でも「一人分《いちにんぶん》」という、肉及び稼ぎ高の分け前を受け取ることができ、これを「跡見《あとみ》」という。永住出作りは、年中山で生活し、周辺での冬眠明けの熊の生態観察には特に努力しなくてもおこなえた環境であった。

　白山麓の胆が良質なのは、「跡見」という狩猟実動以前の熊発見ネットワークが、永住出作りと一体となって存在していたからだと思う。

② 地主商家が金沢へ商いした胆（天明八年、文化七年）

白山市白峰の山岸家は、白山麓が天領であった時代、全域の管理役としての取次元を勧めてきた大山林地主で、商業活動をしていた。当時の文書は『山岸十郎右衛門家文書目録』(21)として刊行されている。その中に熊の胆に関するものがあった。

　文書一「熊胆代銀算出覚」（山岸家文書H三七九七）は、天明八年（一七八八）、山岸家より金沢の銘木商・新屋藤右衛門へ、熊の胆九匁《もんめ》三分を八両一分二朱で売ったときの算用覚である。(22) 天明七、八年時、一両は銀五七匁二分五厘。(23) この換算では胆一匁は銀約五一匁五分五厘である。この天明期より少し遡った宝暦七年（一七五七）には江戸で第一回薬品会が、宝暦

文書一　熊胆代銀算出覚

覚
一、熊胆　一枚
　正味九匁三分
　代金八両壱分永百弐拾文
　内金六両三分者　利足ニ入
　残金壱両弐分永百弐拾文
　左処より
　　金壱両弐分弐朱　渡ス
右之通御座候以上
申
　九月七日　藤右衛門
十郎右衛門様

注「申」は天明八年（一七八八）戊申

文書二　杉原家「買物等万覚」（文化七年より抜粋）

盛下町　綿屋小左衛門様
三月廿二日
一、熊ゐ壱つ
　八匁内四分目かへ
　引テ七匁六分
　又壱分五りん同人分引
　正ニ七匁四分五厘
　代百七十八匁八分
　　　廿四かへ
入銀百目
入金壱両壱分
代八十匁弐分五りん
　　六四かへ
入〆百八十匁弐分五りん
引テ壱匁四分五厘
廿三日
一、熊ノゐ壱つ　中屋彦右衛門様売
十三匁拾目
内六分目カへ
引分十弐匁四分
又弐分りん分引
正ニ十弐匁弐分
代三百五匁　廿五かへ
　受取相済

十一年（一七六一）には大阪で薬品会が開催されていた。つまり、宝暦期には白山熊の胆が他地域に移出され、他国産と比較され高い評価を受けていた。補足すれば、白山熊の熊の胆が全国ブランドになった頃の価格が分かり貴重である。

熊の胆を買った藤右衛門は、天領域より乗物棒を金沢へ搬出するため、天明五、七、八年、さらに寛政四年（一七九二）、取次元へ四通の許可願を提出している[24]。乗物とは身分の高い者が用いた駕籠《かご》で、乗用部分に戸を施し、柄とともに漆塗りで装飾してあった。乗物棒とは高級駕籠をかつぐ檜材の長い柄である。藤右衛門家は今で言えば銘木商である。熊の胆は、自家用常備薬としたのか、薬種商に転売したかは不明である。

もう一つ、事例を挙げる。

白山市桑島（旧白峰村桑島、天領期は島）杉原家は、天領期に五人組頭や長百姓を務め、また手広く商業活動をしていた。所蔵文書は『白山麓島村山口家・杉原家文書目録[25]』として刊行されている。文書二で紹介するのは、この目録に記載された文化七年（一八一〇）、「加州買物等万覚（小帳）」中、熊の胆を二つ、金沢の金沢薬種商綿屋・中屋に売ったときの算用覚えである（杉原家文書G二一七）。

三月二十二日、金沢の城下盛下《もりもと》（森下）町綿屋《わたや》小左衛門に売った胆は、猟師より買入時の重さ八匁が、月日の経過で乾いて四分減、取引で一分五厘を値引きしたので、正味七匁四分五厘、代金は一七八匁八分であったことを記す。一匁単価は銀二四匁となる。

写真３　杉原家と胆を商いした金沢・綿屋小左衛門家（綿谷小作商店）.

翌二十三日は中屋《なかや》彦右衛門家へ売った。買入時の重さ一三匁、乾いて六分減、さらに二分値引きし一二匁二分で算用、売値は三百五十匁の商い成立を記す。一匁単価は銀二五匁であった。綿屋が買った胆は八匁、中屋は一三匁である。親熊の標準は干しあがりで一〇匁内外というから、二軒の薬種商に売った胆は標準的な商品である。

綿屋小左衛門家[26]は、現在も浅野川大橋北詰に木造三階建ての店舗をかまえる老舗で、江戸時代は「延寿反魂丹」「綿五香湯」「清心円」を調合販売していた。南町中屋彦右衛門家[27]は、加賀藩主前田家伝来の「紫雪《しせつ》」「烏犀円《うさいえん》」「耆婆《きば》万病円」の調合販売を許されていた藩御用達の薬種商である。三薬の他、強壮剤の「混元丹」も主要品で、現代でもその人気は続いている。

この年、杉原家の「万覚」によれば、熊の胆の他、金沢へ白布・耳布・しゃみ布・帯地を売り込み、木綿・小蠟燭・鰯・小鯖・酢を買い込み、帰途、鶴来で米一二俵を購入している。[28]

③ 猟師が地主商家へ持ち込んだ胆（文政十二年）

杉原家の大幅帳では、村民との基本的な出し入れは、米・塩等の日用品さらには金銭を前貸しして、生糸・麻布・杉小羽等の生産物さらには労力を入り方で精算することを原則とし、現金払いは少なかった。熊の胆については、村民からの入りはなかったが、他村尾添の猟師との出し入れを記述した文書三「尾添熊取衆中への助五郎仕切」があった（杉原文書G一八六）。この仕切りも、村民との精算と同じで、米・稗・金銭を前貸しし、胆の入り方を約定させることを原則としていた。

精算年は天保三年（一八三二）三月で、内容は文政十二年（一八二九）からの三年間の出し入れをまとめたものである。一年ごとの出し入れをみてみよう。

文書三　尾添熊取衆中への助五郎仕切

（前欠）

一、四月九日　壱匁壱分　代八拾五匁

入　九日　三拾五匁　　干胆壱匁

一、六日　九拾匁　　稗五俵

一、同拾八日　九拾匁　　同五俵

一、廿四日　九拾弐匁壱分壱厘　米一石

一、廿四日　拾壱匁三分八厘　米〆て弐斗

入参百八拾五匁

出〆四百四拾弐匁四分五厘

差引分　五拾七匁四分九厘

利

覚

寅年分

入　参拾弐匁七厘　閏三月廿三日　胆代預かり過

一、閏三月廿三日　拾弐匁　米一斗五升

一、閏三月廿三日　弐拾四匁九分八厘　米三斗

一、二月廿八日　八匁四分　米一斗

出　〆四拾五匁三分八厘

差引分　拾三匁三分壱厘

卯年分

一、二月十日　米弐斗五升　代弐拾八匁

一、同　銀百匁

一、同　金弐分　代三拾四匁

一、二月十日　拾七匁六分　米一斗五升

一、二月十日　九匁九分　米一斗

〆百八拾九匁五分

此内弐拾七匁五分米代引

此米ハ出入かへれ仕候也

三月〆弐百六拾匁三分

〆内弐拾七匁五分引

辰三月廿一日

杉原助五郎

尾添熊取衆中

表 5　杉原家「熊取衆中への仕切り」数値一覧

年代	入		出		差引分
	胆　重さ	金額　銀・匁	数量	金額　銀・匁	銀・匁
文政 12 年（1829）	（11 匁）	385	米 1 石 2 斗 稗 10 俵	442.49	57.49
天保元年（1830）	（1 匁）	32.07	米 5 斗 5 升	45.38	13.31
天保 2 年（1831）			米 5 斗（2.5 斗 27.8 匁は差引する）	銀 134 匁	161.8
3 ヶ年　計		417.07		621.87	232.6

文政十二年の袖部がないので、出入全部は正確につかめない。貴重なのは当時干胆《ほしい》一匁の単価が銀三五匁であったことである。入の計は三八五匁、この三八五匁より干胆三五匁を差し引いた三五〇匁分の「入」が、欠失袖部に記されていたことになる。干胆単価は三五匁だから、消失部三五〇匁は重さ一〇匁の胆と考えてもよい。結局この年は、胆一匁と一〇匁を杉原家は受け取り、稗一〇俵（一俵は五斗入なので五石）と米一石二斗を猟師側へ給付し、差引銀五七匁四分九厘の「貸」となっているが、この貸し分には利息をかけなかったので「利」の欄には金額記入はない。

「寅年分」つまり天保元年（一八三〇）の仕切り覚えには、入三二匁七厘を記す。これは胆一匁の単価らしい。添書「胆代預かり過」の意味内容はわからない。「出」は米の計五斗五升、この年も前年同様「入」か「出」をオーバー、差引一三匁三分一厘の「貸」となっている。

「卯年分」天保二年（一八三一）の仕切り覚えには、胆の「入」が全くない。出では銀一三四匁、米は五斗であるが、その半分二斗五升分の二七匁八分は精算せず、一六一匁八分の「貸」としている（表5参照）。三年間の出入では、毎年猟師側の胆納入が少なく、商家杉原家の給付が多く猟師を優遇している。特に三年目の天保二年には胆納入が零だが、「出」米五斗の半分を精算しないとしている。

商家の側では、胆一匁というごく少量であっても、胆の商いでは出超過すなわち対猟師赤字以上の利益を稼げたから、格段の優遇をしたのだと思う。猟師の側では、商家へ胆を売るときは文政十二年の一〇匁丸ごと（欠失部分）のときもあり、文政十二年・天保元年のように小片一匁に切って売っていたときもあった。胆一匁の小片を穀物に換算すれば、文政十二年では胆一匁は三五匁、これは約稗二俵（一石）、米では割安米は六斗二升、標準的な米は三斗八升に相当する。胆一匁の大きさは、現在の五百円硬貨ぐらい。端的には「胆一匁の小片が稗五斗俵二俵、もしくは米四斗俵一俵」が適用するほど、猟師にとってかけがえのない山の幸である。

尾添は手取川支流の尾添川の最奥集落、主穀は日常は稗、ハレの日は米。胆一〇匁を丸ごと売れば稗二〇俵。一度に胆を丸ごと納めて一攫千金的な量の主穀を受け取るより、胆小片で必要量だけの主穀を受け取り、長く安定した食糧維持を計ることを、尾添の猟師は選んでいたことになる。

前述の杉原家が金沢の薬種商へ持ち込んだ胆は、この尾添産の胆の公算が大きい。

7 「熊の胆一匁は米一俵」の実像

胆の金銭的価値について、各地の猟師より「昔は胆一匁米一俵、金一匁と同じだった」という伝承が聞き取りされている。(29) 伝承内容の「金一匁」とは砂金の坪量だから、通貨制度が確立した明治以前のことであろう。また、秋田県由利郡百宅《ももやけ》の「胆一匁は三斗四升入りの米俵」のように、米一俵容量が各藩で異なっていたのは江戸時代のことで、由利矢島藩では一俵は三斗四升、加賀藩は五斗入りであった。「胆一匁は米一俵」という伝承は、猟師の地元での「一俵の米容量差」によって適合するのか、適合しないのかの問題が起こり得る。白山奥山の猟師からは「胆一匁は米一俵」という伝承に出合わなかったが、あまねく猟師は熊による稼ぎが非常に効率がよかったと感覚的に意識していたといえよう。白山でのこの傾向は、先に紹介した「尾添熊取衆中への仕切」にみることができる。

尾添の猟師は、胆を直接消費地へ売ることはなかったようで、地元の商家で米と交換する形で稼いでいた。尾添には資金的余裕のある地主商家はなかったらしく、谷筋違いの桑島（本流沿い集落）杉原家へ持ち込んでいた。文政十二年（一八二九）胆一匁は銀三五匁、萬屋杉原家での割安米一斗は五匁六分九厘、この米だと胆一匁は六斗二升に相当する。別の標準的な米一斗は九匁二分二厘で、この米だと胆一匁は三斗八升に相当する。実際、猟師は後者の方を多く選んでいた。つまり胆一匁は米三斗八升である。また胆一匁と稗との対比では、九斗七升に当たり、ほぼ五斗俵二俵に相当する。翌天保元年（一八三〇）は、胆一匁は銀三二匁七厘、米との換算では三斗八升～四斗に相当する。杉原家の文化七年（一八一〇）の「万覚」では、金沢で熊の胆等を売った帰路、鶴来で米一二俵を買っている。これと同じ商法で、尾

表6　白山麓の胆1匁と米の経済的対比

年代	熊の胆			胆1匁と米換算	流通系 出典
	重さ	金額	1匁単価		
天明8年(1788)	9匁3分	8両1分2朱	約51匁5分5厘	加賀米約9斗4升(寛政1年の米価で)	山岸家→金沢・新屋 山岸家文書
文化7年(1810)	7匁4分5厘	銀178匁8分	24匁	加賀米約4斗1升	杉原家→金沢・綿屋 杉原家文書
文化7年(1810)	12匁2分	銀305匁	25匁	加賀米約4斗2升	杉原家→金沢・中屋 杉原家文書
文政12年(1829)	1匁	35匁	35匁	約5斗	尾添猟師→杉原家 杉原家文書
天保元年(1830)	1匁	32匁7厘	32匁7厘	約3斗9升	尾添猟師→杉原家 杉原家文書
平均			33匁5分2厘	5斗3升	

備考：天明8年の金・銀貨交換率，および寛政・文化期の加賀米米価は，『角川日本史辞典』昭和41年版より抽出した．

添の猟師への米は鶴来より選んだ加賀米をあてていたと思われる。鶴来を含め加賀藩治下の米一俵は五斗入りである。尾添の稗・粟の一俵も五斗入りであった。尾添の雑穀俵、鶴来の米俵も共に五斗入りであった事情からは、白山奥山の猟師は「胆一匁は加賀米一俵」という比率をもつことはできなかったと推察する。

猟師と杉原家の三年間の決済では、猟師側は銀二三二匁六分の借りである（表5参照）。この二三二匁六分の金額は、胆一匁三五匁で換算すると六匁七分の重さに相当する。換言すると、借金額に相当する胆約七匁を杉原家へ持ち込めば、精算は完了する。成熟熊の胆は平均して一〇匁内外というから、三年間の米代金は、熊一頭分の胆で完全に零にできたから、むつかしいハードルでなかったはずである。すなわち江戸時代、白山熊の胆は、奥山で物品貨幣の役割を果たし、効率の良い稼ぎの品であったといえよう。

村上一馬氏は[30]、「胆一匁は金一匁」に関し、江戸時代に東北の胆商いの決済で砂金が匁単位で使われた記録はないが、金貨に内蔵されている金の含有料で換算すると伝承は誇張されていないと指摘、さらに胆一〇匁を米換算で検討して、十九世紀半ば東北諸藩一八件の平均は米六石五斗、すなわち胆一匁は六斗五升に相当する、と指摘された。

白山奥山で、天明から天保期にかけての約四〇年間、胆一匁の値段と米との換算比を算出したのが表6である。天明八年、文化七年は奥山の地主商家から金沢へ売ったときのもので普通の取引。文化十二年、天保元年は猟師が地主商家へ持ち込んだときのもの。この五件の平均値は胆一匁は米五斗三升。二つの異質の流通の平均値で問題はあろうが、当時の白山熊の値段と米換算量が、おおまかに分かることで諒としてもらいたい。

ひるがえって、近代大正二年（一九一三）の白峰河内地域（三ツ谷・市ノ瀬・赤岩）の猟師の胆による稼ぎについて、『大正二年林家大福帳』(31)を基に検討したい。地主商家の胆売上げ値は、猟師からの仕入れ値に三割の利益を上乗せしたと想定、良質胆一匁三円三三銭の三割引き、すなわち二円三三銭を猟師の稼ぎとした。猟師の稼ぎを米に換算すれば、割得米一俵八円五〇銭。標準米一俵九円五〇銭と対比すると（表2参照）胆一匁二円三三銭は割得米一斗九合、標準米九升八合に相当する。大正期の米一俵は全県あまねく四斗だから、「胆一匁は米一俵」にはほど遠い。成熟熊一頭の干胆平均の重さは約一〇匁・二三円三〇銭。これは割得米一〇斗九合、標準米九斗八升に相当する。補足すれば、熊一頭の干胆収入はおおまかに米一石弱、これは大正二年三ツ谷出作り群一一戸の年間の米購入平均量一石六斗三升(32)とくらべれば、効率の良い稼ぎと位置付けられよう。

8 まとめ

「胆一匁、金一匁、米一俵」という胆が高価であったことを意味する伝承があったので、狩に携わった奥山人のくらしの中で、胆の稼ぎが占める度合について、具体的数値で解き明かすことができないかを試みたが、残存記録が多くなかったので十分ではなかった。

熊の胆があまねく商品化したのは、平賀源内ら提案の宝暦七年（一七五七）薬品会以後であろう。村上一馬氏によれば、十八世紀以降の東北地方の盛岡・弘前・秋田・庄内の諸藩では、各藩独自に熊の胆に関する売買禁止・制限の処置をし、猟師が熊の胆を勝手に売買することは許されていなかったという(33)。天領期の白山奥山には、猟師さらには地主商家による熊の胆売買についての規制はなかったようである。

熊の胆の多くは、江戸時代も明治以降も、猟師より地主商家を通じて金沢に出荷されていた。江戸後期『日本山海名産図会』で高い評価を受けた白山熊の胆は、規制のない流通と金沢経由で消費地へ出向いたと思う。熊の胆の価格最古記録は天明八年（一七八八）で、一匁銀五一匁五分五厘、これは最古記録であると同時に最高値記録でもある。

尾添熊取衆と地主商家のやりとりでは、文政十二年（一八二九）熊の胆の一匁の対価に、稗一〇俵（一俵は五斗）と米一石二斗を受け取った。補足すれば、米の約四倍にも当たる分量の稗を受け取ったことに注目すべきである。白山奥山は、古くより焼畑雑穀作りが出作りで経営されてきた地域である。奥山人の常食は稗飯で、稗飯の中に米を多く混ぜることが富の象徴となっており、米飯は正月・盆・報恩講等の日にしか炊かなかった。猟師は熊の胆が高値で不時の稼ぎができたが、ランク上の米飯よりも、日常三食の稗飯の方に強いまなざしを向け、胆と稗のバーター取引をしていたのである。

同じ傾向は、手取川本流最奥の河内（三ツ谷・市ノ瀬・赤岩）の猟師にも見られた。『大正二年林家大福帳』に見る猟師の熊一頭丸売りは、胆売買ではないが、熊の稼ぎと暮らし向きの関係を知る上で貴重である。熊一頭の売値五〇円五〇銭、これは標準米で二石一斗に相当し、猟参加者七名一人当り七円二一銭は標準米三斗に換算できる。丸一頭分の稼ぎは現金分けすることなく、大福帳各自の「入」の中へ入れ、生活必需品「出」の金額を差引きするのにあてた。つまり「熊」という不時の収入はあったが、贅《ぜい》を求めての品物、さらには飲み食いに費やさず、大幅帳上の日常生活必需品の購入にあてていたのである。

注

（1）秋田県阿仁町根子では「胆一匁は金一匁にあたるといったが、今は毛皮の方が高かろう」（千葉徳爾『狩猟伝承研究　総括編』）、山形県西村山郡大江町柳川では「昔は胆一匁と米一俵、金一匁と同じ値段」（千葉徳爾『狩猟伝承研究　後篇』）、新潟県津南町大赤沢では「米一俵、胆一匁、金一匁といっている」（『民俗資料選集　狩猟習俗Ⅱ』）。
（2）文化庁文化財保護部編『民俗資料選集　狩猟習俗Ⅱ』二四五ページ、国土地理協会、昭和五十三年
（3）森俊『猟の記憶』八八ページ、桂書房、平成九年
（4）前掲（2）一五六ページ
（5）千葉徳爾『狩猟伝承研究　後篇』一九一ページ、風間書房、昭和五十二年
（6）山田亀太郎・ハルエ述『山と猟師と焼畑の谷』二一〇ページ、白日社、昭和五十八年
（7）前掲（3）、一〇〇ページ
（8）太田雄治『マタギ　消えゆく山人の記憶』一〇四ページ、翠楊社、昭和五十四年

（9）前掲（3）、二一一ページ
（10）森俊「白山麓白峰の穴熊狩り」（『加能民俗研究』32、二九ページ、平成十三年）
（11）『大正三年一月改売買帳、林七蔵』金沢市窪三―三七八、林茂氏所蔵
（12）橘礼吉「手取川源流域におけるマス・イワナ漁について――奥山人の渓流資源の利用例」（『石川県白山自然保護センター研究報告』第三二・三三集、平成十七、十八年）
（13）『大正二年十一月改大福帳、林七蔵』、林茂氏所蔵
（14）前掲（3）七八～八〇ページ
（15）橘礼吉『白山麓の焼畑農耕――その民俗学的生態誌』四七四ページ、白水社、平成七年
（16）千葉徳爾註解『日本山海名産名物図会』社会思想社、昭和四十五年
（17）田中優子『江戸の想像力』六四～六七ページ、筑摩書房、昭和六十一年
（18）前掲（16）、七七ページ
（19）前掲（16）、八一ページ
（20）加藤助参「白山山麓に於ける出作の研究」（『農業経済論集』第一輯、二四七～三五一ページ、京都大学、昭和十年）
（21）『越前加賀白山麓一八ヶ村取次元山岸十郎右衛門家文書目録』石川県立歴史博物館編集・発行、平成十七年
（22）前掲（21）、一八一ページ
（23）高柳光寿・竹内理三編『角川日本史辞典』一一五四ページ、角川書店、昭和四十一年
（24）前掲（23）、一七六、一七七ページ
（25）『白山麓島村山口家・杉原家文書目録』石川県立図書館編集・発行、昭和五十一年
（26）三浦孝次『加賀藩の秘薬』三〇六ページ、活文堂、昭和四十二年
（27）前掲（26）一六八～一七二ページ
（28）前掲（25）一四六ページ
（29）前掲（1）の他、秋田県由利郡百宅では「昔から胆一匁が三斗四升入りの米俵の値段」（太田雄治『マタギ　消えゆく山人の記録』）、新潟県津南町小赤沢では「昔は米一ダン（一駄は八斗のこと）胆一匁といっていたが、今は胆一匁米一俵といっている」（『民俗資料選集　狩猟習俗Ⅱ』）、村上一馬「江戸時代にクマの胆はいくらだったのか」（『小国マタギ共生の民俗知』二五七～二六四ページ、農文協、平成十六年）
（30）村上一馬「江戸時代にクマの胆はいくらだったのか」（前掲29）
（31）前掲（13）

(32) 前掲(15)
(33) 前掲(30)二六一、二六二ページ

四　春、越境して笠木を採る・盗る

1　笠木とは

笠木とは檜笠《ひのきがさ》の原材料である。

白山直下の手取川本流源流域で最奥の集落は白峰で、標高は約四八〇m、明治二十七年(一八九四)四二七戸。(1) ここで作っていた木製品は表1で示した。(2) 表中の「鍬棒」とは農耕用の鍬の柄のことでブナ・ミズナラより作る。「木鋤板」とは除雪板のことでブナより作る。「糊皮《のり》」とは和紙を漉《す》く粘液に粘りをつける剤でノリウツギより作る。当時の生産物中、現在も作り続けられているのは九品目中杉板だけの一品目であり、他の八品目は現代社会の需要減で消失した。鍬の柄・除雪板作りの体験者からの聞き取りで、話題になったのは笠木作りであった。作る実態が時に異状であったこと、稼ぎが多かったが作る量が少なかったので、統計にのらなかったらしい。

笠木作りは、まず天然檜を伐採、原木を長さ二〜三尺に伐り、それを細く割って作る。その笠木から経木、さらに紙テープ状のヒンナを作り、ヒンナを編みあげて檜笠を作る。笠木と経木作りは男、ヒンナ作りと編むのは女の分担である。一連の作業は「割る」「剝《へ》ぐ」の作業で、節があると割りにくく、剝ぎにくいので、原木から笠木を作ったときの分止まりは良くない。檜はその材質を最高と評価するから価格は他の木より高いので、笠木の価格も高い。したがって笠木を作る者にとっては他の木製品作りより多く稼げた。ところで笠木の消費地、とりもなおさず檜笠生産地は白峰村地内になく、白峰集落から手取川沿いに約八キロ下流の右岸にあった旧尾口村深瀬《ふかぜ》で、集落あげての檜笠生産地であった。大正四年の戸数六四戸、人口四七〇人。そのうち男五〇人、女一二〇人が檜笠作りに従事。生産量は一二万五〇〇

○箇、生産額は一万○八六六円であった(3)。割高に稼げる笠木の出荷先深瀬が近くにあったことは、笠木製作者にとっては都合良かった。笠木作りについての情報提供者は白峰集落の人ではなく、白山登山口の市《いち》ノ瀬と周辺の三《み》ツ谷《たに》、赤岩（三つを総称して河内《こうち》）の出作り群の人で、明治末には市ノ瀬一二戸、三ツ谷一二戸、赤岩一七戸があった(4)。市ノ瀬は標高八五〇m、白峰集落から約一二キロ隔たり、白山直下にある。

かつての河内居住者からの笠木製作についての情報収集の過程の中で、「だいぶ前で時効にかかっているから本当のことを話してもよい」という立場と、「子孫が生きておられるので話したくない」という相反する立場に出くわした。二つの立場の背後には、河内の人の笠木作りは無断で国有林や他人の私有林の檜を伐採しておこなっていたから、公言を避けてきたという事実が隠されていたのである。つまり盗木をしていたことが分かった。通常の笠木採取は、天然檜の自生山地を所有する国・村・個人と契約して行うので特に問題はない。ところが聞き取り情報では、無断の笠木採取が多かった。河内より二キロ近い白山の分水嶺を越えて他県・他村の領域へ出向いて檜盗木をするとなると、無人の産地に仮説作業小屋を急造し、盗木が発見されないような技術と日程をつくって、短期間で効率良くしなければならなかった。この報告では、手取川最源流の居住者、河内の出作り民の笠木採取の実態を、可能な限り記録したいと考えた。

表1　明治27年白峰村白峰の木製品

項目	数量	金額
杉皮	20,000坪	3,000円
杉小割板	50,000束	2,750
鍬棒	40,000本	800
小鍬板	35,000本	1,225
カンジキ	24,000束	735
糊皮	900貫	144
栃板	2,000間	360
焚炭	30,000貫	750
薪	130,000貫	1,560

（旧白峰村役場所蔵資料より）

2　通常の笠木採取体験

①　加藤喜八氏（明治十三年生）の笠木山体験

ここでいう「笠木山」とは、山に入って笠木を作ることをいう。三ツ谷の永住出作り加藤喜八（屋号喜四郎《きしろう》）は、三ツ谷の加藤与三松（屋号甚五郎《じんごろう》）に雇われて笠木作りをした。甚五郎は、岐阜県石徹白《いとしろ》（明治期は福井県）の上杉家と交渉、前年の根雪前に翌年の笠木山用の米・味噌・鍋釜を仕事小屋に荷上げしておく。三月下旬の積雪状況は、重い荷物の背負い運搬はむつかしいからである。仕事小屋は、仕上げた笠木を運ぶまでの期間は倉庫役もするので、笠木が多くなると寝る場所もなく

写真 1　檜新宮の自生檜（海抜約 1500 m）神木として崇めて伐採を避け，さらに繁植のための母樹とする

写真 2　檜笠の原料・笠木と，製作用具　左よりコガ，ヨキ，ヤ　（深瀬・河岸市松氏所蔵）

写真 3　深瀬産の檜笠とテープ状ヒンナ　（笠木よりヒンナを作り，それを編みあげて笠を作る）

なるほどとなる。「サンカンギ」という自然の檜より笠木を作る。仕事先は「檜笠場」[5]という場所で、先祖が古くよりサンカンギより笠木を採ったと伝える場所だが、笠木向きの檜は伐り尽くされ、実際の仕事場は檜笠場より石徹白側へ下った低い場所、上杉の旦那より契約で買った山に小屋を建てた。

三月下旬、年によっては四月の入りに現地に入る。現場に着くとまず除雪して地面を出し、五人が泊れる二間×二間半ほどのネブキ小屋を建てた。屋根用の茅がないのでネズノキの皮を剝いで葺いた。床はネズノキの枝・葉を敷き、その上に皮を敷く。中央にジロ（地炉）を作り、その上に横木を渡し、笠木をのせて乾かすヒアマを作る。小屋造りに二日を費す。仕事小屋の外観は、雪面上の穴にネズノキの皮葺き三角屋根が突き出る形となる。実務は、四人が伐採・割る等の屋外作業。一人が火を焚いて乾燥、さらにシナノキの皮を剝いで縄を作り笠木を束ねる。一週間ほど笠木作りに従事。小屋が笠木で一杯になると、笠場峠の小屋（ブンザ小屋ともいう）へ運ぶ。四月十五日は三ツ谷の春の節供日なので、この日までに笠木山がすべて終るように甚五郎は段取りした。山締まいの頃には、三ツ谷の女衆が峠の小屋の笠木を三ツ谷まで運ぶ。笠木はその何割かを三ツ谷の林七蔵家を介して深瀬へ送っていた。深瀬より甚五郎へ直接買いにくるときもあったが、大方は甚五郎がまとめて深瀬と商いしていたようである。

② 山下石松氏（明治三十七年生）の笠木作り作業

赤岩の季節出作り山下石松氏は、自給野菜作りをしながら、他家より依頼を受け自他山地を管理されていた。昭和五十年四月、山下家の出作り住居すなわちネブキ小屋の調査のとき、偶然にも山下氏の笠木製作の実務を見る機会にめぐりあった。雪面に座り原木をコロギリされ、「何の木」と訊くと「ナラ」と答えられ、一年分の薪を作っているとのこと。傍らに笠木一束が置いてあり、間髪を入れずに尋ねると、キュウヨモニキチ（久右衛門仁吉）山の尾根に自生檜があり、独力で伐採、それをテゾリで小屋場まで雪上運搬、まず笠木一束を作り、今は薪作りに専心しているという。自生檜の現地に登って確認したのが写真5の3である。古くからの笠木作りで河内《こうち》三ケ《さんか》には「自生檜は伐り尽された」と聞いていたので嬉しかった。笠木作りでも檜のコロギリ作業があるので、ナラのコロギリを見て感慨ひとしおであった。

写真 4　ネブキ小屋（白山ろく民俗資料館の炭焼小屋）
峠の小屋は，これより一回り程小さく，入口は下屋を作り，戸締りし，笠木をたくわえていた．峠の小屋は，ブンザ小屋ともいっていたらしい．

ネブキの納屋前には山下氏が笠木作りに使った道具、これからも薪作りに使う道具一式が置いてあり、恰好の機会なので写真5の1、2、4で示した。「笠木一束はいくらするか」の問に対し、「まったく分からない」と答えられ、暇なので昔の技術を思い起して笠木作りをしたという。白山直下河内領域での笠木作りは、明治初期に途絶えていたのだが、昭和五十年代に「一束」だが赤岩地内で作られていた事実に出会い、感激の調査日であった。

③ 河岸市松氏（明治三十五年生）の笠木山体験（家業は深瀬での檜笠作り）

笠木山の行先　親方《おやかた》という人の輩下《はいか》人夫になって、深瀬の若衆二、三人、多い年は五、六人で行く。石徹白《いとしろ》川の小谷堂《こたんどう》行きは三ツ谷の甚五郎が親方、他は深瀬檜笠組合の世話役が、何日もかけて福井県下の天然檜自生を調査。そして契約をすませてあり、その人が親方をした。

その1　ナラの原木のコロギリ（薪作りの前段）

その2　山下氏製作の笠木

その3　赤岩地内久右衛門仁吉山の自生檜

その4　薪・笠木作りの春木山での使用道具一式
テゾリの上に，左よりトビ・ツエコシキ・ヨキ・ヤ・ナタ・テノコサヤ・ナタカゴ・テノコ・コガ

写真 5　赤石の出作り・赤岩・山下石松氏の春木山（昭和 50 年 4 月）

大正五年、十五歳のとき初めて福井県下穴馬《しもあなうま》の小谷堂へ行った。小谷堂に四年、上《かみ》穴馬の半原《はんばら》、久沢《くざわ》、西谷の秋生《あきう》に各二年、一〇年続けて行った（図1参照）。自分は背丈が低く兵隊検査は丙種合格で軍隊には行けず、続けて笠木山に行っていた。どこも雪が消えてからである。服装は長着物にパッチ、里の平場《へらば》道《みち》では足袋付わらじは疲れるので、素足のわらじ掛けで行く。初日は大野の宿で泊り、二日目は麓の村宿で泊る。三日目は親方が村宿に道具（ガンド・ヨキ・ヤ・ホエウチ・セナカアテ等）を預けてあり、それを担いで笠木山に入る。笠木山の高度は一〇〇〇mを少し越えたあたりと思う。その場所が初めてであれば、二、三日かけて仕事小屋や便所、水場を作る。

笠木山の小屋　大きさは二間四方か、間口二間奥行二間半ぐらい。ネブキでなくアシアガリ（足上り）。三尺ごとに間柱《まばしら》、角《かど》柱は太目で約三尺掘って埋める。柱ごとに横木梁アマギを渡し、笠木の乾燥場に当てる。中央土間に約三尺四方のいろり・ジロを作り、炊事・笠木乾燥に使う。屋根組みの合掌、柱、アマギは自然生雑木で主にナラの丸太のまま使う。屋根や壁は檜・杉の皮を使った（図2参照）。

檜のサンカンギ　自生木をサンカンギ（山間木）ともテンネンボク（天然木）ともいい、対するに植林木をモリギ（森木）といって区別する。サンカンギは瘠《や》せた尾根筋や岩場に生え、モリギより目が込んでいる。モリギはにわかに太るから目が荒い。目とは年輪のことで、サンカンギは年輪と年輪の間が狭い。笠木は割って作るので目が荒いと割りにくく、目が込んでいると割りやすい。だからサンカンギの笠木作りは、割り易いので手間暇がかからなくてすむ。加賀側河内の檜サンカンギは、深瀬に近かったので早くから伐っていたので少なかった。越前側は、杉・檜のサンカンギを見るが、檜が多く生えているのでこれを利用するのが笠木山の仕事。飛騨側へ行ったことはないが、三ツ谷衆の話によれば、越前側より檜サンカンギが多く生えているという。

仕事の順番

イ．マサウチして木を選ぶ　直径一尺以上は最良の原木、直径八寸以上あれば利用した。原木の根本にヨキ（斧）を上下の二方向から打ち、ヤ（矢）を入れて見本の木片を起し、割って良悪を検査するマサウチ（柾打ち）し、割りやすいかを見定めた後で伐採する。契約した山にサンカンギが少ないときは柾打ちにする選択はしない。割りにくい木でも天井板、框《かまち》、盤《ばん》に加工して出荷した。ただ、柾打ち跡を残している老木は、「性が悪い木だから伐っても材にならない」として親方の指示で伐らなかった。

写真6　河岸市松氏と自製笠木（昭和49）　記念のため福井県下半原で作った1束を残しておいた

ロ．節を避けてシャ（笠木）を作る　親方が檜を選び、人夫が枝を下ろし、根伐りして倒す。節があると邪魔になり割りにくいので、親方が節と節との間の無地の所を見究めてコロギリ場所を決める。親方の鋸の刃金部分には、一尺二寸、二尺、二尺三寸、二尺七寸、三尺、三尺五寸の目印が付いており、これを原木に当てて切断場所に鋸目をつけていく「シャク（尺）」をする。長さ

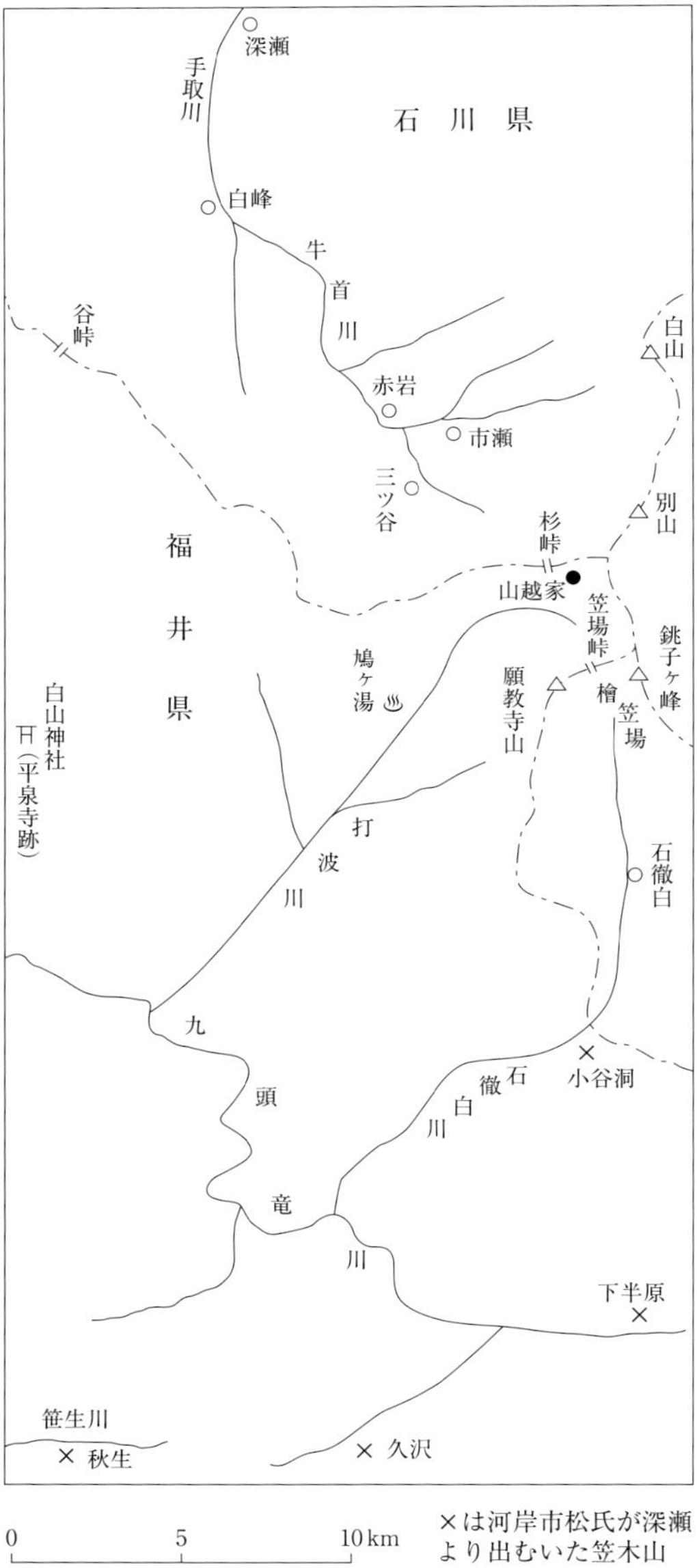

図１　笠木に関する地名図

三尺五寸物を「大笠木」、三尺から二尺七寸物を「中笠木」、二尺三寸以下を「小笠木」等の商品名でよぶ。親方のシャクの鋸目に従い人夫がコロギリする。コロギリした物を親方が楔形のヤ（イタヤ製）を使って巧みに割って、「シャ」とよぶ笠木を作る。節を避けてコロギリしても節付きのものもある。節があっても親方のヤの入れ方次第でシャになったり、ならなかったりするので、ヤの技術は熟練がいる。

ハ．シャ（笠木）を小屋へ運ぶ　三人仕事では半日で笠木を二束分、乾燥用の薪を一束分作る。昼飯小屋へ戻るときと仕事を終えて帰るときの二回運ぶ。重さを計ったことはないが、軽い笠木だと一二、三貫、重い笠木だと一五、六貫ぐらい。ナラの薪は重く一七、八貫ぐらいあったと思う。

ニ．シャをアマ木上で乾かす　大雨の日以外、小雨でも全員で外仕事をする。すると日中は乾燥用の火は焚けず、夕食後から翌朝まで火を焚かねばならない。真夏の暑い季節は、いろりの火熱で眠れない夜が続いた。一週間から一〇日間で重さは約半分となる。毎日薪が沢山いるので、親方は最盛期に薪作りといろり番、さらに食事作りもできる男性人夫を、地元で雇う手配をしていた。

ホ．シャを束ねる　藁縄がないので現地の自生ネソ（マルバマンサク）を伐って束ねる。親方は、シナノキの皮で作った長さ三尺八寸のケンナワ（検縄）を用意、人夫はその検縄の長さでネソを伐る。このときネソの捻り結びを考えて余裕をもたせ、四尺の長さで伐るよう指図した。乾いたシャを長さ四尺のネソで束ねると、太いシャでは九本、細いシャでは一八本となる。一束の重さは六、七貫であった。

生産量と出荷　山入りは雪融けに左右されて五月上〜中旬に深瀬を出る。十月一杯仕事をして出山《じゃーま》する。大正十二年の関東大震災までは八月盆も深瀬へ帰らず仕事をしたが、それ以後は盆は中休みして深瀬へ一時帰った。山入りから最初の出荷まで約一月かかる。その頃、親方は麓の歩荷《ぼっか》を使って笠木山から麓の村まで背負運搬、さらに馬車で大野へ、

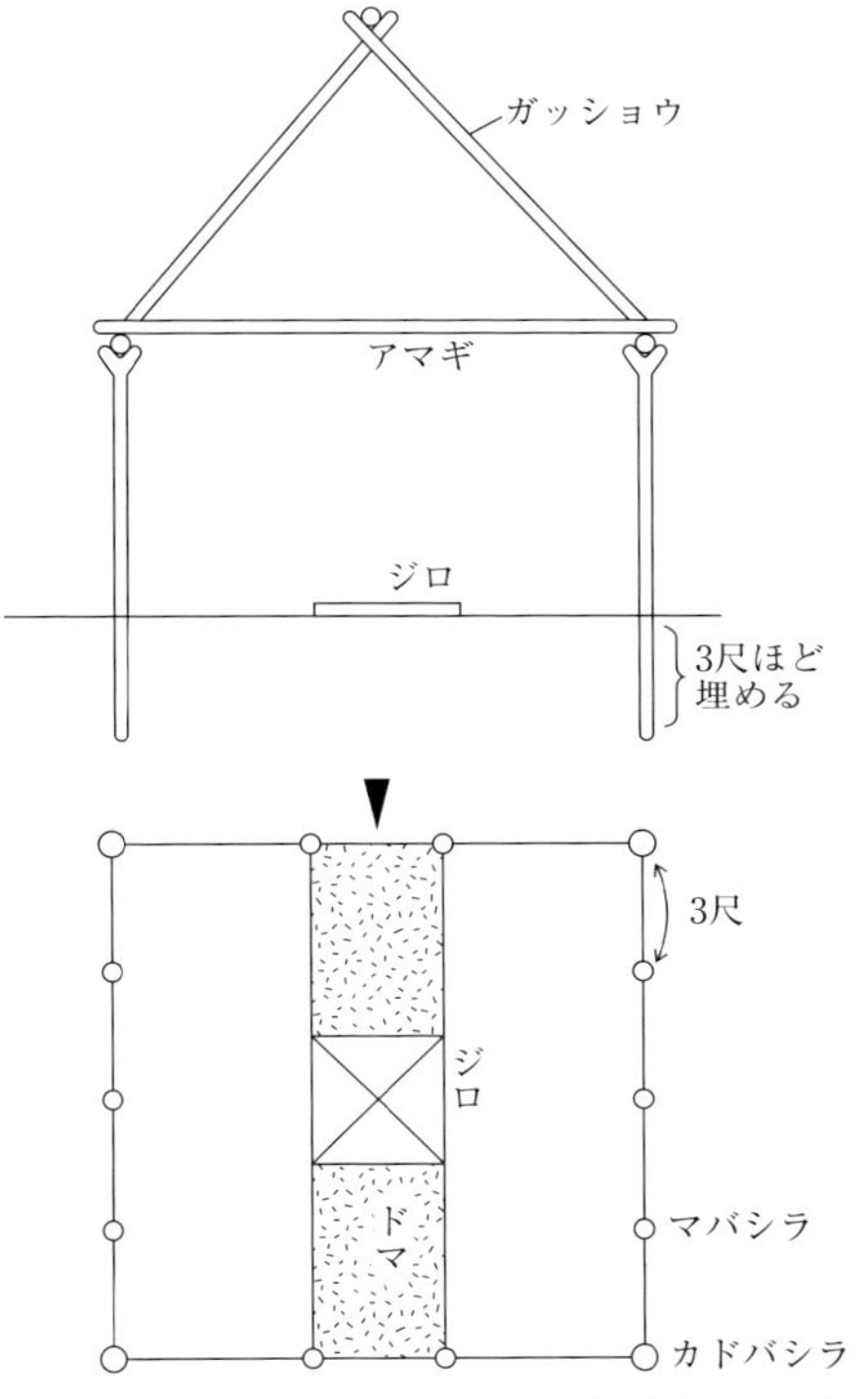

図 2　深瀬の人の笠木山仕事小屋（河岸市松氏の教示をもとに作図）

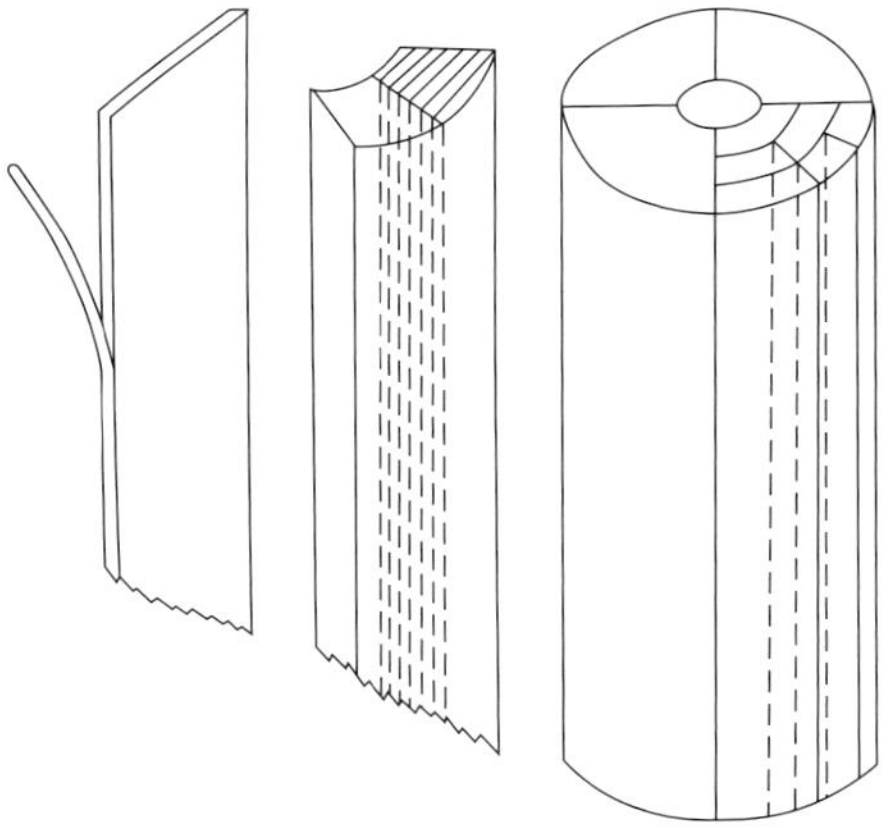
図 3　丸大より笠木，経木，ヒンナを作る順序（『石川県山林会報 7』より）

大野からは汽車・電車で鶴来へ、そして最終地・深瀬へは馬車で運ぶ段取りをした。

生産量は、四、五人で普通の年で三〇〇〜四〇〇束。サンカンギが多く、晴天に恵まれた年では五〇〇束であった。笠木一束の値段は、産地笠木山では一円から一円五〇銭、深瀬で二円五〇銭から三円であった。関連して大正五年、「笠木三束と檜笠三〇〇枚が同じ値《あたい》」という基準があったと覚えている。

人夫の賃金　大正五年時は日給四〇銭、大野の宿賃二〇銭、往復の旅費、小遣い以外は、笠木の現物支給で決済した。このときは笠木一束二円五〇銭で清算した。

笠木山に関する儀礼　山入りの日、出山の日、檜伐採に特別の儀礼はない。親方によっては、「八専《はっせん》の日に伐ると木に虫が入る」として、八専の日に原木伐採を避けたことがあった。春の山祭り（三月九日）、秋の山祭り（十二月九日）も深瀬で生活していた。秋の山祭りに、檜笠組合の親方は笠木山に雇った人夫を集め、塩鯖で酒を飲む席を作って慰労した。

天然檜の無断採取に対し、所有者と契約を交わしての伐採を「通常の採取」として、三人の体験をまとめた。加藤氏は明治三十年代、河岸氏は大正時代である。いずれも九頭竜川水系の山地福井県領域での実務である。裏を返せば、檜サンカンギは手取川水系山地では伐採しつくされていたからである。特に河岸氏の提供情報は、原木から笠木までの製作順序や、大正初期の人夫賃、笠木価格も分かり貴重である。ところでいつ頃から他県（他国）へ出向いていたのか、親方が交わした笠木山契約金はどれほどだったかの問題である。

幕末より明治にかけての深瀬の檜笠の生産事情について、長山直治氏の詳細な報告がある。(6) この報告では慶応二年（一八六六）頃の笠木採取地は、越前大野郡石徹白村・穴間（穴馬のこと）、明治二年（一八六九）には加賀金沢を貫流する犀川奥地まで及び、すでに手取川源流域を視野外にしていたこと。また笠木仕入金を明治二年は越前藩より一五〇〇両を、さらに明治三年は加賀藩産物方より銀三五貫匁（約三〇〇両）を借用していたことを把握された。越前・加賀藩の両方から資金借入ができたのは、白山麓が天領（倒幕後明治政府領）だったからと指摘された。加賀藩よりの三〇〇両も、越前藩の一五〇〇両と同じく天然檜伐採の契約金に当てられたに違いない。一五〇〇両、三〇〇両という金額は

「莫大で高い」という印象に尽きる。補足すれば、自生檜の「通常の伐採」では、自生檜の検分、契約金、雇用、生産、運送、市販等に長期にわたって高額の資金が必要なので、人の通わない奥山の自生檜を契約金なしの無断伐採に目を向ける遠因となる。

3　越境笠木採取にまつわる伝承

言いにくい内容を言ってもらったので、その全部を披露して話者への謝意としたい。

①　三ツ谷の出作り加藤喜八氏（明治十三年生）より

物覚えがついた頃、「笠木山で五人が死んだ事件」、「岩吉が牢屋で死んだ事件」について、村や家の者より聞いた話だが、詳しいことは父は知っていたと思う。

笠木山で五人が死んだ事件の話　三ツ谷の衆五人が笠木山からの帰り道、猛吹雪となったので、途中の峠の小屋（父は文左《ぶんざ》小屋といっていた）に泊ることにした。小屋には次の年の食糧が荷上げしてあり、それを緊急食とするつもりで避難した。ところが当てにした食糧はなくなっており、文左小屋は笠木山の小屋より丁寧に作ってないので吹雪が吹き込み、笠木山へ戻ることに決めた。猛吹雪は止まず笠木山まで着けず、五人はばらばらになって凍死した。文左小屋の米・味噌は、赤岩の衆が笠木とりか熊狩りで泊って食べたことが分かり、「赤岩の者が三ツ谷の者を殺した」として、この事件以来三ツ谷と赤岩は仲が悪くなった。この遭難死事件は、「石徹白山を銭で買って採っている」を口実に、官憲の目の届かない官林の檜を黙ってとっていたので、公《おおやけ》にすることはできなかったという。さらに父は、檜笠場のような平べったい雪原は、雪の細い尾根より迷いやすく、檜笠場で方向を見失ったせいで、霧や吹雪のときの雪原は白一色となるので気を付けねばならん、と教えるように付け加えた。そして笠場峠を越えて文左小屋まで来たのであれば、戻らずに上小池の山越惣左衛門の出作りへ向えば、下る一方なので死なずにすんだのでないかとも言っていた。

官林の檜をとった罪で牢屋で死んだ岩吉の話　岩吉の友達孫八《まごはち》は、ワサビ田で仕事中、岩吉の呼び声を聞いた。「岩吉は高山の牢獄に入っているのに不思議だ」と家の者に話をした。その数日後に「岩吉が死んだ」との知らせが入り孫八はびっくりした。岩吉の「三ツ谷に帰りたい」という一心が呼び声になったと孫八は言っていた。

② 三ツ谷の出作り永井辰若氏（明治十八年生）より

自分は、冬場小屋掛けし、除雪板・鍬の柄・木製鍬を作ったことはあるが、笠木を作った体験はない。河内で笠木をとるのは三ツ谷の衆が多くやっていた。近山では昔から檜で笠木をとっていたので、人の立ち寄れない岩場にしか残っていない。遠方へ泊りがけで行く者もおり、他県や国有地へ行き、無断で檜を伐るので、捕まって裁きを受けた人もいる。その子孫が今もおられるので、話をしてあげることはできない。

③ 福井県上小池《かみこいけ》の出作り加藤喜之助氏（明治十九年生）より

越前側の上小池や石徹白の連中は笠木をとる技術はない。加賀側、特に三ツ谷の連中は、飛驒や越前の官林で笠木をとっていた。三ツ谷の岩《いわ》（岩吉のこと）は、高山で裁きを受けるため赤ゲットを着て、杉峠、上小池を通って引っ張られて行き、帰らなかった。檜笠場で三ツ谷の五人が死んだのは、十二月の山じまいのとき、根雪前のどか雪のときである。

④ 福井県上小池の出作りから白峰村大杉谷苛原《えらばら》の出作りへ養子縁組みした長坂吉之助氏（明治二十八年生）より

実家は福井県打波川源流の上小池で、笠場峠を越えて石徹白へは数回行った。峠の石徹白側は檜笠場と言い、なだらかで広い山で、檜・トガ・モミが「麻を作ったように並んでいる」様子で、小池側より良い木が多くあった。三ツ谷の連中が、上小池・峠越えで笠木作りに行っていたが、その仕事小屋を見た覚えはない。上小池、石徹白の連中は檜から笠木をとる技術は知らなかった。

三ツ谷の五人が檜を盗みに行って死んだのは、赤岩の連中が三ツ谷の食物を黙って食べて下りた。その後、返しに行ったが、天気が悪く小屋まで行けず途中に置いてきたのが原因だと聞いた。そして五人は、弱い者が小屋の近くで、強い者が小屋の遠くで死んでいたといい、強い者が雪道で先頭に立って踏み分け、弱い者をかばっていたらしいと先祖は

図 4　笠木越境採取に関する地名図

語っていた。

三ツ谷の「岩吉」が高山で獄死した話も聞いた。盗み山より出山するとき、小屋を完全に壊して帰ってくる。岩吉は、ガンド（大鋸）の鞘《さや》を落し忘れてきた。鞘に家の焼印が押してあったので、捕まって高山で裁判にかけられた。岩吉は、「自分一人で何日もかかって、広いハリ（面積）のサンカンギを伐った」と言い張って、他の連中の名前を白状しなかった。そして高山の牢屋で死んだという。

⑤ 赤岩の出作り加藤勇京氏（明治二十九年生）より

河内を出て笠木をとる仕事を「盗み山」と言っていた。三ツ谷の衆は、赤岩・市ノ瀬より盗み山を多くやっていた。自分の家は、残雪期、別山を越えて飛驒側で熊狩り、さらに雪が融けると尾上郷《おがみごう》川の枝谷でワサビ作りもした。自分は笠木とりの体験はない。

笠木はサンカの檜からとる。サンカとは、ヒエ・アワの作れない奥地の瘠《や》せた山を指す。ブナはサンカの緩やかな尾根や平《たいら》に生え、檜はサンカの険しい尾根それも切り立った岩場に生える。檜は、高い山奥の官地には少なく、飛騨・越前の民地に生えている。赤岩の連中は、尾上郷の山へ盗み山に行った。岩屋俣谷より吹上《ふきあげ》芭蕉、追分と登り、三ノ峰・銚子ヶ峰と続く分水嶺に出る。ワサビ作りは谷筋、笠木とりは分水嶺より飛騨側へ出る尾根筋が仕事場で、出先の地名は知らない。ただ、笠木とりに関する地名では、サブ谷出合や牛首峠近くで捕まりそうになったと聞いた。

若いとき深瀬の人より聞いただいぶ前の話で、記憶が正しいか自信がないが、「三尺の長さの笠木一束より檜笠一〇〇枚作れる」、また笠木の値段について「笠木三束笠一本」というしきたりが古くよりあるという。笠一本とは、完成した檜笠一〇〇枚を一つの荷に梱包した物を指す。補足すると「笠木三束と檜笠一〇〇枚は同じ値段」という意味で、その時々の笠の市価で笠木の値段が決まるという。

三ツ谷の連中より聞いたのでは、根元で伐ると盗み山がばれるのでしない。立木のまま、ヤ（矢）を入れて必要な分だけ剝ぎ取り、それを割って作る。三ツ谷の連中が越前で盗み山で死んだのは春先と聞いている。三ツ谷の組の米・味噌を、赤岩か市ノ瀬の盗み山の組が食べた。返しに行ったが猛吹雪で小屋まで行けず、途中の大木に米・味噌をぶら下げて帰ったのが原因で、気の毒なことであった。三ツ谷・市ノ瀬・赤岩も盗み山をしていたので公《おおやけ》に出来ず、「市ノ瀬が悪い」「赤岩が悪い」となすり合ってきた。

⑥ 尾口村深瀬の河岸市松氏（明治三十五年生）より

深瀬の古老より聞いた三ツ谷の人の盗み山の様子。これは越前での笠木山で、三ツ谷の人と一緒に仕事をしたときに聞いたもので、又聞きの話である。飛騨へ行くときは顔に煤《すす》を塗って人相を変えて行く。スス竹（チシマザサ）を分けて山道を進むとき、まず竹を左斜めに倒し、その上に右斜めに倒して重ね、同じように重ねて進む。この要領の繰り返しの最後、一番手前の竹を起すと重ねてきた竹が全部起き上って、踏跡が見つからないようにした。檜は伐り倒さない。太い檜を狙い、まず皮を剝ぎ、笠木の長さ分に鋸を横に入れ、次に矢を入れて必要分をとる。終ると皮を戻して付け、笠木をとったことが分からないようにしておいたという。

⑦三ツ谷の出作り林七蔵氏（明治三十七年生）より

林家は代々「七蔵《しちぞう》」を名乗り、三ツ谷の草分けと聞いている。古くからの萬屋《よろずや》で、米・塩・衣類等の生活用品を移入、鍬の柄、除雪板や熊の皮・胆等を仲買移出する商いをしていた。三ツ谷の衆が作った木製品は林家が商い、笠木は尾口村深瀬へ出していた。

銚子ヶ峰で遭難死した五人の五〇回忌法要を村でしたとき、自分も世話役をした。それは昭和八年である。家内の里は石徹白で、里帰りは雪が落ち着いた四月上・中旬、笠木とりのコースで往復した。昭和初期に四回行った。銚子ヶ峰の西側は檜笠場といい、檜より栂《とが》が多く同じ高さで同じ間隔で並び、霧や吹雪のときは迷いやすい所である。以手前には笠場峠があり、峠の小池側に「文左小屋場」という地名を聞いていたが、小屋跡の石場を見たことがない。以前、峠を越えた石徹白側で笠木をとっていたときの中継小屋と聞いていた。文左という名は屋号らしいが、河内（三ツ谷・市ノ瀬・赤岩）には文左という屋号はない。

銚子ヶ峰の飛驒側国有林で檜盗木が問題となり、尾上郷は加賀の三ツ谷の仕業となすりつけた。三ツ谷では警察の追求に対し、村で一番貧乏な加藤岩吉にお金をやって家族の生活を面倒みる代りに、一人で罪を被ってもらうことにした。岩吉は、高山の裁判所で一人で責任をとって罰を受け、刑に服していた。刑が終る頃、郵便で帰る日の案内が三ツ谷にきた。岩吉の親友加藤利吉郎が村の丈六神社前を通ったら岩吉の姿を見た。利吉郎は「岩吉の亡霊が宮の前に出た。岩吉は死んだかも知れん」と周りに言っていた。その後すぐ高山から電報がきて、岩吉が急死したことが分かった。村の者はびっくりした。利吉郎は、その後頭が変になり、嫁さんをもらわれない身になった。悲しいことが悲しいことを生むものである。岩吉の死は、銚子ヶ峰遭難よりちょっと前のことと聞いている。五人の遭難者の五〇回忌のとき、岩吉の供養も一緒にした。

⑧福井県（現在岐阜県）石徹白より市ノ瀬の温泉旅館へ嫁入りした加藤せん氏（明治四十一年生）より

一八歳のとき、市ノ瀬白山温泉旅館、加藤岏《はじめ》氏（屋号小右衛門）のもとへ嫁にきた。里帰りのとき、林七蔵さん夫婦と一緒に、笠場峠の雪道を行き来したこともある。雪の時期、加賀の連中が笠木や伐採杉原木をテゾリを操って村まで雪上運搬すると、石徹白の男たちは珍しがって見物するほどであった。村近くに良い檜・杉が加賀側より多くあったらしく、加賀の連中は冬場の山仕事で雪を上手に利用していたが、石徹白の男たちは雪山に入っての山仕事はまったくしない。

三ツ谷の喜四郎《きしろう》（加藤喜八家の屋号）が、笠木作りや杉伐採で石徹白西在所に来て住み着いて仕事をしていた。その家の向いの家に「喜四郎の嫁さん」とうわさされた女の人がおられ、その人と結婚され世帯をもたれた。

また、加賀深瀬の「笠市《かさいち》」という人が「笠木の値段は石徹白の方が安い」として、古い空家を借りて夫婦で四、五年檜笠を編んでいたのを覚えている。

⑨ 赤岩より三ツ谷へ移住した出作り加藤正信氏（明治四十四年生）より

笠木については、祖父白三郎より聞いた話で、江戸時代終り頃のことと思う。祖父は、鍬の柄や除雪板作りは、越前の打波川筋玄向谷《いこんだん》や鳩ヶ湯と具体的地名で言っていたが、笠木は「飛騨山」と言って地名を言わなかった。江戸時代末にはもう地元では檜は伐り尽されていたので、危ない仕事だが飛騨へ出て行った。檜の中で値段が高く売れたのは「ノリモンボウ」という駕籠《かご》の担ぎ棒で、長さ三間二尺、次は檜板で長さ三尺物・六尺物、その次が笠木一八貫であった。[7]

飛騨山行きは仲間で誰の持ち山でない場所へ行く。白山村の村役人源右衛門《げんによもん》の輩下や、山廻り侍が来そうだと、急ぎ道具を持って逃げた。熊撃ちに飛騨山へ入るのは割と自由で、そのとき良い檜がどこにあるかを見定めておく。熊撃ちのとき飛騨尾上郷《おがみごう》（後述⑩の大沢武雄氏の情報参照）の者と会うときがあり、「泥棒が山見、檜見に来ている」と悪口を言われていた。

晴れて見通しの効く日は、白い雪斜面での仕事なので、見つかりやすく仕事は避ける。雨降りの日、霧がかかった日は死にもの狂いで伐る、剝ぐ。乾燥等に精をだす。炊事の煙をだすと、煙目当てに取締りの者がやって来るので、炊事は暗いうちに三食を作ってしまう。飛騨の者も官材を盗んでいるので、山で会うと人数の多い方が勝となる。相手の小屋を壊し、鍋・釜を自分の物にする。常に尾上郷の者より三ツ谷・赤岩の衆が人数が多く有利であった。時おり、尾上郷で人数を揃えて追っぱらうため登ってくる。そのときは負けるので道具を持って一時姿をくらますが、小屋が壊され食糧がとられると、この年はこれを機に中止した。雪が消えた後も行く年もあった。仕事で歩いた跡が残らないように、草・竹を倒したのをきれいに戻し、山廻り役人に見つからないようにした。

飛騨山で捕まって高山で裁きにかけられた者もいる。三ツ谷の甚五郎は、牢屋より白洲まで四つの鍵をくぐって引っ張り出され裁きを受けたという。ときには黙りこみ、ときには言い逃れをして尻尾《しっぽ》をつかまれなかった。釈放されるときに、代官から「お前は百姓でなく侍の身分でないのか」と言われたほど、頭が良く度胸の座った人物であった。甚五郎とは加藤与三松の先祖である。

岩屋俣谷出合のガジノ山の出作り外次郎《げじろう》は飛騨山で捕まって裁きを受けた。「わしが皆にやらした」と一点張りを言い続けたので、皆の衆に罪が及ばなかった。外次郎の出作り地カジノ山の場所は源五郎小屋場と同じで、これは市ノ瀬の衆の飛騨山のことである。

三ツ谷の金太夫《きんだいう》は、山廻りが来たとき足を大怪我していたので捕まった。高山で刑を終えて帰ってきたときには、人が変って普通でなくなっていた。ひどい仕打ちを受けたらしい。

三ツ谷の岩《いわ》は、笠木山の罪を一人で背負い、高山の牢獄で獄死した。

ばらばらな話だが祖父が話していたことである。

⑩ 岐阜県荘川村尾上郷より白鳥町那留に移住した大沢武雄氏より

父は大沢孫太郎、尾上郷大沢彦平家の分家で、現在（昭和四十九年時）荘川村中野に住んでいる。御母衣《みほろ》ダム着工時、尾上郷は大沢彦平家（関市へ移住）と山本七郎右衛門（長島温泉へ移住）の二軒であった。自分の生業は、過疎離村した家屋の中でめぼしい物件を解体移築する仕事で、今は手取川ダム水没地に来て五味島《ごみじま》で仕事をしている。五味島の前は深瀬で仕事をしていた。深瀬は村あげて檜笠作りをしていたと知り、檜笠の材料笠木を白山・別山へとりに行って死んだ人がないかを、一番の物知り宮下さんのほか数人に聞いたが、分からなかった。父より聞いた加賀から笠木とりに来て別山で死んだ人の話がある。

明治の初め頃、祖父の体験談。檜を盗みに来ている加賀の連中を追っ払うため、尾上郷の男総出で暗がりに村を出て、往復八里の雪道を別山平まで往復した。飛騨の檜山へは、尾上郷より加賀の衆の方は近かったと聞いている。仕事小屋を壊し鍋釜をとりあげて帰る途中、加賀の男一人を捕えた。この男は岩魚釣りをしていて仲間が逃げたのを知らなかった。この男を谷川の大木に縛りつけ、逃げた連中は戻ってきて助けに来るだろうと思って帰った。次の年総出の見廻りに行くと、その場所に縛った縄と骸骨があり皆驚いた。祖父は仏教に厚く、毎朝仏壇に詣るとき、必ずこの人の供養をしていた。

この事を聞いていたので、深瀬の先祖の人が飛騨尾上郷の山まで来て笠木をとっていたのでないかと思い、尋ねたわけである。「あなた（筆者を指す）は昔のことを年寄りから聞いているらしいが、心当たりが分かったら教えてほしい。住所を知らしておく」。

自分は熊狩りもする。別山の方の山へ行くと、大きい檜を立木のまま笠木をとった跡に出くわすことがあった。別山の山々に詳しいのは山本家の重一郎氏が最もよい。

4　伝承を継ぎ合わせた越境笠木採取

笠木に関する一〇人の話者からの情報中、檜の越境盗み山が目立っている。行き先は大別して二つ。一つは別山・三ノ峰・銚子ヶ峰と続く分水嶺を越えて、庄川水系の尾上郷川源流域で、行政上は江戸時代は天領、明治以後は岐阜県荘川村である。他の一つは銚子ヶ峰、願教寺山と続く尾根を越えて、九頭竜川水系の石徹白川源流域で「檜笠場」とも「笠場」とよばれていた山地で、行政上は越前領、近代は福井県石徹白村（後に岐阜県に併合）である。話者一〇人中六人が、飛騨側での笠木採取に触れている。元来は地元手取川源流域で行っていたが、檜原木が少なくなって隣接した越前側での略奪的伐採に移り、そこで伐り尽すと遠い飛騨側へ出向くようになった過程の中での「飛騨盗み山」と考えられる。

①　聞き取りにみる飛騨盗み山の実感

聞き取り内容は越境伐採の自身体験談ではなく、祖父・父からのものなので「実像」とせず、「実感」と少しぼやかして表現し、以下にまとめた。

○熊狩りのとき、めぼしい檜原木を見定めておく。小屋掛けする場所は自生檜の生える地内であり、補足すれば森林限界を越えた高所では不可能である。小屋掛けの木組はアオモリトドマツやダケカンバが必要、盗み山の現場、小屋掛けした場は、県（国）境分水嶺よりかなり高度を下げた樹林地を選定していた。捕まりそうになった牛首峠やサブ谷出合の海抜は一一〇〇～一二〇〇mである。

○越境しての盗み山なので発見されないよう努力した。例えば、見つかりやすい晴天日は避け、雨天日に仕事をする。夜中に炊事をし、昼間は煙を出さない。足跡が残らないような工夫等である。

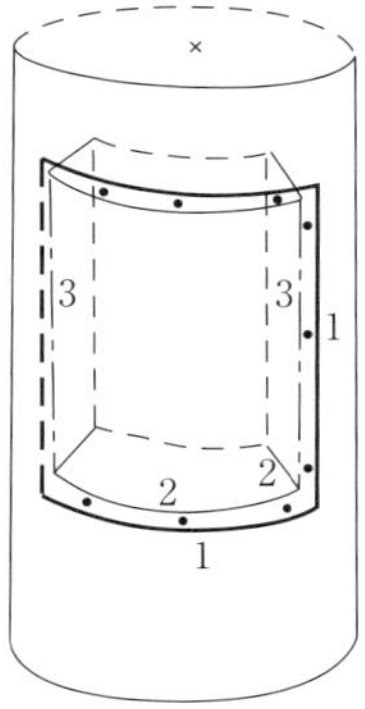

図 5　立木のまま笠木を取るやり方（林七蔵氏教示による）
1．1の太線部分に切れ目を入れ皮をむしり，点線部分で折り曲げておく
2．2の部分を鋸でひく
3．3の縦部分はヤをうって割り，全体を起す
4．皮を元に戻し，木釘をうって，外見上何の変りもないようにする

写真 7　板作りのため立木のまま幹をえぐられた栃の木（六万山山麓，海抜 1150 m）

○飛驒尾上郷の者も官林で笠木を盗っており、出くわすと人数の多い側が勝ちとなり、敗けた側の小屋を壊す等して争った。この争いに関連して、加賀藩領黒部奥山（現北アルプス）での不法行為取締り、「山廻り役」の巡見時、盗木用小屋を発見したときには焼き払うという手段をとっている。(8) 白山奥山でも黒部奥山でも、官憲力の届かない山地の有用樹は現金収入源として、奥山人は狙っていたのである。

○短期間で仕事を終えねばならず、ときには伐採はせず、立木のまま必要部分を剝ぎとっての仕事をした。「立木のまま笠木を取る」ということは三人の話者より聞いた。「そんなことができるのか」と問いただすと、林七蔵氏より絵を描いて説明を受けたのが昭和四十九年（一九七四）。それでも疑いが続き、時が過ぎた。二九年後の平成十五年（二〇〇三）、「立木のまま良材を取った」跡に、杉田清隆氏経営の指尾《さしお》山麓のワサビ田脇（海抜一一五〇m）で出会った。これは檜でなく栃、幹廻り五・八mの大木、地上一・八mの高さに、板を伐り取った痛ましいへこみで、大きさは、横七五cm縦一m五五cm、深さ三〇〜四〇cmである。この栃は、人間の営み、稼ぎのせいで重傷を負ったが、勢いよく生い茂っている姿に心をうたれる。栃の痛ましいへこみは、奥山人の「立木のまま笠木を取る」という技術が厳として存在していた証である。奥山人は、檜ばかりでなく有用樹にもその技術を使っての不法伐採で稼いでいた実態を、六万山《ろくまんやま》の栃が物語ってくれている。

○尾上郷側では、加賀の盗み山に対し男総出で取り締り、加賀の者を私的に捕縛、それが死に至ったこともあった。

○飛驒山での盗み山は、天候が安定し雪が堅くなり歩きやすくなった春先と思われる。

② 裁きを受けた人のこと

○該当人物は三ツ谷は甚五郎、岩吉、金太夫の三人。市ノ瀬は外次郎の一人である。このことからも、三ツ谷の衆が市ノ瀬・赤岩より飛驒での盗み山をしていたことは確実のようである。

○四人の裁きでの口述については「自分が皆にやらせた」との一点張りで、仲間への罪を一人で背負った犠牲者として称えている雰囲気がある。うがった見方をすれば、今後も起こるかもしれない盗み山の発覚、裁きの過程で、出作り群の意志・期待として、該当者に「一人でやった」という口述を強いているような気がする。

○三ツ谷の甚五郎の裁きの場について「白洲」という言葉があるので、事件は江戸時代末らしい。代が変っても甚五郎家は、越前側での檜の通常契約伐採を仲介しており、越前側の笠木とりに密に関与した家柄である。

○三ツ谷の岩吉の獄死については、一人で罪を被ってもらって自首したとする話者が三人、岩吉が道具を落し忘れたので足がついたとする話者一人である。岩吉の「声を聞いた」、「姿を見た」という幻覚を複数の人に感じさせるほど、三ツ谷の衆は岩吉を身代りとして犠牲者にでっちあげしたことに罪悪感をもっていた。

③ 五人の遭難死事件について

○河内の衆が檜笠場に出向くときは、まず杉峠（海抜一三四四ｍ）を越えて打波川源流域へ、出作り山腰惣左衛門家を経て、次に笠場峠（約一七五〇ｍ）を越えていく。三ツ谷の衆は、峠の打波川寄りに「文左小屋」という名称の小屋を作り、食糧の供給や笠木の出荷等の中継地としていた。

○遭難死した場所は、笠場峠を越えた石徹白領有域で、銚子ヶ峰南西側の檜笠場である。

○遭難時期については、山終《じま》いのとき、春先と分れるが、福井県上小池側の話者[9]の情報を優先させ、山終いの十二月上・中旬とした。初冬に降る新雪は水分を多く含み重い。日ごとに積雪量を増やし、その雪質は柔らかいままの状態が続く。このときの雪上歩行は、積もった分だけ足・体が沈み、雪中を泳いでいる状態になり、体力を最も費やす最悪条件となる。どか雪に見舞われ厄介な積雪条件下で事件が発生した。

○文左《ぶんざ》小屋の米・味噌を先食いしたのは、赤岩の衆とする話者が二人、赤岩か市ノ瀬のいずれかとする話者が一人であるが、赤岩の衆らしい。

④ 岩吉獄死と五人遭難死の発生年について

岩吉の獄死や五人遭難死はいつ頃の事件なのかについて、三ツ谷林七蔵氏の情報が唯一の手掛かりとなる。「昭和八年、自分も世話人となって五〇回年忌をした。そのとき岩吉の死は五人の死より少し前だったので、岩吉の供養も一緒にした」というものである。年忌法要は一年前に行なう慣行だから、逆算すると明治十七年となる。すると岩吉獄死は明治十七年前となる。岩吉については「警察より犯人を出せ」、「杉峠・上小池を通って高山へ」という言葉より、高山に区裁判所が開設されたときを探ると「明治十二年か十三年」との教示があったので[10]、事件は明治十二年から十六年にかけてのことと考える。関連して、尾上郷集落の人々による飛騨側での加賀越境者の捕縛死事件は、明治初期頃とされている。

まとめると、飛騨盗み山では加賀越境者の白骨化は明治初期、三ツ谷・岩吉の獄死は明治十二～十六年の間。越前側での越境伐採、三ツ谷五名遭難死は明治十七年等、明治二十年以前の事件である。補足すれば、二十年以後は盗み山に関する話・事件は伝わっていない。

5　文献にみる笠木関連資料

①　江戸期尾添村民の笠木事情

笠木の消費地は即、檜笠生産地で、それは尾口村深瀬である。近世の深瀬笠の生産、取引、資金調達については長山直治氏の考察がある。長山氏は、尾口村尾添の山崎正夫家文書中に、宝永四年（一七〇七）尾添村の市右衛門が同村の権兵衛より笠木仕入れのため銀二八匁四分を借り受けした証文[11]があると紹介、この笠木は深瀬に売られた可能性があることを指摘された。

尾添の山崎磯雄文書中に、文政十一年（一八二八）、尾添村民に遵守義務八項目をあげ、通達でなく八八人全員に署名を強いた連判帳がある[12]。その中で飛騨山への笠木越境伐採の禁止、さらに笠木等の売買の禁止をあげている。八項目の最初の一、二は最重要項目と思われるので、その原文を示しておく。

一、第一、御年貢御上納日限之通リ差上可申候事

一、第二、飛州高山御林ゟ檜□笠木其外何事不寄御林へ立入申間敷候事、其上笠木・檜・松・七木之類買取候者有之候ハヽ、急度取次元へ訴へ可出候事

江戸の文政期、尾添村民は国境分水嶺を越えて飛騨天領域で、笠木の不法伐採をかなりの頻度でおこない、それが深瀬へ流通していた実態を把握していたから、二番目の厳守事項としてとりあげたものと思う。

②　江戸期深瀬村民の笠木・檜笠事情

天保七年（一八三六）、深瀬村民が尾添村で小屋を借り受けて笠作りをした際、小屋借受金を決めた文書がある（尾添・山崎正夫家文書[13]）。笠木は尾添より売られてきていたという事情を考えると、笠木価格の割安な笠木供給先に仕事を移して笠作りをすれば、より多く稼げることになる。つまり、檜笠作りを笠木価格の安い村に移って仕事をした事例で

ある。

同様な事例は大正末期にもあり、加藤せん氏の情報提供として前述した。三ツ谷より石徹白へ移住した加藤喜四郎が石徹白地内で笠木をとったこと、深瀬の笠市夫妻《かさいち》が石徹白の空家で笠作りをしていたこと等である。深瀬の人が、より安い笠木を求めて一時的に移住した場所として、加賀側では尾添、時代は下って越前側では石徹白の二つがあったが、実態はこれ以上の事例があったと思う。

安政三年（一八五六）、島（桑島）村庄屋より深瀬村庄屋への、「深瀬村民が桑島領域山へ越境して樹木・木の実、山菜等を不法採取するのを自重させよ」との遺状がある（玉井敬泉家文書(14)）。特に村境の小嵐谷《こあらし》奥地の不法採取については「奥杯ハ、薪等勝手ニ採取、或松・杉・檜等を盗取候様子ニ相聞」と記し、檜の盗木に触れていることに注目した。檜は笠木の原木である。この記録は、深瀬では高価な笠木確保のため、ときには隣接村の檜を狙って不法採取していた証といえよう。

慶応二年（一八六六）の「白山麓村々の産業始末書上帳」（山岸家文書(15)）では、天領一八ヶ村の各村生産物とその量を記す。深瀬檜笠の生産量は二万かへ（ママ）。それに次のような添書がある。

近年、組合村之檜□（林カ）伐尽し、越前大野郡石徹白村・同郡穴馬等ニ而、檜木買入、四季共笠を拵而、最寄宿町へ売出、米穀と交易仕候

補足すれば、檜の白山麓手取川源流域での伐採が進み、越前九頭竜川源流域の石徹白・穴馬《あなうま》に出向いて檜を買い笠作りをしていた。そして「四季共」とあるので、帰村しなかったらしい表現をしている。さらに「最寄宿町へ売出」とあるので、越前領内で檜・笠木を採取、越前領内で檜笠を作り、越前領内で檜笠を売り捌いていたらしい。

③ 明治期深瀬村の笠木事情

長山直治氏は、深瀬村の明治二年（一八六九）の歎願書中の笠木採取事情の内容(16)を紹介している。

「追々近辺は伐尽し、唯今にては大野郡穴間谷（穴馬谷のこと）、石徹白村山内、夫より加州地にて犀川の山奥、各居村より行程一四・五里相隔て、高料買求め険岨の山道運送駄賃差出し」

笠木採取のため越前領と加賀領まで出向いたことを記し、両方の藩より笠木仕入金を借用したい旨を含ませる。つまり借用金の使途は、二つの藩領域内でされるので、地元山村の潤《うるおい》になるから配慮をしてもらいたいとの意向を伝えている。この時期は白山麓一八ヶ村の所属をめぐり二つの藩の対立があったこともあり、深瀬の二股借用金申請の思惑は成就。明治二年、越前藩より笠木仕入金一五〇〇両、翌年加賀藩より銀三五匁（約三〇〇両）を借用している。笠木仕入金の借用金額の大きいのには驚きである。

④ 明治期河内出作り群の笠木事情

明治十三年（一八八〇）、深瀬村民が赤岩より笠木を買い求めたときの代金支払い方法を決めた文書（中内敏夫家文書）[17]があり、当時の笠木価格が分かり貴重である。

記
一、四拾束　　檜木根津
一、三拾束　　大笠木
一、三拾束　　檜木根津
　　　　　　　中笠小笠木
一、三拾束　　下檜木
小笠木
〆　百束也
代　九拾五円也
右之通り慥に売渡申候処実証候也
此上は代金半分相渡残り半金は来ル
九月一日限り相渡申候為其一札如件
明治十三年四月三十日　　赤岩幸左衛門
深瀬村　七左衛門殿
午十一月廿七日改
下檜木拾九束不足借用

書付けは、笠木売手である赤岩の幸左衛門と、買手である深瀬の七左衛門との間で、三種類の笠木一〇〇束の代金九五円をめぐっての支払いを取り決めている。ここでは、売手側赤岩・幸左衛門の立場に立って、笠木の売上高、稼ぎ高を問題にしたい。おおまかに言って、笠木一束から笠一〇〇枚分の経木ができるので、笠木一〇〇束は笠一万枚にあたる。したがって笠木一〇〇束は中内家の自家用でなく、共同で仕入れたものと思う。対するに笠木一〇〇束は、幸右衛門単独の採取でなく、赤岩出作り群の笠木山組、すなわち数人での製作グループの出荷と思う。この笠木一〇〇束はどこで採取したものなのかは、記載内容からは分からない。

赤岩を含めた河内の出作りの人々の主食は、水田稲作ができない環境なのでヒエ・アワ等の雑穀であり、米がそれを補ってきた。米を求めるには現金が必要で、焼畑中心の出作りが年間に買う米の量は、富の尺度にもつながっていた。笠木の売上高九五円に相当する米の量の計算を試みた。

明治十三年の白峰村米価は不明だが、十年、二十三年の白峰村米価は分かるので、これを元にして私算し、十三年は一石八・九一円とした(18)。すると笠木一〇〇束九五円は米一〇石六斗六升二合に、同じ基準で笠木一束は米一斗七合に相当する。白山奥山人の笠木とりが、商いに仲介をおかず笠作り職人に直接売ったときの笠木一束の値段は、米に換算すると約一斗強になる。三ツ谷の岩吉が獄死したのは明治十二年より十六年にかけて、当事者の赤岩・幸左衛門の書付けは明治十三年。岩吉も幸左衛門も、笠木を束ねるとき、「笠木一束米一斗」と唱えながら力強く束ねていたのでないかと思いめぐらす。

明治十七年（一八八四）、笠木山師の「勇京《ゆうきょう》」が石徹白西在所の上村家に宿泊した記録がある（上村重嘉家文書(19)）。上村俊邦氏によると、上村家「重郎兵衛日記（兼宿帳）」中、八月六、七、八日の記述である。

「八月六日今夕、笠木山師、市ノ瀬の勇京等七人来り泊る」。「七日七人泊る」。「八日市ノ瀬の笠木取りの加藤勇京・加藤（藤部カ）四郎三郎等七人行く」。

河内で屋号勇京を名乗る家は、本家は「勇京」、分家は「ヨンナカ勇京」の二戸、いずれも赤岩出作り群の住人で、「市ノ瀬」としたのは間違い。上村家文書の「笠木山師勇京」とは「盗み山」や「笠木の値段」等の情報を提供された勇京氏（明治二十九年生）の父親と思われる。なお、藤部四郎三郎の屋号は「四郎七《しろしち》」で赤岩住人である。笠木山を仕切っていた者は、石徹白側で「笠木山師」と呼んでいたこと、さらに赤岩勇京組の仕事人は七人であったことが分かり貴重である。この赤岩勇京組が八月上旬に二泊した訳はつかめない。檜伐採の契約を終え、仕事小屋を七人で建て上げるまで二泊したとも考えられるが、あくまで推察である。石徹白上村家文書より、赤岩の衆も明治初期、石徹白領域内で笠木とりをして事実がはっきりした。

林茂家所蔵の『大正三年一月改林家売買帳(20)』に、明治三十七年

宮下又吉
明治三十七年五月　金壱円　笠木一束
　　　　　　　　　金弐円廿銭　笠木弐束
明治四十四年七月二八日　内上笠五十枚入
　　　　　　　　　　　　内大笠三十枚入

（一九〇四）、深瀬へ出荷した笠木に関するものがある。林家より深瀬の宮下又吉に笠木三束を売り、その代金の一部を七年後、明治四十四年に檜笠現物で決済した記録である。

笠木一束の値段を米に換算することを試みた。『白峰村史』には一年違いの明治三十六年、米二六五〇石、二万九八五〇円との記録がある。この米価を利用すると、一石は一一円二六銭、この基準では一束・一円の笠木は米八升九合、一束・一円一〇銭の笠木は九升七合に相当する。売買帳の笠木価格は、生産者より仕入価格に林家の利益を加えたものだから、奥山人の笠木とりの稼ぎはこれより少なくなる。

6　笠場・偏形樹（貫節《つなぎぶし》の檜）の現地調査報告[21]より

河内の衆が行ってきた越境笠木採取地として、また途上で五人の遭難者を出した山地として、石徹白領域内の檜笠場があった。遭難は「檜笠場より三ツ谷へ帰る途中」というから、その仕事場は「地形図でどの辺に」、「海抜高度ではどの辺に」という具体性を含めて検討したい。

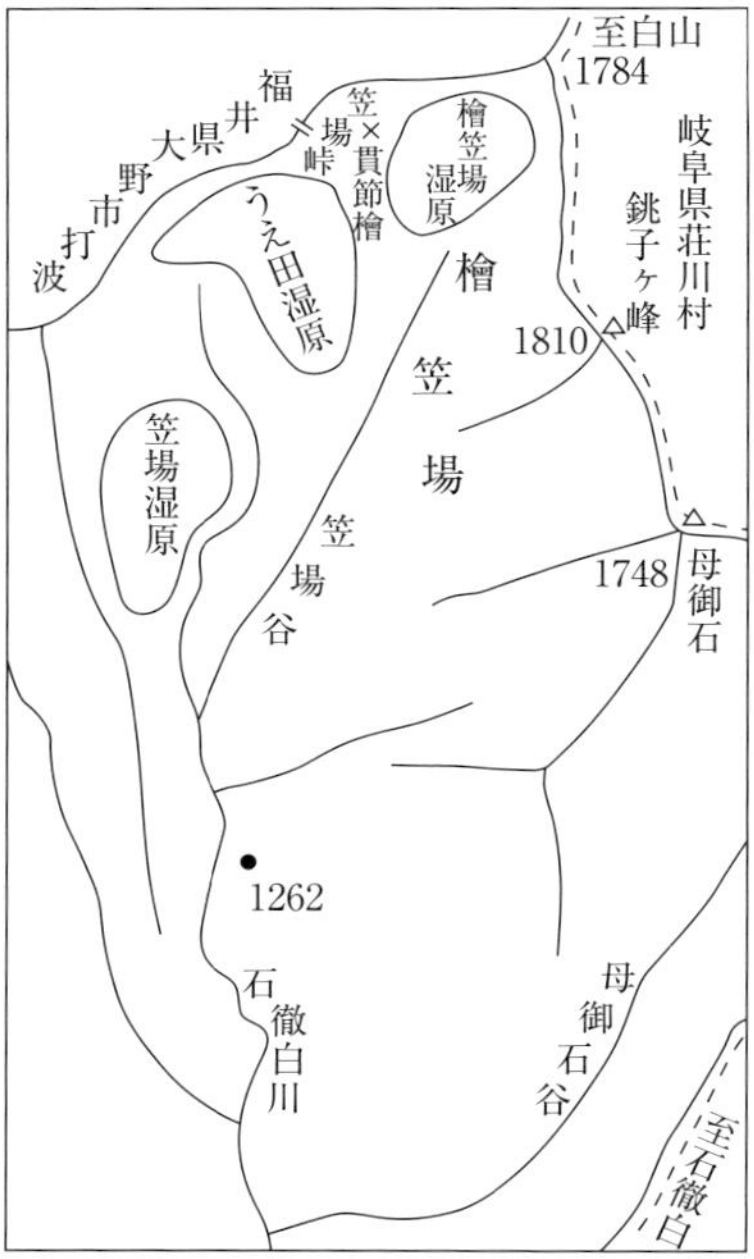

図 6　笠場峠，檜笠場周辺図　湿原の個有名と場所は，上村俊邦氏の報告書に準拠した．

石徹白の上村俊邦氏は、地元でいう「カサバー」「檜笠場」は「檜笠木場」が転じたのが由来と紹介された[22]。この由来から「檜笠木場」の地名について、「笠木」にウエイトをおいて考えるか、「木場」にウエイトをおいて考えるかによって、場所を決める視点が異なるような気がする。とにかく「檜笠場」とは「笠木用の檜があって、仕事場があった所」という、広範囲を指す地名のようである。地名由来はともかく、上村氏は檜笠場と偏形樹・貫節の檜の現地調査を実施し、図を作成して報告された。略図では、石徹白川は上流で二分、銚子ヶ峰側東俣とでも名付ける谷に笠場谷と記す（国土地理院地形図の「笠羽谷」表記は誤り）。そして笠場谷奥地、福井県境分水嶺近くに三つの池沼群を見つけ、上段を「檜笠場湿原」、中段を「うえ田湿原」、下段を「笠場湿原」と仮称地名をつけられ、この池沼群を古くから言われてきた「神様のうえ田」と位置付けされた。

三湿原の写真を見ると、中・下段湿原の周辺にはアオモリトドマツ（オオシラビソ）かヒノキか分からないが針葉樹が写っており、上段檜笠場湿原の周囲は一面のササ原で樹木は見当たらない。しかし、その一隅には自生檜偏形樹「貫節の檜」が忽然と生えている。写真で見る限り、笠場谷源流一帯の湿原はササが優生で、笠木をとる檜原木は少なく木場には不適と判断した。笠木場すなわち自生檜より笠木を作った場所は、湿原より高度を下げた銚子ヶ峰南西山地、下限は母御《ははご》石《いし》出合までの山地範囲と見きわめておく。ちなみに貫節《つなぎぶし》の檜について触れておく。檜は多量積雪で折れては復状をくり重し、曲っては起き上がり、重なるように地表に沿って横へと広がった偏形樹で、上村氏の計測では、幹回り一・五m、高さ二・八m、東西に二六・五m、南北に二二mと檜林の様相で、遠くから見ると一本に見えるが、この檜の横にやはり復状した檜が密着して一本あり、二本の復状によると同定している。

表 2 「檜」のついた地名と海抜高度

場　所	海抜高度	備　考
貫節の檜	約 1600 m	銚子ケ峰より願教寺山への尾根上
檜新宮	約 1500	加賀禅定道の下部，祓谷の水源
檜宿	約 1400	越前禅定道の下部，六万山の上部
六本檜	約 1400	鳩ケ湯道の尾根上，山腰家跡上部
五色の木（檜）	約 1150	旧三ツ谷より杉峠への山道途中
檜峠	約 960	石徹白より白鳥へ抜ける峠
檜谷	800～1200	打波川の支谷，杉峠への道途中（廃道）

写真 8　三ツ谷地内の五色の木（檜）　幹の腐植部に四つの木が寄生し，春には五つの花が咲くというのが呼称由来．左斜めにブナの寄生を見る．

現在、白山周辺には、自生檜の原木と、「檜」と付く固有地名が散在する。例えば「貫節の檜」は個木の名称と地名を兼ねた古木・大木である。それらの海抜高度を調べると、自生檜の分布高度につながっていくと思う。補足すれば、自生檜の分布はとりもなおさず笠木原木伐採地につながっていくと考えられる。その分布最高部は「貫節の檜」一六五〇mで、最低部は「五色の木(檜)」一一五〇mで、いずれも尾根筋にある。笠木用自生檜の採取場所を海抜高度の視点でみたとき、一一〇〇〜一六〇〇mの山地の尾根筋や枝尾根であったと、「檜」地名の分布高度から推察した。

終りに、河内と尾添地内の巨大自生檜について触れておきたい。それは三ツ谷より杉峠への山道途中の「五色の木(檜)」、市ノ瀬より白山への禅定道(登山道)途中の「檜宿《ひのきじゅく》」、そして尾添より白山への禅定道途中の「檜新宮《ひのしんぐう》」にある。この自生樹は威厳をもつ大木の自生樹で、「神木」の呼名はないが、神木扱いとして永らく伐採禁止としてきた。大木の威容に、檜による割高な稼ぎが永続化するよう願いをこめていたのか、こめていなかったか判らないが、永代にわたって「母樹」の役目を期待して、見守っていたのでないかと推察している。

7　まとめ

越境伐採した具体的場所として、河内の衆が行った越前側は銚子ヶ峰南西側の檜笠場とその周辺、飛騨側は尾上郷川の支谷サブ谷や牛首峠という地名がでてきたが、この周辺以外へも行っていたと思われる。尾添の衆が行った飛騨側はどこか全然分からなかった。越境伐採地の選択の前提には数多くの山見情報が必要となる。行先は、過去の越境熊狩りや岩魚釣りの際、自生檜を検分した場所である。補足すれば、分水嶺を越えて遠く離れた広大な山地を往来した、先祖や仲間が集めた情報の中に、自生檜群生地が存在し、効率のよい稼ぎを可能にしていたのである。

季節は農閑期である。本格的根雪にならない十二月上・中旬までの時期、もう一つは多量積雪が変質し、雪上歩行がしやすくなる三月中・下旬から山仕事開始前の時期で、後者の方が多かった。

越前側檜笠場の場合は、笠場峠の上小池側に仮設小屋を作り、製品の笠木や食糧の仮置場としていた。飛騨側も同じシステムをとっていたと思われるが、小屋設置場所は分からなかった。

越境不法伐採は個人単独ではしなかった。そこでの一人当りの稼ぎ高は不明である。林七蔵家の「売買帳」に、明治三十七年、檜笠生産者の深瀬宮下家へ売った笠木三束の記録がある。この笠木三束は、三ツ谷の笠木採り衆の誰かが林家へ持ち込み、それを深瀬へ出荷したものと仮定すれば、この三束は一回の笠木採りの分配生産量とも考えられないこともない。笠木一束の価格を米に換算すると、明治三十七年は八升九合～九升七合である（二三四頁以下「明治期河内出作り群の笠木事情」参照）。明治三十七年に林家へ笠木を持込んだ者は、一回の笠木山で笠木三束、米二斗七升弱を稼いでいたのでないかと想定した。[23]

越境盗伐に関する最古記録は、文化十一年（一八二八）である。手取川支流の尾添川筋最奥の尾添村民八八人全員に対し、檜・笠木のため「飛州高山御林」への立入禁止を厳守させた確約連判帳である。この文書の存在で、近世にさかのぼって、手取川支流筋の奥山人も越境不法伐採をしていたことが分かる。越境盗伐はいつまで続いていたか、いつ頃止めたかについては、端的には明治二十年代である。そのきっかけは二つ。その一つは、奥山人の二つの死亡事件である。明治十年代の三ツ谷岩吉の高山での獄死と、明治十七年の、三ツ谷衆五人の檜笠場での遭難死である。もう一つのきっかけは、明治政府の地租改正後の共有地の国有化政策である。白山登山口に位置する六万山の出作り群は、古くより白山平泉寺へ年貢を納めて焼畑を営んできた。明治二十一年頃より従来の貸借慣行の継続を嘆願したが、新政府は二十四年（一八九一）六万山を国有化し、[24]一三戸の出作りを強制転出させる手段をとった。補足すれば、白山直下の奥山人は、岩吉の逮捕・裁判は国有林管理体制強化の一つの表われと見た。さらに、六万山の出作りを有無を言わせず締め出した権力の処置に脅威を抱いた。つまり越境盗伐が発覚したとき、権力は強い法律制裁をすると恐れ、止める決断をしたと思う。結果として、笠木採取に関しての伝承・情報は、五人の遭難死をきっかけに、それ以後の聞き取りではなかった。

奥山人が山地資源の不法利用を止めたのは、法律遵守の立場で当然のこと、普通のことである。皮肉にも、普通になったので奥山人の稼ぎは少なくなった。越境伐採、通常伐採は、いずれにしても自生檜の略奪的利用なので、白山周辺の檜原木は枯渇した。この時期と越境盗伐中止の時期は、ほぼ同じであったろう。そのため深瀬の笠木購入先は、白山周辺よりしだいに遠くなり、[25]大正期は福井県大野郡、岐阜県吉城郡へと移る。さらに大正四年（一九一五）、県を通して帝室林野局木曾支局と交渉、[26]昭和十一年（一九三六）には高野営林署より特売を受けている。笠木購入先の遠隔化は運賃にも及んだはずで、笠作りにも幾分影響したと思われる。[27]

追記　話者より聞き取りをしたのは昭和四十七年より五十年にかけての時期である。伝承者はすべて故人になられてしまった。生前にこの報告を活字化できなかったことへのお許しを末尾ながら乞うとともに、ご冥福を祈るものである。

注

（1）旧白峰村（現白山市）役場所蔵資料より。
（2）前掲（1）
（3）「能美郡尾口村深瀬の檜笠」（『石川県山林会報7』石川県山林会、大正四年）
（4）加藤惣吉「生産・生業」（『白山麓民俗資料緊急調査報告書一九七三』二七ページ、石川県立郷土資料館、昭和四十八年）
（5）この地名について、小倉長良『打波川流域の出作り制度のあゆみ』には「笠場峠」、上杉俊邦『石徹白から別山への道』には「笠場峠道」「檜笠場」という表記があり、檜と笠木を連想させる漢字をあてている。また石徹白では「檜笠場」は「笠木場」が転じたといわれてきたと記す。これに対し白峰ではサンカヨウをカサバというから、ヒノキもカサバも笠木より、その土地の植生とつながる地名とする視点もある。
（6）長山直次「生産と商工業、笠と石灰」（『石川県尾口村史』第三巻・通史編、二二八〜二三三ページ、尾口村役場、昭和五十六年）
（7）笠木の数値については詳細は聞取りが抜け、たぶん「六貫束《たば》三束《ぞく》」単位で出荷していたのかも知れない。一八貫という重量は、成人一人分の歩荷《ぼっか》、一人分の重量に当たる。
（8）『奥山巡見――奥山廻りのダイナミズム』四ページ、富山県立山博物館特別企画展図録、平成十九年
（9）福井県上小池の永住出作り加藤喜之助氏（明治十九年生）より昭和五十年七月二十三日、大野市錦町自宅で聞き取り。
（10）平成二十二年七月六日、岐阜地方裁判所高山支所より電話にて教示を受ける。
（11）前掲（6）
（12）「文政十一年尾添村役人退役、二組分けに付連判帳」（『石川県尾口村史』第一巻・資料編一、五六〇ページ、尾口村役場、昭和五十三年）
（13）「天保七年深瀬村村民小屋借り笠作り一札」（『尾口村史』第一巻・資料編一、五五八ページ）
（14）「深瀬村へ遣状」（『白峰村史』下巻、八四八ページ、白峰村役場、昭和三十四年）
（15）「白山麓村々産業始末書上帳」は白峰山岸家より石川県立白山ろく民俗資料館へ寄託、展示されている。
（16）前掲（6）
（17）文書閲覧を受けたときは、中内家はダム建設で深瀬より野々市町稲荷町（現野々市市）に移住されていた。

(18)白峰村の明治十年、二十三年の一石当り米価は、全国米価比では〇・八三二割、〇・八一三割の比で安い。〇・八三二と〇・八一三の平均値は〇・八二二。明治十三年の全国米価一石は一〇・八四円。この年の白峰の米価は一〇・八四円の〇・八二二割、八・九一円とした。（白峰村の米価は『白峰村史』下巻、昭和三十四年、全国の米価は『角川日本史辞典』昭和四十一年による。）

(19)上村俊邦『石徹白から別山への道』二三、一二八ページ、自費出版、平成五年

(20)金沢市窪三―三七八、林茂家所蔵文書

(21)前掲（19）四四〜四七、九六、九七ページ

(22)前掲（19）二四ページ

(23)前述したが、この数値は仲介をした林家の出荷額をもとに算出したもので、笠木採りの稼ぎは林家の利を引いたものだから「弱」と記した。

(24)浅野不加之「村誌の原稿、六万山国有林ノ由来」（『白峰村史』下巻、八七四〜八七五ページ）

(25)前掲（3）

(26)「深瀬檜笠組合ノ沿革及状況大要」深瀬檜笠販売購買組合、昭和十二年

(27)尾口村深瀬は手取川ダム建設のため水没、多くは鶴来町地内へ移住し、昭和五十一年深瀬新町を設立。檜笠作りも継続。笠木は奈良県より一括購入して営む。従事者数は高齢化で減少し、平成二十五年時では老婦人数人が笠編みをされている。

五　夏、水源でワサビを作る

1　白山直下河内のワサビ

手取川本流筋での究極の奥山人は、白山登山口の市《いち》ノ瀬と、周辺の三《み》ツ谷《たに》・赤岩、いわゆる河内《こうち》の永住出作り群の人たちである。市ノ瀬の標高は八五〇m、白山御前峰は二七〇二m、その間の広地領地を、かつては思う存分に生活の場として利用してきた過去があった。

ワサビという香辛野草はまず価格が高い。現在、一本の店頭価格は何百円もする代物である。そしてかさばらず、輸

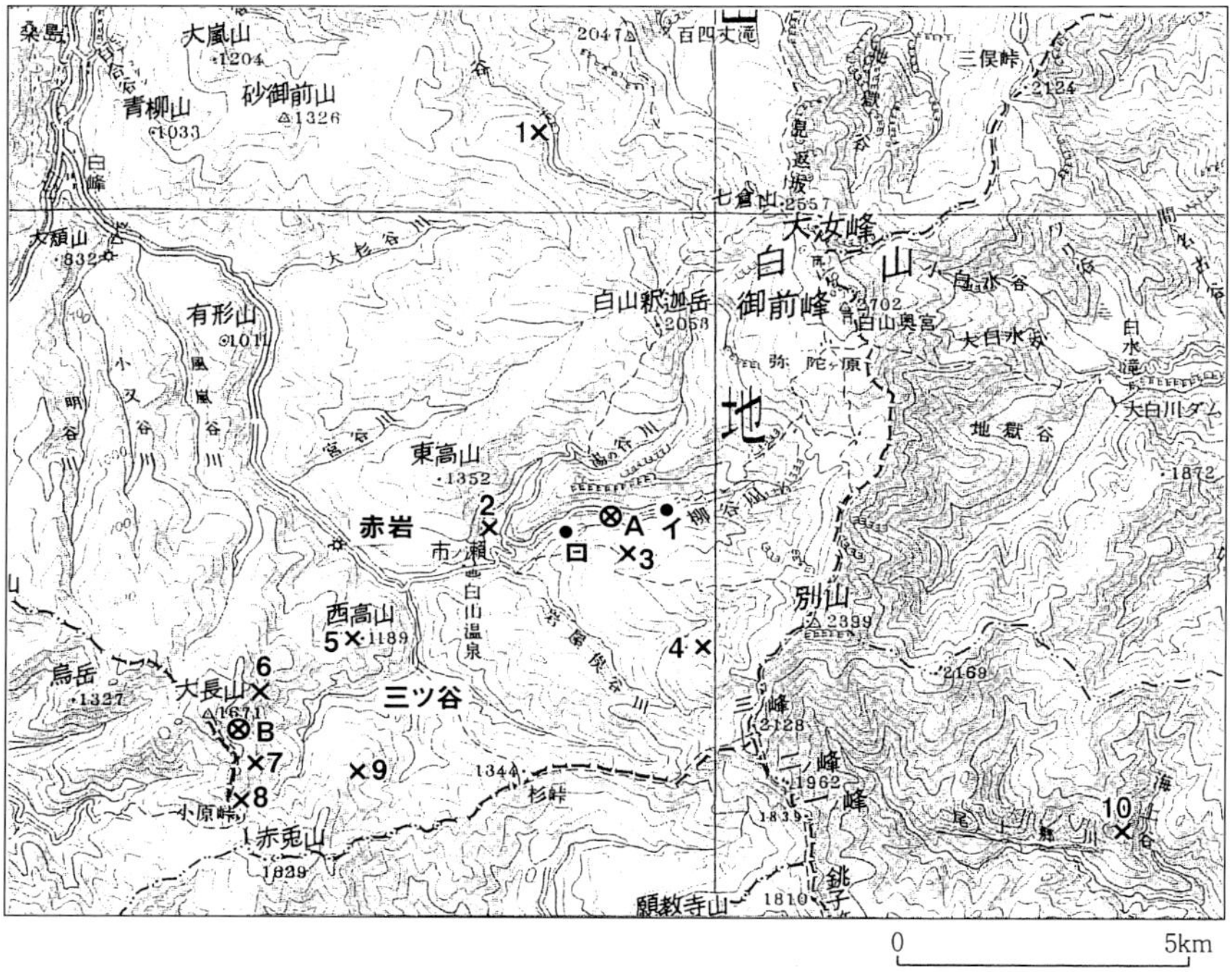

図 1　標高 1000 m 以上のワサビ栽培地
⊗現在の栽培地　×過去の栽培地　●地名として残る栽培地

場所			標高　m	備　考
現在	A	中ワサビ	1050〜1150	杉田清隆栽培
	B	西俣谷ワサビ谷	1350〜1450	林茂栽培
過去	1	目附谷ヨジノワサビ沢	1500〜1600	熊狩りの帰路とってくる
	2	永井旅館のワサビ田	1000〜1050	平成 15 年頃まで作る
	3	下ダントコ	1250〜1300	熊狩りの帰路とってくる
	4	チョウイチ小屋場	1550〜1600	〃
	5	小倉谷	1050〜1100	林真之助が昭和 40 年まで
	6	奥大長谷キンダイノマエ	1350〜1400	林茂が昭和 40 年頃まで
	7	小原峠の下，越前道の脇	1300〜1350	山尾与蔵が昭和 39 年まで
	8	小原峠の下，谷のセメ	1350〜1400	加藤仁助が昭和 39 年まで
	9	ヨモギ平	1200〜1300	林茂が昭和 40 年頃まで
	10	海上谷	約 900	加藤勇京が大正初期
地名	イ	奥ワサビ	1150〜1200	不明
	ロ	口ワサビ	1000〜1050	鈴木仁太郎が昭和 48 年まで

送にも耐えられるので辺地でも作ることができる。奥山人にとってワサビは、効率のよい稼ぎが期待できた。その生命線は、ミネラルを多く含んだ汚染されていない養水である。ワサビに適する水を探るとき、河内の人は居住地より下流域は白峰本村居住者のテリトリーなので、おのずと河内より上流域、すなわち奥山へ出向かざるをえない。このような事情が、一〇〇〇m以高地のワサビ田の広がりとなっていく。白山直下、一〇〇〇m以高地の現在・過去を含めたワサビ栽培地は図1で示した。インターネット上の検索では、一〇〇〇m以高地のワサビ作りは二つの地域にあった。一つは、静岡市有東木《うとうぎ》「わさび門前」経営地のワサビ田で標高約一〇〇〇m、もう一つは多摩川上流雲取山東麓の「わさび田オーナー制度」のもので、これも約一〇〇〇mである。こうした以高地にワサビ田が立地しているのは、少ない情報であるが希有なことらしい。

地元では、ワサビ作りの条件として「水があればハリがない、ハリがあれば水がない」という。ハリとは、広さ・面積のことで、「湧水があっても急傾斜地なら不向き、広い緩傾斜地があっても湧水がないなら不向き」という意味で、奥山で湧水・緩傾斜地の両方を満たす適地が少ないことを指している。

① 現在も続く一〇〇〇m以高地の栽培例

白山の石川県側登山口は、白峰村（現白山市）市ノ瀬である。市ノ瀬よりバス終点地の別当谷出合まで約四・五キロ、この四・五キロの間に、『白峰村史』によると右岸上流より「奥ワサビ」・「中ワサビ」・「口《くち》ワサビ」の小地名があった[1]ことが分かる。この三つの小地名について、『皇国地誌』では「奥山葵谷」・「中山葵谷」・「口山葵谷」と記す[2]。この小地名により柳《やなぎ》谷本流に流れこむ右岸・小谷沿いにワサビ栽培地がひろがっていたことが分かる。小地名とは一朝一夕でできるものではない。三つの小地名は、ワサビ作りが何世代にもわたって続けられてきたから名付けられたもので、またその結果として三つの小谷のワサビ田の面積規模が広く、それが連続してひろがっていたので区分けする必要があることから、奥・中・口の三ヶ所に分けて呼んでいたのであろう。地名周辺は林道・砂防工事で変貌が激しく、「中」「口」の二ヶ所を確認、「奥」は確認できなかった。

地名「中ワサビ」は現在も経営が続けられており、管理小屋には各種農業用機器を収納、規模が大きいことが分かる。

場所は地形図指尾山《さしお》（一四一八ｍ）の南山麓で、小谷沿いの標高一〇四〇～一一〇〇ｍに位置する。管理小屋より別山・御舎利山《おしゃりやま》（二三四二ｍ）を真上に眺める景勝地で、周囲はブナ・トチ等の混交林。旧白峰村桑島の杉田清隆家がこの地域独特の出作り方式で、車による通勤で経営されている。

地名「口ワサビ」は昭和四十年代前半頃に放棄され、ワサビ田より逸出したワサビの自生が見られる。場所は地形図六万山（一二六〇ｍ）の南西山麓の小谷沿いに、標高一〇〇〇～一〇五〇ｍの場所にある。地名「奥ワサビ」は、砂防工事とその道路建設のため、ワサビ田の痕跡や逸出ワサビは確認できなかった。

一〇〇〇ｍ以高地で、「口ワサビ」・「中ワサビ」の現地確認を機に、その他の高地ワサビ栽培地を探すと、二ヶ所に出くわした。一つは、柳谷川と湯ノ谷出合付近、登山道旧道（越前禅定道）の六万山（一二六〇ｍ）登り口。六万山の北東山麓標高一〇〇〇ｍ、ブナ林の中に、四段の石垣で五つの区画に分けられたワサビ田がある。多量の積雪により倒壊したネブキ型式の管理小屋建材が散乱し、生育期のワサビ実数が少なく、手数を多くかけていない様が見えた。市ノ瀬の永井旅館が自家用に経営するものである。

もう一つは、異なる谷筋の支流三ツ谷川西俣《また》谷左岸、地形図大長《おおちょう》山（一六七一ｍ）の西山麓、標高一三〇〇～一四〇〇ｍ、ブナ林の真っ只中の急傾斜地を開田したワサビ田である。これまで紹介した柳谷川筋のワサビ田は国有地内に、そして山地斜面の下半部に位置するが、このワサビ田は尾根に近い斜面上半部にあり、ネブキ型式の管理小屋が現存する。この山地は、三ツ谷より離村、金沢に移住した林茂家の私有地内にあり、現在は土・日曜日を費して経営している。

柳谷の中ワサビの杉田家、三ツ谷西俣谷の林家のワサビ経営面積はおおまかに約五〇〇坪、両家は商品作物としてのワサビ作りを続けられている。

② 標高一五〇〇ｍのワサビ栽培地

過去の最高栽培地は、岩屋俣谷右岸山地の「長市《ちょういち》小屋場」一五〇〇～一五五〇ｍ。さらに目附谷右岸の「与次《よじ》のワサビ沢」一五〇〇～一五五〇ｍである。長市小屋場の「小屋場」という語は、地元では割と早い時期に廃絶した出作り跡地を指すときの呼称であり、出作りが続いているときは「長市山」と呼ぶ慣行がある。現在もわずかに礎石・石垣が残っており、屋号長市の出作り地と伝え、ワサビの自生地がある。猟師は熊狩りの帰途に採ってくる。与次のワサビ沢の「与次」とは、白峰集落に現存する長坂与市男家の屋号で、かつては大杉谷川上流の苛原《えらばら》で永住出作りをされ、明治十年代に、小規模ながら鉱山経営をした異色の焼畑出作りである。ワサビ沢は、出作り地標高七四〇mより鳴谷峠越えで約五キロ離れている。春先、猟師は熊狩りの帰途、必ず採ってくる。ワサビ沢と命名しているから、過去長坂家では手入れを集約化、換金化していたワサビ栽培地であったらしい。この地は現在も極高のワサビ自生地で、ワサビの太さは一寸大、長さは一尺ぐらいの特大級なので、必ず採って帰る。「大きいが余り辛くない」との猟師体験談が共通して多い。

③ 記録された白峰（牛首）のワサビ

白山麓のワサビについての文書初見は「慶応二年正月白山麓村々産業始末書上帳」[3]である。これは天領治下一七ヶ村の産物についての記録で、一七村落中、牛首（白峰）だけに「山葵一七〇貫」と記し、他村にはない。補足すれば、ワサビが「産業・産物」の域にまでなっていたのは白峰だけ、つまり奥山人だけがワサビ作りをしていたことが分かる。また、「明治十五年十二月能美郡白峰村歳入歳出比較表」[4]では、「山葵六〇〇貫目、六〇〇円」と記す。さらに、明治十七年（一八八四）の記述と思われる『皇国地誌』での白峰村の項では、「山葵産五五〇貫目、金沢及ヒ石川郡鶴来町ニ輸送ス」との記述がある。[5]ちなみに能美郡下の他の十六ヶ村には山葵の記録はない。つまり、白峰のワサビとりもなおさず白山奥山のワサビは、江戸時代末期、明治初期にはすでに産地化し、明治十年代半ばには年間五〇〇〜六〇〇貫を金沢を中心とした消費地に出荷していた。このワサビは、冷たい低水温に耐えることのできる在来品種のものと考えられる。

明治三十九年、登山家太平晟は日本山岳会会報『山岳』で、市ノ瀬周辺のワサビについて「市瀬郊外、三穹橋より柳谷を遡れば、渓間山葵を産するより『ワサビ谷』の称あり、（中略）本谷は天城山と共に山葵の良質を以て著はる」と記録している。[6]これは、『皇国地誌』でいう口山葵谷・中山葵谷・奥山葵谷の景観描写で、その品質にも好意的評価をしている。日本各地の山々を股にかけてきた太平が「天城と共に」との表現していることは注目に値する。大正末期のワサビ主要産地として、青葉高は著述『日本の野菜』[7]で、まず「静岡県の伊豆ワサビ・静岡ワサビ、長野県の信州ワサビ、島根県の三瓶ワサビ・石州ワサビ、奈良県の大和ワサビ」を、次に「古くは富山県の立山ワサビ、石川県の白山ワサビも有名であった」と書いている。「古くは有名であった」との記述から、大正末期には衰退気味であったことがうかがえる。昭和四年四月、京都の中山再次郎は白山へのスキー登山を試み[8]、市ノ瀬温泉で天候回復を待つ間、「温泉ノ上ノワサビ畠カラスキー練習場ヲ廻ッテ道ヲ下リテ（中略）、熊・兎・イワナ・アマゴガ御馳走デ、名物ノ白山ワサビハ又格別ダ」と、つまり「樹木の生えていないワサビ田でスキーをしたこと」、「温泉料理についていた白山ワサビの味が格別であったこと」を書いている。中山が練習したワサビ田は、たぶん現在の永井旅館経営のものと推察する。また白山ワサビの味覚についての評価は、この中山の紀行文上のものが唯一である。

④ 高地ワサビ田の環境条件

過去を含めた一〇〇〇m以高地のワサビ栽培地は、柳谷川筋に三ヶ所、三ツ谷の支谷・西俣谷筋に五ヶ所（図1参照）と分布が偏在している。これらのワサビ田の養水は、渓谷を流れる河川水利用ではなく、湧水を利用している。偏在しているのは、地質構造と関係が深いとされている。地下水は下へ滲透するわけだが、白山手取層群の砂岩層が下へ滲透する水を防ぐ役割をし、砂岩層上部境界より地下水が湧きでるのである[9]。ワサビ生育の適温は八〜一九度、一二〜一三度で最適とする。水質で窒素・カリ・石灰を多く含んだものを良とする[10]。白山奥山人は、水温は何度あれ、水質がどうであれ、昔よりオオハマゼリ（加藤勇京）・ハマゼリ（林茂）・オオゼリ（杉田清隆）と称する草の群生地は、水・土地を含めた総合環境としてワサビ作り最適地とする。奥山人がオオハマゼリとよんでいる実体は、セリ科イブキゼリかもしれない。

2 伝統的技法で作り続ける林家

現在、白山麓の一〇〇〇m以高地で商品としてワサビを出荷している栽培地は二ヶ所ある。一つは柳谷右岸、かつての中ワサビ谷の杉田家、ここは車が横付けできるので機械力利用の栽培。もう一つは三ツ谷・西俣谷左岸の林家、急な山道を登らねばならず、機器も物理的に持ちこめず、伝統的な手作業中心での栽培である。杉田家・林家の営みは対照的である。

林家の圃場では、開拓用鶴嘴《つるはし》、農耕用鍬、スコップ等を見た。対するに、杉田家では小型ユンボ、軽四トラック、耕耘機等を見た。二つの圃場で見た機器の背景には、林家は在来の技法を持続しなければならぬ自然条件の基での経営が現存。杉田家は、伝統の技法にとらわれず省力化、新技法を積極的に導入した経営が現存し、両者の差が著しい。以下の報告では、白山直下河内地方に伝わってきた在来ワサビ作りのモデルとして林家を、次に時代推移にともなう効率的な自然環境への適応技術を取入れたワサビ作りのモデルとして、杉田家をとりあげることにした。

林家は、かつては三ツ谷（出作り群地名）で一年を通じて山中で生活する永住出作り一三戸中の一戸で、屋号は「七蔵」。昭和九年時、近隣の市ノ瀬に八戸、赤岩に二〇戸があった。林家は、これら出作り群相手に萬屋《よろずや》を営んでいた。

写真１　西俣谷・ワサビ谷の林家管理小屋　耐雪・耐風のためネブキ小屋とし，宿泊もする．

現在、三ツ谷・市ノ瀬・赤岩は廃絶、林家は移住先の金沢市窪町より毎週土・日曜、車利用で約二八キロを克服してワサビ田を管理している。栽培最盛期は大正末期から昭和初期。昭和九年の水害時にワサビ田も被害をうけ、面積を縮少した。最盛期には現栽培地の他、西俣左岸キンダイの前《まえ》、中俣谷源流のヨモギ平《だいら》の三ヶ所を二名の男性を常時雇って経営していた。三ヶ所とも面積はほぼ同じ約五〇〇坪。林家には、「キンダイの前は当てにするな」との伝承があり、収量が不安定であった。ヨモギ平は最も離れていたので、屋根を直接地面においたようなネブキ小屋を建てて管理していた。最も安定していたのは現栽培地である。

①　入会ワサビ田の国有地化

水害以前は、林家のほかにも三戸がワサビ作りをしていた。場所は林イッチョモ家は西俣谷・小倉谷で、山尾シンノスケ家・加藤ニスケ家は西俣谷源流である（図

1参照)。補足すると、三ツ谷四戸の出作りは、いずれも一〇〇〇m以高地の六ヶ所でワサビを作っていた。土地所有関係では、林家の現在栽培地一ヶ所だけが私有地、「キンダイの前」「ヨモギ平」を含めて他の加藤・山尾・林家のワサビ田はいずれも国有地内である。ワサビ田の所属に関する私有地・国有地の二つの差の源は、明治初期の地租改正以後、白山奥山人の焼畑地、ワサビ栽培地、木製品作りの原木ブナ林等の帰属をめぐって、官・国の権限が強化されたことに起因する。具体的には、明治二十一年、六万山地内に平泉寺より許されて永住していた市ノ瀬一三戸を、いったん国有化とした後、払い下げることに決まった。ところが内務省と農商務省の対立で、二十六年に払い下げは拒否されてしまった。結局市ノ瀬の出作りは生業の途を奪われ、三十年、やむなく北海道へ集団移住した(11)。この頃、三ツ谷全域のワサビ田さらには柳谷川筋の口・中・奥のワサビ田が国有地化となったと考える。林家は、河内へ調査に来た中央政府役人の宿泊所の役目を担っていたことが考慮され、現栽培地西俣谷のワサビ谷についてのみ入会権が認められたと伝えられている。結果として、「キンダイの前」、「ワサビ平」は国有地化となり、地代を納めなければならなくなった。つまり、奥山人は源流域山地を自由に利用してきたが、明治以降の中央集権機能が強化されると、広大な利用山地の枠が狭められた。しかし、国有地への地代は必要だが、ワサビ栽培適地を探そうとすれば、奥山人は広大な領域山地に恵まれていたので、都合良かった点は変らない。

② 林家のワサビ田景観

ワサビ田はブナ林の中にある。その下方最低部は幅一〜二mの細い沢そのもの、最上部は階段状に開拓して植栽してある。この最上部一帯が栽培の中心地で、図2で概要を示した。ワサビ田の景観は端的には石組棚田であるが、田の面《つら》は水平でなく傾いており、その傾斜は急である。稲作棚田であれば、田の面(以下田面)は土、その土を水平に保ち稲を育てる。ワサビ田の田面は水平でなく斜めで、最上部は二八度もある。その下段は少し緩く一八度と続く。開拓の初めは複雑な山地斜面を多大な人力で平衡斜面に造成、次に等高線状に五段の石垣を組み、さらに山道より下部は二段に区切っている。一部ではあるが二八度の急傾斜は全国屈指の険しさかも知れない。

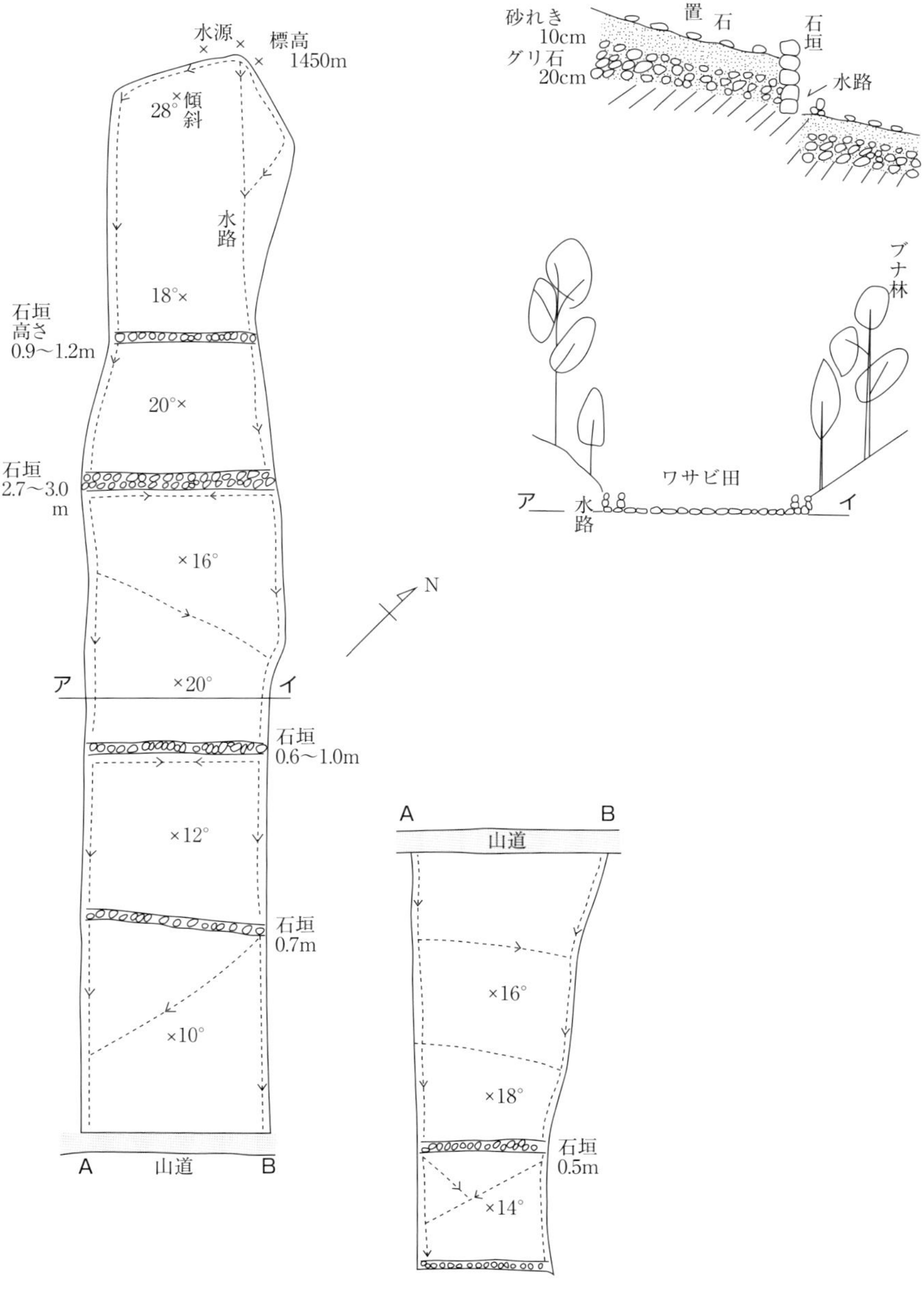

図 2　西俣谷・ワサビ谷の林家ワサビ田　平成 17. 6. 5 実測
AM11：00，天候くもり，気温 18℃，水温 7℃

写真 2 「図 2」の山道より上部を望む

写真 3 水源近くのワサビと水路

③ 渓谷自然石活用での水路・棚田の造成

水源の湧水地の標高は約一四五〇m、三つの出口より出る。最初は三方向に分けて流し、両脇二本の石組水路に集めて流す。途中、水平・斜め方向に補助水路を設け、養水が平均してわたるように処置してある。水路幅は二〇~四〇cm、底には平べったい自然石を敷き、両側面は縦長で凹凸の少ない石を立てU字型にする。とにかく隙間をなくし水漏れを極力少なくする営みがされている。水路の石組が完全なのと急傾斜であるため、養水はよどむことなく勢いよく流れているのも驚きである。二本の主要水路の水源と山道（図2参照）との標高差は約五〇m、セメントはいっさい使わず、すべて選びすぐった自然石を並べた労働力と技術には脱帽する。

最上段二八度のワサビ田の田面は、土でなく砂礫である。この砂礫にワサビを植え、それを押えて安定させる置石を等間隔に置いて育てる。ここまでは地表面だから目に映る。ワサビ田の土台は、地中にグリ石層を作ってあるが、これは目に見えない。まとめると、ワサビ田の石組棚田は、地中のグリ石、地表の砂礫・置石、そして棚田石垣を作る石、さらに水路用石等、限りない多様な自然石の構成そのものである。

グリ石や石垣用石は不揃いでもよい性格のもので、ブナ林伐採・開田の折、地中より出土した石を利用するのも可能である。しかし、移植苗を安定させる置石や水路用石の大小・形状は、選択が必要となる。これは西俣谷の渓谷河川敷でまず選択し、それを人力で担ぎあげたものに違いない。西俣谷との標高差は二七〇m、旧白山越前道からの登り口は三〇度近くの急坂で、現在は数ヶ所登攀用ロープが張ってあるほどの険しさである。この急坂を、何個の石を西俣谷から担ぎ上げたのであろうか。ワサビ田全部の石を数えることは個人では不可能なので、次の資料で類推することにした。柳谷川右岸で杉田氏は約一四〇〇平方メートル（四六〇坪）のワサビ田改修に、自然石の代りに規格の揃ったセメント・テストピース約三万五〇〇〇個を使った。林家のワサビ田は約五〇〇坪というから、形の千差万別の石総数は約四万五〇〇〇〜五万個と見積ってみた。奥山人は山を生業の場とするため、急傾斜・高低差・長距離を克服する徒歩力、さらには牛馬に代わって重量物を背負い運ぶ歩荷《ぼっか》力等は、平野人より格段に秀れていたことは理解しているが、ワサビ田造成のため五万個近い石材を渓谷で選び、担ぎあげたエネルギーに、奥山人の肉体的・精神的特質を再認識させられる。

山道より下段のワサビ田中の巨岩に、和歌を刻んだ金属板が埋めてある。この歌は現当主林茂氏の作、「今になを水の冷たさ変らねど　石に手と手の祖人のぬくもり」という文言である。「ワサビ田の一つ一つの石に、先祖の熱い思いが込められている」として、開田時に手がけた何万個の石に対する執着心と努力を回想し、感謝の気持を表わし記念碑としたという。ワサビ棚田を構成する石は朽ち果てることはない。湧水はブナ林が伐採されない限り枯れることはない。林家のワサビ田は、岩に埋め込まれた和歌とともに、奥山人の生業場の証として未来永劫に残っていくであろう。

④　林家ワサビ田の在来作業暦

冷たい養水と水路直し

「ワサビは水が命」というほど、湧水すなわち養水が大切とされる。湧水は標高一四五〇m、ブナ林の中にある。五月中旬の湧水温度は七度、このとき約五〇m下では八度であった。農学上ワサビは八度以下になると生育が極端に鈍化、五度以下では生育停止となるとされる。[12]林家の場合は七〜八度、最低限界すれすれの水温である。養水温度が低く、また根雪期間が長いので、白山奥山では出荷まで三年かかる。他地域の栽培期間と比較すると、長野県穂高町の平地式石づくりでは一年、砂づくりでは一年半。[13]静岡県伊豆の天城山地湯ヶ島町の畳石式では一年半である。[14]白山奥山では低水温が影響して、他地域と比べれば生育が格段に遅い。「水温が低い」という条件は、農学上の比較の問題で、白山奥山人にとっては障碍となる条件ではない。ワサビは、温暖地域の二〜三倍の年月を要しても、現金を稼げるかけがえのない商品作物である。だから湧水を見つければ、無限の労力を費して半栽培へ、さらに世代を重ねた努力でワサビ田造成、栽培へと傾注してきたのである。

標高一四五〇m、この場所の最深積雪量について類推してみよう。昭和四十九年一月、白峰集落標高四八〇mの積雪は二・三m、このとき標高八五〇mの市ノ瀬は五mを超えていた[15]。この実態から、林家のワサビ田の最深積雪は約六mと推定する。低水温と長い根雪期間のせいで育苗に長くかかるので、林家は明治期末に、福島県・長野県から実生苗をとりよせて試作。以後続けて不利な条件を補い、他家にも実生苗移入をすすめた。

四月上・中旬頃、居住地八〇〇mでは雪が消えるが、山地北・西斜面には積雪が残る。トイタ雪崩[16]に注意しながらワサビ田の検分に登る。多量積雪の重圧や、融雪時に雪層がずれ動くので、水路の石組みがずれたり崩れたりする。それを見つけ修理する。林家では、春一番の水路補修を「水道直し」、四季を通しての強雨・強風時の水路点検を「水見」という。「ワサビは水が命」というから、三ヶ所のワサビ田へ足繁く、急坂を登り下りしての水管理はかなりの負担であるという。

除草・畔《くろ》刈り　雪融けとともに草木はいっせいに芽吹き繁殖する。「ワサビ作りはハマゼリ自生地を最適とする[17]」との伝承のように、ヤグルマソウ・シシウド等いわゆる雑草の中でハマゼリが目立ってはびこる。水路脇には養水が漏れることもあり、そこにハマゼリが勢いよく繁茂し群生地を作る。圃場の周囲を「クロ」と、除草作業を「クロガリ」という。五月中旬に最初の除草、その後三〜四回おこなう。刈った草をそのまま枯草として放置しておくと、標高一五〇〇m近い山地の風は常に強く、枯草や種をワサビ田に吹き込んでくるので、刈る幅は広いほど良く、約一m刈る。そして刈った草は放置せず始末しなければならない。最盛期にはワサビ田は三ヶ所にあったので、真夏のクロガリには人を雇って刈った。真夏のハマゼリは背高が二尺ほどと高く、強い匂いをもつ。朝から夕方までハマゼリを多く始末していると、セリ科独特の匂いに酔って、頭痛を起こす者がいた。

苔《こけ》とり　真夏になると湧水量が少し減り、さらに九月下旬にかけて幾分少なくなる。いわゆるワサビ田の渇水期となる。湧水量の減り方が多い年には、置石の表面に緑色の「コケ」とよぶ蘚苔類が生えてくる。この苔については、「水を暖めてくれるので良い」として、一面にはびこるまで取らない人もいる。林家では「苔が水の養分を吸って良くない」として、手作業で取り外している。現在は人手不足なのか、苔が密着した状態になっていた。

収穫・出荷　南斜面のナナカマドが紅葉し始めると出荷の季節となる。具体的には九月十八日の秋祭りを終えて、十一月二十日頃までの二ヶ月間である。商品として出荷するまで三年かかる。かつては現栽培地の他、キンダイの前・ヨモギ平で作っていたので、三年ごとに三ヶ所を循環させながら収穫していた。今は現在のワサビ谷一ヶ所だけの収穫である。

収穫は「ワサビトビ」という鳶口で根茎を掘り起し、次にこの道具でワサビ田の中に「ドンブリ」という凹地を掘って水を溜め、根茎の砂を洗い落す。この砂礫は先祖が西俣谷より急坂を担ぎあげたもので、田面を作る一粒一粒の砂を外に出さないように、ドンブリの底に沈めて再活用するのである。

白山直下の奥山人の出作り群、いわゆる河内産のワサビは「白山ワサビ」の銘で、さらに林家産のものは屋号を付けて「七蔵《しちぞう》ワサビ」の銘で出荷していた。七蔵ワサビは、大正十三年十一月、皇太子殿下が陸軍大演習統裁のため来県されたときの接待料理に使われた。このワサビ栽培は石川県知事賞を受け、「白山ワサビ」は著名度を高めた。

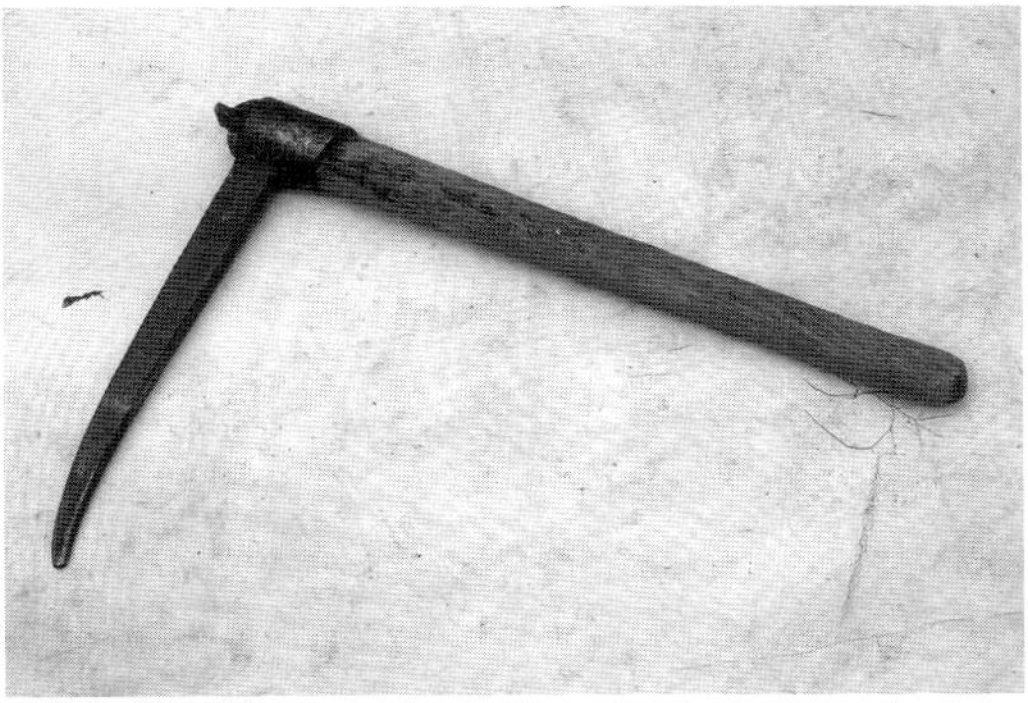

写真 4　白山河内地方のワサビトビ

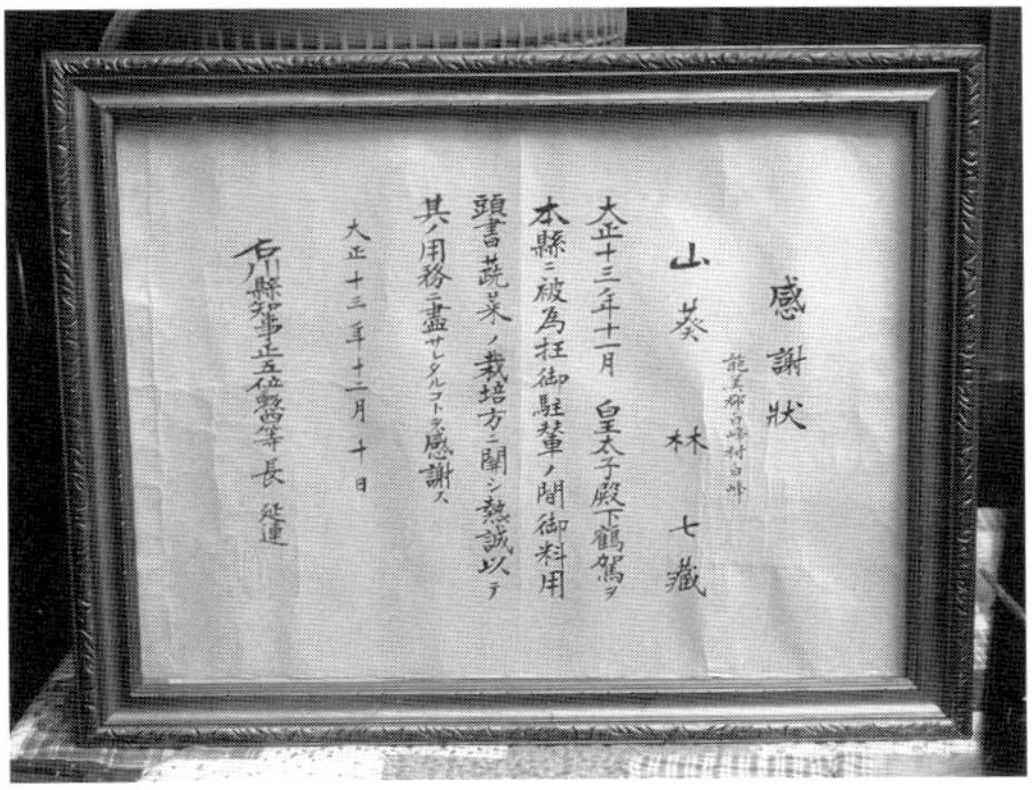

写真 5　七蔵山葵への知事感謝状

この頃が最盛期で、年間約一六〇貫を出荷していた。出荷先のほとんどは、東京深川で料亭「八圀園」を経営する山本甚太郎家である。出荷先は東京と遠方なので気を遣う。みかん木箱（約三〇×四〇×二五㎝）にシノブ・ワラビの葉を敷き、その上にワサビを置く。補足すると、羊歯《しだ》とワサビを交互に重ねる方法で荷造りする。出荷時と到着時の時間差で目減りが起る。ワサビは他の野菜より高価なので、林家では目減りを一割減として精算する商法が信用を得て、東京での七蔵ワサビの売れ行きは良かった。

その後昭和十二年頃まで年間一〇〇〜一二〇貫を出荷、日華事変が起きワサビが贅沢品の類になると消費量が減り、生産・出荷も影響を受けた。現在は、市場は通さず金沢市内への個人注文出荷で、根茎は年間約三〇〇キロ、その他、葉柄・葉いわゆるセンナも出している。

分けつ苗の植付け　三年物を収穫した際、病害虫に冒されていない元気なワサビから「コ（子）」という分けつ茎を外し、それを収穫跡地に定植し、置石で押えていく「カブワケ（株分け）」をする。このとき置石の苔取りもおこなう。つまり収穫と、分けつ苗植付け、さらに苔取りを同時並行でおこなうので仕事はきびしい。

白山奥山のワサビ作りは株分けを基本とするが、続けると葉に黒色斑点ができる墨入り病[18]ができやすくなるので、三年に一回は自家育ての実生苗を移植した。実生苗は病害虫に強い上、生育力が旺盛で早く育つ特性をもつ。現在は、他地域（福島・長野・島根・静岡）の実生苗を共同または個人で取り寄せている。

落葉拾い　十月二十日頃、白山御前峰から別山にかけての尾根に新雪のミネワタリが見られると、ブナ林は強風にあおられて葉を落す。まずカツラの葉が真っ先に、次にクルミ・トチが、そしてやや遅くブナが葉を落とす。トチの葉は、形はヤツデ状、大きさはブナ・カツラと比べれば桁外れに幅広で大きい。かさばるトチの葉は数枚あれば湯沸かしの燃料にもなるほどだが、ワサビ田にとっては邪魔物で、ワサビ田内の葉は取り除く。水路に落ちた葉は途中にひっかかると水溢れになるので、もちろん取り除いた。

ジャーマ（出山）　十一月中旬、初雪がどかんと降り根雪になることもある。根雪前、最後の出荷を終え、落葉拾い、水路点検を終え、小屋じまいして下山することを「ジャーマ（出山）」という。対するに、春先ワサビ田へ入山することを「ヤマイリ（山入り）」という。管理小屋の屋内に耐雪用の支え木を施し、入口側仮設下屋《げや》を解体、農具を屋内に収納して下山する。出山・山入り共に儀礼的作法はない。

⑤『大正三年一月改売買帳』に見るワサビ出荷高

林家の『大正三年一月改売買帳』[19]には、大正三、四年のワサビ出荷先・出荷量が記されている。三ヶ所のワサビ田は、居住地から山道を一時間から一時間半ほど隔ててあり、まずワサビは山道を徒歩で運び、居住地から出荷先へは郵便で送る。物理的にワサビ漬用の葉柄は送ることはできず、時間経過に耐えられる根茎、いわゆるワサビだけを木箱で送った。出荷先のほとんどが東京の山田甚太郎氏経営の料亭で、今日でいう契約栽培の形式であった。大正三年の全出荷高は約一四四貫（五四〇キロ）、山田家へは九月九日より十一月七日まで八回に分けて、約一一〇貫（四一三キロ）、約二〇三円分を郵送している。便利なことに郵便配達は冬場でも猛吹雪以外は積雪を克服して、白峰集落より三ツ谷まで毎日通っていた。大正四年の全出荷高は一六七貫（六二六キロ）、山田家へは八月十九日より十一月十五日まで一一回に分けて約一二九貫（四八四キロ）、約二一一円分を送った。山田家一戸への出荷は、全体の中で大正三年は七六％（重量比）、四年は七七％を占め、東京の山田家は遠く離れているが大の得意先であった。大正三年のワサビ出荷の詳細は表1で示した。

表1　大正3年林家より東京・山田甚太郎家へのワサビ出荷一覧

出荷月・日	等級	出荷量	切り	積算出荷量	積算金額	単価
		貫	貫	貫	円	円
9.9	上等	7.0	0.8	13.4	36.85	2.75
		7.2				
9.14	上等	7.0	1.0	21.3	45.47	2.13
	〃	7.5				
	〃	7.8				
	中等	3.7	0.35	3.35	4.02	1.2
9.19	特別上	5.15	0.3	4.85	11.64	2.4
	中等	2.0	0.1	1.9	2.66	1.4
9.4	中等	5.7	0.1	5.6	6.16	1.1
8.24	特別上	8.7	0.3	8.4	16.8	2.0
10.26	中	13.1		13.1	20.87	1.9
		5.8	0.55	5.25	11.10	2.1
		4.8	0.35	4.45	6.67	1.5
11.4	別上	11.5	0.36	11.14	22.83	2.1
		7.1	0.52	6.58	7.83	1.2
11.7		4.7		10.9	10.1	0.93
		6.2				
山田家計		114.95	4.73	110.22	202.99	1.84
地元6戸計		33.35		33.35	44.57	1.34
総　計		148.3	4.73	143.57	247.56	1.72

『大正三年一月改売買帳』より抜粋.「切り」とは予想目減りを示す

大正初期の林家は根茎だけを出荷していた。猛暑が治まり運送中の乾燥目減りが少なくなる八月下旬から、十一月上旬までの期間で出荷していた。最良品は「特別上」「別上」さらには「上等」と記し、単位は二円以上である。「切り」とは、東京までの運送中に予想される目減りする重さで、精算には「切り」の分を差し引く商法で、白山奥山人の律義さが表れている。地元白峰集落や福井県勝山町（市）へは、ボッカで直接注文主へ当日または翌日配達できたので、「切り」は記されていない。

林家は、町から日用品の食料・衣服等を買い、地元産木製品の鍬柄・除雪板等を売り、いわゆる仲介利益を稼ぐ萬屋を営むかたわら、約五〇〇坪のワサビ田三ヶ所を奥山一〇〇〇m以高地で、人を雇って経営していた。つまり萬屋が本業、ワサビ作りを兼業としていたが、その規模は白山奥山で類例のない大きいものであった。大正四年の出荷高一六七貫は、この年の白峰村ワサビ出荷高四〇〇貫[20]の四一・八%に当たる。奥山の林家一戸で村出荷高の四割を占めていたという客観的数字を付記しておく。大正二年の『大幅帳』では、割得米一俵八円五〇銭、中上米（標準米）一俵九円五〇銭。するとこの年のワサビ出荷売上高二四七円五六銭は、割得米二九俵、中上米二六俵に相当する。奥山の萬屋林家にとっては、「白山ワサビ」「七蔵ワサビ」は、かけがえのない現金稼ぎの商品であったろう。

⑥ 林家ならではの営み

林家は、首都圏へ毎年一〇〇貫を超える量を、一軒の料亭だけに出荷していたことに注目したい。料亭経営者より「曲った物が多いが、硬くて味が良い」、「選別がしっかりしている」等の評価を受けていたので、得意先の期待に反しないよう神経を使い、冷涼さの中で育てた「三年物」に限定し、「特別上」、「別上」、「上等」等と分別基準を厳しく守った。さらに到着までの時間差による目減り対策として「切り」という精算方法をとり、遠隔の得意先を大切にした。このような奥山人の律義さが、安定した需要・得意先を作った。補足すれば、白山直下冷涼と豪雪という自然条件を「不利」と意識せず、消費地からの遠隔性を「不便」と意識しないで「切り」方式で精算した営み等は、「萬屋」という商いで身につけてきた経営感覚から生まれた策と思える。さらにはその感覚は「人を雇ってのワサビ作り」まで及んでいた。林家は、白山奥山の環境に、農・商を独創的に複合させた奥山人といえよう。

3　機械力の活用で作る杉田家

杉田家は、河内・赤岩の永住出作り鈴木家の国有地内のワサビ田経営権の譲渡を受け、旧白峰村桑島からの通勤によるワサビ田管理である。両家ともに、白山麓でいう「通《かよ》い出作り」によるワサビ作りである。補足すると、杉田家の寝泊り地は集落、稼ぎ地の中ワサビは奥山人が何世代か前にひらいた遺産地である。この意味で、杉田家は奥山人の遺産地での現代的経営といえる。具体的には後述するが、杉田家は機械力利用で作付面積を広げ、商品への加工とその包装までも自力でこなす等、従来の白山麓の出作りのイメージ「焼畑、雑穀作り、養蚕等」を払拭する営みが見られる。この杉田家の営みは、現代においても奥山で稼ぎができる出作りの生業例として、数少ないが注目したい。更には、白山直下に三〇〇軒を超えて散在した出作りの終末過程中の一軒の生業実態を、杉田家をモデルとして記し、またその夫婦を含めた家族生活をドキュメント風に記すことをめざしたのが、この報告である。

① 国有地内のワサビ田を引き継ぐ

杉田家の圃場は、古地名「中ワサビ（谷）」である。かつては柳谷川右岸の指尾山・六万山南麓に、上流より大規模ワサビ田が奥ワサビ・中ワサビ・口ワサビと三ヶ所連なっていて、地名化していた。その中の一つを杉田家が昭和四十九年に受け継いで現在に至っている。調査のため最初に訪れたとき、運動場ほどの広さのワサビ田一面に黒色寒冷紗がかかり、納屋には建設用小型ユンボ、耕耘機・軽四トラックが並んでいて驚いた。四〇数年間出作り地を見聞してきたが、白山直下最奥出作り地に機械力を駆使したワサビ経営地の存在に気付かなかったことに、自省の念が走るほどの景観であった。

前経営者は赤岩永住出作り群の鈴木仁太郎家、営林署より国有地内[21]の口・中ワサビを借り受け、離村先の金沢からバイクで日帰り往復し経営。主な出荷先は金沢駅を中心とした北陸線主要駅構内で物品販売をする鉄道弘済会（現キヨスク）で、「白山のワサビ漬け」の商品名でワサビ漬けに加工して納入していた。昭和四十年代当時で、弘済会が駅構内に小販売店を設けていたのは、金沢駅・小松駅・加賀温泉駅・津幡駅・七尾駅で、この五つの駅でのワサビ漬けの売上げ量、とりもなおさず鈴木家の出荷量把握はむつかしかった。それにしても白山直下の奥山人が、栽培ばかりでなく加工食品を作り、それも安定度の強い出荷先を選んで出荷していた。その生業能力は特筆すべきことで驚きである。

② 機械力活用で渓流式から地沢式へ

現経営者の杉田清隆氏（昭和六年生）は、本家の林業経営、具体的には植林、枝打ち、伐採、搬出、運搬等を手伝い、

写真6　前耕作者より受け継いだ渓流式ワサビ田　見取図Eの上部

その際、関連機器、自動車修理、管理を分担する業務に携わってきた。昭和四十六年、手取川ダム計画の発表、居住地桑島集落は水没の憂き目となる。杉田家は残村と決め、昭和五十二年までに水没補償、代替地に新居建築、本家より独立した生業の確立等を、一挙にやりこなさないと困窮する事態となった。杉田夫妻はともに「山が好き」なので、「山で稼ぐ」手だてとして「ワサビ作り」を選び、昭和四十八年頃より村域内の放棄ワサビ田全部約四〇ヶ所を二人で実地検分し、結果的に昭和四十九年、中ワサビの地で専業ワサビ作りを決意し、前耕作者から権利の譲渡を受けた。中ワサビにした選定理由は

1．ワサビ田は砂防工事用車道に接し、通勤、資材、機器の運搬、出荷等に車利用ができ便利なこと
2．面積が広く、多収穫が期待できること
3．全体の地形が険しくなく、圃場内でユンボ・耕耘機・自動車等の機器活用の経営ができること
4．南向き斜面で、雪解け・日照等の生育条件が悪くないこと

等である。

栽培地・中ワサビは、居住地の桑島集落から車道距離で一九・八キロ、約二〇キロ離れている。新設管理小屋は宿泊可能であるが、電気が通っていないこともあり、車による日帰り仕事で、土地慣用語では、「通い出作り」でのワサビ作りである。中ワサビへの約二〇キロをJR北陸本線に例をとれば、金沢駅から美川《みかわ》駅を越して手取川鉄橋までに相当する。このような奥山人の距離克服は今に始まったわけでなく、かつての出作り人は、集落から時には峠越えをして一〇～一五キロを隔てた山中で、あまねく単独で生活・生業をしていた。山人の距離克服は、戦前は徒歩、戦後は車にしても、その気構えと実行力は凄まじく、平野人の感覚とはかけ離れている。

中ワサビ山地は地滑りの地形らしく、いくつかの湧水[22]があるが、主たる湧水は二ヶ所、それが二条の沢となる。前耕

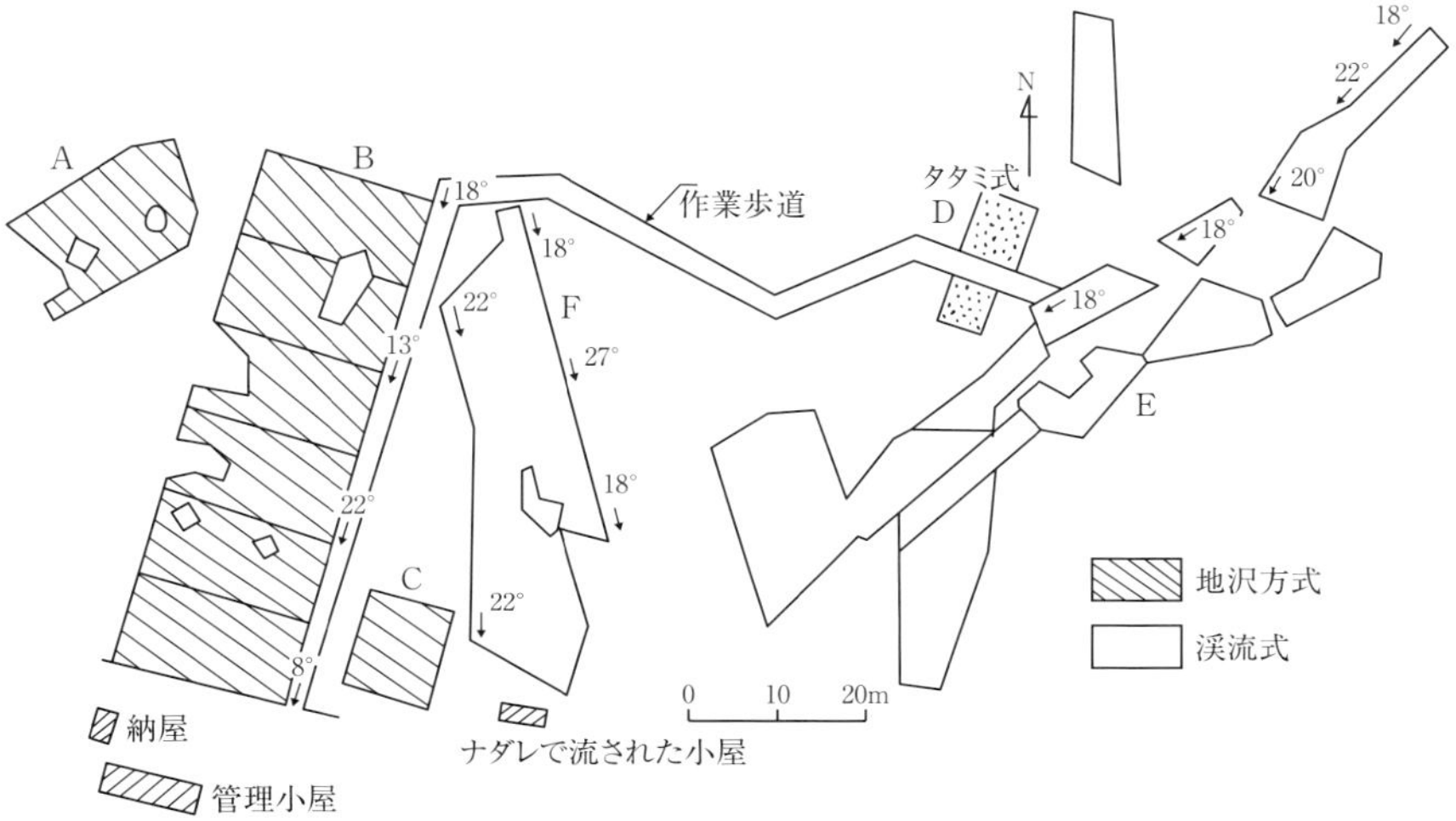

図 3　柳谷川右岸中ワサビの杉田家ワサビ田見取図　図中の矢印は傾斜方向を，数字は傾斜角度を示す．平成 15 年時で，A と E 圃場下部は放棄されていた．

作者は二条の沢でいわゆる渓流式で経営していた。当時の名残りは杉田家のワサビ田見取り図「E」や「F」に顕著に見られる（図3参照）。具体的には、斜面の水平・垂直方向の凹凸を人力を使って平坦化、いわゆる階段状棚田を作り、水路を入れたワサビ田である。部分的だが二七度という急な所もある（図3、写真6参照）。譲り受けたとき、渓流式ワサビ田では根茎の収穫は多くを期待できない状況になっていた。最初は、前耕作者すら伝統的技術を現地指導で習得、合わせて県外産地を見学し、将来の専業経営について思案した。

ワサビの収入は最初三年間は不安定なので、本家での体験を活かした副業としてダム建設工事用自動車のタイヤ修理・販売、すなわち自称「タイヤ屋」を営んで稼いだ。ロックフィル式の手取川ダム本体工事、国道付替工事、桑島集落代替地工事のため、県内外より工事用大型車輌が大挙転入してきたので多忙であり、副業というより本業に近い収入を稼げた。

杉田氏は、ワサビ田は過半を渓流式から地沢《ちざわ》式に改造することをもくろんだ。地沢式とは端的には大規模棚田方式といえよう。具体的方策として、まず人力に代わる機械力を考え、必要な機械を購入し準備する。必要第一は、土木建設用の超小型ユンボ、次に軽四輪トラックで、質の良い中古品を物色して求めた。これら機械は、狭小棚田型式の渓流式ワサビ田の地形を、方形広面積の棚田地形に改造するのに使う。「新品を買ったら儲からない」、

写真７　地沢式へ改修したワサビ田　コンクリート・テストピースを多用して棚田に整地した見取図Ｂの中央部付近

「修理、車検を自分でやらねば儲からない」として自己能力をフル回転させて取り組んだ。本家での林業業務、機械管理に携わった体験を活かし、諸経費がかからないように努めた。

③　コンクリート・テストピースを石垣素材に

次に方形広面積の棚田作りに必要な石垣石材の調達である。山陰の地沢式ワサビ田見学の際、自然石石材に代わるコンクリート・テストピースの使用を見聞して、それをヒントに収集することにした。この素材は、生コン工場から常時必然的に作られる試験用材である。対象コンクリートを直径一五㎝、長さ三〇㎝の円柱状にし、強度・成分等を計測、さらに四週間水に浸して試験終了とする。だから水浸中にアクが抜けているので、ワサビへの影響もない。自然石を渓谷で探し、それを運ぶ手数や労力より、テストピースを集める方が効率が良い。

また、石垣を組むとき、形の不揃いの自然石より規格が揃っているので最適なのである。全部で約三万五〇〇〇個を集めた。四トントラックは約一〇〇〇個積めるので、トラック輸送は五〇回ぐらいであったらしい（一ヶ所で数百個のときもあるので）。出向先は、出生地石川県白峰村桑島、尾口村尾添、鶴来町（いずれも現白山市）、福井県勝山市等の生コン工場であり、お礼として清酒を持参した。

昭和五十一年、第二次林業構造改善事業の補助金を受け、ユンボ・軽四輪トラック・耕耘機をフル回転させ、親戚男性二人を雇い、夫人と四人で、両側の渓流式から地沢式へと改修整地した（写真7参照）。一区画一〇×二〇ｍの長方形ワサビ田を、テストピース・自然石を使って六段（後に垂直方向に二分したので外見上一二段。図３のＢ）とし、その脇にも二ヶ所（図３のＡ・Ｃ）、合わせて約一五〇〇平方メートルを改修開田した。利用した自然石は従来からのもの。何世代も前の奥山人からの遺産なので思いをこめて全部を利用した。新圃場では、水源からの養水配分は土木用のビニール系樹脂管を使い、また従来の自然石組水路では漏水があるので既成コンクリートＵ字溝を使って対処した。

④ 雪崩で管理小屋が飛ばされる豪雪地での経営

中ワサビまでの車道は、市ノ瀬より甚之助谷砂防工事用道路（夏期は登山者用バス路）を利用し、本道途中から柳谷へ下る分岐工事道を利用する。市ノ瀬から分岐まで車道約三キロ、分岐から中ワサビまで約八〇〇mの距離である。中ワサビの標高は一〇五〇～一一五〇m、最深積雪量は七m以上と推察する。中ワサビへの山入り時期は、積雪の多少に影響を受ける。通常年は四月中旬、居住地桑島から市ノ瀬までの約一六キロは車利用、市ノ瀬からは車道約三・八キロを約一時間強の徒歩で入り、すぐ分岐点から中ワサビまでの除雪をユンボの自力運転でやりこなす。

昭和五十六年時（いわゆる「五六豪雪《ごうろく》」）は市ノ瀬の手前赤岩まで車利用。約四キロの雪道をカンジキを履いて登った。山入りすると一間半×三間の管理小屋の姿がないのに唖然とした。地元で「アワ」[23]という表層乾燥雪崩による被害である。この年の一月十五日、白峰では四・八mの積雪だから、ワサビ田周辺は七m以上積もっていたらしい。後日、約一〇〇m下方の柳谷河川敷で、小屋組みが破壊されていない小屋を見つけたとき、再度唖然とした。古老より「アワはものすごい速さで落ち、その先の雪煙は爆風のように働き大木をなぎ倒す」と聞いていたが、小屋が押し潰されずに飛ばされていた事実は、伝承が真実であることを実体験したと、杉田氏は述懐する。

まず、新小屋建設のための準備、資材運搬、ワサビ出荷のため、桁外れの積雪が残る分岐車道の除雪を急いだ。親戚・友人の協力を得て人力・機械力で残雪と取り組んだ。新しい小屋は、自力で設計、建設実務も素人大工でやりこなし、旧小屋よりやや広い一間半×七間の新小屋を、ようやく初雪までに建ち上げた。その知的・肉体的エネルギーはすさまじい。

⑤ 多量積雪で埋もれたワサビへの対処

多重積雪対策は、渓流式と地沢式ではその差が著しい。

渓流式では、降雪初期は田面《たづら》全体に広がっている養水が消雪の役目をするので積もらず、置石の上にだけ積もる。降雪が激しくなると、各々の置石の雪が相互に繋がり始め、やがて一面の雪斜面となる。ワサビは雪の綿帽子を被った状

イ．渓流式　高く大きめの置石を並べる

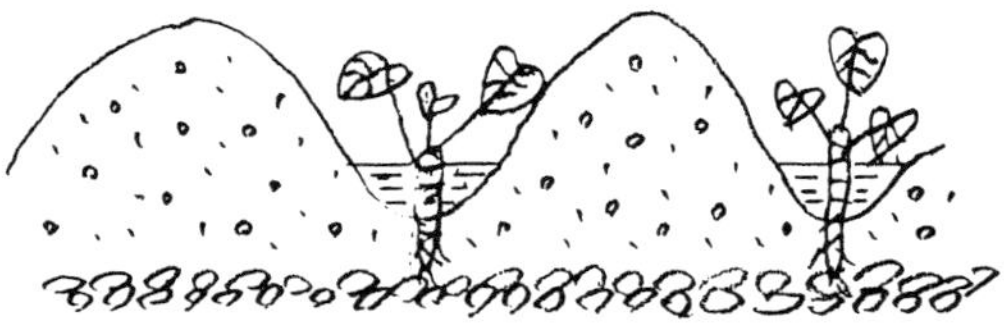
ロ．渓流式　置石不足時

図 4　冬場の凍結予防策

写真 8　渓流式の植付け　凍害予防のため大きめの置石を配置する

態の下で養水を受ける。その隙間は養水温度の影響でマイナスにならず、凍結はしない。前栽培者は、厳冬期の凍害予防として、置石配置は大き目の自然石をやや密にしていたらしい。置石の相互間隔を狭くすれば、綿帽子状の雪被いができやすく、すっぽりと全域を積雪を覆い、氷化を防ぐ効果を期待しての技法である（図4、写真8参照）。

　同じ渓流式でも違った技法もあった。多量の置石採取ができなかった砂地の田面では、擂鉢状の小穴を掘り下げて並べる。掘上げた砂は円を描く形で積み上げ、苗は穴の底に植え付けて養水をあてる。積雪期には、円形の土手砂盛りが置石の代役をして雪橋を作り、田面は雪綿帽子状となり、寒気を防ぐ方法となる。

　改修した地沢式では、部分的に凍害を受けた。池沢式の田面は水平である。一区画、横二〇×縦一〇mの長方形ワサビ田へ供養する水路は、長方形四辺の谷側を除いた三辺側に、縦のコの字型とでもいうべき冂型に設けてある。三方向より田面に均一に養水を広げる仕組みである。結果として水路より離れた中央部は不十分となる。そこで長方形圃場を横は五つ、縦は二つに等分、その等分ラインに細く浅い溝を掘って水流れを作り、養水配分の均一化を計っている。結果として一区画は十ヶ所の小区画に分れる。地沢式の置石は渓流式より遥かに小さく、降雪時は圃場が雪ですっぽり覆われることはない。厳冬期にはどうしても中央部や谷側部は養水が少なく水に浸《ひた》されない。水に浸されないワサビは外気温が下ったとき凍害を受けた。具体的には「根が腐る」、「芽吹きが非常に遅れる」等である。

ワサビはマイナス三～六度で凍害が起り、マイナス三～プラス六度で生育停止が起るとされる。白山直下の中ワサビの厳冬期にはマイナス一〇度にもなると推定される。このような気候条件下、近世末にすでに産地化ができたのは、耐寒性の在来種ワサビが存在したこと、さらにいわゆる渓流式での置石間隔を狭くし、雪綿帽子状態を作って凍害を克服したことによる。つまり、雪のもつ保温性（マイナス以下にならない）を豪雪地独特の技法であみだし、不利な奥山でのワサビ作りを続けてきたのである。改修した地沢式では、厳冬期のワサビの水浸しを十分にするため、既製のコンクリートを使って水路の漏れを絶ち、さらに田面に細く浅い排水溝を作って養水の均一化を計る等、杉田夫妻は創造的でかつ丁寧な仕事振りで、奥山の過酷な自然に適応したワサビ作りに取り組んでいる。(24)

ところで白山直下では、五月中旬、季節外れの降雪に見舞われることが稀にある。平成二十一年には約二五cmも降った異常さで、陽ざし除けの寒冷紗が湿った雪の重さでたわみ、破れる寸前であった。このケースは寒冷紗本来の役割が雪害予防に転換したまったく予期せぬ事態であった。

⑥ 豪雪地での機械力活用、地沢式ワサビ田の作業暦

山入りと除雪　中ワサビの位置は、登山口市ノ瀬～中飯場《なかはんば》間の砂防工事用本道よりの分岐工事道に接してある。通常積雪年、市ノ瀬以奥は四月中・下旬には機械力除雪で開通する。一般車は、融雪直後の斜面には不安定な残雪塊・岩石があるので乗入れ禁止なので、ワサビ田へは市ノ瀬より歩いて入る。

まず小屋の雪囲い。屋内耐雪支柱を外す。次にユンボをフル運転し、小屋周辺、分岐道八〇〇m、作業歩道を除雪する。一〇〇〇m以高地、豪雪地ならではの作業である。除雪に限っては機械力は人力の約一〇倍の能力で、ユンボは絶対の必需機械である。

洗いと客土　前年出荷した空地に根付けするための準備をする。まず耕耘機で耕やし、次に動力水圧ポンプで沈殿した細かい泥土や枯葉粉末を洗い流す。その後に新しい砂を客土にする。中ワサビ山は地元では「ゴロゴロ山」と言い、地中に砂岩と風化した礫が多く埋まっている様を指す。この作業にもユンボを使い、まず表層の腐葉土を除去したらそ

写真 9　地沢式の植付け　4 × 5 メートルの桝形に，7 列，1 列 10 本の密度で植える

表 2　口ワサビ杉田家ワサビ田の水質

項　目	数　値
天候	晴
気温（℃）	15.6
水温（℃）	7.8
ペーハー	7.1
溶存酸素（mg/ℓ）	10.3
銅（mg/ℓ）	<0.01
亜鉛（mg/ℓ）	<0.01
鉄（mg/ℓ）	<0.05
マンガン（mg/ℓ）	<0.01
ケイ酸（mg/ℓ）	28
マグネシウム（mg/ℓ）	2.0
カルシウム（mg/ℓ）	5.9
ナトリウム（mg/ℓ）	4.3
カリウム（mg/ℓ）	2.2
リン酸態リン（mg/ℓ）	0.011
アンモニア性窒素（mg/ℓ）	<0.01
亜硝酸性窒素（mg/ℓ）	<0.01
硝酸性窒素（mg/ℓ）	0.28

平成 8. 10. 29 計測

の下を掘り起し、風化した荒目の砂を選りすぐって客土にする。柳谷川の川砂を採取・客土にしたこともあったが、成果は良くなかった。川砂の粒が細かかったせいなのかも知れない。

根付け　伝統的技法では秋に収穫、並行して分けつ苗を根付けるのだが、杉田家では収穫は随時に、根付けは五月に実生苗を静岡から移入しておこなう。圃場は、前述のように横二〇×縦一〇mの長方形区画が六段連ねである。この一区画を横は五つ、縦は二つに細く浅い溝で等分すると、四×五mの舛形が一〇できる。この舛形に、平成二十年時は一列一〇本の密度で七列、稲作の田植時のように整然と並べて根付けをした。だから一つの舛形には七〇本、二〇〇平方メートルの一区画には七〇〇本の実生苗植付けとなる（写真9参照）。そして植付け苗の根元に、乳児の拳大の、苔をきれいに洗い落した置石を二つないし三つ苗を囲むように置く。すると一区画に必要な置石総数は一四〇〇～二一〇〇個となる。昭和五十一年の地沢式圃場の改修面積は一五〇〇平方メートルだから、必要置石は一万〇五〇〇～一万五七五〇個となる。

地沢式への改修時には、石垣素材としてコンクリート・テストピース約三万五〇〇〇個を、平野部から集めて白山直下の奥山へ選んだこと、さらに植付け苗用の置石一万～一万五〇〇〇個を、周囲の山地・渓谷で採集したことなどで多くの人力を必要としたので、昭和年代末まで、夫婦だけの労力とは別に随時男性二人を雇用した。

水管理　「水があればハリ（広さ・面積）がない。ハリがあれば水がない」という白山直下の自然環境のもとで、口・中・奥ワサビの三ヶ所は「水もあればハリもある」という好条件で、湧水・緩傾斜面積も最適場所であった。口・奥ワサビは工事用車道の建設で縮小または消去したが、中ワサビの最適条件はそのまま鈴木家、杉田家に引き継がれた。湧水温度は春先の融雪時には八度、真夏でも一〇度で、最適温度一二〜一五度より低いが、湧水なので降水時でも濁らない。平成八年十月の水質検査は表2で示した。PH値は七・一を示し中性、ワサビ根茎はPH七近くで生育が良いとされるので問題はない[25]。

地沢式の水路素材には自然石材に代わって、既製品のコンクリートU字溝と市販の耐寒性ビニール系樹脂製送水管を使った。標高が一〇〇〇m以上もあるので、風・雨・雪は平常時でも平野部よりはるかに強い。そのため強風・強雨時には、枯枝や土砂がU字溝や送水管取水口の溜り枡に入り、水つまりを起す。予期せぬ事故も起きる。ふだん溜枡取水口は金網で覆っている。それが外れて送水管にネズミ（ヒメネズミらしい）が入りこむトラブルを起した。奥山の自然林中のワサビ田ならではの野生動物による小被害である。水路管理は丁寧さが必要だが、中ワサビは車が直行できるので便利は良かった。

寒冷紗架け　ワサビ田の周囲は、ブナ・トチ・サワグルミ・カツラ・キハダ・イタヤカエデ等の高木が茂る自然林である。その広大な樹林中に約一二〇〇平方メートルのワサビ田があり、日当りは良いが、樹々の背丈が高く適宜に日陰を作ってくれるので、遮光は必要ないと考えていた。しかし、「ワサビは半陰、半照が好き」と聞いたこともあり、ワサビ田にワイヤーと黒色寒冷紗を張ったら、温度低減をしてくれたのか予想以上の良い影響がでた。その後、根付け作業を終えた春遅くに張り、台風情報が出まわる八月下旬に外している。後日分かったのだが、直射日光を遮ると、温度調整ばかりでなく、軟腐病予防の効果があったらしい。偶然にも、寒冷紗が季節外れの降雪による雪害予防の役割をしたことは前述した。

除草・病害対策　改修時より貯水池でイワナを飼っているので、除草・病害予防に薬剤はいっさい使用しない。除草はワサビ田の周囲を約五m幅でおこなう。木は絶対伐らない。軟腐病、墨入病、白サビ病は見つけしだい手作業で始末する。最盛期に墨入病予防を兼ねて実生苗作りを自前でやっていたが、現在は実生苗を静岡県より移入している。

表 3　杉田清隆家　ワサビ栽培初期の出荷覚書

年	ワサビ					センナ kg
	金沢卸売市場 kg	個人 kg	国民休暇村 kg	その他 kg	計 kg	
昭和 55	170				170	
56	212	194			406	1,694
57	171	229	81		481	2,574
58	36	56	113	83	288	833
59	35	102	88	55	280	1,089
60	39	76	21	40	157	465

表 4　杉田清隆家　ワサビ昭和 56 年市場月別出荷覚書

月	出荷日数日	出荷重量 kg	1kg 当り 最高値　円	1kg 当り 最安値　円	出荷金額円
6	5	13	6,900	4,296	55,850
7	19	64	6,900	4,019	257,230
8	7	32	8,500	4,134	132,300
9	10	44	8,000	5,278	231,900
10	14	54	8,500	4,798	259,080
11	1	5	6,200	4,320	21,600
計	56	212			957,960

⑦ 市場出荷から消費者への直接出荷へ

出荷は昭和五十四年秋から始めた。五十五年より六十年まで、必要諸経費、出荷額、出荷先等を記録し、経営永続の参考とした（表3・表4参照）。出荷ケースは椎茸用のダンボールを転用、「白山ワサビ」の銘で二キロ詰めで夕方農協（JA）白峰支所へ、翌日の金沢中央卸売市場の朝せりに出荷する方法をとった。初出荷日はその年の積雪量の影響を受けた。少ない積雪年は五月上旬、昭和五十六年の豪雪年は六月中旬であった。最終出荷日は十月二十日頃、五十七年は十二月八日であった。五十五年以降は一キロ詰めに変わった。昭和五十年後半のワサビ価格は、2Lサイズ物八本詰め一キロでは一万～一万四五〇〇円、Lサイズ物一四、五本一キロで七～八〇〇〇円であった。市場での「白山ワサビ」の評価は、「静岡産より新鮮である」、「選別・等差がしっかりされている」、「三年でゆっくり育つので、おろし金にかけると堅く、味がしまっている」等であった。

初期の市場最多出荷量は、昭和五十六年の二一二キロ、ところが市場では八%、農協は五%の手数料を引かれた。五十七年から個人出荷先を開拓して稼ぎを多くする努力をした。白山麓の国民宿舎、国民休暇村、旅館等の宿泊施設や、そば屋、飲食店等への売込み、その結果、五十七年時以降は消費者への直接出荷が市場出荷を上回る。具体的には五十七年時、市場向け一七一キロに対し、個人・休暇村向けが三一〇キロである。杉田家は、機械力活用の技術習得の他、より多く稼げる直接出荷先の開拓にも努め、実積向上をめざした。杉田家の試みには、従来の白山麓の出作り、奥山人のイメージとは違って、採算ベースを常に考慮してのワサビ作りをめざす意気込みが見られる。

ワサビ漬用の茎・葉、いわゆるセンナについては、五十五年に市場へ初出荷したが、非常に安かったのですぐ止めた。高知県本川村のワサビ農家からセンナ納入先として静岡市の「田村屋」の紹介を受け、出荷、さらに高山市「羽根屋」へも出荷、出荷最多年は二トンを超えたときもあり、ほとんどが県外出荷であった。

⑧ 杉田家の複合生業の移り変り

家族計画とワサビ作り――生き方を決め実現のため稼ぐ　奥山人は、古くより複合生業による稼ぎで生活をしてきた。手取川ダム着工を機に、本家への林業従事を辞し独立をめざした杉田家は、ワサビだけの稼ぎでは五人家族の生計を支えきれず、自称「タイヤ屋」を兼業したことは前述した。杉田家は独自の家族計画を立ち上げ、これはかなりの出費を必要とするため、二つの生業で懸命に稼ぐ所得計画にまとめた。夫妻には三人の娘がいた。その娘に「公立大学教育を受けさせ、独立した社会人として世に送る」という子育て計画がそれである。

出費の主たるものは、三人の金沢での大学進学のための住宅購入費で一千万円単位の出費、長女の六年間の医学部就学と高価な医学参考文献費とが負担であったらしい。出費を支える稼ぎでは、ワサビ収益は昭和五十六年出荷額九六万円。この年の個人向け出荷は約一〇〇万円で、ワサビだけの粗収入は約二〇〇万円。このワサビ収益とタイヤ収益で学費に充てた。具体的には、月～金曜は夫は集落でタイヤ屋、妻は二〇キロを車で往復しての通い出作りでのワサビ作り、土・日曜は二人でワサビ作りとなる。結果としてワサビ作りは手数が不足、人を雇って対処、昭和六十年終末まで多忙時は二人を雇った。白山奥山でのワサビ栽培は自家労働が普通だが、臨時ではあるが雇用労働で営んだ事例は、杉田家、そして三ツ谷の林家が該当する。夫は兼業激務がたたって、平成四年に体調を崩す。三女が大学を卒業したこともあってタイヤ屋を廃業、夫婦でワサビ田経営を専業化することにした。

専業としてのワサビ作り　専業後は、タイヤ屋の稼ぎを補うため「入り」を多く「出る」を少なくするのに努めた。荒天でない限り毎日、二人でワサビ田へ通い出作りをして労働集約化を計った。従来は実生苗を静岡県や福島県より購入していたが、専業後は実生苗を自家栽培し、購入苗を少なくした。集落内の畑地にハウスを作って採種、種の低温管

写真 10　商品価値を高めるために作った出荷ケース

写真 11　上，杉田家が作ったワサビ漬，センナ漬

写真 12　三女が創ったセンナ漬 3 種の梱包用紙
微妙に違えてある．

理、播種、間引等を行って育苗した。体験上、実生苗は「生育する勢いが強く早く大きくなる」、「墨《すみ》入り病がでない」という長所を実感できた。白山奥山では「実生苗一坪一貫」という慣用語があり、「実生苗は手数がかかるが多収穫」という意味で、試したことすなわち一坪当りのワサビ収量の計測はしなかった。

「効率良く優れたワサビ作りが可能」という畳石式ワサビ田の造成にも挑んだ。平坦地を見つけ、最下層に大きめの畳石・グリ石を敷き、その上に礫、さらに砂と三層にして、空気・水の通しを良くして根の生育を助ける仕組を作った。結果として良いワサビが育成できた（図3・D参照）。

商品作り・包装デザインを女手で営む　以上は専業後の夫の働き、次に妻の働きについて紹介する。要約すれば、零細であるがワサビ漬、センナ漬の自家生産と販売である。美味しい商品、沢山売れる商品をめざして、先進地へ泊りがけで出向いた。静岡県伊豆市の「丸岩安原わさび店」の好意もあって、二泊三日の日程で、調理現場での実習指導の便を受け、その技術・製法を学んだ。結果としてセンナ漬は、先進地を真似て消費者が夏好まれる三杯酢味、冬よく好まれる味噌味、一般的な醤油味の三種を作った。センナ漬・わさび漬の梱包用紙のデザインは、美術大学卒の三女が意気込んで創ってくれた。三種類のセンナ漬は同じデザインだが、色合いを微妙に違えてあった（写真10・11・12参照）。作った商品は、白山の石川県側登山口の親しい温泉旅館や白峰集落内の商店で、売り捌いてもらった。

杉田家ならではの営み　表層雪崩で飛ばされた管理小屋を、大工に頼らず独力で再建した技能力は、真似のできない個性力である。さらに未知のワサビ新栽培技術を学習、機械力を駆使して旧ワサビ田を改修、時代に順応したワサビ田を経営した実行力は、従来の「焼畑・出作り観」を全否定した試みである。そして、夫人、子女一丸となって加工食品を作り、さらに販売まで行った家族力は、短期間であったが奥山人がたくましく、すさまじく生き抜く姿そのものである。

4　白山奥山でのワサビ稼ぎ高

①　白峰村のワサビ収穫高推移

旧白峰村役場所蔵文書より、明治後期より大正期にかけてのワサビ収穫高を表5で示した。明治二十七年〜三十六年にかけての一〇年間に、一〇〇〇貫を超えた年が五年、この頃が最盛期のようである。最多年は明治三十四年で一三〇〇貫、最少年は二十九年で四〇〇貫。この年は大水害で、翌年、翌々年も水害の影響で五〇〇貫と少ない。ワサビ田やその湧水地は、渓谷斜面にあり、強雨により土砂崩れ、渓谷水量の激増により被害を受けた。おおまかに、多収穫の年は一二〇〇〜一三〇〇貫、減収穫の年は四〇〇〜五〇〇貫の実積である。明治期の一九年間の平均は七三四貫、大正期九年間平均は八二九貫である。

昭和五十五年時の白峰村でのワサビ事情では、[26]栽培者は一九戸、総収穫量は一六六五キロであり、収穫高上位五戸について表6で示した。最多収穫者は伝統的技法で作る林家三〇〇キロ、次位は機械力活用で作る杉田家の二七〇キロ、そして二〇〇キロの尾田敏春家が三位と続く。この三戸で四六%を占めている。同時に放棄ワサビ田一三ヶ所を記している。

表5　石川県旧白峰村のわさび収穫高

年次	収穫高	金額	1貫当り単価	備考
明治15年	600貫	600円	1.0円	山岸家文書
17	550			『皇国地誌』
27	800	640	0.8	
28	1100	660	0.6	
29	400	400	1.0	
30	500	650	1.3	
31	500	650	1.3	
32	1200	1680	1.4	
33	1000	1500	1.5	
34	1300	1560	1.2	
35	800	980	1.23	
36	(1000)	(1500)	(1.5)	『白峰村史』下
37				
38	700	3500	5.0	
39	600	4200	7.0	
40	500	500	1.0	
41	400	480	1.2	
42	500	600	1.2	
43	800	880	1.1	
44	700	980	1.4	
45				
大正1				
2	786	1179	1.5	
3				
4	(400)	(480)	(1.2)	『白峰村史』下
5	1200	1500	1.25	同上
6	953	1435	1.6	
7	930	1860	3.5	
8	967	3385	3.5	
9	792	3168	4.0	
10	702	2308	4.0	
11	734	2936	4.0	
昭和6	1128	5640	5.0	
14	625			『白峰村史』上
55	444			『白峰村史』3

白山市白峰支所蔵の統計資料より抜粋.（　）は出荷高.

②　白山ワサビの換金性——ワサビ一貫で買えた米の量

奥山人のワサビ栽培者の食生活は、端的には焼畑産の雑穀すなわち稗・粟等を主穀としており、稲・米に対する希求度は特別なものであったこともあり、ワサビ一貫の価格を米に換算したのが表7である。

ワサビ一貫で最も米を多く買えたのは、明治三十三年の一斗四升四合。傾向として明治二十年代より三十年代後半頃までは、ワサビ一貫で米一斗以上を買うことができた。最も割の悪かったのは大正二年の五升六合で、割の良かった年の半分にも満たない。ワサビ一貫とはどれぐらいの本数なのか分りやすく説明すると、高級料理向きのワサビ一本は一〇〇～一五〇グラム。仮に一〇〇グラム級のものでは一貫（三・七五キロ）では約四〇本となる。すると、高級ワサビ

表 6　白峰村における主なワサビ栽培　昭和55年山口一男調査

	場所	面積㎡	収穫量 kg	標高 m
林七蔵	三ツ谷	3000	300	1350～1450
杉田清隆	指尾山	3000	270	1050～1150
尾田敏春	五十谷 太田	1290	200	800～900
織田小市郎	明谷	2000	150	840～940
兵井盛作	下田原	800	120	680

『白峰村史』3 より

表 7　わさび 1 貫で買えた米の量

年次	わさび 1 貫価格	米 1 斗価格	わさび 1 貫で買えた米の量	備考
明治 20 年代初	1 円 50 銭	1 円 40 銭	1 斗 7 合	『白峰村史 上』p. 202
27	80 銭	越前米 70 銭	1 斗 3 合	米価は『白峰村史』下 p. 95
33	1 円 50 銭	1 円 4 銭	1 斗 4 升 4 合	米価は『白峰村史』下 p. 101
36	1 円 50 銭	1 円 13 銭	1 斗 3 升 3 合	米価は『白峰村史』下 p. 96
43	1 円 10 銭	加賀米 1 円 50 銭 越前米 1 円 40 銭	7 升 3 合 7 升 9 合	米価は『白峰村史』下 p. 97
大正 2	1 円 33 銭	2 円 38 銭	5 升 6 合	『林家大福帳』
4	1 円 20 銭	1 円 45 銭	8 升 3 合	米価は『白峰村史』下 p. 98
8	3 円 50 銭	4 円 31 銭	8 升 1 合	米価は『白峰村史』下 p. 101
9	4 円	5 円	8 升	米価は『白峰村史』下 p. 98
10	4 円	3 円 72 銭	1 斗 2 合	米価は『白峰村史』下 p. 101

約四〇本で米七升から、優に一斗以上を稼いでいたことになる。

このワサビの稼ぎ高と、明治二十七年時の職人一日の賃金・稼ぎ高とを比較したのが表8である。この年のワサビ一貫は八〇銭、この金額で越前米一斗二合を稼げたのに対し、石工一日の賃金では米三升五合、日雇では二升四合稼いだことになる。別な換算では、ワサビ一貫八〇銭は石工の三日分の賃金に、日雇人夫の四日分の賃金に相当する。数字で見る限り、ワサビの稼ぎは職人の賃金と比べると悪くなかった。白山の奥山ワサビの出荷には丸三年かかる。標高が高いので積雪量が多く、冷涼さも厳しい自然環境であるが、生業地の中に住居を構える「出作り」方式のため、ワサビ田は近くにあり、管理・見廻りには都合よかった。また、無肥料・無消毒なので手数が少なくてすんだ。石工・大工は技術取得に数年を要し、一日一〇時間以上の労働を年

表 8　明治 27 年諸雇 1 日賃銭の米換算量　賃銭は旧役場所蔵資料より．米価 1 斗 78 銭として換算（『白峰村史』下）

職種	1 日賃金	米換算量
石工	上　27 銭	3 升 5 合
	下　18 銭	2 升 3 合
大工	上　24 銭	3 升 1 合
	下　17 銭	2 升 2 合
材免	上　15 銭	1 升 9 合
	下　8 銭	1 升
蚕糸操	上　15 銭	1 升 9 合
	下　8 銭	1 升
日雇	上　19 銭	2 升 4 合
	下　10 銭	1 升 3 合

表 9　大正 5 年白峰村副業戸数並産額

産地	品目	戸数 戸	産出額	金額 円	1 戸当り 産出額	1 戸当り 金額 円
白峰	生糸	10		43,593		4,359.3
全村	木炭	25	101,000 貫	5,530	4,040 貫	221.2
白峰	ワサビ	20	1,200 貫	1,500	60 貫	75.0
桑島	真綿	20	70 貫	1,400	3.5 貫	70.0
全村	繭	357	735 石	20,456	2.86 石	57.3
	杉皮	12	2,500 坪	625	208.3 坪	52.1
白峰	鍬棒	20	30,200 本	1,021	1,510 本	51.0
桑島	杉苗	40	329,000 本	1,716	8,225 本	42.9
	紬織	75	450 反	2,025	6 反	27.0
白峰	降雪具	20	15,000 本	500	750 本	25.0

（『白峰村史』下より抽出）

中続けなければならないのに比べ、ワサビは労力が少なかった。奥山人のワサビ観は、手数・労力が少なくてすむ、割得な商品作物として重宝していたようである。

③　一戸当りのワサビ稼ぎ高

白山麓さらには白峰村の領域内でワサビ作りをしたのは、字白峰だけであったことは前述した。白峰でワサビ作りした家戸数、ワサビ作り農家一戸当りの稼ぎ高を解きあかすとき、体験者個人のプライバシーや行政資料の不足等が支障となり判然としない。唯一の資料として『村史』下巻に、「副業戸数と産額」統計[27]があり参考となる（表9）。一戸当り金額で段トツの一位は生糸だが、生糸生産は企業組織の工場生産で、統計表標題の「副業」ではないので度外視する。すると副業のトップは木炭で二二一・二円、ワサビは二位で七五・二円、さらに真綿、繭、杉皮、鍬棒と続く。鍬棒を作る者は、同じ作業小屋で除雪具も一緒に作っていたので、この点を考慮すべきであろう。白峰のワサビは、他村・他字と競合することのない産物で、有利であったに違いない。木炭・真綿・繭・鍬棒にしても、商品として完成品にするまで、肉体労働と手数がかかる。ワサビは商品までに三年と長い年月がかかるが、木炭・繭・鍬棒に比べれば手数は比較的少なくてすむ。つまり、労働生産性という視点では、仕事量を多くかけなくても割得の稼ぎができる香辛野菜であった。割得に稼げるといっても、湧水、緩地形等の自然的制約を受けるから、急いで栽培者や作付け面積を増やすわけにはいかない代物でもある。

昭和四十七年五月、白峰地内明谷《みようだに》奥地の出作り織田助蔵氏（明治三十三年生）のワサビ沢現地（標高八八〇m）での教示内容は、示唆に富むものである。その内容は、ワサビ田面積はおおまかに約一町（三〇〇〇平方メートル）、丸三年育成物を農協（JA）を通して、年間一二〇貫（四五〇キロ）～一三〇貫（四九〇キロ）出荷する。最近での最高値は、「五〇本四キロ」級の最良品一箱で一万六〇〇〇円（一キロ単価四〇〇〇円、一貫単価一万五〇〇〇円）であった。こんな優良品は半分ほどしかなく、並物は一貫七〇〇〇円～一万円である。世の中はしだいに贅沢になり、白山の曲がったワサビより形の良い県外産をほしがり、地元白山のワサビの値段は下り気味という。年間出荷一三〇貫、優良品はその半分六五貫で九七万五〇〇〇円、並物一貫単価八五〇〇円とすると五五万三〇〇〇円、全部で一五二万八〇〇〇円、ざっと一五〇万円の粗収入であったと推察する。織田家は「出作り地のワサビの稼ぎと、長男夫妻の勤め給料を元に家族七人で生活している」と述懐されていた。

調査した昭和四十七年は、稼ぎの主役であった炭焼きは、燃料革命で打撃を受けた後で、出作りの廃絶が急激化した頃である。奥山の生業が激変する昭和四十年代、出作りでのワサビ作りと焼畑による杉苗作りの二つは、稀少な現金収入源であったことが分かる。昭和五十六年、白山直下の指尾山南麓の中ワサビでワサビ栽培をした杉田家の市場向け出荷量は二一二キロ、個人向は一四四キロで、粗収入は約二〇〇万円であった。その収益は子女三人の大学就学には不足で、タイヤ屋を兼業したことは前述した。この時代、山地で現金を稼げる生業として選択の幅は狭少で、ワサビ栽培は熟年夫婦にとっては就労しやすい現金収入源であったようである。

昭和四十年代の織田家、昭和五十年代の杉田家の具体例のように、ワサビは現金を稼ぎやすい奥山産野菜にしても、その稼ぎだけの収入では生活費全部をまかないきれず、二家ともに他の稼ぎと複合させていた。

5 まとめ

白山ワサビは商品化するまで満三年かかる。表日本の山地では一・五～二年を要している。一〇〇〇m近くの高地栽培は、一〇度以下七、八度の低い湧水と、五m以上の豪雪との闘いともいえよう。白山ワサビは、厳しい自然環境のもとでは、遅々としか生育できず、長年月を要するわけである。長い時間をかけて生長したので、すりおろすとき固く感じる。その固さが味覚にも微妙に反映され、消費者に支持されていたという。栽培者は、ワサビの生育期間の「丸三年」を長く感じたことはないという。

客観的にみると、商品としての欠点は、傾斜の強い田面《たづら》で育てた白山ワサビは曲がるので恰好悪いこと。そして生育期間が丸三年と長いことである。白山ワサビの販売先は、金沢・鶴来・勝山等の都市部への個人向け直売が中心である。安定最多消費先は、地元市ノ瀬にあった白山温泉宿二戸である。各々別館をもち、二〇〇人が宿泊でき、あわせて四〇〇人収容の湯治場で、そこでのサクラマス・イワナ・堅豆腐の刺身用や土産物としての消費である。ところで最多消費先の旅館は、昭和九年七月の大土石流で一瞬にして消滅した。被害を受けなかった河内のワサビ生産者は、温泉宿に代わる直売先を開拓しなければならなくなる。杉田家前身の鈴木家は、口・中ワサビの広面積を営んでいたので懸命に直売先を求め、鉄道弘済会と交渉し駅頭での販売に成功したのは、この時期らしい。ワサビは時代は変わっても、常に現金を稼ぎやすい商品作物なので、奥山人は白山直下の環境に適した栽培技術を工夫し、作付面積を広げるのに努めた。しかし多量に作っても売れなければ稼ぎにならないので、広面積栽培者は古くから販売先の開拓や、加工食品作りにも努めてきたのが共通している。三ツ谷の林家は、遠く離れた東京深川の料亭と契約的栽培をおこない、また柳谷の杉田家前身の鈴木家は、ワサビ漬を作り、北陸本線主要駅で物品販売をする鉄道弘済会での専売をおこない、そして杉田家は機械力を活用して面積を広げて生産性をあげ、さらに小規模ながらワサビ漬、センナ漬作りもした。

共に、地元規模で広面積のワサビ田を高地で安定的に経営していたことは注目すべきである。そしてこの「極高のワサビ田」と言える圃場は、規模は縮少されたが現在も続けられている。白山奥山人は、一〇〇〇m以高地という標高、冷たい養水等の悪条件の下、さらに五m以上の積雪の下で、雪のもつ保温性を逆手にとって凍害を少なくする等の技術創造ばかりでなく、「商う」という面でも、白山直下の辺地から消費地の有利情報を探り、抜け目なく、たくましく生きてきたし、生き続けている。

注

（1）「市之瀬、三ツ谷、赤岩地名地図」（『白峰村史』下巻、三三三ページ、白峰村役場、昭和三十四年）
（2）「加賀国能美郡白峰村」（『皇国地誌　加賀国能美郡村誌　白山麓第貳之巻』石川県、明治十八年）、古川脩、昭和六十二年復刻、私家版
（3）「慶応二年正月白山麓村々産業始末書上帳」は『白峰・山岸十郎右衛門家文書』に所収。山岸家より白山ろく民俗資料館へ寄託、展示されている。
（4）「明治十五年十二月能美郡白峰村歳入歳出比較表」。長山直次氏が「山岸十郎右衛門家文書・能美郡白峰村来歴等上申書綴」より抽出されたもの。『石川の歴史遺産セミナー講演録「白山」第一～四回』一一八ページ、石川県立歴史博物館、平成二十一年
（5）前掲（2）
（6）大平晟「加賀白山の表山登り」（『山岳』二年三号、九二～一〇六ページ、日本山岳会、明治四十年）
（7）青葉高『日本の野菜、葉菜類・根菜類』六三～六六ページ、八坂書房、昭和五十八年
（8）中山再次郎『関西スキー倶楽部報告1　白山スキー紀行第二』一六～一七ページ、昭和四年（古川脩私家復刻、平成二年）
（9）山口一男・東野外志男「ワサビ田の立地と地質」（『白山の人と自然地学篇』一六〇～一六四ページ、石川県白山自然保護センター、平成四年）
（10）星谷佳功『ワサビ――栽培から加工・売り方まで』三五～三七ページ、農文協、平成八年
（11）前掲（1）八七四～八七五ページ
（12）前掲（10）三七ページ
（13）『農業技術大系11　野菜編　特産野菜・地方品種』ワサビ、六八一ページ、農文協、昭和六十三年
（14）前掲（13）六八九ページ
（15）『白峰村史』第三巻、一〇〇ページ、白峰村役場、平成三年
（16）「トイタナダレ」残雪期、圧雪で押さえつけられたネゾレ（立木にならず斜面に這いつくように育つ灌木）が上の雪が融けて元へもどるとき、その衝撃でブロック状の固い雪が雪崩れる。
（17）前掲（13）六六四ページには「ワサビ栽培条件の総合的適否の判定にはセリやフキが指標作物」との指摘がある。
（18）前掲（13）六七六～六七七ページ
（19）金沢市窪三―三七八、林茂家所蔵
（20）前掲（1）九八ページ
（21）前掲（11）。中ワサビを含めた六万山全域は、明治以前は平泉寺（白山神社）に年貢を納めて河内の人が営農していたが、明治二十六年国有地となる。奥・中・口ワサビは、国有化以前の河内の人がすでに営み地名化していた。

(22) 前掲（9）
(23) 固くなった旧雪の上に、乾いた新雪が大量に降り積もると、旧雪と新雪がなじまず、バランスを崩すと分離して一気に大雪崩となり、樹木や建造物に大被害を与える。
(24) 前掲（13）六六一ページ
(25) 前掲（24）
(26) 前掲（15）三六六〜三六八ページ
(27) 前掲（1）六六ページ

六　夏、源流域でサクラマス・イワナを獲る

1　はじめに

手取川源流域で人間の最奥居住地は、旧白峰村（現白山市）市ノ瀬である。現在は、温泉旅館、民家、国立公園ビジターセンター等数棟があり、白山の石川県側登山口の位置を占めるが、冬は完全に無人となる。手取川本流は、旧白峰村領域では牛首川《うしくびがわ》という。昭和九年（一九三四）の手取川大水害（以下大水害と表記）時には、支谷の湯の谷出合《であい》、三ツ《み》谷《たに》川出合付近の市ノ瀬には、白山温泉場に三戸と出作り八戸の計一一戸、本流右岸の赤岩《あかいわ》には出作り二〇戸、三ツ谷川沿いには出作り一三戸があった[1]（図1参照）。三つの出作り群は冬期も居住地で越冬する永住出作りで、通称「河内《こうち》の衆」とよばれていた。河内の衆は究極の奥山人である。

大水害前、この最奥居住地の河内へは日本海よりマス（サクラマス）が遡上し、そのマスの残留型アマゴ、さらに上流域にはイワナが棲息していた。学術的にはサクラマス残留型をヤマメ、サツキマス残留型をアマゴという。だから河内でいうアマゴは学術的にヤマメにあたるが、伝統的呼称は「アマゴ」で定着、さらに役場記録の漁獲高統計でも「アマゴ」を使っているので、以下アマゴとして記述することにした。また、淡水漁を数える単位として「匹」でなく「本」

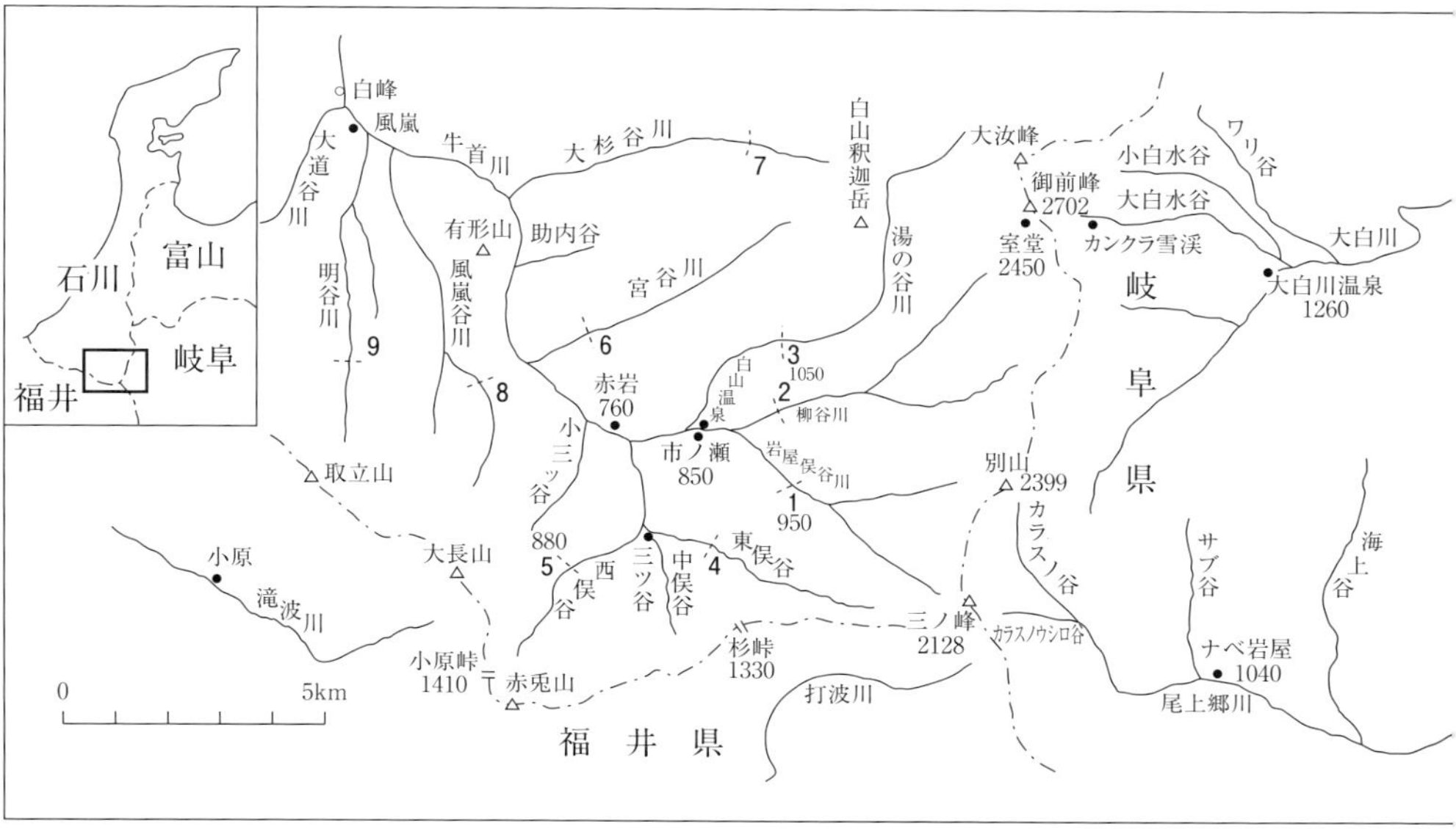

------ はマス遡上限界またはマス漁停止線

1 三ツ石　2 猿壁　3 丸岡谷出合（ゲンジコヨモ山）
4 マスドメ　5 小倉谷出合　6 コロドメ
7 小左衛門の滝　8 スバル　9 小滝

図 1　手取川（牛首川）源流水系概要

を使ってきた慣行があるので、以下「本」とする。マス・アマゴ・イワナは、湯の谷出合左岸にあった白山温泉旅館二戸の料理材料として重宝され、河内奥山人にとって現金収入の一部となって生計を助けていた。入浴客は登山シーズン終了とともに急減、冷気の訪れも早いので閉湯時期も早い。この頃になると魚は売れなくなるので、自家用蛋白源に利用。特に飯鮨《いずし》や塩漬けにして越冬食糧の一つとした。大水害すなわち大土石流による被害は甚大で言語に絶するものであった。市ノ瀬と温泉場の全一一戸は跡形もなく流失、赤岩二〇戸中一三戸が流失した。三ツ谷に被害がなかったのが救いであった。本流・柳谷・湯の谷・宮谷の河床は土石流の堆積で上昇し、巨岩がゴロゴロ散在する河原に激変、瀬も淵もなくなった。大型のマスは下流へ流失。小型のアマゴ・イワナも流れ、一部は土石流のなかった谷・沢へ遡上して生き残った。大土石流は渓流魚の棲息環境を破壊してしまった。

この報告は、白山直下の河内衆を含めた旧白峰村白峰の人々いわゆる奥山人が、大水害前後におこなっていたマス漁、昭和年代末まで続けられていたイワナ漁等の伝統的な捕獲技術と用具はどんなであったか、また渓流魚を貴重な現金収入源として、さらには自家用食糧源としてどのように活用していたかに関して、稀少な残存資料をもとに可能な限り具体的に把握することをめざした。

2　マス（サクラマス）

① 手取川でのマスの生態

手取川は、白山を水源として旧白峰村を貫流、さらに尾添川・大日《だいにち》川等の支流の流れを集め、白山市美川町で日本海に注ぐ。流長は約六六キロ、石川県下最長の一級河川である。源流の河内市ノ瀬は標高約八五〇m、大水害前の河床には適宜、淵・瀬があった。そして温暖化進行以前であったので降雪量は現今より格段に多く、水量も豊かであった。河内の淵・瀬の特色は、柳谷・湯の谷上流は崩壊しやすい地質で裸地が多く、保水力が乏しいのが影響して融雪期と渇水量の流量変化が激しい。だから大樹の下、年じゅう水を満々と溜めた淵が随所に見られるという景観は少なかった。つまり淵の多くない渓谷で、マスの生育環境としては決して良いとはいえない谷相であった。

ここでいうマスとは、サケ属サケ科のサクラマスである。海より孵化した河川に戻って上流へ遡り、産卵して命を終える回遊性の強い魚である。山桜の咲く頃遡上を始め、秋には源流域で産卵、死んでしまう。卵は川底で越冬し、翌年の春に稚魚となり川で生活する。次年の春には一〇cm以上に成長し、美しい小判状斑紋（パーマーク）をつけた幼魚ヤマメ（白山麓でいうアマゴ）となる。そして海に帰ったときの脱水症状を防ぐため、体表のパーマークを消して銀白色に変化させるスモルト化の降海型と、そのままの体表を続けて川に留まる残留型に分かれる。降海したものは沿海、遠くはサハリン沖、オホーツク海まで回遊し、翌年春には約三キロ、六〇cm前後のサクラマスとなって、母なる川へ戻ってくる。

北海道、東北地方、さらに太平洋側では相模湾、日本海側では島根県以北に分布する。ちなみに、太平洋側の神奈川県以南に分布するのはサツキマスで、長良川に遡上するものが著名である。手取川では二～三月にかけて遡上し始め、河内へは雪融け水にのるように遡上し、五月中下旬フジの花が咲く頃に遡上が終りとなる。九月中下旬より産卵場を探すようになり、極限のマスドメまで遡上する。

マスの遡上限界は確定できなかったが、投網漁体験者の最上流漁場地は把握できた。湯の谷には名称のとおり、本流出合左岸に白山温泉、右岸に鳩の湯があってその余湯が流れこみ、出合上流河川敷にも温泉自噴地があるので遡上数が少なかったが、ゲンジコヨモ山（出作り地）直下の丸岡谷出合（約一〇五〇m）まで行った。柳谷は谷全体がもろく崩れやすく、谷筋に淵らしいものがなく、マス・イワナの成育環境としては悪く、猿壁以奥へは行かなかった。岩屋俣谷では三ツ石（約九五〇m）以奥は効率が悪く行かなかった。三ツ谷川の遡上限界は確定できた。西俣には「マスドメ」（約八五〇m）という地名があるほどで（写真1）、現在は水力発電所の取水堰堤が施設されている場所である。東俣は小倉谷出合（約八八〇m）まで。これより上流は水量が激減するためである。中俣は、谷が小さく水量も少なかったのでマスは遡らなかった。マスは、手取川河口、標高ゼロmから白山釈迦岳直下湯の谷約一〇五〇mの奥地まで遡り、その間約六〇キロの沿岸の人々に海の幸を振り分けていたのである。ちなみにサケは、牛首川までは遡らなかった。

白山の呼称由来は、雪に覆われた真っ白な姿にある。別な表現をすれば白山は巨大な雪氷の貯蔵庫である。白山直下の河内は、急峻な地形、裸地の多い地表等が影響して保水力が弱く、雪融け水や雨水は減少し始めると急激である。雪融け水が急減し水量が少なくなった頃、マス遡上が終りをつげる。獲ったマスは、自家で食べるよりほとんどすべてを売ってお金にした。大水害前、湯の谷出合近くの左岸に加藤・山田の白山温泉旅館があり、そこで現金化した。マスの肉質の旨みは、新潟県三面川の漁師等によれば、サケとは比べものにならないほどで高級とされる。山深い旅館では、マスを高級海魚として料理に使っていた。温泉旅館は冬場には閉鎖し、五月上旬に開湯、六月五日の菖蒲節供より本格営業にかかる。近隣の出作りは、焼畑の火入れ・播種作業の一連の春仕事が一段落するので、体休みと慰安を兼ねて入湯、さらに宿泊もする慣行

写真1　三ツ谷西俣谷のマスドメ
谷全体が滝のようになり，マスはこれ以上のぼれなかった．今は発電所取水堰堤がある．

があり、六月五日はその節目の日にあたる。河内のマス漁は、温泉の開湯・本格営業と深くつながっており、気の早い者は五月下旬頃より始めた。自然暦ではコブシの花が満開の頃、フジの花が咲き始める頃よりマス漁にとりかかったという。

漁は、投網をうって獲るのがおもで、猎《やす》で突く方法、さらには産卵期に鉤《かぎ》で引っ掛ける方法があった。大正十五年当時、投網には年二円五〇銭（大水害時三円）の鑑札（写真2）が必要であった。

写真2　マス投網漁の鑑札（白山ろく民俗資料館蔵）　裏面に「大正十五年八月十三日」の発行年月日を記す．

②　マス漁

イ．投《と》網《あみ》漁　投網とは、水上より腕と体の回転力を使って網を円形に広げて、水中の魚を覆い被せてとる漁具である。赤岩では自家栽培の麻（大麻）糸で網を編み、ナラ・クリの樹皮で染める。さらに鉛を融かして錘《おもり》を作るなどして、自家製の投網を使用していた。市販のものと比較すると、麻糸が太くて二〜三倍重く、約三〜四貫（一一・三〜一五キロ）あったという。投網は、網の下裾《したすそ》を約一尺内側に折り返して、その折り返しを錘《おもり》二個ぐらいの間隔で細縄で吊りあげて袋状とする。網にかかった魚はこの袋の中に閉じ込める仕組である。

白山ろく民俗資料館には、残念ながら河内で使った投網は現存しないが、下流の桑島集落の山口務家で使ったマス用投網がある。これは、錘の形、糸の細さ等が精巧に作られた市販品である。裾は、長さ六七ミリの錘を一六㎝間隔で八〇個つけているので、広がった最大外周は一二・八m、直径に換算すると四・一mとなる。網の目は四五ミリ、手綱は六・四m、全重量は約五・一キロ（一・四貫）である。寄贈者の山口務氏は使用体験がなく、父・祖父が使用したものという。資料館所蔵の投網は、マスが手取川を盛んに遡上していた時代の漁具として貴重資料といえよう。

シーズン始めは、淵のカケアガリを狙ってフチウチ（淵打ち）をした。マスは水温の低い所を好む。支流の流れ込む出合近くの淵や清水が湧いている淵は、幾分水温が冷たい。淵は深く底部のマスは投網にかからないので、ヤスに頼る。淵の上流部カケアガリには、新しく冷たい水が流れ込んでくるので、マスは夕方から早朝にかけて底から動いてくる。淵のカケアガリの水深は浅いので、そこで投網をうつのである。陸上岩の上から投網をうつ場合と、水中の足場の良い場所を選んでうつ場合がある。六月中の夜間の徒渉では体温が下がるので、時には流木を集めた焚火で体を暖めなければならなかった。

七月になると河川の水量も少なくなり、淵の水温は上昇、水深も浅くなってくる。マスは、暗くなると淵を出て流れの早い瀬に移り、明るくなると淵に戻る。瀬でも、穏やかな透明な流れより、泡が勢いよくたっている瀬のカシラ（頭）やシリ（尻）を狙って網をうつアワウチをした。夜、真っ暗であっても水泡は白いので狙いやすかったといい、アワウチは、もっぱら暗い時間帯におこなうヨアミ（夜網）をした。梅雨あがりの大雨で濁った水が増え、川幅も広くなる。また真夏の夕立の後も濁水が急増する。このような濁水が増え、それが減り始めたときが投網漁にとって最良環境となるので、「漁業を主とする者」も「漁業を従とする者」も、〝川流れ〟（溺死）に注意しながら競って網うちをした。増水時の条件の良いときは昼夜を通して漁をした。

鈴木与三松氏（明治三十四年生）は漁業を主としていた。一昼夜で六本獲ったのが最多で、このときは草鞋《わらじ》三足を履きつぶした。大正初期、夜のアワウチ漁一回で三～四本が普通、一回当たり四～五円の稼ぎであった。獲れないときも稀にあった。大きいマスは二尺二、三寸から二尺五寸ぐらい、目方は一貫一〇〇匁《もんめ》が大きい方、小さいのは約四〇〇匁で、年間七〇～八〇本をとった。当時河内には漁業を主とする者が三組あった。夜の投網漁は、最小二～三人の組でおこなう。一人は照明用のヒノキタイマツを持ち、衣服や獲ったマスをリョウタビノ（写真3）に入れて担ぐ役をする。他は交互に網をうつ。自家製網は重く水を含むと三～四貫もある。時には腰ぐらいの深さの急流を徒渉しながらの漁である。闇の中、流れに逆らうように足を踏ん張るので、昼間より倍以上疲れた。網の裾が、川底の石に乗ると隙間ができマスが逃げる。それを防ぐため、他の一人は泡立つ瀬に飛び込み、底の網を操作した。また、網にマスがかかると、飛び込んでマス・網もろともに抱えこんで陸揚げした。

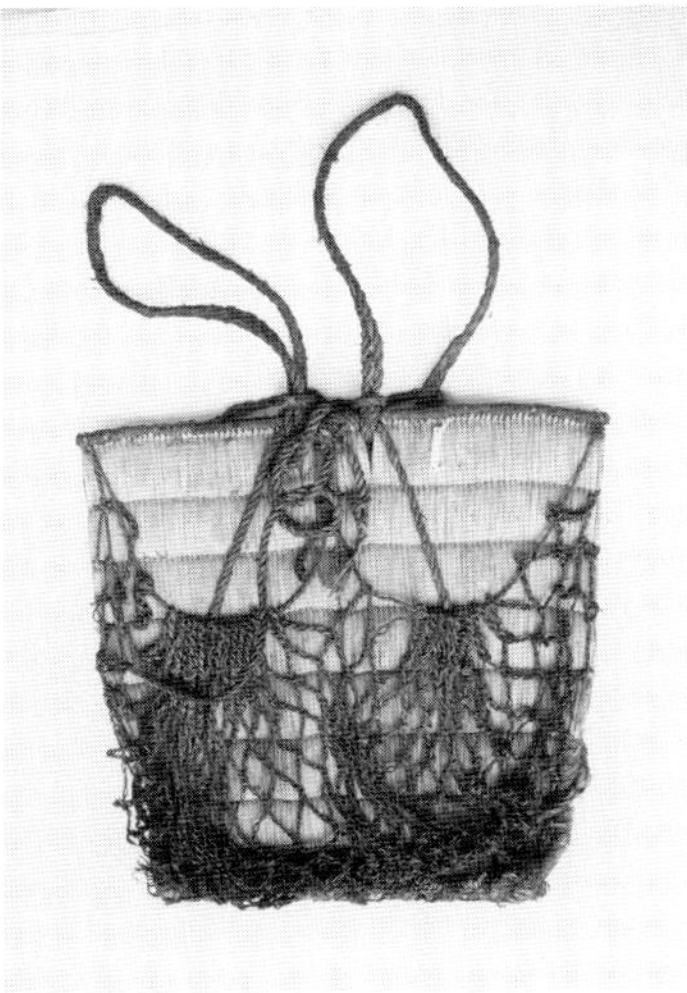

写真３　リョウタビノ（白山ろく民俗資料館蔵）　網の中へ，冬はウサギ・テン，夏はマスを入れてかつぐ．

産卵期に入ったマスは「シロボケになった」といい、オバネ（尾びれ）やハネ（胸びれ）が白く擦れ切り状態になる。産卵場は水深が浅く、細かい砂利のある所で、雄が雌によりそうようにつく。雌は砂利に腹を擦りこんで産卵し、雄はシラコ（精子）をかける。この卵を狙ってアマゴ・イワナが数本群がってくる。アマゴの雄にはシラコをかけるものがいるらしく、またイワナは卵を餌にするためという。投網にマスはかかるが、アマゴ・イワナは網目が粗いのでかからない。シロボケマスは、雄雌も腹は太く身の味は極端に悪くなるので、旅館の買上げ価格は下ってくる。温泉の閉湯は九月末日なので、マスは売れなくなり漁は止めた。加藤政治家ではシロボケマス、さらに産卵直後の死んだマスでも、程度の良いものは食材として利用したという。「死後程度の良いもの」という実態はどんなものなのか興味深い問題であるが、実際に検分できない。程度の良いものは人間が、程度の劣るものは野生動物や鳥が食べていたわけだから、マスの食物連鎖が白山直下の河内でおこなわれていた。

河内の人がマスの投網漁をおこなっていた領域は、クマ（ツキノワグマ）の狩猟テリトリーとはまったく無関係であった。クマの巻狩りについては、河内と白峰本村の領域境界は、左岸は小《こ》三谷《みつだに》、右岸は宮谷である。つまり河内の人は、クマを追って小三谷や宮谷より下流域へはいけなかった。マスの投網漁は、狩猟テリトリーにとらわれず宮谷下流の大杉谷出合付近まで出漁していた。仮に投網漁を、一晩に岩屋俣谷出合より下流方向に狩猟テリトリー内の宮谷出合までしたときは約四・五キロ、さらに白峰本村の領域内の大杉谷出合まで強行したときは約八・五キロの距離となり、狩猟域より四キロ白峰本村領域へ入りこんで漁撈をしていたわけである。関連して言えば、河内の赤岩・市ノ瀬・三ツ谷の各出作り群は、クマの巻狩りについては相互にテリトリーの線引きをおこなっていたが、マスを含んだ渓流漁については自由であった。源流域でのマス投網漁の他地域での事例については、雄物川水系檜木内川・秋田県西木村[2]、雄物川水系役内川、秋田県雄勝町秋之宮[3]、さらに只見川水系伊南川、福島県只見町黒谷[4]等がある。そして伊南川の投網漁では、

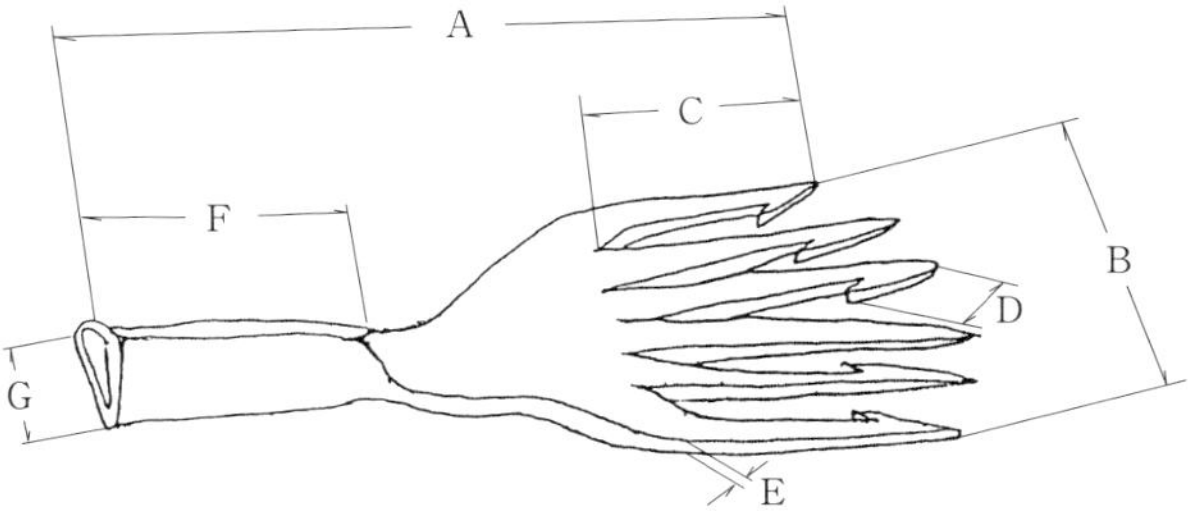

ヤスの種類	A全長 ミリ	B鉾の全幅	C鉾先の長さ	D逆鉾先	E鉾の厚さ	F G 接合部	重量 グラム
マス見突用 ヤス・5条	275	167	長 150 短 145	57	11	袋型 85 × 33	1020
マス見突用 ヤス・5条	306	134	長 142 短 127	36	13	袋型 104 × 40	1320
マス潜水用 ヤス・3条	300	92	204	63	10	板型 123 × 25	450
ゴリ(カジカ)用 ヤス・3条	283	59	153	23	8	袋型 82 × 25	230

図 2　白山ろく民俗資料館収蔵の猎　白山ろく民俗資料館の調査カードより

白山直下の河内と同じく七～八月頃の夜間におこなっていた。なお平地部河川のマスの夜間投網漁では、最上川水系鮭川、山形県鮭川村[5]の事例報告がある。

ロ．猎漁《やすりよう》　ヤスとは、長い柄の先に鋭利な細長状の鉄鉾をつけ水中の魚を突き刺す漁具で、民俗資料館所蔵のもの（図2、写真4）は鉾三条のもの一本、鉾五条のもの二本があり、どれも地元の鍛冶屋製である。柄との接合部は、袋状にして差し込む型、袋状にせず板状にして釘と紐で固定する型がある。淵での潜水漁は三条鉾のものを使用、鉾は漁体に刺さりやすいように細く鋭く仕込んである。資料館所蔵のものは、いずれも柄付きではないので、柄の材質や長さは不明である。人が淵に潜ると、マスは底の岩の割れ目や石と石の間、根株の隙間に逃げこむ。それを突くのである。潜水用ヤスには、鉾が突刺さったときに離れて魚体に残るように鉾に紐をつけたものが、三面川、[6]只見川、[7]最上川水系白川[8]で報告されているが、手取川にはなかった。産卵期に雄は尾バネで砂利を掘り、雌が腹を砂利に擦る状態になるのでスリマスといい、淵のマスより突きやすかった。スリマスの動きは幾分敏捷でなくなる。さらに夜は鈍くなるので、松明《たいまつ》を使ってのヤス漁ヨガキをした。その場合、ヤスは水中で操作するのでなく、陸上より水中のマスを見定め、突き

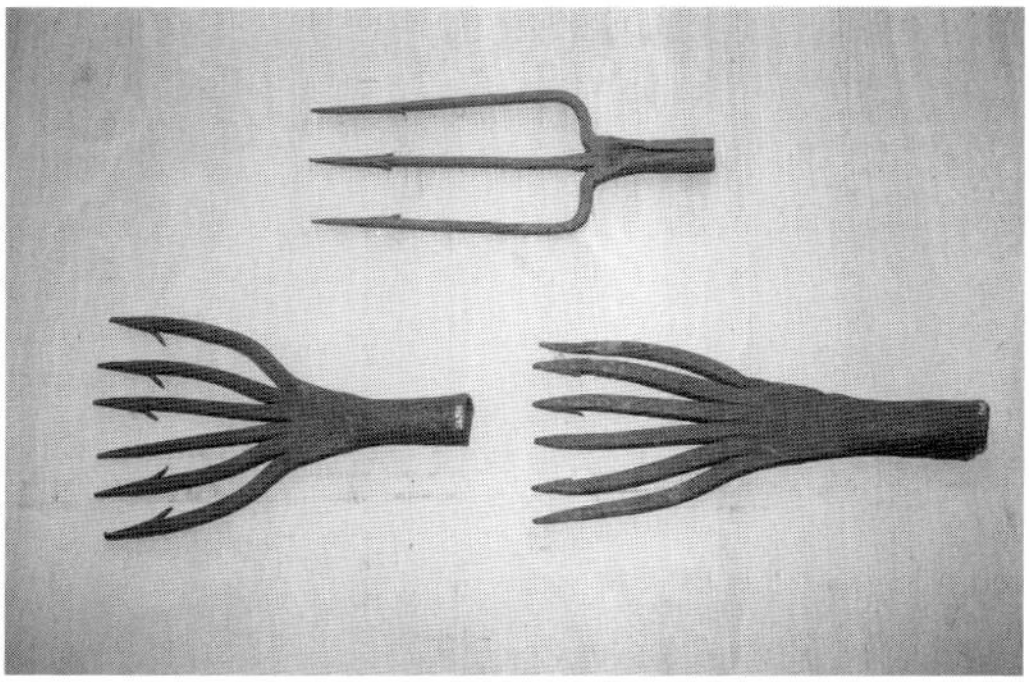
写真４　マス用ヤス（白山ろく民俗資料館蔵）　上は潜水用，下はスリマス用

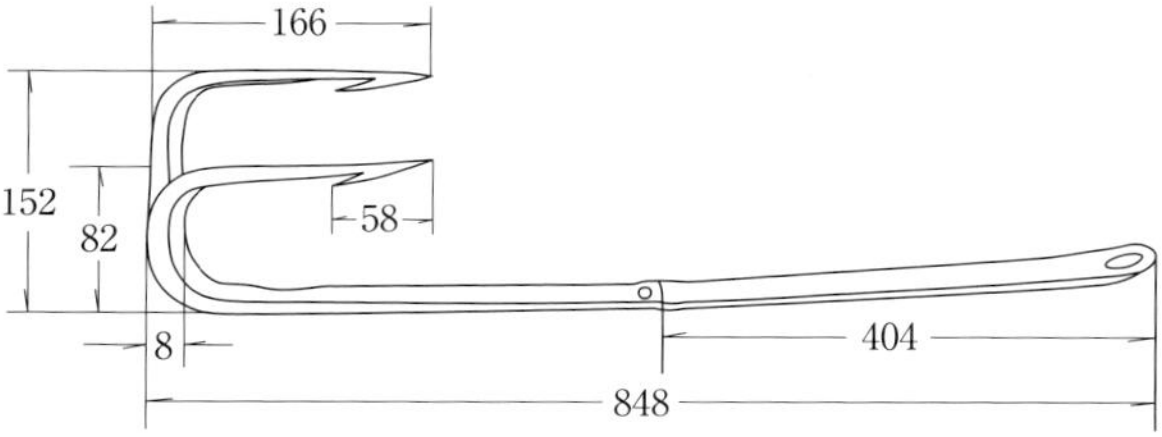

図３　白山ろく民俗資料館収蔵のマス鉤（単位ミリ）

下ろすよう刺す。太い鉾が魚体を通して川底に達しても、そのままヤスを固定してマスの動きを止めるように扱った。

八・鉤漁《かぎりよう》

白峰村のカギとは、マスを引っ掛ける鉄製鉤を二条つけ、持ち運びが便利なように二つ折にできるようにして、猟場では伸ばして使う漁具である（図３）。資料館へ寄贈時、使用者は他界された後であり、調査原票には「ヤス」と記してあるが「カギ」と言っていたと思われる。このカギの漁法は、使用者他界のためか分からなかったが、農商務省水産局纂『日本水産捕採誌』下巻(9)では、これと同型の漁具を「摩鉤《すりかぎ》」と命名、その技法を記録、さらに『日本捕魚図志』(10)では挿絵入りで技法を紹介している（写真５）。それによれば、この漁具は産卵期のマス、地元でいうスリマスに限って使用する。砂利の多い産卵場スリバ、時には漁のため人工的に砂利を敷きつめたスリバの川底に置く。引縄を小石で押さえ、マスがくるのを待ち伏せする。マスを発見すると急に縄を引っ張って鉤で魚体を引っ掛け、逃がさぬように急ぎ川中に走りこんで捕獲する漁法である。

寄贈者は、川沿いの居住者でなく、有形山《ありがたやま》（一〇一〇・七m）東面標高八五〇m藤部《とうぶ》ニサ山の出作りである。この漁具で漁をするためには、出作りの小屋場から牛首川本流までは約三〇度の急傾斜地を高低差約二五〇mを下らねばならない。漁場は本流助内《すけうち》谷出合付近と思われる。産卵期には、秋の雑穀収穫・乾燥・調理作業等の多忙な中、足繁く急坂を登り下りしてマス獲りをしていたと推察する。マスの産卵は最源流域でもおこなうと聞いていたが、助内谷出合付近は河内市ノ瀬より約六キロ下流であり、ここでも産卵していた証といえよう。同類の鉤を産卵場に置いて引っ掛けてマスを獲る漁法については、只見川のオキカギ漁(11)の報告がある。

③　源流域におけるマス漁技術の系譜

白山直下河内の渓谷流は、平野の流れより格段に急流のはずである。河内のマス漁の主流は投網で、さらには矠《やす》漁・鉤《かぎ》漁もあった。急流で徒渉しながら投網をうったり、片手に矠を持って淵に潜ったりできるのは、渓流での高い技術をもっていたから可能なことである。深雪地の奥山人は、狩猟のため、急傾斜地・雪氷に対する技術は必須、さらに渓谷での淡水漁のため泳ぐ・潜る技術も必要となる。慣習として年長者は、幼少期の次世代を、雪氷の山でのウサギ猟や渓谷でのイワナ漁に引っ張り込んでその技術を体得させ、その体験の積み重ねでより上級のクマ猟・マス漁へと対応できる能力・技術を習得させるよう試みてきた。

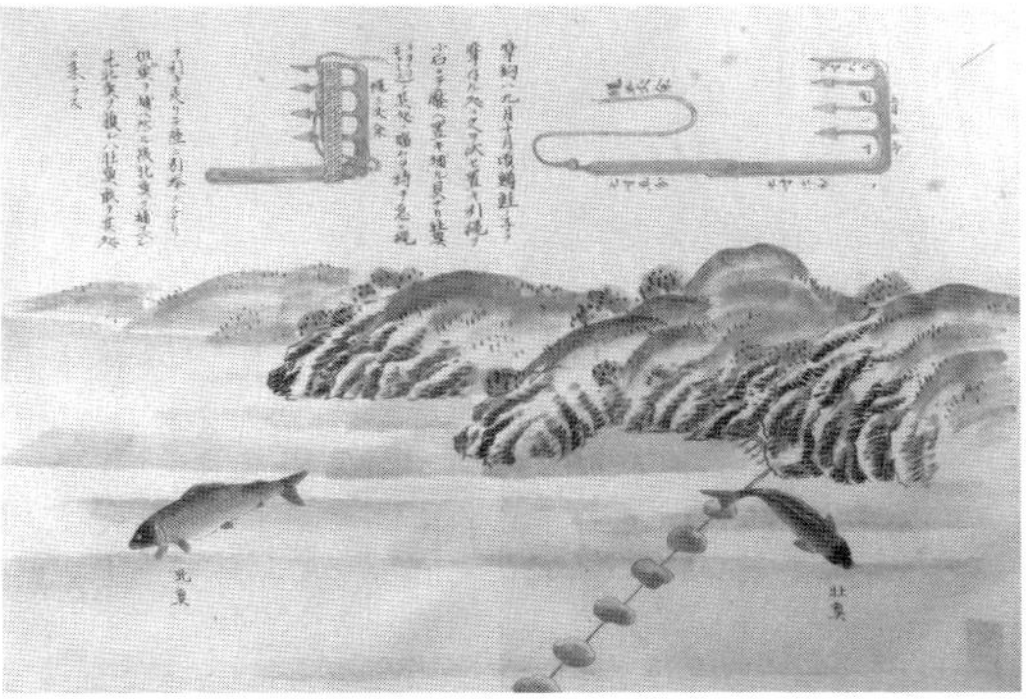

写真５　マス用鉤の使用法（国文学研究資料館蔵『日本捕魚図志』より）

鈴木牧之（一七七〇～一八四二）は、文政期の著述『秋山記行』前倉集落の段で、「抑《そもそも》此橋前後半道ばかりの所は、深淵限りなき水底数々故、鱒、岩魚の類の栖《す》にて、彼《か》の秋山を住居とする秋田猟師は、此水底《みなそこ》へ潜《くぐ》り、鍵にて取る事、妙手を得たりとなん」と書き、中津川源流の潜水鉤漁を絶賛し、この技法は秋田猟師が伝えたことにも触れている(12)。古くより、猟をする者は漁をするのにも長けていた。新潟県入広瀬村大白川新田の住安嘉裕家所蔵の「捕鱒の図」は、明治初期の平石川でのマス集団漁を描いたもので、最上孝敬氏により最初に紹介された(13)。大白川新田は平石川最奥集落で、ここでいう「奥山人」にふさわしく、また狩猟をする者が多い土地柄である。描写から「潜り漁」が単純でないことが分かる（写真6、7）。具体的には、左手に石を抱いて深い淵に潜る技法、潜った二人が引っ掛け鉤を向かい合わせて獲る技法、深く潜って体の上を通り過ぎるマスを獲る技法、潜って岩の割目や岩下に隠れるマスを獲る技法等である(14)。地形が複雑な渓谷の淵に棲息するマスの様々な生態に応じた技法、集団漁により先祖から伝授された伝統技法が如実に描かれている。渓流淵での潜水漁は単純で

写真６　新潟県平石川でのマス潜水漁その１　二人向きあって引っ掛け鉤でマスを捕る．入広瀬村（現魚沼市）大白川新田，住安嘉裕氏蔵「捕鱒の図」より，部分図

写真７　平石川でのマス潜水漁その２　渕の底へ石を抱いてもぐり，体の上へ泳ぎきたマスを下より，鉤で引っ掛ける．「捕鱒の図」より，部分図

はないのである。

　源流域には、マスより大型のサケは遡上してこない。毎春回遊してくるマスは、在来のイワナより大きく獲りがいがあるので、用具・技法を工夫して獲っていた。先人の調査をもとに四地域の源流域を含めた上流域漁法を紹介し、手取川のそれと比較したのが表１である。四地域とも日本海に注ぐ河川源流域で、秋田県西木村戸沢、新潟県朝日村奥三面、石川県白峰村白峰・河内は谷筋最奥地である。そこの居住者はここでいう「奥山人」であり、共通してマス漁従事者が狩猟をおこなう土地柄である。

　日本海沿岸河川におけるマスの回遊・遡上数は、マスが寒流系の魚であるため、緯度の高い北方の川ほど多くなるのは理の当然である。北方の雄物川・檜木《ひのき》内《ない》川、三面川、阿賀野川・只見川等の遡上数は、それより以南の手取川と比較すれば遥かに多く、特に雄物川・檜木内川は桁外れに多かったと思われる。檜木内川のマス漁では、遡上数が多いので原始的な猎《やす》・鉤・筌《うけ》（「どう」とも言う）でも獲れるが、より効率的な網漁へと進化していた。さらに漁をする主体が個人漁や二〜三人漁から集団漁へと発展していた実態があった。檜木内川小山田地区では、セコ一〇人がマスを瀬から淵に追い込み、その淵を巻網で囲み、熟練者が二人向きあってマス鉤を操る組を五組作ってマスを獲り、一つの淵で約四〇本のマスを獲ったという。[15] この鉤と巻網を併用した集団的マス漁は、東北地方のマタギ等にみられる小集団によるツ

表１　上流域マス漁の漁法一覧　巻網・エグリ網・モッテ網は，上流より中流と位置付けした方がよいかも知れない．なお、(16)～(20) は注番号を示す．

	檜木内川 秋田県西木村戸沢等	三面川 新潟県朝日村三面等	只見川 福島県只見町・南郷村	中津川・秋山郷 新潟県津南町大赤沢等	手取川 石川県白峰村白峰
ヤス 潜水して突く	○	○カサヤス フクロヤス	○	○	○
ヤス 岸から突く	○	○ホリマスヤス フクロヤス	○	○	○
カギ 潜水してひっかく	○	○テンカラカギ カギ	○ヒッカケ オキカギ	○	○
ドウ （筌）	○	○サゲドウ ノボリドウ	○	○植物製マスカゴ 金属製ハネカゴ	
投網	○	○	○	○	○
網	○巻網 刺網 追い込み網	○エグリ網 モッテ網	○引網 滝ノツリアミ		
毒流し		○ネモミ （クルミの根）			
文献	野本寛一（1999）(16)	朝日村の民俗（1978）(17) 赤羽正春（1999）(18)	佐々木長生（1997）(19)	野本寛一（1996）(20)	

キノワグマ共同狩猟の形に似ているように思う。三面川支流の高根川高根地区の集団漁は、総勢五〇人ほどで河原のクルミの根を掘り、淵の上流部で根をいっせいに叩いて揉み、黄色の液を流しこむ。淵の下流部で猎を持って突きさす漁法で、一回の毒流しで下流一キロまで漁をおこない、マスの分配は参加者に平等に分けていた[21]。平石川大白川新田地区では、最初の集団漁カギノクチアケでは、引っ掛け鉤を持って淵に潜る者、待ち構える所へ石を投げてマスを追い込む者、淵のまわりには石が散在してないのでその石を運ぶ者、マスの退路をさえぎる網を張る者、着衣・弁当を持ち歩く者、冷えた体を暖めるため流木を集めて焚火をする者等、大勢でとりおこなう。参加した子供は大人と同じようにマスの分配を受け、さらに喜びと技術を享受できた。

④　マス漁獲高の激減

白山市白峰支所（旧白峰村役場）所蔵文書閲覧の便宜を受け、淡水漁業に関する資料を探索した結果、連続した暦年統計は見当たらなかったが、明治末期、大正期、昭和初期のマス・イワナ・アマゴの漁獲高とその増減についての概要はつかめたと思う（表２）。マスの最多漁獲高は大正十一年の三三四貫、次いで大正十年三二五貫、大正十三年二五七貫と続く。最少は昭和九・十年の一貫である。つまり大正十一年をピークに減少の一

表 2　石川県白峰村の淡水魚漁獲高

年次	マス		イワナ		アマゴ		その他	
	漁獲高	金額	漁獲高	金額	漁獲高	金額		
明治 38 年	貫 85	円 127.5	貫 110	円 132	貫 50	円 65		アユ　円 324.5
40	200	300	120	156	70	91		アユ 547
41	60	102	130	169	20	28		アユ 299
大正元	90	180	90	144	45	72	本流に明治 44 年福岡第 1 発電所取水堰堤	
5	140	252		アマゴを含む 368				
6	210	378		アマゴを含む 400			漁業を主 3 戸 漁業を従 33 戸	
7	90	180		アマゴを含む 400			漁業を主 3 戸 漁業を従 35 戸	
8	160	432		アマゴを含む 450			漁業を主 3 戸 漁業を従 34 戸	
9	180	810		アマゴを含む 720			漁業を主 2 戸 漁業を従 36 戸	
10	325	1300	アマゴを含む 250	アマゴを含む 1125			本流に吉野第 1 発電所取水堰堤	
11	334	1503	アマゴを含む 275	アマゴを含む 1238				
12	163	978	アマゴを含む 277	アマゴを含む 1385				
13	257	1275	アマゴを含む 275	アマゴを含む 1375				
昭和 2	131	786	アマゴを含む 230	アマゴを含む 1380				
3	94	324	アマゴを含む 214	アマゴを含む 1284			本流に鳥越発電所取水堰堤	
4	154	847	113	678	147	882		
5	87	522	164	984	105	630	本流に吉野第 2 発電所取水堰堤	
6	48	288	268	1608	117	702		
7	47	282	348	1914	61	336		
8	5	20	228	1140	50	252		
9	1	5	223	1115	59	295		
10	1	5	アマゴを含む 43	アマゴを含む 215				

白山市白峰支所蔵の統計より抜粋.「漁業を主」とは「漁業を主とする者」,「漁業を従」とは「漁業を従とする者」を指す. いずれも役場記録の語彙.

途をたどる。分かりやすくするため、マス一本の平均的重さを七〇〇匁とすれば、最多年の三三四貫は四七七本に相当する。最少年の一貫を一本五〇〇匁と換算すれば二本、特大の一貫と換算すれば一本しか捕れなかったことになる。マス漁獲高の漸減に役場は危機感をもった。昭和三年は九四貫となり、最盛期の二八％となった。県への漁獲高報告書に「本村ヲ貫流スル手取川ノ下流ニ於テ水力発電事業ノタメ各所ニ堰堤開門等ノ工作物設置スルモノ多キヲ以テ鱒類ノ遡上防ゲタル結果鱒ノ欄非常ニ減額」という添付文をつけている。

大水害発生は昭和九年七月十一日。水害発生半年前の昭和九年二月一日付漁獲高報告書では、マスが五貫に激減したことをふまえ、次のような訴状を石川県知事山口安憲宛に提出した。「本表記載ノ鱒及アマゴノ累年ノ統計ニ示ス如ク年々減獲セラル、殊ニ本年ニ於テハ言語ニ絶スル悲惨ナル実況ニテ原因ハ多々アルト考エラルモ主ニ手取川・牛首川ニ設ケタル数ヶ所ノ発電所引水堰堤ノ魚道不完全ナルモノ其原因ト考察セラル固ヨリ発電事業モ国家主要事業ノ一ニシテ助成奨励スルモ亦地方ニ於ケル天恵ノ水産物ノ斯ル惨状ニシテ我々山間住民ノ栄養上殊ニ考慮サレンコト…（以下略）」。

訴状は、末尾の肝心要のところで上級機関への施策を要望することなく竜頭蛇尾になっている。しかし、公共開発のため、奥山人のマス漁が犠牲・不振となり、収入・栄養上で問題が発生したことの実態を上級機関に果敢に提出しているのは、当時の社会・政治情勢のもとでは稀少事例と思われる。ちなみに昭和九年の大水害以前に、全国で本流に取水堰堤を設けた発電所とその完成年は次のようである。明治四十四年福岡第一発電所、大正十年吉野第一発電所、昭和三年鳥越発電所、昭和五年吉野第二発電所[22]。つまり、マス漁獲高が大正十年代より漸減するのは、県への訴状に記すように発電所に付属する取水堰堤建設にともなう魚道の不完全さが最大因で、マスの遡上が少なくなったのである。すなわち河川の公共開発事業のため、奥山人の淡水漁撈が影響を被り、河内の場合はマスを温泉旅館で換金していた現金稼ぎが少なくなったのである。これに追討ちをかけるように昭和九年七月十一日早朝、湯の谷に大土石流が発生、市ノ瀬一一戸全部、赤岩二〇戸中一三戸が流失した。本流河川敷は土砂が堆積して約八〇ｍも上昇し、河床は一変して淵・瀬はなくなった[23]。その結果、昭和十年の漁獲高はマス一貫、アマゴ・イワナ合わせて四三貫と激減した。数字は大水害の物凄さを如実に語っている。河内のマス漁は、発電所取水堰堤という人為的障害と、未曾有の大水害という自然災害によって昭和九年に消滅状態となってしまった。

⑤ マスの調理

マスは白山直下の河内では最大の魚で、イワナより桁外れに大きい。旅館へ売る際はマス・イワナ共に重さで金額を決めるので、マスはイワナより割が良く、獲ったものは自家用にせず換金した。産卵期のマスや産卵直後のマスは自家用に、基本的に塩蔵または飯鮨にして冬場の重要な蛋白源とし、保存食の一部としていた。河内のマスは、旅館も地元出作りも、魚料理に共通する刺身、焼魚、煮魚、塩魚にして食べた。

イ．刺身　河内へ遡ってきた直ぐのものは食べた。水温が上がるにしたがい「生臭くなる」「シラミがつく」「ミミズのような細長い虫がわく」として生で食べない。シラミとはサカナジラミと思われる。水温が上昇すると、マス・イワナ等の淡水魚の表皮やひれの付け根に吸着して体液を吸う微細な虫がふえるが、水温が低くなると外れてしまう。手で除去したり熱処理すれば問題はない。ミミズのような細長い虫とは、寄生虫サカナサナダムシと思われる。サカナサナダムシについては、奥州藤原氏の居館遺跡柳之御所の発掘で、トイレ跡よりサカナサナダムシの卵が発見され、北上川を遡上するサクラマスを生のまま食べ、それが人間に寄生していたらしいとして注目された。

ロ．焼魚　塩焼きは手数もかからず、サケより旨いというマスの味を引き出して最高であった。旅館は切身にして、出作りは豪快に輪切りにして焼いていた。

ハ．煮魚　マスの調理というより大根を煮るときにマスを入れると、大根にマスの味が移って旨くなり、御馳走の一つであった。

ニ．塩マスとサカナフロ　産卵期のマスは、旅館がヤスビキ（安引き）で買ってくれるときは売ったが、売れなかったときは塩マスにして保存した。河内は、日用品流通ルートの最奥地であり、家数も五〇戸に満たないので、生魚が届くのは春先の日本海産の鰯だけで、身欠き鯡や焼鯖が細々と移入されていた。だから売れなかった産卵期のマスや、さらには死直後のマスは、貴重な自家用食材であった。市販の塩マスは丸一本のままのものが多いが、河内では適宜の大きさに切り、塩をまぶしてから木製収納箱サカナフロに並べて、越冬用に保存した。サカナフロとは、端的には杉板製の蓋付き箱である。白山ろく民俗資料館には現物がない。赤岩の加藤政治家の箱の規模は、縦一尺、横一尺五寸、深さ一尺ほどの大きさであったという。保存中水分がでるので、底板の片方側に小さい穴をあける。穴の反対側底板に桟を打ちつけ、少し傾いた状態にしておく。加藤家では、底にササの葉を敷きつめ、塩マスを約一〇～二〇本を入れて貯えた。時には、丸ごとのイワナ・アマゴも貯えた。

マスの越冬用保存法としては、新潟県三面川源流域では、塩マスとトチの葉と稲藁で包んで保存するというアラマキという技法がある。[24] また福島県只見川源流域では、塩マスを薫製にして保存している。[25] 白山直下の河内では、サカナフロという木箱で魚肉の劣ったマスを塩マスに加工、それを保存した。残念なことにサカナフロの現物はない。何ら変哲のない木箱であるが、奥山生活者が冬の蛋白源に執着して創った生活道具として注目すべきであろう。

ホ．押し鮨　河内でいう「マスの押し鮨」とは、重さを効かした飯鮨である。正月用にどの家々もした。

1．普通の家ではシオマス五、六本を塩出しして食べやすいように切身にする。北陸の飯鮨には野菜を多く入れる傾向があり、河内でも輪切りまたは千切りのダイコン、色添えにニンジン、刻みショウガを混ぜる家もある。塩出しや混ぜ物の準備等に一週間ほどかかる。

2．桶の口と底の直径が同じ寸法の、いわゆるずん胴型の桶を使う。底にササの葉を敷き塩を薄くまく。その上にご飯（米一〇割の純粋な飯）を敷きつめ、さらにその上にマス・ダイコン・ニンジン・ショウガを並べ置き、少量の塩をまく。このような方法でササの葉・ご飯・マス・野菜を幾重にも漬け込んでいく。

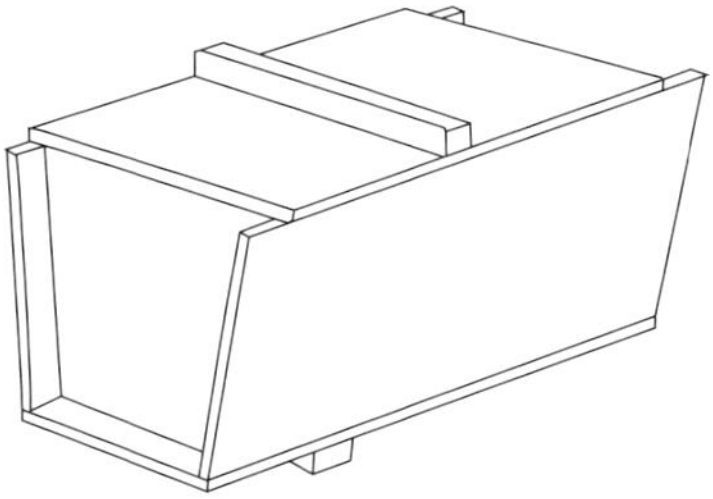

図 4　サカナフロ復元図　民俗資料館の各種収納具の木組みを参考にして復元した.

3．一番上にササの葉を多目に被せ、木蓋をのせ、オモシ（重石）を利かし醗酵を待つ。麹や酢をまったく使用しないので、醗酵には長い時間を必要とし、正月の約一か月前に漬けこまねばならない。

4．シタジ（漬物汁）が木蓋の上に上がってくると汲んで捨てる。

5．大晦日が近づくと「逆《サカ》サ重シ」をする。漬物桶の最上部のオモシを取り除き、桶全体を逆さにし、直接土間に置かないで、升（穀物の容量を計る容器）を土台にしてその上に置く。すると、木蓋は下になって底板の役目、底板は上になって木蓋の役目をすることになり、桶は上下が逆転する。蓋の役目をする底板に、さらに前より重いオモシをのせると、底板はオモシの重力で底抜けとなって圧力がかかり、鮨本体より汁気（水分）がさらに抜けていく。河内の年末出会いの挨拶に、「逆サ重シすんだか」「鮨逆さにしたか」等と交すほど、女性の逆サ重シは正月前の風物詩であった。

6．すっかり汁気が抜けた鮨は固くしまっており、その固さは火箸を使って起すほどで、元日の朝はそれを大皿に盛りつけて食べた。

河内は大水害以前、水田稲作は皆無で主穀はヒエ・アワであった。日常の主食は、購入した米と雑穀の混飯で、米の購入費は家計上かなりの負担であった。そして雑穀飯については、外向けにひけ目を感じていた人もいた。複数家の調査では鮨に「純粋な米飯を使う」とのことであったが、主穀栽培や日常の混飯のことを勘案すると、鮨にも米とアワを混ぜた飯を使っていた実態が隠されていると思う。過去の焼畑雑穀栽培の出作り調査で、平素の炊飯での米・雑穀の混合比率に関しては、実態よりは米の割合を多くして口述される事例に出合ったことを考えると、鮨には純粋に米飯を使った家もあれば、米・雑穀の混飯を使った家もあったとする視点は間違いではなかろう。雑穀飯を使った飯鮨としては、大井川上流赤石山地の静岡市井川地区田代の諏訪神社の神饌ヤマメ鮨がある。これは渓流のヤマメをアワ飯（アワ一〇割の純粋なアワ飯）で仕込んだ飯鮨である。[26]

⑥『大正二年十一月改大福帳』に見るマス

昭和三十六年（一九六一）の離村時まで三ツ谷でいわゆる萬屋《よろずや》を経営していた林七蔵家（現当主は林茂氏）の『大福帳』[27]には、喜左衛門・仁吉・乙市・喜太郎の四家でそれぞれ「今ジク山マスノワリ」五銭が林家に支払われている（表3）。大別の記帳では「冬山ワリ」五三銭が支払われている。「マスのワリ」とはどういう性格の金額なのか気にかかった。大福帳には、「冬山巻倉山様」という掛売り先があり、鰯三〇、鯡三把、酒一斗五合計二円一二銭を林家より買っている。冬山巻倉とは、積雪期の巻倉、補足すればクマの巻狩りのことで、四人の狩り開始の元気付けや狩り後の慰労時の品が二円一二銭で、その割勘が「冬山ワリ」の名目で請求されていたことが分かった。四人は狩猟ばかりでなく同じ構成員でマス漁もおこなっていた。今宿《いまじゆく》山の麓に住居があったので「今ジク山様」という掛売り先の名となったらしい。夜の投網漁が主で最低二人が必要となる河内のマス漁で、四人がどのような漁撈態勢でしていたか不明である。四人には「今ジク山マスノワリ」の名目で五銭が請求され、納められている。五銭×四名＝二〇銭の明細内訳は『大正元年大福帳』に記されているわけだが、つきとめられない。大正二年「今ジク山様」には、醬油三合、酒一升五合、モチ米二升、マス二貫一三〇匁、計二円九銭を林家より購入、その割勘五二銭は次回の清算（掛売りの清算は盆と暮）で「今ジク山マスノワリ」の名目で四人に請求される手筈となる。

大福帳記載のマスは、塩マスのことである。四人がマス漁で獲った生マスは、林家でなく温泉旅館に売ったので大福帳に記載はない。四人は塩マスを九月十八日の秋祭り、さらに十月十九日の秋の節供（河内の三月節供は四月十五日、盆は九月十一日頃、九月節供は十月十九日と遅れておこなわれていた）目当てに買っている。このときの塩マスの単価は一〇〇匁六銭すなわち一貫六〇銭である。十一月、四人で越冬用に共同購入したときは一貫三八銭、個人購入より割引きしてもらっている。役場資料では、一年先の大正元年の生マスの単価は一貫二円である。補足すればマス漁をしていた四人は、生マスを一貫二円で売り、自家用塩マスは一貫四〇～六〇銭で買っている。この方が銭勘定で得なのである。現金収入をめざした河内の人は、生マスのほとんどを旅館に売っていたという実態は、林家の大福帳からも裏付けられる。

表３　林七蔵家『大正２年大福帳』に見るマス

掛け売り先	月・日	商品項目		金額 銭
今ジク山	10.2	醬油	3 合	7
	10.10	酒	5 合	27
	11.17	マス	2 貫 130 匁	82
	12.5	モチ米	2 升	93
		酒	1 升	
喜左衛門	9.18	今ジク山マスノワリ		5
	9.18	マス	580 匁	35
	10.18	マス	580 匁	35
仁吉	9	今ジク山マスノワリ		5
	9.18	マス	420 匁	25
乙市	9	今ジク山マスノワリ		5
	9.18	マス	720 匁	43
喜太郎	9	今ジク山マスノワリ		5
	10.19	マス	580 匁	35

正月にマスの押し鮨を食べる習慣は前述した。さらに秋祭り、九月節供という折り目にも、塩マスがハレの食材になっていた。古くは生マスであったのでないか。秋のマスは味は劣るが、源流まで遡ってきた海の幸を儀礼食として使ってきた証といえよう。三ツ谷のマス漁「今ジク山」の構成員はそのまま冬場の「巻倉」すなわち狩猟の仲間であった。このようにマス漁をする者は狩猟もおこなっていた土地として、前述した秋山郷、新潟県入広瀬村大白川、新潟県朝日村奥三面、秋田県西木村小山田戸沢・中泊等が報告されている。

3　イワナ

①　白山直下でのイワナの生態

白峰村桑島の「明治八年物産・村費届」[28]に「鱒二〇本但一本ニ付価二十五銭・十五銭、アマゴ五百本但一本ニ付価七厘・五厘、イワナ二百本但一本ニ付価八厘・五厘」と淡水魚漁獲高が記されている。統計数値の的確性は薄いにしても、サクラマスの残留型いわゆるアマゴとイワナの混棲状況については、牛首川桑島周辺では、漁獲高上の比較ではアマゴがイワナより多かった。これは、本流に発電所取水堰堤が施設される前で、マスは物理的障害がなかったので、盛んに遡っていたことを裏付ける数値である。イワナとアマゴの混棲は上流ほどイワナが増え、河内では半々か少しイワナが多かったのでないかと推察する。明治末より昭和初期にかけての両者の漁獲高推移では、全体的にイワナがアマゴを上回る傾向で、明治四十一年では六・五倍、昭和七年では五・七倍と桁外れにイワナが多い。昭和四年だけがアマゴがイワナを少し凌駕している（表2参照）。

白山温泉には、白山登山の宿泊客や、湯治で数日間泊る者がいた。特に平野部からの湯治者は「イワナは川上の急流にすみ、勢い強いイワナはアマゴより精がつく」、「白山イワナを温泉で食わねば来た値打ちがない」として、食膳にお頭《かしら》付きの焼イワナがつくことを心待ちにしていた。したがって旅館側はアマゴよりイワナを好んだ。漁で稼ぐ者は、アマゴよりイワナに傾斜し、より源流域、より遠方の渓谷へと釣り中心の漁をした。自家用のときは釣りの他、網漁もした。

昭和九年七月十一日の大土石流は、特に宮谷・湯の谷・柳谷等の淡水魚にとって大天変地異であった。イワナは激流に強いので、泥水の少ない沢・小谷へ急傾斜をものともせず緊急避難するように上《のぼ》った。七月十一日のイワナの生態について、加藤政治氏（明治四十三年生）は、「イワナの山越え」という実体験を口述された。「自分の家は土石流で倒壊、家が流失途中、茅屋根の破風から身を乗りだして脱出、九死に一生を得て高台の神社、虫尾社へ辿りついた。河川敷より約一〇〇m高台にある神社境内の水たまりに、イワナが足の踏み場もないぐらいいいた。自分は興奮していてイワナを数える気持の余裕はなかったが、一〇〇～二〇〇本が生きたままいたと記憶している」。牛首川本流は土石流でドロドロ状態なので、イワナは雨水が多く泥の少ない流れに逃げこんだ。豪雨は、神社への坂道を細い流れの極小の谷に変えたので、イワナは滝を登るように山道に入り、ピンピンと体を跳ね返して上ってきたのである。「二日間、着の身着のまま、食物もなかったので虫尾社境内や沢・小谷の水溜りで〈イワナ拾イ〉をして飢えをしのいだ。年寄りから〈大雨の時はイワナが山越えする〉と聞いていたが本当のことだと思った」。同じような傾向は、土石流のなかった三ツ谷川へ本流からイワナが急移動し、水害後は三ツ谷川でイワナが急増していた。

五十谷《ごじゅう》の出作り尾田清正氏（昭和六年生）によると、出作り住居の下ションベン坂で、大雨の時、割と小さいイワナが五十谷川より上り、坂の途中にいるのをしばしば見た。雨が止むと不思議にイワナも川に戻るもので、坂でイワナの死んだのを見たことがないという。このような豪雨・大雨の際、谷・沢・山道といわず水があれば遡る習性を観察して、イワナ釣りは、水が年中きれない細く微小な沢でも棲息地として、釣の対象場とすることになる。

河内のイワナ漁は、マス漁と同じく温泉旅館の本格営業とつながりが深く、宿泊者が増える初夏より本格的になる。役場でいう「漁業を主とするもの」の漁は釣りが主である。自家用に捕るときは、おどし棒で抄網《すくい》に追い込む漁や、闇夜の火振り漁をおこなっていた。

② イワナ漁

イ．釣漁

釣竿　住家より一日かけての漁の釣竿は、竹の一本竿で約二間の長さであった。泊りがけで県境分水嶺を越えて岐阜県側の庄川水系の大白川・尾上郷《おがみごう》川へと長道を要する漁には、一本竿では不便なので、「竹の芯《しん》」という竹の先端三尺ほどを切ったものを持参、途中で自生クロモジで真っ直ぐなものを選んで、「元竿《もとざお》」とする。漁に先だちクロモジの皮を剝ぎ、焚火で曲がりを調整し、麻糸で竹の芯と元竿をつないで使用した。竿の長さは、渓谷の幅によって随時決めていた。

釣糸・釣針　赤岩には、砂防工事用の資材を運搬する馬が数匹いた。馬のしっぽの毛を三筋ほどつないで道糸とし、その先にテグス付自家製毛針をつなぐ。毛針の羽毛は、山鳥・鳥や鶏の羽毛を使い、時には仏壇用刷毛《はけ》を年寄りの目を盗んで抜き使った。赤岩の加藤勇京（明治二十九年生）、加藤政治（明治四十三年生）兄弟によれば、イワナ用毛針は春には赤色系、夏は黒色系、秋は黒に白を混ぜた。またアマゴ用は、イワナより少し白を多く混ぜて巻いた。岐阜県側の大白川・尾上郷川のイワナは、河内より大きく、数多く釣れる。そこで羽毛は水中で一寸ぐらいに広がるように巻き、数も多く用意した。

漁期　山野に虫が出始めると毛針が効くので、五月下旬から六月上旬より始め、市ノ瀬の二軒の温泉旅館へ出した。毛針釣りも餌釣りも朝夕がよく釣れる。日中はあまり釣れないが、曇った日は日中でも釣れる。どんより曇った日中で、風がなく毛針を自由に思うままに振れるのが、最高の毛針釣り日和であった。大水害前は、七月下旬から八月の盆過ぎまでが登山シーズン最盛期で、二軒で一晩六〇〇人の宿泊が時々あり、この頃旅館はイワナを沢山ほしがった。この時期は真夏で、そして晴天が続くと最も釣れない時期でもある。この季節には水生昆虫のカワムシをとって餌釣りするときもあった。十月初期には産卵期に入り、浅瀬で腹をすりだすと釣れなくなる。旅館側も閉湯近くなるので買ってくれなくなり、漁には出なくなる。

釣場　赤岩の鈴木与三松氏（明治三十四年生）は、父親の鈴木仙松氏とともに、大水害前まで河内ではマス・イワナ・アマゴを、岐阜県側ではイワナを捕って生計を補っていた。他家から見れば、川で稼いでいたので専業的猟師であり、役場でいう「漁業を主とするもの」である。イワナの釣場は、河内領域内の宮谷・湯の谷。柳谷は谷壁が崩れやすい地質で淵がすぐ埋まってしまい、魚影が少なかった。大水害時に土石流が起きなかった岩屋俣谷・三ツ谷川には、適当な淵や瀬があり良く出かけた。

福井県側では、赤岩（標高約七六〇m）から小原峠（標高一四一〇m）経由で九頭竜川支流・滝波川へ、杉峠（標高一三三〇m）経由で打波川へ日帰りで出かけていた。イワナ釣りは、親子でも同じ谷に二人はいると効率が悪く、常に単独漁である。水害前の釣果は、良くとれた日は三〇～四〇本、とれない日は一〇本ぐらいであった。

ロ．イオジャクリ――おどし棒と抄網《すくい》の漁法　イワナをおどし棒を操って、円筒形の抄網に追いこんで捕る漁法である。河内では「イオジャクリ」、白峰本村周辺では「カブジャクリ」という。イオとは魚の方言である。漁具と技法については河内地方のものは聞き出せず、下田原セイシ山の出作り山口清志氏（昭和六年生）、五十谷の出作り尾田清正氏（昭和六年生）の事例である。

円筒形抄網の縁木《ふち》は、自生するモミジかクロモジ（山口）、ネソかハゼ（尾田）を使い、直径は三～五尺（山口三尺、尾田五尺）ほど、網は冬場に麻糸で尻すぼまり状の円筒形に編む。おどし棒の長さは谷川の幅に応じて決める。下田原川・五十谷では約一間半、ホウノキは真っ直ぐなので使うが、弱いのが難点。棒の先にゼンマイの根株かぼろ切れを結びつける。ゼンマイの根は、シャクルごとに傷みやすいので、ぼろ切れ、さらに黒の洋がさ（いわゆるこうもりがさ）の布地へと変る。洋がさの生地は軽く、水をはじき痛まない。カブジャクリの「カブ」は、ゼンマイの根株のことと思っていたが、カワウソの方言「カブソ」を略したもので、ゼンマイの根でカブソの頭に似せた形を作る。淵・川底の岩の切りこみ、岩と岩との隙間に、ゼンマイの根（カブソの頭）が入りやすいように細長めの球形にした。

晴天で水が澄んだ日は漁をしない。この条件ではイワナは人の動きを察知しやすく、奥深く隠れるからである。夕立で濁った水が増えたとき、雨降りで外仕事ができず、川水の土濁《どにご》りが澄んで薄濁りになったときに漁をした。網役は淵の下《しも》で構える。ときには岩・石を移動させ、網の直径ほどに流れを狭める力仕事をして効率を良くする。シャクリ役は、イワナに察知されないように淵の上《かみ》から、イワナの潜んでいる場所を棒でシャクリあげる。方言でシャクルとは、突くようにえぐる動作をいう。イワナはカワウソと勘違いして飛び出し、別の場所に逃げこむ。さらに魚影を追ってシャクル。このとき、イワナは瀬に逆って上流へはいかず必ず下流へ逃げる。これを抄網で捕るのである。抄網の縁木を持つ手は一〇本の指全部を使わず余分の指を数本余し、それを網の目に触れさせて待機する。このようにするとイワナが網に突っ込んだときの感触が、すぐさま網の目を摑んでいる指先でキャッチできるのである。

この漁は、大量出水後の薄濁りのときは効率が良く、一つの淵で必ず一本、さらに二、三本は捕った。五十谷では親子で一〇〇本捕ったことが一回あり、下田原では直径一尺の丸いブリキ製魚籠《びく》（カンカン）に一杯（約三〇本）になると漁は止めた。この漁を含めて三、四寸程度のものは川に放すことを守る慣行で、年寄りは「イワナが自分らの川に絶える」として口うるさく言っていた。雨あがりの薄濁り等の好条件の日は、多忙な仕事暦と重複することもあり、たびたび出漁することはなく、年に一、二回、多くて三回ぐらいであったといい、いずれも出作りの自家用魚を捕る漁であ

写真８　イワナヨカワ漁の使用漁具　上 カーバイトランプ，左 カンカン（魚籠），右 タモ（抄網）

る。

八・ヨカワ（夜川）――火振り漁　暗夜にタイマツをともし、イワナをたも網・猎《やす》で捕る漁である。イワナは真っ暗な水中で強い光を受けると目が働かなくなり、動きが極端に鈍くなるのを捕る。まず強力なタイマツが必要となる。河内で市販していた白山登山用の松明《たいまつ》は、檜の油脂の多い部分の割木を束ねたもの。ヨカワのそれは、自家用で廃品利用のもの。まず太いアジャリ（シシウド）を刈りとる。アジャリには竹のような節があるので、この節を利用する。使い古しのタビノ、つまりガマの茎を編んだ山仕事向きの容器を細く裂く。ガマの茎はスポンジ状になっており、液体をよく吸収する。それに灯油を染み込ませ、アジャリに差し込んで燈《あかり》をともす（アジャリの節を利用してまず灯油を入れ、次に裂いたガマを差し込んでもよい）。アジャリに代わって竹、ガマに代わってぼろ布でも良い。湿地に自生するシシウドの節、ガマの茎のスポンジ状形質をつかみ、二つを組み合わせて松明に活用している生活の知恵はすばらしい。後に、松明はカーバイトランプに代わった（写真８）。

この漁は「月夜はだめ、真っ暗なほど良い」「風が強いと松明が消えるので風のない夜が良い」とする。風や滝のしぶきで火が消えるので、マッチが必需品であった。マッチを水気から守るには、胸のポケットは漁で濡れてだめ、ズボンのポケットは谷川を渡渉または草木の夜露の中を歩くため濡れてだめである。そこでヨカワでは、手拭の中央にマッチをおいて折りたたみ、首に巻く。このときマッチは顎の下でなくブンノクビ（首の背中部分）に位置するように巻いて漁をした。ビニール袋やライターがなかった時代の漁所作である。

イワナを捕るには、たも網で抄う、猎《やす》で突くの二つの方法がある。猎の場合は「生かしておけない」「形の良い焼魚にできず煮魚にしかできない」等の理由で避ける人もいる。たも網の場合、左手の松明でイワナを誘い、右手で網を持つ。たも網は直径約一尺、網口は銅線を円形にして網をつける。銅は柔らかいので、川底の状態に応じて直線状や曲線状に曲げ、川底との間に隙間がないようにできるのである。長さ一尺五寸ほどの柄をつけ、イワナを網で抄うというより、足で網に追いこむようにさばく。網の操作時、下流より上流に動かすと、もつれない。しかし流れに九〇度方向すなわち横、または上流から下流に動かすときは、渓流が早いのでもつれてしまう。だからヨカワのたも網には、網のもつれを防ぐため、小石を一つ網底に入れておかねばならない。石の大小は、流れの程度を見て直感して決めていた。

ヨカワは、夜が完全に更けてから始め、翌朝の明け方までおこなう。顔、特に鼻の穴は松明の煤《すす》で黒くなり体も疲れる漁だが、反面楽しさもあった。九月の盆祭り前（八月中旬は夏蚕の上簇《じょうぞく》期となるので盆は九月中旬、祭りと兼ねておこなった）、奥山の出作りでは自家用と来客用へのイワナ料理のため、ブリキ製魚籠《びく》に一杯になるまで頑張った。つまりヨカワは、盆前に奥山の出作りの男衆が楽しさを兼ね、盆肴《ぼんざかな》としてのイワナのため懸命におこなった漁でもあった。ちなみに河内では、イワナを盆肴とする慣行のほか、秋祭りや九月節供には塩マスを食べていた。

二．毒流し　植物の毒素を使ってイワナを捕る漁で、年寄りから「していかん、絶える」と強くいわれているので、子供のとき隠れてやった（昭和一桁生）。秋、大人の目を盗んで古鍋でクルミの皮・ナシ皮を強火で、皮がドロドロ状になるまで煮る。これをブリキの魚籠の中へ入れ、淵の上より流し入れる。クルミの実が熟す頃は、渓流の水量が一年で最も少なく、クルミの毒がよく効き、腹を上にしてゆらゆら下流に流れてくるイワナを抄う。小さいのは死ぬ。毒流しのイワナを焼くと、すぐ魚皮がはがれ、食べるとき気持良いものではない。五十谷では、クルミの皮とトチの実の外皮を一緒に煮だしても良いと聞いている。

下田原川の毒流しは、クルミの皮やムラダテ（クロバナヒキオコシ）を使った。子供仲間でムラダテを刈りとり、淵の上《かみ》で平ったい石の上に葉や茎を置き、足で力強く踏み潰し、その青汁を流し込み、イワナが酔った状態になって水面に浮いてくるのを捕った。クルミの皮は大量のタンニンとヒドロユグロンを含み、クロバナヒキオコシはディテルペンを含んでいる。

③ 分水嶺を越えてのイワナ釣漁

ところで赤岩の鈴木与三松・仙松の親子両氏は、白山御前峰・別山・三ノ峰と続く県境分水嶺を越え、宿泊してのイワナ釣りを年二、三回おこなっていた。鈴木仙松氏は岐阜県の尾上郷川へ、鈴木与三松氏は岐阜県の大白川へ出むいていた。尾上郷川と大白川は、富山湾に注ぐ庄川源流の支流で、白山の別山を水源としている。尾上郷川は現在御母衣《みほろ》ダムに注いでいる。

イ．岐阜県尾上郷川源流でのイワナ釣り　渓谷の源流は幅が狭くきりたっている。一人が釣っている横を追い越して上流へ行くと、イワナはその人の動作を察知して隠れてしまい、釣れなくなる。したがって常に、尾上郷川上流へは仙松が単独で（長男の与三松は大白川へ）行った。

赤岩（標高七六〇ｍ）から岩屋俣谷経由で別山南方の三ノ峰（二一二八ｍ）へ向かう。当時は岩屋俣谷沿いに分水嶺三ノ峰へは登山道（今は廃道）があった。岐阜県境分水嶺を越えて尾上郷川本流へ下るにはカラスノウシロ谷を下っていく。尾上郷川の源流域は他県・他集落（尾上郷）の領域だが、河内の人にとってワサビ栽培、クマ狩り、檜材の盗伐、イワナ釣り等で多様に稼げる場で、カラスノウシロ谷には河内の衆だけが利用した間道とまではいかないが踏跡がしっかりついていた。仙松は、サブ谷出合より少し下った本流左岸の天然岩窟（標高一〇五〇ｍ）に二泊してイワナを追った。この岩窟のことを、河内の衆は「ナベ岩屋《いわや》」といい、名称由来は常時宿泊するために鍋がおいてあったことだという。赤岩の加藤勇京氏（明治二十九年生）はこの岩屋に宿泊し、牛首峠経由の海上谷《かいじょう》でワサビ栽培の体験をもつ。谷には尺イワナが「ウヨウヨいた」という。鈴木仙松は行くのに一日弱、夕方から晩まで釣り、翌日は終日釣り、三日目は午前中を釣り、旅館の夕食に間に合うように帰る。

イワナは内臓を抜き、塩をふって石油一斗缶につめて運び、旅館に売った。往路雪渓が残っている情況（年により消雪のときもある）を見つけると、帰路この雪を缶につめることもあった。標高二〇〇〇ｍを超す分水嶺を越え、約一三〇〇ｍの高度差を、それも踏跡をたよりに歩き続けていく能力・技術は、住んでいる地域や先人から自然に学んだもので、奥山人の強靭な「徒歩力」とでも表現しておこう。徒歩力に頼った尾上郷川のイワナ釣りは、年二、三回であった。

仙松がイワナ釣りをしていたこの谷へ、昭和四年八月、京都大学ＯＢの桑原武夫が富山県千垣の名案内人宇治《うじ》長次郎《ちょうじろう》をともなって入山、尾上郷川を遡行し、別山・御前峰に登り、中の川を下って尾添へ下山した。このときの記録が日本山岳会機関紙『山岳』第二五年第一号[29]にのっている。尾上郷川のイワナに関するものを抜粋し、次にあげておく。

「サブ谷の少し下流左岸に小さな岩小屋があって、焼いた岩魚が沢山おいてあった。下の村のものはここまで来る筈はない。加賀の方面からはカラスノウシロ谷を通ってサブ谷のあたりまで釣りに来るものがあると聞いているが、その連中だろうか。（略）火をたいて昼食をとる。ここにも水涯に岩魚を一ぱいつめた魚籠《びく》がおいてある。沢山いるらしい。栄治と重松は股引を脱いで流れに入って岩の根元をさぐると見る間に四、五尾手づかみした。寝転んで煙草を吹かしていたわれわれも乗出し、とうとう川干しを始めた。大した豊漁でもなかったが、取りたてのを焼いて、もう一度飯を食べなおしていると、上流から飄然と一人の男が現れた。さきの岩小屋の主である。尾上郷の名は、去年この谷へ四十日入って二日で四貫ばかり釣った。持って帰って上高地のお客に食わすのだという。信州の島々《しまじま》から山越しにやってきていた常《つね》さんに教わったと聞かされて驚いていると、その男は長次郎に、この夏烏帽子《えぼし》へ行くことはないか、もし行ったらそこの小屋番に島々の岩魚釣りがここで達者でいたと伝えてくれ、と頼んで別に名もいわずに谷を下っていった。魚を追うてただ一人名も知らぬ谷々をさまよう岩魚釣り、登山家などのまだ知らない思いがけぬ幽谷にまで彼等の足跡は印せられている。」

　この記録で注目すべきは、桑原が雇った立山山麓の人がイワナを素手で捕ったこと、川の流れを替え水を干してイワナを捕ったこと。さらに岩屋に泊まって漁をするイワナ釣りのことが具体的に描かれていて参考となる。この岩屋とは河内でいうナベ岩屋である。桑原が出会ったイワナ釣りの出身地、長野県安曇村島々は、松本より上高地に至る中間地点に位置する。イワナ釣りは、高山経由で来たとすれば、野麦峠（一六七二m）、小鳥峠（一〇〇二m）、松ノ木峠（一〇八六m）を越えてきた。島々のイワナ釣りに情報提供をした常さんとは、岐阜県上宝村中尾出身の内野常次郎で、名案内人である。中尾集落は、焼岳の飛騨側直下に位置する。内野は、中尾から平湯峠（一六八四m）経由で高山へ、そして島々のイワナ釣りと同じルートで、二人共に一〇〇キロを優に越える陸路をイワナを求めて歩き通しているのは、現代人にとっては啞然とする距離の克服である。イワナが密度濃く棲息する尾上郷川源流域は、二〇〇〇mの分水嶺を越えてきた石川県白峰村河内の人ばかりでなく、遠く一〇〇キロを歩き通してきた長野県・岐阜県の漁師や山案内にとっても、峠の高度差や遠距離を克服する不便さはあっても、かけがえのない現金稼ぎの場であった。ここでいう「奥山人」や、山を生業とする登山案内人・漁師は、平野在住者が及びもつかない「徒歩力」という技術・能力を、地域・先人・職能集団から受け継いでいた。

このような高度差・遠距離克服のイワナ漁を可能にしたのは、サブ谷出合下流左岸のナベ岩屋の存在があったからである。岩屋は宿泊はもちろん、雨天時には備え付けのナベで調理ができ、桑原の記録にもあるように獲物の保管等にも利用されている。ナベ岩屋の現地調査を、様々の事情があってできないのは残念である。後続の調査を待ちたいと思う。新潟県三面川の源流三面集落でも、イワナ漁のとき宿泊した岩屋として、三面川支流の岩井又沢のミズカミの岩屋、ワカバソウ出合の岩屋が紹介されている[30]。このように、源流域の岩屋が奥山人の生業と結びついて利用されてきた実態が、未調査のまま過ぎてきた傾向があり、注意を喚起したい。

ロ．岐阜県大白川源流でのイワナ釣り　父仙松は尾上郷川へ、長男鈴木与三松は一晩泊りで大白川へ出向いてイワナを釣った。大白川は庄川の支谷で、尾上郷川より一つ下流の支谷にある。赤岩（標高約七六〇ｍ）を暗がりに出発、いわゆる越前禅定道を通って白山室堂《むろどう》（二四五〇ｍ）、室堂より平瀬道を下って大白川に至るわけだが、上部は現在の登山ルートと違ってカンクラ雪渓を経由する。当時は、大白川ダムの少し上流に大白川温泉小屋（約一一五〇ｍ）があり、おもにその下流や支谷で釣った。七月中旬から八月中旬にかけての釣りで、河川敷で流木を燃やしソラドマリという野宿をする。朝夕のオロロ（イヨシロオビアブ）の襲撃と夕立の鉄砲水に気をつかった。初日に釣った魚は内臓を抜き塩をふって、石油一斗缶の中へ入れる。翌日の釣りは、市ノ瀬温泉旅館の夕食膳にイワナが間に合うように段取りする。なお釣った魚の内臓は抜かずそのまま、途中のカンクラ雪渓で、持参の茣蓙《ござ》を使って雪漬けして室堂・禅定道を急ぐ。このルートは尾上郷川の行程と違って、全行程が整備された登山道なので歩きやすい。帰りは室堂まで二時間、特に室堂からの下り坂は走るように歩き二時間、雪の融けない間に旅館へ届けた。このコースの登山行程時間は九時間半、それを半分の四時間半で歩きつくす。水害前は年に三回は必ず行った。条件が良いときは一二〇〜一五〇本、約三貫は釣った。内臓を抜いたものは二割五分増しの重さで銭勘定する慣行で、一回の大白川行きで一五円前後の収入、そのときの土工一日の賃金は一円であったという。

4　最後の川漁師尾田玉之助氏

尾田氏（写真10）は大正九年生、旧白峰村大道《おおみち》谷堂の森、本村白峰より離れた山中に居を構えていた。イワナ釣りを専業としたのは昭和三十八年、四十三歳のとき農協職員を辞めたのが機である。最後の川漁師といわれた尾田氏は、平成四年七十二歳で死去された。本人と夫人光子氏が語られたイワナ事情の一部を紹介する。

イワナ釣りを始めた最初は、登山者・観光客が来村する六月より八月にかけては、釣っても釣っても足りず、釣った当日すぐ売りつくした。ところが養魚場が白山麓、さらには昭和四十年村内にできるとイワナ事情が変わってきた。「養殖物は天然物より安い」「大小の型が揃っている」「いつでも購入できる」等の条件で、釣った天然物イワナは不利となってきた。補足すれば、釣ったものがその日に売れなくなり、生かして持ち帰り、飼育池で中間飼育し、注文があると生魚を出荷するようになった。そこで尾田氏の命題は、釣った魚を全部生きたまま飼育池まで運ばねばならないことになった。漁法はミミズを使った餌釣りで、チョウチン釣りを基本とした。チョウチン釣りとは、道糸の長さが釣竿に比べて極端に短く、それが柄付きのほおずき提燈《ちょうちん》の形に似ているのが名称由来である。この方式は、幅の狭い沢や小谷でするのが原則である。尾田氏の狙いは、道糸を長くするとイワナが餌・針を深く呑みこみ、これを外すとき無理すると死の原因になるので、道糸を短くして弛《たる》みを作らない技法で、針を外しやすくしたのである。釣った魚は、タマネギ等の野菜を入れる赤や緑色の網を廃品利用して袋状に縫い合わせ、この中へ五、六本ずつ入れて谷川に漬けておき、帰路この化繊袋を次々と回収する。出漁すれば二、三キロ（一本は七〇〜一〇〇グラム）を釣った。

写真９　手取川源流の最後のイワナ漁師
尾田玉之助氏

回収した魚は考案のブリキ容器に入れる。山中の畑に尿肥を背負い運搬する桶にヒントをえて、楕円状筒ともいうべき形で、約一二リットルの水が入る。背中に当たる部分は体に沿うようにカーブをつけ、リュック型の背負い紐で担ぐ。両手が空き、滝の高巻きなどにも便利が良かった。漁場へは九〇ccバイクで行く。荷台には、直方形蓋付きのブリキ缶（石油一斗缶三分の二ぐらい）が固定してある。釣ったイワナはリュック型容器と荷台のブリキ缶とに二分し、家の飼育池まで運ぶ。小分けすることによって酸欠死を減らすのである。飼育池は四畳半ほどの広

表 4　旧白峰村大道谷堂の森の川漁師 67 歳時の粗収入

月	淡水魚売上高（イワナ・ニジマス）	その他の収入		計
		金額	備考	
1				
2	4,320 円	33,600 円	トチの実	37,920 円
3	4,320 円			4,320 円
4	26,320 円	20,000 円	ガイド料	46,320 円
5	27,120 円	10,000 円 2,000 円	ガイド料 ウド・アザミ	39,120 円
6	117,930 円	8,000 円 1,000 円	ウド・フキ・カタハ ミミズ	126,930 円
7	148,840 円	10,000 円 5,300 円	ガイド料 フキ	164,140 円
8	106,460 円	10,000 円	ガイド料	116,460 円
9	44,830 円	280,510 円	トチの実	325,340 円
10	76,590 円			76,590 円
11	59,920 円			59,920 円
12	87,710 円			87,710 円
計	704,360 円	380,410 円		1,084,770 円

昭和 62 年収支明細書より抜粋

さで、ニジマス養殖を兼ね、イワナは木箱型生簀《いけす》の中で旅館・民宿の注文を待つのである。

最も嬉しかったのは、イワナが棲息していない魚止滝の上流へ釣った魚を放流し、二、三年後に増えたイワナを一人で釣ったこと。最も悲しかったのは、渓流のイワナ産卵場に工事用重機が入り、卵が土砂で埋まり、孵化できず死滅したことだという。

積雪期にはクマの巻狩りで、谷からクマを追いあげるセコ役をした。鉄砲打ち役には魅力がなく生涯セコ役を通した。イワナ釣りは「人と魚の化かし合い」、クマ狩りは「クマとの化かし合い」、共に魚と動物の動きを先取りしなければならず、それが醍醐味だという。

昭和六十三年五月、体の急な不調を機に、専業のイワナ釣りをやめた。その前年昭和六十二年、六十七歳時の「収支明細書」の記録から、漁関係のものを抜粋したのが表4である。当時イワナ生魚は一キロ三〇〇〇円、イワナ収入金額は注文に応じた出荷額である。その他には秋のトチの実、春の山菜等の売上高、外来釣人のガイド料等の収入があった。釣りを専業とした四十三歳時には、体力も強くイワナの棲息密度も濃く、一回の出漁で一〇キロの釣果は稀でなく、生業として成り立っていた。六十七歳時は、個人的には年金収入もあって、生業への意気込みから生き甲斐に変わり、収支では副業化していたように思える。

昭和五十八年、村内に漁業組合が設立・許可される。外来者に味覚と体験を兼ねた渓流釣りを中心とした観光策が目論まれ、そして稚魚放流、遊魚券発行がおこなわれる。尾田氏自身は組合員であるので放流魚は釣れるわけだが、個人が釣りを生業とすることと、渓流釣りを観光策として来村者を増やす主旨とは相容れないため、後ろめたい気持ちになり、沢山釣ってもすっきりしない心情にかられることになった。魚影のない谷へ自分が放流増殖をはかった場所へも、制度上は入漁料を払わねばならなくなったのである。つまり専業のイワナ釣師が、自由奔放に渓流を跋渉する時代は終ったのである。「釣っていてもすっきりしない」という心情が、釣りという行為へ歩を進める力を減退させ、生業をやめることになった。唯一の川漁師尾田氏のイワナ釣りのとりやめは、とりもなおさず白山奥山人の渓流漁の終業を意味する。

5　奥山人の渓流漁と生計

白山の奥山で、マス・イワナ等の稼ぎで生計を助けていた者の数は、明治十八年『皇国地誌』(31)と大正六～九年の白峰村役場資料（表2）で見ることができる。『皇国地誌』では白峰村の「漁業を兼する者」は全五一六戸中一三戸である。ちなみに白山麓の他集落には該当者の記載はない。大正期役場資料では、村内で「漁業を主とする者」「漁業を従とする者」に分け、主とする者の最多戸数は大正八年三戸、従とする者の最多戸数は大正九年三六戸である。大正八年、全戸数は五九四戸、このうち約四〇戸が淡水魚で幾ばくかの現金を稼いでいた。約四〇戸は、たぶん白山温泉で換金しやすい河内の奥山人だったと推察する。

市ノ瀬の白山温泉白山館の経営者加藤岻氏（明治三十四年生）によれば、大水害前では二軒合わせての年間宿泊人数は六〇〇〇～七〇〇〇人、一泊三食付二円、客はマスの塩焼、イワナの刺身、イワナのお頭《かしら》付き塩焼を好んだ。白山館のまかないを仕切っていた加藤せん氏（岻氏の夫人、明治四十一年生）によれば、夏山登山期には仲居八人を雇い、イワナは常時一〇〇貫ぐらいを用意していたという。「漁業を主とする者」「従とする者」が淡水魚で稼ぎができたのは、マス・イワナを多く消費してくれる温泉旅館二軒が市ノ瀬にあったからこそである。すなわち奥山人の渓流漁を支えたのは、現代的表現でいう秘湯、山間僻地温泉の存在が大きい。

同じように渓流淡水魚を温泉場へ運んで換金化していた事例は、他地域にもあった。信濃川支流の中津川源流、通称「秋山郷」では、イワナは志賀高原の発哺《ほっぽ》温泉へ、小赤沢・秋山のマスは遠く草津温泉一井屋《いちい》へ運んで換金していた[32]。また桑原武夫が、白山・別山直下の尾上郷川で出会った長野県島々のイワナ釣りは、上高地の旅館へ持ち込んでいた。

　河内三ツ谷に在住し昭和十一年二十二歳時に離村した加藤政則氏（大正四年生）は、在村時若かったがイワナ釣りの名手といわれた。「雨あがりの時は一日六～八キロを釣り、毎年六～八月にかけて温泉旅館へ約一〇〇キロを売った。当時は一〇〇匁五五銭、一キロ一円四七銭だった」と回顧している[33]。イワナ一〇〇匁五五銭だったのは役場資料では昭和七年である。この年の白米一石は二六・四円、だからイワナ一〇〇キロ一四七円は米約五石六斗分に当たる。河内赤岩の鈴木与三松は、大白川へ泊りがけで出漁し、イワナ約三貫一五円の粗収入だった。この出漁を大水害前の昭和八年と仮定すると、白米一升二五銭なのでイワナ粗収入一五円は米六斗分に相当する。河内三ツ谷の焼畑出作りが年間に購入した米の量について、林茂家所蔵の『大正二年十一月改大福帳』より算出すると、一一戸平均一八斗二升である。河内三ツ谷での一戸平均米購入量一八斗二升は大正初期のデータ、イワナ釣り年間漁獲高の米換算値五石六斗は昭和初期のデータ、両者を比較するには時代差が開き過ぎであるが、優秀なイワナ釣りは割得な生業であったことは数値から理解できると思う。イワナ釣りが割得であったことを正直に語っている人物として、他地域ではあるが信州秋山郷屋敷の猟師山田亀太郎氏（大正元年生）がいる。外川（雑魚川支流）では最高一〇貫一八四匹も釣った。イワナは渋温泉・湯田中温泉へ自ら運んで換金し、「金に困ればイワナ釣りをした」と口述されている[34]。

　マスの釣果を探るための数値、さらにはマス・イワナの両者の稼ぎを比較するための数値も乏しかった。明治八年マス一本は一五～二五銭、対するにイワナ一本は五～八厘であった[35]。価格上マス一本はイワナ約三〇本に相当する。「漁業を主とする者」「従とする者」もイワナよりマス漁に傾斜していたと推察する。明治八年の玄米価格に換算すると、小型のマス一五銭は玄米二升、大型のマス二五銭は玄米三升四合に相当する。この米換算値が当時の一日労賃とくらべて割得であったかどうかは、資料がないので分からない。

6　まとめ

渓流魚を捕っていた白山直下、手取川源流域の人々が、なりわいの一部としてどれぐらいの現金収入、どれぐらいの漁獲高があったのかを数値的にとらえ、より具体的な実態の記録をめざし、数値・統計の探索に努めたが、十分とはいかなかった。

マスは、在来のイワナや哺乳動物と異なり、海から奥山へと遡上してくる回遊魚であり、その数も年ごとに変動がみられるという不安定要素をもった資源である。また河口から源流までの途中、遡上障害が発生すると、奥山では消えてしまう資源でもある。巨視的には、電力消費地としての京浜・阪神・太平洋ベルト地域の工業地帯への送電距離が短くてすむ中部地方の日本海側河川に、水力発電所・ダムが建設され、これら河川源流域では、手取川と同じように渓流資源としてのマスは姿を消した。この傾向は太平洋戦争後も続き、発電用・多目的ダム建設によるマス遡上の停止現象は、阿賀野上流只見川や、最近では三面川へと北上している。マス漁に関する民俗は、マス遡上停止が進行する中で大型哺乳動物の狩猟伝承ほどではないが、伝承的情報の中に入ってしまい、その漁法・漁具は過去の体験で語られる状態になった。

日本海側北部の河川は、高度経済成長期一九六〇年代前半頃まで、ダムが未着工であったので残存情報も多い。このことに注目し、北方から順に雄物川支流檜木内川と最上川源流は野本寛一氏（一九九九）、三面川と支流高根川については酒井和夫・山崎裕子の両氏（一九七八）・田口洋美氏（一九八四）・赤羽正春氏（一九九九）、只見川については佐々木長生氏（一九九七）等が調査された。奥山のマス漁に言及し世に広めたのは『秋山記行』（一八二八）の鈴木牧之であるが、それ以降、民俗的視点の調査は最上孝敬氏（一九三九）の報告を除けばなかったに等しい。マスの源流域への遡上数増加が見込まれない昨今、先駆的調査研究とその記録は非常に貴重である。

手取川のマス漁については、旧三ツ谷の林茂家の『大福帳』記載から、ほとんどを地元旅館で換金していたこと、今宿山山麓のマス漁集団がそのまま積雪期の狩猟集団になっていたこと、塩マスを九月の秋祭り、十月の秋の節供の儀礼食としていたこと、マス飯鮨を正月元旦に初物《はつもの》食いをしていたこと、さらに離村移住先でもマス飯鮨の慣行が続いていることを等を把握した。これらマスに関する民俗は、すでに先駆者が解明された枠内のものである。手取川のマス漁に関する実態は、日本海側河川源流のマス漁の南限の可能性とでも位置付けることの提言で、諒としてほしい。

イワナ釣りについては、石川県白峰村から白山・別山の分水嶺を越えて岐阜県の庄川水系の尾上郷川・大白川へ、また長野県安曇郡島々、岐阜県焼岳直下中尾より尾上郷川へ遠距離出漁をしていたことは、奥山人の「徒歩力」に負うところとした。千葉徳爾氏は、山村の人々が生業のため遠くへ出かけるのは、居住地周辺に資源が枯渇するからで、その最大因として「資源の掠奪」をあげ、事例として能登の漆掻き、東北の野獣を追う人々、さらには白山麓の焼畑出作り民をあげている。そしてこれら集団は、元来居住地を固定化できないという本質をもち、その属性として「移動に堪える特性」をもつとしている。[36] イワナ釣りは、イワナの自然繁殖にだけ依存するなりわいで、千葉氏のいう掠奪的生業にあたり、またイワナ釣りの遠距離克服は、職能集団がもつ宿命的能力そのものと位置付けはできる。

多様な山地資源の一つとして、豊かで清冽な水がある。渓流魚は清い水の賜物である。この水を発電に活用し、取水堰堤を作ると、マスは白山奥山へ遡上できなくなった。イワナについては、白山直下の渓谷「釣場ガイドブック」が出版され、都市生活者の遊魚の対象に様変りした。本稿を書き終えて、奥山人が白山の山河を跋渉して稼いできた実態と足跡を「描ききれただろうか」と自問する。

注

（1）加藤政則『白山の埋み火――白峰村河内の存亡史』二三、二四ページ、川上御前社保存会、昭和六十一年
（2）野本寛一「サケ・マスをめぐる民俗構造」（『民族文化』第一一号、四八～五五ページ、近畿大学民俗学研究所、平成十一年）
（3）前掲（2）五六ページ
（4）佐々木長生「只見川上源流域における鱒漁について」（『民具研究』一一五、二九～四五ページ、日本民具学会、平成九年）
（5）前掲（2）四一ページ
（6）田口洋美「川漁――漁法・漁期」（『山に生かされた日々　新潟県朝日村奥三面の生活誌』一一六、一一七ページ、「山にいかされた日々」刊行委員会、昭和五十九年）
（7）前掲（4）

(8) 前掲(2) 一三ページ
(9) 『日本水産捕採誌』下巻、七一～七三ページ、農商務省水産局、明治四十三年
(10) 『日本捕魚図志(和本)』作者・著述年不詳、国文学研究資料館蔵
(11) 前掲(4)
(12) 鈴木牧之・宮栄二校注『秋山記行・夜職草』一四〇、一四四ページ、平凡社、昭和四十六年
(13) 最上孝敬「川潜り漁のこと――新潟県入広瀬村大白川」(『西郊民俗』三九、一～七ページ、西郊民俗談話会、昭和四十一年)
(14) 前掲(4)
(15) 前掲(2) 五一～五五ページ
(16) 前掲(2) 四四～四七ページ
(17) 酒井和男・山崎祐子「三面川の川漁」(『民俗文化財緊急調査報告　朝日村Ⅱ』二一七～二三〇ページ、新潟県朝日村教育委員会、昭和五十三年)
(18) 赤羽正春「河川開発と民俗変容――三面川を中心に」(『ブナ林の民俗』一七九～一九九ページ、高志書院、平成十一年)
(19) 前掲(4)
(20) 野本寛一「始原生業複合論ノート――秋山郷・伊那谷から」(『信濃』四八巻一号、三三～六一ページ、信濃史学会、平成八年)
(21) 前掲(18)
(22) 池上鋼也郎『白山連峰と渓谷』三一九～三二四ページ、宇都宮書店、昭和十年
(23) 前掲(1) 三一ページ
(24) 前掲(6)
(25) 前掲(4)
(26) 富山昭「ヤマメ祭」(『井川雑穀文化調査報告書』一〇四～一一四ページ、静岡市教育委員会、平成十六年)
(27) 金沢市窪三―三七八、林茂氏所蔵
(28) 玉井敬泉家文書「明治八年物産・村責届」(『白峰村史』下巻、八五七～八六三ページ、白峰村役場、昭和三十四年)
(29) 桑原武夫「尾上郷川と中ノ川」(『山岳』二五―一、三二六～三三一ページ、日本山岳会、昭和五年)
(30) 前掲(6)
(31) 「加賀国能美郡白峰村」(『皇国地誌　加賀国能美郡村誌　白山麓第弐之巻』石川県、明治十八年)古川脩、昭和六十二年復刻、私家版
(32) 市川健夫『秘境秋山郷平家の谷』六四、六五ページ、令文社、昭和三十六年
(33) 前掲(1) 九八、九九ページ

(34) 山田亀太郎・ハルエ述『山と猟師と焼畑の谷――秋山郷に生きた猟師の詩』七二～八〇ページ、白日社、昭和五八年
(35) 前掲(27)
(36) 千葉徳爾「山村の概念」(『民俗と地域形成』三六七ページ、風間書房、昭和四十一年)
※明治八年、昭和七・八年の米価は『角川日本史辞典』(昭和四十一年版)の米価表より算出した。

七　夏・冬、白山登山者を案内する

1　はじめに

筆者が白山室堂への荷物輸送をする歩荷《ぼっか》の生活をまとめたとき気付いたのは、白山直下の市ノ瀬・赤岩・三ツ谷《みたに》(総称して「河内《こうち》という」)の出作り群の人々には、この仕事に携わった人が少なかったことである。これは、河内地方の奥山人には明治以前より、夏期白山登山者の案内をしてきた慣行があり、この収入が歩荷より割得であったためらしい。具体的には、歩荷は一日平均一四貫(約五三キロ)の荷物を背負い、高度差一六〇〇mを約一〇時間かけて登る重労働である。それに対し案内人は四貫(約一五キロ)の荷物で案内登山し、歩荷にくらべ疲労度が軽い上に多く稼げたからである。

江戸時代中期になると、白山は富士山・立山とともに三霊山のブランド銘を受け、多くの登拝者を集めた。この頃、越前禅定道登山口の市ノ瀬(当時は一ノ瀬)には、勝山平泉寺が直営する温泉があり、これが宿坊の役割をし、入山者は入湯と登拝を兼ねることができたので、登山口、下山口として便利で、加賀口や美濃口よりも幾分多くの者が利用していたようである。温泉宿より以高地は、地元の奥山人が案内役をした。登山者の安全な登高を助け、途中の聖地、景観、動植物等を案内するという奥山人にとって新しい仕事である。白山直下の河内では、案内人を「強力《ごうりき》」とよんでいた。勿論、専業ではなく焼畑・常畑・水田で主穀のヒエを作り、狩猟、淡水魚獲り、木製品作り等を副業とする人々であり、夏の登山シーズン中だけの案内人・強力もその副業の一つである。

明治後期になると信仰登山者の減少と入れ換えに、近代登山が始まり、積雪期にも登山者が入山、少し遅れて登山が大衆化すると、一般大衆の登山者が桁外れに多くなる。これに対応して強力の仕事も増えてきた。この報告では、登山者の裏方を支えた白山の案内人・強力についての生態的記録をめざした。

2 霊山登拝時の案内人

白山・立山・富士山のいわゆる三禅定は、巡礼的要素が強い。宝永七年（一七一〇）、越前の老齢者五名の白山登拝時の日記『白山道記』(1)では、登拝者を「道者」、市ノ瀬より同行したらしい案内者を「先達」と記している。そして文政六年（一八二三）、尾張知多郡の一三名で白山にまず登り、立山・富士山の三山を五一日間かけての記録『三山道中記』(2)では、石徹白《いとしろ》で「中後」代六〇〇文を払っている。「中後」とは「中語」の誤りかも知れないが、美濃側の案内人の呼称らしい。文政六年、尾張藩士らしい人物の白山・立山・富士山を三五日かけての紀行記録『三の山巡り』(3)には、登山口石徹白で「前夜に案内者を引合せて置く、一人二朱なり、もし雨天などにて山に幾日逗留しても、賃金に変わる事なしとぞ」の文がある。さらに現在の白山室堂の前身「御前室」について、「室に詰め居るものなり、是は平泉寺の百姓よし強力という」との文がある。（山中の宿泊所を近世では「室」、近代では「室堂」というが、同じ施設を指す。以後二つを併用する）。補足すれば、室堂や管理する者の身分は麓の農民で「強力」といい、山頂周辺の祠堂や神仏の案内時にはその百姓が「白きものを着る」と記す。室堂詰めの世話人を、地元の伝統的呼称では「山番」といっている。つまり地元の河内では、温泉（湯元）から室（室堂）までを案内する役を「強力」、室堂に常駐し登拝者の世話、山頂周辺を案内する役を「山番」とよんでいた。この報告では地元呼称を優先させ、「強力」「山番」という表現で統一していきたいと断っておく。

① 近世案内人の手取り

市ノ瀬側の案内人は、文政十三年（一八三〇）一日五〇〇銅（文）、天保四年（一八三三）は一日銀五匁、これは天保

表1　白山入山で支払った金額　「文献」欄中の（2）～（11）は注番号を示す.

暦年	入山料	その他	文献
文化4年（1807）	山役　74文	全部の賽銭　100文	『白山参り』　(11)
文政6年（1823）	山銭　氏子　72文 120文	案内者1人　2朱 別山の賽銭　12銅 聖観音賽銭　2.3銭	『三の山巡り』(3)
文政6年（1823）		中後代　600文	『三山道中記』(2)
文政13年（1830）	山札　72文	導者1日　500銅	『白山全上記』(4)
天保4年（1833）	山札　72文	山案内1日　銀5匁 石徹白下山　銀7匁 大汝峰わらじ代　6銅	『続白山紀行』(5)
嘉永6年（1853）	山銭　90文		『白岳遊記』　(6)
明治39年（1906）		嶺上案内料　5銭 拝観料　10銭	『山岳』2-3　(7)
明治42年（1909）	山代　5銭	噴火口案内料　3銭 拝観料　10銭	『白山』　(8)
大正5年（1916）	柴刈り銭　15銭		『加能民俗研究』9(9)
大正6年（1917）	入山料　15銭		『山岳』13-1　(10)

期の換算率では五四〇文に相当する。石徹白側の案内人については、文政六年（一八二三）一人二朱、天保期の換算率では約八〇〇文。また同じ年の別案内人は六〇〇文であった（表1参照）。ちなみに加賀禅定道については紀行記録が乏しく、情報が見当らないので案内料は不明。これは、この加賀ルートからの登拝者数が少なかったという実態のせいであろう。

神仏分離以前の禅定道の途中には神仏を祀る祠堂が点在し、禅定者が献納した賽銭は、案内者が預り取っていた。つまり賽銭は案内者の稼ぎとなっていた。『三の山巡り』の「別山室」「別山宮」での記述は、この辺の実態を生々しく記録している。

別山室の山番について、「石徹白の社人は麓の宮の守ばかりにて、山上の事は越前平泉寺持ちにて、別山の室、本宮の室平泉寺百姓のよし。山に詰め罷り在るなり、是を強力と言う」。別山室の山番に、別山の宮の賽銭を献納させられたことについて、「山銭一人七二文づつのよし。別山にて出す。別山の宮の賽銭一二銅もこの所に置き行けとして差し置かせるなり」と記す。

そして翌朝、別山頂上の別山の宮で、案内人によって賽銭を強いられた事情について、「別山の宮に詣る。案内の者自身で戸帳を開く故、勿体なし開かずに置けよと言えば、参詣にきて参らずに行く事の有るべきかとて戸帳を開き、よく拝めよと言うまま、室にて賽銭は済ましたれども、また二三銭上げて詣る。この銭案内の者取りて行くなり。麓より所々に詣る所有りその銭はみな案内の者取り行くなり」と記す。

補足すれば、別山室での山銭七二文はいわゆる入山料で平泉寺の収益、別山の宮賽銭一二銅（文）は山番を勤める市ノ瀬側百姓の臨時稼ぎとなる。そして別山頂上での二三銭（文）の賽銭は、案内を勧める石徹白側百姓の臨時稼ぎとなる。禅定道にしてみれば、別山の宮での二重の賽銭を強いられ、すっきりしない献納に違いなく、その気持ちが文体に表われている。

そこで、文化・文政期の美濃禅定道で「麓より所々に詣る所あり」と記した祠堂は、案内者の臨時収入源となるわけなので、当時実在したであろう祠堂について『白山参り』(11)の記述で探索すると、麓からは「美女下《びじょうげ》」、「今清水地蔵堂」、「神鳩《かんばた》金剛童子」、「水呑釈迦堂」、「別山御宮」、「馬頭観音堂」等の六ヶ所で賽銭が納められていたと考えられる。『三の山巡り』では、別山の宮での二三銭の他は、具体的場所、金額については記載がない。

さて、越前禅定道の市ノ瀬側案内人・強力が、賽銭を得たであろうとする祠堂には、登山口より「五智如来」、「檜宿《ひのきのしゅく》一之宮」、さらに別山登山口の「弁天社」がある。ちなみに「慶松室」は文政十三年（一八三〇）時で廃絶してなかった。(12)越前側の祠堂は美濃側に比べて少なかったので、祠堂での賽銭手取りも幾分少なかったと思う。

白山禅定途上での賽銭金額について唯一の記録がある。それは、文化四年（一八〇七）、美濃歩岐島村の僧侶が連れと二人で、石徹白の「左仲」という従者を案内と歩荷役を兼ねさせて、石徹白より白山を往復したときの記録『白山参り』である。「百文、全部の参銭」と記す。(13)参銭とは賽銭のことで、この一〇〇文が、どこで、どれくらいの金額で志納したかは不明であるが、貴重資料である。費やした主な経費は、「在中」の人物への賃銭百文、二人の山役（入山料）一四八文、御前室宿泊料は二人四泊で一六四文、垢離《こり》代一二文等で、その他酒代、煙草代、米代を含めて禅定に費やした全金額は八八二文と記録している。

② 室堂詰めの山番の手取り

前出の『三の山巡り』の紀行文でも記すが、室堂以高地の御前峰《ごぜんがみね》、大汝峰《おおなんじみね》周辺の案内は、麓より先導した案内人・強力でなく、越前室詰めの山番が担当していた。当時、大汝峰の通称は、「奥の院」、奥の院とは社寺の最奥地にあり、高位の霊地をさす。庶民は大汝峰に安置する阿弥陀如来は、死後の魂を極楽浄土へ来迎してくれる仏として、御前峰の十一面観音、別山の聖観音より、最も頼りがいのある仏と信じ、それを祀る峰に「奥の院」の称号をつけ、禅定の最終到達地として大汝峰をめざしていた。このような庶民の弥陀信仰につけこむように、山番は奥の院登拝前に古わらじと新わらじを履き替える作法を作り、新わらじ一足を六文で強いていた(14)。

山番の嶺上案内時は、白色の着物を着て巡回していた。その案内事情について『三の山巡り』は詳しい。「室に詰め居るものなり。是は平泉寺の百姓のよし強力と言う。案内の時は白きものを着る。所々へ銭投げさせ持ち帰るなり。戸帳を悉く開きて拝ませる。小便をしたるままの手にて、やはり戸帳をなぶりたれども、仏神の罰当たりたまう事なきものと見ゆ。それに少しにても遅れるものあればせきたて、案内のもの少し離れても、『ただならぬ場所ゆえ大事』等といえど、これも銭を取るの謀なるべし」と、山番の所作を細かく描写している。山番が賽銭を得たであろう祠堂は、「高天原《たかまがはら》社」、「大御前（御前峰）」、「采女《うねめ》社」、「奥の院（大汝峰）」、「六道地蔵堂」、さらに健脚者相手の「転法輪《てんぽうりん》岩屋」等である。

まとめると、登山口以高地での賽銭手取りについて縄張りがあった。登山口より越前室までの道中の賽銭は案内者・強力の手取り、嶺上周辺の賽銭は室に詰める山番の手取りであった。案内者・強力は麓の百姓、その出自は美濃禅定道では石徹白、越前禅定道では市ノ瀬・赤岩・三ツ谷すなわち河内の者。別山室・越前室の山番は河内の者であった。いずれも麓百姓にとっては夏場の賽銭はかなりの稼ぎであったろう。稼ぎの具体的事実については、文化四年（一八〇七）石徹白からの白山往復時の賽銭全部が一〇〇文。この一〇〇文が案内人の手取りとなったらしい。「在中」という人物は案内と雑務を兼ねていた傭夫らしいが、賽銭一〇〇文を得ている。賃銭一〇〇文と比べると、賽銭一〇〇文はかなりの稼ぎ、割得であったといえよう。

③ 雷鳥の羽で稼ぐ

注目したいのは、越前室で山番が雷鳥の羽を売っていた事実である。

初見は、文政五年（一八二二）、紀伊の本草学者畔田伴存が採薬登山した折の紀行『白山草木志』(15)。その中に「御本社の室には雷鳥の羽をうる」との記述がある。翌年の文政六年『三の山巡り』では、「御前室にて強力の持ち居たる羽を見たり」と記す。少し遅れて文政十三年（一八三〇）『白山全上記』では、雷鳥とその羽について「鵜鳥能人に馴る。室番禁して捉え逐う事なからしむ。此羽雷除の守或は痘瘡の守とす。拾んと欲して得難き者なり。湯本茶屋に商ふ。求むべし」と記し、さらに後鳥羽上皇の御製「白ら山の松の木陰にかくろひてやすらに栖る鶆の鳥かな」を添えている。さらに天保二年（一八三一）『白山道の栞』[16]では、「此羽雷除け・魔除け・疱瘡の守りと聞けり。依て何卒羽を得んと思ひ両人頻りに追い廻しけるに、小松の枝にて羽を打忽ち四枚を落す。両人大に嬉しく是を拾ひ懐中に納め、後に室にて聞くに一羽百文といえり。（中略）禁裏雷の殿中に此鳥の図を画かしたまふとぞ」と記し、さらに後鳥羽上皇の御製を添書きしてある。この後鳥羽上皇の御製は正治二年（一二〇〇）の作で[17]、約八〇〇年前より白山の雷鳥は中央の歌人に知られ、ハイマツ群生地に生息するという生態まで知られていたらしい。

つまり、日本史上著名な皇族の御製が白山の雷鳥のブランド化の基となり、一八〇〇年代前半の文政・天保期の紀行文にも上皇御製が記され、六〇〇年以上経過したときでも、白山雷鳥は有識者間に知れわたっていた。このような文化的情況を後ろ楯にして山番は雷鳥の羽を売っていたのである。

雷鳥の羽は、江戸時代中期、白山山上の室や登山口温泉で売られていた。当時雷鳥の羽は二つの異質な役割で人間生活とつながっていた。その一つは生活用具として利用すること、他の一つは霊山の雷鳥を災《わざわい》除けの御守・護符とするものである。実用具としては、養蚕時に蚕の掃きたてに使った。掃きたてとは卵を孵化させ微細な幼虫を種箱より蚕座へ移すとき、野鳥の羽箒を使ってする作業で、羽箒には鶏・烏・鷹等を多用するが、霊山の雷鳥羽であれば繭の多収につながると願って使用した。また、羽箒は町屋の茶室の炉、その炉縁の上に付着する炉灰を掃き清めるときにも使用した。この炉縁用の羽箒は、野鳥の鶴や青鷺《さぎ》の羽を重用するが、それ以上に鴇《とき》、さらには雷鳥の羽が茶人羨望の的であったという。茶の湯用の羽箒に「霊山の鳥」使用というブランドがつけば、数寄を好む者にとっては、これに過ぎるものはなかったであろう。

雷鳥の絵・彫刻・実物羽を呪物崇拝する信仰の具現化は、古くは元和三年（一六一七）創建の日光東照宮陽明門脇の透かし塀の彫刻に見られ、火難除けや除霊除けにした[18]。白山の雷鳥が火難除けの御守りとなったわけの一つにも、後鳥羽上皇の御製に謡われたことが背景にある。宝永五年（一七〇八）京都大火の際、御所も焼けたが、霊元上皇の居所鑒《かん》水《すい》亭が類焼をまぬがれた。そこには、加賀の絵師小武友梅が描いた雷鳥の絵に、公家の風早実種が上皇の御製を書き添えて掲げていたという逸話が巷に広がり、以後、御製を書き添えた白山雷鳥絵が、木版刷として民間に流布することになる。その中でも享保十四年（一七二九）伊藤東涯発行のものが著名である。[19] 拓本に描かれている雷鳥と松に関して言えば、白山のハイマツでなく直立した立木姿の松の下に雷鳥親子を描いている。

山上の宿泊地、室での雷鳥の羽の売値について、『白山道の栞』には「一羽百文」という記述がある。[20] この「一羽」については、雷鳥の個体を数えるときの意味と、翼・尾・羽毛を含めて体についている羽の枚数を意味するときの二つの場合がある。本書では、後者の枚数をさす「一羽」と考えたい。一つの雷鳥個体から何枚の羽がとれるか、その枚数を把握すると山番の稼ぎ高が分かることになる。以下の雷鳥の羽数は、立山雷鳥研究会の松田勉氏よりの御教示（私信）による。

養蚕用や茶室用の羽箒に使える羽は、太い羽柄のついた風切羽や尾羽であろう。その数は片翼に初列風切羽一〇枚、次列風切羽一八～一九枚、尾羽一六枚である。すると雷鳥一個体より七二～七四枚の羽がとれる。一羽一〇〇文として試算すると七二〇〇～七四〇〇文の稼ぎとなる。天保十三年の換算率金一両＝六五〇〇文で換算すれば一両強となる。日本銀行貨幣博物館の提供資料によると、江戸時代中後期の一両は、現代の貨幣価値では三～五万円に相当するという、雷鳥一個体の全部の羽が売れたら、山番にとっては割のよい稼ぎだったに違いないと思われるが、あくまで試算である。

羽には、かなり太い羽柄のついた羽箒に使えるような羽と、共同募金の赤い羽のように微細な羽柄をつけた、体全体を包んでいる羽毛がある。羽毛数は専門家でも的確に数える機会が稀らしく、八〇〇〇～一万ぐらいとされている。羽毛はふわふわして獲りにくく、貯えておくのにも非常に手数がかかる。天保二年の登拝者が叩き落した「四枚」は羽毛であろう。雷鳥の羽を、庶民が常時身に付けて災除けとしていたら、それは風切羽・尾羽でなく羽毛に違いなかろう。羽毛を一個体より八〇〇〇枚利用したとして試算すると、八〇万文、金一二三両となって桁外れの金額になってしまう。

雷鳥の羽は文政五、六年時には山上の室で売っていたが、七年後の文政十三年には登山口の湯元・温泉でも売っていた。営業期間は室では夏場約一ヶ月、湯本では約六ヶ月と長い。室と湯元、二つの宿泊所の利用者・宿泊者数では湯元が断然多い。変な表現だが、雷鳥の羽の売上高は登山口麓の温泉場が多かったに違いなかろう。売り場を山上から登山口に広げたのも、売上高を増やす策かも知れない。白山の雷鳥は、江戸時代中後期の奥山人の生業《なりわい》の対象となって被害

表 2　夜がけ（夜行登山）の記録　「文献」欄中の（　）内数字は注番号を示す.

暦年	登山口	記事	文献
宝永 7. 8. 5（1710）	市ノ瀬	道者皆夜ヲ込テ松明ニテ出ケル	『白山道記』　(1)
文政 13. 7. 21（1830）	市ノ瀬	夜九つ時発足，松明六杷，一杷十文	『白山全上記』　(4)
万延 1. 7 月（1860）	尾添	先達を雇い夜をこめて立出たり	『白山紀行』　(21)
明治 35. 7 月（1902）	尾添	宿屋より夜中の 2 時に起きて，案内人を伴い登った	『白山連峰と四高旅行部』(22)
明治 42. 8. 31（1909）	尾添	石油を青竹に入れ，綿を詰めた松明…明方の灯は清浄だ	『続三千里』　(23)
明治 44. 8. 6（1911）	尾添	午前 1 時 30 分，各自松明を灯しながら登山	『野々市町史』　(24)
大正 5. 8. 4（1916）	尾添	家を出たのが十二の夜半，頼んで出たのが案内二人，松明頼りに山路を…	『加能民俗研究』9　(25)
大正 11. 7. 24（1922）	市ノ瀬	今日の午後 8 時に登って翌朝の御来迎を拝せうといふ積もりだが，山が天気模様が感心せないといふ強力の言葉に…	『雪わり草』創刊号（26)

を受けていたのである。

まとめると、室詰めの山番は、登拝者の室宿泊料を平泉寺に納め、嶺上の聖地案内料と賽銭、さらには雷鳥の羽の売上金を自助努力の稼ぎとしていた。雷鳥の「一羽百文」と祠堂賽銭とを比べれば、雷鳥の羽は遥かに身入りの多い稼ぎであったといえよう。

3　文政・天保期の登山システム

①　夜がけ（夜行登山）

江戸の文政・天保期、越前禅定道市ノ瀬口からの登山は、「夜がけ」という夜道をかけての日帰りが主流であった。この頃になると信仰色が少しあて薄れ、一般的な山登りが増えてくる。山上の室には寝具の備えがなくて夜は寒く、自炊用施設も十分でないので、室では休憩するが宿泊者は少なかった。加賀禅定道の尾添口でも、夜道をかけて山頂に昇り、室に泊まらず下山し、市ノ瀬に宿泊するという選択は市ノ瀬口ほど多くはなかったが、元気ある登山者は室での宿泊は避けていた。この傾向は近代になっても続き、大正十～十一年に室の増改築で宿泊環境が良くなるまで続いていく（表2参照）。距離克服を徒歩力に頼る時代、登山口の市ノ瀬へ到達するのも一苦労で、登山前に一息入れるため温泉に宿泊。翌日夜道をかけて登り、室で休憩、日の出の時間に合わせて登頂し、御来迎を拝み、さらに奥の院まで行き、その日のうちに市ノ瀬へ下山して温泉に宿泊、登拝を終えたので安堵する、という行動のパターンが多かった。登山案内書もなく道標もなかった時代だけに、夜行登山はもちろんのこと日中登山でも、白山を生業の場としている奥山人を案内人・強力として雇わなければ登れない。強力案内料は、文政期一日五〇〇銅（文）、天保期銀五匁（五四〇文）で、麓の河内在住者にとっては夏の登山期の臨時収入となっていた（夜行登山案内料は割増があったが、文政期、天保期二つの料金は日中登山か夜行登山か不明）。

② 松明・金剛杖で稼ぐ

夜道だから照明具が必要で、麓で松明を求めた。文政十三年[27]、天保四年も、一把一〇文[28]である。文政十三年の禅定者は夜九つ（夜中の十二時）に出発、「六把」を必要としたというから松明代は六〇文費やしたことになる。天保四年の禅定者は「八、九本」としているから、松明代は八〇〜九〇文となる。なお照明具とともに必要な登山杖については、「白山の仏は竹杖が大嫌い」という訳[29]を話し、道中持ってきた竹杖を持ち込ませず、地元河内産の木製金剛杖を求めることを強いた。「越前の侍長谷川某が竹杖を持って登り、十一面様の前で『これが白山の仏様か』と竹杖で仏の胸を指し示した。何年か後、戦陣で床几に腰掛けていたら、どこからともなく流矢が飛んできて侍は死んだ。天から『長谷川見覚えがあるか。この竹はわしの胸を指したものだ』との仏の声が聞こえてきた」という昔話をして、金剛杖の稼ぎ高を増やす策を創っていた。木製杖代は天保期五文である。

松明は、全国的に登山用の折台式ランタンや懐中電灯が普及する大正末期頃まで、白山では昭和初期頃まで使われていた。大正九年まで白山室堂の山番をつとめ、また白山温泉旅館を経営した加藤屹氏（明治三十四年生）による松明事情は次のようである。松明は、冬場の除雪板（コシキ）、鍬の柄等の木製品作りの一環として作る。材料の檜は、急な尾根筋や岩場の自生檜を伐採、多量積雪を利用して作業場まで雪上運搬し手作業で作る。数人の製作者がいたので、長さは二尺六寸、割木を束ねる太さは掌一握りに指二本を加えた物に統一した。松明には「一《ひと》わり三人」という言葉がある。歩行者三人の照明に松明一本が必要なことを表す。一本が燃え尽きるのに約四〇分、温泉場より室堂まで八本必要なので、旅館では八本束ねて売っていた。加藤家では一冬に約一〇〇〇本作っていた。赤岩の加藤勇京氏（明治二十九年生）は、強力・狩り・薬草採り・木製品作り等と多種の副業体験をもつ。

加藤勇京氏の松明・金剛杖に関する情報は次のようである。先祖より「明治以前、檜は捨てるところのない木であった」と聞いた。一本の檜で最初にとるのは最良質部分で、貴人を乗せる駕籠の担ぎ棒（乗物棒）、次は城・武家屋敷用の梯子《はしご》材、その次は檜笠材（笠木）、最後に残った部分や枝を松明材として利用したので、檜には廃材はなかった。勇京家は明治以後、乗物棒は不必要となったので、檜を金剛杖の材料としても使い、松明とともに地元温泉旅館へ、笠木は下流の深瀬集落へ出荷していた。金剛杖の材料に最適なのはサワグルミ、軽く仕上がりの色が良い。次にホウノキ、ブナは少し重い。スギは仕事中割れやすい。檜杖は松明・笠木作りと並行して作るため数が多かった。まず木曳《こびき》仕事で、一寸角、長さ四尺に伐る。次に鉋《かんな》仕事で正八角形に削って仕上げる。非常に手間暇のかかる割に稼ぎが少なかった。大正七年、市ノ瀬に製材所ができると、機械力利用のため短時間で多く作れるようになり、手作り仕事の金剛杖作りをやめた。

麓の温泉をベースにした夜行日帰りという登山のあり方は、見方を変えれば、麓の奥山人が外来登山者から多くの登山代金を得るシステムであるといえよう。具体的には松明・金剛杖は、奥山人が周辺の自生樹木を材料として生産した物で、越前禅定道の利用者が多くなれば、案内料を含め手取りが多くなるわけである。さらに、山上の室山番は金剛杖に「白山霊場」等の焼印を押して、手数料を稼いでいた。竹杖であればそこへ焼印を押すことは不可能である。「白山の仏は竹が大嫌い」という口実は、まず麓で木製金剛杖で稼ぎ、さらに山上で焼印を押すことで、二度の稼ぎに連なっていく。奥山人が霊山を訪れる外来者を相手に、抜け目なく稼いでいた実態を、松明・金剛杖に垣間見ることができる。

③ 諸経費

入山料には「山札」「山役」「山銭」等の記述があり、文政・天保期は七二文である（表1参照）。徴収場所は二ヶ所。市ノ瀬左岸には、別山・チブリルートで登る者もいるので、「関」の機能をもった「平泉寺出張所」または「平泉寺役所」という施設があった。もう一ヶ所は右岸湯元温泉場の「湯元役所」で、越前禅定道ルートの登山者から入山料を得ていた。代金と引き換えに山札が渡され、登って室山番に提示する方式である。白山登拝の土産品として麓の温泉で売っていた物と値段は次のようなものである。[30] 白山縁起二四文、白山図一二文、女曼陀羅一二文、湯の花一合二五文。御守、雷鳥の羽、楊枝《ようじ》、蓬《よもぎ》等である。

4　近代の室堂山番と案内人――大衆登山の案内人

明治政府は、白山から修験的信仰を消去し、さらに神仏を分離する。具体的には明治七年七月上中旬にかけて、祠堂は御前峰・大汝峰・別山だけとし、石仏を破壊、仏像は強制下山させた。仏像下山後、間髪を入れず七月下旬に神体遷宮が行われた。この行事で室堂番人役として市ノ瀬の加藤小右衛門・笹木源五郎・笹木藤松、赤岩の加藤孫右衛門、三ツ谷の林巳之助の五人が白山比咩《しらやまひめ》神社より依頼された(31)。小右衛門家と源五郎家の二家は江戸時代から山番をしてきたらしく、その体験をかわれたものと思う。遷宮後も引き続き山番実務はこの二家に引き継がれることになる。

仏像下山・石仏破壊の結果、山番が頂上周辺の案内時、諸神仏への賽銭を手取りすることは絶たれてしまった。仏像下山後は、真宗門徒の多い福井・石川県からの登山者が急減したと伝わる。理由は、極楽浄土へ導いてくれる阿弥陀如来が山上に鎮座していないからである。明治以降、白山登山の流れから信仰は薄れて多様化する。登山そのものを目的として積雪期にも入山するスポーツ登山、成人儀礼的登山、学校集団登山、外人を含めた学術調査登山等々である。多いのは、余暇の過ごし方の一つとしての登山・山旅、いわゆる登山の大衆化で、案内書も出版されてくる。白山の総合案内書とでもいうべき著述は、明治四十四年の加藤賢三が初めてである(32)。地形・地質・気象・生物・歴史さらには登山案内・登山心得をまとめた。末尾に、著者の勤務先、金沢第二中等学校の白山集団登山時に費やした金額を、収入・支出に分けて紹介し、これから白山に登ろうとする人に、入山料・案内料・室堂での経費等を具体的に記し、便利の良いガイドブック役をした。明治四十二年時の山代（尾添口）五銭、室堂料（薪炭料等）一四銭、室堂の米代一升二二銭、頂上周辺案内料三銭、白山拝観料一〇銭等である。なお、人夫賃として七円一八銭を見るが、たぶん案内と荷担ぎを兼ねた複数者の賃金らしいが、内訳が不明である。室堂宿泊人数は明治三十二年八月十日には越前側一〇人、加賀側二、三〇人（『白山行』(33)）。明治三十九年七月二十一日は六〇余人、翌二十二日二〇人内外（『山岳』二－三(34)）。登山者数は大正六年約二〇〇〇人、市ノ瀬温泉宿泊者は六〇〇〇人とおおまかに記す（『山岳』一三－一(35)）。

大正十年は、白山の近代登山史上では節目の年にあたる。明治以降、いやそれ以前から室堂山番は、地元出作り群の旧家、笹木源五郎家と加藤小右衛門家の二家が世襲制で、さらに小田藤造《とうぞう》家が雑役担当として加わっていた。笹木家は明治三十年頃に北海道へ移住したので、大正期には加藤家の与三郎、屹《たかし》親子で担当していた。山番は開山前、室堂の修繕や炊事具の取揃えばかりでなく、登山道の補修もした。その一連の経費は「山手」を充当していた。補足すると、農閑期、白山比咩神社の社地、別山登山道の段床・チブリ等の樹林で、除雪板・鍬の柄等の木製品を作る者がいた。四月下旬に仕事が終わると、生産現物量と自己申請の原木利用数を勘案して、加藤家が「山手」という原木代を決め集めていた。それを貯えて登山道補修の人夫賃金・室堂の諸経費にあてていた。ところでこの慣行は、「加藤家が社地内の原木を勝手に処分して金にしている」とのことで官憲に訴えられた。訴訟時、白山の実務は加藤親子が担当、加藤家でも父親与三郎より息子屹が取り仕切っていたので、加藤屹が森林法違反の責を負うことになった。大正八年のことである。この事件を機に大正十年、白山比咩神社が主体となって「白山振興会」を設立、この法人が白山の登山道、宿泊施設の管理運営をすることになり、加藤・小田家は長く続いていた地元奥山人の登山道・室堂の一連の業務を解いた。

① 大正期の室堂山番と強力

山番の実務体験の長い加藤屹氏による室堂をめぐる状況は次の通りである。建物は木造平屋建て、石置き板葺。窓は一尺幅のものが二つ。規模の記録にはばらつきがあるが[36]、加藤氏の口述をもとにすれば三間半×七間。堂内は二つに仕切り、広い室に登山者、狭い室に山番・強力が占める。各々に地炉を開き床板上に藁筵《むしろ》をしきつめてあった。寝具の用意はなく、炊事用大鍋が二つ、照明は土器に菜種油。室堂に宿泊するとすれば、米（室堂で買えば割高）・防寒具・毛布等の寝具を自前あるいは強力に背負わせて登り、自炊で飯と汁を作り、燃料のハイマツ代木賃を払った。就寝時の堂内暖房にハイマツを燃やした様子を「巻き起こる煙は濛々蒸々として、片時も眼口を開かるべくはあらず、寒さに水洟《みずばな》する者、烟さに咳のせぐり出づる声堂内にみち〳〵たり」と生々しく記している（『白山行』[37]）。つまり、室堂の宿泊環境が悪かったので、宿泊を避け日帰り登山が多かったという。「室堂に一泊して御来迎を見る」という日程普及は、昭和に入ってかららしく、この傾向は登山種別の比較統計で裏付けられる（表3参照[38]）。

表 3　白山登山の種別比較

年次	総数	夜がけ		日がけ		泊り山	
		実数	割合	実数	割合	実数	割合
大正 13 年	1,575 人	108 人	7%	897 人	57%	570 人	36%
大正 14 年	2,131	153	7	1,065	50	913	43
大正 15 年	2,305	86	4	1,523	66	696	30
昭和 2 年	2,451	123	5	1,130	46	1,198	49
昭和 3 年	3,681	41	1	1,254	34	2,384	65

『石川県天然記念物調査報告書 -5』(38)

室堂は休憩料一〇〜一五銭、宿泊料二五銭。頂上周辺の案内は、御来迎を仰ぐ者、朝に市ノ瀬を出発し昼に室堂着の者、昼食後に市ノ瀬を出発し夕方に室堂着の者を対象に、一日三回おこない、一回各五銭。草鞋《わらじ》の履き替え慣行は大汝峰より御前峰に移り、信仰心の厚い人だけの遵守となっていた。方位盤はなく、立山・剣岳はまとめて「立山」、穂高岳は「鋸《ノコギリ》山」、槍ヶ岳は「槍山」と言って案内していた。頂上の社では神主役をして開扉、鏡に向かって礼拝、御幣でおはらいをする。その際、賽銭をおいていく人が多く、それを山番は手取りとした。周辺案内巡路は、青石《あおいし》・高天原《たかまがはら》・頂上・御高庫《おたかぐら》・翠《みどり》ヶ池・大汝峰《おおなんじみね》・千蛇ヶ《せんじゃが》池《いけ》・六地蔵堂跡で約二時間の行程。自助努力の稼ぎでは、御守一つ二銭、絵葉書売りの利鞘、金剛杖の焼印料一つ二銭、その種類は「大正〇年白山登山記念」、「白山頂上」、「白山霊場」、「白山室堂」等があった。余暇に採った高山植物を売って稼ぎもした。値段はハイマツ一株二〇銭、ハクサンシャクナゲ一株一五銭、クロユリ一株二〜三銭であった。『山岳』一三-一(39)では、大正七年の室堂休憩料約六五銭、宿泊料三〇銭と記し、加藤氏の口述とは幾分異なった数値を示し、また入山料一五銭を市ノ瀬温泉場の社務所出張所でとっていたらしい記述がある。

白山振興会の設立を機に、頂上周辺案内さらには高山植物販売は廃止、焼印だけが続けられていく。同時に麓の入山料徴集も廃止された。大正九年までは開山は七月十八日、室堂閉業は八月三十一日、閉山祭は九月十八日。開山・閉山祭は温泉場の「遙拝所」でおこなっていた。遙拝所とは、温泉からの登山道入口に立つ鳥居前の小広場を指す。ここからは白山は見えないが遙拝所といっていた。開山・閉山もいずれも比咩神社の宮司が来てとりおこなう。年間、温泉場からの登山者が一〇〇〇人を超えると、閉山祭とあわせて「千人祝い」をした。神社より河内へ清酒一斗が下附され、老若男女全員が参加する「かんこ踊り」もして盛大に祝った。この行事も白山振興会設立とともになくなった。

白山振興会設立と平行して、大正十一、十二年の二年にわたり室堂の本格的増改築をおこなった。具体的には腰下石

表 4　白山強力の案内料　文献欄の（40）～（42）は注番号を示す.

暦年	案内料			荷物重量	その他	文献（40）
	日がけ	夜がけ	泊り山			
明治 39 年（1906）	80 銭	90 銭	80 銭米 1 升加算	4 貫まで 1 貫毎 10 銭	宿泊 18 銭 休息料 3 銭	『山岳』2-3
明治 42 年（1909）	80 銭	90 銭	1 円 16 銭	4 貫まで 1 貫毎 25 銭	尾添下山 2 円 94 銭	『白山』
大正 1 年（1912）	1 円				砂防 1 日 50 銭	加藤勇京氏より
大正 7 年（1918）	1.5～2 円		2～2.5 円	4 貫まで 1 貫毎 20 銭	別山 2.5 ～ 3 円	『山岳』13-1
大正 10 年（1921）	3 円		4.2 円			『雪わり草』
昭和 6 年（1931）	3 円		5 円		中宮 10 円 石徹白 12 円	『白山の埋み火』（41）
昭和 8 年（1933）	3 円	4 円	5 円		冬山 2 割増 スキー 5 割増	パンフレット 「白山案内」
昭和 10 年（1935）	3 円		5 円		尾添 10 円	『白山連峰と渓谷』（42）
昭和 12 年（1937）	3.3 円	4.5 円	5.5 円	4 貫まで 1 貫毎 30 銭	宿泊 70 銭 毛布 50 銭 定食 65 銭 弁当 35 銭	パンフレット 「霊峰白山」

積み平屋建て二棟（大室三七・五坪、小室九坪）と便所別棟一棟である。宿泊環境が良くなったので登山者もしだいに増えてくる。市販ガイドブックが少なく、登山道には今日のような道標もなく、一般登山者は地形図を準備することもなかったので、当時は案内を依頼するのが普通のようであった。明治以降の市ノ瀬口からの案内料は（表4）で示した。

「日がけ」とは、市ノ瀬から室堂までを案内する、日帰り登山者の案内。「夜がけ」とは、夜半に夜道をかけて室堂まで案内して下山する方法。「泊り山」とは、日中市ノ瀬を出発して室堂に一泊し、翌日御来迎を見て下山する一泊二日の案内である。強力は、登山者の荷物を四貫（一五キロ）までは無料で担いだ。単独行案内の場合は荷物も少なく負担も少ないが、三～五人の小集団になると荷物が重くなり、四貫を超えた分は一貫ごとに超過料をとった。

強力・案内者側からすると、夏の三〇～四〇日間の短い期間で、副業の一つとしての収入を増やしたい気持ちが高まる。こうしたことから、強力と登山者間で料金をめぐるトラブルが発生する。具体的には、背負う荷物の超過料金のこと、室堂宿泊後の日程変更のこと、宿泊時の酒代折半のこと等である。

これらの解決のため、細かい案内料の取り決めが必要となる。さらに強力自身の案内能力・作法向上を計るため、加藤勇京・永井喜市郎が中心となって大正末頃「白山市ノ瀬強力組合」を結成した。例えば女性案内時の会合の作法として、「煙草は吸わない」、「スケベエな話は絶対しない」等を話し合った。加藤・永井の組合結成の裏には、立山の案内人の動きが強く影響したと思う。大正十年、立山山麓に二つの案内人組合が結成された。一つは芦峅寺《あしくらじ》（以下「芦峅」と略記）の立山案内人組合（組合長佐伯平蔵）、もう一つは大山村の大山登山組合（組合長宇治長次郎）である。そして立山の案内人の動向は、昭和に入っても白山に多大に影響する。

②　昭和期の案内人・強力

昭和に入ると、社会資本の充実で登山口の市ノ瀬へのアプローチが容易になったこと、さらに登りやすい登山路ができたことが相まって、登山者の増え方が急となる。大正十二年には金沢・白峰間の車道が完成、さらに昭和二年の鶴来・白山下間の鉄道開通で、白山登山口に向かって近代交通網が延びてきた。特に金沢からの交通が格段に便利となった。市ノ瀬口は、御前峰へは従来より越前禅定道だけを利用してきたが、昭和三年頃、砂防工事宿舎・高飯場経由の工事用道路が黒ボコ岩付近で禅定道と接合する、「砂防新道」という登山道が開かれ、登高時間が短縮される。つまり、昭和になると白山には、多量輸送の乗物を使い、短時間で登れるコースを通って山旅を楽しむ一般大衆が登ってくる。

大衆の側からすれば、登山口への交通利便、やさしい登山路等がそろい始めた市ノ瀬口を選ぶことになる。その実態は『石川県天然記念物調査報告第五輯』(43)所収の「昭和三年発降口調査」が如実に示す。登山者総数三六八一名中、市ノ瀬口利用者は七七％の二八二二名。ちなみに尾添口は二一％七六一名、石徹白口は一％四一名、平瀬口は一・五％五七名である。補足すると、昭和期の市ノ瀬口は、まず交通の便が良く登高時間が短い。そして温泉も利用できる。つまり高山の清浄さの満喫と、温泉入湯による身心の癒しを両立できたので、大衆の多くは他の登山口より優位な市ノ瀬口を選ぶことになる。それが登山者総数の約八割が市ノ瀬口利用という数字となったのである。

この時期の市ノ瀬口白山登山は、江戸時代からの慣行を引き継ぎ、高地登山と麓の温泉入湯がセットになって普及していた。その登山と温泉のセットの質からも、信仰登山の影はまったく薄れて娯楽中心の質に様変わりである。この登

表５　登山案内料と米価の比較

年次	案内料		米１斗の値段	日がけ賃金で買えた米の量	泊り山で買えた米の量
	日がけ	泊り山			
明治42年	80銭	1円16銭	明治43年1円25銭	6升4合	9升3合
大正7年	1円75銭	2円25銭	大正7年　4円31銭	4升	5升2合
大正10年	3円	5円	大正11年3円92銭	7升7合	1斗2升4合
昭和12年	3円30銭	5円50銭	昭和13年2円99銭	1斗1升	1斗8升4合

米価は『白峰村史』下より

山システムは在地奥山人にとっては好都合であった。登山前に温泉に宿泊し翌日は強力を伴って登る日程は、まず宿泊費で、次に案内料で稼ぎ、さらに金剛杖・土産品等でより稼げるような仕組みである。

市ノ瀬口の右岸温泉場には、当時山田屋旅館と白山館の二軒があった。昭和五、六年頃、両旅館には専属の強力が泊り込みで待機していた。夜行登山の「夜がけ」、早出の「日がけ」等に即座に対応できるシステムである。専属強力は旅館宿泊料は無料であった。当時の専属強力指名は次の人々である。

白山館専属強力　永井喜市郎（市ノ瀬）、久司末（赤岩）、加藤末吉（三ツ谷）、山尾正男（三ツ谷）、鈴木末松（赤岩）

山田屋旅館専属強力　林森杉（白峰）、木田亀之助（三ツ谷）、下新松（市ノ瀬）、久司久三（赤岩）、加藤政則（三ツ谷）

その他フリーの強力として、加藤勇京・政治兄弟（赤岩）がいた。

加藤政則（三ツ谷、大正四年生）の著述『白山の埋み火』(44)によると、著者自身も山田屋専属の強力となり五年間務めた。七月十五日から九月五日まで約五〇日間宿に泊り、一夏に一五～二〇回案内した。著者は「少年ガイド」の名で指名を受けた。若かったが山に精通、高山植物名も覚えていたこともあって、京都大学の高山植物研究者、高地昆虫研究者や、日本画家北山露峯等より複数回指名を受け案内した。当時の案内料について、米一俵が七円五〇銭で買えた当時、強力の稼ぎは「金儲けの天国であった」と表現している。米一俵の四斗が七円五〇銭であれば、一斗は一円八八銭。一泊二日の強力仕事は五円、その稼ぎは米二斗七升分に相当する。したがって「泊り山」を二回すると、米一俵を優に買える分を稼げたことになる。このあたりの事情を加藤政則氏は強力仕事を「金儲けの天国」と例えたのである。

表５は、強力の案内料はどれだけの米の量に当たるかについて、案内料と米価の比較資料

である。米価は、案内料表示年に最も近い年の米価（『白峰村史』下巻一〇一頁）を選んだ。強力仕事を「金儲けの天国」と表現した事情の背景には、登山口の市ノ瀬・赤岩・三ツ谷の奥山人は、水田稲作が困難な自然環境の中で主食は雑穀ヒエ中心の食生活で、永年稲・米に対し平野部の人が思いもつかない異常な執着心をもっていたからで、稼いだ案内料は、まず米購入費にあてていた。

登山者が増えるのに伴い、案内人・強力も増え、市ノ瀬口ばかりでなく各登山口に強力組合が成立されてくる。昭和十七年の白山振興会作成のパンフレットによると、市ノ瀬強力組合（代表永井喜市郎、一二名）、石徹白強力組合（代表須甲信勝、一〇名）、平瀬強力組合（代表坂本圓次、一〇名）、尾添強力組合（代表尾田与吉、一三名）等の四組合があった。

5　近代登山草創期の案内人――スポーツ登山の案内人

明治三十年代より、日本の近代登山がスタートするが、探検的登山を志す者にとって白山は、北アルプスの山々より高度・岩場・困難さ等での評価が低く、来山者が少なかったため記録も乏しい。明治末より大正にかけての時代は、ガイドブックもなかったので、県外からの登山者には、無雪期の夏山も積雪期も地元の案内人を伴っての登山が多かった。

①　駆り出された案内人――猟師の臨時仕事

この頃の登山記録では、夏山については明治三十二年、大阪の新聞記者による『白山行』[45]、明治三十九年の大平晟「加賀白山の表山登り」[46]、積雪期登山では明治四十三年の石崎光瑤「春の白山」[47]等がある。少し下って大正十年、稲坂謙三の白山山系（白山～大門山）初縦走は公式記録はないにしても、白山登山史で特筆すべき山行である。

明治三十二年の新聞記者の白山描写は、記者らしく詳しい。白山でいう強力を「人夫」と記し二人を雇った。人夫の一人平助について、「平助といふは、白山すぐっての熊取の名人とか、仲春の候、永雪わずかに解け、四方の山々、其頂《いただき》を露《あら》はすに及ばゝ、壮佼幾人《わかものいくたり》語らひ合せて、白山越に人も通はね、飛騨の山奥深く分け入りて熊狩をぞ催すなる、男盛りの当年三十二歳といふに、筋肉硬く酒腸は三斗を容るゝに足り、山行飛が如し」と記し、優れた頼もしい案内人と評価している。

林並木は[48]、明治三十五年、金沢第四高等学校（通称四高）教授に赴任、その年の七月に白山をめざし、尾添で案内人北川藤吉を伴い、夜中二時出発、旧加賀禅定道を登ったが、美女坂付近で悪天候のため引き返した。林は、三年後の明治三十八年八月、まず槍ヶ岳に登頂、次に穴毛谷より笠ヶ岳、さらに中尾峠経由で焼岳・上高地へ。最後に岳川谷より前穂高への連続登山をおこなった[49]。この登山は、近代登山草創期の意欲的な山行として評価が高い。山行に同行した案内人は、槍ヶ岳へは島々の市作、笠ヶ岳へは中尾の猟師松葉七之助、穂高へは大野川の岩魚釣り平田鎌之助である。林は、一回の山行で効率よく目的の山に連続登頂をなしとげるには、どの山にどの案内人が適当なのか、案内人の選出指名について周到な情報収集と準備をして臨んだに違いない。この林の行為は、近代登山草創期、踏査も少なく困難が予想される山への登山に、案内人とりわけ猟師や岩魚釣り師の役割が陰の力として大きかったことを如実に物語っている。

日本山岳会員大平晟は、明治三十九年八月、市ノ瀬で案内人を決めたいきさつについて、「赤岩の猟夫仙馬なるものを、心恃《たの》みに来りしに、折悪しくも、彼に支障を生じ、辛ふじて白峰の愛宕三郎なるものを得」と記し、最初は猟師を希望していたこと、そして「仙馬」という猟師は案内人として実績が過去にあった人物らしく「心恃み」という表現をしている。この記録で大平は人夫に「剛力」の文字を当てている。

白山の積雪期初登高は、明治四十三年五月、日本山岳会員石崎光瑤がおこなった。石崎は前年明治四十二年、元四高で学んだ河合良成・吉田孫四郎・野村義重とともに、立山山麓の大山村の宇治長次郎・立村常次郎、岩峅寺《いわくらじ》の佐々木浅次郎を雇い、長い大雪渓を登って登山者として剣岳初登高をなしとげた人物である。石崎たちが初登頂時に登った大雪渓の谷は、当時無名であったが、案内の長次郎にちなんでこのとき「長次郎谷」と命名されたという逸話がついている。石崎は、白山の積雪期登山に際し岐阜県平瀬口で猟師二人を人夫として雇い、二泊三日で飛騨側より登った。人夫の猟師は、御前峰と大汝峰の間で、持参の銃で雷鳥と岩雀（ホシガラスか）を、さらに下山途中で兎二羽を獲っている。石崎が目ざしたのは、前年の剣岳初登高に次ぐ、白山積雪期初登高である。案内を頼まれた猟師にとっては、白山積雪期初登高とはまったく無関係で、案内前の猟では獲物がなかったこともあり、この山行であわよくば獲物を射とめ、弾丸命中による達成感と獲物入手の実務があれば最良であった。猟師は、狩猟で雪の山野を駆け巡ることは日常的な行為だ

写真１　白山山系初縦走の稲坂パーティ，旧四高校庭で　向かって左端が佐伯平蔵，三人目が稲坂謙三（昭和37『白山』より）

から、積雪期の案内は過重な仕事ではない。猟師は石崎の案内で案内料の他、猟獲物も入手でき一石二鳥であった。案内人猟師の手で、獲物の雷鳥・岩雀・兎がどのように処理されたかは、登山そのものを目的とした石崎にはどうでもよかった問題で、記述はない。

石崎は、春の白山について、「山其物も頗る女性的」、「良い点は峰頭より渓谷にある」、「白雪を被っても想ったよりは見惚れなかった」、さらに「自然勢力の偉大、人をして毛髪慄然たらしむる程の趣がない」と、白山という山に対し前衛的登山家らしい評価をしている。たぶん、立山・剣岳との比較上の視点と思われる。

明治末、登山者が案内人を雇ったいきさつをみると、市ノ瀬口より登った大平は、白峰の旅館主人に猟師を頼んだが支障があって別人を選んだ。平瀬口より登った石崎は、宿の主人の斡旋で猟師一五人中より二名を選んでいる。つまり近代登山草創期、登山者を先導したのは麓で選ばれた山人で、普段の仕事や生活を休んで臨時的に案内役をした。選ぶのは登山者かそれとも泊る旅館経営者、選ばれるのは猟師が多かった。さらに補足すれば、登山口には案内人が待ち受けていたのでなく、多くの登山者が利用する宿の主人が、奥山人の中で適当と思われる人物を指名、臨時に近代登山に引き出された者が案内役をした。奥山人にとって駆り出された「山案内」という新しい仕事は、賃金も割高であったので不利ではなかったようである。

②　白山に立山案内人がくる——白山と佐伯平蔵

白山より大門山に連なる県境の峰々、いわゆる白山山系の積雪期初縦走を誰がなしとげるかは、当時の白山をめぐる登山界の最大関心事であった。金沢医学専門学校生稲坂謙三（加賀市）は、まず大門山・奈良岳・高三郎山等に登って実地予察をたびたびするとともに、猟師の情報をもとに雪の締まった五月上旬を最良と決めた。大正十年、稲坂は剣岳の平蔵谷にその名を残す立山・剣岳の名案内人、芦峅の佐伯平蔵を呼び寄せ、地元尾添の今井・河内という若者二人を雇い、四高旅行部からテントを借りて尾添口から入山、大汝峰・妙法山・三方岩岳・笈ヶ岳《おいずるがだけ》・大笠山・奈良岳・大門山を経て倉谷へ下山、金沢に帰った。縦走には六日間を費やしている。山行の経費について、「人夫賃は一日四円、全体で八〇～一〇〇円位であった。この頃は一ヶ月三〇円あれば下宿して暮らせた」と述懐している。(50)

立山案内人の平蔵は白山が初めてなのでコース選定は稲坂自身がおこない、積雪急斜面のトップ登高やテント場の選定・設営等、登山技術面の役割を分担させ、尾添の人夫二人には、テントや米一斗五升、塩分の強い越中味噌、塩鮭、塩鱒、コンビーフ缶詰、味噌汁の実、ポケットウィスキー、コーヒー、氷砂糖等の食糧や寝具、防寒具、雨具等の運搬と雑務を担当させていたと思う。つまり、近代登山草創期の登山は、目的の山に関する情報のもちあわせが少ないときは地元の猟師・杣人《そまびと》（樹木を伐採し、流し下す人）を案内役とし、加えて装備・食糧が嵩張るので人夫が必要となった。その結果、案内人・人夫の人数が登山者数を上まわるのが常であった。このような事例は、平蔵が同行した他の登山パーティでも見ることができる。たとえば大正三年夏、イギリス人牧師ウェストンの飛騨山脈針ノ木峠越えには、平蔵は弟春蔵のほか芦峅の人夫二人計四人で同行した。(51)稲坂の縦走一ヶ月前の大正十年四月、四高生沢田武太郎の積雪期初の黒部川横断、針ノ木峠越えには、平蔵の他、志鷹喜一、佐伯嘉左衛門計三名が同行した。(52)稲坂との縦走の一年半後の大正十二年一月、平蔵は厳冬期立山登山に雇われる。登山者はスキー使用の槙有恒、板倉勝宣（下山途中松尾峠で遭難死）、三田幸夫等五名に対し、人夫は輪かんじき使用の平蔵を含めて一〇人が同行していた。(53)

稲坂は、白山山系縦走に平蔵を含めて三名と同行したいきさつについて、次のように回顧している。(54)

「平蔵を紹介してくれたのは四高生津田常男である。平蔵は人足をしておりそう有名でなかった。彼とは剣岳や、医専三年（大正四年）の夏、有峰・薬師岳・槍ヶ岳・上高地へいった。山へ行くとき平蔵は荷物を三～四貫しかかつがず、別に一〇貫程かつぐ若い人夫を二人雇わねばならなかった。このため雇人は三人になり、下山してから芦峅まで帰る汽車賃が高くついて困ったものだ。山でへたばるのは体力不相応に持つからで、人足三人もつけると私は弁当しか持たない。遭難するような危険な所へ行く場合、体のエネルギーが消耗してしまうと一番危険だから、体力のある方が勝だけれど、登るまでの何でもない道に八分通りの体力を消耗するようでは、冒険ある登山はできない。やっぱり楽にしておらねばいかんですよ。」

稲坂の立場は、「初登高」、「積雪期登山」のような危険度が高い登山では、登山者の体力消耗や危険度を分かちあうため案内人・人夫が必要であるとの視点である。換言すれば、近代登山草創期で実積をあげるためには、案内人・人夫のためかなりの資金が必要であるということで、裏を返せば、かなりの資金がないと登山界で実績を残せないということに通じる。稲坂はこの初縦走で、人夫一日四円、六日間同行したから延人数は一八人、計七二円を費やした。総経費は約一〇〇円、その七割が案内人平蔵と人夫二人の賃金である。つまり積雪期初縦走というタイトルに約一〇〇円、学生三ヶ月分の下宿代分を費やした。雇われた案内人・人夫の立場では、大正十年白山夏山での一日案内料三円に対し、稲坂の春山縦走では四円で、臨時収入としては割得であった。春山一日四円を米に換算すればほぼ一斗に相当する（白峰の米価は一斗三円九二銭）。したがって尾添の人夫にしてみれば、六日間二四円の現金収入、それは米六斗、一俵半に相当し、臨時の仕事としては突出した稼ぎであったと思う。

平蔵は稲坂に白山山系縦走を含めて三回雇われている。三回の登山後は、登山者と案内人という仕事から、信頼しあう知人関係へと親密さが強くなっていたようだ。

「平蔵は、冬の暇な時になると、かもしかの肉等をぶらさげて、私の家（加賀市大聖寺）へ来て一週間も泊っていく事もあった。その後、私が京都大学に研究生としていた頃、平蔵がたずねてきたことがあった、この時、平蔵は押しも押されもせぬ天下の名士となっており、朝日新聞や山岳会の招待にあずかっていた。（中略）山案内人は、確かに山が好きであったが、やはりガイドとしてもうけるためであった。」

平蔵は、近代登山に同行しているうちに技術・人格が認められ、優れた案内人として指名を受ける。近代登山草創期に平蔵が同行した登山者として、前述した人物以外では辻本満丸、高野鷹蔵、近藤茂吉、冠松次郎等がいる。平蔵が同行した近代登山は、いずれも日本登山史中著名な山行であるが、このような未知の山・渓谷の案内は四季を通して数多くあったわけでなく、案内人という仕事で一生の生計をたてるほどでなかったらしく、稲坂は回顧で「平蔵は人夫をしており」とあり、人夫と山案内人の兼業であったらしい。

一口に積雪期登山といっても、積雪は一月、三月、五月では、登山にとって難易度というか障害度がまったく違う。一月厳冬期の降り積った新雪は、かんじき・スキーをつけても積った分だけ体が沈み、二ｍも積もれば登高は非常に困難を極める。三月春になると、雪は昼間に融け夜から朝にかけてそれが氷化する。この繰り返しで雪質が変化、かんじき・シュタイクアイゼン（以下アイゼン）を使えば氷化雪面も登りやすくなる。このとき、かんじきよりスキーを使えばより効率的な登山ができ、積雪期登山には高度なスキー技術が必要となる。五月残雪期には高山でも雨が降り、雪が締まって固くなり、登山歩行具をつけなくても良い状況となる。白山の積雪期登山の先駆者石崎光瑤、稲坂謙三の場合は、残雪期の雪状況が登高に容易になった時期、かんじき・スキー等の用具を必ずしも必要としない山行である。積雪が安定してくる三月、スキー、アイゼンを使っての白山初登山は、大正十三年三月、四高旅行部の中島信悟、広瀬徳太郎がおこなった[55]。尾添より登り、奥長倉山付近と美女坂上でテント宿泊、大汝峰登頂後、室堂宿泊、御前峰登頂後に市ノ瀬へ下山した。この山行で中島らが雇ったのは、立山山麓芦峅の人夫佐伯兵治、佐伯善次の二名であり、当時の四高生中島、医専生稲坂も、白山麓には近代登山に対応力をもつ山人・人夫がいないと見込んで（現実いなかった）、立山山麓の山人にたよっていた。

第四高等学校（いわゆる四高）遠足部は後に旅行部と改名。その創立は明治三十一年、学校が主導して作られた山岳部であるが、最古の歴史をもつ。四高生の活動は金沢を拠点とするため、アプローチしやすい白山、立山・剣岳、薬師岳等に足跡を残すことになり、活動は機関紙『ＢＥＲＧ－ＨＥＩＬ』１～13（大正十二年～昭和十六年）に記録した（以下機関紙は『ベルクハイル』と表記）。四高生の動向は、金沢の旧制中学校にも影響し、大正十一年には金沢商業学校山岳会創立、翌大正十二年『雪わり草』を出版し、旧制中学校山岳部史の草創期を飾る。大正十年辰巳仙竜、高橋嘉久之は尾添から室堂一泊で白山往復、雇った山人の賃金について「強力一日三円、一泊一円二十銭」と記す[56]。この短い記述は、大正十年時には案内人を「強力」という伝統的呼称でよんでいたこと、さらには夏山の賃金が分かるので貴重である。また、一泊二日の白山登山を始めとした石川県下の山々の登山記録は、今日の感覚ではとるに足らない山行とその記録とも考えられるにしても、当時の中学校山岳部部員が山行記録をまとめて冊子として刊行したことは、特筆すべき実績なので紹介した。

③ 加藤勇京が新雪・残雪の白山を先導する

赤岩の加藤勇京は、大正十二年十月下旬、新雪の白山へ、四高旅行部生岩泉錫、鈴木征六、中島重一、和久田鉄雄四名に同行した。市ノ瀬から登った四高生は登頂後平瀬へ下山したが、加藤は市ノ瀬へ下山した[57]。加藤について四高生は「山の人という感じの大兵な、言葉少ない強力」という人物評をしている。

昭和二年五月下旬、四高旅行部生浅井光枝、前田昱雄他、全七名は市ノ瀬からの頂上往復山行に、「右京」なる人物を同行させている[58]。この右京と加藤勇京は同一人物である。筆者は加藤勇京より、加藤家の屋号「勇京」についての家伝を聞いている。「京の都で権力争いがあり、先祖の右京・勇京・道京の三兄弟側が負けて都落ちして白山に逃げ込んだ。右京・道京家は絶えたが、勇京家が今も続いており、由緒ある家柄なので屋号としている」との内容である。

赤岩の加藤謙次郎は、大正十五年八月、金沢医科大学薬学専門部在籍の旅行部生小林勝次、丹波清作、中村正義、窪田正治の四名を、まず柳谷本流より踏道のない赤谷を遡って別山へ、次に御前峰を経て岩間温泉へ下山する山行の先導をした[59]。加藤謙次郎は加藤勇京の実父である。だから前述の「右京」は父謙次郎とも考えられるが、勇京の可能性が強いと思う。加藤家は先祖代々、大正初期まで、別山・三ノ峰と連なる岐阜県分水嶺を越え、尾上郷渓谷に入り、さらに谷伝いに支谷海上谷《かいじょう》まで下りワサビを作っていた。この生業は、とりもなおさず他郷の地でワサビの越境半栽培をしていた家柄で、白山の峰・谷に詳しかった。また、勇京は大正十五年の残雪期、同郷赤岩の鈴木仙松と二人で狩猟途中、妙法山頂上で銅製経箱を発見した。そしてこの経箱は、山岳修験の遺物として注目されることになる。赤岩より妙法山までは日帰り不可能の距離で、たぶん白山室堂に宿泊して放射状に猟をしていたと推察する。加藤謙次郎、勇京親子は、案内人としては適格な能力をもっていた人物で、白山の近代登山初期の案内人の代表格といえよう。

6 白山強力から白山案内人へ――中山再次郎の功績

昭和三年四月末より五月にかけて、京都第二中等学校校長中山再次郎は、白山スキー登山時に福井県勝山から登山口市ノ瀬へ行く際、夏の生活道を通らずにスキー使用での最短コースを探る山行をおこなった[60]。具体的には、福井県側木根橋から烏岳、取立山で県境分水嶺を越えて石川県風嵐谷《かざらし》を経て、市ノ瀬へ達する雪山横断コースである。中山は、大正五年、伊吹山で関西初のスキー競技会を主催、さらに西日本初のスキー団体「関西スキー倶楽部」を結成した人物である。ゲレンデスキーから、比良山、伊吹山、大山、白山等雪の高山を登り降りする山スキーにウエイトをおいていたらしい。翌昭和四年は三月に一回、四月は二回、五月は一回、計四回白山に来た[61]。中山の白山にかけた情熱はすさまじい。四月下旬のときは京都より田中喜左衛門、葉谷中三郎、山本慶次郎が同行した。田中、葉谷は大正七年三月、スキーで徳本峠から上高地に入り、中尾峠から蒲田へ出る山行をしており、山スキーの経験が豊かであった。市ノ瀬からは別行動で、田中・葉山・山本は市ノ瀬の公下桑石《こうした》を伴い白山頂上へ、同じ日中山は加藤勇京を伴い、市ノ瀬より木根橋への分水嶺横断ルートの再確認へ出発、途中人夫が事故を起す。さらに五月中旬、中山は砂防工事担当中村とともに市ノ瀬の永井喜市郎を伴い白山スキー登山をなし遂げる。以上は登山者を中心にまとめたが、地元の案内人の立場では、市ノ瀬公下桑石は田中・葉山・山本の白山スキー登山に、赤岩加藤勇京は中山のスキー加越国境（県境）分水嶺越えの案内役に、市ノ瀬の永井喜市郎は中山の白山スキー登山に貢献した。

　中山は、同行した白山奥山人の三人について、報告書の中で教育者の目で次のように評価している。市ノ瀬から木根橋へ帰る途中、根倉谷をつめて源流域の谷壁雪面トラーバスで事故が起った。急なのでスキーを脱ぎ、人夫に担がせて横断中斜面を約一〇間（約二〇ｍ）滑落、スキーも谷へ落ちた。このとき加藤勇京が手早く人夫救出とスキー拾いをし、危機を救った。この間の事情を中山は、「危ナイト思ッテ僕ガスキーヲ脱グト、和田君モ脱イダ。之ヲ見テ丸山ガワザワザ引返シテ、我々ノスキーヲ持ッテ、二足三足踏出スト滑ッタ。スキーハ手ヲ離レテ滑リ落チル。丸山ハ腹ヲ付ケテ掻キナガラ落チテ行ク。（中略）勇京は流石慣レタモノデ、スグ横筋違ニ雪ヲ蹴ッテ下リ、タカミヲ利用シテ、下ニ下リテスキーヲ拾ヒ、丸山ヲ助ケタ。之ニ懲リテ小林ハ丁寧ニ足ガカリヲ切ッテクレタカラ、私等ハ気丈夫ニ越シタ。（中略）勇京ハ代々山稼ギデ猟師モヤル。彼ガスキーヤ荷物ヲ背負テ静カニ登ル足取ガ誠ニラクソウデ、僕ハソノ足ノ返シ方ヲマネタ。又登リニヨク道ヲジグザグニ切ル。之モソノ方ガヨイト思ウ」と事故の状況と加藤勇京の雪斜面歩行技術を評価している。

　公下桑石、親交の加藤勇京、永井喜市郎の三人については、「公下トイフ元ノ神主サンガ元気ナ人デ、ヨク世話ヲシテクレラレ、スキーノ奨励モシテ居ラレル。スキーハ市ノ瀬ノ長井（永井の誤）ト赤石（赤岩の誤）ノ勇京トイフ子ガヤッテヰル。今ニスキーヲハイタ山ノ案内モ出来ルニ違ヒナイ」と記す。当時の白山温泉には白山館と森田屋があり、冬季は森田屋は無人。公下家は温泉に隣接、砂防工事従業員相手の雑貨商を営む傍ら、夏山では室堂で白山比咩神社の神官役をしていたらしい。四高旅行部部報『ベルクハイル』1では、公下を評して「何とはなしに人をして畏敬の念を抱からしめるやうな親しみのある方」と記す。部員は四季入山の折、正確な情報提供を親切に受けていたことの表現である。ちなみに公下家の屋号は「先生《せんせい》」であった。白山の歴史、地形、動植物全般にわたって詳しいという理由で、学校職についていないが、先生と言われていた。中山のいう「市ノ瀬ノ長井」とは永井喜市郎のこと、また「赤石の勇京」とは赤岩の加藤勇京のことである。二人は積雪期の案内には、今後はかんじきばかりでなくスキーが必要と考えていた。そして二人は、白峰に初めてスキー技術を持ち込んだ白峰郵便局長松原伝八が、郵便配達夫相手にスキーを教えていた会場に参加して、スキー技術の初歩を身につけていた。松原は新潟県高田での郵便配達用スキー使用講習会で、スキー技術を習得したと伝わる。

永井喜市郎は、中山の白山入山最初年、昭和三年五月一日、さらに翌々日三日の二回、頂上をめざすスキー登山に同行する。いずれも気候急変で弥陀ヶ原に達せず引き返した。下山途中、「永井青年ニクリスチャニヤヲ教へテ、土砂降リノ中ヲ昼マデヤッタ」と書いている。「土砂降りなので止めたらと思ったが、永井は昼食時間ぎりぎりまで、クリスチャニアの技術取得に熱心だった」。永井の思いが文体に出ている。昭和四年四月五日、中山が誘った岳友田中らが公下を同伴して白山スキー登山をなしとげた。中山にとっては先を越された形になった。中山は四月二十日、京都の靴屋林義一を同伴して白山温泉へ行き、天気好転をめざし待機したが、運悪く登高できず下山した。永井はこのとき靴屋と対面、中山の助言もあってスキー靴を林靴店へ特別注文することになる。中山は、前年の二回と今回あわせて三回、天候に恵まれず頂上行きは挫折した。案内人永井に対しては、案内人というより苦労を共にした同僚・岳友との気持が強くなったようで、スキー技術ばかりでなく用具についても指導し、永井と一緒の白山スキー登山に執着していたようだ。

ここで中山と靴屋「日の丸堂」経営者林義一とのかかわりについて触れておく。日本での近代登山の発展とともに、積雪期登山用の登山靴とスキー靴が必要となってくる。アイガー東山稜を初登攀した槇有恒がもち帰ったスイス製登山靴は、東京の太田屋靴店で研究し、一方、貿易商社「マリア」輸入のスキー靴・登山靴は、中山校長の京都二中の寄宿舎で、林義一が執刀して研究した。そして大正十一年、東京と京都でヨーロッパアルプス流の靴が模造された[62]。永井が特注したスキー靴は、高山適応性能で第一級品であった。中山は一ヶ月半後の五月十三日、この年四回目となる白山入山をする。中山、永井、砂防工事関係者のパーティは、温泉を六時一五分出発、頂上四時、室堂発四時三〇分、砂防小屋六時、温泉到着八時で、念願の白山スキー登山をなしとげた。このときの永井のスキー技術について中山は、「永井ハ去年ヨリ寧ロ下手ニナッタグライデ、待合セルノニ時間ヲ取ッテ困ッタ」と書き、さらなる案内人資質としてスキー技術の向上を期待し、厳しく注文している。

中山の白山スキー登山にかけた情熱は、山行回数にみるように「すごい」の一字につきる。この頃市ノ瀬口には、積雪期、厳密には一、二月の厳冬期さらには三月、四月の春山期に対応できる案内人はいなかった。地元奥山人は夏の一般人を相手にした強力仕事で稼いでいた。白山直下市ノ瀬口の住民、永井喜市郎、加藤勇京、公下桑石は、中山、田中喜左衛門らのスキー使用の白山登山に同行したとき、コース選定で先導役をした反面、高山でのスキー技術、頂上周辺の氷雪登山技術等の未知の体験と技術について教援を受けた。この後永井は、第一級の案内人と大成していくが、その素養の基礎は中山との出会いに負うところが大きい。換言すれば中山は、夏中心の白山強力を、四季を通して活躍できる白山案内人に転換する機会を作ったといえよう。

7　四高旅行部と立山案内人――白山と佐伯兵治・宗作兄弟

昭和三年、京都の中山再次郎が永井喜市郎とともにスキー登山をめざしたものの、弥陀ヶ原直下で引き返したのは五月三日、翌四日、中山は白山を離れる。その五月四日、中山と入れ違いに四高旅行部員四名は立山山麓芦峅の佐伯兵治を人夫として伴って白山温泉に泊り、白山、笈岳、大門山と縦走、下小屋へ下山し、白山山系の第二縦走をした[63]。翌昭和四年三月、四高旅行部員四名は、佐伯宗作（佐伯兵治の兄）を伴って白山温泉へ、そこをベースにして白山釈迦岳、別山、御前峰へ放射状スキー登山をした[64]。四高旅行部が地元の永井喜市郎、加藤勇京に頼らず、佐伯兵治・佐伯宗作兄弟を遠くの立山山麓から招いた事情について触れておかねばならない。

　日本の学校山岳部活動は、大正十年頃から昭和初期にかけて活発となる。未踏の尾根・渓谷、さらには岩壁・氷雪の山に挑み初踏を狙って活動する。四高旅行部は大正十年四月、沢田武太郎が芦峅の佐伯平蔵ら三人とともにかんじき使用で初の積雪期の黒部川横断と針ノ木峠越え（北アルプス積雪期横断）をする。この山行成功で四高旅行部は山岳界より注目され始める。またこの山行途中で平蔵は、沢田から「これからの案内人はスキーが必要」と言われ、この年の暮れに四高生とともに新潟県高田へ行き、スキー技術の習得に努めた(65)。四高旅行部窪田他吉郎、喜多要は、先輩沢田の針ノ木越えの伝統を受け継ぎ、大正十二年三月、佐伯宗作のほか人夫四人を連れ、スキーで平ノ小屋へ、三月十七日、膝までの黒部川急流を渡渉し針ノ木峠へ登り、スキーで滑りおりた(66)。これはスキーによる最初の北アルプス横断である。なお窪田とスキー横断を競った伊藤孝一は、四日後の三月二十一日、針ノ木峠越えをした。

　四高生窪田と案内人宗作の出会いは偶然から生まれた。窪田は「最良の案内人」佐伯平蔵・佐伯八郎を頼る予定であったが、すでに二人は針ノ木峠越えをめざす伊藤孝一隊に同行して立山山中にいた。窪田は下車駅で迎えにきた宗作と初対面する。「外に出ると赤い顔をした――それは雪やけをした山男を示して居た――頑丈な大きな男が迎えに来て居た。これが（中略）吾々の信頼し得たFühlerの佐伯宗作であった。年は三十前後でもあらうが、逞しい筋骨であったが穏やかな物の言い振りと丁寧な親切さを持って居た」と印象を綴っている。四高旅行部の積雪期黒部川、北アルプス初横断の山岳史上輝かしい実積、かんじき・スキー使用の山行は、芦峅案内人の力を借りての成就である。

　学生山岳部が積雪期登山を始めると、装備や登山技術がより向上する。同行案内人は、山中・雪中での体験や勘に加えて新用具や技術を身につけ、山行のトップでラッセルやステップ作りをした。新装備を窪田の例でいうと次のようになる。スキーはリリエンフェルト式、新製高田山善製、長さ六尺七寸。杖《ストック》は複（最初は一本杖であった）、やや太めの普通より長きもの。ザックは東京片桐製早稲田型。スキー靴は金沢米島製で革を二重とし中にゴム布入で防水をしたもの。ザイル百尺一巻（破断抗力二〇〇貫）。アネロイドバロメータ（仏国クラウス製小型携用、寒暖計及磁石付）等である。同行の宗作は学生窪田の持ち物を見聞し、啓発を受けたと思う。他方、学生は案内人から体験で裏付けられた山中・雪中での体のこなし方、山中での不断のくらし方を学ぶことになる。大正十年頃から昭和初期にかけての積雪期登山は、山岳部学生と案内人の相互学習と相互信頼の場となり、登山技術と人格で優れた者は指名を受け、専属的に雇われるようになる。四高旅行部と佐伯兵治・宗作兄弟とのかかわりは、四季を通しての山行で親密度を深め、北アルプスの山々に共同して足跡と記録を残すことになる。佐伯兄弟が四高旅行部生と同行した山行を、部報『ベルクハイル』より暦年的に示すと、兵治は、大正十五年五月上旬と下旬の二回立山、昭和二年五月薬師岳、昭和二年十月薬師岳、白山山系縦走後の昭和四年七月剣岳ベースキャンプ等がある。昭和五年一月兵治は、厳冬の剣岳登頂をめざした東大生の会員、慶応大学生等四名とともに剣沢小屋に宿泊中、鶴ヶ御前尾根で発生した表層雪崩で小屋は倒壊、遭難死した。遭難者の窪田他吉郎（東大山の会）は、兵治の兄宗作を案内人としてスキーでの平、針ノ木越えをした四高旅行部OBである。

同じように四高旅行部が宗作と同行した山行を『ベルクハイル』より歴年的に示すと、大正十二年三月、窪田他吉郎らのスキーでの針ノ木峠越えを始め、大正十二年十二月～翌年一月のスキーによる立山、大正十四年三月薬師岳、昭和三年三月薬師岳・黒部五郎岳、同年五月剣岳・立山川、昭和四年二月立山、白山来山後は昭和五年三月立山、同年四月薬師岳等がある。とくに四高旅行部の積雪期スキー使用の薬師岳、上ノ岳、黒部五郎岳登山が山岳界で注目を集めた。大正十四年広根徳太郎、田部正太郎、奥秀一が宗作、勇蔵、間左衛門とともに達成した、スキー使用の薬師岳初登頂の紀行記録は、案内人の実態が分かり貴重である。千垣駅頭での宗作との出会について奥は、「彼は相不変猟銃を背にして居る。どことなく確固たる力強さが感ぜられて来る。去年の三月立山へ登った時以来、実にいい案内者だと思った。スキ足に着けて居る手製のスキーの如き、羨やましい程素朴な気分が漂って居る(67)」と記し、人格に信頼をよせている。スキー用シール皮については、「田部のアザラシが切れて間もなく又広根の新らしい奴が切れる。夫に自分も皮も切れにびくくしながら進む。こんな悪い雪面では寧ろ人夫の様に縄で作った自称大正アザラシの方が遙にいいと思った(68)」と記す。補足すれば、スキー板は宗作らは自家製、四高生は「畑スキー（メーカーの名称らしい）」。滑り止用のシールは宗作らは縄を巻いたもの、四高生はアザラシの本皮であった。

宗作は昭和九年十二月より翌年十年一月にかけて、京都大学の朝鮮半島白頭山遠征隊に特別参加、そして帰国後の五月立山地獄谷で、硫化水素の穴に落ちた同僚の救出中、中毒で不慮の死を遂げた。

8 白山の渓谷縦断と立山案内人――白山と宇治長次郎

近代登山草創期の探検的登山は、北アルプスに例をとると、一つの山・岩峰の登頂、次に山系の山々を続けて登る縦走登山や横断登山、さらに積雪期登山と発展し、それが一段落すると未知の渓谷を対象とするようになる。飛騨山脈の黒部川、双六谷、高瀬川が注目され、大正三年小島烏水の双六谷溯行、大正中頃より末にかけて冠松次郎の黒部川下廊下の溯行、大正九年田中喜左衛門の黒部川上廊下の完全下降があった。渓谷を探検する動きは白山にも及んでくる。

白山の山幅は、東西は短いのに対し南北は長い。黒部川上廊下を踏査した田中喜左衛門は、昭和四年八月、別山を水源とする庄川・尾上郷川を北へ溯行して白山へ、その後は大汝峰を水源とする仙人谷・中ノ川を南へ下降する、いわゆる白山の渓谷縦断をめざした。田中はこの年昭和四年四月、公下桑石とともに白山スキー登山をしたときの葉谷忠三郎、山本慶次郎に加え、三高卒業生多田政忠、桑原武夫をメンバーとした。人夫として冠の黒部川溯行を先導した宇治長次郎を立山山麓より招き、さらに先祖栄治、山本重松を伴って白山に入った。

この山行の登山者と案内人との一挙手一投足は、桑原武夫が記録している(69)。まず長次郎との出会いでトラブルが起る。約束の日に中野の旅館に長次郎等三名が来ていないので、丸一日待ちぼうけとなる。この事情について桑原は、「長次郎は手紙は貰ったが、地図と為替だけ持って飛出して城端まで来た。飛騨から白山なら平瀬だらうと人が云ふから、平瀬で待って居たが来ないからもしやと思って、一人だけ此處まで見に来たと云ふのである。その暢気さ加減に小言をいふ所か腹を抱へて仕舞った」と書いている。長次郎は、普通の登山道平瀬口から登るものと早合点していたのである。

険しい峡谷の登り下りでの案内人のしぐさが、緊張感を緩める機会となっていた。「火を焚いて昼食をとる。此處にも、水涯に岩魚を一杯つめた魚篭が置いてある。澤山居るらしい。栄治と重松は股引を脱いで流れに入って岩の根元をさぐると見る間に四五尾手摑みにした。寝転んで煙草を吹かして居た我々も乗出して、とうとう川干を始めた。大した豊漁でもなかったが、取りたてのを焼いて、もう一度飯を食べていると」。岩魚が密度濃くいるのをキャッチし、その敏捷な岩魚を手摑みしたり、川干するのは山人の生活上特殊技能である。尾上郷川源流での岩魚獲りは、雇主の側からすれば目的登山の枠外のものである。案内人の立場では、案内途上で楽しいことがあれば、ついでに行って緊張続きの仕事の挺入れにしていた。これは、四高旅行部と親交のあった佐伯宗作が積雪期案内時に猟銃で獲物をとったり、石崎光瑤が雇った平瀬の猟師が、途中猟銃で雷鳥や山雀を撃っていたのと同じ類の行為である。こうしたことは中ノ川でも続く。現在の噴泉塔群付近で自噴温泉を発見、雇主の思惑にとらわれることなく、露天温泉入湯に二時間を費して楽しんでいた。「人夫衆は、土産物にすると云って頻りに湯の華を採って居たが、ふと右岸の水涯に、大岩の下から湯が湧出するのを見付け皆強力して石と草とで要領よく浴槽を造り上げた。（中略）長休みの嫌ひな長次郎も湯には眼がないらしく、悪場に際しての活躍は別人かと思はせる肉のたるんだ皺の多い、寧ろお婆さんのやうな感じのする身体をゆったりとつけて中々上らうとしない。二時間余り遊んで歩き出すと（略）」と桑原は書いている。

未踏の渓谷は記録もなくむつかしかった。コースの選択、悪場の先導は長次郎が行っていた。「其壁が足場がなくて一寸厄介なのである。長次郎はピッケルを借して呉れと云ふ。見て居ると、その滑らかな壁に片足をかけて、ヒョイと飛び上がりざまに、ピッケルで上から出て居る木の枝を引掛け、それにつかまって攀ぢ登って上からロープを下した。その手際は流石に鮮やかであった。藪を少し右にからんで行くと、殆ど直立した岩壁に出る。ロープを木の根に結び、それに頼りながら足場を求めて下る。三十米のロープをシングルにして丁度だった。最後の長次郎は巧みにダブルを用ひて下りて来たと思ふと、もうロープを巻き終って居た」と、長次郎の野性的機敏さ、優れた谷壁克服技術を記している。噴泉塔群を過ぎた所で、豪雨の増水で引き返す。報告文は末尾で、「昨日引返したのはどの辺りだろうと云って居ると、長次郎は対岸のガレなどの模様から推してはっきり彼處までと指したのには感心した」との短文で、長次郎の鋭い地形観察、景観から判断する洞察力を称賛している。

9　永井喜市郎の奮起——地元案内人の輩出

昭和初期、市ノ瀬の永井、公下はスキー初歩技術を習得しており、案内人申込みを期待していた。永井のスキー登山案内の初仕事は、昭和三年五月、京都の中山再次郎を弥陀ヶ原直下まで、公下のスキー登山案内初仕事は、京都の田中喜左衛門らの白山御前峰登頂である。永井、公下の活動と相前後して、四高旅行部は昭和三年五月、立山山麓芦峅の案内人を連れ、白山温泉に宿泊、その後白山山系を継走する。さらに翌四年三月、芦峅の案内人を伴い白山温泉を基地として、釈迦岳、別山、御前峰へ放射状スキー登山をした。この四高旅行部が地元白山の案内人に頼らず県外の立山案内人に頼ったことにつき、旅行部員北野三郎は、「白山の人夫はまだ冬の山に対して充分なる素養がないが、地方の有志の指導によって追々練習を積んでゐる相で来年あたりからはもう立派な案内者となることであろう」と記し、永井、公下に期待を寄せている。強力組合代表をつとめる永井の負けず嫌いの感情は、四高旅行部の立山案内人依存の動きに対し、憤慨の域にあったという。

写真2　永井喜市郎氏（73歳時，胸に褒賞勲章をさげる）

①　永井喜市郎の活動

永井が四高旅行部に最初に雇われたのは、昭和四年十一月下旬、藤田喜衛の単独スキー登山である。藤田は、市ノ瀬では温泉に泊らず永井宅に泊り、砂防小屋（現在の別当出合休憩舎の位置に砂防工事事務所を含め三棟があった）を基地に頂上をめざした。当時の御前峰をめざす積雪期コースは、別当出合までは砂防道か柳谷川河川敷を辿り、現在の砂防新道経由で上飯場小屋跡へいき、そこから甚之助谷源頭、弥陀ヶ原へ登った。つまり白山温泉を起点に旧越前禅定道を登るより、別当出合経由の砂防コースが登山時間と労力が短縮できた。緊急時、砂防コースでは中飯場が利用できた。中飯場の位置は、不動滝を正面に望む不動坂入口にあった砂防従業員宿舎である。藤田は、砂防事務所、中飯場、砂防工事現場に詳しい、永井の経験と情報を買って積雪期の案内役に選択した。

ここで永井の生い立ちについて触れておく。永井家は旧白峰村桑島地内大嵐《おあらし》谷の富右衛門山（通称トギヨモ山）で出作りをした家柄で、喜市郎は明治三十三年生。生まれたのは母の実家、白峰地内大道《おおみち》谷細谷、谷峠近くの出作りシヨモ山である。祖父は明治四十年出作り地トギヨモ山を売り、それを資金に市ノ瀬へ、右岸旧白山温泉で旅館を開業する。四十一、四十二年と営業するが失敗、左岸で農業を営む永住出作りとなる。喜市郎は小学二年より高等小学校卒業まで、白峰の真宗寺院真成寺に預けられる。卒業後は、現在の別当出合休憩舎の位置にあった、内務省砂防工事事務所の雑役係として就職、後に食事・調理をとりしきる責任を負い、兵役検査時まで約六年間勤務する。勤務は毎日市ノ瀬住居より別当出合まで徒歩往復、中飯場、甚之助谷砂防工事現場へは仕事上数えきれないぐらい往復、さらに積雪期には工事事務所、飯場等の屋根の雪下ろしをおこない、柳谷・別当谷・赤谷・甚之助谷周辺の地形、積雪状況を熟知することになる。

兵役は京都府舞鶴鎮守府つまり海軍、義務年限を終えての帰村は大正十二年、二十三歳。兵役に従軍中、白山登山環境は激変していた。大正十年、室堂・登山道は市ノ瀬の笹木源五郎、加藤小右衛門家中心の管理から、神社主体の白山振興会へ移管。それを機に大正十一、十二年には室堂の増改築がおこなわれて宿泊が便利となり、夏の登山者数が増え始めていた。夏の登山者相手の山案内手配は温泉宿が取り仕切っていた。仕事の割振りの順番、賃金、背負う荷物重量とその費用等のとりきめが必要となり、永井は先輩格の加藤勇京と計り、市ノ瀬・赤岩・三ツ谷の出作り農家で、夏場案内人稼ぎをする人々を束ねて、大正末十五年頃、「白山強力組合」を作った。組合加入の強力は、山案内専業でなく夏場の臨時稼ぎ仕事である。

永井喜市郎、公下桑石、加藤屼の元へ、最初の積雪期案内を依頼したのは京都の中山再次郎で昭和三年四月である。翌四年三月に中山、さらに四月に京都の田中喜左衛門等が永井、公下に依頼する。そしてこの十一月、四高旅行部の藤田喜衛は新雪の白山単独行に永井を指名する。永井にしてみれば、積雪期案内は昭和三、四年と二シーズン続けて体験、雪山技術・スキー技術もかなりの域まで身につけていたので、四高旅行部学生の雪山案内は、満を持しての仕事となった。

永井が行った登山案内で、記録に残る積雪期案内登山の概要[70]は次のようである。

昭和四年十一月　四高旅行部藤田喜衛（『ベルクハイル』6）　二十日、藤田一人で市ノ瀬永井家に宿泊。二十一日、藤田、永井で別当出合の砂防小屋へ薪運び、積雪七、八寸。二十二日、前橋工生三人砂防小屋へ、不動滝下までスキーでラッセル。二十三日、四人で不動滝下までスキーでラッセル、積雪三尺、ひとまず市ノ瀬永井家へ下山。二十四日、藤田単独で弥陀ヶ原直下まで往復登山。永井、笹木は砂防小屋へ薪運び。

昭和四年十二月　四高旅行部滝山養、林清、小松栄、吉田邦男（『ベルクハイル』6）[71]　報告書では「砂防小屋迄の荷担ぎと小屋に於ける炊事をやって貰う為めに市ノ瀬の人夫一人を公下氏に依頼しておいた」との文がある。この人夫役を永井がすることになる。二十六日、白山温泉宿泊。二十七日、降雨で停滞。二十八日、砂防小屋宿泊、このときの永井の仕事振りを次のように記す。「小舍が余りにもお粗末なのに一時は内心大いに悲観したが、喜市郎が百枚もある筵を器用に使って奥の間を仕切って壁、畳、さては襖と作り出すのを見ると真に恰好な室の出来上がったのを感じた」。二十九日、吹雪で休養。三十日、砂防小屋よりスキー使用で御前峰往復。三十一日、白山温泉へ下山宿泊、夜永井、四高生公下家へ遊びに行く。公下氏との交流について、「喜市郎と一所に随分良い喉で一ノ瀬情緒の古歌を紹介して下すった。とても悠長な節まわしなのに、典雅なメロデイに酔ふ前に驚いて了った」。年越の大晦日と頂上をきわめた達成感が交錯し、登山者と案内人の全人格的付き合いが見てとれる。報告書の文末、永井の行動は「白山方面は元来冬の案内の居ない所である。今回伴った永井喜市郎君は好い人夫でよく働いて呉れた。もっとスキーが上達したら此の方面の唯一の案内となれよう」との評価を受け、四高旅行部から信頼を寄せられている。

昭和四年八月の桑原武夫の山行「尾上郷川と中ノ川」では、先導役とした宇治長次郎ら三名を「人夫」という表現を使っている。同年十二月から正月にかけての四高旅行部の白山スキー登山でも、永井喜市郎を「人夫」という表現で記録している。宇治長次郎、永井喜市郎ともに実質上は先導役をした優れた案内人でも「人夫」としているのは、当時の登山界の風潮でもあった。それは大正十一年頃より「サンギイド（無案内登山）」というアルピニズムが西欧から移入され、新しい登山思想として提唱する動きと関係がある。積雪期や困難度の高い登山で、実体として案内人に先導を頼っていても「人夫」として記録することにより、登山の主体は登山者であるとする視点からの表現である。サンギイドに影響を受け、優れた案内人を「人夫」として学校山岳部等の機関誌に記録する時期は、昭和初期頃まで続けられたのである。

昭和六年十二月〜昭和七年一月　池田知幸、中山豪一、国原正夫（金沢医大旅行部）（『山岳』二七－二）[72]　十二月二十九日、市ノ瀬永井家宿泊、永井はすでに白山温泉宿泊の金沢高工生三名と先約済み、日程が同じなので六名合同で先導することになる。三十日、釈迦岳へ、永井途中でスキーを折る。医大生一九〇〇m地点より下山、高工生は釈迦岳頂上へ。三十一日、白山に向かい中飯場と上飯場の中間点一七五〇mで、永井の勧めで縦型雪穴を掘り七名はビバーク（不時露営）する。一月一日、婦人室堂の明り窓より入る。新しく建設された婦人専用室堂の冬場の実体について、記録は、「少々雪が吹込んでいたけれども使用に困る程度ではなかった。囲炉裏に炭が少し残っていたので早速火を起した。其中に喜市郎は倉庫から炭・毛布・米を持ってきてくれた。炭火がどんどん起ると共に身体も段々暖まり、そして暖かい食事を済ますと、昨夜から一睡もせず頑張ってきた緊張もすっかり解けて、急に睡気が出て二時頃毛布にくるまったまま転寝して了った」と記す。永井は、炭・毛布・米の貯蔵場所をたび重なる夏山案内で熟知していたので、要領よく対処していた様子がうかがえる。二日、疲労で前日午後二時より二日朝八時まで、一八時間寝ている。「夜中に喜市郎が炭を加えたり、便所の雪を除いてくれたらしいが何んにも知らない」と、永井の献身的仕事ぶりを記す。寒暖計は零下一五度、永井は朝食後六名を残し単独で下山。三日、二名吹雪の晴れ間に頂上へ。下山途中ホワイト・アウトに遭遇、方向・現在地が不明となったが同僚の援助で室堂着。四日、七名室堂滞在。永井は県庁佐藤、西園、登山者竹十升ら四名を先導し夕方室堂に入る。五日、永井は県庁パーティとともに下山。四名は頂上往復、その後六名そろって下山。上飯場付近で県庁パーティと合流し全員下山する。医大生三名は永井家宿泊。

以上は登山者国原の記録。案内人永井の立場では、十二月三十日より一月五日まで、医大、金工、県庁等三つのパーティから案内料を受けていたと思う。すなわち、釈迦岳往復と白山室堂往復二回を、休むことなく連続して七日間案内し、精力的に稼いでいた。十二月の新雪期登山では、積雪が安定せずラッセルに非常に体力を消耗する。案内人は先頭をきってラッセル役を分担した。七日間のうち三回登りに費しているからラッセル役は大変であったが、永井は体力に自信があった。永井は当時としては背丈は五尺七寸五分（一m七四）と高かった。白峰八坂神社の奉納相撲では、たびたび最高位の大関になり、「藤之森」の醜名《しこな》を襲名したほど屈強で、その体力を活かし積雪期の雪ラッセルに対応していた。

登山記録には、案内料金の金額については触れていないので考えてみたい。夏山の日帰り、つまり一日案内料は三円。積雪期スキー登山は五割増なので、永井のスキー登山一日案内料は四円五〇銭である。永井は、医大生と高工生各パーティから一日四円五〇銭の四日分一八円、計三六円を、さらに県庁パーティから一日四円五〇銭の二日分九円、すなわち三つのパーティから合計四五円を受けていたと思われる。この数値はあくまで第三者の推察である。昭和六、七年頃、河内では米一俵（四斗）は七円五〇銭であったので、永井の七日間の稼ぎは、米六俵に相当する。この米六俵（二四斗）は、時代差はあるが、大正二年三ツ谷の焼畑農家一戸の米年間平均購入量一八斗[73]と比べると、稼ぎ高としては効率がよいといえよう。国原の記録によると昭和六年時、市ノ瀬の厳冬期スキー利用の案内人は、永井ただ一人であったことを裏付けている。永井にしてみれば、積雪期登山案内仕事は実入りの良い副業であった。

　室堂までの登高中の縦型雪穴でのビバークについて、案内人永井の判断について考えてみたい。結果として天気好転に恵まれたので事無きを得たが、これは生死を分ける危険度を含んだ緊急露営である。もし筆者が案内人であれば、絶対下山を選択したと思う。雪中でのビバークでは、縦穴より横穴（雪洞）が安全であることは登山者は強く意識していた。永井は、積雪量・雪質・斜面傾斜等を総合して縦穴を選択した。その規模は「広さ二坪深さ八尺」というから、積雪量は横穴式雪洞も可能であったかも知れない。永井が下山を選ばず、危険の高い縦穴でのビバークを選んだ背景には、「縦穴で今晩は絶対のりきれる」という確信をもっていたからと考える他はない。永井は、白山直下で重ねてきた五感での天気判断で「天候は好転する」と決め、「雪上で生木を燃やして暖をとれば厳寒を凌げる」との自信を基に決断したと思う。夜を徹しての生木燃焼で暖をとって危機を脱し、味噌汁も作っている。雪上で生木を燃やす技術は、永井の生活している河内の仙人や猟師の伝統的技法で、日常生活の中で永井が自ずと身につけていた。それがかけがえのない自信の源となって危機を救っている。

昭和七年三〜四月　池田知幸、横山真介、越田啓吉、中山豪一（『山岳』二七‐二）[74]　三月二十七日、市ノ瀬永井家宿泊。二十八、二十九日停滞。三十日、別当谷出合砂防事務所の上部まで、ラッセルを兼ねシュプールをつけるため往復。三十一日、スキー練習。四月一日、午後一時一五分正月に雪中露営した地点に到着、気候急変し荷物をデボし、市ノ瀬へ下山。二日、市ノ瀬発、室堂は多量積雪で婦人室《むろ》を除いて他は存在位置も不明、婦人室はトタン屋根を露出、窓より入る。三日、午前御前峰へ、午後永井、越田は下山。四日、三人は下山し砂防事務所宿泊。五日、永井家宿泊。池田らは、婦人室が多量積雪で完全に埋没していた事態を考慮して、室堂の建物配置に詳しい永井を雇ったらしい。パーティ四人のうち池田、横山は、正月に危険度の高い雪中露営で苦い体験をしたので、今回の登高は余裕十分の日程を組み、弥陀

表 6　案内人を伴った白山近代登山

年月	登山者	案内者	コース	文献
明治 32.8	大阪新聞記者	人夫　市ノ瀬・兵助	市ノ瀬・別山・室道・市ノ瀬	『白山行』
35.7	林　並木	案内人　尾添・北川藤吉	尾添・美女坂・尾添	『白山連峰と四高旅行部』
39.8	大平　晟	白峰・愛宕三郎	市ノ瀬・白山・市ノ瀬	『山岳』2-3
43.5	石崎光瑤	平瀬の猟師２名	平瀬・白山・大汝・平瀬	『山岳』6-1
大正 10.5	稲坂謙三	富山・佐伯平蔵，人夫２名	平瀬・白山・笈岳・大門山	『木馬道』1
10.8	金澤商業山岳会	尾添の強力	尾添・白山・尾添	『雪わり草』1
12.10	四高旅行部	強力　赤岩・加藤勇京	市ノ瀬・白山・平瀬	『ベルクハイル』1
13.3	四高旅行部	富山・佐伯兵治・佐伯善治	尾添・白山・市ノ瀬，スキー	『ベルクハイル』2
15.8	金澤医大薬学	案内者　赤岩・加藤謙次郎	市ノ瀬・高飯場・市ノ瀬	『山男』
昭和　2.5	四高旅行部	右京（加藤勇京）	市ノ瀬・白山・市ノ瀬	『ベルクハイル』4
3.4	中山再次郎	案内　市ノ瀬・永井喜市郎	市ノ瀬・高飯場・市ノ瀬，スキー	『関西スキークラブ』1
3.5	四高旅行部	人夫　富山・佐伯兵治	市ノ瀬・白山・大笠・大門	『ベルクハイル』4
4.3	四高旅行部	人夫　富山・佐伯宗作	市ノ瀬・釈迦・白山・別山	『ベルクハイル』5
4.4	中山再次郎	赤岩・加藤勇京	市ノ瀬・加越国境・勝山，スキー	『関西スキークラブ』1
4.4	田中喜左衛門	市ノ瀬・公下桑石	市ノ瀬・白山・市ノ瀬，スキー	『関西スキークラブ』1
4.5	中山再次郎	市ノ瀬・永井喜市郎	市ノ瀬・白山・市ノ瀬，スキー	『関西スキークラブ』1
4.8	桑原武夫・田中喜左衛門	富山・宇治長次郎，先祖栄治，山本重松	尾上郷川・別山・白山・中ノ川	『山岳』25-1
4.11	四高旅行部	人夫　市ノ瀬・永井喜市郎	市ノ瀬・下飯場・市ノ瀬，スキー	『ベルクハイル』6
4.12	四高旅行部	人夫　市ノ瀬・永井喜市郎	市ノ瀬・白山・市ノ瀬，スキー	『ベルクハイル』6
6.12	金澤医大旅行部	案内人　永井喜市郎	市ノ瀬・白山・市ノ瀬，スキー	『山岳』27-2
7.1	県庁佐藤・西園	市ノ瀬・永井喜市郎	市ノ瀬・白山・市ノ瀬，スキー	『山岳』27-2
7.3	中山豪一外３名	永井喜市郎	市ノ瀬・白山・市ノ瀬，スキー	『山岳』27-2
8.4	池田知幸外２名	同行者　永井喜市郎	市ノ瀬・白山・妙法・野谷，スキー	『山岳』28-2
8.12	金商・土屋久信	赤岩・鈴木末松	市ノ瀬・白山・市ノ瀬	『雪倭李草』5
10.5	四高旅行部	案内人　尾添・山根市太郎	中宮・賽の河原・中宮	『ベルクハイル』11
11.10	四高旅行部	市ノ瀬・小田末吉	市ノ瀬・地獄谷・市ノ瀬，ザイル	『ベルクハイル』12

ヶ原では「春の高原で心ゆく迄スキーを飛ばし」、高飯場の下りでは、「スキーの享楽をやっている中に陽は傾いて黄昏が近くなる」と記し、山スキーを満喫している。

昭和八年三月〜四月　横山直介、中山豪一、池田知幸（『山岳』二八-二）[75]　記録報告の序で、白山より妙法山へと続く稜線のスキー縦走をめざすこと、さらにスキー利用の飛騨側下降ルートとして、野谷荘司山の北肩より派出する尾根と、妙法と野谷荘司との間より荒谷へ派出する尾根を想定すると記す。なお、結果として、後者ルートを選んで下山している。三十一日、先発横山、中山は永井家宿泊。四月一日、永井、横山、中山は積雪埋没した上飯場跡小屋を、深さ三m、二m四方を発掘したが発見できず下山、池田合流。二日、四人で発掘、屋根破風より入る。就眠中ガス中毒で、外出しようとした中山意識を失う。三日、大阪住友、京都の二パーティと合流宿泊、換気孔を掘り安全をはかる。四日、吹雪、ひとまず市ノ瀬へ下山。五日、休養。六日、婦人室を携帯シャベルで掘り窓より入る。室内気温零度、外気零下八度。七日、千蛇ヶ池を経て剣・大汝間より飛騨側へ、おびただしい小鳥（カハガラス？）が一面に斃れていた。オモ谷を経て妙法山へ、天候悪化の兆を見て野谷荘司コースを断念、荒谷を通り野谷集落へ下山、萩町旅館に宿泊。八日、雨で滞在。九日、下梨より船便で庄川を下り、金沢帰着。

一行は、荒谷谷壁をトラバース、途中で小さい表層雪崩を起したり、スキーを脱いで雪崩路を避ける等苦労しているが、永井の助言を受けてのコース取りと思われる。登山者稲坂謙三と案内人佐伯平蔵間の賃金条件では、下山後の案内人の帰郷旅費も登山者持ちという慣行であったというから、永井は三月三十一日から市ノ瀬着の四月十日迄の一一日間の賃金、計四九円五〇銭を受けていたことになる。

②　赤岩・鈴木末松の初冬スキー登山案内――昭和七年十二月

以上は永井が案内した五つの積雪期案内登山の概要である。これは日本山岳会機関誌『山岳』と、四高旅行部機関誌『ベルクハイル』に記載されたもので、永井の案内件数はこれ以外にも多々あったと思われる。

永井以外の地元民で積雪期スキー使用の案内した人物として赤岩の鈴木末松がいる。鈴木末松は鈴木重太郎家（屋号イッチョモ）の次男で、鈴木が案内した十二月初冬は気候が不安定で、積雪量が急増し、その新雪が変質しない積雪条件の良くない中での案内である。だから、気候・氷雪等、総合的判断力と実行力を必要とするむつかしい案内業務である。金商山岳会・菫臺山岳会機関紙『雪倭李草《ゆきわりそう》』五に、土屋久信と鈴木の行動記録がある。[76]これには上飯場跡に建てられたヒュッテの積雪期情況を詳しく記してあり、白山登山史上の貴重資料となっている。山行の概要は以下に記す。

昭和七年十二月四日、土屋久信、八貫の荷を背負い白山温泉へ、白山館宿泊。鈴木と荷物分担、予定について打合せ。五日、別当出合の積雪は一尺五～六寸、土屋はジャンプ用スキー使用で苦労する。新設のヒュッテ（上飯場小屋）に入り、夕暮れまでスキー練習。小屋事情について次のように記す。「この新設ヒュッテの最初の訪問者が、私と末松君なので全く感じが良い。四、五尺の雪に囲まれたヒュッテへ、上窓から梯子にて入り、約十二坪の萱とトタンにて張った切妻の小屋は、二、三十人位収容出来そうだ。公徳販売制で、米は二俵、玉葱百二十個、苔、肉類に至る缶詰、味噌、醤油等整へられ、市価で公徳販売されてゐる。併し寝具は汚いし、蒲団代を取られた上、宿泊料の高いのを支辨させられるのは困ったものだ。其に便所が狭い一室にある為、臭気に満され、線香でも火に焚べねばならない。飲料水は一の越の谷間に流れてゐるが、小屋付きの大鍋かで雪を溶かせば充分だ」。六日、吹雪、午前八時ヒュッテ発、室堂の屋根は烈風に吹き飛ばされ戸内一杯雪槐が落ち込む。御前峰登頂後、濃霧で視野は利かなかったが、鈴木の先導でヒュッテ着、宿泊。降雪中の行動については、「幾分でも風雪を避けんと岩影に身を潜め、怯へ切った大きな恐怖に襲れた。自然の威力の前に人間の力の脆弱さを沁々と知った。頂上に立ったが、近くの剣ヶ峰すら、霧と吹雪に包れて如何に眼瞠《みは》っても朦朧とさへも視野は利かなかった。（中略）かくて濃霧の中に雹《ひょう》の弾丸に阻止され乍らも、末松君の鋭敏なリードに依って、一気に二ノ越迄戻って来た時には、全くホット一息ついた形だった」と記す。七日、雪、停滞、明日晴天ならば別山を予定。八日、雪、別山行断念、白山温泉へ下山、白山館宿泊。

鈴木は、夏山の一般登山者の案内もおこなっており、この際は白山館専属で白山館宿泊者だけを案内していた。今回の登山者土屋は白山館に泊ったから、旅館の薦めで鈴木を雇ったと思われる。積雪期のスキー案内は永井が一歩優先し、永井を雇う登山者は永井家に泊っている。永井家は今日でいう民宿をやっていたようで、積雪期には宿泊の便を供していた。積雪期の温泉宿泊者は、白山館の薦めで鈴木を雇うというのがパターン化していたのではなかろうか。鈴木の御前峰登頂前後の指示は、冬山案内人として的確そのものである。極寒と猛吹雪の中、土屋を寸時も休ませないで行動させ体力消耗を防ぎ、さらに方向を見失う恐れの多い弥陀ヶ原では、夏山案内で蓄積した地形判断力を存分に発揮して、安全に下山させている。案内人鈴木に関する記録は土屋のものだけが残る。土屋案内以前に、すでに数多くの積雪期案内の実積があったことが垣間見えている。

昭和一桁後半になると、サンギイド（無案内登山）の風潮は白山にも波及、行動化されてくる。十二月、一月の厳冬期登山や、三月の市ノ瀬をベースにして白山とその北部山系縦走等については案内人を依頼していたが、三～五月期の市ノ瀬からの白山往復では、四高旅行部の記録でも案内人を依頼することはなくなる（『ベルクハイル』7、8、9、10）。積雪期に案内を雇わないことについては、サンギイドの影響ばかりでなく、白山という山そのものの質の問題もある。『ベルクハイル』5で北野三郎は、先輩から伝え聞く情報も含めて「白山は温泉を根拠地として居れば人夫の要る様な危険な山ではない。山脈が温順しくなだらかなので滅多に迷うような性質の山でもない」として、案内人の不必要を記した。四高旅行部を含めて登山者がこのような判断をする以前、市ノ瀬の積雪期案内をした加藤勇京、公下桑石、永井喜市郎、鈴木末松等の側に立てば、記録に残る頻度数以上の数で雇用され、農閑期では割高の現金収入がそれなりにあった。白山の近代登山が進行する中、奥山人の案内業務はサンギイドや白山の危険度の低さが影響して数少なくなり、副収入が減った頃、登山口市ノ瀬は決定的な自然現象で夏山・冬山の根拠地機能を失うことになる。つまり、昭和九年七月十一日の、手取川源流域での巨大土石流の発生である。

10　昭和九年の手取川大洪水後の山案内人

昭和九年七月、手取川大洪水が起る。源流域の巨大土石流のため市ノ瀬は、右岸の温泉と左岸集落のほとんどが潰滅してしまった。市ノ瀬の強力（案内人）組合の中心的役割をしていた永井喜市郎は、父と稗田を検分途中、土石流が集落を襲い自宅家屋と家族六人を瞬時に失った。永井は翌昭和十年、左岸の現在地に旅館を建て、登山者や砂防工事関係者相手に開業、さらに室堂への物資輸送（歩荷運搬）の仲介を始め、また案内人の世話を続ける。

市ノ瀬は、夏山シーズン直前に登山口施設は皆無となり、加えて市ノ瀬までの道路は決壊し、橋は流失したので、金沢からの登山は市ノ瀬口を避け尾添口を利用せざるをえなくなった。案内人にとっては、自宅が水害にあい、温泉旅館専属となって案内料を稼ぐ仕組が崩壊したので、山案内仕事は不可能となったわけである。四高旅行部の動向も同じて、白山をめざすときは尾添・中宮口から入山。また白山に代わって笈ヶ岳への登山と記録が多くなる。

中宮の猟師と四高生　昭和十年五月、四高旅行部二名は、中宮発電所社宅に宿泊。中宮の猟師山根市太郎を雇い、加賀禅定道コースで登り、天候悪化で二一六二m地点から下山した。[77]この時の案内の資質について、「立山のフューラ（案内人）と同様に考え相当信じていたが、石で足を痛めるし而も山の知識に乏しいと言ふに外ならない」と低い評価をしている。案内人山根にしてみれば、市ノ瀬口からの入山が不可能となり急遽中宮に来て、猟師をしているからとの理由で案内を依頼され、「山の知識に乏しい」と登山者視点で勝手に評価されたのでは、たまったものではない。四高生の案内人選択の間違いと、天候悪化での目的不達成感を、案内人山根に転嫁しているようで、四高旅行部生の傲慢さが読みとれ、案内人にとって気の毒といえよう。

市ノ瀬・小田末吉、地獄谷で四高生がザイル技術教授　近代登山を「高山の氷雪・岩への挑戦」とすれば、白山の積雪期初登頂と北部山系縦走は大正期で終了。滝と岩場の連続する渓谷踏破は昭和一桁前半で終了。残されたのは岩場の発登攀である。白山には、剣岳のような大規模な岩場はなく、わずかに中ノ川源流の地獄峰・日ノ御子峰、別山御舎利山の大屏風・小屏風ぐらいである。いずれも小規模な岩場で、脆い岩質である。四高旅行部は『ベルクハイル』11で、「今我部に課せられた白山地獄谷を除いて、その峰と言はず谷と言はず、大抵の所は先人の足跡を残してゐる」と書き、旅行部が次の山行として、残された未踏破地の地獄谷を最優先の計画とする、強い意志を示している。その計画はすぐ実行され、『ベルクハイル』12で地獄谷探査の報告をのせている。[78]作美象三は、昭和十一年十月十八・十九日、室堂雑役担当の小田末吉を伴って地獄谷を下降した。末吉の父藤造も室堂雑役をしており、代々夏期には室堂に寝泊りしてきたので、親子ともに頂上周辺の事情に詳しかった。上流より「1滝ザイル、2滝、3滝ザイル、4滝ザイル、5滝、6滝、ザイル引返す。引返し点の滝は約三〇m、一〇m三段になって落ちてゐる。三段目は廊下が左に折れてゐるため見えず。ここは滝を下りず下流へ向って左側をまけば可なり」とメモ的な記録をしている。ザイルというメモが四回あるが、たぶんザイル使用の懸垂下降をしたのであろう。作美は単独行に幾分不安があったので小田を雇い、危険度を二分、ビバークも予想されたので装備重量の負担を求め、実際ビバークしている。地元案内人が登山者（四高生）からザイル・ハーケン等の使用技術を実際の登山で指導を受け、渓谷の下降・溯行をおこなった最初である。四高旅行部は、地元案内人も登山・岩登り技術を身につけてもらって資質を向上させ、その案内人とともに高度な登山をめざそうとした意志が表れていて、好感がもてる。

四高旅行部の白山最終目的として未踏破地獄谷をめざしたわけだが、この未踏破情報は詳しく言えば間違っている。具体的には、金沢商業ＯＢ丸岡誠幸により、すでに昭和七年八月十〜十三日に火ノ御子峰とそれに続く鎌尾根は初登攀され、その折に丸岡は地獄谷上流部に降り立っている[79]。四高生がめざした地獄谷とは、仙人谷との合流地点までの地獄谷の完全踏破なのだろうか。丸岡はさらに昭和八年八月二十〜二十四日、日ノ御子峰・地獄谷の彼自身の二登を行っている。丸岡のこの登山はサンギイドそのもので、さらに単独行である。この二登で手水鉢ヒュッテに逗留中、金沢医大池田知幸、さらに白山詣一向を案内する永井喜市郎に会っている。丸岡の記録に「白山詣」とあるから、大水害前の昭和八年時、信仰色の強い登山が続いていたことが分かる。

11　案内人の終期

大洪水後、市ノ瀬右岸の白山温泉は温泉源が埋没したまま、昭和十二年頃、加藤屹が白山館、山田金平が山田旅館を、左岸では昭和十年永井喜市郎が永井旅館を開業した[80]。宿泊施設や登山道が水害からようやく復興した昭和十二年、日中戦争が勃発する。戦争という時代雰囲気は、娯楽性をおびた大衆登山やスポーツ登山を否定する風潮を作る。昭和十四年の「霊峰白山」のパンフレット表紙には、「国家総動員下、敬神崇視、心身鍛錬」の文字が見られ、登山が強兵策に寄与する心身鍛錬の場であると唱えているが、大きな流れとして登山者は急減する。さらに昭和十六年の太平洋戦争開戦以降も登山者減少は止まらず、奥山人にとって副業の一端である山案内の仕事も皆無状態となった。結果として、終戦年である昭和二十年の室堂宿泊者は三〇〇人となった。

戦後は、戦中に荒廃した登山施設の復興、ガイドブックの出版普及等で登山はより大衆化し、誰でも登山できるようになり、三〇〇〇m級の山でも夏期は山案内人を必要としなくなった。そして、日本山岳会発行の登山情報年報『山日記』一九五五年（昭和三十年）版より、山案内人とその組合についての情報掲載はなくなってしまった。(81) 第二次大戦中、および戦後の白山案内人事情は表7で示した。

12　おわりに

山村は複合的生業で成り立っている。白山という霊山・名山の直下で生活する奥山人にとって、高山への外来者を安全に導き下山させる山案内という仕事も、複合的生業の一端であった。山案内の仕事は、一般大衆登山を対象とするものと、氷雪の山、岩場や峡谷に挑むスポーツ登山者を対象とするものがあり、二つの仕事を兼ねることの出来る案内人もいる。

スポーツ登山を対象とする一級の案内人について振り返ると、白山近代登山の黎明期に案内したのは地元奥山人ではなかった。稲坂謙三に同行した佐伯平蔵、四高旅行部に同行した佐伯兵治・宗作兄弟、桑原武夫・田中喜左衛門に同行した宇治長次郎は、いずれも立山山麓の一級の案内人であった。この動向に「白山の山案内は地元の者で」という情熱で自己研鑽を積み、信頼された山案内としては市ノ瀬の永井喜市郎がいた。永井が活躍した頃は、白山にはすでに未踏地やバリエーションルートはなくなっていたが、積雪期にラッセル役や先導役をした。永井が昭和六年年末より翌年三月にかけて五パーティを案内した記録がある。永井は他の年もこれぐらいの頻度で雪山案内をおこない、その稼ぎも相当にあったと思われる。永井を語るとき、中山再次郎の貢献も見逃せない。永井を雇ったそのつどスキー・氷雪技術を助言・指導したのである。

他方、夏山大衆登山の案内人は、永井を含めて全員が地元河内《こうち》の焼畑出作り群の人々である。この山案内仕事の稼ぎは登山者の増減に比例する。白山の宿泊施設は頂上直下の室堂だけで、ここで快適に泊まれ、食事の自炊が必要なくなると登山者が増えてくる。具体的には大正十一・十二年の室堂の本格的改修。大正十五年の毛布の貸与と朝夕食事の提供、さらに暖房に煙の出ない木炭使用。昭和六年一月の女性専用室堂利用等が影響して登山者が増えてくる。数字でも

表 7　第二次大戦中・戦後の白山案内人の料金

年次	案内料金				その他	資料
	日がけ（日帰り）	夜がけ（夜行）	泊まり山（1泊2日）	他所へ下山		
昭和14年	3.3円	4.5円	5.5円	11円	案内人の食費は自弁，案内人の日当は2.5円と定む，荷物は4貫まで無料，以上は1貫毎30銭（市ノ瀬強力組合，代表永井喜市郎，12名）	パンフ「霊峰白山」
15年	5円				四高旅行部，岐阜県白川村馬狩の猟師の日当	『ベルクハイル』13
17年	5.5円	7円	9円	16円	案内人の食費は自弁，案内人夫の日当4円以上，荷物は3貫まで無料，以上は1貫毎に40～60銭，（市ノ瀬強力組合代表永井喜市郎，13名）	パンフ「霊峰白山」
22年	頂上まで80円乃至150円				案内人の食費は雇主負担，荷物は3貫まで無料（市ノ瀬強力組合，永井喜市郎）	パンフ「霊峰白山登山案内」
34年	700円	1,000円	1,400円		案内人の昼食，室堂宿泊料は雇い主負担（市ノ瀬案内人組合，永井旅館内）	パンフ「白山」
35年	600～800円		1,200～1,500円		案内人の昼食，宿泊料は雇主負担，室堂1泊450円，米持参3食付（市ノ瀬案内人組合）	『白山とその周辺』（注83）

大正十三年には登山者一三七五人中、室堂宿泊者は三一％。それが昭和三年には三六八一人と二・七倍に増え、そのうち室堂宿泊者は六五％となった(82)。市ノ瀬からの日帰り登山より、室堂に泊まって翌朝御来迎（朝日）を見て下山する一泊二日型の普及である。夜行登山の「夜がけ」、日帰り登山の「日がけ」案内料は一日分。一泊二日では登り下りの案内を乞う者がでてきた案内料は「泊り山」となり、より多くの稼ぎに連なっていった。奥山人にとって八月上旬には焼畑大根の火入れ作業はあるが、真夏は農閑期である。山案内は現金収入仕事でそれも割高であったので、他の副業的仕事より優先して従事した。加藤政則は、「様々な登山者と接し、その風俗・言語を知り、時世の動向をいち早く学び取ると共に、金儲けの天国でもあった」と述懐する(84)。

奥山人が現金給付で稼ぐ機会は非常に少ない。山案内でどれほどの現金収入があったかを把握することを一つの目標としたが、不十分であった。登山案内者や観光パンフレットで案内料はつかめるが、奥山人が年間何度の案内をしたのかはつかめず、また案内を雇う側のスポーツ的登山者の記録には、案内人費用の記録はほとんどない。そのため、年間でトータルとして稼いだ案内料金額をまったく把握できなかったのは口惜しい。

白山の近代登山史の中で、奥山人が山案内で割と稼げたのは大正末より昭和八年までの約十年間で、従事者も河内出作り群四四戸中の十数名と少なかった。十数名の中には、永井のように白山登山史に名を残した一級の案内人もいれば、多くは一般登山者を安全に下山させ、楽しい登山の縁の下の役目をした無名の案内人であった。この調査では、昭和八年時の案内人全員の姓名を把握できたことは救いで嬉しかった。白山直下、河内地方の案内人調査記録が、幾分の山村生業資料の一助となれば自己満足というものである。

注

（1）『白山道記』宝永七年、福井県立歴史博物館所蔵、澤博勝「近世の真宗信仰と白山信仰」発表要項より。
（2）『三山道中記』文政六年、上村俊邦編著『白山の三馬場禅定道』所収、岩田書院、平成九年
（3）『三の山巡り』文政六年、上村俊邦編著『白山の三馬場禅定道』所収、岩田書院、平成九年
（4）加賀成教『白山全上記』文政十三年、久保信一編『白山紀行』所収、高島出版印刷、昭和五十一年
（5）高田保浄『続白山紀行』天保四年、加藤惣吉編、白峰村役場、昭和四十年
（6）金子盤蝸『白岳遊記』嘉永三年、古川脩編、山路の会、平成二年
（7）大平晟「加賀白山の表山登り」（『山岳』二‐三、九二〜一〇六ページ、日本山岳会、明治四十年）
（8）加藤賢三『白山』二〇七〜二一〇ページ、有声館、明治四十四年
（9）小倉学「加賀の石川平野における白山信仰」（『加能民俗研究』九、一五ページ、昭和五十六年）
（10）「加賀の白山山麓より」（『山岳』一三‐一、一一一〜一一三ページ、日本山岳会、大正七年）
（11）元隆『白山参り』文化四年、上村俊邦編著『白山の三馬場禅定道』所収、岩田書院、平成九年
（12）前掲（4）
（13）前掲（11）
（14）前掲（5）
（15）畔田伴存『白山草木志』文政五年、久保信一編『白山紀行』所収、高島出版印刷、昭和五十一年

(16)斉藤光美『白山道の栞』天保二年、前掲(15)『白山紀行』所収
(17)(18)(19)玉井敬泉著兼発行『白山の歴史と伝説』九三～九六、一七七～一七八ページ、昭和三十二年
(20)前掲(16)
(21)後藤雪袋『白山紀行』万延元年、久保信一編『白山私攷』所収、山路の会、平成三年
(22)坂井光『白山連峰と四高旅行部』六六ページ、山路の会、昭和六十三年
(23)『続三十里』(山本健吉編『高浜虚子・河東碧梧桐集』二七三～二七六ページ、筑摩書房、昭和四十二年)
(24)『野々市町史・民俗とくらしの事典』三三一～三三五ページ、平成十八年
(25)前掲(9)
(26)『雪わり草』創刊号、金沢商業学校山岳会誌、二二一ページ、大正十二年
(27)前掲(4)
(28)前掲(5)
(29)かつて赤岩に在住した加藤勇京氏(明治二十九年生)よりの教示。
(30)前掲(5)
(31)下出積与監修『白山史料集』上巻、一七七～一八〇ページ、石川県図書館協会、昭和五十四年
(32)前掲(8)
(33)『白山行』明治三十二年、大阪某新聞の連載紀行文。山路の会、平成三年
(34)前掲(7)
(35)前掲(10)
(36)『山岳』一三－一では二間半・七間、『白峰村史』上巻では三間・七間、『白山観光協会三十年の歩み』では二間半・七間と記している。
(37)前掲(33)
(38)『石川県天然記念物調査報告書』第五輯、石川県、昭和四年
(39)前掲(10)
(40)文献欄『山岳』二－三は前掲(7)を、『白山』は前掲(8)を、『山岳』一三－一は前掲(10)を、『雪わり草』は前掲(26)を参照。
(41)加藤政則『白山の埋み火』六〇～六四ページ、川上御前社保存会、昭和六十一年
(42)池上鋼他郎『白山連峰と渓谷』一五〇ページ、宇都宮書店、昭和十年
(43)前掲(38)

（44）前掲（41）

（45）前掲（33）

（46）前掲（7）

（47）石崎光瑤「春の白山」（『山岳』六‐一、日本山岳会、明治四十四年）

（48）坂井光「山と林並木先生」（『白山連峰と四高旅行部』六六ページ、山路の会、昭和六十三年）

（49）前掲（48）六九ページ

（50）稲坂謙三「山登り放談」（『木馬道』1、金沢大学医学部山岳部、昭和三十八年）。稲坂の白山山系積雪期縦走についての公式記録は見出せないが、この「山登り放談」でその細部が理解できる。

（51）（52）（53）五十嶋晃「日本の山案内――生い立ちと組織化をめぐって」（『日本山岳会百年史［続編・資料編］』七七〜一〇二ページ、日本山岳会、平成十九年）

（54）前掲（50）

（55）中島信悟「白山スキー登山」（『ＢＥＲＧ‐ＨＥＩＬ』（以下ベルクハイルと表記）2、七三〜七六ページ、四高旅行部、大正十四年）

（56）前掲（26）三ページ

（57）和久田鉄雄「白山を超えて白川郷へ」（『ベルクハイル』1、三三〜四〇ページ、四高旅行部、大正十二年）

（58）『ベルクハイル』4、一四二ページ、四高旅行部、昭和三年

（59）窪田正治「白山へ」（『男山――南船北馬』四一〜五〇ページ、金沢医科大学附属薬学専門部旅行部、昭和三年）

（60）（61）中山再次郎「白山スキー記行第一」（『関西スキー倶楽部報告1』中山再次郎発行、昭和四年）

（62）堀田弘司『山への挑戦――登山用具は語る』岩波新書、五六〜五八ページ、平成二年

（63）津野清也、滝山養「白山山脈行」（『ベルクハイル』4、八〜三〇ページ、四高旅行部、昭和三年）

（64）北野三郎「三月の白山と其附近」（『ベルクハイル』5、一七〜二八ページ、四高旅行部、昭和四年）

（65）前掲（51）九二ページ

（66）窪田他吉郎「スキーで針の木山へ」（『ベルクハイル』1、七〜三二ページ、四高旅行部、大正十二年）

（67）（68）奥秀一「三月の薬師」（『ベルクハイル』3、九〇〜一一三ページ、四高旅行部、大正十五年）

（69）桑原武夫「尾上郷と中の川」（『山岳』二五‐一、日本山岳会、昭和五年）

（70）『ベルクハイル』6、一四三、一四四ページ、四高旅行部、昭和六年

（71）滝山養、林清「冬の白山へ」前掲（70）二〜二〇ページ

(72) 国原正夫「冬の白山」(『山岳』二七‐二、三三八〜三四六ページ、日本山岳会、昭和七年)
(73) 橘礼吉『白山麓の焼畑農耕――その民俗的生態誌』一七四ページ、白水社、平成七年
(74) 中山豪一「春の白山」前掲(72)三四六〜三五一ページ
(75) 池田知幸「春の白山より妙法山へ」(『山岳』二八‐三、四一七〜四二四ページ、日本山岳会、昭和八年)
(76) 「白山スキー登頂」(『雪俀李草』五、一八〜三六ページ、菫台山岳会・金商山岳部、昭和九年)
(77) 河合八郎「尾添ハライ谷より白山へ」(『ベルクハイル』11、三三〜三八ページ、四高旅行部、昭和十一年)
(78) 『ベルクハイル』12、一二一〜一二二ページ、四高旅行部、昭和十三年
(79) 丸岡誠幸「白山地獄谷の火御子峰探検録」(前掲(76)『雪俀李草』五、九〜二一ページ)
(80) 水害前の永井の活動は『山岳』の記録で全国に知られる。水害後は永井の誠実な人柄と、宿泊・案内も一挙にすむことになり案内依頼が増えた。その中に牧野富太郎、中西悟堂、武田久吉、玉井敬泉がいた。また登山を機に交流が深まった中に、竹内芳太郎、池田知幸、長崎幸雄、力丸茂穂らがいた。
(81) 前掲(51)九七ページ
(82) 「既往五ヶ年間白山登山者総数」(『石川県天然記念物調査報告第五輯』二〇ページ、石川県、昭和四年)
(83) 松村高「案内人組合と料金」(『白山とその周辺』一三七ページ、朋文堂、昭和三十五年)
(84) 前掲(41)六二〜六四ページ

八　夏、白山室堂へ物・人を運ぶ

1　はじめに――ボッカの紹介をかねて

この記録は、奥山人がボッカという肉体労働で稼いだ実態である。ボッカとは、中部・北陸地方の呼称で、漢字は「歩荷」を充てている。かつて山間地で牛馬道のない所や、降雪で車道が不通となる多量積雪地では、人間の背負い運搬にたよる他はなかった。自家生産の木炭・木製品を運ぶのは、旧白峰村では「荷かつぎ」、これに対し他者生産の物

を運ぶ場合は「ボッカ」といっていた。補足すれば、背負い運搬にみあう賃金を受け取るときにボッカといい、駄賃を稼ぐ。

白山山頂直下の室堂へ、ヘリコプターによる物資輸送が開始されたのは昭和三十七年、そして翌三十八年には全面へリ輸送となった。それ以前は、ボッカによってすべての物資、ときには人間も運んでいた。この業務を担当したボッカをこの報告では「白山の歩荷」と称し、後述する勝山市小原地区の歴史的呼称「白山歩荷」と区別した。室堂への運搬に関連しては、砂防工事の資材・食糧を運搬する「砂防歩荷」もいた（以下、ボッカという表記はやめ「歩荷」で統一）。

旧白峰村の歩荷については、矢ヶ崎孝雄氏の報告がある。(1) 主要歩荷ルート、白峰〜谷峠〜勝山間は、地形図上の水平距離では約一九キロ、最大標高差は白峰集落約四八〇mと谷峠九二〇mとの差約四四〇mの行程を、二日間で往復していた。白山の歩荷の起点市ノ瀬〜白山室堂間は約一一キロ、標高差は市ノ瀬八三〇mと室堂二四五〇mとの差一六二〇mの行程を、一日で往復していた。白山の歩荷の特色は、標高差一六〇〇mを、漸次酸素が希薄となる中の激務で、誰でも耐えられる労働ではなかった。この報告では、ヘリコプター輸送で廃絶した最後の白山の歩荷についての生態的記録をめざした。幸いにして、勝山市北谷町木根橋の小林太市氏より、昭和二十五、二十六、二十七年の運搬日誌の御提供がこの記録作成のきっかけとなったことを紹介しておきたい。

2　手取川大水害以前の白山の歩荷事情

昭和二十五年から三十年にかけて、市ノ瀬には歩荷一一名が永井旅館に宿泊していた。歩荷の出身地は地元石川県人は四名、福井県人が七名である。福井県人の内訳は、勝山市北谷町木根橋三名、北谷町北六呂師《きたろくろし》一名、芳野町二名、さらに村岡町浄土寺が一名である。とりわけ北谷町は四名と多い。勝山市北谷町は、加越国境の谷峠直下に位置し、白峰村とは隣合わせで、勝山市とは現在も車道を通じて人・物の交流が多い。白山の歩荷に勝山市北谷地区出身者が多かった事情は、明治・大正・昭和と続いてきた傾向で、この傾向を理解するには、旧白峰村白峰の流通系の歴史に触れねばならない。

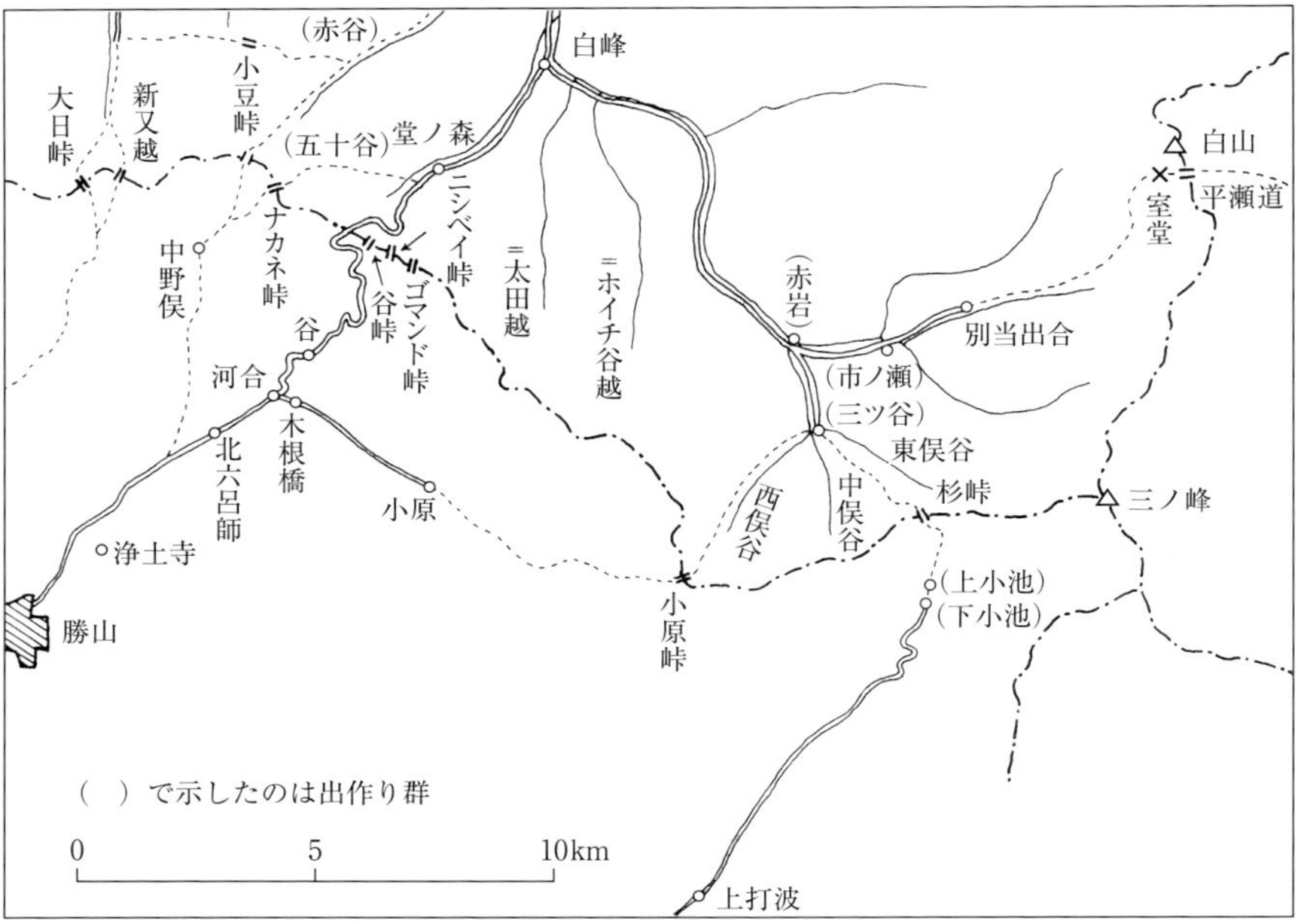

図１　白峰・市ノ瀬への主要交易路　昭和33年（1958）頃

白山の交易先の町場へは、古くは「勝山へは六里、鶴来へは九里」といって、車道開通以前の交易は、距離で近い勝山と密につながり、物資は背負い運搬にたよっていた。谷峠直下の谷（北谷町谷）集落は、勝山と白峰の中間地であり、交易・歩荷の中継地の役割をもっていた。勝山～谷間の歩荷を「町歩荷」、谷～白峰間の歩荷を「牛首歩荷」といっていた。大正十三年（一九二四）、鶴来～白峰～市ノ瀬間の車馬道が貫通すると、鶴来との交易量が急増し、勝山との交易は疎となり、谷峠越えの運搬を担っていた牛首歩荷は大影響を受けた。昭和六年（一九三一）、勝山～谷間の車馬道も開通し、町歩荷も衰退した。しかし、冬場の積雪期は車馬不通のため、白峰への郵便物は昭和十年（一九三五）まで、谷経由で白峰へ運ばれていたので、歩荷業務は細々と続いていた。

　手取川最源流地、白山登山口市ノ瀬へ、加越国境小原峠経由で往来する歩荷を「白山歩荷」といっていた。この白山歩荷、さらには牛首歩荷・町歩荷については、石井昭示氏の報告がある。[2] 白山歩荷のルートのうち、谷峠・白峰経由で手取川沿いに市ノ瀬へと行くコースは、例えれば三角形の二辺にあたる。これに対し、小原峠経由では三角形の斜辺一辺に相当し近道である。白山歩荷の行先は、市ノ瀬の温泉旅館と三ツ谷の地主商家である。

具体的には、本流左岸湯の谷出合に温泉旅館二戸と砂防工事従事者相手の雑貨商一戸があった。途中の三ツ谷の地主商家一戸は、石川県側の市ノ瀬・三ツ谷・赤岩の出作り群、さらに加越国境杉峠経由で上小池の出作り群相手に商いをしていた。市ノ瀬の温泉旅館と三ツ谷の地主商家への物資運搬は、河合・木根橋・小原峠・三ツ谷・市ノ瀬ルートの白山歩荷が担当しており、歩荷頭は木根橋の小林太平（明治三十四年生）であった。白山歩荷の行きは、米・塩・味噌・干魚等の生活必需品、帰りは雪搔板・鍬の柄・ネリカワ（和紙原料）等の木製品である。補足すると、車馬道開通以前の白山直下の市ノ瀬・三ツ谷・赤岩は、小原峠・杉峠経由で福井県側と低次の小規模流通圏を作っており、その中で白山歩荷は物資運搬を担っていた。三ツ谷の地主商家にかかわった歩荷人数は、『白山の埋み火』[3]（一九八六）でおおまかに把握できる。鍬の柄は、越前側・加賀側で長さ・太さ・形が違うので、白峰へ届ける物は白峰の歩荷、北谷村河合へ届ける物は白山歩荷が担当し、「双方の歩荷二十人程が出入りしていた」と記す。大正十三年（一九二四）の市ノ瀬までの車馬道完成で、河合〜木根橋〜小原峠〜市ノ瀬の交易ルート、とりもなおさず白山歩荷の業務も衰退した。しかし、白山歩荷の業務は全部がなくなったわけではない。車馬道終点の市ノ瀬左岸から右岸の温泉旅館へ、終点から三ツ谷の地主商家へ。終点から砂防工事現場へ。さらに年々増えている登山者の宿泊地室堂への歩荷業務は、続けられていく。換言すれば、北谷村木根橋とその周辺出身の多い白山歩荷は、市ノ瀬を基点として白山そのものの山中で仕事をする「白山の歩荷」さらには「砂防歩荷」になっていく。

白山の砂防工事は昭和二年（一九二七）県営より国営化となり、車道で工事資材・生活必需品が大量に市ノ瀬に運ばれてくる。国営化と並行し、地元有力者は内務省・営林署と計り、作事平《しやくじだいら》（現在のビジターセンターの下付近）に諸施設を計画的に配列させ、砂防工事の効率を計った。この計画立案と実行は市ノ瀬在住の林七治郎がおこない、昭和二年六月に完成、そのときの建物配置図は『白山の埋み火』に描かれている（図2参照）。図と説明文によると、倉庫ではセメント倉庫、機材倉庫、食品倉庫の三棟があった。歩荷宿舎は二棟あった。そこで寝泊まりした砂防歩荷は、車道開通で失業した北谷村でいう白山歩荷、牛首歩荷であったと推察する。砂防工事現場は山地なので、平地歩行の町歩荷は不向きであったと思う。砂防歩荷の背負う品は、セメント・工事機材等で、運搬する品は様変わりする。当時のセメントは、生産工場から樽・麻袋・紙袋詰めで自動車で一ノ瀬へ、そこから工事現場までは歩荷運搬である。市ノ瀬へ車道が

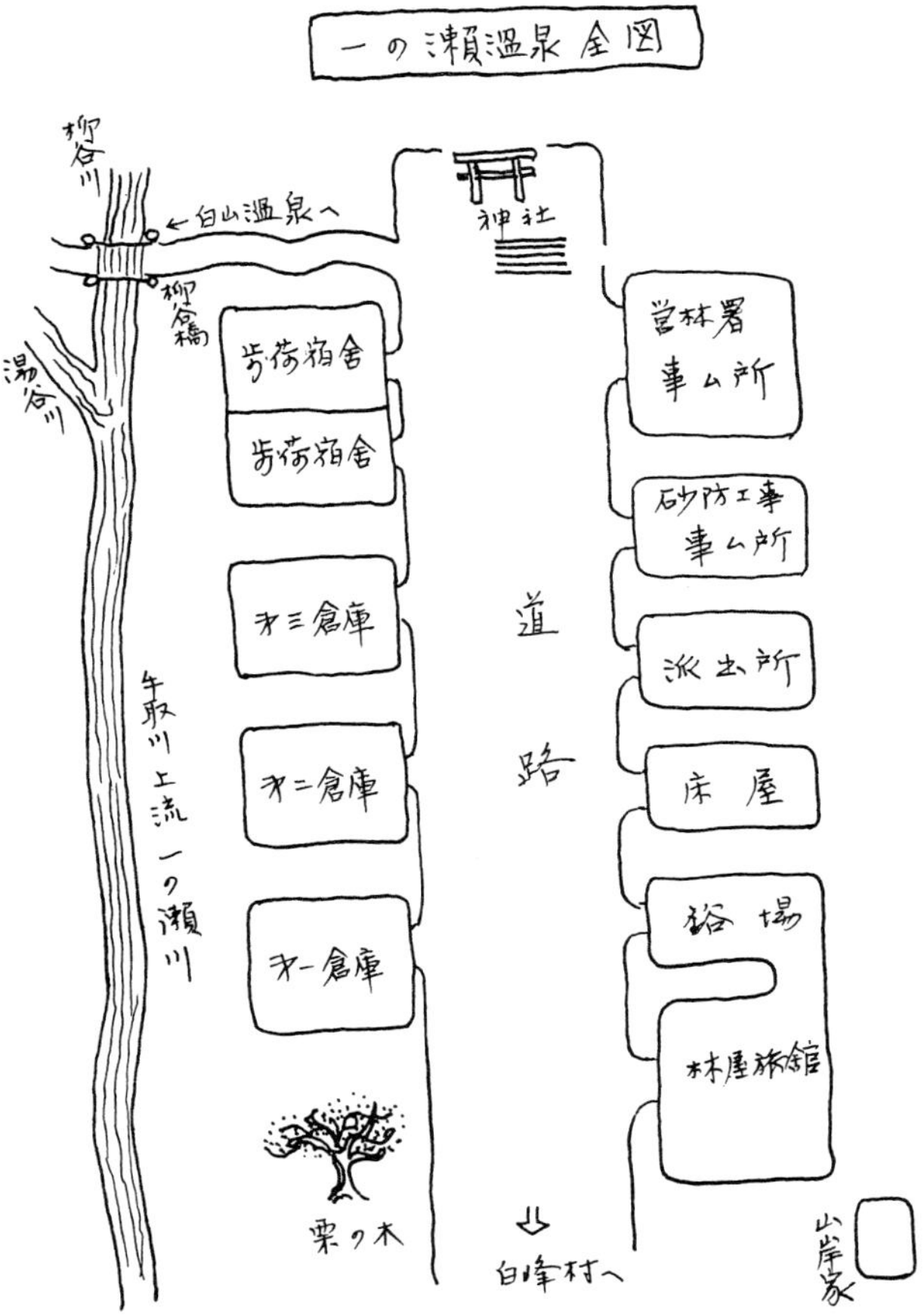

図２　昭和２年（1927）時の市ノ瀬作事平建物配置図
『白山の埋み火』より

開通したのは大正十三年。二〇〇キロ（約五三貫）詰めの全樽セメントは自動車・馬車で運ばれてきたが、車道終点から砂防工事現場へは全樽セメントは重すぎて、歩荷運搬は困難なので返送したこともあった[4]。昭和二年の樽入セメントの重量は一七〇キロ（約四五貫）、麻袋・紙袋・樽入は五〇キロ（約一三貫）で、砂防用はほとんど樽入りであったという。樽詰めセメントを歩荷は「樽セメント」または「樽丸セメント」といい、屈強な歩荷が担当していた。重量が重いので多く稼げたが、稼ぎにくくもあった。樽は丸味があり荷造り時にぴたりとつかず、歩行も不安定で神経を使わねばならなかったからである。ちなみに工事用釘も西洋樽に入っていたので、樽詰めの釘も歩荷は好まなかった。

歩荷宿舎二棟に、何人が宿泊していたかは不明である。登山道砂防新道の途中、砂防工事従事者の宿舎があった場所に、「下飯場《しもはんば》跡」、「中飯場跡」、「高飯場跡」の三地名がある。昭和九年（一九三四）の大水害を報道した七月十一日付北國新聞の記事の見出しに、「白山砂防の人夫ら百六十名生死不明」と記してある[5]。総合して推察すると、三つの飯場に約一六〇名内外の労働者が宿泊していたらしい。一六〇人が消費する食糧は、例えば米では、人夫一人一日八合とすれば、一日の一六〇人分の米は一二・八斗となる。一六〇人の一日分の食糧だけでも、歩荷は三、四人必要となる。食糧ばかりでなくセメント・各種機材も運搬しなければならず、あくまで推察であるが五〇人以上は宿泊していたのではないか。雪掻板・鍬の柄生産の最盛期で約二〇人の歩荷がいたというから、砂防歩荷五〇人という数値は少ないかも知れない。

作事平の建物群には、白山室堂へ運ぶ品を一時ストックする建物があった。このあたりの事情は『白山の埋み火』では次のように記述している。大水害当時の市ノ瀬を知る上で貴重である。

「七治郎の構想は、約二千坪の平地を造成する。左側に倉庫三棟―セメント倉庫、機械倉庫、食品倉庫―を置き、歩荷宿舎二棟を建てる。右側には、自らが経営する林家旅館（登山用具日用雑貨の店舗を兼ねる）を新築する。隣に新温泉浴場、髪床や巡査派出所、白山室堂用品集荷場。この建物の前面部分に「うどん屋」を誘致するとあったが、のちに中止する。そして砂防工事事務所二階建、金沢営林署事務所二階建を建てる」（図2参照）。

つまり、歩荷宿舎に寝泊まりした歩荷は、砂防工事関連物資ばかりでなく、林家旅館が仲介する室堂用品を運んでいたわけである。昭和二年六月に完成した右岸の新建物群は、昭和九年七月十一日の巨大土石流で一瞬にして流失、室堂への歩荷運搬をまとめていた林七治郎家の家族全員が死亡、温泉旅館も流失し、市ノ瀬は数十mの土砂に埋もれ、四三名の命が犠牲となった。林七治郎に代わって永井喜市郎が、白山登山口、砂防工事の基点として市ノ瀬復興の世話役をかい、自らも昭和十年（一九三五）永井旅館を建て、そして室堂への物資輸送、とりもなおさず歩荷運搬の仲介を始めた。

3　歩荷の最終期事情（昭和二十五～三十七年頃）

白山室堂へのヘリコプターによる本格輸送は昭和三十八年（一九六三）[6]。この影響で歩荷運搬は消滅した。現在、歩荷運搬は高山の小規模山小屋で続けられているにすぎない。この項では、途絶えた白山の歩荷について、使用具、運搬重量、市ノ瀬～室堂間での行程、稼ぎ高等についてまとめた。

表 1　最終期の白山の歩荷

氏名	出身地（旧地名で示した）	備考
1. 小林　太市	福井県勝山市北谷町木根橋	叔父太平は白山歩荷の頭をしていた　専業
2. 小林太美男	〃	太市の弟，短期間　専業
3. 中石橋治男	〃	白山歩荷の系譜　専業
4. 結川　清隆	福井県勝山市北谷町北六呂師	牛首歩荷の系譜　専業
5. 大山口平栄	福井県勝山市芳野町	町歩荷の系譜　専業
6. 大山口喜作	〃	町歩荷の系譜　短期間専業
7. 中村竹二郎	福井県勝山市村同町浄土寺	町歩荷の系譜　専業
8. 永井　竹男	石川県白峰村白峰	永井喜市郎の親戚　案内人と兼業
9. 織田健次郎	〃	永井竹男よりの勧誘　案内人と兼業
10. 中谷　由松	〃	夫婦で永井旅館に勤務　案内人と兼業
11. 木下　清俊	石川県尾口村東二口	永井喜市郎の親戚　案内人と兼業

表 2　小林・織田・木下三氏の歩荷期間中の白山事情

年代	昭和25年	26年	27年	28年	29年	30年	31年	32年	33年	34年	35年	36年	37年	38年
白山の事情		御前荘工事		無料診療所開設		大汝社殿工事 国定公園指定	白山荘工事 別当出合まで車道開通		別当出合休憩舎工事	甚之助小屋工事		台風で奥宮社殿倒壊 別山社殿倒壊 北美濃地震	ヘリ輸送始まる	国立公園指定 ヘリ輸送本格化
小林太市	木根橋より →	→	→	歩荷頭となる →	→	→	→	→	→	→	→			
織田健次郎					北俣谷より →	→	→	→	→	→	→	→	→	
木下清俊					東二口より →	→	→	→	→	ヒコウキカツギの写真 →	→	→	→	
室堂宿泊者	3,000人	4,175人	4,516人	5,038人	6,049人	7,200人	7,985人	8,229人	8,871人	9,907人	10,396人	10,452人	11,635人	14,226人

①　最後の歩荷

昭和二十五年（一九五〇）頃から三十七年（一九六二）にかけて、市ノ瀬から白山室堂へ荷揚げした歩荷は、勤務の長短に関係せずに紹介すると表1の通りである。1、2、3は小原峠経由で市ノ瀬へ運んでいた白山歩荷の系譜、4は谷峠経由で白峰へ運んでいた牛首歩荷の系譜、5、6、7は勝山〜谷間の町歩荷の系譜で、いずれも歩荷業務を専業としていた。8、9は永井喜市郎との深い血縁関係をもつ。永井旅館は林業・土建業等と多角化しており、8、9、10、11は歩荷、さらには多角化業務、ときには登山案内人（白山では強力といい、組合があった）を兼ねていた。特に8は案内人業務が多かった。

1の小林太市氏（大正十三年生）、11の木下清俊氏（昭和八年生）、9の織田健次郎氏（昭和十年生）の三名は健在で、豊富な情報提供を受けた。小林太市家は、白山歩荷の頭をつとめてきた小林太平家を本家とする分家にあたる。小林氏は、木根橋では現金稼ぎの仕事につけず、叔父が歩荷頭をしていたこと、さらに叔父のすすめもあり、昭和二十五年から歩荷を始め、二十八年にはまとめ役の歩荷頭をつとめた。夏は室堂へ、秋は室堂宿泊棟や白山比咩《しらやまひめ》神社施設の改修・新築資材を運び、その仕事がないときは砂防用セメント二樽半（一二五キロ・約三三貫）を降雪期まで運んで稼いだ。

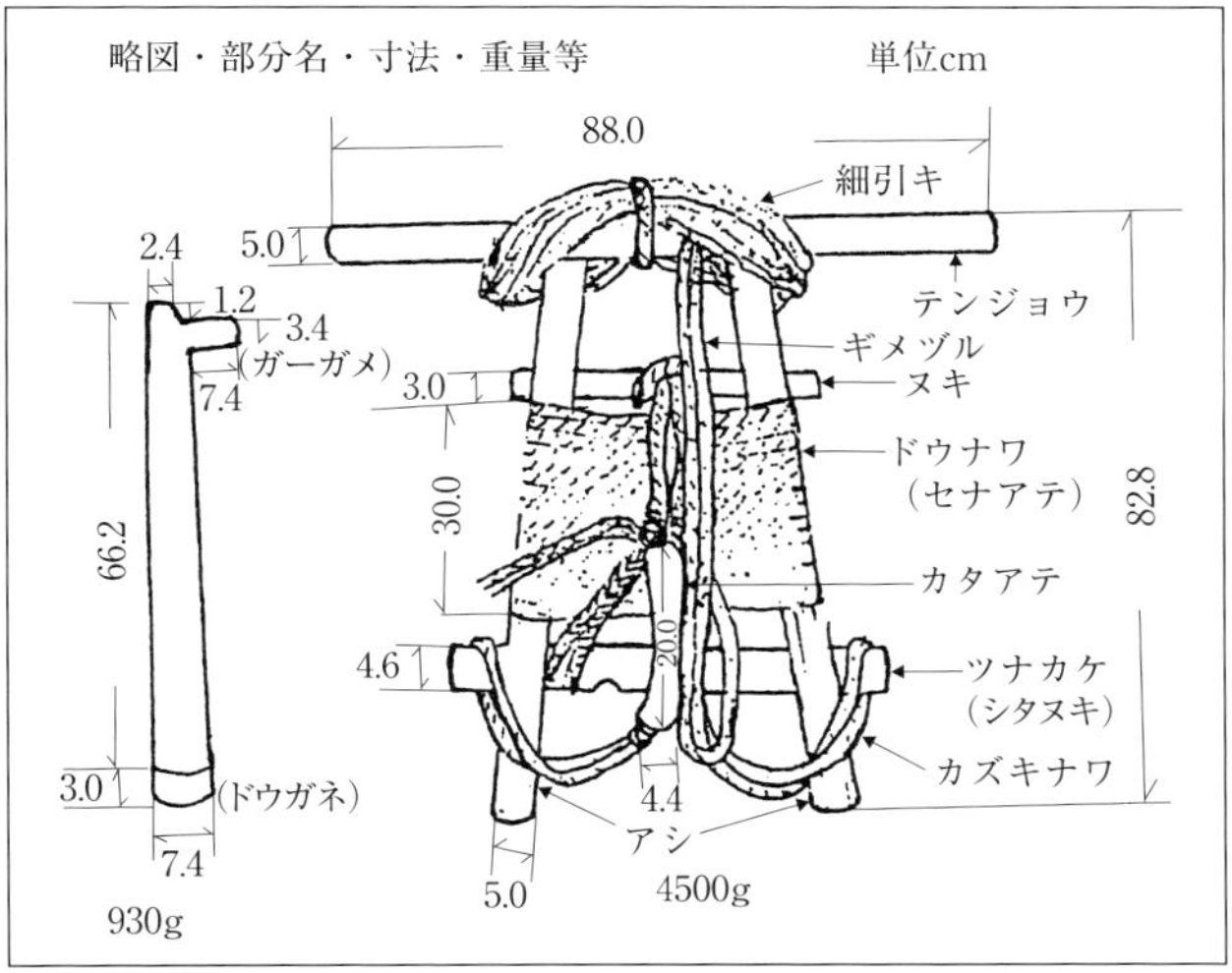

図 3　白峰，山下五郎使用の背板と荷棒（白山ろく民俗資料館所蔵）　寸法は資料館の民具調査カードより，（　）で示したのは，小林太一氏の福井県木根橋での名称

昭和三十一年に車道が別当出合まで延びて、歩荷宿舎が建ち、距離は約五・五キロ、標高差は四三〇m短縮した。昭和三十五年、父親が病気で倒れ、看護のため廃業した。木下氏は、居住地の尾口村東二口《ひがしふたくち》では現金収入源としては炭焼きしかなく、昭和二十九年十八歳のとき市ノ瀬永井旅館へ来た。「白山は金になる」といい、三月下旬より伐採木の雪上運搬「春木山」から始まり、造林、砂防と賃労働が多かった。二二歳から歩荷を手伝い、最初はセイタ（背板）運搬ができず、藁製バト（肩当て）と荷縄で背負っていた。北美濃地震時（三十六年）には事故死遺体を運んだこともあった。三十八年のヘリ空輸を機に廃業、その後は職業訓練所で配管技術を取得した。

織田氏は、白峰村北俣谷の永住出作り出身、中学卒業の翌年に市ノ瀬へ来た。最初は砂防工事に、二十九年より永井旅館に勤め、ブナ伐採、搬出、造林、歩荷を始めた。歩荷業務は専業が多忙なときに手伝う形で、北美濃地震時は中飯場の車道工事をしていた。ヘリ空輸で歩荷はやめたが、引き続き永井旅館で

写真 1　身支度をおえた歩荷　右端が小林氏，炭 5 俵（85kg）をかついでいる．（昭和 33 年 7 月，小林氏提供）

写真 2　高飯場でのカケバ休み　荷棒で背板を支えているのに注意（小林氏提供）

土建業に携わってきた。

表で示した歩荷全員は、市ノ瀬の永井喜市郎が経営する永井旅館の別棟宿舎に寝泊まりしていた。室堂は白峰の松原助治商店へ物品を発注、それを市ノ瀬まで自動車輸送、永井旅館がそれを一時保管し、永井家に逗留する歩荷が室堂まで運ぶという段取りである。補足すると、昭和九年大水害以前は市ノ瀬の林七治郎家が、昭和十年以後は永井喜市郎家が室堂への歩荷運搬を仕切っていたのである。

② 歩荷の使用具

セイタ（背板）　我が国の人力運搬で、あまねく広く行われてきたのは両肩で背負う方法である。木製梯子状枠に背負い縄をつけた用具、白山周辺ではセイタという運搬具を使う。

長距離・重量用すなわち歩荷用の物は大工製で、材は檜・杉・朴《ほお》。小林太市氏所蔵の物で説明する。材は杉。テンジョウの長さ八二cm、アシは八七cm。マキナワ（白峰ではドウナワ）を左右の足に渡し背中へのクッション役にし、荷造り用ニナワ（白峰ではホソビキ）を足の頭部につける。巻縄・荷縄ともに太さ八ミリのショロ縄。ショロ製縄は、雨・雪で濡れたときや寒暖の差が激しいときでも、麻・木綿製より伸び縮みが少なく最良とする。荷縄の長さは、一一三cm、一〇八cmの二本。背負い縄ベンジャク（白峰ではカズキナワ）の肩に当たる部分は初め莫蓙を使い、くい込まないようにしてあった。長さ一〇七cm。ナカヌキからぶら下げるようにし、末端を輪にしてシタヌキにひっかけて担ぐ。荷を下ろして休むときはシタヌキのひっかけを外す。長年使用した背板のシタヌキには、ベンジャクのひっかけ跡が凹んでいる。テンジョウの鉄輪から、木綿製ヒキナワ（白峰ではキメヅル）一本を下げる。小林氏は、古い木綿製漁網を束ねて転用していた。背板の荷は、一般的に荷が高くなり不安定になるので、引縄を力強く引き下げて安定を計る。木綿縄はショロ縄より掌の握りに柔らかく当たる。ショロ縄を長時間力を入れて握ると掌皮を痛める。

ネンボウ（荷棒）　材は檜・杉。取手部を「ガーガメ」といい、自然木の枝分れを探して作る。先端部に鉄製銅金を仕込む（図3の左側参照）。白山では一五〜二〇貫の重量を背負い、室堂まで標高差一六〇〇ｍを克服しなければならない。登山道は土の山道ではなく、大小の岩石が階段状に累積する急坂である。二本足に加えてネンボウを補助の足として使い、腕力を加え、三本足のような力の踏ん張りで登る。緩い山道では、ネンボウの胴金の音が遅い歩行のリズム化に役立ったという。

休憩は立ったまま休むという方法が一つ、他の一つは荷を下ろしゆっくり座って休む方法がある。背負ったままのときはネンボウで背板のシタヌキを支え、荷重が人体の負担にならぬよう支え木の役割をする。このためシタヌキの利手側にネンボウ・ガーガメ支え用の凹みを作ってある。この凹みはガーガメの太さを考えて作ってある。荷を下ろしての休みでは、背板のナカヌキ・テンジョウをガーガメで支えて地上に固定させる。このため荷が重いほど、ネンボウは強く、太くなる。普通の杖の形は先細が多いが、ネンボウは支え機能をもつため先太の形である。ネンボウは、急坂登高の助け、緩傾斜地歩行のリズム保持、小休止・大休止時の背板の支え具等、一石三鳥の機能をもっており、平地居住者が不思議に思うくらい、太く、重いものを使用していた。

シャックリバト　木綿ぼろ布切れと麻糸で織りあげた布製肩当てを「シャックリバト」といい、この上に背板を担ぐ。

キビシャテ　木綿と麻で織りあげた布に紐をつけた「きびす当て」を指す。実際は足首を包み、わらじ紐との摩擦傷が起こらないような役目をする。この上にわらじを履く。

わらじ　歩荷の最終年昭和三十七年（一九六二）時も全員が稲藁製わらじであった。ゴム底地下足袋は強力《ごうりき》（登山案内人）をするときに履いた。地下足袋は濡れた岩・石の上では滑りやすい。わらじの欠点は雪渓上は歩きにくいことで、注意が必要であった。農閑期に自分の足に合わせて自製する。夏山最盛時は予備の一足を持っていく。

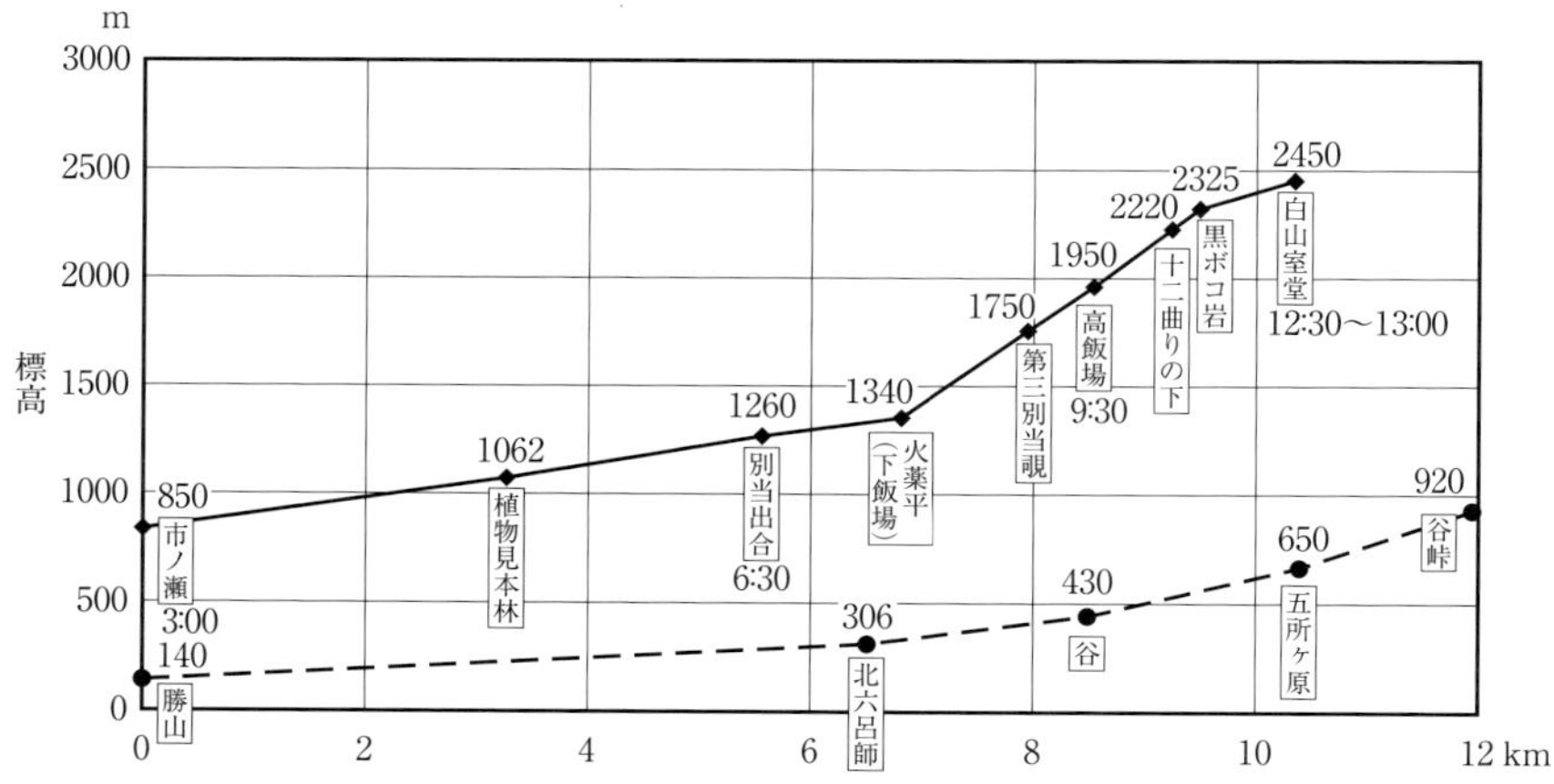

図 4　市ノ瀬～室堂間（実線），勝山～谷峠間（点線）の歩荷コース断面図
（地名上の数は標高m，下の数字は時刻を表す）

③ 歩荷の一日

昭和三十一年（一九五六）、市ノ瀬～別当出合まで車道が開通する。この項では、昭和三十一年以前、市ノ瀬～白山室堂を一日費やして往復した歩荷事情を、小林・木下・織田三氏の提供情報をもとにたどることにした。

市ノ瀬永井旅館発　三時、標高八三〇m。宿泊費・食費は旅館持ち。朝食を終え、各自が必要な分量の米飯と副食をメンパ（檜製曲物容器）に入れ持参する。数人で隊伍を組んでいく。歩荷頭は先頭か最後尾につく。暗いので懐中電灯の光で進む。最初は四〇複歩《ふくぼ》で立ったまま、一〇～一五秒の短い時間のイキ抜きをする。複歩とは歩荷独自の歩数で、右足から右足まで、つまり普通でいう二歩分のことである。重荷では「足」より「心臓」に負担がくるらしく、「心臓がおどってくるといっぷくする」といい、長道のときはこの休みのとり方を最適とする。調子が出ると七〇複歩ほどのペースにした。

植物見本林で荷物を下ろして休む。荷を下ろして休む場所を歩荷用語ではカケバといい、最初のカケバ休み[7]をとる。その時間はたばこ一服ぐらい。自然林の樹種ごとに木の名称札をつけて自然公園化した所で、小さい休憩舎があった。この辺りで照明具が不要となる。

ホソノマ　わさび田の水源となっている小谷でカケバ休みをとる。カケバ休みをとるかとらないかは、歩荷頭が指図する。

別当出合　六時三十分頃、標高一二六〇m。市ノ瀬～別当出合までは緩傾斜なので、重いが歩く速度は登山者と同じくらいで、時間・距離を稼いだ。車道の開通以前は建物はなく、長めのカケバ休みで少量のコビル（中間食）をとる。これからの急坂に対し、心身両面で気合を入れて準備する。

火薬平　標高一三四〇m　別当谷を渡り急坂を登りきると火薬平、カケバ休みをとる。文字通り砂防工事用のダイナマイト倉庫があった所で、一般的には下飯場《しもはんば》といっていた所。飯場は、工事従業者の宿泊所で下・中《なか》・高《だか》（上）の三ヶ所にあった。

中飯場　標高一四五〇m、カケバ休みをする。

第三別当覗《のぞ》き　標高一七五〇m。別当覗きとは、別当谷の谷底を見下ろすことのできる地点地名で、昭和二十五年には第一、第二、第三の三ヶ所、三十一年には第一、第二の二ヶ所[8]、現在は一ヶ所の地名となった。カケバ休みをとる。

公園　歩荷が「公園」と名づけていた所で、日本庭園のような景色だからつけたという。狭いが平坦地があり、四、五人の歩荷が並んでカケバ休みをするのに都合良かった。

高飯場跡　九時三〇頃、標高一九五〇m。現在がっしりした基礎石組が残っている。この上部に甚之助ヒュッテがある。カケバ休みで、分量多目のコビルをとる。これ以高は現在と違って十二曲りへ直登するように登り、急坂に一の越《こし》[9]、二の越[10]、三の越[11]の小地名があった。

二の越　小尾根を越え、別当谷源流の水が少し流れる沢で、微小な川原状平坦地。ここでカケバ休みをする。

栂《とが》くぐりの上　標高二一二〇m。白山でいうトガとはオオシラビソ。急坂の左右に栂が生え、その樹根が地上に顔を出した木の根道なのでその名があった。樹根が障碍となり歩きにくく、林を抜けた所でカケバ休みをする。

十二曲りの下、三の越　標高二二二〇m。栂くぐりから十二曲りの下までの間に、夏山シーズン初期には小さいが急な雪渓があり、スリップすると危険な所で注意する。カケバは水もあり、休み、最後の黒ボコ岩への登りに備え気合いを入れる。水場は、雨降り時は滝のように流れが落ちてくる。このため強雨後は流水で土・岩石が不安定となり落石の因となるので、上を見ながら休む。この急坂は霜の季節には、霜柱が小石を浮かし、それが融けると小石が落ちてくるが、危険ということはない。

水屋尻雪渓の下　標高二三五〇m。現在の五葉坂は以前より整備されていて歩きやすくなっている。当時は岩がゴロゴロし、歩荷にとって一歩一歩踏み上げるときは負担が大きかったので、雪渓道を選ぶ。下りも急ぎ足で踏み外すと怪我するので五葉坂は避けた。雪渓上で転んでも尻もちぐらいですむ。夏山始めは雪渓上を、後半雪が融けても、雪渓の縁につけられた山道を通って室堂へ行く。

白山室堂着　一二時三〇分～一三時、標高二四五〇m。天気や重量により時間は前後する。市ノ瀬～室堂間約一一キロ、標高差約一六〇〇mを約一〇時間かけて運んだことになる。夏山の好天日は、入道雲のせいで午後は必ずといってよいほど雨降りとなる傾向だから、早く出て昼頃着き、室堂でゆっくり昼食をとる。

室堂発　一四時を目安にする。歩荷頭は、室堂の翌日の必要物資品目を聞き帰る。登りと同じコースで下る。別当出合より市ノ瀬までは、往きの歩きでは元気に距離・時間を稼いだ道程だが、帰途は疲れているせいで長く感じる厭な道程であった。

市ノ瀬着　一七時～一七時五〇分、復路は三時間余りを費やした。

翌日の荷造り作業　翌日の物品を、歩荷頭が中心となって棒計りで重さを計り、それを一面に広げる。各自が自由に選択、重量を記録、背板に荷造りする。皆、担ぎやすい物を先取りし、フワフワしてかさばる物は敬遠されるので、歩荷頭が調整するときもあった。荷造りは、途中で崩れないように慎重かつ丁寧に約三〇分を費やしておこなう。物品の種類にもよるが、軽い物は下に、重い物は上にする。そしてテンジョウ棒より一倍半ぐらいの高さを限度にして荷造りした。

雨対策　連日雨が続くと、晴天を待たずに荷上げしなければならない。担ぎ荷が濡れないようにした背板対策は複雑で丁寧なものだが(12)、ここでは省略しておきたい。

入浴・食事　当時は、吊橋六万橋の左岸橋詰に温泉があり、永井旅館はこの源泉から引湯していたので、心身の疲労回復に都合良かった。「歩荷はたくさん食べて、よく寝ること」、「歩荷は酒飲まんと勤まらん」と言われ、歩荷全員が生理的に大食・酒飲みであった。酒は、数日に一回ぐらい、御飯茶碗に一杯が夕食についた。「毎日飲みたい者」、「多く飲みたい者」それぞれで、「飲めない者の酒」は引手あまたであった。各自旅館で買い求め個人単位で飲んでいた。焼酎は、砂防工事売店にだけ売っていた。外出して買い、旅館に体面上悪いので二階から縄を下げて歩荷部屋へ持ち込んでいた。仕事で汗を多くかくので、副食には、コンカ鰯（鰯の米糠漬）、塩鯖等、塩気の多い物がついていた。

④ 小林太市氏日誌を読み解く

昭和二十五、二十六、二十七年の小林氏の日誌は、現今より約六〇年前、ヘリ空輸以前の人力運搬の実態が分かり貴重である。二十五年は運搬物と重量、二十六年は建築資材と重量・運搬先、二十七年は運搬先と重量を記述している。三年間の記録内要が、どういうわけかそれぞれ違っている。三年間の記録を調査者の私的視点で分析してみた。

白山室堂へ運んだ品々　昭和二十五年当時の室堂開設期間は七月十日から八月二十五日までであった（以下夏山と表現）。歩荷運搬は六月三十日より開始、最初は室堂建物の補修資材、具体的には板・垂木・トタン・釘・鎹《かすがい》・戸・戸栓《とせん》・ニス等を運んでいた。七月十八日以後は、登山者対象の必需品である。しかし、これは小林氏一人の運搬記録で、室堂の需要品の一部で全体ではない（表3参照）。運搬品を重量順に一〇品目に限ると表4のようである。主食の米がないのは、昭和二十五年当時は登山者は一泊三食分五合を持参するきまりであったからである。炭は室堂炊事用七輪《しちりん》（かんてき）の熱源、さらには雨天時の登山者着衣の乾燥、また暖房に使った。当時の室堂・大室は平屋建て、中央は土間、両脇に寝所。土間に炭をおいて熱源としていたが、炭は有料で、昭和二十二年時は一貫三〇円であった。石油は照明ランプ用である。

室堂以外の物では、七月十六日の白山比咩神社社務所用品、七月十七日、二十日の市兵衛茶屋用品、八月三日の営林署用品がある。市兵衛茶屋とは、観光新道の途中にあった有人休憩所で、開道当初は別当の大崩を通っていたが、危険性が大きいとして現在のルートに変更したので、昭和二十九年廃業した。湯の谷に沿う六万山林道は営林署の所轄で、昭和二十五年当時の砂防造林事務所跡地には「昭和十二年八月六日之建白峰神社」の石碑が建っている。

室堂への最重運搬量と平均運搬量　夏山の五五日間で休んだ日数は一三日。歩荷実動日は四二日間。連続労働日は八月二十二～二十七日の六日間である。四二日間で運んだ総重量は五九七・七貫、一日平均では一四・二貫（約五三キロ）である。最重量は七月二十二日の一六・六貫。次いで七月二十、二十六日の一六貫である。翌二十六年の日誌は、夏山を終えた後、秋十月十日より室堂御前荘新築の建築材運搬を十一月十二日まで（以下秋山と表現）おこなったときの記

表 3　昭和 25 年夏山の小林太市氏　歩荷日誌

年月日	運搬物	重量(貫)	備考
6. 3	ツカ　垂木	9.5	
7. 1	板	13.8	
2	釘　鎹	11.9	
3	板	13.5	卵 1（13 円）
4	板	14	卵 2（26 円）
6	板	11	
8	巻尺　スタンプ	3.7	
9			卵 1（13 円）
11	トタン 1 束	3.2	
12	ヨロイ板	14.5	
13	ニシン 5　缶詰 8.3	13.3	飴玉 3（18 円）
14	板	14	
15	板 9.0　卵 2.3　戸 0.8　戸セン 1.0　ニス 0.6　箸 0.7	14.4	餡餅 9（45 円）
16	社務所 7.3　茶碗 4.4　紙 0.1　瓶 0.4	12.2	
17	検査員荷物		1 人
18	林檎・麩・鍋 6.5　金鳴荷 0.8　キャラメル 2.2	9.5	飴玉 3（18 円）
19	サイダ 12.0　醤油 3.2　市兵衛（茶屋）	15.2	餡餅 5（25 円）
20	サイダ 12.0　冷蔵庫 4.0　市兵衛（茶屋）	16	飴（20 円）
22	缶詰 6.4　カラシ漬 6.0　三方 0.8　莫蓙 2.0　石油 1.4	16.6	餡餅 2（20 円）
23	酒 3.0　ワカメ 2.0　カラシ漬 6.7　ペンキ 1.8	13.5	飴玉 1（6 円）
24	炭 3 俵	13.5	室堂カルピス 30 円 市兵衛茶屋素麺 25 円 餡餅 2（20 円）
25	石油 4.0　米防水 1.0　イス 5.7　杓子 2.5	13.2	餡餅 2（20 円）
〃	ビール空瓶　下り	5.3	
26	タクアン 12.0　下駄 1.2　酒 2 本 1.8　ワカメ 1.0	16	ミノリ・桔梗（105 円）
27	目板	13.8	
28			餡餅 10（100 円）
29	塩 4.0　土産 1.1　石油 4.2	9.3	餡餅 2（20 円）
〃	酒空瓶 10 本　下り	5.2	
30	味噌 12.0　油アゲ 5.0　フクジン漬 1.9	14.4	草鞋 1 足（10 円） 餡餅 2（20 円）
31	炭 1 俵 4.5　酒 10 本 9.0	13.5	
8. 1	炭 1 俵 4.5　ビール 9.6	14.1	
〃	酒空瓶 3 本　桶 2　下り	3	
2			菓子 5（10 円）
3	卵　土産　煙草　酒　酒 3 升（営林署）	12.9	餡餅（35 円）
4	炭 13.5　小包 1.0	14.5	桔梗 2（120 円） 餡餅 8（40 円）
6	梅干　醤油　小包	14.5	

6	ビール空瓶　下り	2.6	
7	ミカン缶詰 6.2　伝票用紙 8.3	14.5	餡餅 4（20 円）
〃	ロウ石	4	
8	味噌 11.1　炭 4.5	15.6	
9	味噌 12.0　酒 2.7	14.7	
〃	サイダー空瓶　下り	3.5	
11	タクアン　菓子　ナス　小包	15.4	
12	長柱 10.3　小包 2.2	12.5	2 割
〃	酒空瓶 10 本　下り	5	
13	タマネギ　タクアン　缶詰	14	
14	針金 7.0　酒 6 本 6.2　カンテキ（七輪）1.8	15	
16	炭 3 俵　ランプホヤ 0.6	14.1	
〃	サイダー空瓶 18 本　下り	3	
17	炭 3 俵	13.5	
〃	市兵衛（茶屋）　下り	9.5	
18	炭 3 俵	13.5	
19	炭 2 俵　荷物 5.7	14.7	
22	板	14.9	
23	板	14.7	
実働 42 日		597.7	1 貫　登り 60 円・下り 70 円

（一覧表化は山口一男氏作成）

録である。この「秋山」の運搬物と重量は表5で示した。日誌によれば、建築材運搬は室堂必要品と違って、市ノ瀬～室堂間に中継地を設けて、行程を市ノ瀬～中継地、中継地～室堂間と二分してピストン運搬していた。中継地は中飯場、高飯場、弥陀ヶ原であった。

二七日間で総重量四五六・八貫を運び、一日平均一九貫（約七一キロ）。最重量は最終日の二〇・二貫（約七六キロ）である。夏山の一日平均は一四・二貫、秋山は一九貫。秋山で重量を稼げたのは、夏山の運搬物は様々な生活必需品の混合体、秋山は建築材で柱は長く不安定だが単一種の材木であったこと。さらには歩荷距離が短くなったこと。気候が夏期より涼しくなって働き易くなったこと等が影響していたと考えられる。

表 4　小林太市氏の昭和 25 年夏山の主要運搬物

ランク	運搬物	重量（貫）	運搬回数（回）
1	炭	90.0	9
2	味噌	35.1	3
3	サイダー（茶屋）	24.0	2
4	酒	22.7	5
5	缶詰	20.9	4
6	からし漬	12.7	2
7	たくあん	12.0 ＋ α	3
8	石油	5.6	2
9	醬油	4.0 ＋ α	2
10	塩	4.0	1
(11)	わかめ	3.0	2

専業歩荷の最重運搬量　高山で働く歩荷の運搬重量は、標高差が低く、距離が短ければ

表 5　昭和 26 年秋山の小林太市氏　歩荷日誌　　　　（一覧表化は山口一男氏作成）

年月日	運搬物	重量（貫）	備考
10. 1	柱 1 本 12.8 尺　垂木 1 本 13 尺	15	室堂
11	細垂木 12.5 尺	15.7	室堂
12	柱 1 本 12.3 尺　細垂木 12.5 尺	16	室堂
13	垂木 4 本 12.5 尺 4.5 貫　柱 1 本 13.4 尺 10.8 貫	15.3	室堂
18	柱 1 本 13.5 尺　貫 2 枚 13.5 尺	15.4	室堂
19	柱 1 本 13.5 尺　貫 4 枚 13 尺	16.3	室堂
20	柱 1 本 16.6 尺	15.7	室堂
?	柱 1 本 15.5 尺	7.8	火薬平まで
?	貫 5 枚	7.7	弥陀ヶ原まで
22	柱 1 本　陸梁合掌 16.6 尺	19.4	室堂
23	太垂木 6 本 13.8 尺 10.3　太垂木 3 本 12.8 尺 5.7	16	太垂木 3 本弥陀ヶ原まで
25	柱 1 本 13.7 尺 9.2　貫 4 枚 13.5 尺 6.1	15.3	貫 4 枚弥陀ヶ原まで
26	柱 1 本 15.6 尺 9.0　貫 5 枚 13.7 尺 7.0	16	貫 5 枚高飯場まで
27	柱 1 本 13.2 尺　貫 5 枚 13.2 尺	15.7	貫 5 枚中飯場まで
28	柱 2 本 13.4 尺	18	弥陀ヶ原まで
29	柱 3 本 13.2 尺	16.3	室堂
30	半柱 2 本 10.4 尺 4.5　垂木 7 本 13.2 尺 12.5	17	室堂
31	柱 3 本 13.2 尺	15.8	室堂
11. 1	炭 4 俵	18	室堂
4	柱 3 本 9.1 尺　半柱 1 本 9.1 尺	16.3	高飯場まで
5	柱 1 本 9.1 尺 4.1　垂木 8 本 13.0 尺 14.2	18.3	〃
6	板 6 尺	17.6	〃
7	板 6 尺	18.8	中飯場まで
10	板 6 尺	18.1	〃
11	板 6 尺	18.3	中飯場まで
12	柱 3 本 6 尺　垂木 2 本 6 尺	18.2	〃
12	垂木 10 本 13 尺	18.5	〃
12	垂木 2 本 13 尺 2 本 8.5 尺 2 本 7 尺　柱 3 本 6 尺 貫 1 枚 14.5 尺	20.3	〃
実働 27 日		456.8	1 貫当たり単価記載されず

その数値は増える。昭和二十七年の夏山の日誌記述がそれを裏付けている（表6参照）。小林氏の日誌は年により記述が異なり、この年は火薬・石油缶の外は重量についてのみ記す。市ノ瀬～室堂間で二〇貫以上運んだ日は五日である。そして弥陀ヶ原～室堂間では、六月二十八日、一日三往復のピストン運搬で四六・五貫。高・中飯場～室堂間では、七月六日三往復で四七・三貫。そして、ピストン運搬最重量は八月二十六日、中飯場より室堂までの一往復四一・七貫。次に重いのは八月二十二日の一往復三六貫である。中継地中飯場より室堂までは約三・五キロ、標高差は約七〇〇mの行程である。つまり、背負う距離は市ノ瀬・室堂間の三

表 6　昭和 27 年夏山の小林太市氏　歩荷日誌　備考欄の「割増率」については本文 376 頁参照.

年月日	運搬行程	重量（貫）	備考
6. 25	市ノ瀬～三角点（御前峰山頂）	8	
26	中飯場～室堂	18.2	3.6 貫増（2 割増）
〃	中飯場～室堂	9.5	
28	高飯場～室堂	19.5	3.9 貫増（2 割増）
〃	弥陀ヶ原～室堂	19.8	3.9 〃（　〃　）
〃	〃	23.2	4.1 〃（1.8 割増）
〃	〃	3.5	0.4 〃（1 割増）
7. 2	市ノ瀬～室堂	13	5.0 〃（3.8 割増）
3	〃	14.7	1.4 〃（1 割増）
4	〃	11	1.1 〃（1 割増）
5	〃	20.3	2.0 〃（1 割増）
6	中飯場～室堂　　　　火薬	8.5	1.7 〃（2 割増）
〃	高飯場～室堂	18.5	3.7 〃（2 割増）
〃	〃	20.3	2.0 〃（1 割増）
7	〃	21.5	3.2 〃（1.5 割増）
8	中飯場～室堂	18.6	
〃	〃	19.5	
〃	〃	17.5	〃
〃	〃	17.5	〃
12	市ノ瀬～室堂	15.8	2.6 〃（1.6 割増）
13	〃	15.1	
16	〃	16.6	2.4 〃（1.4 割増）
17	〃	17	
18	〃	14.3	
20	〃　比咩神社	14.6	
〃	〃　　〃　下り	5	
21	〃　郵便局 4.1　室堂 13.2	17.3	
22	〃　比咩神社 13.4　室堂 4.5	17.9	
23	〃	17	
24	〃	17.4	
25	〃	17	
26	〃	17.6	2.5 〃（1.4 割増）
27	〃	16.2	
〃	三角点（御前峰山頂）～市ノ瀬　下り	7.9	
28	半日請負仕事		
29	市ノ瀬～中飯場	16.8	
30	中飯場～室堂 7.0　市ノ瀬～室堂 4.5	11.5	
8. 1	市ノ瀬～室堂　測量	17.8	1.2 貫増（0.7 割増）
2	市ノ瀬～高飯場	17.7	
3	市ノ瀬～室堂　測量 6.2　神社 1.4　室堂 8.5 山頂 1.8	17.9	
4	市ノ瀬～室堂	19.2	1.8 〃（0.9 割増）
5	〃	20	2.0 〃（1 割増）

7	市ノ瀬～室堂	20.2	2.0 〃（1 割増）
〃	〃　　下り　石油缶	7	
8	〃	20	1.3 〃（0.7 割増）
9	〃	20.3	
10	〃	18.8	
11	〃	18.4	
12	〃	18	
〃	〃　　下り	1.6	
13	〃	18.5	
14	〃	17.7	
16	〃	17.8	
17	中飯場～室堂	21.2	
18	〃	21.7	
21	市ノ瀬～室堂　室堂 15.7　山頂 4.2	19.9	
22	中飯場～室堂	36	
25	市ノ瀬～室堂	19	
26	中飯場～室堂	41.7	
〃	市ノ瀬～室堂	19.2	
27	中飯場～室堂	18	
28	〃	20.3	
実働 50 日		1045.5	割増分 51.8 貫 1 貫当たり単価記載されず

（一覧表化は山口一男氏作成，割増率算出は橘が担当）

分の一。標高差は約半分である。このように肉体への負荷が軽くなると、重さでは一日換算で二・五～五倍を背負うことができた。補足すると専業歩荷の小林氏は、距離が短くなれば自分の体重の約二倍以上、四〇貫を超える荷物を白山の高山帯へ運んでいたのである。また、砂防工事の歩荷は、セメント樽二樽一〇〇キロ（約二七貫）を工事現場で背負っていた（砂防科学館の展示写真による）。

市ノ瀬滞在の専業歩荷の運搬量について、比較のため、一つは旧白峰村村民の製炭業終末期について、もう一つは屈強な登山家による白山御前峰への方位盤運搬について、この際触れておきたい。

炭は昭和四年まで一俵五貫（約二〇・七キロ）、五年以後は四貫（約一六・九キロ）詰となる。桑島より約八キロ離れた出作り地という条件の下での村人による炭運搬事例では、明治四十三年生まれの女性は、朝五貫俵三俵（六三キロ）、午後三俵で二往復。昭和六年生まれの男性では、朝四貫俵五俵（八五キロ）、午後五俵の二往復の体験。換言すると、昭和生まれの男性は一日計十俵（四〇貫・一六九キロ）を延べ一六キロの道程で運んでいたのである。この村人の四〇貫・一六キロの運搬と歩荷小林氏の四一・七貫は単純に比較することは難しい。炭俵の場合は、下り坂運搬が多い傾向。これに対し白山は登

写真 3　ヒコウキカツギで白山荘建築材を運ぶ木下清俊氏

り坂運搬の行程であること、白山弥陀ヶ原・室堂の二〇〇〇mを超える高地では、酸素量が平地の四分の三となっており、過酷な自然環境を克服しての運搬であることを考慮しなければならない。

屈強な岳人として知られた長崎幸雄氏は、方位盤約二〇貫（七五キロ）を頂上へ運ぶのに、昭和三十三年、別当出合より七月二、九、十日の三日間を費やして担ぎあげて、山岳界でその強さが話題となった[13]。専業歩荷は約二〇貫の重量でも、市ノ瀬〜室堂間は一日で往復して仕事をこなしていた。この両者の比較は、当日の天候条件や荷物の種類等を考えると単純には比較できないにしても、歩荷の職業能力を理解する上では、一資料となると考えて紹介した。

⑤　歩荷のヒコウキカツギ

昭和二十六年の秋山の日誌は、白山室堂御前荘の新築用建材の運搬記録である。この記録では建築材の種類・長さを克明に記す。最も長い物は一六・六尺、約二間五尺物の柱・合掌。貫《ぬき》の最長は一四・五尺、垂木《たるぎ》の最長は一三・八尺である。このような長い建築材を運ぶときは、背板に二枚の副木をつけた技術、ヒコウキカツギで運んだ。

一枚の副木は背板の高さを高くする添木で、ナカヌキより上に固定する。他の一枚は建築材の荷重を下支えする支え木である。二枚の副木を針金で固定して変形Y字型背板を作り、このY字型で建築材をのせて荷造りした。運ぶ長い建築材を飛行機の主翼、歩荷の体を飛行機の胴体に見立て、「ヒコウキカツギ」と言っていた。この独特の運搬技術は、福井県側木根橋の

写真 4　歩荷は荷物ばかりでなく人も運んだ．　最後尾が玉井敬泉氏を背負う小林氏，歩荷のシャックリバド，キビシアテ，わらじに注意（昭和 29 年 7 月，小林氏提供）

写真 5　明治 32 年『白山行』の挿絵に描く，人を背負って下山する歩荷

歩荷が伝えたものと推察する（写真3参照）。

　昭和二十六年秋山の運搬物ほとんどが建築材であり、その運搬はたぶんヒコウキカツギによったに違いない。秋山の建築材一日平均重量は約一七貫、最重量二〇・三貫である。ヒコウキカツギは不安定で神経疲労がひどく、割増金がついた。昭和二十七年夏山日誌では、備考欄にその数値を記す。木下氏によれば、六～九尺物では一本につき五分、さらに九尺以上には三尺ごとに二分の率で加算した。割増率の最高は三割八分、次いで二割である。

⑥　人を運ぶ

白山の歩荷は、荷物ばかりでなく時には人も運んでいた。明治三十二年、大阪で発行された新聞連載の白山紀行文に、下山途中膝を痛め歩行困難となった新聞記者が、慶松室《けいまつむろ》から背負われて下った姿を、自らの挿絵入りで書いている。[14] 歩荷運搬日誌を提供した小林太市氏が、人を背負っている昭和二十九年の様子は写真4で示した。背負われている人物は、「白山の画家」とよばれた日本画家で、白山の国立公園昇格化に奔走した玉井敬泉氏である。玉井氏は、体力は衰えられたが気力はすさまじく、背負われた姿は白山への執念がただならぬことを感じさせる。

　挿絵と写真で見る運ばれている人の姿は、前を向き同じ恰好で、背板に担がれている。つまり、背板で人を運ぶ技術が定型化していたということである。歩荷は、出自集落周辺すなわち平地での業務時、病人や手足の不自由な老人を運ばねばならぬ業務が時々あり、その技術を応用したもので、特別の業務でなかったらしい。

⑦ 歩荷の収入

昭和二十五年の日誌によると、歩荷運賃は登り一貫六〇円、下りは七〇円、下りの運搬単価が高かった。下り荷は、ビール・酒・サイダーの空き瓶。空き瓶を現金化するためもあったろうが、環境への負荷に留意していた点もすばらしい。夏山の総収入は三万六一三八円、四二日の実動平均では一日八六〇・四三円となる。つまり一日一四・二貫背負って八六〇円稼いでいたことになる。八六〇円の稼ぎは、米に換算するとどうなるのだろうか。昭和二十五年白峰村の米一石は五八〇円。[15] この基準では米一・六斗に相当する。ところで、白峰〜勝山間の夏期運搬では米一俵（四・六斗入り）で白米は一八貫、玄米は一九貫）の運搬で米四〜五升買えた。[16] 市ノ瀬、室堂間は米一斗六升、白峰、勝山間では四・五升。数字上は白山の歩荷の稼ぎは効率が良い。この辺の事情を小林氏は、「砂防で三日働く分を白山の歩荷は一日で稼いでいた」、「白山の歩荷十年すると体こわす」と述懐されている。白山の歩荷の効率良い稼ぎは、同僚間の対抗意識も働き、無理して体力限界まで重い物を背負い、その報酬としての稼ぎなので、当然だともいえる。

4 歩荷が歩荷であることの生活習慣

歩荷の職場は「山」、もっと狭めれば白山室堂への登山路である。毎日通う道の踏石が一つ移動していたり、一つが転げ落ちてなくなっていても、歩荷の足の調子が狂った。歩荷は即座に道直しをした。水場は、歩荷にとっては大切なカケバ（休憩地）、時として一般登山者がよごすときがあっても、それにこりずに通過ごとにきれいにした。これは「会社であれば机・椅子をきちんと整理しておく」のと同じだという。

歩荷は体力勝負の仕事である。人間の食物についての好みは、大別して甘辛である。歩荷は甘・辛を上手に使い分けて激務をこなしていた。日中の仕事中では甘い物をとっている。昭和二十五年の夏山では、一個六円の大粒の飴玉、一個五円、十円の餡餅を多くとり、糖分を取り込んで速効的エネルギー源としている。岳人憧れの縦走路、立山・剣岳か

写真６　白山の焼印をおした小林氏の荷棒

ら槍・穂高岳への尾根縦走は約一週間から一〇日間を費やす。重装備で長い日数登行を続けるとき、体力維持のため飴玉・ドロップスを携行品とするのと同じ対策で利に適っている。

夜のリラックス時には「歩荷は飲まんと勤まらん」として、各自の体質に応じた量の飲酒をした。歩荷頭や永井旅館からは「酒はいくら飲んでも、次の日謝らんなん事はするな」、つまり「酒飲んで喧嘩するな」ときつく言われており、各自厳守していた。

歩荷は足・腰が仕事の生命線である。「ウドを食べると足が重くなる」といい、ウドは食べない。ウドは山菜の王様ともいわれ、茎・葉・根等全部を煮物・酢の物・天ぷら等と多様に料理できる。また永井旅館のある市ノ瀬と周辺地は「河内《こうち》」といい、「河内のウド」は旨い物の代名詞とするほどの名産ではあるが、絶対に口にしなかった。

ウドとは反対に、歩荷は「ハイマツの実を食べると足が軽くなる」といい、食べる者がいた。ハイマツは弥陀ヶ原以高地にしか生えていない。室堂からの帰路に探して食べた。ハイマツの実は小さく七、八ミリ程度。それで腹が脹れるという代物ではない。しかし、ハイマツの実はナッツの一種だから栄養価に富んだ食材に間違いなかろう。

歩荷は、霊峰白山、白山比咩神社の仕事の一端を分担しているわけだが、白山の神に帰依する習慣はなかった。具体的には、白山頂上での開山祭に出席する、白山の護符を身につけて仕事する、高山での登山安全を祈禱してもらう等は見られない。ただ気になるのは、背板・荷棒に白山の焼印《やきいん》を押していた所作である。小林氏は、背板と荷棒に昭和二十五～三十四年の一〇年間の暦年焼印、つまり二つの使用具に二〇個の白山の刻印をした。織田氏は荷棒にだけ焼印をした。木下氏は、永井旅館備えつけの使用具を利用したので、焼印等の勝手はできなかった。ちなみに昭和二十二年時の焼印料は一回五〇銭であった。

高山の山小屋がおこなう焼印は、富士山で今も続けられている。この焼印は、霊峰といわれる山に参詣登山する際、断面六角形をした金剛杖を使い、それに登拝を記念して室（宿泊施設）が有料で刻印したものである。この信仰登山の慣行が、近代には飛騨山脈（北アルプス）の山小屋に引き継がれて普及したいきさつがある。歩荷が毎年焼印をしているのは、年間何十回と登っているのだから、単なる記念の印ではなかろう。織田氏が荷棒にだけ刻印していたという事実は、示唆に富んでいる。背板の焼印は荷造りで隠れてしまうのに対し、荷棒の焼印は人目につきやすい。この刻印は、自分の仕事は比咩神社の歩荷仕事で、砂防歩荷とは違っているとの気持ちを、表現させていたのではなかろうか。小林氏の荷棒には、隙間がないほどに一〇個の焼印が連なっている。多数の焼印は、同僚他者に対し、歩荷頭としての体験の長さを誇示しているようにも見える。換言すれば、白山の焼印を目立ちやすい所に押し、白山の歩荷の地位をブランド化していたとも言えよう。

もう一つの見方は、歩荷は焼印について、霊場巡礼寺院の朱印と同じような役目を期待していたのではないかとの視点で、あくまで私見である。巡礼寺の朱印は、参詣記念の印であると同時に「仏の宿る印」として、巡礼後も信仰物として大切に扱われている。歩荷は、白山の神が仕事上の道具に宿ってもらうとの期待で押印していたのではないかと思う。

写真７　時には頼まれてガイドの仕事もした．女学生団体登山では案内と落伍者のザックを背負った．（小林氏提供）

5　おわりに

インターネット情報では、現在専業歩荷の仕事ぶりが見られるのは、尾瀬ヶ原地区と白馬岳の夏山期間だけであるという。大部分の山小屋はヘリ輸送に変わってしまった結果である。高山の山小屋への歩荷作業は、過酷だが山村の人にとっては、かけがえのない高い収入源であった。歩荷はヒコウキカツギに見るごとく、熊狩りと同じように誰にでも可能な技術ではないので、従事者も多くなかった。そのため高山への専業歩荷の記録も多くなかった。偶然にも専業歩荷の日誌提供があり、これをもとに高山の山小屋・白山室堂への専業歩荷の具体的生態を幾分記録しまとめることができた。小林太市氏の日誌は、歩荷終末期の三年間と短いにしても、特殊な職能専業歩荷の記録で、後輩の運搬量も記しており（未紹介）、貴重な民俗資料と位置づけしておこう。

気になるのは、白山室堂の専業歩荷に、白山直下の市ノ瀬・赤岩・三ツ谷の出作り群の人が携わっていないことである。これら奥山の人は、大正期より夏は登山者の案内人をしてきた慣行があり、地元では組織化を計り「白山強力組合」[17]を作るほどの人数が従事しており、その収入は歩荷より割得であったらしい。

注

（1）矢ヶ崎孝雄「白山麓白峰村の歩荷——山村と担夫交通」（『金沢大学教育学部紀要』八、八八～一〇五ページ、昭和三十五年

（2）石井昭示『越前北谷物語——むらの歴史』一六二～一七〇ページ、木犀社、平成十年

（3）加藤政則『白山の埋み火——白峰村河内の存亡史』六五～七〇、八二ページ、川上御前社跡保存会、昭和六十一年

（4）前掲（1）

（5）『聞きがき抄　昭和九年白峰村水害誌』五九ページ、白峰村公民館、昭和五十九年

（6）『白山観光協会創立五〇周年記念誌』八〇～八三ページ、白山観光協会、平成十年

（7）背負い運搬の途上、荷を下ろして休む場所を村人は「ヤスンバ」というが、歩荷は「カケバ」といい、歩荷用語である。大道谷往来のヤスンバについては、次の資料を参照。橘礼吉「白山山系加越国境の峠道」（『金沢市立工業高等学校紀要』六、一～一九ページ、昭和五十二年）

（8）山路の会『白山』八三ページ、石川県図書館協会、昭和三十一年

（9）（10）（11）現在の「高飯場跡」より上部の登山道は改修され、一の越・二の越・栂くぐり・三の越は通らない。

（12）白山ろく民俗資料館、平成十八年度秋特別展「白山の歩荷と強力」で、歩荷の雨対策が復元展示された。

（13）長崎幸雄『わが白山連峰——ふるさとの山々と渓谷』一〇〇～一一三ページ、北国出版社、昭和六十二年

（14）『明治十七年白山調査記　明治三十二年白山行』山路書房、平成三年翻刻
（15）『白峰村史』下巻、一〇一ページ、白峰村役場、昭和三十四年
（16）前掲（1）
（17）五十嶋一晃「日本の山案内人――生いたちと組織化をめぐって」（『日本山岳会百年史』続編・資料編、七七～一〇二ページ、日本山岳会、平成十九年

九　初秋、越境ワサビ半栽地へ行く

昭和三十六年まで白山直下白峰村赤岩の永住出作りに住んだ加藤勇京氏（明治二十九年生、昭和四十六年の聞き取り時には白峰集落在住）が、岐阜県尾上《おがみ》郷川源流でワサビ作りをした体験談は、登山経験者の筆者にとって、二つの視点で驚嘆する事実であった。

その体験は、岐阜県荘川村尾上郷という、他県・他集落の領域山地へ無断で入りこみ、岩小屋（洞窟）で二泊してのワサビ作りである。まず一つ目の驚嘆内容は、ワサビ作りのため歩んだコースである。加藤家が往復したコースは、別山（二三九九m）を源流とする庄川源流の尾上郷川水源域で、滝あり淵あり、岩壁ありで、上級登山者でなければ行けないルートである。この谷筋の登山者の遡行には、昭和四年、桑原武夫[1]、田中喜左衛門[2]らの報告が、日本山岳会会報『山岳』に記載されている[3]。桑原らが登ったコースは、登山道のない未知ルートで、地元の岩魚釣りや猟師しか踏みこまない未開の峡谷であった。桑原は、この山行に新田次郎著『剣岳　点の記』にも登場する富山県千垣の名案内人・宇治長次郎[4]を雇って難所の先導役をしてもらい、完全溯行をめざした。この紀行文の情報を知っていたので、加藤一族は宇治長次郎と同レベルの登山技術を身につけていたに違いないと直感し、驚嘆したわけである。

二つ目の驚きは、他県・他村の領域で断りもしないで稼いでいた事実である。山中での狩猟・樹木伐採・焼畑等の生業は、自村領域でおこなうのが規範・原則で、他村領域に越境する場合は何らかの手続きをしていた。白山奥山にも境

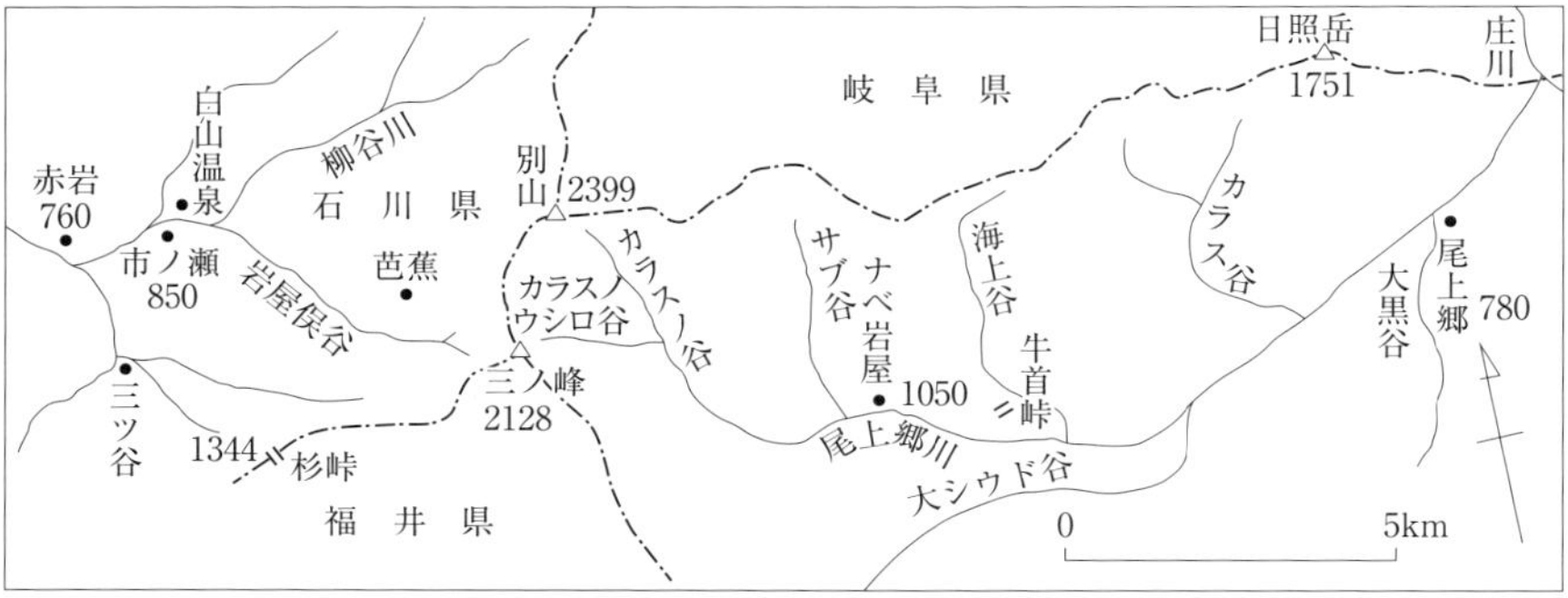

図1　赤岩・加藤家のワサビ越境栽培地周辺図

界は厳として存在し、不法越境は争いの因となり、過去には生死を賭けた争いもあった。ところが石川県側奥山人の加藤家は、二〇〇〇m級の分水嶺（県境・村境）を越えて、岐阜県領域へ出むき、公式・非公式の手続きは一切おこなわず、ワサビ作りで稼いでいたのであり、稀有な行為として驚いたわけである。以下の報告は、白山直下の奥山人が他地域へ越境しての生業活動の事例として紹介する。

① 曾祖父が海上谷湧水を見つける

越境ワサビ作りを始めたのはヒイジイサン（曾祖父）が飛騨領域で熊狩りをしていたとき、尾上郷川の枝谷・海上谷《かいじょう》で湧水地を見つけたのを起りとする。試みに、赤岩在来のワサビ苗を山越えして湧水発見地に移植した後、水・大気・積雪等の自然力に頼ってそのままにしておき、数年後に再度訪れると期待以上に大きく育っていたので、繰り返すようになったという。話者勇京氏は明治二十九年生れで、曾祖父が始めたというから江戸時代末期頃からの越境ワサビ作りであろう。

② 飛騨山行きの実務

身支度　加藤家は海上谷へ行く仕事を「飛騨山行き」と言っていた。持参する物は、米・味噌・塩等の食糧と鍋、雨具としての茣蓙、棒（杖代り）、作業用鉈《なた》とワサビ鳶《とび》、梱包用麻袋、シナノキ縄、わらじは一足を履き、予備二足等である。

道程　赤岩（標高七六〇m）を出て、岩屋俣谷を遡り、別山谷出合より尾根道を行き、下芭蕉・上芭蕉（一八八一・五m）を経て県境分水嶺追分、三ノ峰（二一二八m）、さらに一の峰へ。ここまでは既存の登山道。地形図上の水平距離で約八キロの行程。一ノ峰からかすかな踏跡が残るカラスノウシロ谷を下り尾上郷川源流本谷

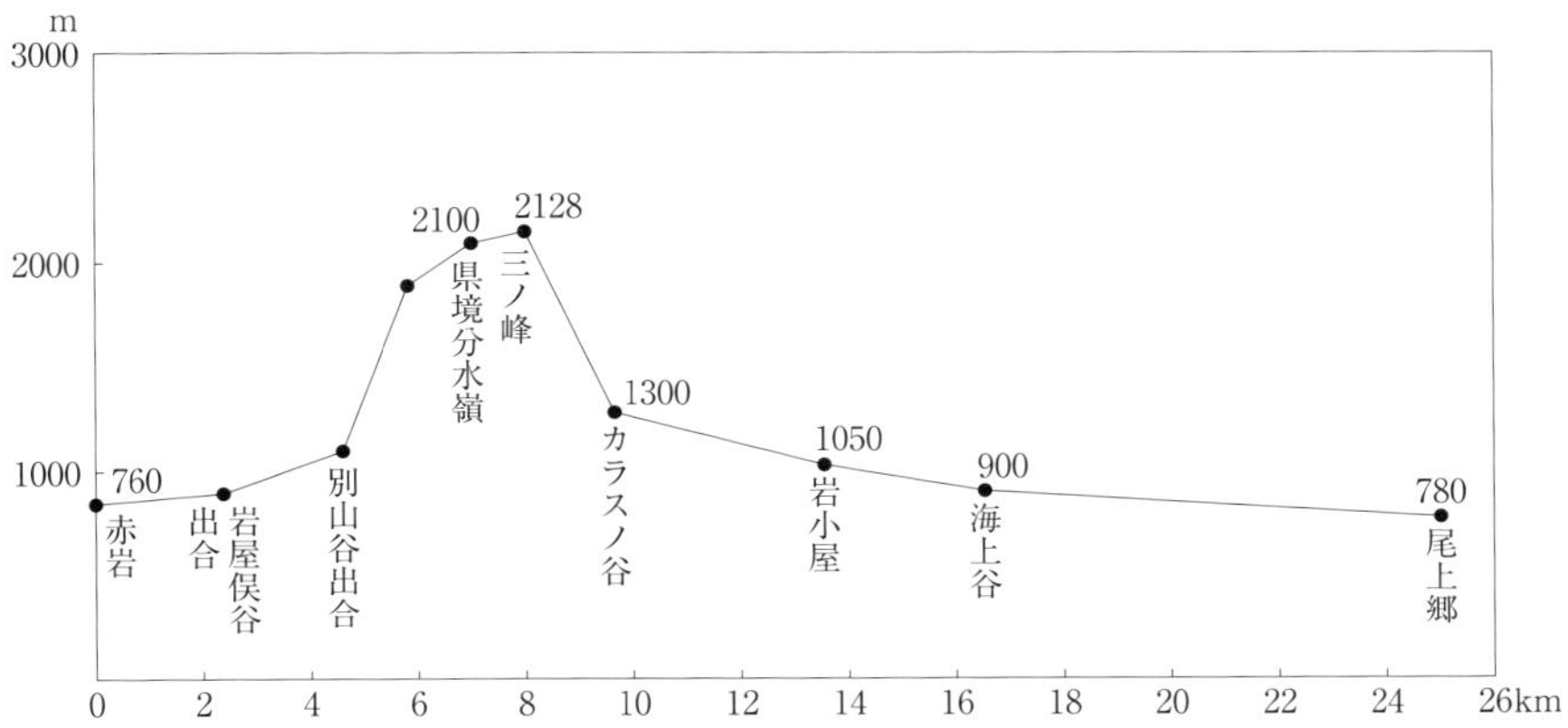

図 2　赤岩・加藤家が越境ワサビ作りしたコース

カラスノ谷へ下る。赤岩の鈴木家（屋号センマ）もこのルートを辿り、尾上郷川で岩魚釣りをして稼いでいた[5]。加藤・鈴木家を含めた河内の人は、年数回カラスノウシロ谷を往復し、幾ばくかの稼ぎをしていた。本谷にも道はなく谷筋を歩く。サブ谷出合左岸に岩小屋（約一〇五〇m）があり、ここを宿泊場とする。この岩小屋を加藤家では「サブ谷岩屋」、河内の猟師は、かつては常時鉄鍋一つが置いてあったことから「ナベ岩屋」といっていた。桑原の山行報告で「信州島々の岩魚釣りが焼いた岩魚を沢山おいてあった」という岩小屋である。

岩小屋より目的地の海上谷へは、本谷が峡谷となって断崖（登山用語でいう廊下）が続き、谷筋は歩けず高巻き踏跡を辿り、牛首峠を越えて海上谷（約九〇〇m）に入った。赤谷より海上谷まで地形図上は水平距離で約一六・五キロ。その間三ノ峰（二一二八m）の高峰があり、標高差約一三〇〇mの登り下りの山行である。赤谷〜海上谷まで一六・五キロ、これに対し海上谷ワサビ植栽地から下流方向の尾上郷集落までは半分の約八・五キロである。

尾上郷水系での実務　勇京氏の初めての飛驒山は大正二年。十七歳のとき、九月下旬〜十月上旬にかけて行く。兵役前三回、兵役除隊後一回で、大正七、八年頃、父謙次郎の手伝いとして同行した。カラスノウシロ谷は、傾斜が急な上、小さい滝が連続しており、緊張して登り下りする。本谷筋は幅広で歩きやすい。赤岩から岩小屋までの行きに一日、海上谷のワサビ採り、苗植付けの作業に一日、帰り一日を費す。強雨により谷川水位が高くなり谷筋が歩けず、帰りが日延べしたこともあった。源流は急なので水位が急に高くなる反面、水位が低くなるのも早く、一日遅れの帰村となった。

海上谷の三年物は多くは細いが一尺ほどの長さで、一人七、八貫、二人で約一五貫を、麻袋・シナノキ縄で担いで帰る。帰路のカラスノウシロ谷の登りは、ワサビの重量できつかった。加賀側河内産の三年物では、一尺になるものは最上級で数も少ない。値段で比べると、河内産一貫が一円二〇銭〜一円三〇銭のとき、飛驒山海上谷産一貫は四円〜四円五〇銭であった。越境してのワサビは、地元産の物より三倍を優に超える値段で売れたのである。加藤家の飛驒山のワサビ商いは、小松の「又助」という商人に特約していた。父は飛驒山へ行く際、郵便で帰村日（出荷日）を連絡しておくと、又助が赤岩へ買付けに来るという慣行である。

飛驒山行きの取止め　海上谷のワサビ作りは、往復に苦労や危険が多かったが、収穫即苗植付け以外、まったく手数をかけない「半栽培」であり、年一回の山行で沢山儲かった。しかし勇京氏の除隊後に一回おこなったが、それを最後に父は飛驒山行きを止めた。理由は、営林署が林道を尾上郷川に沿って伸長し、その先端が海上谷出合より下流のカラス谷出合近くまで延びたことによる。開通した林道で営林署役人の尾上郷川源流域への入山が便利となり、石川県からの越境ワサビ作りが発覚するのでないかとの警戒心が起ったからである。父の思惑は、もし発覚すると、祖父の代までさかのぼっての地代、それも無届けなので多額の罰金が加算されることを恐れたのである。

飛驒山行の稼ぎ高　尾上郷海上谷のワサビは、河内産と比べ物にならないほど大きく、一尺物が過半であった。毎回二人で約一五貫を担いで帰ったという。一尺物が全体量の半分あったとすれば、その重さは七貫五〇〇匁。小松の又助に売った一尺物ワサビ値の一貫単価は、四円〜四円五〇銭、このときの河内産は一円二〇銭〜一円三〇銭であった。一尺物を一貫四円として、七貫五〇〇匁の稼ぎは三〇円となる。河内は稲作水田に恵まれず、主穀はヒエであったので、純白の米ご飯への希求度は、平野部在住者が予想できないほど強かった。そこで、ワサビの稼ぎ高で米どれほどが買えたかの視点で、飛驒産ワサビ三〇円を米価に換算してみよう。

大正二年、越前産標準米一石は一三円七五銭（『林七蔵家大福帳』[6]による）、大正四年は一四円五〇銭（『白峰村史』下巻）[7]である。尾上郷海上谷産の一尺物ワサビ七貫五〇〇匁三〇円で買えた越前米は、大正二年は一石二斗六升、大正四年は約二石七升に相当する。もっと分かりやすくするため、特大一尺物ワサビ一本を米価に換算してみよう。一尺物の重さが現在の単位で二〇〇グラムとすれば、一貫（三・七五キロ）では一九本となる。七貫五百匁の本数は約一四三本。一四三本で米約一石五斗もしくは二石七升に相当するから、一本当たりの米量は約九合〜一升四合となる。越境して作った飛騨側海上谷の一尺物高級ワサビ一本は、米九合〜一升四合を稼いでいたことになる。

③ 河内の人々が越境活動ができたわけ

手取川最源流、白山直下の出作り群「河内《こうち》」の人々は、藩政期には「白山天領の民」、さらには「平泉寺白山の氏子百姓」と自称していた。河内を含めた白山麓は江戸の寛文期より幕府直轄の天領所属となっていた。独立峰白山には、加賀・越前・美濃から登山路があり、河内は越前勝山平泉寺からの禅定道の登山口に位置した。だから、二つの自称は事実ありうるわけで、それ自体は殊更のことではない。越境先の尾上郷は、白山禅定道のルートより遠く離れている。行政上は、元禄期から天領となっていた。だから尾上郷の人も河内の人も「天領の民」であるが、河内の人々は「白山氏子百姓」「境内百姓」というプライドをもち、「白山氏子百姓は白山のどこでも立ち入れる」と身勝手な意識をもっていた。こうした身勝手な意識が、思うだけに留まらず、ワサビ作りや越境しての薬草採り、岩魚獲り、熊狩り、檜伐採をさせることになった。他地域の人が越境して河内地域へ入り、生業活動をしたという事例はまったく聞かない。

河内の人の海上谷のワサビ作りは、人力でワサビ田を造成することはせず、自然湧水、自然地形をそのまま利用する半栽培方式だから、尾上郷側にしても直接的な損失はなかった。尾上郷の人が明治以前からの越境ワサビ作りを、まったく知らなかいということはなかったと思う。もし尾上郷側で、不法行為としての氏子百姓を捕らえて紛争を起したとすれば、白山麓を所轄する本保陣屋（現武生市）と尾上郷所轄の高山陣屋の司法上の悶着に発展しかねない。さらに「白山の氏子」の事犯として寺社奉行がかかわることも予想される。しかし結末は、平泉寺という有力寺社を背景にした河内側に有利になるであろうと、河内の人は強く予測し、対するに尾上郷の人もしぶしぶそう考えていたと思う。加藤家が越境活動を止めたのは、林道が延びて営林署の役人の奥山検分がたやすくなったことによる。河内の人が飛騨山へ越境できたのは、「平泉寺白山」という権威を笠に着ての行為でもある。そしてワサビ作りを止めたのは尾上郷の人々への配慮ではなく、政府行政機関「営林署」という権威を恐れたからである。

河内の人々が「白山の氏子百姓」と自称したことに関連して、木地師が山中に良材を求めて探索するとき、「筒井八幡宮氏子」と称し「惟喬親王由緒書」を持ち歩いていたことが思い起こされる。どちらも常時無人の山中で生業をおこない、万が一問題化した際には、著名な社寺の権威を後立てとした事例といえよう。また、旅マタギ・渡りマタギと称した人々が、「山中根本之巻」、「山達由来」という由緒巻物を持ち歩き、狩猟がおこなわれていない山地での越境狩猟をしていたのも類似事例といえよう。

④ 越境者への尾上郷集落の立場

尾上郷の集落は、庄川本流との出合より少しさかのぼった上流右岸にある。尾上郷集落よりも上流には集落はなく、人が住んでいない。だから、尾上郷の人は、奥地の広大な山地を思う存分、生業の場として活用できる環境であった。桑原武夫氏の報告記事では、(8) 昭和初期の越境者、具体的には、遥か遠方の長野県安曇村島々から尾上郷集落を通って、また加賀側より白山の分水嶺を越えて、岩魚釣り師が岩小屋に宿泊し盛んに川魚漁をしていたことを記す。つまり大正中頃までは外来者が尾上郷領域内でワサビ作りを、昭和期にも川魚漁師が岩魚生息密度の濃い尾上郷川で漁をしていた事実があった。尾上郷の人々は、領域内での外来者の稼ぎに寛大で、排他意識が薄かったのであろうか。それとも、奥山での越境活動なので、尾上郷の人々の目が行き届かなかったのであろうか。

地形図を一見すると、ワサビ作りをした海上谷、上流のサブ谷を含めた尾上郷本谷左岸山地の等高線が密で険しいことが分かる。対するに右岸山地は等高線が疎で緩かな地形で、面積も格段に広い。昭和七年の地形図で山中の「小径」すなわち山道を探索すると、右岸の枝谷大黒谷沿いと、本谷沿い右岸の枝谷小シウド谷、大シウド谷出合まで小径がある。左岸山地に山道は何一つ記載されていない。つまり、山の資源を活用するときは地形の緩やかな右岸山地に足繁く出向き、その帰結として右岸山地に山道がついたのでなかろうか。尾上郷の人々は、右岸山地を密に利用していたので、左岸山地の源流域への外来者越境活動を把握していても、厳格に対処してこなかったと推察できるのではないか。さらに補足すれば、尾上郷本谷の左岸山地の険しさが、在地の人々の生業を忌避させ、生業の空白地域となっていた。険しい本谷へは尾上郷の人は足繁く通わず、その結果として岩魚が密度濃く棲息する環境が維持されたのだろう。この環境を他地域の漁師は見逃さず、距離を克服する苦労より多く稼げたので、長野県安曇村島々や、石川県白峰村赤岩からの岩魚出漁となったと思われる。

⑤ 奥山人・河内の人々の山地適応能力

高山の渓谷は、滝あり、淵あり、岩場ありで、高い登山技術を必要とし危険が内在する。飛騨山行きの越境ルートは、京都在住の登山家をして一流の山岳案内人を雇って先導させたほどの高山特性をもつ。河内の人は、手取川源流の白山山中で、日常的に薬草採り、山菜採り、岩魚獲り、熊狩り等をしてきたので、飛騨山行きの労力は重い負担でなかったらしい。たぶん河内の人は、尾上郷の人よりは山・谷・雪を克服する高山適応技術は優っていると、内心自負していたと思う。河内の人々の越境活動は、習得していた高山適応技術の他、越境地に岩小屋（「岩屋」）がなかったら、この活動ができなかったはずである。この岩小屋は、昭和四十九年北日本測量社発行の五万分の一地形図「白山」に、所在位置が記載されている。筆者には、この岩小屋を現地確認する肉体的能力はないので、岩屋の屋内容積を推察するとき、残雪期の熊狩りに宿泊していた河内の人々の体験談が参考となる。熊のマキ狩りでは最低五、六人が必要で、その猟師集団が泊っていたから三畳～四畳半ほどの広さであっただろう。

白山の奥山人が、多目的に岩屋を活用した事例では、旧吉野谷村中宮の人々は、手取川枝谷蛇谷《じゃだに》川の源流山地へ狩りやゼンマイ採りに出向くときは、支谷・親谷《おやたに》・姥《うば》ヶ滝上部の右岸「親谷の岩屋」を、さらに上流の蛇谷川本流領では右岸「ミノガ原の岩屋」を、昭和三十年代前半頃まで利用していた。このように、居住地から遠隔地に出向くとき、自然地形の岩屋を利用宿泊する慣行も、奥山人の一つの生業技術として注目すべきであろう。[9] 他地域山地の同類事例の提供を強く期待したい。

注

（1）桑原武夫、福井県敦賀市出身、京都大学名誉教授、チョゴリザ遠征隊長、京大派のアルピニスト。
（2）田中喜左衛門、京都市出身、黒部川上廊下の初完全下降、北岳積雪期初登頂。

（3）桑原武夫「尾上郷川と中ノ川」（『山岳』二五 - 一、五四～七一ページ、日本山岳会、昭和五年）
（4）宇治長次郎、明治四十年、陸地測量部員を当時無名であった長次郎谷から剣岳に登らせた案内人。長次郎谷という名は、明治四十二年に吉田孫四郎を案内したとき、記念につけられたもの。
（5）橘礼吉「手取川源流域におけるマス・イワナ漁について」（『石川県自然保護センター研究報告』第三三集、四七～五五ページ、平成十八年）
（6）金沢市窪三―三七八、林茂家所蔵『大正二年十一月改林七蔵家大福帳』
（7）『白峰村史』下巻、九八ページ、白峰村役場、昭和三十四年
（8）前掲（3）
（9）新潟県三面の漁師が利用した三面川源流の「スマダの岩屋」（『山に生かされた日々――新潟県朝日村奥三面の生活誌』一一ページ、「山に生かされた日々」刊行委員会編集発行、昭和五十九年）、秋山郷の猟師が利用した「リュウ・岩穴」（白水智『知られざる日本――山村の語る歴史世界』一八三ページ、日本放送出版協会、平成十七年）等の報告がある。

一〇　秋、岩場で薬用高山植物オウギを採る

1　オウギとは

①　オウギとの出会い

焼畑農耕調査の際、作物を野生動物から守るための番小屋シシゴヤを建てて宿泊していた実態を聞き取った。この小屋が小さく素朴なとき、「オウギ小屋のような」という例え言葉を使っていた。これがオウギとの最初の出会いである。そして当然ながら、「オウギ小屋」とは一体何を目的とした小屋なのか、白山のどの場所に建てていたのか等の教示を受けていった。

結論的には、焼畑民が森林限界付近に獣害予防の小屋を作って寝泊まりし、マメ科の高山植物オウギの根を採取し、和漢方薬の生薬として石川県の金沢市や鶴来町《つるぎまち》、福井県の勝山市へ出荷し、幾ばくかの現金を稼いでいた実態が分かっ

てきた。そして、オウギ採取中に岩場で事故死した人があり、その人名のついた壁が中ノ川源流にあることも分かった。登山をやった者として、墜落するほどの険しい岩場の具体的場所をつきとめたいとの衝動も起った。この報告は、尾口村尾添では体験者の生存がなかったので、文献や口頭伝承でその痕跡を探り、白峰村河内では体験者の貴重な口述をもとに、亜高山帯の岩場での高山植物採取で現金を稼いでいたという、稀有な焼畑民の生業活動をまとめたものである。

② 本草学者畔田伴存が見た「白山黄蓍」

オウギの漢字表記は、黄蓍・黄耆・黄芪等の例を見る。『白山草木志』(1)には、オウギの形質に関する植物学的記述がある。これは紀伊藩の著名な本草学者畔田《くろだ》伴存（一七九二～一八五九）の著述である。彼が白山に採薬登山したのは文政五年（一八二二）六月下旬から七月上旬（旧暦）のことで、紀行文の文末には「文政年間に所記なり」と書いている。著述は上下巻の二冊で、内容は博物誌と紀行文に大別できる。上巻は、薬部と苔部を記す。草部の最初は、なんと「白山黄蓍《おうぎ》」である。草部では五〇数種の植物名をあげ、その細部にわたって描写している。その最初に白山黄蓍をとりあげていることは、江戸時代文政期には生薬としての白山産オウギが、全国的に知れわたっていたことを如実に物語っている。

まず書き出しは、「白山天領ニ多シ土人此草ヲ採テ山畑ニ作リ今世上ニ商フ／苗高サ二三尺茎円ク葉互生ス／一葉ニ二十三五ノ小葉排ス／幅二分許本濶ク末細ク文脈雞眼草ニ似テ鮮明也…」に始まり、葉・茎・花・実の特色を精密な描写文体でつづり、終わりに「本草啓蒙ニ白山黄蓍冨士黄蓍ヲ一物トス／甚杜撰《ずさん》ナリ」と書き、従来は白山と富士山のオウギを同一視しているのは「ずさん」で、その実の形が違っていると指摘し、二つのオウギの莢《さや》のスケッチをあげて説明している。花については、淡黄色の白色のものがあると記録している。

畔田が白山黄蓍と命名して紹介したものの実態は、清水・古池(2)（一九九二）、栂(3)（一九九六）等によれば、マメ科の高山植物イワオウギ（タテヤマオウギ）であると思われる。畔田の著述で注目すべき表現に「土人此草ヲ採テ山畑ニ作リ」がある。補足すれば、高山植物のイワオウギを根ごと採取し、それを山畑すなわち焼畑に移植して育て商いをしていた事実の説明である。

写真１　岩場のイワオウギ（清水建美氏提供）

③ イワオウギとは

オウギの採取場所はほとんど岩場であったというから、イワオウギに間違いないなかろう。イワオウギは別名タテヤマオウギともいう。この名称は、越中では古くから製薬・売薬業が盛んであったので、生薬として立山採取のオウギが多く利用されていたことを裏付けている。清水[4]（一九八二）によれば、イワオウギはマメ科のイワオウギ属に属し、高さは一〇~八〇cm、花は黄白色（淡黄色）、高山帯の砂礫地や岩場に自生する。分布は北海道、本州の東北~中部地方、さらにシベリア・朝鮮半島・中国東北部~四川にも広がっている。

採取者によると、大雨が降ったとき、水源地域から市ノ瀬付近の河川敷に流れつくことがある。茎が約一尺（約三〇cm）のときは根も一尺ほどあり、根の長さと茎の長さはほぼ同じという。採取者は、黄色の花をつけるオウギは採ったが、白色の花をつけるオウギは根が細く小さいので採らなかったという。採取時期の秋には花期はとっくに終わっているから、黄色の花の実はどんな莢《さや》をつけるのかを理解していなければならない。だから、実の特色を把握し、その花が黄色か白色かを判断していたと推察する。採取者が黄色の花としたものは、イワオウギの他タイツリオウギも該当する。白色の花としたのは何オウギであるか分からない。「白山植物目録」[5]には、イワオウギ、タイツリオウギ以外は記載されていない。稼いでいたのは根で、茎・葉ではない。根については、『石川県天然記念物調査報告書』第三輯[6]（一九二七）では、「尋常平地ニ移セバ、ナホ長ク伸ビ、根ハ却テ痩小トナル。高山自生ノモノハ其根、茎ニ比スレバ甚ダ長大ニシテ、二三尺ニ及ブ。柔ニシテ強シ。葉ト共ニシテ、甘味ヲ帯ブ」と書き、麓の栽培種と自生種を比較して描写している。畔田が栽培オウギを記したのは江戸時代末、石川県の調査記録は昭和初期、その間約一〇〇年間、麓で栽培が続けられていた事実は注目すべきである。薬草は軽く、かさばらず、運びやすく値段も高いという部類の商品である。薬草のオウギが、一〇〇年間、自生種の採取ばかりでなく、移植栽培で稼いでいた実態が浮び上がってきた。

④ 白峰村河内

『天然記念物調査報告書』で「平地ニ移セバ長ク伸ビ」と記した場所は、白山登山口の市ノ瀬と思う。かつて市ノ瀬と周辺の赤岩、三ツ谷には出作り群があり、「河内三ケ《こうちさんか》」と総称していたことはすでに述べた。畔田伴存が「土人山畑ニ作リ」と記した人は、河内の出作り人にまちがいなかろう。

現在、登山口の市ノ瀬は温泉旅館、国立公園ビジターセンター、砂防工事建物等、数棟が夏期に開いているが、冬期は無人化、赤岩、三ツ谷は廃絶した。

河内の永住出作り戸数は、江戸の享保期は四三戸[7]、天保期は三五戸[8]、近代では明治末四一戸[9]、昭和初期四三戸[10]等の記

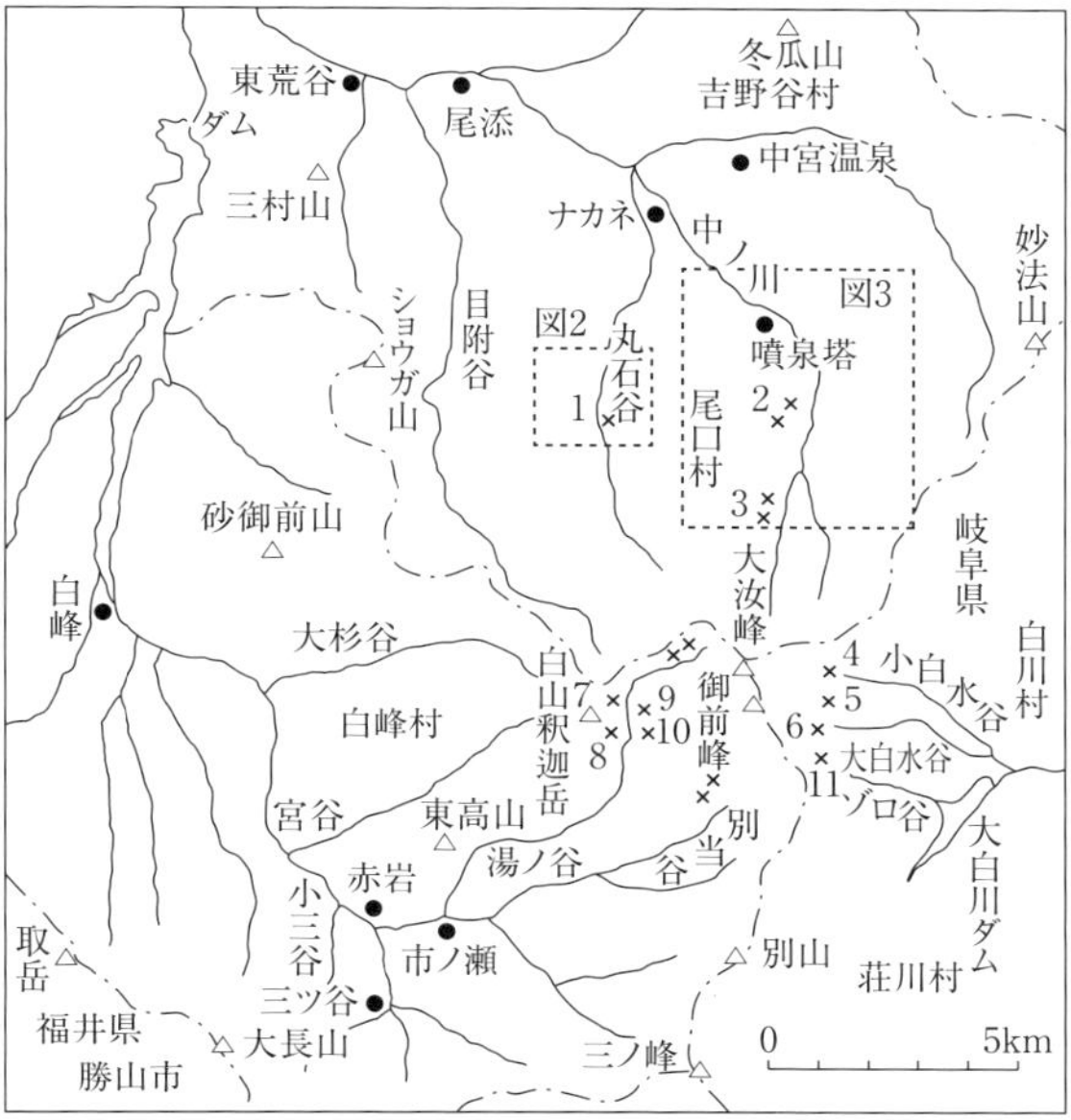

1．オモリ谷　2．夏至の壁　3．玄徳壁　4．小谷
5．転法輪谷　6．大谷　7．大倉　8．アラレ壁
9．カン倉　10．鎧壁　11．ゾロ谷

図 1　主要オウギ採取地

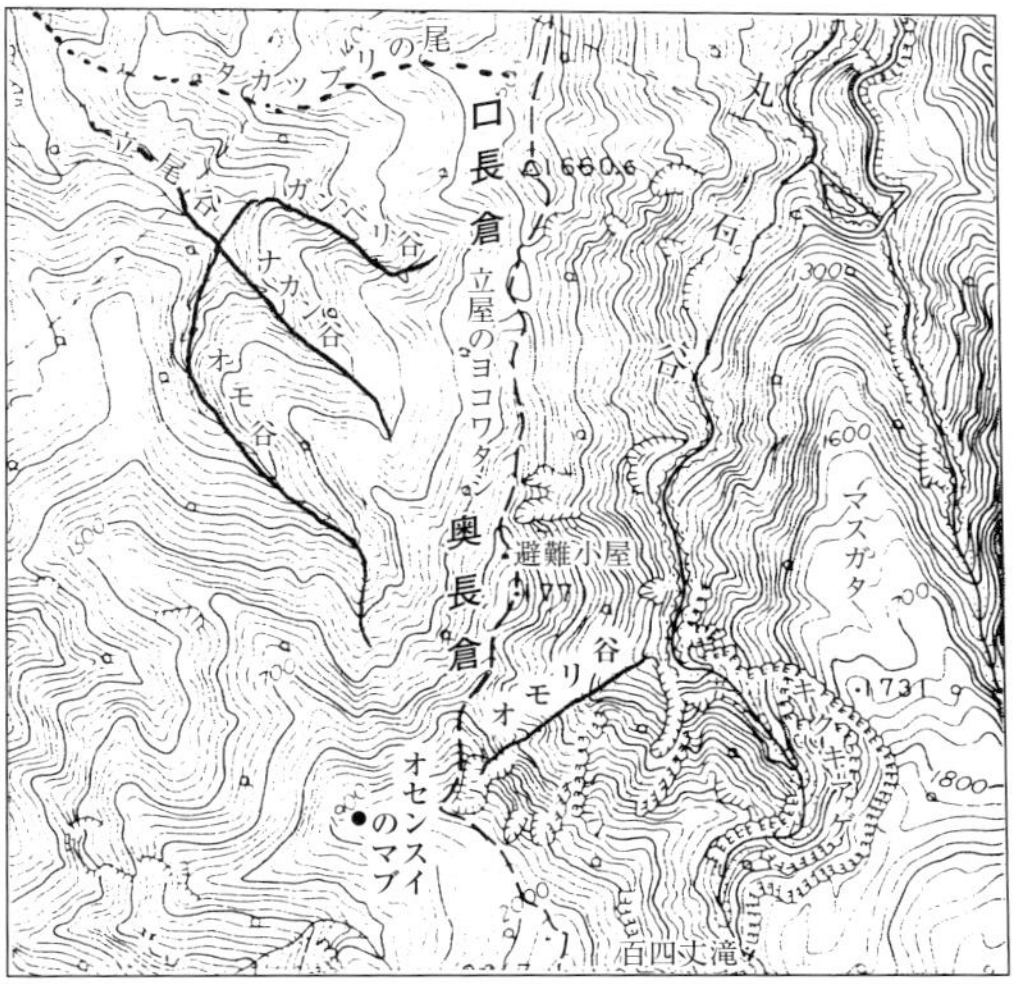

図 2　『白嶽図解』中の「オモリ谷」周辺地図
（原図は５万分の１地形図「白峰」）

録を見る。これら四〇戸の出作りが、後述するがオウギ最多収量年には千貫を移植栽培と採取で稼いでいた。移植栽培体験の聞き取りはできなかったが、この報告では、高山植物オウギの採取に重点をおいた、奥山人の複合生業の一端を記録した。

2　文献にみるイワオウギ資料

①　金子有斐《ありあきら》『白嶽図解』文政七年（一八二四）より

加賀藩の儒学者金子有斐（号は鶴村、一七五九～一八四〇）は、文政七年（一八二四）『白嶽図解』(11)を尾添村民喜兵衛、十左衛門、源兵衛、弥兵衛等からの聞き取りをもとに、加賀禅定道と山麓村民の様子を地誌風に書いた。オウギの採取については次のように記録した。

「此千翠《せんすい》のはなの下たを俗におもれ谷と言。石壁千尺手を立たる如し。其岩壁の間に黄蓍を生す。白山麓の民此を採て業とする者住々あり。黄蓍は岩壁の内へ一二尺根を含めて生する者故に採る者巌に取付て遥につたい上り、片手にて岩角を握りて片手に斧づると言ものを持ち岩を打砕て黄蓍をとるに、誤て我が履む所の岩砕て谷底へ落て形骸皆粉砕となる者年に一人二人無き事なし。然れども夫にも不レ懲《こりずに》年々採之やむ事なし。誠に世を渡る業ほど哀れなるものはなし。かく身命に懸る危き業をなさずとも外に口糊のよすがも可有と余所の見る目には思はれ侍れど、此を仕来りたる者は此より外にすべき業なく、一日怠れば一日飢る事故に吾身につけ妻子につけ、かく危き世わたりをする事也。」

オウギ採取場所として「千翠のはな」下に位置する「おもれ谷」の地名をあげている。現在の猟師集団が伝承している小地名には、「センスイのハナ」「オモレ谷」という該当地名は存在せず、これは「オセンスイのマブ」「オモリ谷」の間違いであると指摘している（尾添・北村秀一氏談、一九九七）。オセンスイ（御泉水）のマブの位置は、美女坂を登り切った独立標高点一九六八m東側、タチヤのオモ谷に向かっての斜面急変地点である。金子が記したオモレ谷は、猟師がいうオモリ谷のことで、オモリ谷は独立標高点より丸石谷へ落ち込んでいる急谷で、上部は地形図によると急崖・岩場となっている。ともかく、江戸文政期に、尾添村民が丸石谷の支谷、オモリ谷でオウギを採っていた事実が記録されており貴重である。

さらに、岩場にへばりついてオウギを採取している様子を「攀躋於巖壁採黄蓍」という漢文調の題目をつけて挿絵で描いている。金子は、尾添村民からの聞き取り情報をもとに、作業状態を想像して描いたに相違いない。村民二人が、垂直状の岩場で、短い鶴首状のとびを持ち根を掘っている。その傍には、誇張気味にオーバーハング状の岩壁を描く。この挿絵から、オウギ採りは非常に危険度の大きい作業であることが理解できる。そして本文では、命の危険を侵してオウギ採りをしなければならない山人に、素直に同情している。江戸時代、稲作民の作業を描いた農耕図絵は多くあるが、山村民の生業を描いたものはないに等しく、貴重な資料である。

金子は、『図解』末尾の「尾添村」の項で村人の生業を次のように記す。

「夏は農業を勤して村より五里六里山奥に仮小屋をしつらいて、家内の男女不レ残其小屋に住居して耕作をなす。山は力次第に墾闢《ひらき》て年貢を不レ出。纔《わずか》なる山銭を出すのみ也。此を出作と云。四月五月の中蚕を養て多く糸を取る。尾添村の貧くて農業をなしがたき者は薬草を取事を業とする也。又春末レ雪内には熊を取てあきなふ者あり。尾添村より出る薬種は、黄蓍・黄蓮・桔梗《ききょう》・芍薬・大黄・葱冬《そうとう》・升麻《しょうま》・細辛《さいしん》・黄《おう》柏《ばく》・厚朴《こうぼく》等也」

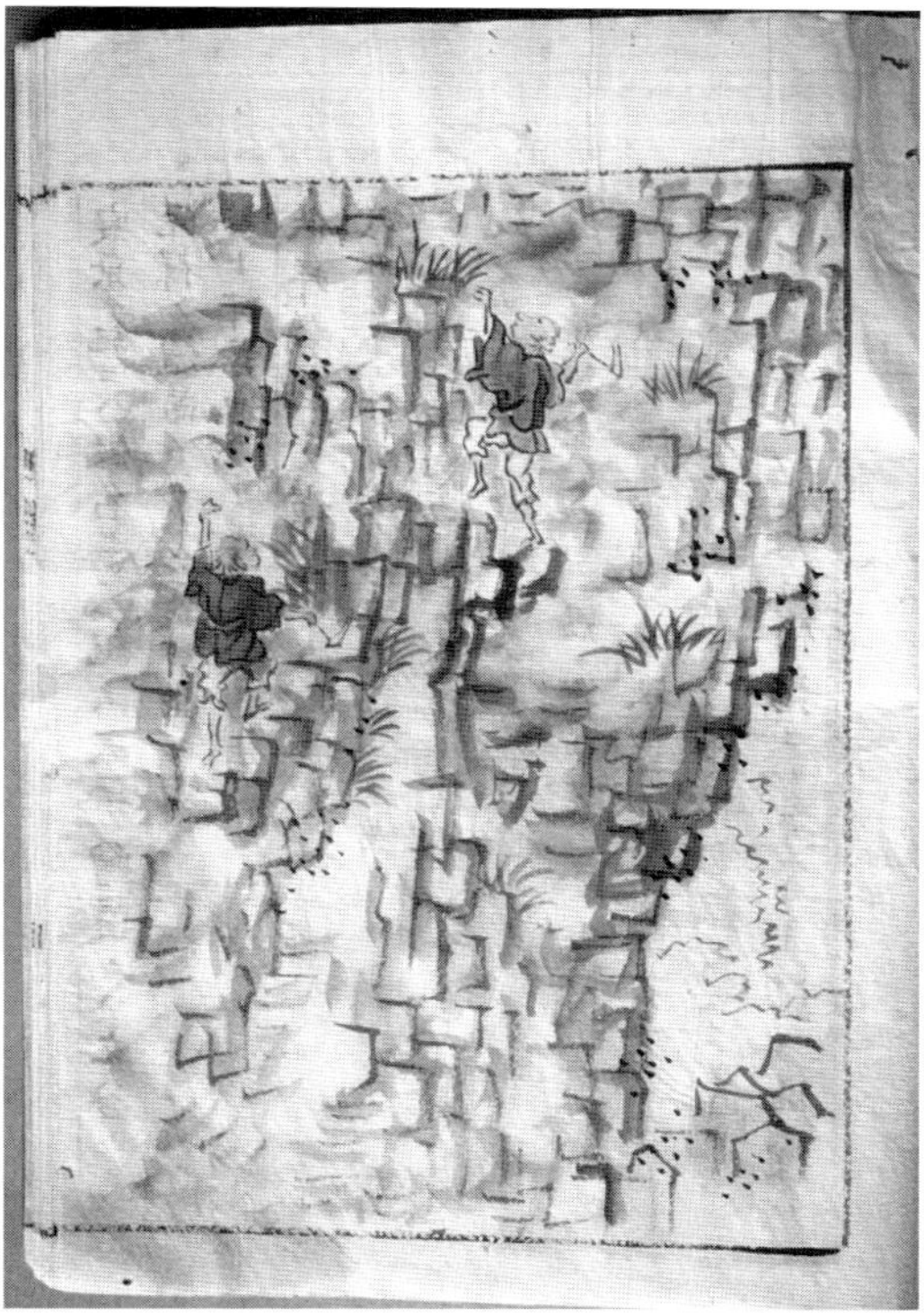
写真2　丸石谷・オモリ谷でオウギをとる尾添の人（『白嶽図解』石川県立図書館蔵より）

尾添では、養蚕、狩猟、薬草採取等の稼ぎを複合させて生計をたてていた実態がよく分かる。とりわけ黄蓍の他に多種の野生植物より薬種をとっていたのは、尾添から消費地金沢までの距離が白峰より近かったのが一因かも知れない。加賀藩前田家の城下金沢には、中屋、福久屋、宮竹屋等の著名薬種商が調合薬を作り、「加賀

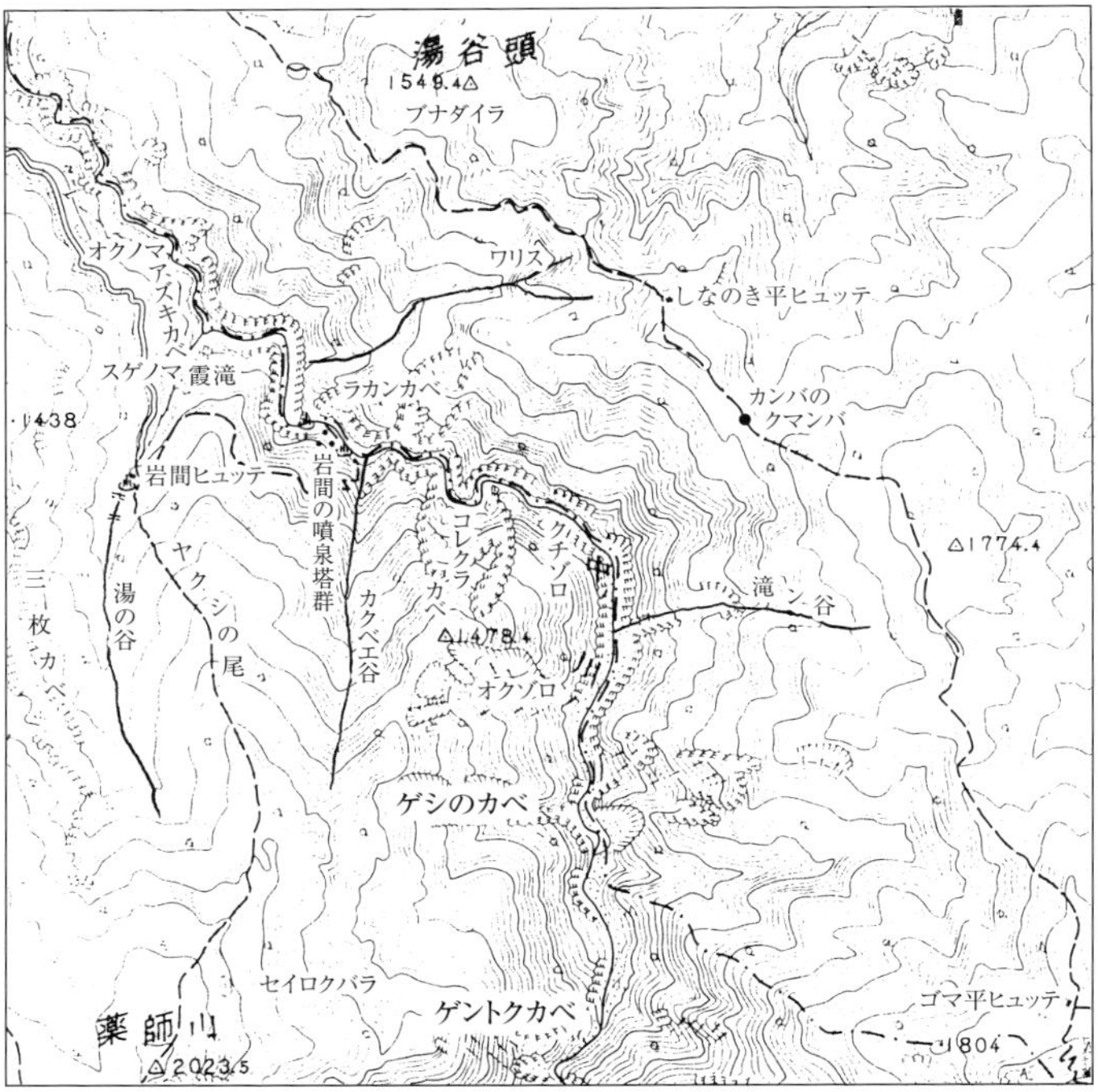

図 3 『図記』中の「佐良佐良崩―ゾロ」「羅漢壁」周辺地図（原図は5万分の1地形図「白川村」）

三味薬[12]」として各地へ流通させていた。つまり三味薬の原材料の一部は、尾添の出作り民が白山で採っていたということである。

② 金子有斐『白山遊覧図記』文政十二年（一八二九）より

金子は『白嶽図解』を著した五年後に、漢文で、地理、名蹟、産物等を著述した『白山遊覧図記[13]』を記す。オウギ採取地として、「志牟之渓」、「中山」、「佐良佐良崩」、「羅漢壁」の四地名を紹介している。四地名とも国土地理院の地形図には見当らない。四地名の漢文記述と、奥山への入山体験が豊富な猟師間で通用してきた小地名とを突き合わせると、「羅漢壁」は地名も現存、さらに現地確認も可能である。次に「佐良」については「口ゾロ」「奥ゾロ」という崩谷地名があり、これを漢語表現したものと推察する。

四地名の具体的な漢文記述を次に紹介しておく。

巻之四　雌渓

志牟之渓

龍馬調場西。岣嶂峭絶人跡。泉根在于其間。至靈瀑布凡三里許。奇嶮不可窮討。唯採黄蓍者間至耳。

中山　奈加夜滿

石山突兀。山頂常有雲氣。舊傳。荒谷村長八者。曾採黄蓍窮其頂云。有池瓦三四町。其幽邃遼夐。朕兆襲人。不可久居焉。

巻之五　中渓

佐良佐良崩

連羅漢壁。巌石确薄易崩。壁間黄蓍。為最上品。

巻之四の「雌渓」とは現在の目附《めっこ》谷、巻之五の「中渓」は中の川である。中山の黄蓍採取について、荒谷村の薬草取り「長八」なる人物が専ら採っていたらしい記述がある。「荒谷村」は現在の東荒谷、「甚八」という屋号が現存するが「長八」はない。それにしても黄蓍採取に関して個人名を特筆しているのに興味がひかれる。

③ 河東碧梧桐『続三千里』明治四十二年（一九〇九）より

河東碧梧桐は、正岡子規の俳句革新運動を助け、子規死去後は高浜虚子とともに俳諧を背負った人物で、一九〇六～一九一一年にかけて全国行脚して『三千里』『続三千里』[14]をまとめた。立山登山後、尾添より白山へ登り、明治四年九月一日、室堂で鈴木次郎作というオウギ採りに会っての始終を詳細に記しており参考となる。オウギを含めた薬種に関するものを抽出して次に示した。

九月一日。雨、後曇。

越前町と先刻から何か話をしてをる大音の阿爺が向ふの隅の方にをる。胡坐をかいた側に白い長い物を積み重ねて、尚ほ両手で何か削ってをる様子だ。「これけ、何ぢゃら薬になるワウギぢゃ」「ウリヤ又た自然薯かと思うた」

と、いふ問答が聞える。薬屋の主人たる皓雪はツカ〳〵と立つて阿爺の側に往つた。ワウギだといふ白い物を手にしながら、阿爺と何処で掘つたとか、何処へ出すのだとか、いろ〳〵の問答を始めた。阿爺の答へは、表の風音と争ふやうに騒々しい。ことしは旱で砂が焼けた為めこんなに肌が黒いといふ。鶴来の薬種屋に二貫目許り出す約束がある、一貫目まア七十銭ぢやが、七十銭貫ても、アンマリえゝ儲ぢやないといふ。チクセツかそりやアあることはある、アンタは金澤の薬屋さんか、ワシは赤岩の鈴木次郎作といふ者ぢや、昔から白山のワウギぢやチクセツぢやといふて珍重したものぢやといふ。そりゃア乾しをようせんといかん、少々見てくれは悪てもえゝ、サカイ、乾しを十分にせんとフーン蟲がはいるか、フーン近頃は支那から一貫目五十銭で来るか、安かつたら注文しておくれ、ワウギ五貫目に、チクセツ三貫目、よし〳〵、まア見本に送るサカイ、支那にもあるか、近頃こんな物を掘る者もないによつて、もう薬にもせんかと思うたが、矢張り使ふのか、といふ。予はこれ等の話を聞きながら、白山の頂上で薬を掘る翁に邂逅するのも、忘るべからざる興味であると思ふ。

黄 蓍 削 る 老 に 茯 苓 問 は ゞ や な

堂守の二人も皓雪と阿爺の間に交つて、話には花が咲いた。猿総を採る話や、何とかいふ苔も薬になることや、誰とかいふ薬掘は呑気な人であつたことや、ワシ等もひま〳〵に何ら掘らうか、と笑うたり言ひ合うたりする。風雨の中の室堂に在ることも忘れて、鼻の先に薬草の香が漂うてゐるやうな思ひをする。皓雪は、この少し下には大きな蟇がをるだらう、あれを石に一つ叩きつけるとすぐ死ぬる、その腹を割いて日干しにして置いたのならなんぼでも買ふ、と無造作なことをいひ出す。ガマたアヒキガヘルの事か、と三人ながら顔をしかめる。気味がわるうてといふ。何ぢや蟇位、子供にさせればわけない、あれなら一斤一円より安うは買はん、とけしかける。一斤一円、百六十目ぢやのー、と三人の心が動いてなんぼでも買うて下さるか、と念を押す。予はこの室堂の裏庇に蟇の蔭干しがズラと並んだ光景を頭に書きながら、半分気味わるく、半分愈々仙人臭うなるやうに思うてをると、皓雪は更に、猿の頭はないか、猿の頭なら一つ二円位するが、と奇問を提出する。是には案外予等のつれた強力が口を出して、「猿の頭ナラー、鶴来で二円五十銭で買ふ」と言ふ。猿の頭を薬に用うることが存外平凡な話になつて、折角の興もさめかゝつた時、頭上でカリ〳〵といふ雷が鳴つた。いづれも顔を見合せて黙つてしまうたが、単り黄蓍を削つてをる阿爺が、「ア、もう晴れますわイ」と、天井を仰いでいうた。

紀行文から分かったことをまとめれば、赤岩の鈴木次郎作は白山室堂に宿泊し周辺でオウギを採取、さらに室堂でオウギを精製していたこと、出荷先は手取川中流の鶴来町、そして一貫当りの単価、その価格が中国産の影響を受けていることと等を記している。そして同行した金沢の薬屋皓雪（俳号）と鈴木がオウギとチクセツニンジン（竹節人参）について商談を交わしたこと、さらに茯苓《ぶくりよう》、猿綛《さるおがせ》（猿尾枷）、干蟇《ほしがま》、猿の頭の黒焼等の薬種について、オウギ採り、案内人、皓雪、碧梧桐の飾らないやりとりを描写している。貴重なのは、明治四十二年（一九〇九）時の白山産薬種の個々の価格である。オウギ一貫七〇銭（中国からの輸入品五〇銭）、干蟇一斤《きん》（一六〇匁《もんめ》）一円、猿の頭一つ二円〜二円五〇銭等である。実景主義をつらぬいた碧梧桐ならでの紀行文である。

3 語り継がれるオウギ採り

① 尾添のオウギ採り——平次郎壁・夏至の壁

一九八二年の尾口村史調査時では、オウギ採取の体験者は確認できなかった。ただ、上田太市氏（明治四十五年生、一九八二年調査）から平次郎のオウギ採り伝説を聞いた。その概要は次のとおりである。

昔、ナカネ（新岩間温泉山崎旅館より下《しも》の方にかけての緩傾斜地、図1参照）に出作りが数戸あり、平次郎家はその一戸である。平次郎は中の川の壁を渡り歩いてオウギを採っていた。なにやら大きな鼾が聞こえたので、誰かオウギ採りにきて昼寝しているのかと不思議に思って、鼾の聞こえる岩壁にいくと、岩棚で大蛇がとぐろを巻いて寝ており、その岩棚の下にオウギが群生しているのに出くわした。平次郎はオウギを採りたい一心で、五〇貫の大岩をかつぎ、岩棚におおいかぶさっている松の木に登り、大岩を大蛇の上に落として殺し、オウギを採った。この壁は平次郎壁というが、自分はどこか知らない。

季節はずれの雪やあられが降ると、年寄りは「ナカネの平次郎が山で悪いことをしたので山の神さんが怒ったからだ」と言っていた。

オウギ取りは危険をともなう仕事なので、すべての村人がおこなっていたのではなく、狩猟と同じように、仕事にむいている人、山を知りつくしている人がおこなっていた。この伝説は、平次郎という優れたオウギ採取者がいたことを物語る一資料として注目したい。

北村秀一氏（大正十五年生、一九九七年調査）によれば、中ノ川左岸に位置する熊の猟場は、噴泉塔より上流部では、坊主壁（是蔵壁ともいう）、口ゾロ、奥ゾロと続き、奥ゾロで捕りそこねた熊は夏至《げし》の壁に逃げこむが、この岩場は危険で狩をしなかったという。夏至の壁という特色ある地名は、尾添在住の夏至家（現当主一嗣氏、民宿旅館経営）の祖先が、オウギ採取中に墜落死したのがその由来であるという。現当主は、この地名に関してまったく情報をもちあわせていないとのことなので、事故は江戸時代中期頃でないかと推察する。

人名の付いた山地地名は、個人の歴史的業績を記念して命名する場合が多い。夏至の壁は、生業活動中の事故死を命名由来としている。補足すれば、人名地名は名誉を顕彰する事例が多いが、夏至の壁は不名誉・負の意味あいが強い。負・不名誉起源の地名をつけることで、オウギ採りや熊狩での事故死を未然に防ぐことを意図したのでないかと思う。この壁は、二万五〇〇〇分の一地形図で説明すると、薬師山東側、独立標高点一六九九mを水源とする支谷にある。壁の最高部は約一三五〇mで、落差は三五〇mほど、もちろん地名表記はされていない。

尾添では大正末期にオウギ体験者はいなかったが、採取場所は丸石谷ではオモリ谷が記録中にあり、中ノ川では夏至の壁、平次郎壁が地名として住時の痕跡をとどめている（図1、2、3参照）。

② 河内のオウギ採り――玄徳壁

河内の人々のオウギ採取地として、中の川地獄谷左岸に玄徳壁がある。河内ではオウギ採りをしない人も、この「玄徳壁」という地名はオウギ採取中に墜落死した人物名をあてたことは知っている。このオウギ採取地玄徳壁にまつわる話の内容は、幾分個人差がある。林七蔵氏による伝説内容は次のようである。

　河内の玄徳は、いつも皆を出し抜いてオウギを採っていたので、他の者より稼ぎが良かったが皆から好かれていなかった。玄徳はいわゆる玄徳壁で単独でオウギを採っていた。自分の力を過信していたこともあり、他人が登れない壁で仕事をしていたが、立往生してしまって助けを求めた。平生の業がたたって誰も助けようとしなかった。玄徳はついにオウギトビを放り投げ、「のいの（さようならの方言）」と叫んで地獄谷に飛びこんで死んでしまった。しばらく谷に「のいの」という悲しい叫び声がこだましていた。彼が墜落死した壁を「玄徳壁」といい、オウギ採りは細心の注意力を払って仕事をする場所である。

写真 3　中ノ川夏至の壁と思われる岩場（今村道住氏提供）

写真 4　中ノ川出合より望む玄徳壁　9月出合には残雪がある（今村道住氏提供）

加藤勇京氏の語る伝説内容は次のようで、林七蔵氏のものと少し違っている。

　河内の玄徳はオウギ採りの名人であった。いわゆる玄徳壁は岩がもろく非常に危険なので近寄れず、オウギが多く生えていた。玄徳は一人でその壁に登りオウギを採っていたが、登ることも下ることもできなくなり助けを求めたが、険しいので誰も助けに近寄ることができなかった。玄徳はあきらめて「のいの」と言い残して飛び降りて死んだ。玄徳壁とは、オウギ採りの名人が採取中に落ちて死んだ人物名をつけた壁である。この壁には、玄徳の亡霊がへばりついており、絶えず亡霊石が落ちるので危なく、オウギがたくさんあっても、上手な人しか採りにいかない。

玄徳壁の伝説は、墜落事件があったのはいつ頃かはともかく、河内の焼畑民が村境を越えた他村領域へ出むいていたことを物語っている。この玄徳壁は二万五〇〇〇分の一地形図に標記する「ゾロ谷」の左岸から出合にかけての位置にあり、壁の最高部は約一五五〇m、最低部は谷底部で約一〇五〇mである。玄徳壁下流約一キロには、尾添の夏至家の人が墜落した夏至の壁がある。一九八八、一九九三年の二回、中ノ川をさかのぼった今村道往氏（小松ブルーベル山岳会）によれば、ゾロ谷出合には七月でも雪崩による残雪があり、割ともろい岩質の崩壊した巨岩が多かったという。夏至の壁、玄徳壁はともに中ノ川左岸系統の山地にあり、オウギ採取中の焼畑民が墜落事故を起こしている。岩壁における墜落死の要因には二つ考えられる。一つは岩壁の急峻度が登る人の技術以上であること、一つは岩質がもろく、足場や手がかりが途中で崩れることである。どうも夏至の壁、玄徳壁は、二つの要因をもったオウギ自生地らしい（図1参照）。採取する人間の立場でオウギ自生地を見てきたが、オウギ自体は生態上、堅い岩質で割目も少ない岩場では根は育ちにくい。岩質が軟かく、もろいから、根は成長しやすく、はびこりやすい。オウギが繁殖している岩場はもろく柔らかいので、根が育っているのである。

4　オウギ採取の実態

オウギ採取体験者は尾添にはいなかった。河内の出作り群は廃絶し移住先が散在しているので、採取体験者の探索はむつかしかった。結果的に、体験話は加藤勇京氏（明治二十九年生、赤岩）、加藤岏氏（明治三十四年生、市ノ瀬）、加藤喜八氏（明治十三年生、三ツ谷）の三名、採取体験はないが情報提供は永井辰若氏（明治十八年生、三ツ谷）、林七蔵氏（明治三十七年生、三ツ谷）、長坂吉之助氏（明治二十八年生、苛原）の三名で、いずれも昭和四十七年時（一九七二）に調査をした。

①　採取の時代と季節

加藤喜八氏は、若いとき人に雇われて数回行ったとしているので、時代は明治三十年代と考えられる。三ツ谷には林七蔵家が萬屋《よろずや》的商業活動をしていたので、雇われ先は林家かも知れない。加藤勇京氏は、兵隊（満二十歳で兵役の義務）に行く前、父、祖父の三人で五年間続けていき、兵役から帰ってからはいかなかったというから、明治時代末から大正時代初期にかけての体験となる。加藤岏氏は、久司仁吉（明治二十九年生、赤岩）氏と一緒にいったことが数回、さらに加藤家は旅館を経営していたこともあって、久司氏に宿泊用食料（米・味噌）を前貸しして、オウギ採取量で清算する方式で採取したのが数回あり、両方数えても一〇回未満であったというから、最終採取は大正末期か昭和初期頃ではないかと推察する。加藤岏氏によれば、続けていく年もあれば、そうでなしにオウギ価格が安い年にはいかなかったという。

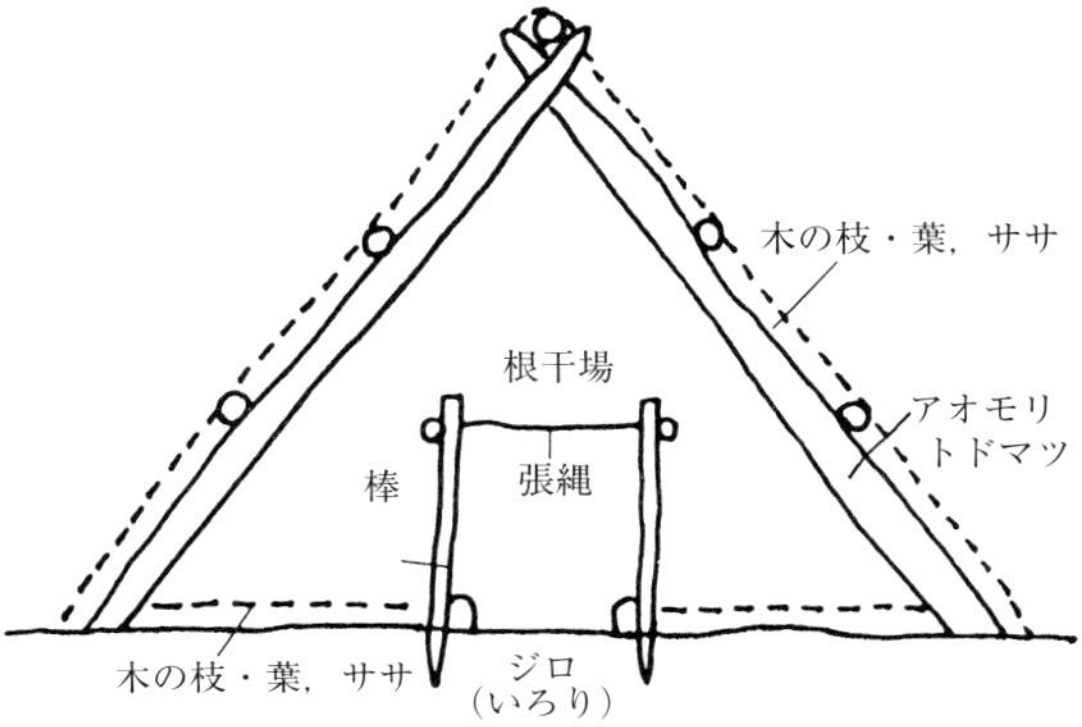

図 4　オウギ小屋の構造（正面）

季節的には、雑穀（ヒエ・アワ・マメ）の収穫・脱穀が終る頃、いわゆる農繁期のめどがついた頃というから、十月上旬（年によっては九月下旬）であろう。その頃から少人数で採取する。危険をともなう仕事なので、親子二世代の二人、ときには三世代の三人であった。最大人数四人で、これは後述するオウギ小屋の広さとも関連する。身内でないときは親戚または猟師仲間等でグループを作った。日数は、出入りを含めて一週間～一〇日間ほどで、現地で材料を調達して仮設小屋を建て寝泊まりした。この期間中、急に降雪に見舞われ、積雪が多く普通のワラジで歩けないことが起こる。このようなときは、積雪期用の履物（ユキワラジ・ズンボロ・キビスアテ等）を準備していないので、迎えに来てもらわねばならないことが発生する。だから、オウギ小屋建設の予定地は、出発時に家族に予告しておかなければならない。

② オウギ小屋を作る

最初にオウギ小屋を作る。飲料水や、オウギの洗浄水など水の便が良い場所を選定する。トガ（アオモリトドマツ）、カンバ（ダケカンバ）等を利用するため、森林限界の最高部となる。トガ・カンバで合掌を組み、屋根を直接地面においた型式である。間口約一間、奥行最大一間半ほどの規模で建て、中央部にジロ（いろり）を作る。屋根や床、妻側には、採取した樹木の枝葉やササ（チシマザサ）を充当する。出入口は尾口村深瀬産の檜笠で最大のオオガサを持っていき、戸代りに使用した。仮設だから隙間が多く、タツミカゼやエッチュウゴシの強風が吹くと、隙間風に見舞われ、寒気で眠れなかったという。

中央部のジロの両側に、高さ二尺ほどの棒を立て並べて横木を渡し、その横木に縄を張って根の乾燥場とする。就寝時には冬用の綿入れをはおり、ワタボウシ（真綿製防寒衣）をつけた。夜間は、根の乾燥と暖房を兼ねてジロに火を絶やさなかったので比較的暖かかったという。強風が吹くときは火を焚けず、寒気を防げず眠れなかったわけである。小屋は、森林限界最上限に立地するため、採取地との隔たりが遠くなり、二〇町（約二キロ）以上離れていたことがあったという。

③ 根の採取技法

明治以前は女人禁制であったこと、さらに険しい地形での労働で危険が多いので、女性は出来ない。イワオウギは、岩場ばかりでなく、緩傾斜の砂礫地にも自生していた。岩場以外の自生地は採取が容易なため、早くから焼畑民が採取し現金化していたので、絶え尽くしてしまっていた。だから、イワオウギ自生地は、人を容易に寄せつけない岩場や急傾斜地に限定されていたものと思う。

出かけるときはワラジを履き、オウギの結束用に使うスゲ縄（焼畑なので稲藁製の縄はできない）を腰に幾重にも巻きつけていく。背負い式の収納具タビノを担ぎ、オウギトビを持っていく。オウギトビとは、鳶口《とびぐち》の鉄部分が水鳥の鷺《さぎ》の嘴《くちばし》のように細く鋭利で約三〇cm、柄は片手で作業しやすい約三〇cmほどの長さである。全体の形は、氷壁を登る際の登山用具アイスバイルに似ており、岩場でも片手で操作しやすいようにハンディタイプである。

岩場・急傾斜地は登りやすいが、降りにくい。したがって、作業は最初に目的地の岩場の最下部、すなわち壁の取り付き地に下り、そこから登りながら仕事をする。雨・霧で岩場が濡れると滑りやすくなるので、雨天時には採取作業はしない。根が岩の割れ目にしっかりとくいこんでいるときは、オウギトビを使用しても採れなかったという。トビが入るぐらいの幅の割れ目や裂け目に自生するオウギは、オウギトビを差し込んで作業するが、割れ目を開くと岩が崩れることになる。時として採取者自身が落下することにも通じ、作業は神経を使わなければならない。腕に力を入れても抜けないときは、オウギの根元を縄で結び、その縄を腰紐に結んで、腰に力を入れて体全体の加重で壁から根を抜いた。ある程度量がたまると、腰に巻きつけてあった縄を使って束にしてタビノに収納する。収納しきれない場合には、束を下方の谷へ放り投げて落とす。岩場には、所々に岩棚や緩傾斜地があり、そこで休憩したり食事をとったりした。岩壁の下りは避け、なるべく遠回りになっても、樹木の生えている所を選んで木につながって下った。帰路には、落としたオウギの束を拾い集めてタビノに収納し、背負い運搬しながらオウギ小屋に戻った。

写真 5　白峰村赤岩，加藤勇京氏とオウギトビ

写真 6　オウギトビと小刀で根の外皮をとりのぞく所作

④ 根の精製

採取した根は、すぐタニヤ（水源地帯にある、少量の流れ水がある流れ）の水に漬けておき、付着している土を流れ落とす。根を平坦な自然石の上に置き、新しいワラジを履いて水をたっぷり含ませ、力をこめないで踏みながら外皮を外す。ちょうど良いのは、岩に腰かけて加重を軽くして踏む方法で、体重をかけ過ぎると根がつぶれてしまう。ここまでの作業行程は、夕暮れ前の明るいうちにすませ

ておく。夜間、小屋内でジロの火を灯りとして、残っている外皮を小刀を使って丁寧に外す。処理した根は、ジロの上に張りめぐらした縄の干場で、火力と煙で乾燥させる。乾燥すると、かさは七割ぐらいに減ってしまう。

オウギ採りは、日中は危険な場所での神経を使っての採取作業、夜間は根の処理・乾燥作業と続き、現代風に表現すれば残業の連続という業務である。小屋自体が狭いから、就寝時には足や体を十分に伸ばしきれずに疲れが残り、体力消耗が激しかった。だから、帰ってくると家族に「目がへこんでいる」と言われるくらいの激務であった。

⑤ 運搬と出荷

小屋は、ただでさえ狭いので、オウギの貯えが増えてくると体を横たえることが出来なくなる。加藤勇京家では、目分量で一〇貫ほど（約三八キロ）になると一度赤岩へ出した。これを「オウギ一山《ヒトヤマ》した」と言った。「二山」できる年はほとんどなく、「一山半」であった。加藤岏家は、飛騨側領域で採取したときは市ノ瀬までは遠いので白山室堂へ出して貯え、帰村時にまとめて担ぎ下ろした。久司仁吉氏に依頼すると、特別上手で三〇貫採ったことが一度あったという。

加藤勇京家では、金沢の仲買人や勝山の薬屋へ売った。現勝山市芳野の谷屋薬局山内博子氏（大正二年生、一九七五年調査）によると、白峰村から買った主な物は、オウギの他にはキハダの樹皮（黄柏）、コブシの花芽・蕾（辛夷）、熊の胃で、多くの人は常備薬と物々交換する商いであったという。加藤岏家では、採取を他人に依頼するときは、日数は一〇日として一人一日米一升・味噌一合の分量を前貸しし、採取量で清算する方式をとった。出荷先は金沢で、近江町の中栄草栄堂という薬問屋であった。

オウギ採りが焼畑民の生計にどのように関与したかについて、加藤勇京氏は十九歳のとき、砂防工事の日当賃金は一日二五〜三〇銭、オウギ採りにいくと一日五〇〜七〇銭の収入となり、おおまかに約二倍、条件の良い年は約三倍の稼ぎになったという。オウギの売買は重さでされていたが、「単位重量の価格」についての情報は聞き取れなかった。大正二年、河内領域内で国営砂防工事が始まる。それ以前は、現金収入の手だての少ない山間僻地では、数少ない貴重な稼ぎとなっていたようである。砂防工事は、焼畑民にとっては身近な場所に雇用の機会ができ、安定した現金収入を稼ぐ場として積極的に従事するようになり、それがオウギ採りや養蚕や焼畑営農等に徐々に影響し始めることになる。

⑥ どこまで出かけて採っていたか

イワオウギにせよタイツリオウギにせよ、いずれも高山植物である。高山植物の繁殖力・生長力は、平野部植物と比較すれば微々たるものであることは、誰しも承知していることであり、焼畑民も理解していたから、畔田伴存が白山に訪れたときは、焼畑に移植して繁殖を試みていた。オウギ採取は根であるから、採取を続けていけばオウギは文字通り根絶してしまう。だから最初の採取は緩傾斜地、次に急傾斜地へ、さらに岩場へと対象地は急角度となっていく。一方、水平的な隔たりでは最初は白峰村領域、次に他村の尾口村流域へ、さらに御前峰・剣ヶ峰等の分水嶺県境を越えて岐阜県飛騨側へと距離は遠くなっていく。大正時代末期の採取地は、垂直的険しさや河内三ヶからの距離的隔たりは、極限に達していたのでないかと思う。

加藤喜八氏は、体験回数も少なく、湯ノ谷最源流のオモ谷以外いかなかった。一度早めに雪が降り、村より迎えにきてもらった。そのとき、オモ谷の最源流は他の谷と同じで地図にない滝が続き、迎えに来た者も新雪が積もった滝横の岩場を降りるのが非常に危なく、生涯最も恐ろしい体験であったという。採取場所は、御手水鉢《おちょうずばち》下部周辺である。

加藤勇京氏は白峰村領域ばかりでなく、尾口村や岐阜県飛騨側領域へ出むいていた。白峰村領域では、別当谷・湯ノ谷である。別当谷では源流右岸、真砂坂より黒ボコ岩にかけての斜面で、現在の観光新道周辺にあたる。湯ノ谷筋の右岸では、釈迦岳東側のアラレ壁と大倉、ここは熊の猟場でもある。左岸では弥陀ヶ原が谷に落ち込む鎧壁やカン倉で、湯ノ谷は苦労の割に採取高が少なかった。尾口村領域では、中ノ川地獄谷左岸の玄徳壁周辺。飛騨側領域では、翠ヶ池《みどりがいけ》を下った場所（北弥陀ヶ原か?）に小屋掛けし、剣ヶ峰東側で採った。翠ヶ池下のオウギ小屋は、地獄谷左岸の岩場にいくときにも基地とした。別山道の加賀側・飛騨側両方に崩れやすい壁があるが、祖父や父の体験的情報では苦労の割に採取量が少なく、勇京氏は採りにいかなかった。

加藤岏氏は、白峰村領域よりも飛騨側領域へ多く出かけていた。白峰村領域では、湯ノ谷の鎧壁とモングチ。モングチについては地形図上の具体的場所は未確認である。飛騨側にいくときは、翠ヶ池下に小屋掛けし、大谷・小谷（大谷とは大白水谷《おおはくすい》の加賀側地名と思われる）や転法輪の岩場で採った。年によっては白山室堂を基地にしていたときもあった。

室堂を運搬時の中継地にしていたことは前述した。

昭和四年の石川県の調査報告書には、[15]「白山御前峰ノ南方ゾロ谷頭部ニ古ヘ黄蓍ヲ採リ乾燥シタトイフ、小屋跡ト称スル所ロ碑ニ残レリ」と記す。ゾロ谷とは、大白川ダム（白水湖）に流れこむ地獄谷源流の本谷の名称で、岐阜県領域内にある（図1参照）。この記録によれば、河内の人が飛驒側ゾロ谷を採取地としていたこと、そして「小屋跡」という場所の伝承存在から、昭和四年時には自生オウギの採取は途絶えていたらしい。

加藤勇京・加藤岏両氏の体験のように、河内の焼畑民にとっては、他村・他県との境界線は地図上にある単なる線で、生活上の区画領域を決めている線ではなかった。他村であれ他県であれ境界線をまったく無視して、高山植物を採取していた。

オウギ採取地の海抜高度は、加藤喜八氏の湯ノ谷源流域は約二〇〇〇〜二四五〇m、加藤勇京家の釈迦岳アラレ壁は約一七〇〇〜一九〇〇m、黒ボコ岩付近は約二〇〇〇〜二三〇〇m、加藤岏氏の剣ヶ峰東側は約二〇〇〇〜二五〇〇mである。これらの岩場は、スポーツ登山でクライマーが対象とする高度差のある垂直的岩壁ではなく、江戸時代から大正時代にかけて、なりわいのため尾添や河内の人々が命をかけた岩場である。このような意味で、白山の亜高山帯に位置する岩場は、近代登山の幕が明ける前に、生業のため地元の人によってほとんどが登られていたわけで、白山登山史を語る際、注目すべき事実として評価してもよいであろう。

5　数値からみたオウギ

慶応二年正月「白山麓村々産業始末書上帳」[16]にみるオウギ　各村々の産物記録からオウギを抽出すると、「牛首（白峰）村百五十貫匁」、「風嵐村五十貫匁」、「尾添村三百貫匁代廿弐匁」等がある。関連して尾添村の産物中に「辛夷花百貫匁壱貫四匁」、「竹節百弐拾貫匁廿三匁」と記す。オウギは尾添が白峰より多くを産出、さらに薬草の辛夷（コブシの蕾）、竹節（トチバニンジン）の産出記録もあり注目したい。金子有斐は『白嶽図解』[17]で、尾添の産出薬草としてオウギを含めた一〇種をあげ、「尾添村の貧くて農業をなしがたき者は薬草を取事を業とする也」と記すことから、江戸時代末には薬草採取を稼ぎの要としていた者がいたらしい。また慶応二年（一八六六）時のオウギ、辛夷、竹節の一貫当り単価が分かり貴重である。

明治十五年「能美郡白峰村歳入歳出比較表」[18]**にみるオウギ**　「歳入」の項に、「黄著千貫目、六百五十円」との記録をみる。ここの白峰村は、桑島・下田原との合併以前なので、現在の白峰単独の領域・組織を指す。自生オウギの採取だけで、年間一〇〇〇貫も出荷できるはずはなく、畑地栽培種を含めての数値と思われる。白山直下の麓でのオウギ移植栽培については、江戸期文政年間に畔田伴存がすでに記録、移植オウギと自生オウギの植物学的比較については昭和初期の石川県の調査報告書に記す。江戸時代末、さらには明治初期、オウギは割良く稼げた薬種であったらしく、河内での移植栽培が盛んで、その実態が一〇〇〇貫という数値となったと思う。明治十五年（一八八二）の一貫当り単価は六五銭であった。

表 1　各種資料上のオウギ数値

暦　年	資　料	記　事	
		量（貫）	金　額
慶応 2 年（1866）	「白山麓村々産業始末書上帳」	牛首　150 風嵐　50 尾添　300	22 匁
明治 15 年（1882）	「能美郡白峰村歳入歳出比較表」	1000	650 円（1 貫 65 銭）
明治 20 年代（1887～'92）	「大道谷往来移出入物資一覧」	300	300 円（1 貫 1 円）
明治 27 年（1894）	「旧白峰村役場資料」	200	70 円（1 貫 35 銭）
明治 42 年（1909）	『続三千里』		1 貫 70 銭 中国産　50 銭
大正 3 年（1914）	「林七蔵家大福帳・加藤勇京家分」		納入額　10 円

明治二十年代初期「大道谷往来移出入物産」[19]**にみるオウギ**　「移出黄著三百貫、三百円」との記録がある。大道谷往来の行先は福井県勝山である。手取川沿いに石川県鶴来、金沢方面にも、同じ数量の移出があったのでなかろうか。一貫当り単価は一円である。

明治二十七年「旧白峰村役場資料」[20]**にみるオウギ**　この年は、「果物」「蔬菜」「材木」「薬品」という項目をたて、各々の生産量、生産額、単価を記録している。その中に「薬品黄著二百貫、七十円、一貫三十五銭」と記す。「薬品」項目には黄著以外の記載はない。

明治四十二年『続三千里』[21]**にみるオウギ**　「白山産一貫目七十銭、支那産一貫目五十銭」と記す。薬種市場では中国産を「唐黄著または綿黄著」、国産を「和黄著」と称して区別している。輸入中国産の多少が、国産価格

写真７　輪切り加工して輸入されたオウギ（田中青龍堂にて）

にも影響していたらしく、加藤屼氏の「安い年には採りに行かなかった」との口述となってあらわれている。

大正二年十一月改林七蔵家「大福帳」[22]にみるオウギ　加藤勇京家の「入」欄に「大正三年十一月二十四日黄蓍十円」との記録がある。この大福帳では、白山直下の河内での中上米（今日でいう標準米）一俵は九円五〇銭である。納めたオウギ一〇円はおおまかに米一俵に相当する。同じ大福帳では、大正二年十一月林家より粳《うるち》米五俵四六円三〇銭、糯《もち》米半俵五円二八銭を購入している。大正三年のオウギ代一〇円は、前年の大正二年の年間米購入代五一円五銭との対比では、約五分の一に相当する。このオウギ価格と米価の対比は、大福帳上の具体的数値を基にした比較である。

次に記すのは、加藤勇京氏の口述内容から判断した私的推察である。採取量は「一山半」（一山は目分量で一〇貫、だから約一五貫）を約一〇日間で採ったという。採取量全部を林家へ出荷したとすれば、一〇間の仕事で一山半すなわち一五貫を一〇円で納めたことになり、一貫単価は約六七銭。勇京氏単独での採取とすれば一日の稼ぎは一円となり、砂防工事人夫賃の約三倍となる。

この数値は、「一人、一〇日間、一山半」という口述者の数値を基にしたので、不確実とは必ずしもいえないと思われるので断っておく。

6　生薬としてのオウギ

生薬としてのオウギは、薬種商間では「黄蓍」の漢字を当て、流通時には国内産を「和黄蓍」と表示、品質を上・中・下[23]と分けて商っていた。根は、フラボノイド、フェノール配糖体、サポニン等を含む。漢方では止汗、利尿、強壮の効を期待して、単品としてではなく他の多くの生薬と配合し、身体虚弱、栄養不良、皮下組織に水毒停滞するもの等に対し、滋養強壮剤を作るのに重用する。(24) その使用事例を出荷先の勝山市、鶴来町（現白山市）、金沢で見てみよう。

① 福井県勝山市芳野の谷屋山内薬行にみるオウギ

黄蓍は、泊芙蘭《さふらん》、人参、山薬《さんやく》、丁子《ちょうじ》、生姜《しょうきょう》、白求《おけら》、橙皮《とうひ》、桂皮《けいひ》等と調合し、「清陽丹」(25)という練薬を作っている。もちろんオウギは、大道谷往来経由で運ばれた白山産のものである。主治効能として身体の衰弱、五臓疲労、急慢性胃腸病、産前産後、食欲不振、病中病後をあげている。つまり何にでも効く薬としている。

② 石川県鶴来町（現白山市）の米屋「養胃丹」にみるオウギ

河東碧梧桐と白山室堂で会話した赤岩のオウギ採りは鶴来へ出荷していた。鶴来は、平野と山地の結接地に位置する交易町である。出荷先は、文政年間創業という老舗薬種商「米屋」にまちがいなかろう。米屋は、精米用動力源の水車を利用して生薬を製粉し和漢薬を作っていた。売れ筋一番は「養胃丹」(26)で、*和黄蓍、*黄蓮《おうれん》、*人参、*桔梗《ききょう》、香附子《こうふし》、茯苓《ふくりょう》、地黄《じおう》、縮砂《しゅくしゃ》、青皮《せいひ》、枳実《きじつ》、密《みつ》、*干蘗《きはだ》など、十二を調合した健胃強壮薬である。＊印をした生薬は、金子有斐が『白嶽図解』の中で尾添産移出薬種を紹介しているが、それと重なるもので、白山産生薬とみてもよいであろう。

③ 金沢市南町の中屋「混元丹」にみるオウギ

大正期の白山産オウギの金沢出荷先は主に近江町中栄草栄堂で、そこから各薬屋へ卸されて調合されていた。中でも著名なのは、江戸時代から良薬とされてきた南町中屋の「混元丹」で、黄蓍はその生薬二二味の一つとして使用されていた。中屋は、寛文十年（一六七〇）に町行政に尽した功により、藩主前田家伝来の「三味薬」の調合と販売を許された富商である。主商品は三味薬の一つ「紫雪」と「混元丹」であった。混元丹の調合内訳は明治四年（一八七一）時で、*混元衣、甘草《かんぞう》、香附子、*辰砂《しんしゃ》、人参、縮砂、莪述《がじゅつ》、梅花《ばいか》、*麝香《じゃこう》、牛黄《ごおう》、桔梗、茯苓、山薬《さんやく》、滑石《かっせき》、*金箔等を含めて二二味である。(27) ＊印したものは、現今含まれていない。この練薬の最大特色は「混元衣」という薬味である。これは女性の分娩後に母胎から排出された胎盤を指し、それが「生命の根元」を意味することからの薬名由来という。この調合も加賀藩から許され、明治四年時でも行われていたようである。混元丹は、藩政期金沢城下は勿論、北前船で東北地方日本海側へも遠く販路を伸ばしていた。その証として山形県鶴岡市の到道博物館所蔵品中に、中屋の調合薬「混元丹」と「烏犀円《うさいえん》」の金文字看板二枚がある。(28) 混元丹の販路、消費拡大とともにオウギの需要も必然的に増えてくる。混元丹の他、金沢でオウギを調合した和漢薬には、白尾谷本舗の「赤龍丹」、「安神散」、「至宝丹」、「益気湯」(29) 等がある。混元丹を含めた金沢でのオウギ消費量は、勝山、鶴来とは桁外れに多かったに違いない。

明治十五年、旧白峰の産物中に「黄蓍千貫、六百五十円」の記録を見る。金沢でのオウギ消費量の多さが、自生種採取では追いつかず栽培種普及となって、一〇〇〇貫という多量になったものと推察する。金沢の薬種屋が取り扱った黄蓍と黄蓮は、「霊峰白山産」というブランド銘を表に出して商いし、消費者の効用信頼感を刺激し、売れゆきを増やしていたとも聞く。混元丹は現在も市販され、そのTVコマーシャルも散見できる。そして混元丹は、今日人間ばかりでなく、競走馬の精力増進にも使われていると聞く。

現在流通しているオウギは、金沢の青龍堂田中薬局の教示では、栽培種のキバナオウギで中国・朝鮮半島からの輸入品である。乾燥した根を薄く輪切りにした半製品を輸入し、生薬として調合するときは粉末にして使用しているという。加藤晄氏によれば、オウギ採りは毎年続けていくことはなく、価格の割高で良い年に採りにいったというから、たぶん輸入オウギの影響があったことを指していると考えられる。白山で焼畑民がオウギ採取を止めた時期は、大正末期から昭和初期頃と推察する。

7　まとめ

この報告は、白峰村の焼畑民が、白山の亜高山帯上限、それも自村領域より他村領域で、さらには分水嶺を越えて岐阜県領域へも出向き、薬用高山植物を採取していた実態をまとめた。畑地が常に出作り小屋より離れているので、管理小屋（休憩や野獣除けの番小屋を兼ねる）が必要であった。「鉈《なた》一丁あれば小屋が作れる」という技術により、現地に自生する樹木・草で材料を調達し、いともたやすく仮設小屋を作ったのだった。同じ技術力により、オウギ採取用の小屋や、ブナ林では雪掻板・鍬の柄作りの小屋、自生檜の生育地では笠木作りの小屋を作り、なりわいを営む基地とした。こうして、高山植物やブナ帯の広葉樹・針葉樹を活用し、現金を稼いでいた。また、白山直下河内のオウギによる稼ぎのような事例、補足すれば自生高山植物の採取ばかりでなく、高山植物を移植して現金化していた事例は、各地山村の生業調査報告には該当例が見出せず、稀有な稼ぎ方法といえよう。

関連して、オウギ採取者が、古くより白山室堂《むろどう》（海抜二四五〇ｍ）を採取のための基地・宿泊所として、さらに採取したオウギを出作り地へ運び下ろすときの中継荷置場等に活用していた事例にも注目したい。室堂とは、元来修験者の山中宿泊所として成った。庶民の間に信仰登山・遊行登山が及んでくると、一般人の山小屋に兼用されてくる。白山室堂・立山室堂は、日本登山史上の高所宿泊所として名残りを留め、立山室堂の建物は国の文化財となっている。

調査にご協力いただいたオウギ採り体験者、情報提供者のすべての方々は、すでに故人になられた。深くご冥福を祈るものである。

注

（1）畔田伴存『白山草木志』文政年間の刊、写本は金沢市立図書館所蔵。
（2）清水建美・古池博「白山植物目録」（『白山――自然と文化』一八二～二一五ページ、北国新聞社、平成四年）
（3）栂典雅『白山・花ガイド』四一ページ、橋本確文堂、平成八年
（4）清水建美『原色新日本高山植物図鑑Ⅰ』二一三～二一四ページ、保育社、昭和五十七年
（5）前掲（2）
（6）石川県『石川県天然記念物調査報告』第三輯、二三二～二三三ページ、昭和二年
（7）『白峰村史』下巻、五三九～五四二ページ、白峰村役場、昭和三十四年
（8）高田保浄『続白山紀行』、天保四年、白峰村役場翻刻版、二二、二三、四九ページ、昭和四十年
（9）「白峰村の出作り戸数」（石川県立郷土資料館『白山麓――民俗資料緊急調査報告書』二七ページ、昭和四十八年）
（10）『白山の埋み火――白峰村河内の存亡史』二二～二五ページ、川上御前社保存会、昭和六十一年
（11）金子有斐『白嶽図解』化成年間の刊、写本は石川県立図書館所蔵。
（12）加賀三味薬とは、「耆婆《ぎば》万病丹」「紫雪《しせつ》」「烏犀円《うさいえん》」をさす。加賀藩では、中屋、福久屋、宮竹屋の三店持ち廻りで、御典医の監督

下で調合・発売させていた（田中喜男『金沢町人の世界』一八六ページ、国書刊行会、昭和六十三年）
(13) 金子有斐『白山遊覧図記』巻四、五（白山比咩神社翻刻版『白山詣』一八、一九、二一、二四ページ、昭和八年）
(14) 河東碧梧桐『続三千里』（現代日本文学大系19『高浜虚子・河東碧梧桐集』二七二～二七七ページ、筑摩書房、昭和四十三年）
(15)『石川県天然記念物調査報告』第五輯、四七～四九ページ、石川県、昭和四年
(16) 慶応二年正月「白山麓村々産業始末書上帳」（山岸十郎右衛門家文書）
(17) 前掲（11）
(18) 明治十五年十二月「能美郡白峰村歳入歳出比較表」（「能美郡白峰村来歴上申書等綴」山岸十郎右衛門家文書、平成十七年）
(19)『白峰村史』上巻、二〇二ページ、昭和三十七年
(20)「旧白峰村役場資料」白山市白峰支所所蔵
(21) 前掲（14）
(22) この大福帳は、現在金沢市在住の林茂家所蔵のもの。林家はかつて三ツ谷で代々「七蔵」を名乗り、河内三ケの出作り群を対象に手広く萬屋を営んでいた。
(23) 富山県薬剤師会『和漢薬ハンドブック』一九、二〇ページ、平成四年
(24) 前掲（23）
(25) 谷屋山内薬行製薬工場発行「清陽丹」パンフレットより。
(26)『加賀鶴来米屋四百年』グラビア写真「養胃丹の薬袋の帯」より、コメヤ薬局、平成十一年
(27) 三浦孝次『加賀藩の秘薬――秘薬の探求とその解明』九七ページ、石川県薬剤師協会、昭和四十二年
(28) 混元丹の看板は前掲（12）の一八七ページに、烏犀圓の看板は金沢市史編さん委員会『金沢市史』資料編7、グラビア八ページ、平成十四年に見る。
(29) 明治四年七月「合薬薬方・功能並に値段調理帳」より（『金沢市史』資料編7、三三六～三三九ページ、平成十四年）

一一　冬、雪山で雪掻板・鍬の柄を作る

1　コシキと生産地のあらまし

コシキとは、石川県手取川源流域、すなわち白山直下の焼畑・出作りで作られていた、除雪具の雪掻板のことである。木製品コシキには四種類があり、その名称・形・機能は写真1と表1で示した。

ろくろを使って、ブナ・トチを原木とした木製品作りをする木地屋の実態は、過去多くの研究者により調査されてきた。コシキは除雪用民具であり、日本の多雪地域は日本列島の北部に、それも日本海側山地にあるので、おのずとコシキ生産地も限られてくる。コシキの原木はブナである。多雪地域のブナ帯で、除雪具のコシキや鍬の柄作りにたずさわってきた人々は、その集団が数少なく、その生産地が常識的な居住条件より極寒豪雪の高冷地であったので目立たず、従来の調査は数少なく、滝沢秀一（一九七一）[1]、天野武（一九七五）[2]、池田亨（一九七八）[3]三氏の報告がある。

白山麓は、日本深雪地域の最南縁に位置し、また白山の広大な裾野にひろがるブナ林は、日本海側のブナ林の特色をもつ代表的な原生林でもある。この報告は、多雪地域の必需品であったコシキが、白山麓のブナ帯で、誰によって、どこで、どのようにして作られていたかを生態的に記録することを意図した。

写真1　コシキの種類　左より長コシキ2本，中コシキ，杖コシキ，子供コシキ（白山ろく民俗資料館所蔵）

手取川本流は、手取川ダム上流付近では「牛首《うしくび》川」という。既述のように、牛首川源流右岸の宮谷、左岸の小《こ》三《みつ》谷より上流、分水嶺県境までの山地領域を「河内《こうち》」とよぶ。かつて河内には、市ノ瀬・赤岩・三ツ谷の永住出作り群[4]があった。かつては越前平泉寺の白山神社を起点とした白山越前禅定道の途中にあり、平安時代初期に開かれたとの伝承がある。昭和初期には四四戸の出作りがあったが[5]、現在は市ノ瀬に夏期登山用旅館や砂防のための国立公園管理事務所が開設されるに過ぎず、赤岩・三ツ谷は高度経済成長期に廃絶した。

河内の生業は、焼畑や河川敷水田により、主穀のヒエ・アワを中心としてダイズ・アズキ・ソバ等の食糧を自給し、副業として養蚕の他、コシキ・鍬の柄等の木製品作りをした。河内は最奥の居住者すなわち奥山人だから、広大な山地を後背地にもっており、木製品作りの原木に恵まれていたと思われがちであ

表１　コシキの種類と中コシキの規格（下図）

種　類	用　途
ナガコシキ（長）	茅屋根の雪おろし，特に棟や下半部に使用，注文生産
チュウコシキ（中）	屋根・吊橋・道路の除雪，雪の下の野菜堀りに使用．規格があった
ツエコシキ（杖）	狩猟・新道・夜の雪道に使用
コドモコシキ（子供）	幼児の雪遊びに使用

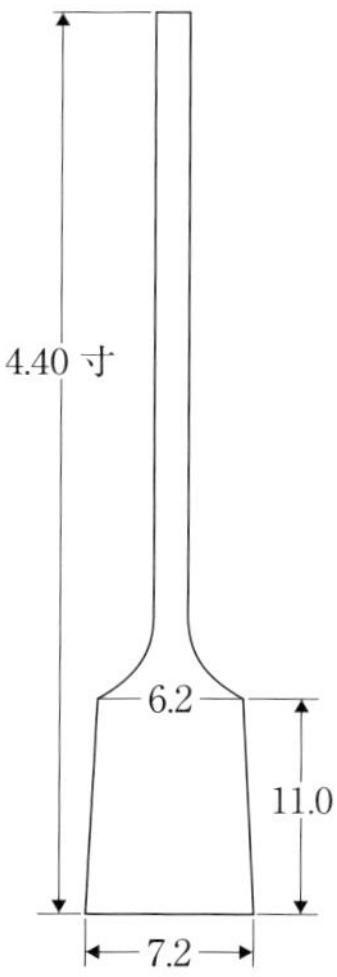

表２　河内三ヶで作った木製品（明治末〜大正初期）

木製品名	標準名	材　質
コシキ（コスキ）	木鋤板	ブナ
クワボウ（クワガラ）	鍬の柄	加賀地方はブナ 越前地方はミズナラ
ゲタ	下駄	サワグルミ
カサギ	檜笠の材料	ヒノキ
コンゴウヅエ	白山登山の杖	ヒノキ，サワグルミ ブナ，スギ
タイマツ	登山用たいまつ	ヒノキ ネマガリゲタ
メンパ ゼン・ボン	曲物食器	ヒノキ
ヨウジ	楊枝	スギ

るが、居住地近くの私有林は古くから焼畑用地として伐採されるか農地に転換していたので、奥地の共有林や国有林が原木供給地であった。共有林・国有林はおおむねブナ帯である。河内では、コシキだけを作るのでなく、同時に「クワボウ」とよぶ鍬の柄を並行して作る場合が多く、また多様の木製品作りもおこなっていた。その製品一覧は表2で示した。紹介する河内のコシキ作りは、白山直下の最奥出作りの焼畑民が、積雪期のブナ帯でおこなってきた林野利用、とりもなおさず木製品作りの一部門の実態報告である。

2　コシキ山の立地条件

コシキの原木はブナであり、鍬の柄の原木は加賀地方ではブナ、越前地方ではミズナラである。市ノ瀬から別山への登山道沿いの植生は、下段床《しただんとこ》付近ではサワグルミ・トチが優勢、中《なか》段床ではミズナラ・ブナが優勢、上《うえ》段床ではブナの純林となる。さらに上部のチブリ付近では、ブナにダケカンバが混ざってくる。木製品作りは、平野部でも山地であっても原料立地が原則である。だからコシキ作りを目的とするときはブナの純林に小屋掛けし、鍬の柄作りを主とするときは、ミズナラ・ブナの混ざった場所に小屋掛けしなければならない。つまり木製品作りの小屋は、良い原木がある場所に建てられるわけで、おのずと生産地・小屋場は、植生的に固定する傾向となる。河内では、コシキ生産地・小屋場を「コシキ山」、鍬の柄のそれを「ボウ(棒)山」とよんだ。しかしコシキと鍬の柄を同じ仕事場で並行して作る場合も多々あった。

写真 2　別山，段床《だんとこ》のブナ原生林（海抜 1550 m）

　コシキ山の具体的地名は、別山への登山道下部の段床《だんとこ》やチブリ、登山道砂防新道の下飯場《しもはんば》、岩屋《いわや》俣《また》谷筋では三石《みついし》やゲジロ谷出合、牛首川本流筋ではマンゾウ山や、小三ツ谷・チュウナイ谷の各源流域、三ツ谷筋では西俣谷のヨモギ平《だいら》(6)・中俣谷の岩《いわ》の山等である(7)（図1参照）。これらのコシキ山を海抜高度で示せば、最低部はマンゾウ山一〇五〇m、最高部はチブリの一八〇〇mである。これら地域の最深積雪量は五mを超し、冬季のコシキ山は雪に閉ざされて完全に孤立する。

　コシキ山では、冬季も宿泊して生産を続けるため、二つの必須条件があった。第一は厳冬の渇水期にも水が得やすいことである。多雪山地では夏の渇水期よりも冬は雪が融けずに水が枯れるのである。コシキ山では、水は飲料水として大切であることは勿論、コシキ作りにも大切な役割をする。谷川・清水の水を樋で引水して小屋内のフネで貯水する。木製品作りには、多くの刃物を使う。刃物を研ぐ際に研《と》水《みず》がなくてはならず、小屋内では職人二人が一つあて、ブナ製の研水鉢を作り、水を常時用意した。この研水鉢は、いろりの用心水を兼ねていた。いろりの火は、暖房・照明・炊事にはなくてはならぬが、火はコシキの乾燥と、コシキを煙の作用で飴色に着色させる仕上げ工程でも不可欠のものであった。そのため、コシキ山ではいろりの火は絶やすこと

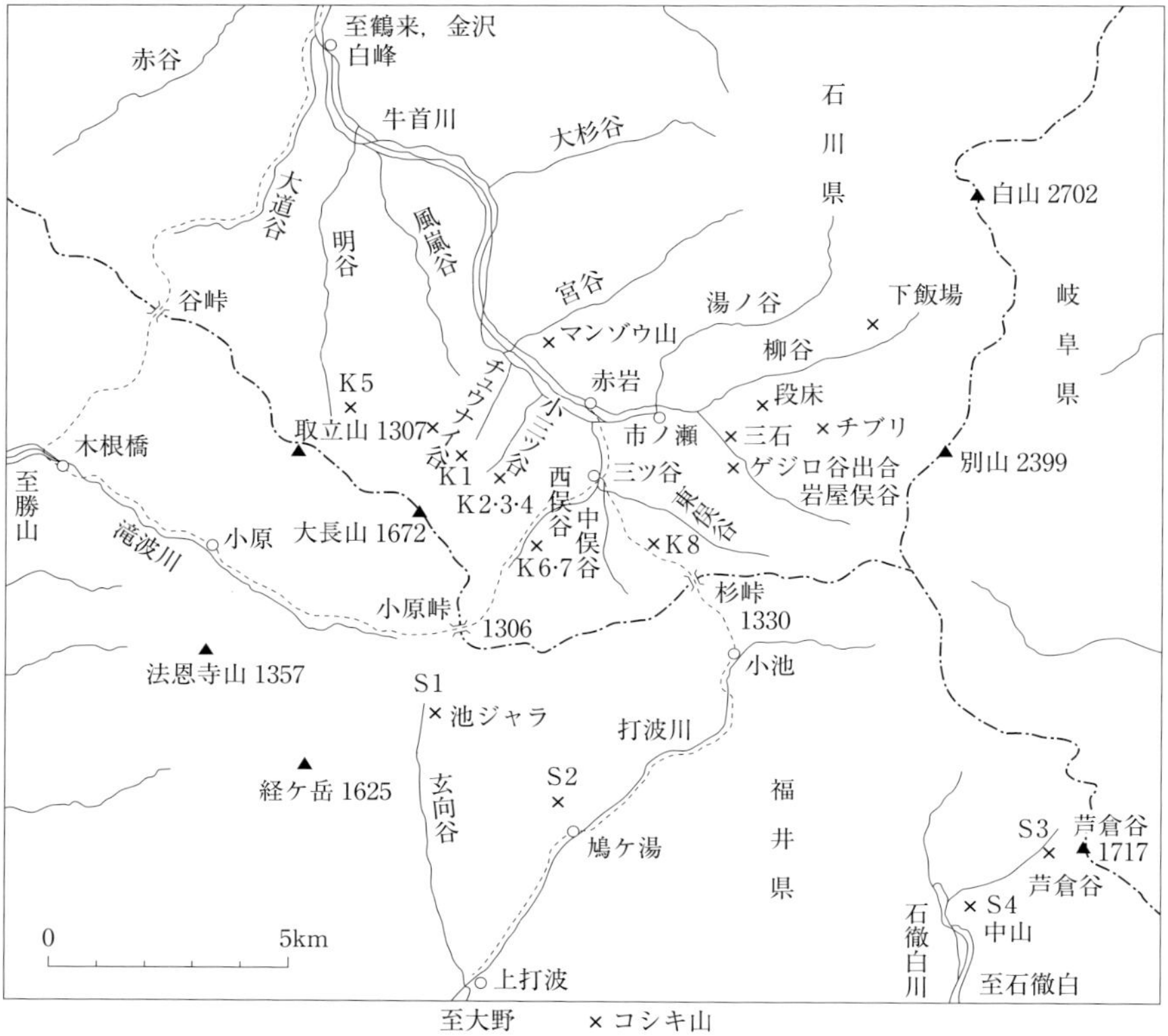

× コシキ山
K1 加藤正信家の棒小屋，数字は移動順を示す
S1 鈴木与三松家の棒小屋，数字は移動順を示す

図 1　河内三ヶと周辺のコシキ山（昭和 27 年頃）

はできないが、反面危険度が大きく、用心水が必要だった。夏冬、常時水が枯れないかを探る方法は、水源地の石をまくり、サンショウウオメ（ハコネサンショウウオ）がいるかを確かめ、生息が確認できれば、年中水が供給されるとして、取水場所に決めたという。

第二に、冬場に「アワ」という新雪表層雪崩の危険場所を極力さけることである。アワは、発生時間・場所が予想できない厄介な雪崩である。アワ発生地は、雪の衝撃力で木が育ちにくく、草だけの植生になっている場合が多い。そこで、山菜等の草しか生えない「ナーバタ」という斜面、「カリボシカベ」という雌茅《めがや》の群生急斜面が上部にあると、その下部には小屋は建てなかった。地形的には、急傾斜地の下方部は一般的に雪崩の危険度が高い。斜面上部に「アカカベ」という岩壁・岩場、「ヌケカベ」という崩壊地、「ヌケッポ」という新しい小崩壊地があれば、小屋場として避けた。明治末、赤岩の慶次郎のコシキ山の小屋は、アワのため倒壊し、その際いろりから出火、救助者の前で親子が焼死するという悲惨な事件が語り継がれ、アワに対しては慎重になり過ぎるほどの配慮をしていた。

3　棒小屋――二、三年でコシキ山を移動する

木製品作りのための小屋を「棒小屋」といい、ときには「カセギ小屋」ともいう。河内では、鍬の柄を「鍬棒」とよぶ。棒小屋の呼称は、コシキと鍬の柄が同じ小屋内で並行して作られていた証とでもいえよう。カセギ小屋の名称は、小屋で行なわれていた木製品作りが、現金収入源として家計上重きをなしていたことを裏付けている。

①　種類（規模）

構造は、「ネブキ小屋」とも「ナバイ小屋」ともいうもので、(8)地面に直接屋根をおいた天地根元造《てんちこんげん》りに似た原始的な小屋である。棒小屋の九割はネブキ小屋で、五年以上も同じ場所でコシキ山をする場合は、柱を建て上げた一般構造の「アシアゲ」にした。

ネブキ小屋建設の理由は、一つの棒小屋で二、三年木製品を作り、次のコシキ山へ原木を求めて移動するため、あくまで仮設なのである。他方、棒小屋は五ｍ以上の積雪地に建つため、ネブキ構造がアシアゲ構造より耐雪構造で優れていたことも理由であった。

冬場、雪中でのコシキ作りは、一人だけで行なわれることは少なかった。理由は、原木を伐採すれば雪中に埋まり、その雪上運搬には単独ではやりにくく、二人の方が良かったからである。木製品作りの共同作業の人数は二人、四人、六人と偶数組みで行なう慣行があった。だから棒小屋は、その組み人数に応じ「一人小屋」「二人小屋」「四人小屋」「六人小屋」とよんだ。小屋の代りに「二人帳場」「四人帳場」という場合もあった。三人、五人のときは、一人分の空白部ができるが、物置や台所にあてていた。

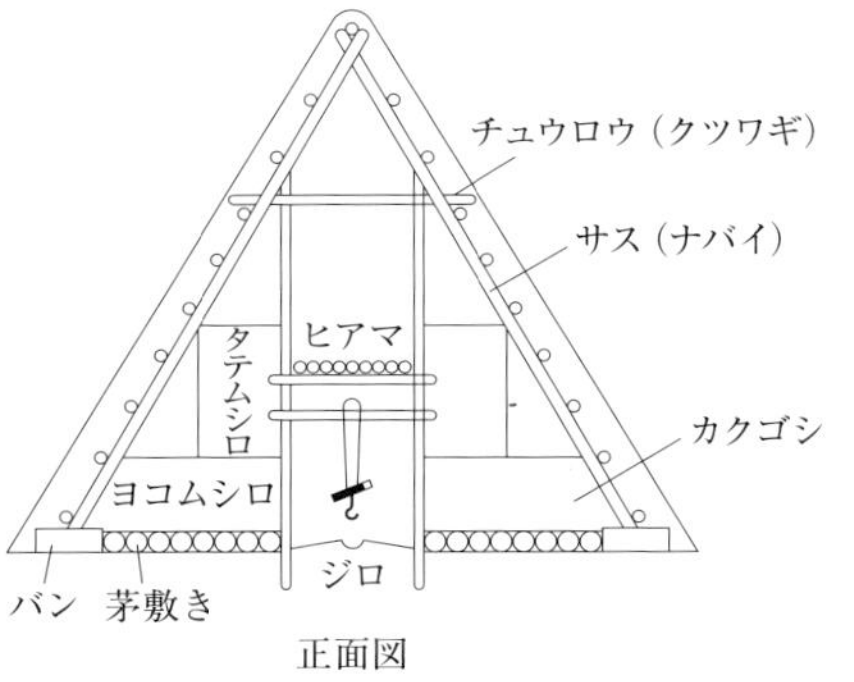

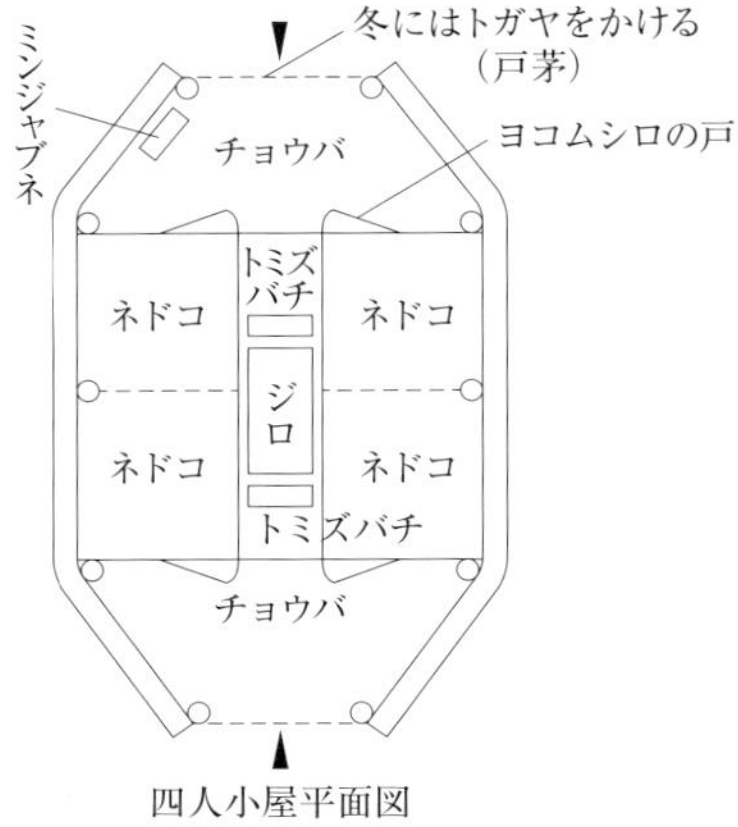

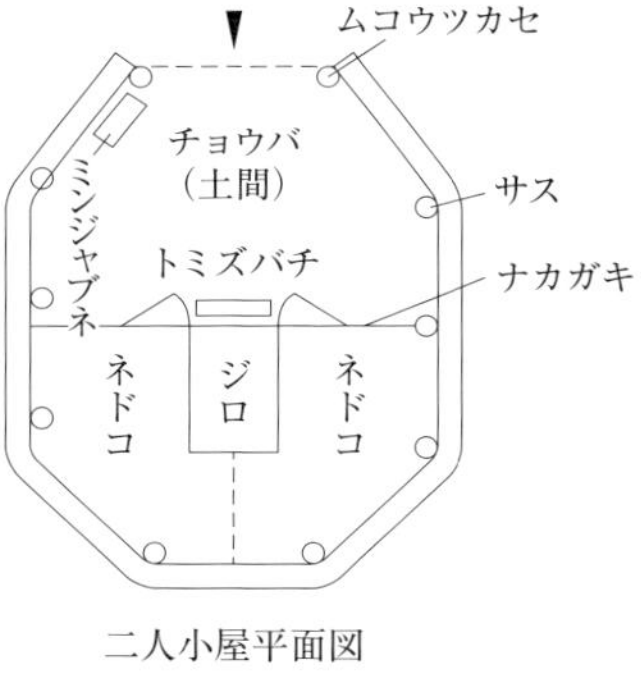

図 2　棒小屋の正面図・平面図

写真 3　ネブキ小屋の外観（白峰村赤岩，山下石松家出作りの納屋）　棒小屋はこれより一まわり大きい規模.

② 小屋組みと屋内

二人小屋のサス（合掌）の長さは約一五尺。正三角形になるように組み、ネソ（マルバマンサク）で結束する。サスの基礎は、「バン」とよぶブナを部厚く割木したものを置く。尾根は茅。小屋材はすべて現地調達である。入口は一方向だけで、入口側の土間部は「チョウバ」とよぶ細工場にあて、居住空間は「ネドコ」とよび茅敷きとした。中央部奥寄りに「ジロ」とよぶいろりを組み、約四尺の高さに火棚をこしらえ、製品の乾燥場にあてた。

チョウバとネドコの境を「ナカガキ」という。チョウバへの出入口部には、筵《むしろ》を横開き戸のように横にしたヨコムシロを設け、その上部に筵を縦に下げたタテムシロをつけて、朝晩に巻き上げ下げする。ナカガキの上部の筵はサワグルミの樹皮や茅で仕切って、暖かさが逃げないよう工夫した。

四人小屋は、入口方向が二つである。

一方に水を貯えるフネを置いて水屋機能をもたせ、反対側入り口の屋外には便所を仮設した。一人分のネドコの広さは約一坪弱、「水に遠い」「便所に近くて臭い」等、場所をめぐって平等とはいかず、「長一《ながいち》」「長二《ながに》」「長三」「長四」と長短四本の枝でくじを作り抽せんで決めた。各自は、自分のネドコ脇のチョウバで細工仕事をし、カクゴシ部分に布団・持物・道具類を収納し、ジロに足を向けて寝た。

③ 小屋作り

小屋作りは、晩秋、焼畑の一連の収穫作業が終了した後に行なった。親子組み二人小屋のときは、サス・ムコウツカセ等の原材料の選択・伐採、さらに結束用のネソ等を現地で調達した。その間、女性は茅刈りとその運搬に精をだした。茅場は、コシキ山より海抜高度の低い焼畑放棄地等にあるため、茅を担ぎ上げるのが苦労であった。二人小屋は、家族四人で材料調達に二、三日、サス組上げと茅葺きに一日、合計三、四日を費やして建てた。仮設の小屋にせよ、奥山人が自家労働ですべての材料を現地調達し、わずか数日で完成させる生活技術は驚きである。

コシキ作りに適した原木が非常に少ないことが関係し、同一棒小屋の使用年は二年が普通で、長くて四年であったという。河内の焼畑民は、焼畑先に野生動物による被害を防ぐ番小屋と休憩小屋を兼ねてシシ小屋を建てる慣行がある。このシシ小屋の材料も現地調達で、自前で建てる。このシシ小屋作りの技術・慣行が、永代にわたり継承され身についているため、簡単に棒小屋を作ることができたのである。焼畑は、新畑地を毎年火入れして造成していくため、シシ小屋を次々と建て、反面次々と使い捨てていく。このようなシシ小屋慣行が棒小屋の背景にあるため、良い原木を求め棒小屋を次々と作って山中を移動しながら稼ぐという実態は、河内の焼畑民にとって、不便度や苦労度は重いものでなかった。このような棒小屋を豪雪山中に次々と作り、使い捨てながら移動し生業を続けていく慣行は、都市居住者や、永代にわたって相続を受けた水田で稲作を営む農村居住者の常識や生活とは、まったく次元の違ったものである。別な表現をすれば、コシキ作りは棒小屋と表裏一体のもので、焼畑民がネブキ小屋をいとも簡単に作る技術を習得していたから、成り立っていたのである。

4　コシキの作り方

①　山見

最初は良材探しである。中コシキのへサキ幅が七寸二分であるため、芯が真ん中にある原木の直径が二尺あれば、芯の両脇でコシキが作れ都合良かった。しかし芯が真ん中よりずれている木もあり、できるだけ太いブナを選んだ。直径三尺以上あれば申し分なく、こんなブナの樹令は三五〇年以上だという。

巨木を見つけ、次にマサウチ（図3参照）。かまぼこ状の木片を見本に取り出し、ホイチ（鉈）で割って適否を判定する。スパッと割れた木は「一枚柾《まさ》」といって適材、割れない木は「スダレ」といって不適材である。ブナ・ミズナラ等の芯と年輪は、傾斜地では谷側に寄る性質がある。そして年輪と年輪の間は、谷側は狭く、山側が広くなる性質である。だから原木は、緩傾斜地か平坦地のものは、芯が中央部にあり、年輪も通常の円形になる。風の強く当たる斜面の原木は「モメワレ」という細かい筋が縦方向に走って不適材が多かった。したがって、コシキでの良質のブナ原木は、地形的には緩傾斜地か平坦地、気象的には風当りの弱い場所か風下地に生える木が最適だったのである。ブナ林に立ち入り、ブナの良材を選別する仕事を「ヤマミ」といっている。

②　公有林のブナ利用

私有林は長らく焼畑用地に利用してきたので良材はなかった。ブナの良材は、焼畑の高度限界をこえた共有林・国有林・白山比咩《しらやまひめ》神社の社地内にあった。共有林は、廃藩置県に続く地租改正のとき、地租の負担重課を危惧して、居住地に近い必要部分を残して分水嶺付近を国有林に移行した。[9]　その結果、河内の共用林面積は一八〇町歩に狭まった。

共有林は、市ノ瀬では「湯の谷共有」、赤岩は「高山《たかやま》共有」、三ツ谷は「西保《にしまた》共有」「中保共有」といい、所有名義人は市ノ瀬では笹木源五郎家、赤岩では薄《すすき》重太郎家、三ツ谷では林七蔵家になっていた。実質の世話は総代が担当、市ノ瀬は笹木兵左衛門家、赤岩は加藤与三郎家、三ツ谷は永井辰若家が行なっていた。共有林での原木伐採費を「株代」といい、明治期の株代は一律三円であった。[10]　このときの一人伐採立木材種は、ブナ材三六尺〆《しゃくしめ》（一一・八八㎥）、ナラ材

表 3　コシキの製作工程とその用具

仕事場	工程名	使用の道具
キヤマ（現場）→コヤ（小屋）	1. マサウチ	ヨキ，ホイチ，セナカテ
	2. ヨキドリ	ヨキ
	3. キリタオシ	ヨコビキ
	4. コロギリ	シャクザオ，ヨコビキ，ガンド，キヤ，カケヤ
	5. ホタワリ	ヨキ，ワリボイチ，カケヤ，キヤ，ノトヤ
	6. アラバツリ	アラガタ，ヨキ，マサカリ，スミツボ，スミサシ
	7. ホタハコビ	ワラバト，ニナワ，ネンボウ，テゾリ
	8. タテビキ	オガ，スミサシ，スミツボ，スミイト，カスガイ
	9. カンナガケ	カンナ
	10. コシアゲ	カタイタ，スミサシ，スミツボ，スミイト，マサカリ
	11. カタクリ	カタクリナタ
	12. カンナガケ	エーコキカンナ
	13. コシキホシ	

（天野武「白山麓の除雪具」1975 による）

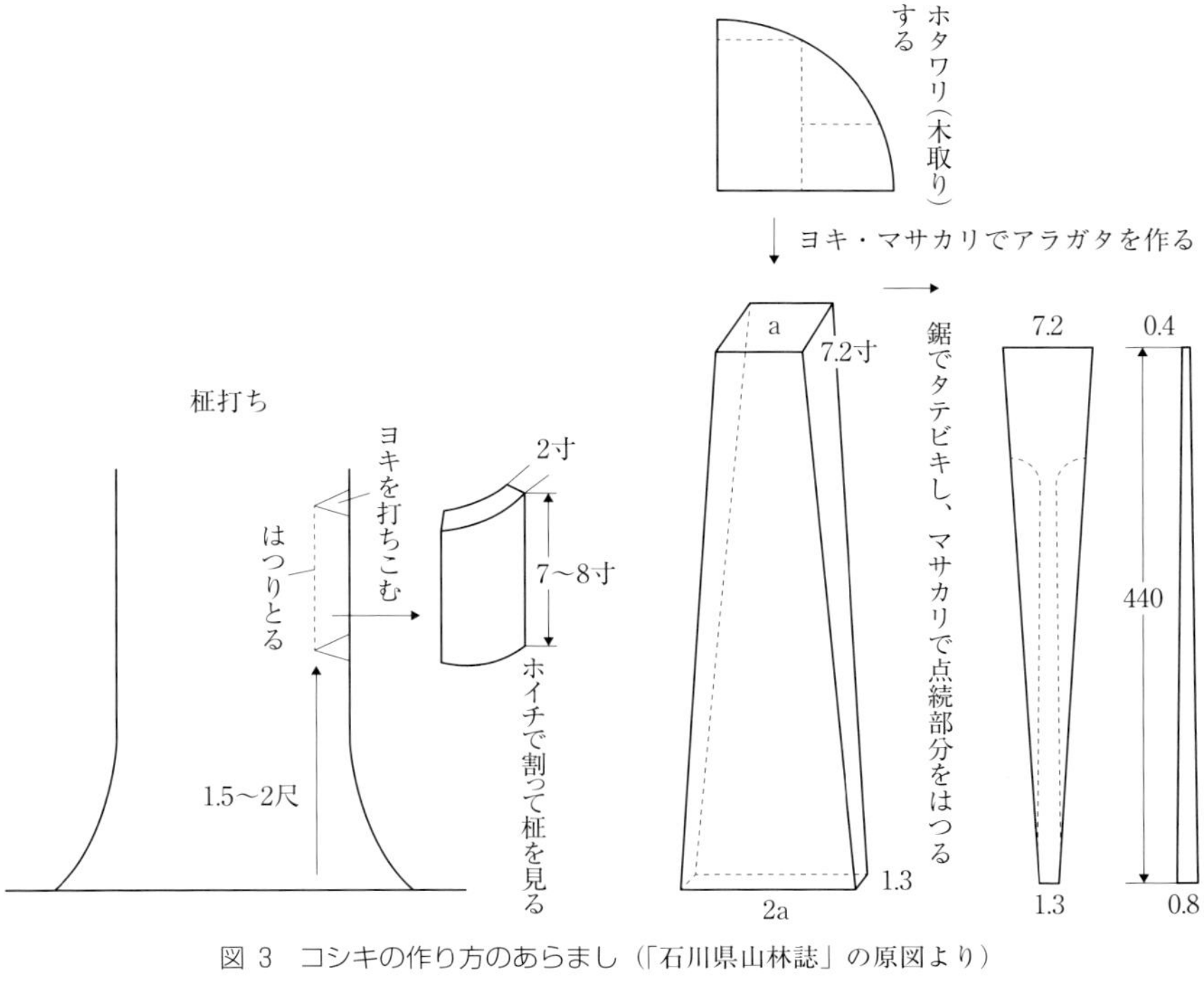

図 3　コシキの作り方のあらまし（「石川県山林誌」の原図より）

（鍬の柄の厚木ミズナラ）一一尺〆、計四八尺〆（一五・四八㎥）であった[11]。

大正期になると、株代は、伐木数・生産数の積算方法に変わる。具体的には総代がコシキ山に登り、原木の大小・良悪や伐木数を見聞して決めた。一冬一人が必要とした原木を本数で表すと、直径二尺以上の「一枚柾」であれば二、三本であったという。共有林利用の株代積算は、薪は一坪（六尺立方の容積）、木炭は一俵、建築用材は一石を各単位として換算した。河内では、株代を貯えて区費とし、橋・吊橋の修理やかけ替え、冠婚葬祭費に充てていた。

共有林から移行した国有林への地元民の入山・伐木は、しばらくは黙許されていたようであるが、明治三十年代になると、手続きを経てのコシキ山入りとなる。国有林利用の申請書類が複雑なので、三ツ谷の林七蔵家や赤岩の薄重太郎家が代筆業務を行ない、営林署の許可を得ていた。大正八年以降、手続きが簡素化されたのを機に利用者が増えるが、それでも手続きが負担であった。

別山登山道の段床・チブリ周辺林野は、明治以降、石川県鶴来町の白山比咩神社の社地となっていた。社地内のブナ利用のときは、白山開山の祖、泰澄を先達したと伝承されている笹木源五郎家（市ノ瀬）に通知して、コシキ山に出むく慣行であった。

社地内で作られたコシキ・鍬の柄は、必ず四月節供には棒小屋より下りてきた。河内《こうち》の節供の日取りは区会で決めた。雪の少ない年は四月十日、雪の多い年は四月十五日頃であった。河内では、春の節供日が決まると、棒小屋での木製品作りは区切りつけ、同時に前年伐採の建築材や薪を雪上運搬する春木《はるき》山《やま》の仕事もけりをつけた。そして節供で一休みした後、棒小屋での組を解き、熊狩りの組を作って狩りを始める慣行であった。白山比咩神社の社地内の原木代は、伝統的になぜか「株代」といわず「山手《やまて》」といっていた。山手は、橇《そり》で運ばれてきた木製品現物と申請原木本数を勘案して、笹木源五郎家と加藤与三郎の二人で決めた。社地の山代は貯え、市ノ瀬からの白山登山道の維持管理費、つまり道な[12]おしや夏草刈り等の人夫賃や、白山室堂の修繕費に充てていた。この慣行は、大正十年（一九二一）の白山振興会設立まで続いていた。

昭和九年、手取川大水害が起り、河内は土石流で大被害を受け、市ノ瀬では一家全滅の悲惨な家もあった。この年、河内は営林署に大水害事情を陳情し、西俣谷上流のヨモギ平国有林地内のブナ特別利用の下付を受け、一挙に八八本のブナ材の払い下げを得て復興資金の元とした。以後営林署との交渉・手続きが円滑となり、国有林利用が増えたという。

　ここで注目すべき点は、古くは「越前禅定道」といわれていた「旧道」や、宿泊施設「室堂」等の一連の管理者は、段床・チブリの原木伐採費で充当していたことである。補足すれば、豪雪山地の山道や山小屋は長い冬場に予想以上に痛みが激しい。白山信仰の山道や室堂の諸費用は、白山直下河内の焼畑民の木製品作りの杣《そま》取料でまかなわれていたのである。段床・チブリは地租改正後に白山比咩神社の所有となっても、この慣行は大正末まで踏襲されてきたのである。

③ 製作工程と用具

　製作工程とそれに必要な用具は、表3で示した。この資料は天野武氏の調査[13]によるもので、体験者の多くが他界されている現在では貴重である。

　要約すれば、直径三尺近いブナ立木を伐採し、根元の太い部分は中コシキの規格四尺四寸に横切りし、次に四つ割りし、図3のようにヨキ・マサカリではつる。次に鋸《のこぎり》で板挽きした後に鉋《かんな》をかけ、点線の部分をマサカリではつって仕上げる。コシキ作りは、冬場の農閑期が中心で、棒小屋の位置は、ほとんどが海抜一〇〇〇mを超えているため、厳冬期のブナは木の中の水分まで凍っている。日中は平均して零度前後、寒い朝はマイナス一五度ぐらいに下り、極寒の中で仕事をした。雪中でブナを伐採すると原木は雪の中に深く倒れこみ、掘り上げるのに大苦労であった。

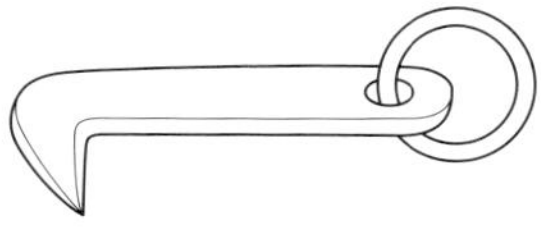
図4　トチ金

　棒小屋よりも上部で伐ったブナは、トチ金を打って綱を使って引き下ろす。下部で伐ったブナは、引き上げる。トチ金（図4）とは鉤《かぎ》型のくさびをつけた鐶《かなわ》のことで、この鐶にマフジ（真藤）の蔓をつなぎ、そこにさらに荷綱としてもマフジの蔓を接続して、移動した。低温では、稲藁製やマニラ麻製の縄には、雪が次々と付着して太くなり、荷綱として使用できなかったのである。凍ったブナを割るときは、鉄製矢《や》は滑って全く用をなさず、イタヤカエデの木製矢を使わねばならなかった。
　極寒の日には「ホイチ・マサカリ・ノコの刃の中の水が凍る」といって、刃物仕事はひかえた。寒い朝、凍ったブナに刃物をあてると、刃こぼれが激しく、それを直すのに手間がかかるので、気温が高く

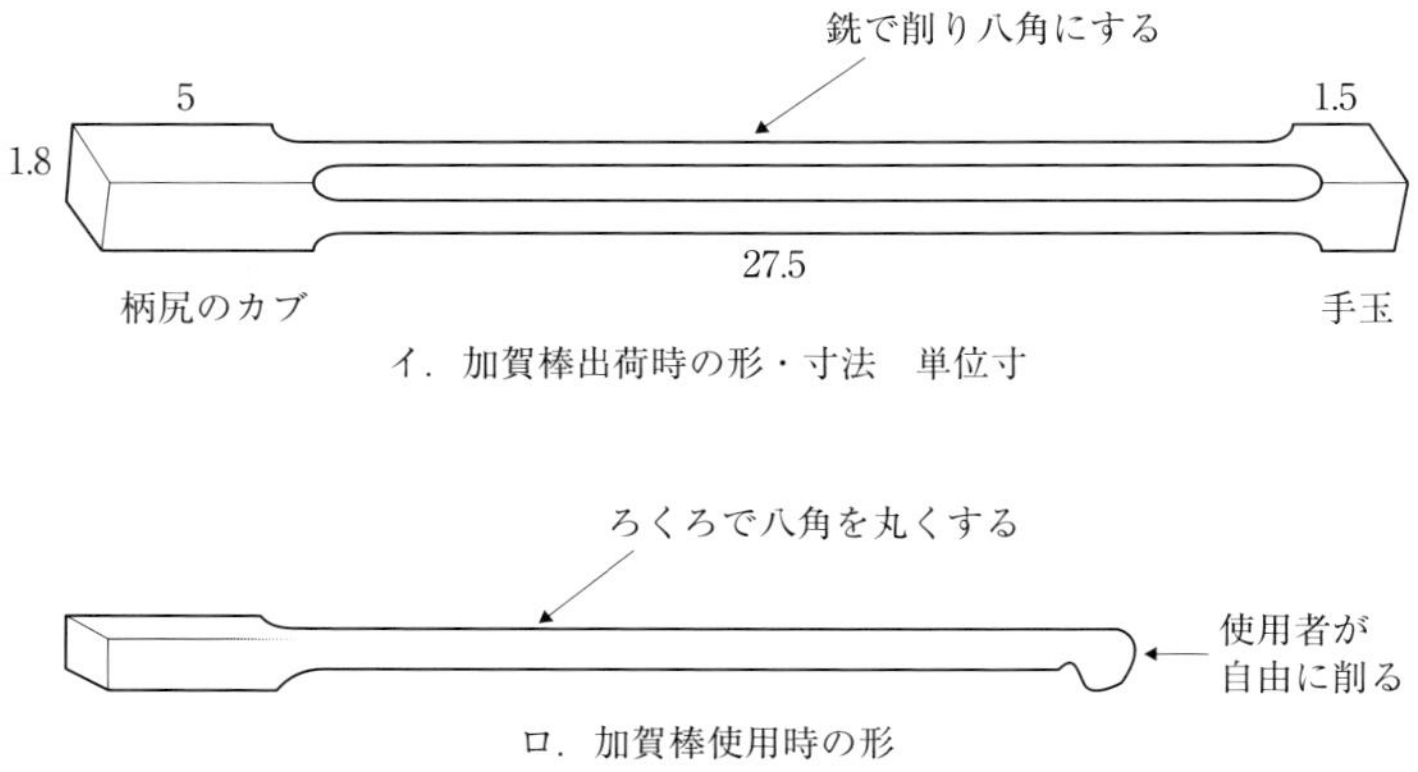

イ．加賀棒出荷時の形・寸法　単位寸

ロ．加賀棒使用時の形

図5　河内産の鍬の柄・加賀棒　林茂氏原図

なるのを待った方が得策だったのである。コシキを作る河内の人自身、「鋼《はがね》の中に水分があり凍る」とは信じていなかったが、「刃の中の水が凍る」と表現して「金属の低温脆性《ぜいせい》」を若い者に教えていたのであろう。それにしても、多雪・低温のもとで、便利なマフジ蔓や有効なイタヤカエデ製の矢を使う技法と、極寒のときには鋼を暖めてから使う技法は、長い試行錯誤の結果生みだされたもので、豪雪地・極高地の出作り焼畑民ならではの木製品作りの知恵である。

コシキ作りの最終工程は、乾燥である。ヒアマと呼ぶ乾燥台の上で、コシキを縦方向に並べる。製品が生木のため、火力で熱せられるとブナの樹脂は表面に泡状になって滲み出てくる。それが煙と反応して飴色に変化してくる。この色を「イタギ色」という。イタギ色にするために燃やす木は、ブナの芯材が最も効果があり、はつり作業時に芯部分の廃材は捨てないで、乾燥用燃料に貯えた。イタギ色になったコシキは、商品として見栄えが良く、虫がつかず、また除雪時には雪が付着せず機能的にも良かった。天野武氏も「コシキホシは特に重視する必要がある」との観点を指摘されているが、まさに同感である。

5　並行して鍬の柄を作る

棒小屋ではコシキばかりでなく、地元で「鍬棒」とも「割棒」ともいう鍬の柄作りも並行して行なっていた。四二八ページ表5のコシキと鍬棒の生産額比較では、一六年中八年で鍬棒がコシキを上まわっており、河内の人の稼ぎでは、両者ともに要の生産物であった。鍬棒についてのあらましを以下にまとめる。

コシキは完成品であるが、鍬棒は完成品でなく、柄の太さ等は出荷先の木工所や農家が、仕事に適するように加工してから使う。材料はブナ、作り方はコシキでは鉋《かんな》仕事が中心であるが、鍬棒では鉞《まさかり》と鉈《なた》での割仕事が主で、「割棒」という別名もここに由来する。

直径二～二尺五寸ほどの原木を杣打ちして選んで伐採、これを加賀棒のときは三尺三寸に玉切りし、小屋まで運ぶ。木製矢を打ち込んで四つ割り・八つ割りし、板目の方向に厚さ二寸に板割、さらに細く割る。柄尻のカブは、一寸八寸角・長さ五寸で作る。残り二尺七寸五分を銑《せん》を使って角を削って八角形の棒とし、先端に四角のテダマ（手玉）をつけて仕上げる。金沢・野々市・鶴来・松任周辺で使うものを「加賀棒」といい、全長は三尺二寸五分、小松・美川・寺井方面で使うものを「小松棒」といい三尺四寸である。なお「大聖寺棒」、「越前棒」という銘柄もあったが、その原木はミズナラで全長は四尺六寸であった。

出荷時の結束は三四本であったが、後に三〇本、二五本と変っていく。出荷先は木工所で、轆轤《ろくろ》を使って八角形を丸くし、手玉は木工所あるいは農家が使いやすいように削っていた。昭和六年頃、河内に水車利用の製材所ができ、足駄の歯や鍬棒の機械生産が始まる。製材所での多量生産により、伝統的な木製品作りは影響を受けることになる。

6　棒小屋の仕事慣行

①　労働暦

棒小屋でのコシキ作りは、二～六人の組、とりわけ四人組で行なわれることが多かった。小屋作りは組員全員の仕事。その後の仕事では、働き手が少ない家は麓での仕事に時間をとられる。したがって小屋での宿泊、定着度に差ができてくる。

標準的な労働暦を表4で示した。夏蚕《なつこ》の上簇《じょうぞく》を終え、九月祭りをした後に棒小屋へ入り、翌年の四月節供の下山までの農閑期を一区切りとした。九月祭りの後の棒小屋入りを「ヤマイリ」、始めての宿泊を「トマリツキ」という。トマ

表 4　河内のコシキ作り労働暦

月	主な行事と労働暦	
9	18日祭り．　20日頃**山入り**　棒小屋へ入山	
10	雑穀の収穫，一時麓へ	
11		
12	9日山祭り・麓で，22日より麓でお仏事	コシキ作り
1		
2	1～15日麓で正月，16日頃棒小屋へ	
3	9日山祭り・棒小屋で，春木山で一時麓へ	
4	15日頃節供．　**出山**　棒小屋より下山	
5	焼畑の火入れ，麓	
6	春蚕の盛り，麓	
7	白山登山道の普請，麓	
8	夏蚕の盛り，麓	

リツキには、自分のネドコのカクゴシ（図2・正面図参照）に製作道具を置き、持参のボタ餅・酒を供え、山ノ神に明日より山を荒らすこと、仕事が安全であることを祈った。白山麓は真宗の盛んな土地柄であり、信心のあつい老人は、手製のブナ板に墨壺の墨で六字名号を書き、朝晩拝んでいた。四月節供時に、棒小屋を出て帰るのを「ジャーマ（出山）」というが、トマリツキのような作法はしなかった。

　棒小屋の仕事は「シイハン（四半）」といい、四日と半日仕事を続け、半日休むというサイクルで木製品作りをした。半日は骨休みであるが、実質は鉋・鋸等の手入れに費やされることが多かった。遊びとして、降雪前に近くの沢で岩魚を捕りお菜にするぐらいであった。

　冬、乾いた新雪が濃く積もって雪面が固くしまったときや、昼間に雪面の融けた水分が夜間に凍って固くなったときには、麓で留守番役の女たちが複数以上で組を作って、米・味噌・着替え等をかついで登ってきた。この仕事を「ハンマイカツギ」「サイカツギ」といい、帰りにはコシキ・鍬の柄をかつぎ下ろす「ニダシ」をした。中コシキは一〇枚を一束、子供コシキは二〇枚を一束にした。冬のニダシは五m近くの積雪道でもあり、中コシキの時は三束七、八貫を女の肩で運んだ。ニダシで残ったコシキは、男たちが節供直前にテゾリで雪上運搬した。

　積雪期に白山登山を体験した者の視点からすれば、河内の女性が約三〇キロの荷を雪上歩行で運んでいた実態は、驚異である。白山直下では「冬籠りする」という言葉はまったく場違いであった。

② 衣・食

　積雪期のコシキ山の外仕事着は、上は木綿の綿入れ、下は木綿のももひきで、共に黒っぽい布地が日光・熱を吸収して良かった。一重のももひきは寒く、つぎたして二重・三重になったものが防寒上良かった。だから棒小屋のももひきは、新品より多くのつぎ布を幾重にもした古着の「ツヅレ」を意識して着る人もいた。繋ぎ目の縫糸が着衣の外に出ていると大変であった。極細の繋ぎ目が水分を含み、それが氷化してカチンカチンの極少氷の玉となる。氷の玉が、何かと接触すると砕かれる。そのとき縫糸が切れて着衣はほころび弱くなっていく。だから、冬の棒小屋での仕事着縫いでは、糸の繋ぎ目や縫糸の締めに作る糸玉は着物の内側になるように、女たちは細心の注意をして縫いあげた。

食事は、麓ではヒエと米の混ぜ飯であるが、混ぜ飯作りは手数かかり、男手には繁雑なことでもあるので、棒小屋では米だけの飯で、各自が自分の分を炊いていた。副食の汁と茶は共同で輪番制で作った。

三月九日の山登りは、山の神が木をわけてくれる日なので、できるだけ早朝から仕事をする作法であり、対するに十二月九日の山祭りは、山の神が一年の納めとして、どれだけの木が伐られたかを数える日なので、山の木の数が足りないと、山仕事をしている人間を木として数え、数えられた人は災難に遭うとして、麓に帰り仕事を休む作法であった。

棒小屋での木製品作りには、いくつかの禁忌があった。原木を「八専《はっせん》の日」、「大寒の間」に伐ると、木に虫がつくとして伐採禁止であった。幹が二俣に分れ、その二本が同じ太さ高さで育った「フタマタの木」、同じく三俣に分れた「サンマタの木」、さらに幹や枝が曲がって、ちょうど円形窓のような形をした「マド木」は、山ノ神が山を駈けめぐるとき一休みされる木として、伐採禁止であった。

7　生産量と奥山人の稼ぎ

コシキの生産量　表5では、コシキ・鍬の柄について、とびとびであるが歴年的生産量を示した。コシキに関しては、最多年は明治十五年の五万本、それ以降しだいに減少し、明治四十年に三五〇〇本、四十三年以降は増加傾向を示している。コシキの多量納入先は鉄道局（現在のＪＲ）で、北陸本線が明治二十九年に敦賀・福井間、三十年に福井・小松間、三十一年に小松・金沢間、三十二年に富山までが開通した。冬場になると駅構内やプラットホーム内外の除雪管理が不可欠になっての需要である。しかし、生産統計では鉄道延伸の余波が、コシキ生産を押し上げる要素になっておらず、減少傾向は続いた。すると生産量減少の因は、降雪量が少なかったのでコシキの必要度が薄れたとする視点がでて

表 5　コシキ・鍬棒の生産高

	雪掻板　コシキ（木鋤）		鍬の柄（鍬棒）	
	生産量 丁	生産額 円	生産量 本	生産額 円
慶応 2	1500		2000	
明治 15	50000	2500	1000 束　34000 本	550
27	35000	1225	38700	774
28	30000	900	3000 束　102000	1200
30	25000	1500	2000 束　68000	1800
31	20000	900	600 束　20400	480
32	12000	540	1200 束　40800	940
33	10000	550	18600	555
34	10000	800	12000	420
35	10000	700	13000	420
36	10000	700	10000	400
38	4000	280	9000	330
40	3500	227.5	10000	350
43	大 800 束　8000 本 小 500 束　10000 本	480 200	加賀 600 束　20400 本 越前 600 束　6000 本	600 480
大正 2	大　8000 小　12000	480 240	10200	306
5	15000	500	30200	1020

コシキの単位は古くは丁，次いで枚，本となる．

加賀向き 1 束は 34 本，越前向きは 10 本

慶応 2 年は『山岸家文書』，明治 43 年は『石川県山林誌』，あとは旧白峰村役場所蔵資料より．

くる。別な表現では、降雪量の減少とりもなおさず暖冬化（地球温暖化）現象の前兆が明治中期頃に起り、それがコシキ生産へ連動していたのでないかとも考えられる。これはあくまで推察である。

石川県側の金沢・小松・松任へは鶴来経由で出荷、福井県側へは勝山経由で福井・武生・今庄へ出荷した。

鍬棒の生産量　最多年は明治二十八年の一〇万二〇〇〇本、それからしだいに減少し、明治三十八年には九〇〇〇本と最少。四十三年以降は増加を示すのは、コシキ生産量推移と似ている。加賀棒は鶴来経由で金沢の木工所へ、小松棒は那谷《なた》の木工所へ、越前棒は勝山経由で大野・福井・武生へ出していた。

奥山人の稼ぎ高　コシキと鍬の柄作りは、同じ者が、同じ仕事場で、同じブナ原木を使っての仕事であることは前述した。生産者数に関しては、明治二十八年の旧役場資料では四〇戸・五〇人。明治四十三年時は『石川県山林誌』では三〇人[14]。大正五年時は『白峰村史』下巻では二〇戸・三〇人[15]と記録する。生産者減は、馬耕が進んだせいか、農家戸数の減か、その原因は分からない。

表6は、生産者一人当りの数値を示したものである。稼ぎ高と米価との比較をしてみると、明治四十三年時、白峰での米一石は一四・〇八円[16]なので、奥山人の一人当りの粗収入五五・四円は米三・九三石、おおまかに九俵半強に相当する。

表7は、金沢市窪町、林茂家所蔵の『大正二年十一月改大福帳』より抽出した。出作り七戸のコシキ・鍬の柄の林家納入高を一覧したものである。林家は既述のように、当時は河内三ヶの出作り約四〇戸を対象に、幅広く萬屋《よろずや》を営んでいた。その商慣行は、各出作りは林家より米・塩等の食料品を含めた生活必需品を前借りして購入する。出作りは、コシキ・鍬の柄、薬草、熊の皮等を林家へ納め、盆・暮の二回前借りを精算するという方式である。棒小屋で仕事する者は、根雪前に米・味噌を運びこまなければならない。このときの食糧は林家より前借りして運ぶ。この時点で生産品の納入先は林家に決まるわけである。

抽出した七戸中平助家一戸が鍬の柄だけを作っている。最多は一一三円強。最少は六九円、七戸平均では八八円の納入額である。この大正二年の八八円に対し、三年後の大正五年は七六円（表6イ）。大福帳では、個々の生産者からの納入日・納入高が事実として記されており、表7の数値は実証性では優れている。一戸当りの稼ぎ八八円は、個々の生産者へ現金として渡されたものではない。この八八円の稼ぎが前借り分をどれほど相殺していたか、換言すれば、稼ぎ八八円が総稼ぎの中での割合を見極めるのはむつかしい。[17]それに代わって、稼ぎ高八八円と米価との比較方法を選択した。大福帳では、中上米（標準米）一俵九円五〇銭なので、稼ぎ高八八円は約米三・七石、おおまかに九俵強に相当する。ちなみに、大福帳にみる三ツ谷一一戸の年間購入米平均は一・八二石、約四俵半である。[18]年間の米購入量四俵半と冬場の棒小屋での稼ぎ高九俵強を比較すると、コシキ・鍬の柄の稼ぎは生活必要経費をかなりの割合で扶助していたと考えたい。

　つまり、海抜一五〇〇〜一八〇〇mの豪雪山地に仮設棒小屋を建て、苛酷な冬山で互いに生産高を競った奥山人の仕事には、萬屋大福帳の納入金額増をめざした意志がこめられ、それには女も食糧・製品運び

表6　イ．1人当りの生産額

生産年	1戸当り 円	1人当り 円
明治28	52.5	42.0
43		55.4 (58.4-3.0)
大正5	76.0	50.7

明治28年は『旧役場資料』，明治43年は『石川県山林誌』，大正5年は『白峰村史』下巻より

純収入は，「ロ」表算出の58.4円より原木代3円を引いた55.4円

ロ．明治43年1人当りの生産量　『石川県山林誌』より

品　目	生産量 本	生産額 円	1本当り価格 銭
鍬の柄			
甲20束（1束34本）	680	20	2.9
乙20束（1束10本）	200	16	8
雪掻板（コシキ）			
大26束（1束10本）	260	15.6	6
小17束（1束20本）	340	6.8	2
計		58.4	

表 7　林七蔵家への生産者別出荷額

従事者		鍬	棒 円		コ シ キ 円		その他 円	計 円
出作り地	屋号名	加賀棒	小松棒	大聖寺棒	子供コシキ	中コシキ		
市ノ瀬	平左衛門	10.0	25.2	16.25		59.1		110.55
	平助	25.48	15.75	14.3			越前棒 18.47	74.0
赤岩	勇京	50.5			1.88	15.93	斧の柄 10.72	79.03
	小左衛門	41.74		13.86	29.25	28.5		113.35
三ツ谷	仁吉	44.86			24.34			69.2
	喜太郎	39.94	15.4	5.2	2.14	15.95		78.63
	甚五郎	39.9	18.2	11.5		22.15		91.75

にかかわっていたのである。

8　まとめにかえて

新潟県津南町（秋山郷）、新潟県湯之谷村の雪搔板作りは、いずれも集落より離れたブナ帯に小屋掛けして行なっており、河内三ヶの棒小屋でのコシキ作りと同じ方式である。

秋山コシキは、積雪の安定した三月下旬より始め、湯之谷コシキは、ゼンマイ山が終った初夏より十月下旬まで続けた。河内では、農閑期の始まる九月末より翌年の四月上旬まで、長い積雪期の山中でのコシキ作りである。一、二月の厳冬期の低温中の仕事には、独特な技法が必要で、例えば、刃が欠けやすい極寒時間の仕事の休止、割るときのイタヤカエデ製の矢の使用、運ぶときのマフジの蔓の使用等がそれである。

河内のコシキ山は国有林・共有林の中にある。私有林は、焼畑用地として利用してきたので原木が少なかった。良い原木を求めてのコシキ山も二、三年で移動するという木地屋的移動をしながらの仕事である。この棒小屋の移動について、赤岩の加藤正信（明治四十四年生）家の例では、昭和二年より十一年までの一〇年間で六棟、戦後二十二年より二十七年までの六年間で二棟の棒小屋を建てている。加藤家の棒小屋の移動は、図1で「K」印で示した。棒小屋の海抜はK1チュウナイ谷（根倉谷）源流は約一二〇〇m、K6、K7のヨモギ平《だいら》は約一三〇〇m、K8の岩吉山は約一一〇〇mである。周辺の植生は、ブナ、ミズナラ、チシマザサの優生帯である。加藤家は親子、時には祖父の三人で、小屋材料はすべて山地で調達して仕事場を作り、数年で移動しながら稼いでいた実態は、集落に定住し固定化した水田で稲作を営む農家と比較すると、両極の実態といえよう。

生産者の中には、県境分水嶺を越えて福井県側で仕事を始める者がでてきた。理由の第一は、何世代もブナ材で質の良い原木を選んできたので、原木が不足してきたこと。第二は、山林地主との土地貸借関係、さらには萬屋との商取引慣行に縛られ、製品の出荷先が固定し稼ぎ高に影響していたからである。その対策として、木製品作りがされていないブナ林を探して、県外山地に目を向けた。具体的には、三ツ谷の鈴木与三松（明治三十四年生）家は、福井県石徹白《いとしろ》川上流（現在は岐阜県）の石徹白・小谷《こたに》堂地内、打波《うちなみ》川上流の上打波地内、遠くは真名《まな》川上流の西谷村秋生《あきゅう》地内のブナ林へ出かけるもので、「タビヤマに行く」といっていた。西谷村へのタビヤマは十二月末より三月下旬まで、石徹白でのタビヤマは夏だけの仕事である。鈴木与三松家のタビヤマでも棒小屋は次々と移動、図1では「S」印で示した。S3の芦原谷（初河谷）の海抜は約一三〇〇m。加藤正信氏の祖父のタビヤマは、S1の上打波玄向《いこん》谷池ジャラ約一一〇〇m、さらにS2の鳩ヶ湯タンドウ谷近くへ移動して仕事をした。

河内三ヶのうち、赤岩・三ツ谷は廃絶し、市ノ瀬も廃絶同様である。『白峰村史』上下二巻[19]や民俗資料緊急調査報告書『白山麓』[20]には、なぜか河内に関する記録が、内容・分量共に少ない。この報告は、廃絶焼畑出作り群の記念誌としての意味をこめて、コシキ作りの生態的記録には実名で書かせていただいた。

写真4　タビヤマでコシキを作った鈴木与三松氏（勝山市平泉寺の自宅で，自作の中コシキをもつ）

三ツ谷の出作りが、一冬で行った木製品の稼ぎ高が米九俵分に相当するのを知り、正直いって「割得な仕事」という実感をもった。他人の稼ぎ高を調べ言及することは、振り返ると僭越なことと自省している。自分に引き当てれば「お前は仕事でいくら稼いでいるか」と尋ねられると、良い気がしないのと同じである。もしコシキ生産者が生きておられたら、「山の稼ぎがなんぼかはお前に関係ない」、「人の財布に手を突っこむな」と小言をくったはずである。聞き取り時には、失礼で厭な質問をしていたに違いないと思う。調査にご協力いただいた木製品作りの体験者・情報提供者には、末尾ながら深甚の謝意を表したい。すでに故人となられた人が多く、深く御冥福を祈るものである。

注

（1）滝沢秀一「コスキの製作」（『秋山郷――民俗資料緊急調査報告書』六四〜七〇ページ、新潟県教育委員会、昭和四十六年）
（2）天野武「白山麓の除雪具――コシキを中心に」（『物質文化』24、三一〜五一ページ、立教大学、昭和五十年）
（3）池田亨「越後湯ノ谷クシキ割とその用具」（『物質文化』30、二四〜三九ページ、立教大学、昭和五十二年）
（4）白山麓の出作りについて「永住出作り」「季節出作り」「通い出作り」と三つに分けるのが一般的である。
（5）加藤政則『白峰村河内の存亡史　白山の埋み火』二二〜二五ページ、川上御前社保存会、昭和六十一年
（6）ヨモギ平の位置は、図1のK6、K7で示した場所。
（7）岩の山の位置は、図1のK8で示した場所。
（8）橘礼吉「石川県白山麓の出作り住居」（『中部地方の住い習俗』一三〜三六ページ、明玄書房、昭和五十八年）
（9）斉藤晃吉「部落共有林の解体」（『白峰村史』上巻、一三三〜一三五ページ、白峰村役場、昭和三十七年）
（10）石川県山林会編「鍬柄・雪掻板」（『石川県山林誌』一四〇〜一四六ページ、石川県山林会、明治四十四年）
（11）前掲（10）。尺〆とは立木材の積算単位で、木口一尺四方で長さ二間の材木量を「一尺〆」（〇・三三㎥）とする。

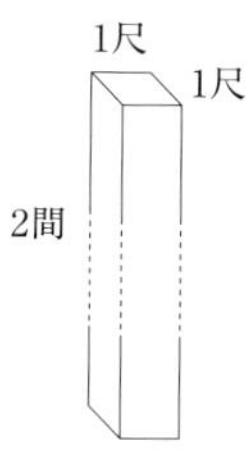

一尺〆の容量

（12）『白山観光協会創立五〇周年記念誌』八一ページ、白山観光協会、平成十年
（13）前掲（2）
（14）前掲（10）
（15）「大正五年農家副業戸口等調」（『白峰村史』下巻、六六ページ、白峰村役場、昭和三十四年）
（16）「白峰村輸出入物資統計、明治四十三年」（『白峰村史』下巻、九七ページ）
（17）斉藤晃吉氏は、三ツ谷林七蔵家の調査より、河内地方の木製品作りについて「盛時には家計の七〇%をこれに負うていた」と、『白峰村史』上巻一五〇ページで記している。
（18）橘礼吉「焼畑農家一戸が年間に購入した米の量――白峰村三ツ谷の事例」（『白山麓の焼畑農耕――その民俗学的生態誌』四七三〜四七六ページ、白水社、平成七年）
（19）斉藤晃吉「林業、鍬柄棒、雪掻板の製造」（『白峰村史』上巻、一四九〜一五二ページ、白峰村役場、昭和三十七年）。「作業小屋

の見取図」「小松棒と製作用具の図」（『白峰村史』下巻、七〇～七一ページ、白峰村役場、昭和三十四年）

(20)『白山麓――民俗資料緊急調査報告書』「手工諸職」の項では、市ノ瀬でメンパ（檜材の由物）作りにふれている。

一二　檜乗物棒を作った人・出荷した人

1　ノリモンボウとの出合い

白山直下で手取川源流域の最奥人間居住地は「河内《こうち》」で、市ノ瀬・三ツ谷・赤岩の出作り群からなり、明治末には約四〇戸があった。(1)この出作りは四季を通して奥山で生活する、いわゆる永住出作りである。出作りの生業について、広大な奥山に自生する有用樹から多種の木製品を作って稼いできたと御教示を受けたが、効率の良かったのは檜材とその加工品であったという。

かつて赤岩で出作りをされ、聞き取り時にはまだ白峰集落に在住されていた加藤勇京氏(2)から、祖父は「檜で最初にとるのは最良部分で、身分の高い人の駕籠《かご》の担ぎ棒」、次は「城・武家屋敷用の梯子材」、その次は「檜笠の材料笠木《かさぎ》と曲《まげ》物《もの》材」、最後に残った材や小枝で「白山夜間登山用の松明《たいまつ》」を作るとし、「明治以前、檜は捨てるところがない木であった」との情報を受けた。聞き取り時は鶴来町在住の加藤正信氏(3)からの情報は、祖父より聞いたというより具体性をもった内容で参考になった。つまり、檜で最も高く売れたのは「ノリモンボウ」という駕籠の担ぎ棒で、長さ三間二尺、次は檜板で長さ三尺物、六尺物、その次が檜笠の材料笠木で「十八貫」であったという。この伝承で貴重なのは、ノリモン棒は「三間二尺」、板は「三尺・六尺」、笠木は「十八貫」という規格寸法が分かったことである。笠木の数値に関しては詳細情報が抜け、たぶん「六貫束《たば》三束《そく》」単位で出荷していたのかも知れない。「十八貫」という重量は歩荷《ぼっか》一人分の重量に当たる。

二人からの聞き取りで、檜は植林木でなく自然生えであること、加工品では、「身分の高い人の駕籠の担ぎ棒」「ノリ

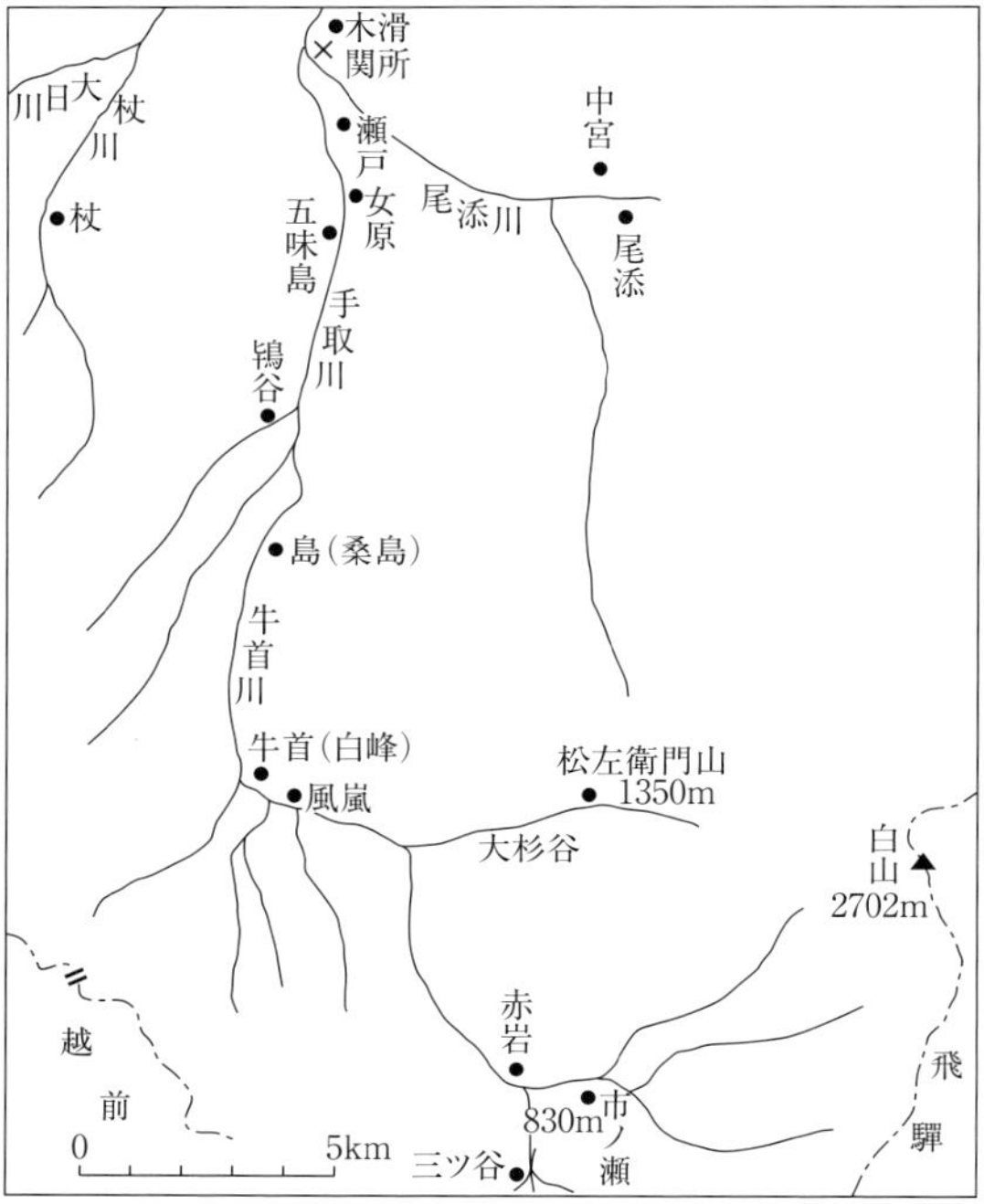

図 1　この第 12 節に出てくる場所・地名　木滑，関所，中宮，尾添，瀬戸，女原，五味島，鴇谷，杖，島，牛首，風嵐，松左衛門山，赤岩，市ノ瀬，三ツ谷等

モンボウ」が最も高価であったこと、さらに地元「河内」周辺山地には自生檜が減少、江戸時代末から越前、飛驒の領域まで出向いて越境伐採をしていたことの情報を受けた。加藤正信氏のいうノリモンボウは「乗物棒」と表記してもよいと判断した。そして白山直下では、檜の棒を「駕籠棒」と言わず「乗物棒」という名称で言っていたが、では駕籠と乗物は違うのか、違うのであればどのような差異があるのか。檜笠の材料、笠木に関して文書はわずかばかりあるが、乗物棒に関する文書、記録はないのだろうか。乗物棒は「高いので稼げた」というが、その具体的価格はいくらであったのか。長さ三間二尺の超長材は、伐採地から多量の積雪を利用して出作り居住地へ運べるにしても、分水嶺を越えての運搬は可能であったのか、また白山直下の河内から乗物棒利用地の都市部へ、どのような流通経路で、どのような運搬手段で出荷されていたのか。こうした点に疑問をもつことになった。ここでは、白山直下より搬出した檜の乗物棒についての輪郭・実像を把握することをめざした。

2　乗物棒のこと

乗物棒の実態に触れる前に、乗物とは何かについて触れておきたい。「駕籠」とは、木組み・床・天井だけの粗製な作りで、庶民向きのもの。対するに「乗物」とは、屋形の四囲を網代《あじろ》やビロード等で貼り込み、側面には出入用の引戸をつける等、大名や貴人向きのもの。大名夫人や高位な女性のものには豪華な蒔絵を施してあり、「女乗物」とよんだ。将軍・大名用は女乗物に比べ、装飾は質素なので「男乗物」ともよんだ。

大名使用の男乗物は、身分により居室部の竹網代使用についても細かい規制があり、文政十二年（一八二九）「諸家家格儀式書留」[4]により四段階に分けていた。乗物棒については、将軍家と御三家は黒塗り、他はすべて白木と規制していた。ちなみに男乗物の乗物棒は、将軍家を含めて無文様であった。女乗物も男乗物と同じく、その使用に規制があった。天保八年（一八三七）『守貞謾稿《もりさだまんこう》』[5]によると、五段階の規制があり、乗物棒については高位・大名夫人に限って黒塗り・家紋蒔絵で加飾できた。さらに棒の両端を飾る押縁《おしぶち》に鍍金金具をつけることができた。小国大名夫人以下の乗物棒は、蒔絵のない無文様と規制していた。

白山直下の奥山人が伐り出した自然生え檜産の乗物棒が、限られた特権階級の乗物の部材であったという実態は、驚きの一語につきる。さらに補足すれば、乗物棒を作った人は、焼畑産のヒエ・アワ等の雑穀を主食とし、純粋な米食とは縁遠い人。対するに乗物棒を利用した人は、米何万石・何十万石という石高持ちの階層の人。その両者の極端な格差に唖然とする。

写真1　将軍家の乗物　惣網代，溜塗，棒黒塗．『守貞謾稿』より

石川県立歴史博物館の濱岡伸也氏より、『山岸十郎右衛門家文書』[6]の中に乗物棒文書があるとの教示を受けた。山岸家当主、濱岡氏の御協力で閲覧させてもらい、文書点数、さらには出荷本数が予想以上に多いのにもショックであった。表1は、濱岡氏の訓釈により判明した天領域から加賀藩改所（口留番所）通過時の乗物棒本数をまとめたものである。

3　記録されていた乗物棒――山岸家文書

白山市白峰（明治以前は牛首）の山岸祐一家は、江戸延宝期より「白山麓天領」の現地実務を総括していた取次元を務めた家柄で、多数の文書を所蔵し、そのうち

表 1　乗物棒出荷につき関所通行証発行申請にみる乗物棒本数

申請年		乗物棒数	申請人	出荷先	備　考
年号	西暦				
安永 8	1779	9 本	山岸十郎右衛門		
安永 9	1780	9	杖村・徳左衛門		
安永 9	1780	8	牛首村・助之丞		
天明元	1781	1	杖村・吉左衛門 牛首村・助之丞		連名で 1 本だが，分けて計量する時は杖村 0.5 本，牛首村 0.5 本として数えた
天明 3	1783	14	牛首村・助之丞		
天明 4	1784	10	牛首村・助之丞		
天明 5	1785	3	風嵐村・新屋藤右衛門	金沢表	
天明 6	1786	10	牛首村・助之丞		
天明 7	1787	2	風嵐村・新屋藤右衛門	金沢表	
天明 7	1787	10	牛首村・孫左衛門	金沢表	
天明 7	1787	2	牛首村・孫左衛門	金沢表	
天明 7	1787	10	牛首村・助之丞		
天明 7	1787	6	杖村・出蔵三郎左衛門	金沢表	
天明 8	1788	1	新屋藤右衛門	金沢表	
天明 8	1788	10	牛首村・助之丞		
寛政 3	1791	2	嶋村・甚太郎	金沢表	杖村産を買取り出荷
寛政 4	1792	1	風嵐村・新屋藤右衛門	金沢表	
寛政 7	1795	3	牛首村・助之丞		
寛政 9	1797	6	助之丞	金沢表	
寛政 9	1797	10	牛首村・助之丞	金沢表	
寛政 9	1797	8	牛首村・助之丞	金沢表	姫子板木 5 挺を同時出荷手続
寛政 10	1798	12	牛首村・助之丞	金沢表	姫子板木 7 挺を同時出荷手続
寛政 10	1798	5	牛首村・太平	金沢表	
寛政 10	1798	4	嶋村・宇兵衛	金沢表	鴇ヶ谷村領あさみ原より伐出出荷
寛政 11	1799	9	嶋村・卯兵衛	金沢表	鴇ヶ谷村領で買請伐出出荷 檜板木 5 挺同時手続
寛政 11	1799	1	鴇ヶ谷村・庄屋忠兵衛	鶴来へ	惣山より伐出出荷
享和元	1801	15	鴇ヶ谷村・庄屋忠兵衛	加州表	檜板木 15 挺，檜打割物 10 挺同時出荷
享和 3	1803	1	牛首村・嘉助	鶴来河波屋太平	利右衛門より買請，向原小沢より伐出出荷 檜板木 10 挺，姫松板木 5 挺同時手続
合　計		182			

の約五〇〇〇点が整理されて目録が刊行されている。(7)

乗物棒に関する文書は、明和九年（一七七二）から享和三年（一八〇三）にかけて二四点。檜材（板・柱・平物・割物）については天明五年（一七九三）から文政五年（一八二二）にかけて一九点がある。いずれも天領域を越境して搬出したときの手続きについての覚書である。その手続き書類は少しの違いはあるが共通している。一通の書類は二つの書付けからなっている。一つは、出荷申請人が、天領境の木滑村加賀藩御改所いわゆる関所通過に際しての差紙（手形）発行を、取次元山岸家へ依頼した書付け。もう一つは、申請人の依頼に応じて、取次元名義で申請した乗物棒の関所通過許可を御改所宛へ依頼した書付け。この二つの書付けをセットにして手続きをしており、その控えとしての覚書きである。文書に記した乗物棒とは、厳密には乗物棒を作る檜原木で、丸太材より製材した細長状の角材である。

① 伐採地の確認——盗材でないことの証明

出荷申請人の取次元宛への書出しには、「私持山伐り」（文書1参照）とあり、「当村在所惣山之内より伐出」（文書2参照）、「持山より伐出候」（文書3参照）等と記す。まず冒頭で搬出する乗物棒の檜原木の伐採地を明示している。この伐採明示は、乗物棒・檜材・姫小松材等の高品質の木材を搬出するとき、他村・他人の領域山地からの不法伐採すなわち盗材でないことを強調している内容と思える。

明和期や天保期の不法伐採に関する文書もある。人目の届かない奥山僻地では盗材があり、問題化していた。こうした中、山岸家文書「明和九年　乗物棒金沢へ差出申一礼之事」には、「近年加賀藩領域内の中宮村御林（留林）で盗木があった。この乗物棒はこの類の物でなく、自分の持山で伐採した物である」と村役人助之丞が取次元へ確約している（文書3参照）。『尾口村史』(8)では、尾添村民の中宮村御林内の蠟木等盗材が発覚し、その顛末全部を「年代不詳　尾添村民中宮村にて盗材一件に付十村・大庄屋済状」で記している。

乗物棒・檜材・姫小松材の関所通行差紙の最終発行年は文政五年（一八二二）。それより少し下った文政十一年（一八二八）「尾添村役人退役二組分けに付連判帳」(9)には、全村民の義務八ヶ条をあげ、その厳守を徹底させるための村民八八名全員に署名捺印させている。八ヶ条の二番目に「飛州高山御林ゟ《より》檜口笠木其外何事不寄御林へ立入中間敷候事」と

文書1　乗物棒加州金沢へ差出ニ付通リ御手形願

覚
一、乗物棒　弐本
右者私持山伐り加州金沢江差出し申度
通り御手形御出し可被下候以上
牛首村
天明七未年八月　孫左衛門㊞
山岸十郎右衛門殿
〈継紙〉
覚
一、乗物棒　弐本
右之通金沢迄指
出申候御通可被下候以上
天明七年
未八月十三日　山岸十郎右衛門
加賀国
御改所

（山岸家文書三六九八）

文書2　檜乗物棒鶴来へ売払ニ付願

（端裏書）
未十一月鴇谷村忠兵衛願書　乗物棒願
・・・・・・・・・・・・・・・・
乍恐以口上書奉願候
一、檜乗物棒　一本
右者当村在所惣山之内より伐出鶴来へ
持山売払申度候間乍御苦労加賀国
無滞罷通候様御指紙面被為遣
下候様奉願上候以上
鴇ケ谷村庄屋
寛政十一年十一月　忠兵衛㊞
牛首村
御取次元
〈継紙〉
一、檜乗物棒　壱挺
右之通御通可被下候
寛政十一未十月　山岸十郎右衛門㊞
加賀国
御改所

（山岸家文書三七三五）

文書3　乗物棒金沢へ差出ニ付御文通一札

差上申一札之事
一、乗物捧差出候義ニ付小寺甚七殿へ
御文通先達而より奉願候ニ付今日
被召呼被仰聞候者前々ハ乗物
棒ニ者かきらす板等何ニ而も持山より
伐出候儀ニ付文通と申例無之処
近年願出候義者如何様之筋ニ候哉と
御尋御尤ニ奉存候此義者御関所外
加賀御領中宮村者白山麓続之
村方ニ而右村御林山より近年御材
木等御伐出被成候ニ付紛敷筈依之
持山之木品ニ而も御通達
無之候而ハ一向金沢江御通シ難成
旨ニ付無是非御願申上候依之前々
持山之木品金沢江差出候而も
何之滞も無之事ニ候間先ツ今般之
御取扱と思召御文通可被下候間
尤差出候節木数書付致印形
差出候様則印鑑吉野表江
可被差越由ニ付相認差上申候
勿論持山より伐出一切紛敷儀
仕間敷候若不埒之仕方於有之ハ
何分之義ニも可被仰付候為後日
差上申処仍如件
牛首村
明和九年辰八月廿六日　助之丞
山岸十郎右衛門殿

（山岸家文書三六八五）

記し、越境しての檜盗伐禁止をあげている。

乗物棒一五本を搬出した島村（桑島）では天保八年（一八三七）、責務規範二一条を決め、村民八九名全員に連判を強いて厳守させた[10]。二一条の三番目に「御巣鷹山之義者不及申、村中留山之内、松・杉・檜等壱本茂伐り取申敷候事」と記し、私有林以外での不法伐採を厳禁させている。尾添村でも島村でも、有用樹の盗伐については通達でなく署名捺印させる連判方式をとっているから、手取川本流（牛首川）筋も支流（尾添川）筋でも、白山直下の奥山人にとっては、檜・姫小松（文書では姫子松と記す）・杉等は現金を稼げる有用樹であったことはまちがいない。

稼ぎの多かった有用樹の盗伐が発生していた生業環境の中、取次元は有用樹の関所通過手続きを厳しくして対処した。具体的には、関所通過申請書類の提出時に、盗伐材でないこと、産出地を明示することの書付けを添付させる策をとっていたのである。

② 関所通行証（差紙）を申請した人――出荷した人

山岸家文書にみる乗物棒本数は一八二本。これが一二名の申請人により関所を通過していた（表1参照）。一二名の申請は全部と言ってよいほど村役人を務める百姓である。天領下での郷村支配は庄屋・長百姓・組頭の縦割りである。牛首村に例をとると、十郎右衛門は取次元、孫左衛門は庄屋、太平は長百姓、助之丞（十之助）は村役人。これら牛首村の四家は天領治下、行政上の末端役をつとめるとともに、「表2」の幕府への献金額が示すように、経済上も優位で、集落内の諸取引にかかわっていた。鴇ヶ谷村の忠兵衛と風嵐村の新屋藤右衛門は庄屋、杖村の出蔵三郎左衛門は庄屋、嶋村の甚太郎、卯（宇）兵衛は組頭を各々務めていた[11]。牛首村の嘉助、杖村の吉左衛門については身分不明であるが、組頭ほどの地位にあったと思われる。通常は、乗物棒の関所通過をめざすときは、それを作った杣人が手続きをすると考えられるが、前述したように村役人が行っている。その理由として二つのことが考えられる。一つは、村役員名義で申請させて、不法伐採でないことの明確化をめざした。もう一つは、乗物棒については自由取引はさせず、村役人代行という規制を作った。結果として村役人は盗伐でないことの保証の見返りに、代行取引を通して利鞘を稼げるようにした。つまり村役人は保証義務と引きかえに仲介料を受けれるようにした。

表 2　牛首村有力者の幕府献金と家立ち一覧

	文政 5 年	文久 2 年	慶応元年	慶応 2 年	母屋（間尺・建坪）
1 山岸十郎右衛門	取次元	17 両	200 両	5 両	6.0×15.1　91 坪
2 織田利右衛門	庄屋	15 両	100 両	2 両	7.4×14.25　106 坪
3 木戸口孫左衛門	庄屋	10 両	70 両	1 両 1 分	7.0×12.0　84 坪
4 織田利兵衛	庄屋	2 両 2 分	30 両	2 分	6.0×　旧公民館
5 萬谷十之助(助之丞)	組頭	2 両 2 分	25 両	1 分	5.3×10.3　58 坪
6 永井太平	組頭	2 両	25 両	1 分	8 畳 6 間, 12 畳 2 間, 10 畳 1 間
7 木戸口太郎右衛門	組頭	2 両	20 両	1 分	6.0×　旧診療所
8 松原伝次郎(伝八郎)		1 両 2 分	15 両	1 分	10 畳 3 間，6 畳 1 間
9 鈴木小左衛門	組頭	1 両	15 両	1 分	8 畳 6 件，6 畳・4 畳 1 間
10 織田平助	組頭	1 両	2 両 2 分		不明
11 木戸口孫三郎	組頭	2 分	5 両		不明
12 織田彦市（あらや）	組頭	2 分	7 両		不明．明治 13 年の火事に遭う．
13 山岸十郎左衛門		2 分	1 両 2 分		5.0×7.3　37.5 坪

（山口一男氏作成，注も含む）

注・文政 5 年（1822）の村役は『白峰村史』下巻 p349，八坂神社棟札より．
・文久 2 年（1862）・慶応 2 年（1866）は，織田利右衛門家文書「万歳記」及び山口新十郎家文書「西之丸焼失，浦賀浜にお台場普請につき」より．
・慶応元年（1865）は山岸十郎右衛門家文書 0111「長州征伐につき」より．
・母屋の家立ちは全て 3 階建て，織田利右衛門家は現林西寺庫裡，山岸十郎左衛門家は旧加藤文吉家，萬谷十之助家は旧織田末一家と推定される．

これに関連して、延享二年（一七四五）、牛首村に「木呂商売差配人長百姓太平」、「木地商売差配人庄屋孫左衛門」[12]という役職と当事者がいた。差配人とは、『広辞苑』では「所有者にかわって貸家・貸地等を管理する人」とある。太平は木呂（丸太）、孫左衛門は木地（挽物・曲物等の下地材）について、杣人の代理をする権利が公認され、名義代行ばかりでなく売買代行実務を専業的に扱い、かなりの利鞘があったのであろう。牛首村助之丞の申請は一二回、多い年は一四本、さらに一〇本を五回、計一〇二本を出荷している。この本数は牛首村総本数一二九本の約八割に当たる。助之丞が桁外れに多くの乗物棒を扱っていた実態の裏には、乗物棒についても木呂・木地と同じように差配人を作り、助之丞に担当させていたとみるべきであろう。

ここで牛首村助之丞家に触れておく。乗物棒は端的には檜の柾目材である。これは木材としては最高価格の代物で、寛政九年（一七九七）には二四本を差配人的役割で助之丞が取り扱っている。このような取扱・申請は、かなりの商才能と財力をもっていなければできない。助之丞の姓は「萬谷《よろずや》」である。この姓からは、手広くいわゆる萬屋《よろずや》商いをしていたことが分かる。萬谷家が牛首村集落の中での経済的・社会的地位については、白山ろく民俗資料館長山口一男氏作成の表2「牛首村有力者の幕府献金と家立ち一覧[13]」が参考となる。この表によると萬谷助之丞家は、牛首資産家のベスト五に入る大家であったことが分かる。明治初期に滋賀県へ移住したが[14]、その家屋が立派であったので織田末一家に解体移築されたと伝え、現在は民俗資料館敷地に移築保存され、往時の商家を代表する建築として石川県文化財に指定されている。また萬谷家は、家屋敷・耕地を媒介として親っ様と子方《こかた》のつながりをもち、いわゆる地元で地名子《じなご》とよばれた隷属農家を少なくとも三家（サブロベ・コスケ・オヌイ[15]）以上もっていた。ちなみに萬谷は地名子より「親っ様」とよばれ、地名子は明治以降「谷」姓を名乗った。昭和三十二年時、白峰集落内には八戸の「谷」姓があった[16]。

まとめると、萬谷助之丞家は商業資本で萬屋を経営したので資産も多く、牛首村では最上層の「親っ様」階層の家で、地名子も数家もち、地代以上の労役を課していたから、これら地名子に自生檜の伐採・製材を賦役としていた可能性もある。が、これはあくまで推察で判然としない。なお、萬谷家の屋号「助之丞」は代々引き継がれるが、当主が隠居すると、別の屋号を名乗るときもあり、萬谷家の隠居屋号は「十之助」であった[17]。

写真２　元萬谷家住居を解体移築した旧織田（末一）家

4　乗物棒を作った人

関所を通過した乗物棒の産出地・伐採地を水系別にみると、一八二本全部の九割強一六七（一六六・五）本は、手取川本流水系の各村、すなわち上流より風嵐・牛首・島・鴇谷の各村領域であり、残り一六（一五・五）本は支流大日川・杖川水系の杖村領域である。村別にみると、牛首産は一八二本中約七割一二九（一二八・五）本を占め、他村と比べてはるかに多い（表3参照）。

牛首村領域山地に、過去に檜を植林した人工材やその痕跡は見当たらない。つまり白山直下の檜は全部が自然生えである。自然生えの檜は、尾根筋の陽当りの良い急斜面・崖・岩場に生え、その伐採には苦労が多い。とりわけ乗物棒用であれば、良質檜を見つけ、伐採しさらに居住地まで運ばねばならず、非常な手数と技術が必

表3　集落別乗物棒本数

集落名	乗物棒本数
牛首村（白峰）	128.5本
島村（桑島）	15
鴇谷村	16
杖村	15.5
風嵐村	7
合計本数	182

備考　天明元年1本は，杖村と牛首村に分けて数えた.

要となる。乗物棒製作は、村役人を務めた有力百姓自身が行ったものではなかろう。古くから牛首村には、広大な山地に散在して営農（焼畑）する出作り慣行があった。文久三年（一八六二）牛首村四八〇戸中、一八〇戸が冬も夏も年中山地で、二〇〇戸が農耕期に出作りしていた[18]。これら出作りの人々が、副業的に杣《そま》仕事に檜・姫小松を伐採し、乗物棒や板等に製材していたと考えるのが妥当であろう。

牛首の出作り群として、上流より主なものでは河内・大杉谷・風嵐《かざらし》谷・明《みよう》谷・大道谷等があり、さらにこれらの出作り群はいくつかに分かれて共同体を作っていた。河内・三ツ谷の加藤正信氏、河内・赤岩の加藤勇京氏から聞いた「先祖がやっていたという乗物棒」情報は、檜笠用の笠木採取についての聞き取り調査時に突然出くわした情報である。三ツ谷・赤岩・市ノ瀬いわゆる河内三ヶ《こうちさんか》出作り群の笠木採取については、「第四章四」でまとめた。まず、自生檜の笠木採取は、他の出作り群では聞き取れなかったので、河内三ヶの出作り人だけが行っていたことは確実であること、次に乗物棒採取は独立した杣仕事でなく、「檜は捨てるところがない」という、自生檜から乗物棒・梯子材・曲物材・笠木等を作る一連の仕事の途上のものであること等を勘案すると、乗物棒を作ったのは、河内三ヶの永住出作り群の人々に違いなかろう。そして製作地すなわち檜伐採地は、河内の領域、手取川源流白山直下の山々であり、製作時期は残雪期に違いなかろう。

笠木は、時には分水嶺を越えて庄川・尾上郷川、さらには九頭竜川・石徹白《いとしろ》川源流域で無断採取した。長さが約三尺なので運搬は可能であった。対するに、乗物棒の長さ三間二尺の規模を考えると、分水嶺越えの運搬は不可能で、越境伐採はなかったと判断したい。

5　出荷時の乗物棒寸法

石川県に現存する乗物及び県外に見る乗物棒の長さは、表4で示した。乗物研究では居室部分の美術装飾に重点をおき、その寸法についても情報が多い[19]。対するに乗物棒の寸法情報は限られる。県内三挺の長さでは、最長は一丈五尺七

表 4　石川県内・県外にみる乗物棒寸法

県内・外		資料名	棒の寸法	備考
石川県内		1．加賀前田家 蒔絵梅鉢紋女儀御輿	長さ1丈5尺7寸	石川県立美術館所蔵．14代藩主六女貞姫が専光寺へ養女入寺した時使用，私信による．
		2．前田家菩提寺宝円寺 駕籠	長さ1丈5尺1寸 高さ5寸4分，厚さ2寸9分	金沢くらしの博物館所蔵．明治2年寺社奉行より菩提寺へ寄進したもの．
		3．乗物	長さ1丈4尺1寸 高さ5寸5分，厚さ1寸9分	石川県立歴史博物館所蔵．使用者不明．
		4．［御棒極上檜乗物］	長さ1丈5尺5寸ばかり 高さ5寸5分，幅2寸2分	石川県立歴史博物館所蔵．「乗物屋半右衛門雑記文書」より．
石川県外	男乗物	5．津山藩松平家 男乗物	長さ1丈5尺6寸	津山郷土博物館所蔵．私信による．
		6．一ツ橋徳川家 ［御駕籠］	長さ1丈5尺5寸 高さ5寸2分，厚さ2寸	茨城県立歴史館「表章図鑑」．江戸東京博物館特展図録『珠玉の輿』より．
		7．臨済宗正定寺 権門駕籠	長さ1丈4尺	大分県佐伯市臨済宗妙心寺派正定寺のホームページより．
	女乗物	8．近江井伊家 黒漆塗松竹梅蒔絵駕籠	長さ1丈5尺8寸	彦根城博物館所蔵．私信による．
		9．各務原武藤家 姫駕籠	長さ1丈6尺2寸	江南市文永寺のホームページより．
		10．一ツ橋徳川家 ［御輿］	長さ1丈5尺5寸 幅5寸，厚さ2寸	茨城県立歴史館「表章図鑑」．江戸東京博物館特展図録『珠玉の輿』より．

資料名を［　］で示したものは，乗物現物がないが，文献記録よりの情報．

寸、最短は一丈四尺一寸である。この傾向を県外でみると、最長は一丈六尺二寸、最短は一丈四尺で、県内と同じ傾向を示す。大名前田家よりの養女縁組、さらには武藤家の婚礼用の女乗物のそれが最長を示すのは、大名家にとって婚礼を葬礼よりも重視していた証といえよう。

完成乗物棒の形は、緩やかな曲線の弓なり型で両端は細い。整形にはかなりの手数を必要とする。出荷した乗物棒は、天然檜の原木をおおまかに製材した細長状の桁状角材に違いない。その角材を、乗物師が切る、削る、塗る等の整形加飾をして完成させる。だから出荷乗物棒は、完成物より一回り大きい寸法であったに違いない。出荷側の奥山人の記憶では、長さは三間二尺（二丈）。前田家のそれは一丈五尺七寸、約一丈六尺[20]。つまり原材料二丈の約二割分に当たる四尺分を加工で短くして仕上げている。この二割減の率で原材料の高さを試算すると、完成品五寸五分[21]の二割増六寸六分となる。また厚さは完成品二寸九分[22]の二割増三寸五分となる。白山直下の出作り人が「ノリモンボウ」と称したものは、原木に近い中間原材料、完成品とは程遠い中間製品であり、その寸法は筆者の試算で長さは二丈、高さは六寸六分～七寸、厚さは三寸五分～四寸の桁状角材と考えたい。さらに分かりやすくすれば、木口四寸×七寸の長方形で、その長さは二丈もある檜角材である。なお藩主用の乗物棒は、漆塗りは法度で白木と規定されていたから、その材は節なしの柾目材であったと思われるので、その材質に一層の吟味が必要であった。

運搬方法　長さ三間以上、二丈もある細長角材を、江戸時代に実際牛首村から金沢へ、それも一度に十数本を運んでいたのだが、具体的に誰が、どんな方法で運んでいたのかも興味が尽きない。二丈もの長さなので人間の背負い運搬は不可能で、たぶん山地に強い牛に依存していたらしい。山岸家文書のうち慶応二年「白山麓村々産業始末書上帳」の瀬戸村の項[23]には、「牛背負ニ而賃持仕候、是者、牛首村より板小羽或物山挊《かせぎ》産物、加州鶴来江持出米穀諸色と交易仕持登申候」との記述がある。この瀬戸村の牛背負い運搬と同じ内容文が、女原《おなばら》村、五味島村にもある。補足すると、三つの集落には、牛首村の板小羽《いたこば》や山挊品《やまかせぎしな》を鶴来まで牛の背で搬出、帰路には米その他の品を搬入して駄賃を稼ぐ者がいたのである。「山挊産物」と一括された中には、乗物棒が含まれていたと推察する。これは他の品と違って超長角材だから、それを積載する特別の鞍が創造されていたと思う。

6　前田家の乗物

江戸幕府は乗物利用について規制していた。だから誰でも自由に乗物を作り利用できたわけではない。元和元年（一六一五）の武家諸法度十一箇条目に乗物に関する条文がある。[24]それによれば、公家、門跡、徳川家一門、国持大名ならびに直参《じきさん》、奥向女中、医者、陰陽師等が許可され、それ以外の者は駕籠とした。しかしこの身分規制は時代推移とともに緩和されていく。例えば武家では、国持大名から嫡庶子へと及び、また石高制限の枠も五万石へ、さらに天和元年（一六八一）には家中一万石以上の者も許されるようになる。また五十歳以上の者でも事情により許可されるときもあった。[25]

乗物利用規則「家中一万石以上」に適合する加賀藩での武家数は、詳細を記した『国格類聚（北藩秘鑑）』によると、文化八年（一八一一）時では年寄八家、人持組三家を含め一八家が資格があった。[26]また、金沢城登城時に二の丸橋爪門まで乗用できた寺院貫主は総持寺、宝円寺、天徳院、如来寺、勝興寺、瑞泉寺、善徳寺、芳春院、国泰寺等で、これら寺院は乗物利用であったに違いない(27)。こうした有力寺院は、出開帳時に宝物を乗物で保管運搬していたという(28)。さらに五十歳をこえた家中の者で乗物利用希望者の手続方法を記している。

藩主前田家の乗物所有数は皆目分らない。当時は参勤交代の制があり、人質として正室や子女を江戸に住ませ、大名は一年ごとに国許と江戸で生活を強いられたので、側室を国許と江戸においた。この二重生活のせいで、江戸には藩主を含め正室、側室、子女用の乗物が必要となる。したがって江戸市中には、諸大名家の乗物、換言すればその時代の高級車が数多く集中して存在していた。これは一般論ではあるが、前田家に国許と江戸でどれほど乗物を所有していたか分からない。

写真 3　前田家菩提寺宝円寺の僧侶用乗物　棒の長さ1丈5尺1寸

写真 4　金沢城内での長棒乗物　豪華な装飾の乗物を六人で担ぎ，4 人が紐を持ち，揺れを防ぐ

前田家に関する乗物二挺が金沢に現存し貴重である。一つは、一四代藩主慶寧の六女貞姫が生後三ヶ月で金沢市専光寺へ養女として入寺したときの女乗物で、石川県立美術館所蔵。乗物棒の長さは四七七cm、一丈五尺七寸、棒全体に金蒔絵で梅鉢紋を散らした豪華な作りで、加賀藩細工所製。もう一つは、明治二年加賀藩寺社奉行が、前田家菩提寺である宝円寺用に作ったもので、金沢くらしの博物館所蔵。乗物棒の長さは四五七cm、一丈五尺一寸、無地黒漆塗りで、乗物師二名の銘がある(29)。

金沢の浮世絵師巌如春は、金沢の風俗全般を徹底した考証にもとづいて描いた。巌の作品二つの中に、前田家の乗物が担ぎ人とともに詳細に記してあり参考となる。一つは、画帳『儀式風俗図絵　坤』の中の

「婚礼其三　長棒乗物」という題名画である。[30]乗物の居室と棒ともに豪華な蒔絵を施し、棒両端の押縁金具も立派である。前三人後三人計六人の奥女中が担ぎ、さらに揺れ防ぎのための赤色紐を四人が持ち、総人数一〇名で畳廊下を進んでいる様の描写である。金沢には六人で担ぐ乗物を「長棒乗物」という特別呼称があったらしい。

もう一つは、八曲一双屏風図「加賀藩大名行列図」にみる参勤交代時使用の乗物群である。[31]藩主用乗物は行列の中央部で六人担ぎ、医師用は最後尾近くで四人担ぎ。さらに藩主用、医師用の予備用らしいものが二挺描かれている。つまり人間用の乗物が四挺、そして棒は全部白木である点は注目すべきである。江戸市中での黒漆塗り棒は、将軍家と御三家に限定されていたことを厳は考証済みであった。また、行列中に黒漆塗り棒を二人で担ぐ乗物が七挺描かれている。これは、道中で高級必需品が風雨に当たらぬよう乗物に収納、運搬しているのだとみた。補足すると、加賀藩大名行列の中に、乗物棒白木の人間用四挺、乗物棒黒塗りの荷物用七挺、計一一挺の乗物を使用していたことが分かる。参勤交代時の人間・荷物用乗物は現存しない。それにしても、乗物一一挺の保管庫も江戸・国許には必要となるから物入りである。

7　乗物屋田原家資料にみる乗物

石川県立歴史博物館所蔵の「田原家資料」は、金沢城下材木町の乗物屋半右衛門家の文書が中心となっている。乗物の家型居室部の正面妻側、側面平側に施す蒔絵のデザイン図（軸装）三枚があり、[32]その右下に「乗物屋」の銘がある。また「御城中鑑札」文書の表書に、「御城中御通組合印鑑、材木町四丁目乗物師半右衛門」、「組合頭安兵衛、肝煎徳左衛門」と記す。乗物師に職人組合があったこと、金沢城所管の乗物の営繕は乗物師組合の共同で担当していたことが分かる。また、金沢くらしの博物館所蔵の乗物、その居室部の天井裏に、「乗物師高橋嘉右衛門、鈴木三郎右衛門」の銘がある。江戸時代、金沢城下に乗物専門の職人がいたことが分かった。半右衛門の住所が材木町であったのにも注目したい。この場所は町名そのものが意味するように各種木材の集散地で、乗物師にとって檜乗物棒をはじめとした高級材が求めやすかったに違いない。

乗物とは、ある種の組立て工芸品兼実用品である。居室部の指物作り、外装は網代やびろうど張り、女乗物では蒔絵や金具による装飾、内装では天井画等、多種の職人業を組み立てて完成させる行程だから、乗物師とは多くの職種をプロデュースする工房長の役割をしていたと思う。半右衛門家の「御棒極上檜、長さ一丈五尺五寸ばかり」等（表4-4参照）と記す高級乗物では、末尾に「銀一貫五拾目」の金額を見る。この金額は、乗物屋が組立て製作に要した諸経費、補足すると発注者への売値・販売価格ではなく、乗物屋の組立て仕上げの必要経費でないかと思う。それ以下「御供乗物」は銀四百二拾目、銀三百六拾目、弐百七拾目と三つの仕様をあげて金額に幾分の差をつけている。さらに「駕籠銀百九拾五目」と記す。「乗物雑記」冒頭（写真5）の「極上檜木柾目」使用の乗物については、特別な呼称はないが、以下四挺には「御供乗物」という呼称で、各々にその仕様を記している。仕様の低次のものを乗物屋田中家では「御供乗物」とよんで区別していたようである。最高級乗物には「極上檜木柾目」とあることから、檜材にも柾目か板目か、木目が疎か密か、節の有無等、さらには産地は「霊山白山」産か否か等を総合して「極上」、「上」というような等差があったようにうかがえる。なお、この「田原家資料」の中に一四挺の御供乗物と駕籠についての補修仕事らしい記述があり、その経費も記す。最高値は御供乗物の一六五目、最安値は駕籠の一一三目であり、これらも必要諸経費と思われる。この一四挺の補修も田原家単独でなく組合でおこなわれた可能性もある。この「田原家資料」は、記銘年はないにしても、加賀藩金沢での「乗物研究」深化の手がかりとして貴重なものといえよう。

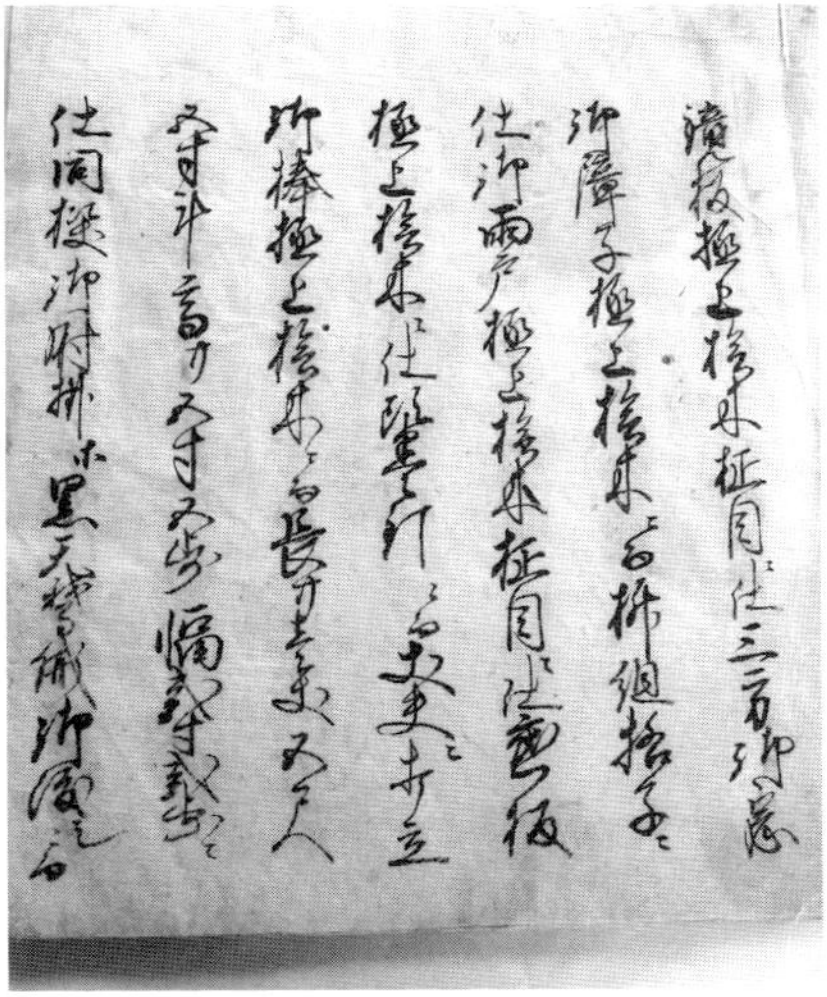

写真5 「田原家資料・乗物雑記」 最高級は檜木柾目，棒の長さ・高さ・幅，内装に黒ビロード等を記す

8 まとめ

乗物棒とは、市井に出回っている品でなく、極々限られた人が活用する特殊な木製品である。白山奥山人が出荷した乗物棒は完成品でなく、原材料である。平坦地が少なく寒冷地なので米作り

ができず、焼畑で雑穀のヒエ、アワを常食とした人、つまり日常米食にありつけない人が、俸禄米一万石以上の上級武家が利用する乗物の部材を作り出荷していた事情、とりもなおさず作る人と使う人の生活格差は驚きの一語に尽きる。

作った河内の人は、どこの自生檜を、どの季節に伐採し、乗物棒原木すなわち細長角材を作ったかについての実像は、ほぼ把握することができた。三ツ谷・赤岩の人が自生檜を求めて、ときには越前・飛騨の他国・他村領域へ越境不法伐採したというが、長さ三間以上二丈もある檜細長角材に限っては、伐採しても運搬することはむつかしい。越境伐採は、檜笠の材料原木「笠木」採取が狙いである。笠木は嵩張らず、個人の背負い運搬で、雪の分水嶺でも可能であったからで、第四章四で詳細に記した。

採取時期は、雪が安定した春先の積雪期に限られる。理由は、細長角材を出作り住居、さらには牛首集落まで運ぶには、橇《そり》による雪上運搬技術に頼る外はないからである。橇による雪上運搬技法は、「長い行程の斜面登り」は不可能で、専ら「斜面の下り」利用の作業である。この橇運搬の特性から考えても、大分水嶺を越えての登り下りを伴う細長角材運搬は、物理的にできないから、他国・他村での乗物棒狙いの越境伐採はなかったと思う。まとめれば、河内の人は、白山直下自己領域山地での自生檜伐採時は、乗物棒・梯子材・曲物材・笠木《かさぎ》材・松明材等と多目的活用をしたが、その木取りの際は乗物棒を最優先とした。対するに越境伐採時は、乗物棒適材があっても、運べないから笠木優先の木取りで対処していたのである。

次に気を惹かれたのは、白山直下より金沢へ搬入された檜乗物棒の数がおおまかに二〇〇本近くと数多いことである。金沢城下を流れる犀川源流には一五〇〇m級の山地が連なり、自生檜があったに違いないが[33]、遠隔地の白山直下手取川最源流域から多大な労力で搬入している事実である。考えられることは二つ。一つは白山自生檜の質が最良なこと、もう一つは「白山」という銘柄（ブランド）がついていたことをあげておきたい。

白山麓は日本の豪雪地帯の最南縁に位置し、雪の性質は水分が多くべっとりとし、さらさら雪ではない。雪の積雪は檜・杉の幹・枝に重い負担をかけるが、雪折れはしない。自生檜・杉は、寒冷と湿雪のもとで育ったので木質が硬く強靭で、さらに生育が遅いので年輪の間隔が狭く、木目が細かく美しかった[34]。上級武家の乗物棒は、徳川家を除いては白木であったので、檜そのものの質が見栄えを左右する。白山自生檜の柾目は木目が密で美しかったから、最適の乗物棒材料であったに違いない。

もう一つは発注者の意識の問題である。白山は、富士山、立山とともに神仏の止宿する霊山・名山として、江戸時代中期以降その地位を高めていたから、[35]同じ檜材を使うのであれば「白山」に固執する風潮が、金沢城下に流布していたのではないかと考えてみた。

乗物棒を作っていた奥山人は、山地に孤立的に散在する出作りである。出作りの孤立性、散在性は、平野部の人には理解できにくい厳しさがある。現在の登山口市ノ瀬の出作りに例をとれば、本村集落より約一二キロ、また極高出作り海抜一三五〇mの大杉谷松左衛門山は本村より約一〇キロの地にある。出荷先の金沢との距離は、この距離に牛首集落〜金沢間約四五キロを加算した遠隔地に、冬も豪雪に耐えて一軒家で生活していた。出作り奥山人が自作自売で稼ぐためには、出荷先の金沢で得意先を選び、価格を決め、関所手続きを終え、運搬者に依頼して納入、そして代金を受け取る等、いくつもの段階をやりこなさなければならない。つまり、奥山人は自生檜を伐採し乗物棒を作る技術はあったが、隔絶孤立が因で稼ぐための商取引きの体験と能力が乏しかったので、補ってくれる人、仲介してくれる人が必要であった。その仲介実務をしていたのが牛首集落在住の助之丞であった。しかし、別な見方をすれば、助之丞は公的関所手続や私的商慣行に未熟な奥山人の欠点を利用し、かなりの中間利益をあげていたとも考えられる。

現代、林産物や農産物に関しては、生産者よりそれを商いする販売者が多く稼げるという流通システムにある。江戸時代も同じ傾向であったであろう。だから、作る奥山人より、商う仲介者が割と多く稼げたのではないかと思う。山岸家文書にみる牛首村からの乗物棒出荷申請者は、村役人名義がほとんどである。助之丞は、牛首村出荷総本数一二九本中の約八割の一〇二本を扱っていた。あとは山岸家が九本、木地商売差配人孫左衛門が一二本、木呂商売差配人太平が五本、その他一本で、村役人が独占して扱っている。助之丞の本数一〇二本は群を抜く。牛首村では村役人同士の話し合いで、助之丞に乗物棒商売差配人の役職を充てていたのかも知れない。

まとめると、広大な山地に散居村的に孤立して生活する出作りという特異環境の奥山人が作る木呂・木地・乗物棒の商いについて、牛首では「差配人」という仲介人をおいたシステムは、奥山人の生産者にとっても、仲介する村役人にとっても、互いにそれなりの稼ぎができた共存システムであったといえよう。

文書4　七木商ニ付営業願

乙十六号

営業願

一、七木商

右相営度御座候間此段

奉願上候以上

牛首村百八十三番邸

明治八年四月　山岸十良右エ門㊞

副戸長　織田利兵衛　㊞

戸　長　木戸口孫左エ門㊞

第二十四区

会所

本文聞届候事

明治八年四月廿四日

（山岸家文書三三八九）

明治五年、天領一八ヶ村は足羽県より石川県所管となる。牛首村は明治八年「第二十四区」という新行政区画となる。政治変革とともに村人の生業実態にも変化の兆しはあったが、杉板・杉小羽等は散在する出作りで作っていたので、それを仲介するシステムは続けられていく。山岸家文書、明治八年第二十四区会所宛の「七木商に付営業願」にその実態がある。新政府官選戸長木戸口孫左衛門、副戸長織田利兵衛、元取次元山岸十良右衛門の三名連名で、杉・檜等を含めた材木商営業願を提出している。[36] つまり大変革後も、旧村役人であった家は新政府付きの官選役になって、七木を扱う材木商いについて差配人的業務での稼ぎをめざし、三名共同で新役所へ公的許可を申請していた（文書4参照）。申請人木戸口孫左衛門家・織田利兵衛家（織田利右衛門の分家）・山岸十良（郎）右衛門家の三家は、「表2」の数値が示すように、集落内では経済的・社会的に圧倒的優位な地位を保っていた家柄である。時代変革後の明治期になっても、三家は旧来の優位を持続共用して、「七木」の商いを独占する申請、いわゆる今日でいう三家による「七木商カルテル」をめざした。この申請に対しての許可については不明である。

文明開化の進行で馬車が普及すると、乗物・乗物棒は必要なくなった。奥山人が最も稼げた檜乗物棒の需要は、乗物の近代化でなくなった。大きな流れとしては、高級木としての檜のもっていた一つの機能がなくなった。物質文明の激変で、長期間材木が担ってきた機能が減退していく、その走りともいえよう。乗物棒の差配人的役割をしてきた萬谷助之丞家は、乗物棒の需要皆無が関係したのか、明治初期に滋賀県へ移住している。

この調査の目的は、「檜で最も多く稼げたのは乗物棒である」との伝承をよりどころに、奥山人が乗物棒でどれほどの収入・稼ぎがあったかを把握することであったが、奥山人の記憶や、山岸家文書中の乗物棒価格情報等が皆無で、具体的稼ぎ高の数値は不明に終ったのは口惜しい。ただ、金沢城下で乗物屋を営んでいた田原家資料に、「御棒極上檜」使用の乗物の組立て製作の必要経費と思われる金額が「銀一貫五拾目」であったとの記録を見出せた。この価格が唯一の檜乗物棒使用に関する価格として注目したいと思う。

追記

イ．檜乗物棒による稼ぎは、文明開化期以前の生業であり現代との接点はないに等しいが、檜は日本最高品位の材質なので、作った人・出荷した者の稼ぎは、相当の金額であったと思われるので、複合生業の最終に挿入して記した。

ロ．白山直下の河内を含めて奥山人は、乗物棒・笠木・曲物・板等の原木で稼ぐため、自生檜を江戸時代から略奪的伐採に頼るだけで、稼ぎの基になる檜の植林策を営んだとの事実は皆無であった。この稼ぎ策のように、基となる資源の永続利用をめざすことなく、略奪的伐採に終始したのが一因となって、他地域への越境伐採となっていった。

ただ、自生檜の略奪的伐採とは裏腹に、檜の巨樹神木が白山麓に点在するのに興味が惹かれる。これは檜の自然繁殖の種を生みだす巨樹を伐採禁止の神木として、「母樹」の役目を期待する意図ではないかと考えてみた。杉の巨樹を神木とする事例は普遍的で各地で見られるが、白山奥山人も檜の巨樹を神木とした。具体的には、河内地内越前禅定道(旧道)の檜宿《ひのきじゆく》、三ツ谷地内杉峠直下の五色檜、三ツ谷と上小池の境界分水嶺の六本檜、尾添地内加賀禅定道の檜新宮等の巨樹がそれである。当時の奥山人は、巨樹がもつ威光に、真剣に、真面目に、檜自生樹の繁殖についての加護を願っていたと思う。

注

(1) 天保四年(一八三三)『続白山紀行』では三四戸、昭和四十八年『民俗資料緊急調査報告書　白山麓』では明治末に四一戸、との報告がある。三ツ谷・赤岩は廃絶、市ノ瀬には旅館、建設会社事務所、登山用ビジターセンター等がある。冬期は無人。

(2) 加藤勇京氏、明治二十九年生、かつては赤岩で永住出作りをされていた。

(3) 加藤正信氏、明治四十四年生、かつては三ツ谷で永住出作りをされていた。

（4）「諸家家格儀式書留」（江戸東京博物館図録『珠玉の輿――江戸と乗物』三五、一三六、一四七〜一四九ページ、江戸東京博物館、平成二十年）
（5）喜田川守貞著、宇佐美英機校訂『近世風俗誌（守貞謾稿）（五）』二二六〜二二八ページ、岩波書店、平成十四年
（6）『越前加賀白山麓十八ヶ村取次元　山岸十郎右衛門家文書目録』石川県歴史博物館、平成十七年
（7）前掲（6）
（8）『石川県尾口村史』第一巻・資料編一、五四二ページ、尾口村役場、昭和五十三年
（9）前掲（8）五六〇ページ
（10）「御法度書之事」（『白峰村史』下巻、七三四ページ、白峰村役場、昭和三十四年）
（11）『白山麓島村山口家・杉原家文書目録』「支配組織と島村九組」一〇八〜一一六ページ、石川県立図書館、昭和五十一年。牛首村村役人については前掲（6）一六一ページ整理番号三三五一、一六三ページ整理番号三三八三
（12）前掲（6）整理番号三三五一、三三五二
（13）二〇一一年四月十三日付私信により情報提供を受ける。
（14）二〇一一年九月十日付山口一男氏よりの私信より。
（15）『白峰村史』上巻、四六六、八三二ページ、白峰村役場、昭和三十七年
（16）前掲（10）「性別世帯数」四一ページ
（17）前掲（14）
（18）前掲（10）織田利太郎家文書「白山麓拾八ヶ村留帳」四三六、四三七ページ
（19）前掲（4）一五〇〜一六七ページ「大名婚礼道具の華女乗物」、「女乗物を科学する」、「徳川将軍家の女乗物」、「資料リスト」
（20）「表4」1の寸法。
（21）「表4」4の寸法。
（22）「表4」2の寸法。
（23）慶応二年「白山麓村々産業始末書上帳」（山岸十郎右衛門家文書）の「白山麓瀬戸村」）
（24）「武家諸法度　釈文」前掲（4）一三六ページ
（25）『国史大辞典』「駕籠」五六七〜五七〇ページ、吉川弘文館、昭和十一年
（26）「国格類聚（北藩秘鑑）巻之一二」（『金沢市史』資料編4・近世二、二二五ページ、金沢市、平成十三年）
（27）前掲（26）「巻之三」四四ページ
（28）前掲（26）「巻之七」一二六ページ

(29) 金沢くらしの博物館の「有形民俗文化財調査カード」によると、「表4」2の乗物の所有は、いつの時代か十一屋町孝真寺へと移った。昭和六十年三月の修理時、天井裏の紙の下に製作年「明治二年三月」と製作者「乗物師高橋嘉右衛門、鈴木三郎右衛門」の銘が出てきた。
(30) 石川県立歴史博物館図録『風俗画伯巌如春――都市の記憶を描く』「儀式風俗図絵」二五ページ、石川県立歴史博物館、平成十五年
(31) 前掲(30)「制作された大名行列・加賀藩大名行列図」六二、六三ページ
(32) 側面外壁面二枚と正面外壁図一枚が実物大で描かれ軸装で保管している。側面は蒔絵のデザイン。正面は屋根下の家紋金具と蒔絵のデザイン。この家紋を探れば発注家が分かる。男乗物の乗物棒・居室部は、将軍家といえど装飾は施さなかったら、これは女乗物の設計図とでもいうべきものである。正面外壁図右下に「乗物屋半右衛門」の銘がある。
(33) 天領域の深瀬村(現白山市深瀬、旧尾口村深瀬)は、村あげて檜笠作りに従事。周辺山地の自主檜はそのため少なくなり、加賀金沢の犀川奥地さらには越前の穴馬谷、石徹白まで出向いて自主檜を伐採調達していた(『尾口村史』第三巻通史編、二三三ページ、尾口村役場、昭和五十六年)。
(34) 橘礼吉『白山麓の焼畑農法――その民俗学的生態誌』六一八ページ、白水社、平成七年
(35) 白山が立山・富士山と並んで「三霊山」のランクに認知されてくるのは元禄期らしい。元禄期になると三霊山を巡礼する「三禅定」が東海地方中心に盛んにおこなわれ、「三霊山」「三名山」の地位が民間信仰として広がっていった(立山博物館特別企画展図録『立山・富士山・白山みつの山めぐり』平成二十二年)。
(36) 前掲(6)一六三ページ、整理番号三三八九

一三　第四章のまとめを兼ねて

他村・他県へ出向いて稼いだ生業として、熊猟、笠木作り、雪掻板、鍬の柄作り、オウギ採取、イワナ獲り等があった。河内の領域山地は、古くより出作り群による稼ぎで動植物資源は乏しくなっていた。対するに分水嶺を越えた領域山地、特に源流域には幸いにして大きな集落や出作りが少なく、資源分布は河内より密度濃く存在していたので、河内《こうち》の人々はこれを見逃さず、越境活動をすることになる。

表１　越境生業の場所・定着性等一覧　石徹白については，生業従事期の福井県とした．

生業	越境先		定着性	その他
熊猟	岐阜県	尾上郷川源流	岩小屋利用宿泊	古くよりの慣行
	尾口村尾添	目附谷源流	雪中露営か 出作りより日帰り	古くよりの慣行
	福井県	加越国境	出作りより日帰り	古くよりの慣行
笠木	福井県	石徹白地内 檜笠場	仮設小屋宿泊 仲継小屋	契約伐採もあれば不法伐採もあった
	岐阜県	尾上郷川源流	仮設小屋宿泊	古くよりの慣行
イワナ	岐阜県	尾上郷川源流	岩小屋宿泊	古くよりの慣行
	岐阜県	大白川源流	野宿	古くよりの慣行
	福井県	滝波川源流	出作りより日帰り	許しを得て
ワサビ	岐阜県	尾上郷川 支流海上谷	岩小屋宿泊	古くよりの慣行
オウギ	尾口村尾添	中ノ川源流	仮設小屋宿泊	古くよりの慣行
	岐阜県	大白川 支流小白水谷・大白水谷	白山室堂宿泊	古くよりの慣行
雪搔板 鍬の柄	福井県	滝波川源流	仮設小屋宿泊	契約伐採
	福井県	石徹白川源流		

他村・他県なので許しを得ての稼ぎもあれば、古くからの慣行に従って無断での稼ぎもあった。特に、自生檜を原料とした笠木越境作りは、問題が発生。犠牲者を出し、そして河内三ヶ内での対立を起こしていた。越境での生業実態を表示化し、四章のまとめの一端としたい。

まとめとしての白山直下の熊猟の特色

白峰村での熊猟技術、熊の皮、熊の胆《い》の商品化を中心にまとめたのを機に、この地域での熊猟について総括しておきたい。

白山麓は地勢上は両白山地に属する。巨視的には、小集団熊猟の日本列島最南地にあたる。厳密には能郷白山《のうごうはくさん》麓の岐阜県徳山村（ダムで水没）が列島最南地であった。つまり小集団熊猟は、白山と能郷白山周辺を南限としておこなわれ、それ以南ではおこなわれていなかったのである。過去の熊猟調査は、列島北部の奥羽山脈・越後山脈に重点がおかれ、両白山地の調査事例は極めて少なかった。小集団熊猟が消滅期に入ったのを機に、列島でのその最南地、両白山地の詳細記録に貢献できれば幸いである。

白山は独立峰で裾野面積が広い。したがって、巻倉《まきぐら》つまり猟場も数多く山中にひろがっていた。地形的に高低差の著しい縦長型巻倉、水平方向に広がる横長型の巻倉。面積上狭い・広いの巻倉。峡谷で向きあっている巻倉。セコが登れない巻倉等、多様である。熊の生態を見究め、晴天日に居付く巻倉、雨天日に居付く巻倉、寝床とする巻倉、移動時に休憩するだけの巻倉等と判別しなければならない。白峰の猟師集団は、巻倉の特色に応じた対応、ツキノワグマの生態観察に基づく対応、つまり猟師力は抜群であったと評価したい。

手取川本流筋白峰側の猟場は、山中に散在孤立して生活する焼畑出作り農家の生業地とつながった上部山地にある。具体的には、昭和初期には白峰集落四五二戸中二六二戸が山中の一軒屋で、約一二〇〇mを極高地として生活していたので、出作り地と猟場は隣合わせであった。だから、熊猟のための小屋を特設する必要もなく、熊を発見しやすく猟もしやすかった。熊を発見した者は、猟に参加しなくても情報提供だけで肉の配分等は一人前を受けた。熊の棲息地と焼畑出作りが隣接するという環境下で、狩猟小屋を作らなくてもいい小集団熊猟をおこない、さらに「熊発見」という情報提供者も分け前を受ける等、独特の狩猟習俗があった。

白山麓には、猟師と資金提供者との間で契約を交わして小集団熊猟をしていた慣行があった。猟師は旧家や山林地主から食糧・金銭の援助を受ける。スポンサーは獲物の一部を取り分として受け、その他は値をつけてスポンサーが買う。この仕組みは明治後期まで続き、最後のスポンサーは白峰の山岸十郎右衛門家、市ノ瀬の加藤小右衛門家であった。契約猟いわゆるスポンサー猟は、白山麓が幕府直轄の天領時代に起ったと推察される。山岸家は百姓身分だが、天領下の日常細部を仕切る取次役の地位で、代官役を補佐した家柄である。江戸表は、陣屋を通して取次元へ熊皮の買上げを命じてきた。記録に残るものでは安永三年（一七七四）八枚、天保四年（一七八四）四枚、天保九年（一八三八）九枚とある。一度に多くの熊皮を発注する幕府への対策として、契約猟という方式でストックする手立てをしていたらしい。日本での小集団熊猟のスポンサーとして、新潟県津南の深見家、福島県会津高田の目黒家が記録されており、この報告で白山麓の山岸・加藤家を加えておきたい。

白山麓は一向一揆の起爆地でもあった地で、今も真宗が盛んである。「真宗信仰の盛んな地域には農耕儀礼や狩猟儀礼が少ない」と民俗学徒間では思われてきた。ところが白山麓の熊狩猟儀礼では、真宗の影響を強く受けた熊の霊魂を供養する儀礼――「第五章　七　狩りの終り・始めに熊を弔う」で後述する――が、二つの谷筋で違った作法でおこなわれていた。
一つは、手取川本流筋の白峰で行われる、熊の墓での鎮魂供養である。墓標銘は、「寂滅為楽」。この銘は大般《だいはつ》涅槃経にある「四句の偈」の一つで、真宗の僧侶による揮毫になり、毎年狩猟の終了時に僧侶とともに墓前で供養する。もう一つは、支流筋中宮で行われるもの。狩猟前に真宗道場の毛坊主より、これから殺生する熊に法名を授ける法要である。これは真宗門徒が生前に法主より法名を受ける「御髪剃《おかみそり》」儀式を熊にあてたものである。射とめるであろう熊に、法名を介して仏門に入れるという生前供養をした後、猟を始めるのである。つまり、二つの熊の鎮魂慰霊儀礼は、地域の僧侶・毛坊主を介して真宗の教義・儀礼を反映させたものであり、白山麓独特の狩猟儀礼といえよう。

現在の白山直下での熊狩りは、伝統的技法にとらわれず、もっぱら命中精度の高い狙撃銃利用となり、まれに巻狩り技法で熊を狙撃しやすい場所に追いあげるときもあるという情況となった。具体的には、猟師はスコープ（レンズ付照準器）付外国製ライフル銃を持つ。猟場と向き合って対峙する側から双眼鏡で熊を探る。熊を発見すると、相互に無線で連絡、熊との距離が近いほど命中率がよいので、熊により近い者が撃ち手になって射とめる。熊との距離は最長三五〇mが限度（銃の性能により差）という。ライフル銃にとっては、谷幅の狭い峡谷的地形での猟場が都合良いわけである。発砲前、銃はしっかり固定せねばならず、自然木や岩に寄りかける「委託《いたく》」が必要となる。委託物が見当たらない場合もあるので、猟師は「又《また》のある杖棒《ついぼう》」を持ち歩き、それを雪面に突き刺し、「又」を委託にして発砲した。

一世代前の熊巻狩り・ナーバタ狩り・穴熊狩り等は姿を消したが、熊がよく居付く猟場選定については、数世代前から蓄積されたホングラ情報を今も活用している。スコープ付ライフル銃による熊狩りは、白山直下ばかりでなく東北地方の熊狩りでも同じ傾向となっていると推察する。ツキノワグマの生態を何世代にもわたって究めた経験的な狩猟技法より、効率良く獲物をとる技法として、命中精度の高いライフル銃使用に急変したのである。

生業複合の各論を終えて

村落を生業の視点でおおまかに分けるとき、農村・山村・漁村等の用語を使う。白山直下の出作り群は、この分け方に従えば山村の部類に入る。山村の生業とは、その位置する山地の地形・地質・生態系が一様でなく多様で、その環境

表 2　白山直下河内の環境資源と稼ぎ一覧

資源		稼ぎ	具体的仕事
人的資源	河内・市ノ瀬・赤岩・三ツ谷 } 出作り群の人	案内人	一般登山者，積雪期登山者を案内する
		歩荷	白山室堂へ物資・人を背負運搬する
		出稼ぎ	滋賀・岐阜・愛知の屋敷林の伐採・木挽をする
植物資源	高山植物	薬草採り	岩場で薬用高山植物イワオウギを採る
		高山植物採り	室堂の経営時ハクサンシャクナゲ，クロユリ，ハイマツを採り売る
	樹木	木挽 （1 次加工）	杉板，杉小羽，杉皮を作る
		木製品作り （2 次加工）	鍬・斧の柄，雪掻板，杉楊枝，檜物（曲物，笠木，松明）を作る
		樹成分を取る	キハダ（薬用・染料）の皮，ノリウツギ（製紙用糊剤）の皮，コブシ（薬用）の蕾，ムキタケ（ブナ自生のきのこ）を採る
		製炭	炭を焼く
	草	薬草採り	オウレン，ゲンノショウコ，ドグダミ，ヨモギを採る，ヨモギ→モグサ
動物資源	獣類	狩猟	ツキノワグマ→皮・胆，ウサギ，テン，ムジナを獲る
	魚類	漁撈	サクラマス，アマゴ，イワナを獲る
	鳥類	捕鳥	雷鳥を獲り羽を室堂，温泉で売る，ヤマドリを獲る
土地資源	山地斜面	焼畑・常畑	麻作り→麻布，山桑作り→養蚕→生糸・紬
	水源地	ワサビ作り	ワサビ作り→ワサビ漬
	地下	鉱物採掘・温泉	柳谷・湯の谷鉱山試掘，温泉宿経営，湯の花を売る

を有効に利用した生業《なりわい》も一様でなく多様である。出作りは、白山直下、山中のど真ん中に住まいする。

ところで、紹介したいくつかを含めての生業は、平野での稲作や畑作に稼ぎの要をおく人々とは違った、山地でおこなわれた様々な生業の一部である。そして必然的に多様な生業についての知識・技術・慣行が文化の複合となって、白山奥山の特性を形成しており、その一部を本章でも紹介したが、次の第五章でも紹介する。

ところで、この第四章で紹介した稼ぎは、すでに消滅したものがほとんどで、わずかに残ったものも衰退過程にあるというのが実情である。しかし、取りあげた生業の体験者は生存しておられ、過去の貴重な記憶をよみがえらせることができるので、これまで記録が乏しかったがゆえに、いま記録しなければと強く思った。岩壁に攀じ登り薬草オウギを採取した人は、極く限られた人数だが、私的には最も興味を惹かれたもので記録の対象とした。白山の薬用高山植物採りの記録はしたが、「この記録は何に役立つのか」、手取川源流域でのサクラマス獲りの記

表 3　明治 15 年 12 月調　能美郡白峰村歳入歳出比較表[1]

［歳出］

歳出項目	数　量	金　額	備　考
地租金		164 円 34 銭	
国税金		160 円 58 銭 8 厘	
地方税		504 円　9 銭 5 厘	
協議費		1677 円　8 銭 3 厘	
蚕種紙代金	1300 枚	2600 円	1 枚 2 円
米稗飯料	8322 石	36062 円	1 人 1 日白米 1 合（代 6 厘 5 毛），稗 5 合
	内訳		
	白米　1387 石	9015 円 50 銭	（代 1 銭 9 厘 5 毛）とし，1 年 3800 人と
	稗　6935 石	27046 円　5 銭	して計算
味噌代金	666 石 1 斗 2 升	5329 円	1 戸 1 日 1 合 5 勺，1 年 730 戸として計算，1 石 8 円
塩代金	399 石 6 斗 7 升 5 合	1199 円　2 銭 5 厘	1 戸 1 日 1 合 5 勺として計算，1 石 3 円
菜代金		13322 円 50 銭	1 戸 1 日 5 銭として計算，油・蠟燭を含む
食料番茶代金	21900 斤	1865 円 15 銭	1 戸 1 日 7 厘として計算，1 斤 8 銭 5 厘
衣服料		11400 円	1 人 1 ヶ年 3 円として計算
鎌・山刀代金	4000 挺	1800 円	樵人 1 人 1 ヶ年，鎌・山刀各 1 挺として
	内訳		
	鎌　2000 挺	400 円	樵人 2000 人分を計算
	山刀　2000 挺	1400 円	鎌 1 挺 20 銭，山刀 1 挺 70 銭
合計		（A）76084 円 55 銭 1 厘	730 戸 1 戸平均 104 円 22 銭 5 厘 4 毛

（1）「能美郡白峰村来歴等上中書等綴」（山岸十郎右衛門家文書 162）より，ここでいう「白峰村」とは白峰と風嵐・河内三ケであって，桑島・下田原は含まない．明治 16 年 6 月に白峰村等戸長永井太平が能美郡長松平康平に提出したもの．戸数約 730 戸（内同居 240 戸），人口約 3800 人，1 戸平均 5.2 人として計算．

録はしたが、「この記録は山村研究に寄与できるのか」などと自問しても、答えは見出せない。結論として、記録されてこなかった事実を「記録する」ということのみに、自分なりの意義をわがまま勝手に作ってまとめることにした。

つまり、白山直下の人々が山に入って稼いだ生業に関しての記録は、調査者の目にとまらなかったのか、軽視されていたのか、忘れられていたのか、いずれにしても少なかった。本書の報告は、過去となった山稼ぎを含めて、聞き取り可能な貴重な実体験をもとに、古文書を含めて各種文献等の文字情報の導入にも心掛けた。また、生業とは端的には「現金稼ぎ」なので、そのなりわいで「どれ位の金額を稼げたか」を知るための数的統計が不可欠となる。そのため関連統計の探索と導入が必要となり、留意した。

次章で四季おりおりの生活について触れる前に、多様な生業複合のあらましを文字でまとめたものが表2である。そして各生業の稼ぎ高を数値で表現し、より具体化したのが白峰村役場の明治十五年統計で、表3がそれである。

［歳入］

歳入項目	数　量	金　額	備　考
収穫米	34石2斗	188円10銭	1石5円50銭
収穫大豆	49石9斗6升	274円78銭	1石5円50銭
収穫小豆	35石8斗	179円	1石5円
収穫粟	167石	918円50銭	1石5円50銭
収穫稗	3130石	10955円	1石3円50銭
収穫蕎麦	110石	440円	1石4円
収穫鴨足	239石9斗7升	887円88銭9厘	1石3円70銭，鴨足とはシコクビエ
収穫馬鈴薯	20300斤	304円50銭	1斤1銭5厘
熊胆	150匁	450円	1匁3円，1頭より平均10匁をとる
熊皮	15枚	120円	1枚8円
熊肉	60貫	180円	100匁30銭
兎	300頭	90円	1頭30銭
山鳥	150羽	60円	1羽40銭
黄蓍	1000貫	650円	1貫65銭　薬草オウギのこと
平茸	500貫	400円	1貫80銭，平茸とはムキタケ，ブナに自生する
山葵	600貫	600円	1貫1円
木鋤板	50000本	2500円	1本5銭
鍬棒(2)	1000束	550円	1束（34本）55銭
杉楊枝	100万連	200円	1万連2円
杉板	10000坪	2000円	1坪平均20銭
杉小羽	6000束	270円	1束4銭5厘
麻布	1800疋	2700円	1疋1円50銭
生糸	480貫	16800円	10貫350円
繭	3000貫	7500円	1貫2円50銭
真綿	70貫	1400円	100匁2円
節紬	100疋	550円	1疋5円50銭
小計		51167円76銭9厘	
出稼労金	500人	10000円	1人平均20円，毎年12月より3月迄，愛知，岐阜，滋賀，福井等へ100日間
合計		(B)61167円76銭9厘	1戸平均　83円79銭1厘
(B)－(A)		－14916円78銭2厘	1戸平均　20円43銭3厘強不足(3)

(2)「鍬棒」というのは，「鍬の柄」のことである．地域により，長さ・太さが異なる．加賀方面への出荷は34本で1束，越前向は10本で1束とした．

(3) 比較表の末尾に次のような内容文を記す．「村の歳出超過と家の生計費不足を解消するには蚕糸業に重点をおくべきである．天保3年度生糸生産高は1400貫，この代金を明治15年の価格に直せば4万9000円である．この金額は明治15年の生糸代金1万6800円より3万2200円多い．つまり，他の稼ぎより蚕糸業の稼ぎ金額は多く，至近の対策としてすぐ増資・改良・勉励すれば，良い結果を得ることができる」

第五章　四季の暮らし

一　かんじき――雪の質・量で使い分ける

筆者が積雪期に初めて白峰村白峰へ出向いたのは、昭和二十六年二月二十四日。当時は、北陸鉄道金名線《きんめい》で金沢から白山下まで電車、白山下から白峰まで約一七キロの国道には交通手段もなく、人間も物資も人力徒歩に頼った。その日の数日前、二月としては珍しく雨が降ったので雪が締まり、白峰までの雪道はカンジキを必要としないツボアシで歩いた。時どきゴボル（軟かい箇所で足がとられて沈むこと）ので、ゴム長靴に入った雪を取り出した記憶がある。当時の白峰集落の玄関先には、何足ものカンジキが見られた。

平成の今日、金名線は廃線となり、手取ダム建設での付け替え国道沿いに路線バスが通っている。そして冬期でも、機械力による除雪で自動車交通は途絶えることはない。また集落内には流雪溝が作られ、路上の積雪や屋根雪の始末も便利となった。カンジキは、狩猟・山仕事にたずさわる人にとっては必需品だが、人々の日常生活での必需度は低くなり、冬場の玄関先にカンジキを見る家はごく少なくなった。克雪技術が進歩発達している現在、カンジキは今後使われなくなってしまうかも知れない。本節では、カンジキに頼らなければならなかった時代を顧みて、白峰のカンジキの特色や、カンジキの機能向上のために試みた数々の工夫、そして急速な時代推移に伴うカンジキの用途低下に触れ、雪の民具の主役ともいえる白峰カンジキの平成期事情をまとめたい。

1　白峰のカンジキの特色

手取川本流の最奥集落、白峰村白峰は、かつては焼畑雑穀栽培と出作りの山村として有名であった。白峰村を含めて白山麓は、日本の深雪地域の最南端でもある。白峰のカンジキは、登山用アイゼンに相当する鉄製四本爪、三本爪の「カナカンジキ」と、木・竹製の「ワカンジキ」の二種類がある。ワカンジキを幼児語では「ワンポ」ともいい、普通

「カンジキ」といえば、ワカンジキを指している場合が多い。ここでは、白峰を中心として白峰村のワカンジキについてまとめた。

複輪型・いちじく型　カンジキの輪はクロモジ材であったが、昭和三十年代後半よりスダケ（ネマガリダケ）に変わった。前・後輪をつなぎ合わした複輪型である。わりと細い輪を使用するので、つなぎめは二本の輪が重複した部分が長くなるように細工してある。輪の形は平面図的には、いちじく型ともいうべき独特のもので、側面図的には前・後輪の先端を反り返らせ、斜面の多い地形に対応している（図1）。

白峰村独特の網縄のかけ方　カンジキに張りかける縄を「カンジキ縄」という。白峰村のカンジキ縄のかけ方には、二種類あった。一つは白山直下の出作り群、市《いち》の瀬《せ》、赤岩、三《み》ツ谷《たに》での技法で「ヤツバエ」といい、他の一つはこれより下流（手取川）域の白峰本村や周辺出作りでの技法で「ヨツバエ」といった。具体的技法を文で説明することは、至難なので図2を参照していただきたい。

写真 1　白峰村のワカンジキ　左より大アワカンジキ，中アワカンジキ，カテカンジキ（白山ろく民俗資料館所蔵）

写真 2　白峰村のカナカンジキ　上が3本爪，下が4本爪（白山ろく民俗資料館所蔵）

カンジキ縄の後輪より縦方向に張りかける部分を「網縄」と命名すると、カンジキ縄は、網縄の部分と緒の部分の二つからなる。緒の部分とは、横方向に張りかけて、足を乗せ足を結びつける部分である。同じ白山麓でも、手取川中流域の吉野谷村・河内村等のカンジキには網縄がまったくない。対するに上流域の白峰村・尾口村のカンジキには、網縄が発達しているのが特色である。雪中に足が落ちこむことを白山麓では「ゴボル」という。ゴボルのを防ぐカンジキの方策には、

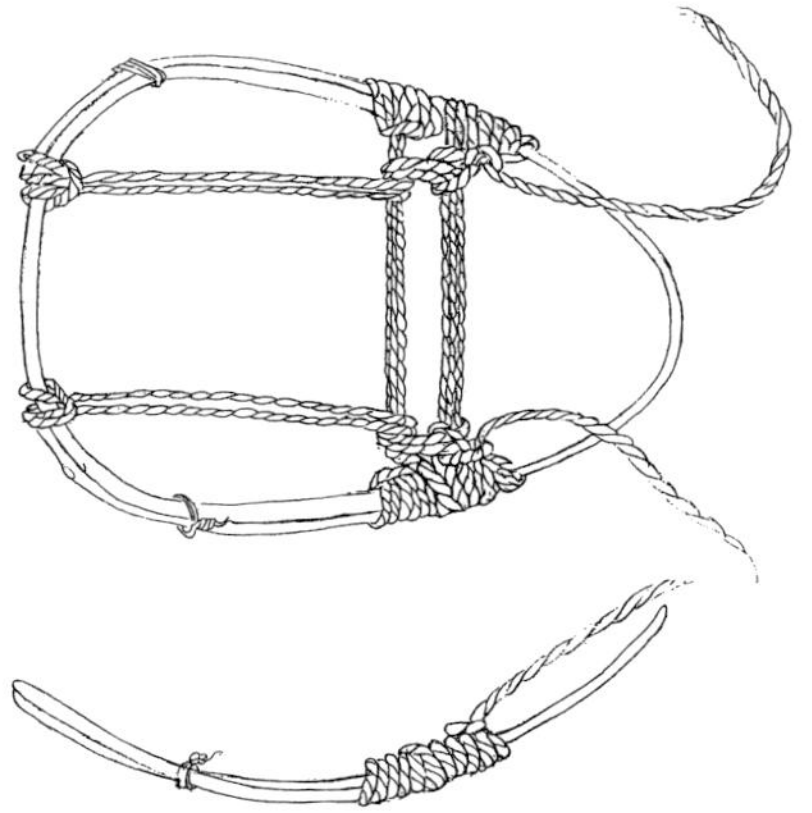

図 1　カテカンジキ（石川県白峰村）　輪材料はクロモジ，長径 37.2 cm，短径 27.8 cm．藁縄で「ヨツバエ」という張り方をしている．前輪（右）・後輪（左）のつなぎを針金でとめている．

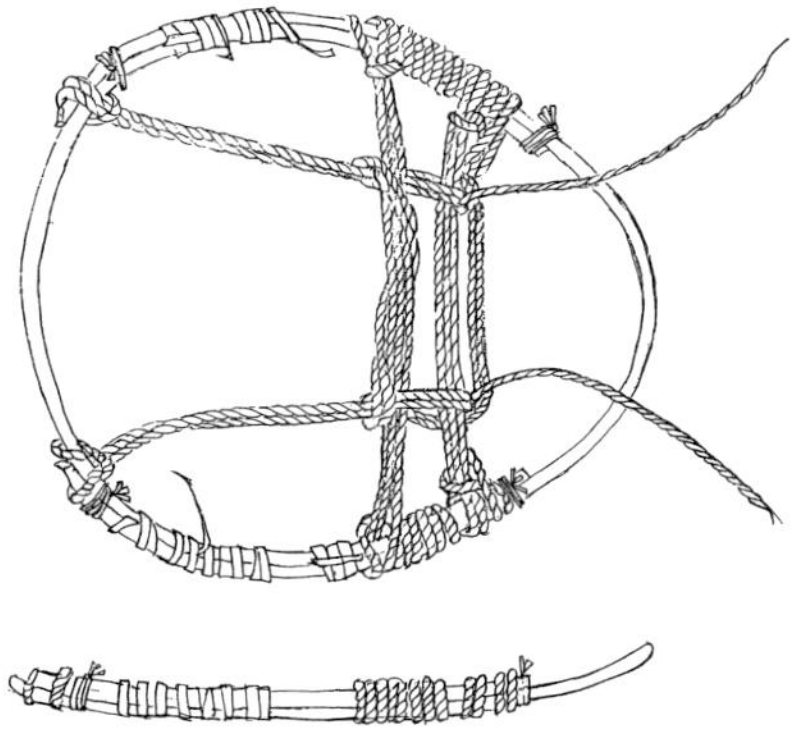

図 2　アワカンジキ（石川県白峰村）　輪材料はクロモジ，長径 41.2 cm，短径 36.7 cm．木綿縄で「ヤツバエ」という張り方をしている．前輪・後輪のつなぎめをヒノキヒンナで巻き，麻紐で結んでいる．素材や縄の張り方，さらに輪の形等，最も白山麓らしいワカンジキである．

二つの技術が考えられる。一つは、木・竹の輪の太いものを使って防ぐ技術で、大型のものが作れない。他の一つは木・竹の輪を細くし、網縄を張りめぐらして防ぐ技術で、大型のものが作れる。

白峰村のカンジキ縄は、『北越雪譜』[1]に記載される「スカリ」のような複雑な網縄ではないが、二筋の縄を左右二組縦方向にかけている。白峰村は日本の最深雪地域の南端に位置するため、雪質は湿って柔らかくゴボリやすく、しかもドカ雪で一晩に一mを超す降雪に襲われる。白峰村のカンジキに網縄が発達したのは、湿雪・軟雪・ドカ雪に対応するためと考えられる。

なおカンジキ縄の緒の部分、網縄の部分は、一本の縄で一筆書き風に連続して張りめぐらす。だからカンジキ縄のかけ方は非常に複雑で、習熟を必要とし、一人前の男が習得しなければならぬ生活技術であった。

2　五つのカンジキを使い分ける

大きさ別のカンジキのよび名は、集落や出作り群によって多少の差があった。具体的には小さいものより「カテカンジキ・中《ちゅう》アワカンジキ・大《おお》アワカンジキ」、または「ハルカンジキ・中《ちゅう》カンジキ・大《おお》カンジキ」等であり、この順で大きさが大型化するが、様式は同じである。積雪期の交通が、人間の歩行だけに頼った時代は、カンジキの必要度は高く、カテカンジキ・中カンジキにはさらに大小の

表１　石川県白峰村のカンジキの種類とその数値

種類（数）	数値	A長径 ミリ	B短径 ミリ	C輪の直径 ミリ	反り　ミリ D前	反り　ミリ E後	重量 グラム
カテカンジキ（8）	平均値	354	265	12	80	44	450
	左最大値 右最小値	360　330	308　300	13　9	134　99	79　23	420　500
中アワカンジキ（4）	平均値	395	329	13	99	44	709
	左最大値 右最小値	417　377	360　296	15　12	113　78	57　24	580　860
大アワカンジキ（6）	平均値	521	458	15	96	42	830
	左最大値 右最小値	587　472	485　468	18　12	134　99	79　23	1120　670

二種があったので、よび名は三種類であったが、実際的には大きさの別からは五種類あった。

白峰村では五種類のカンジキを、雪質、降雪量によって使い分ける。新雪が降った直後の変質しない雪原・斜面を「ホゥヤ」というが、ホゥヤが湿雪か乾雪かによって使い分ける。またホゥヤは時間経過とともに雪質が変化するので、午前・午後でカンジキを使い分ける。

乾雪で粒雪のときはホゥヤは固くしまった状態になり「雪がカテル」という。カテタ雪はカンジキをつけないで歩ける状態、すなわちツボアシですませるが、湿雪が降り積もり始めたときや、日照でカテタ雪が緩み始めたときは、カンジキを履かねばならない。ホゥヤが一m近くの湿雪のときも、郵便配達は散在する出作り先へ配送せねばならず、大アワカンジキとカテカンジキの二足を履き雪道を克服した。積雪期における集落内の生活道路は、各家々が早朝踏み固めねばならぬ範囲がきまっており、大アワカンジキを使用するのが常であった。

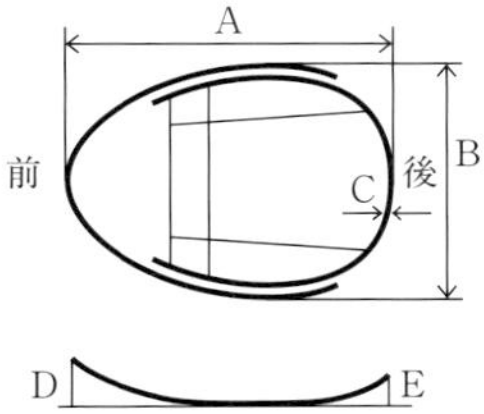

二月中旬以降、年間の燃料用材を伐採運搬するハルキヤマ（春木山）の作業が始まるが、この頃は降雪は少なく積雪の変質が始まる時期である。春木山の現地との往復には中アワカンジキを使い、現地での山仕事は小型で作業しやすいカテカンジキを使った。三月に入り、晴天日が多くなって、雪の表面は日照で融け始め水分を含みだす。そして夜間に水分が凍結氷化してカチンカチンとなる。この状態を「シミル（凍みる）」と

いい、凍みた朝はツボアシで歩いた。その後に融けてゴボルようになっても浅くすむので、小型のカテカンジキを使用した。だからカテカンジキは、春の融雪・変質・凍結の季節になると使用度が高くなるので、「ハルカンジキ」の別称がついている。

以上のような事例の他、積雪量と雪質は風上斜面と風下斜面、北斜面と南斜面によって微妙に、あるいは多大に変化するので、それに対応して五種のカンジキを使い分けていた。カテカンジキ・中アワカンジキ・大アワカンジキの平均数値と最大・最小数値を表1で示した。

3　時代推移とカンジキの機能低下

機械力による除雪が未発達なときは、カンジキは積雪期の必需品として重要な民具であった。例えば、第二次大戦後、林業・土木建設従事者は、積雪期には失業保険を受けるようになったが、保険金受給者は一週間に一度、約三四キロの往復雪道をカンジキを利用して、金名線終着の白山下駅まで歩き、金沢の職業安定所へ出向いた。

昭和三十年代前半には、村内に桑島・白峰・市の瀬発電所が建設され、電源開発工事に大型土木機械が効率良く運転していた。三十年代後半にはいると、融雪期の三月中・下旬頃に除雪用の土木機械を導入し、交通途絶期間を半月または一ヶ月間へと一挙に短縮する。昭和四十年代には、厳冬期の一、二月を通して、毎日機械力除雪を実施し、冬季の交通系・流通系に革命をもたらした。この大変革は反面、カンジキの必需品としての重要度を著しく低くする。

出作りは農耕期間には出作り先に宿泊し、冬には本村へ帰る「季節出作り」と、冬も出作り先に定着する「永住出作り」があった。昭和五年、白峰村白峰には出作り二〇五戸、そのうち季節出作りは四三戸。昭和三十年には出作りは一〇九戸、そのうち季節出作りは三二戸であった。季節出作りは積雪期、無人の出作り住居の除雪に独力で何回も出向かねばならない。また永住出作りは近隣の出作りと、社会生活を営むため雪道を行き来しなければならない。このように白峰村には多数の出作りがあり、積雪期の出作りをめぐる生活には、カンジキは必要不可欠の民具であった。だから白峰村白峰には、他地域を上まわるカンジキの利用・消費があった。しかし三十年代後半の高度経済成長期には、ヒエ・

アワを焼畑で作る必要度は薄れ、出作りは放棄され始め、消滅期にはいる。カンジキは出作りの衰退と並行して、山村生活から離れ遠のいていく。

一年間の自給的燃料は、雪の安定期に山に入り、原木を伐採・運搬する「春木山《はるきやま》」をして確保してきた。昭和四十年代の機械力除雪の開始とともに、液体・気体燃料が年間を通してたやすく供給され、春木山慣行が廃されると、さらにカンジキの役割は薄れていく。

昭和五十年代前半には、白峰に流雪溝が設置されて生活道路の排雪が簡単となり、早朝の道踏み慣行が姿を消し、よりいっそうカンジキの利用機会がせばめられる。

要約すれば、機械力による除雪や流雪溝の発達により、国道や生活道路が無雪地並みに確保されたこと、所得向上により米食が普及し、ヒエ・アワを作る焼畑出作りを廃止したこと、燃料革命で春木山慣行を廃止したこと等が重なり、カンジキの必要度は短期間に極端に薄れ、村内生産も途絶えることになった。現在カンジキは、屋根の除雪の作業時、建築用材やきのこ原木の伐採作業時、兎・熊等の狩猟の際に使用している。そして福井県勝山市・大野市産のものを、農協の流通経路を通して移入・販売している。

焼畑山村をめぐる社会条件が変わり、克雪技術が進歩してカンジキの用途・機能がせばめられても、最深雪地域としての自然条件は変わらない。だから村民は種々の日常場面で雪と接触せねばならず、他地域と比較すればカンジキを多用している。表2では、白峰集落の居住者、永住出作り群大道《おおみち》谷の居住者、大《おお》杉谷大空《そら》の季節出作り者の三つの異なった山村生活者が、カンジキとどのように関係しているかを、所有数でつかもうとした。

表 2　石川県白峰村の各家庭のカンジキ所有数

事　例 カンジキの種類	1 T. B 家	2 T. S 家	3 S. B 家	4 G. Y 家	5 F. A 家	平均
カテカンジキ	7	3	6	7	5	5.6
中アワカンジキ	2	2	2	3	2	2.2
大アワカンジキ	(2)	(2)	1	(2)	2	0.6 (1.8)
計	9 (11)	5 (7)	9	10 (12)	9	8.4 (9.6)

(　) であらわした数字は，約 5 年前まで所持していたが，今は投棄，焼却してない．
事例 1・2 は白峰集落（約 300 戸）居住者，事例 3・4 は白峰集落より約 4 km 離れた出作り群・大道谷居住者，事例 5 は白峰集落より約 3 km 離れた季節出作り・大杉谷大空の出作り小屋の各々の所有．

4　高度経済成長期におけるカンジキの材料変化

①　クロモジからススダケへ

カテカンジキの太さは、一二ミリと細い。原材料のクロモジは雑木林に自生しているが、その実数がいたって少ない。だから平素、若木や新枝すなわちズアイの適材を発見すると伐り、乾燥しすぎないように樹皮をつけたまま、水漬けにして保管した。クロモジの若木は、焼畑の跡地や木炭原木の伐採地跡で、二次林が回復する途上の若い雑木林に多く自生する。高度経済成長期には、ヒエ・アワの焼畑が消滅するようになり、また燃料革命の進行で木炭需要は減り、原木伐採も実施されなくなる。すなわちクロモジは、毎年再生される焼畑跡と木炭原木の伐採地跡が途絶えたため、調達が困難になる。このような事情を背景に白峰村では、クロモジを材料とするカンジキ生産は打撃を被り、ススダケを岐阜県より移入して生産を続けたが、材料費・運送費がかさばって採算があわず、昭和四十年頃に生産を中止した。ススダケの群生地は村内にもあるが、国立公園内であるため採取禁止であった。

②　藁縄からポリプロピレン縄へ

カンジキ縄は厳寒期に使用するだけに、歩行途中で切れると生命にもかかわるので、特別に吟味して作った。白峰村のカンジキ縄の長さは、緒のほか網縄の役割をする分だけ割長である。一般的にカテカンジキは四尋《ひろ》、中アワカンジキは五尋、大アワカンジキは七尋の長さを必要とする。

カンジキ使用の前には、縄の痛みがないかを点検し、時には補修や取り替えをした。第二次大戦敗戦時までは、大部分が藁縄で、時に木綿縄や細いマニラロープを使用する場合もあった。戦後の技術革新期には、各種の化学合成繊維を素材とする漁網用の綱や紐が発明された。特に山仕事や狩猟をする人々は、この漁網用の綱をカンジキ縄に使用して、適応性を実験している。以下、歴史的使用度の古い藁縄より順次その特性についてまとめた。

稲藁　焼畑でヒエ・アワを栽培する白峰村は、藁細工用の稲藁も自給できず、福井県の水稲農家より購入しなければならず、カンジキ縄用の稲藁も例外ではなかった。この縄の長所は、緒の部分が足に柔らかくあたるので、長道のとき足が疲れにくい。経済的に割安で作れるが、短所は何せ藁なので耐久性がなく、特に融雪期・残雪期の凍みた雪には弱く切れやすかった。

表3　カンジキ縄の素材別特色

素材の要素＼素材の種類	藁	マニラ麻	牛皮	木綿	クレモナ	ポリプロピレン
強さ	×	○	○	○	○	○
軽さ	○	×	○	×	○	○
低温・濡れた時の性質	○	×	○	○	×	○
乾燥・保存のしやすさ	○	○	×	○	×	○

○優れる　×劣る

麻（大麻）　自給できた唯一の縄材料は麻であった。細いアサノオで縄を作り、さらにこの縄を三本で組みあげ、カンジキ縄を作る。強さは藁縄と比較すれば段違いに長くこたえるが、麻布や繭は現金収入源として貴重であったので、カンジキ縄に利用することは少なかった。

マニラ麻　市販されている梱包用の細いマニラロープを、カンジキ縄に利用した。マニラ麻には細かい毛羽《けば》だちがあり、これを「ヒゲ」と言うが、ヒゲを核にして雪が付き、時にはカンジキ全体が雪に巻かれた状態となり、歩行や作業に邪魔になった。特に切り口のほどけた繊維を核に、雪は玉状になって団子を作り不便であった。マニラ麻は乾燥しているときは問題はないが、濡れて水分を含むと硬直する性質がある。したがってマニラ麻は、長道をしたとき、足に強くあたり疲れやすかった。また丸木・岩を踏んだとき、弾力性が少ないのでクッション的役割ができず、荷重が直接輪に伝わって輪を傷めやすかった。マニラ麻は耐久性では藁より段違いで強いが、高価な割に欠点も多く、広く支持されなかった。

牛皮　牛皮を幅五ミリに、紐状に切ったものをそのまま使用する。高価なもので、勝山市の荒物屋へ特別注文して購入する。長所は非常に軽いことであり、長距離の歩行には最適である。狩猟では、獲物の事情によっては、一日中歩き続けることが余儀なくされるので、牛皮のカンジキ縄は重宝された。ちなみに牛皮のカテカンジキの総重量は四二〇グラムで、平均値より三〇グラム軽い。軽いからといっても、中アワカンジキ・大アワカンジキには使用しない。理由は牛皮が細すぎるためで、大型のカンジキには太い藁縄が、網縄としては機能的で良かった。補足すればカンジキ縄は、軽さ・強さの面も重要な要素であった。牛皮のカンジキを「ウシカワカンジキ」とよび、羨望をもって特別視する風潮があった。人間には高価な所持品で自己主張をする気風があり、白峰村の民具にも該当例があった。第二次大戦後より使用している。

このカンジキは、管理保存がむつかしかった。牛皮は乾燥しすぎるとパリパリになるので、いろりの火勢や直射日光で乾燥できず、陰干しにしなければならない。また膠《にかわ》質が残っていて虫が食いやすく、煙が通る場所、乾き過ぎにならぬ場所で保存しなければならず厄介であった。

木綿　白峰村農協で市販しているスダケのカンジキは、カテカンジキ一種類だけで、木綿縄をすでに張りかけて、輪と網縄をセットにして販売している。だから現在使用しているカンジキの大部分は、木綿縄である。木綿縄は凍みた雪にも強く、マニラ麻のように濡れた際に起る硬直性も少ない。取り替えの際も既成品があって購入しやすく、多くの使用者の支持を受け、標準的なカンジキ縄である。

クレモナ　「クレモナ」とは、呉羽化学で製造した合成繊維の商品名で、材質はポリビニール・アルコール系繊維である。石油化学工業の発達は多くの合成繊維を生み、カンジキ縄にも多大の影響をあたえる。最初の使用はクレモナ縄で、本来漁網用の綱として生産されたもので、これをカンジキ縄に利用したのである。合成繊維は温度が高いと柔軟となり、温度が低くなると硬直する性質、すなわち熱可塑性が大きい。厳冬期間中や海抜高度の高い場所ではバリバリになったり、反対にいろりで暖め乾かすと柔らかくなって張り具合が緩み、使用者を当惑させた。一時的に使用されたが、すぐ止めている。

ポリプロピレン　積雪期には、植林樹が雪の圧力で倒伏する。これを元の立木に回復するために縄や紐で引っ張る。ポリプロピレンはこのときの張り紐で、テープ状をしている。まずテープ状紐三本で組み紐を作る。さらに組み紐三本でカンジキ縄を組みあげる。ポリプロピレンは植林用に、日射・風雨・気温変化にも強く作られているから、カンジキ縄として最適であった。ポリプロピレン縄は、カンジキを履いたまま、倒木や切株を踏みつけても、舗装道路を短距離歩いても、弾力性があり無理な使用に耐えた。また吸水性がないから凍結もせず、厳冬期でもいち早く脱げた。欠点を探せば、藁縄のように簡単に手で撚《よ》りをかけて作るわけにいかず、編み上げるのが煩雑で手数がかかった。しかし最近では、ポリプロピレンは非常に良い素材なので、山仕事を多くする家では自分で組み上げて盛んに利用している。

③ 麻糸・檜ヒンナから針金へ

前輪・後輪の繋ぎ目を締めて固定する方法として、まず「ヒノキヒンナ」とよぶ檜製テープでグルグル巻きにし、ついで麻糸で締めた。檜笠の材料のテープが「ヒンナ」である。檜は耐水性で優れ、テープ状にしても粘りがあり強靱である（図2を参照）。大正末期頃より、繋ぎ目に鉄製針金が使用されるようになる。輪に無理な荷重がかかったとき、麻糸のときは麻糸が切れて輪が痛まなかったが、針金のときは切れないにしても輪を痛めるようになる。

ところで輪の部分や時にはカンジキ縄の部分を、色鮮かな赤・黄・緑色の電気工事のビニール絶縁テープで、グルグル巻きにしたのを見かける。絶縁テープを巻く目的は二つある。一つは輪に雪を付着させないためである。雪は微妙で、雪質によっては輪や縄に密着するときがある。絶縁テープは電気ならぬ雪にも効果的に絶縁することを発見し、応用したのである。他の一つは、万が一歩行中輪が折れても、ビニールテープの粘着力で、輪が外れるのを防ぐためである。若い人は好み好みの原色のテープを巻いて、民具の中に遊びを取り入れているのは、白一色の雪世界に色を添えるもので楽しい。

5 おわりに

民具とは、数えきれない多数の人々の幾世代にもわたる使用を経て、また地理的には環境条件を同じくする人々の支持を受けて、一つの道具型式やその使用技術を、帰納的に作りだしたものである。

高度経済成長期には、交通体系と生産技術体系が、短期間に大変革をとげた。カンジキは履物であり交通道具であるから、交通体系の大変革と無縁ではない。カンジキは白山麓へのモータリゼーション到来と機械力除雪の影響で、大アワカンジキは機能を失ない生産を中止した。技術革新の波は、一つの完成品としてのカンジキの材料を変化させた。ポリプロピレンや電気工事用の絶縁用ビニールテープが、民具の中に導入され、便利性を上向かせた。

「民具」という言葉の響きから、伝統性・保守性の象徴と思われがちであるが、高度経済成長期の白山麓のカンジキには、いくつかの部分変化があった。このようにカンジキひいては民具は、将来も時代情況や素材と関係しながら、変っていくに違いない。

補足　白峰の金《かな》カンジキには二種類があり、雪面の氷化度により使い分けしていたらしいので、補足しておきたい。潮田鉄雄氏は金カンジキを、一文字型・丁字型・十字型・米字型・板型に分けた(2)。その基準は爪をつけている鉄片の形の違いによるものである。爪の本数は、一文字型は二本、丁字型は三本、十字型と米字型は四本である。白峰のそれは丁字型三本と十字型四本の二種類で、氷化が強い雪面では四本爪を使用していたらしい。ちなみに、富山県立山町芦峅《あしくら》寺《じ》の猟師は、森俊氏によると丁字型三本爪を使用している(3)。

つまり、白峰でのワカンジキは雪質や降雪量によって五種類を使い分け、カナカンジキは雪面の氷化度強弱によって二種類を使い分けていた。奥山人は、雪山で活動する際、その時々の雪氷環境を克服する民具を創り、長い積雪期に順応していたのである。

注

（1）鈴木牧之編撰、岡田武松校訂『北越雪譜』（岩波クラシックス）一九〇ページ、岩波書店、昭和六十年

（2）潮田鉄雄「かんじき」（『日本民俗大辞典』上、四三九〜四四〇ページ、吉川弘文館、平成十一年）

（3）森俊『猟の記憶』六八ページ、桂書房、平成九年

二　雪崩の遭遇談

雪崩最大の原因は極端に多い積雪量である。地球規模の温暖化の影響で積雪量は少なくなったものの、ひとたび雪崩が発生すると大災害につながりかねない。雪崩の発生源となる場所は、植生上は裸地が多い。集落や各出作りの周辺山

地は伝統的に焼畑に利用されてきた。焼畑は、斜面の植生を伐採・火入れで消滅させるため、一時的に裸地になる。また燃料革命以前は木炭・薪の時代で、原木伐採跡地は一時的に裸地となる。これらの裸地は雪崩を誘発しやすい。白山麓は日本を代表する焼畑地域であったから、積雪期には日本有数の雪崩の危険地域でもあったわけである。

現在は多くの出作りが廃絶し、かつての焼畑地には幹の太さ四〇～五〇cmの樹木が生長しているので、ここで雪崩が発生したとは思えない様相に変わっている。国道筋の雪崩危険地にはスノーシェードが、かつての焼畑地には雪崩止めが施設されている。このような社会資本の充実と焼畑・出作りの廃絶で、雪崩発生数も減り、危険性も薄れてきた。

多様な体験をもつ先輩からの聞き取り調査中、雪崩に遭遇されたという貴重な体験の口述があった。非常に稀有な体験、豪雪地ならではの体験として、書き留めておきたい。

記録した体験談は五つで、そのあらましは、

一、日中、母村集落で屋根の雪下ろし中に、アワ（乾燥表層雪崩のこと。後述）に遭遇した話と、同時刻、屋根の雪下ろしをしていて一部始終を見ていた話の二話。

二、日中、積雪利用の近道をしたときと、兎狩りの途上アワに二回遭遇した二話。

三、冬場、急病人を病院送りをしての帰路、夜にアワに遭遇した話の一話。

この順で体験者が話されたことを、できる限り正確に、詳しく記録保存したい。

1　昭和十七年一月十七日、白峰村桑島オオノマのアワ遭遇談

①　体験者　竹下清一（昭和二年生、金沢市東刀町）

雪崩発生日　十四歳の時、昭和十七年一月十七日午前一〇時頃

雪崩の状況　乾いたさらさらした雪が何日も降り続き、当日やっと晴れ間がのぞいたので、村のほとんどの家が一斉に屋根の雪下ろしをしていた。当時の自分の姓は蔦《つた》清一。自分と山口清八氏の二人は、竹腰家より雪下ろしを依頼され、朝食後より仕事をした。竹腰家の家は桑島で杉原家・山口家とともに超大型でコバ板葺。屋根雪は、吹きざらしの所は

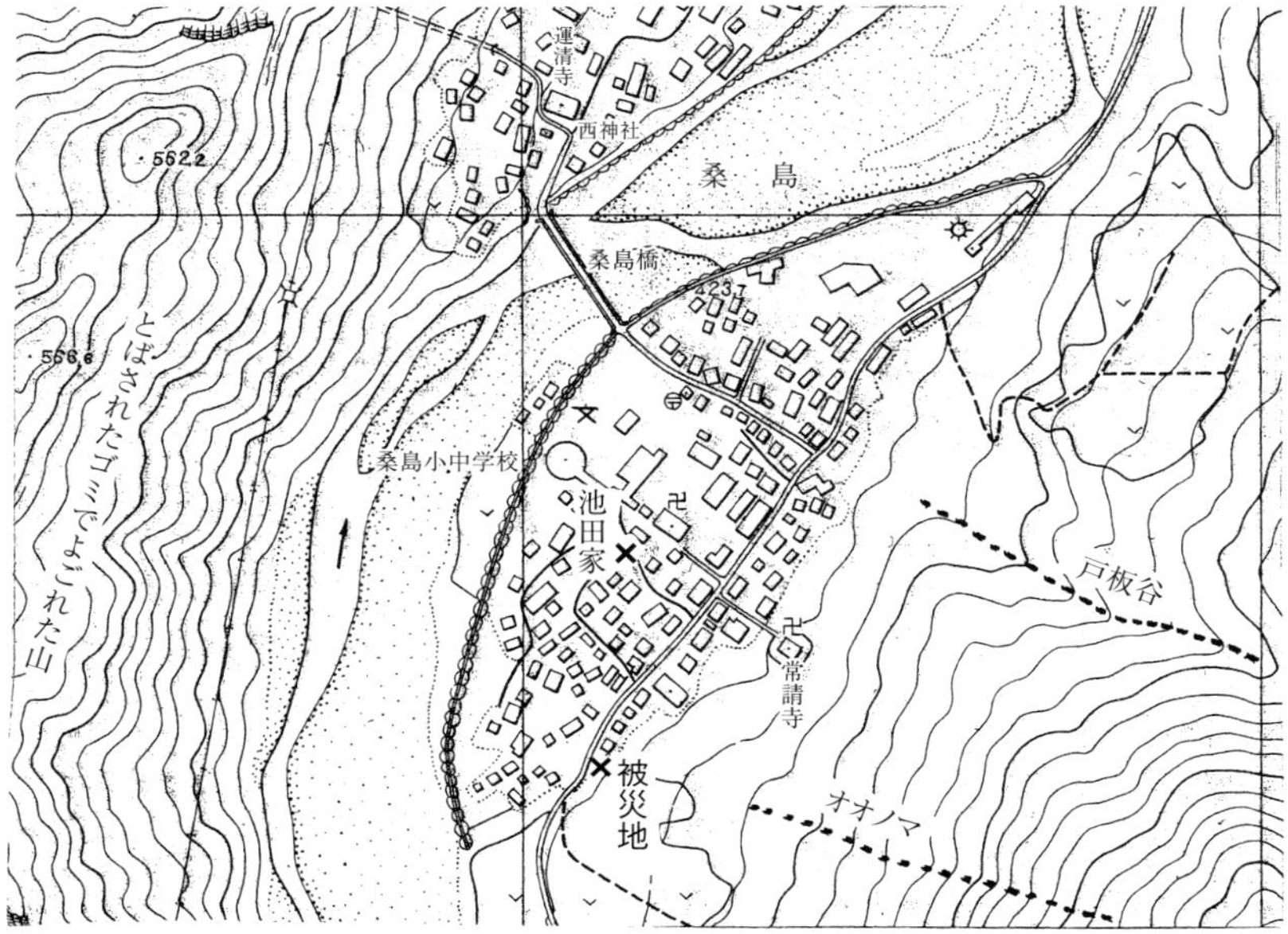

図 1A　オオノマのアワと桑島西島被災地の概念図（山口一男氏，1999 による）

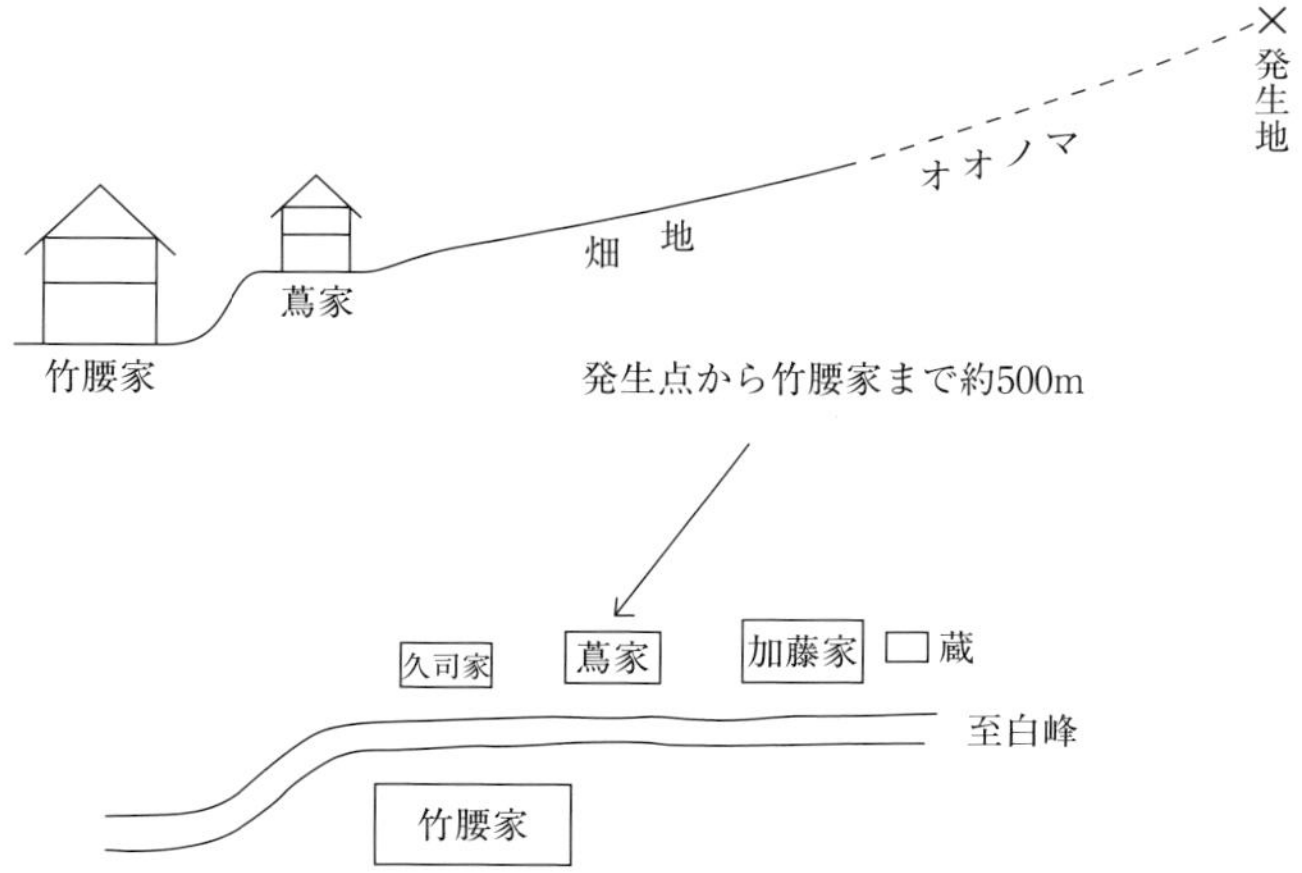

久司久四郎家　1階建，茅葺，小型
蔦四右衛門家　2階建，コバ板葺，中型
加藤清吉家　　2階建，コバ板・トタン葺，大型
竹腰実家　　　2階建，コバ板葺，超大型

図 1B　被災家屋の配置図（山口一男氏，1999 による）

約二m、吹きだまりで約三mぐらいあった。午前九時半頃、いったん屋根を下りて屋内で休憩し、一〇時頃屋根に上り、自分は東側の北端すなわち山方《やまかた》のチョウノクチ（切妻屋根の両端の三角形部分）、山口氏は真中《まんなか》付近のヒブクロ（排煙口）で仕事を始めた。しばらくして、木の枝に積もったシチリン（桜の花びらが散るように落ちる様）がたくさん落ちてきた。周りに木もないのにシチリンはどこから降ってくるのかと不思議に思った瞬間、アワに襲われた。

屋根から飛び下りようとしたができず、屋根の上で除雪用コシキを杖代りにして、その場にしゃがみこんだ。「ゴオーッ」の音と一緒に、風ともつかず、煙ともつかず、雪ともつかないものに巻きこまれた。気がつくと半分埋まり、隣の山口氏は首の上、頭を出した状態で埋まっていた。コシキと手で掘って助けだした。アワの来た山側を見ると、茅葺きの自宅場所は雪一色で平らになっていた。慌てふためいて駆けつけたが、家は完全に破壊され、その上に雪崩が覆いかぶさって手のつけようがなかった。竹腰家は潰されなかったが傾いた。アワカゼが壁・窓を突き破り、屋内は雪で一杯となり、家族五人が雪で封じ込められた。村民の救出活動にもかかわらず四人が亡くなった。アワで家の中の四人が死に、屋根の二人が生きているのは奇蹟と思っている。竹腰家の亡くなった四人の実情は知っているが、話をしてあげることはできない。

同じ時刻、蔦家では、母と兄が家の中にいた。兄は藁細工を、母はノベビキ（繭を鍋湯に浸し生糸をとる作業）をしてアワにあった。二人とも、潰れた家の構造材に挟まれて身動きがとれなかったが、運よく隙間が少しあったので呼吸もでき、会話もできた。死を覚悟した母は「念仏を申せ」と兄に言ったという。母は、熱湯使用の仕事中だったが火傷もせず、かすり傷一つ負わずに助かった。

蔦家（四右衛門）は、竹腰家の山側にあり、下《しも》の隣は久司家（久四郎）、上《かみ》の隣は加藤家（清吉）と三戸が並んでいた。アワは、瞬間的だがまず蔦家を、次に竹腰家を直撃した。隣の久司氏は屋根の雪下ろしで、自分が発した「アワや！」の怒鳴り声で屋根から飛び下りて、無事だった。後から、「怒鳴り声が命の恩人」とお礼を言われたが、自分は全然記憶がない。久司家そのものに被害はなかった。隣の加藤家は、家の一部がいたんだが、家族は無事であった。

アワは、集落山手の畑地ウワノの上部にあるオオノマ上部で発生した。オオノマは、大雨のとき崩壊したらしい裸地があり、木の生えていない所が多いので、戦前はスキーやそりの遊び場になっていた。アワの幅は、隣の家の被害状況から考えると、二〇mぐらいと思われる。

② オオノマのアワ目撃談　目撃者　池田政雄（昭和三年生、白山市桑島）

自分の家は竹腰家より約一五〇mぐらい離れて建つ。この年は大雪で、すでに屋根の雪下ろしをした雪が軒下にとどくほどになっていた。何日も雪が降り続き晴れあがったので、自宅の屋根の雪下ろしをしていたら、ゴオーッという音がしたので音の方向を見たら、オオノマの上でアワが起っていた。アワは雪煙を舞い上げて、一瞬のうちに人家付近に到達した。アワの直後、竹腰家付近は土壁を粉砕した土煙と、アワの雪煙が混ざりあった特異な煙状のものがたちこめ、しばらく何も見えなかった。桑島集落は牛首川を挟んで東西に二分、アワが襲ったのは東側右岸、竹腰家・自分の家は東側、アワ発生と同時に起った強風が川を越えて西側集落へ、さらに集落背後の山へ。そこで強風は折り返して川を越えて東側へ逆戻りするサカ風となった。自分は屋根から落ちないよう、コシキ（除雪板）に力をいれて屋根雪に突きさして体を支えるほどの強さであった。このアワのサカ風体験は他人に言っても信用されないと思う。西側集落は、飛ばされてきた土煙・雪煙で「もや」のかかった状態になった。そして背後の山地の雪斜面は、崩壊した家屋のごみ・ちり・壁で、雪がきたなく染まったのを見た。

しばらくすると半鐘がけたたましく鳴ったので、スコップを持って駆けつけた。後で聞いたが火の見櫓に登り速鐘《はやがね》を叩いたのは西川弥一氏であった。全員で救出したが、戦争で元気な男がとられていて男手が少なく、作業ははかどらなかった。必死で雪掘りしたが、竹腰家の西側玄関前で一人、台所で三人が死亡した。台所は東側にあり、アワが直撃して即死されたらしい。居間にいた一人の爺さんだけが助かった。爺さんは、屋根のヒブクロの排煙口へ煙を通す煙突の役目をする木製集煙装置が落下し、その長い箱筒のような装置の中に体がすっぽり埋まり、それが圧雪を防ぐ役目をして助かった。

竹腰家の山側にあった蔦家は全壊したが、埋まった二人は助かった。竹腰家は桑島で三本の指に入る大きな家で、結果的にアワやアワ風の防波堤になって、川側・陰に位置する家々は被害を受けなくてすんだ。

年寄のアワに関する伝えでは、オオノマでは約三〇〇年前に、オオノマより約三〇〇m北側の戸岩谷では天保十二年

（一八四一）に発生、天保期のアワは特大で、茅葺民家は川を越えて西側まで飛ばされたという。そしてオオノマの南側のサクラノマについてはアワ発生の言い伝えはないが、危ないとしている。

2　白峰村白峰、太田谷と明《みょう》谷でのアワ遭遇記録

体験者　尾田好雄（昭和八年生、白峰村白峰）

遭遇時は、太田谷の上流、ノウの山に永住出作りしていたが、現在は白峰集落に居住している。出作り時代、二回アワに遭遇したが、幸い小規模であったこと、単独行動でなかったことと相まって、人体の被害はなかった。同年齢や先輩の年寄に聞いても、自分のように二回もアワにあった者はいない。

その1　昭和二十二年二月二十日頃、太田谷・忠三郎山の出来事

当時は二月正月で、十五日節供をすますと、建築材・薪炭材を雪上運搬する春木《はるき》山《やま》にかかる。父は、春木山で細谷弥七郎山から一の橋まで、材木を雪上運搬しなければならず、そのためのテゾリ一組を弥七郎山へ運ぶことになった。テゾリは、滑走板と、操り運転をするテと称する四本の棒がセットになっている。父が滑走板を、兄がテの四本棒を背負い、自分は当時十三歳、先頭を歩いてラッセル役を分担することにした。

写真１　少年期２回の表層雪崩にあった尾田好雄氏

多量積雪が灌木を埋めた雪の斜面は、最短コースの雪道をとりやすくなる。出作り地より弥七郎山までは、夏はとうてい通行不可能な最短コースを、雪道でいくことにした。まず、出作り地より四郎平衛《シロベエ》山へ、四郎平衛山よりカクシ谷・忠三郎山へ、忠三郎山より尾根越えに細谷・弥七郎山へとのコースを選択計画した。普通には、出作り地より太田谷沿いに堂ノ森へ、堂ノ森より福井県勝山へ至る幹線道路・谷

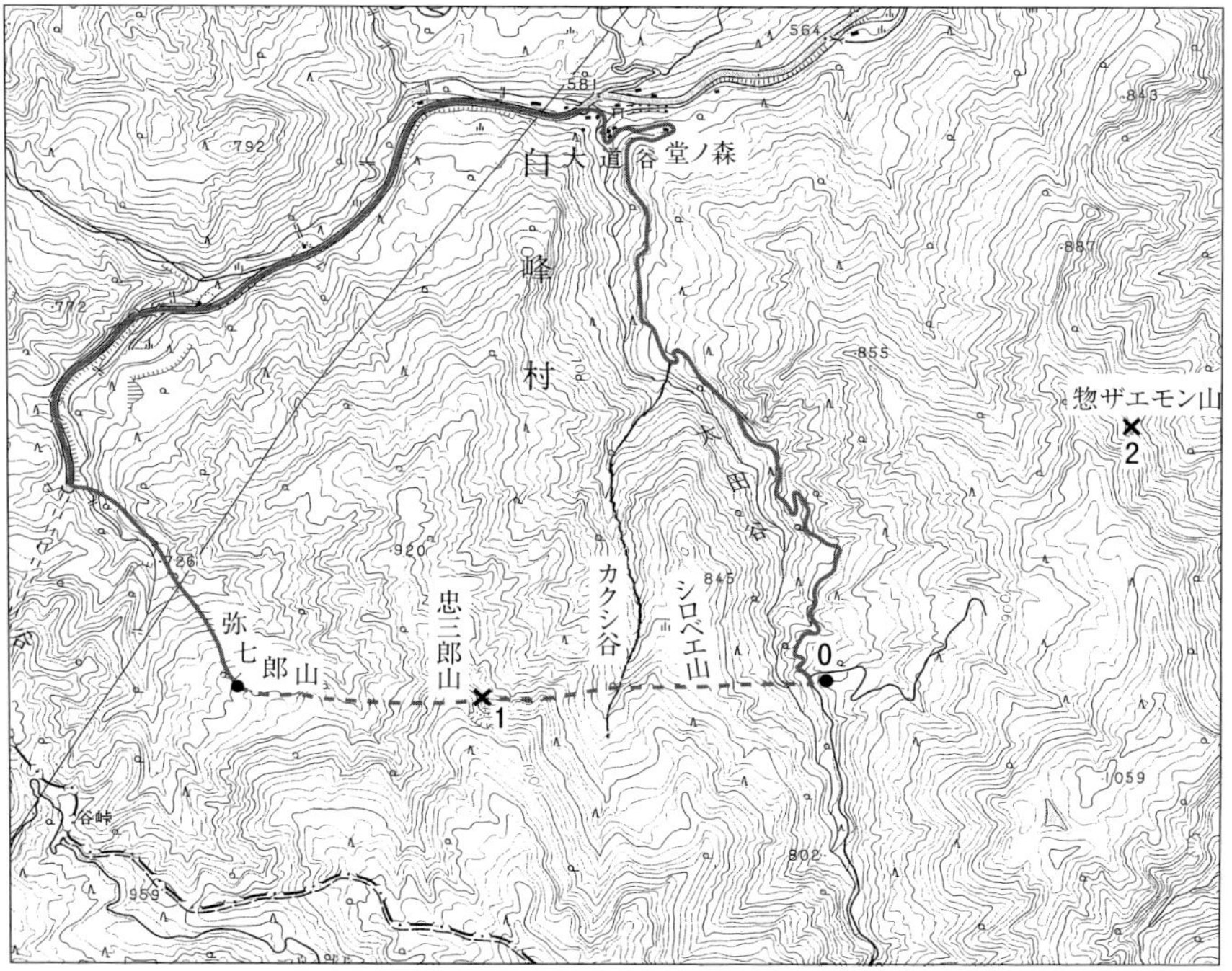

● 0　尾田家出作り地
× 1　テゾリ運搬時のアワ遭遇場所　　- - - 雪道最短コース
× 2　兎狩時のアワ遭遇場所　　—— 帰道のコース

図 2　尾田好雄氏の雪崩遭遇地

峠ルートへ出て、谷峠直下より細谷・弥七郎山へといけば、雪崩の危険が少ない。ところが堂ノ森・谷峠ルートは、三角形の二辺を通る道となって遠く、時間がかかる。そこで一辺の斜線を通るルートを選んだわけだが、三人でラッセルをしながら雪道を自前で開いて進まねばならない。快晴で、雪面は凍結した状態で小型のカテカンジキを履き、杖コシキを持ち、父の方向指示で自分が先頭でサキミチをし、次に父、その後に兄の順で進んだ。

　カクシ谷を過ぎ、ナラを伐採して炭焼きをした忠三郎山一面の雪斜面を横切っているとき、パッと突風が吹いたかと感じたとき、体が宙に浮いた。二、三秒のことと思う。アワだと直感した。体は埋まったが肩より上、顔は雪面より出ていたので、後を見ると、父の両足・カンジキが雪面より出ており、足をバタバタ動かしていた。大声で兄を呼ぶと、すぐ自分の所へ来てくれた。「お前は息できるから待っておれ」と言って、兄は素手で逆さになった父を一生懸命掘っていた。「助かれ」と思って兄の救助を見ていたら、雪崩が「ゴクン、ゴクン」と体を締めつけてきた。年寄りから「雪崩にあったら、体を動かして少しでも隙間を作れ」と聞いていたが、本当のことである。父の救出後、自分を掘り出してくれた。三人とも怪我はなかった。テゾリ一式、杖コシキも三人で探して掘り当てて良かった。

アワの発生は午前一〇時頃、一〇mぐらいの幅で長さも約一〇mの小規模な雪崩で、三人が流された距離は五～七mぐらい。前日は降雪はなかった。斜面の向きが北ウケ（おおまかに北を指しているときの語彙で、北北東）で、終日日光が当たらず、数日前に降り積った雪は新雪の粉雪のままの状態で、表層約二〇㎝の粉雪が滑ってアワになったと父は説明。さらに「炭を焼いた跡は狭くても気をつけねばならぬこと」、そして「小さい雪ヘラ（斜面）でも横切るときは一人で行くこと」等を忠告してくれた。伐採後の裸地斜面上の積雪は、不安定なところへ、三人が一緒に横切ることで、谷側へ荷重がかかって雪崩れたわけである。テゾリを弥七郎山へ運び終え、帰りは堂の森経由で裏道をたどって出作りへ戻った。

その2　昭和二十四年一月二十日頃、明谷・惣左衛門山の出来事

太田谷の出作りから日帰りで兎猟にいったときにアワに遭った。昭和二十年代は、鉄砲について今日のようにうるさくなく、十五歳のときから兎狩で村田銃を使っていた。正月料理用の兎を親戚へ贈ることもあり、兄（昭和三年生）と一緒に猟にでた。共に手拭いをほお被りし、その上にスキー帽（ラシャ製防雪用帽子）をかぶり、村田銃を背負い、アワカンジキ（新雪用大型カンジキ）をつけ、杖コシキを持って出た。積雪状態は、前の晩は始めアラネが降り、その上にアラユキ（新雪）が降り、約四〇㎝も積っていたので足が深く沈むので、カテカンジキよりアワカンジキにした。午前中は太田の大栃付近で猟をして、兄と自分も一羽あてとった。オボネ（小さい尾根）伝いに太田谷と明谷の境に登るとき、コシキを雪に差し込みカンジキを踏み込んだとき、「パカッ」「パカッ」と雪が音を出した。こんな体験は初めてなので不思議に思った。

昼飯を食って午後からは明谷で狩をすることにし、谷下《たにしも》に向けて尾根を歩き、兎の足跡を探り、午後一時半頃、惣左衛門山の尾根筋より五〇～六〇m下ったシバ（潅木）の陰に兎がいるのを発見。兄は上で、自分は下から二人で挟み撃

ちにすることに決めた。兄はほんの小さいオボネ伝いにゆっくり下る。自分は尾根筋より約一〇m下を斜め下方向に横切って、兎の下に向かう段取りをして、五、六歩進むと、雪が「パカッ」と音を出した。「午前中の雪音と似ている」と思った瞬間、亀裂が横に走りアワになった。

アワを見た兄は、瞬間、危険を感じ、両手でシバを強く握って体が流されるのを守った。兄の位置は小さいオボネで少し高く、雪崩れる量も少なかった。兄によれば、自分は雪に完全に埋まったり出たりして約三〇m流されていたという。平《だいら》があったので運よく止まった。体は埋まらなかったが、鉄砲は肩から外れてなかった。ほお被りの手拭い、スキー帽、カンジキは体より外れてなかった。杖コシキは、タビノ（ガマで作ったザック型背負い袋）と背中に挟んで担いでいたので、流されずにすんだ。兄の杖コシキは、両手でシバを握って体がアワで流されるのを防いだとき、流されてなかった。自分のコシキ一本で、まず兄のコシキを探した。次に二人で自分の鉄砲を探した。運よく早く鉄砲を見つけることができほっとした。結果、自分のスキー帽だけが発見できなかった。兄としめし合わせ、「アワに襲われたこと」は秘密にすることとし、スキー帽は山中で昼めしを食ったとき忘れたことにした。家へ帰ったのは三時過ぎで、家族より「今日は早かったな」と言われ、びくりとした。

兄と、アワのこと、雪が音を出したことを話し合った。雪が音を出したのは、コシキを突き刺したときだから、旧雪の表面が固く氷化し、その氷の厚さが厚いほど大きい音を出していたに違いないと考えた。その氷の層の上にアラネが降り、さらにアラネの上に新雪が多く降った。アラネは、新雪を滑らせるコロタの役目をしたので、新雪がアワとなったと考えた。コロタとは、地上で重量物、例えば石材・木材を移動させる際、その対象物の下におく丸太材である。アラネの粒が丸太材と同じく、新雪を動かすのに作用したらしい。今度の明谷のアワは、二年前の太田谷・忠三郎山と比べると、幅・長さも少し大きかった。アワの発生場所は、忠三郎山は炭の原木伐採地で、ナラは芽ぶいたばかりで、雪崩が起りやすい場所。惣左衛門山は焼畑跡地で、作りを止めて約二〇年になるのか、直径三〇～五〇cmぐらいのナラが回復しており、これらの木の茂りが雪崩止めとなるはずなのに、アワが発生したので信じられない。

3　昭和十三年十二月二十九日、河内村上金間《かみきんま》地内キタノマのアワ遭遇談

体験者　内藤長松（大正四年生、河内村内尾）

雪崩発生日　二十三歳時、昭和十三年十二月二十九日、午後九時頃

雪の状況　雪は二十七日よりシャンシャンと降った。この日は親鸞忌お仏事のため二俣本泉寺《ふたまたほんせんじ》の僧侶を迎えに一里半下流の板尾までいった。二十八日はさらに雪が積り、お仏事の後、僧侶を板尾まで送った。雪は午後三時頃に止んだ。積雪量は十二月下旬としては桁外れに多く五～六尺で、フワフワした湿気の多い十二月特有の雪が積っていた。

遭遇の状況　十二月二十九日、内尾で五十歳ちょっと前の男性が急病となり、村で総ニンブ（各家より一人が無償奉仕）して、ソリに乗せ、三里半離れた鶴来町の病院へ運びこむことになった。夜明けと同時に村を出発、鶴来に入院させて帰り道についたのは、暗くなっていたから五時過ぎ頃である。

　板尾の茶屋で、村も近くなったからとして全員で休んだ。行くときに頼んであった握り飯を食べ、茶を飲んで一息入れた。直海谷《のみだに》川には冬だけの仮板橋があったり、谷奥の内尾近くでは積雪量が下流より急に多くなったりするので、足許照明用の松明《たいまつ》を茶店で買って板尾を出た。

　二〇人ほどは一列で、先頭は年の順の若者五、六人がカンジキをつけてラッセル役をする。カンジキをつけた者、つけない者は半々で、自分は真ん中ほどを歩き、杖コシキを持ち、カンジキをつけていた。金間《きんま》橋を渡りキタノマにかかった。九時頃、自分の松明が短かくなったので、新しい松明に、前を歩く谷道五郎氏（当時二十七歳、群馬県より養子にこられた）の火を貰おうとして呼びかけ、谷道氏が後ろを向いて火をつなごうとしたとき、「ゴオー」という音と、「ミシ、ミシ」「バリ、バリ」という音が上から襲ってきた。誰かが「ヤマカタ（山側）につけ」と怒鳴ったのを覚えている。

　アワに巻きこまれて体が止まった。雪が「ミシリ、ミシリ」と体を締めつけてくるのが判った。力一杯、両手、両足、首、体を動かして防いだ。「カサ、カサ」と人が歩く音がしたので、声を出そうとしたが声は出なかった。自分の片腕の指が雪の上に出ていたらしく、顔を掘り出してくれた。「お前は誰や」と声掛けがあり、「内藤や」と言うと、「お前の前は誰やった」、「お前の後は誰やった」と聞かれ、返事をすると、顔を出したままの自分をそのままにして、皆は他

の者を助けに走っていった。

しばらくして正気になると、顔は仰向き、頭は山側、足は谷側に向けて埋まっていた。逆さま、裏返しでなかったので運が良かった。「わしを掘りだせ、怪我しとらん、わしも助ける」と言ったら、掘り出してくれて救助を手伝った。自分の杖コシキは行方不明、カンジキとドミノ（スゲで編んだ蓑《みの》）は身についたままだった。自分の前の谷道氏は最後に見つかった。上金間《かみきんま》の北田家へ運んで人工呼吸をしたが駄目だった。冬道は、現在の県道と同じ場所を通っていた。道の谷側に水田が一枚あり、常に水をためていた湿田で、谷道氏はそこまで流され、体は逆さま、うつ伏せで顔を水溜りに突っ込んだ姿勢で見つかった。たぶん窒息死されたらしい。

病人送りは二〇人ほどの列で、結果的に自分と谷道氏は一番ひどく受けたらしかった。自分は谷道氏より二間《けん》ほど山側、水田の少し上に埋まっていた。埋まらなかった者、腰まで埋まった者、軽い怪我ですんだ者等、自力で動けた者は半分一〇人ほどいたと思う。まず全員で、上金間の村に向かって「アワでやられた。助けてくれ」と怒鳴り、金間の人は上流の下折《そそり》に向かって怒鳴り、下折の人は内尾へ直接出向いて連絡してくれた。

自分がどれぐらいの深さで埋まっていたか、助かるまで何分かかったか、谷道氏が見つかるまでどのぐらいの時間経過があったか。通常の状態でなかったのでしっかり覚えていない。雪が融けた後、現地に行ってかえりみると、雪崩の幅は約三〇～四〇m、自分が流されたのは一五～二〇mぐらい。埋まった深さは六〇～八〇㎝ぐらいでなかろうかと思う。アワとしては小さい方である。幼少時、親から「アワに遭ったら体を動かすと助かる」と聞いていたので、一生懸命動かしたので、片腕の指が雪上に出て助かった。「親の言うことは聞くものである」とこのときは思った。自分の松明のため、立ち止まってくれた谷道氏がなくなられ、非常に気の毒で悲しく思っている。

病院送りもアワの救助も、支那事変が始まって、男盛りの者が戦争にとられていて、本当に困った出来事だった。当時は、炭焼きや焼畑のため、考えられないほど山々の木々は伐ってあった。アワが起ったキタノマの上部の現場は伐った跡に杉が植林してあり、植えたばかりの小杉原だったのか雪止めとならず、アワが発生した。そして杉植林は全滅してしまった。

アワに遭ってから雪崩に関心をもち、自分だけの覚書に年寄りから聞いたことを書いてあるので、紹介してあげるので記録しておいてほしい。

イ、大正七年一月十九日、午後九時頃、水上谷で起ったアワが、下折村を直撃。神社一棟、民家七棟が倒壊。死者一九名、重傷二名、軽傷一名の被害。このときの水上谷上部の積雪量は七~八mぐらいあったという。詳しいことは『河内村史』上巻[1]にでている。

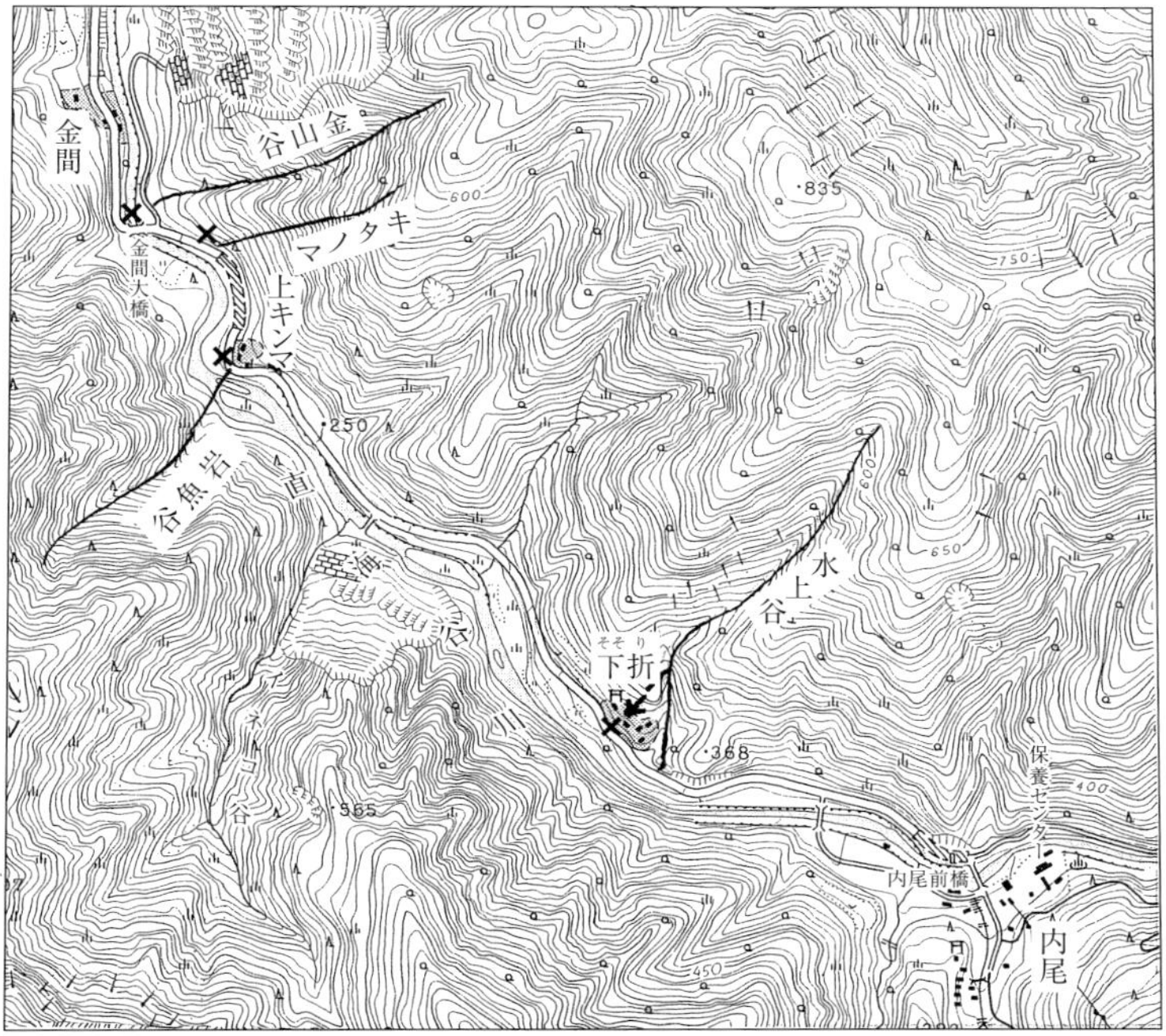

図3　記憶に残る直海谷川上流域の雪崩発生谷・ノマ（内尾・内藤長松，『河内村史』等による，下折の水上谷では，谷線を外れて神社・集落をおそった）

ロ、昭和二年二月八日、午後五時三〇分頃、村の対岸岩魚《いわな》谷でアワが起り、直海《のみ》谷《たに》川を越えて北田八兵衛家（三間に六間半）を直撃、老婆一人が圧死。この日の内尾小学校の雪尺棒は一丈五尺を示していた。

ハ、昭和二十一年一月二十日、夜中。直海谷川右岸の金山谷でアワが起り、金間大橋を上流に押し上げるようにして落橋。通行不能となった。

4　補足1　雪崩遭遇談から分かったこと

アワという呼称　手取川本流筋の白峰・桑島集落や出作り地でいう「アワ」とは、一口で言えば乾雪表層雪崩、つまり固くなった旧雪の上に乾いた新雪が大量に積ると、旧雪・新雪がなじまずに起るものを指す。対するに湿気の多い雪を「ニメッタ雪」といい、ニメッタ雪の雪崩、すなわち湿雪表層雪崩を白峰では「ゾロメャアアワ」、桑島では「ゾロアワ」といい、アワつまり乾雪表層雪崩と区別している。そしてアワの比較的小さいものは「ウワアワ」(2)といい、大きくて障害・被害をもたらすときは「アワ」(3)といっている。ところで直海谷川筋のキタノマのように、内尾では湿雪・乾雪に分けずにひっくるめて「アワ」といっている。

アワの雪質　乾いた新雪は滑りやすく、湿った新雪は滑りにくい（桑島・オオノマ、太田谷・忠三郎山、明谷・惣左衛門山は乾雪でこの原則に合うが、金間・キタノマは湿雪である。自然は一筋縄ではいかない）。

イ、大量の降雪と少量の降雪では、大量の降雪積雪が滑りやすい（桑島・オオノマ、一晩で二〜三mの降雪）。

ロ、旧雪が固いほど、さらに氷化していれば、新雪乾雪は滑りやすい（明谷・惣左衛門山）。

ハ、氷化した旧雪の上にアラネが降り、その上に新雪乾雪が降るとさらに滑りやすい（明谷・惣左衛門）。

発生する寸前のきざし——その1　屋根の雪下ろしで遭遇した人は、「シチリンがたくさん落ちてきた」と思った瞬間にアワに襲われた。シチリンとは、落葉樹の枝に積った雪と、その雪が風により花吹雪のように落ちる様を指す。遭遇談は後者を指す。竹腰家の周囲には木々がないのに「どこからシチリンが来たのか」と考えたとたんのことであった。時間的に雪の崩落より先にアワカゼが吹き下し、シチリンを起したものである。「周囲に木々がないのにシチリンが落ちる」という現象は、アワの前兆であるが、感じたときにはもう襲われているので、瞬間的前兆とでも表現しておこう。

発生する寸前のきざし——その2　狩猟時に斜面を横切るとき、「パカッ、パカッ」と体験したことのない雪音を聞いた瞬間にアワに襲われた。パカッという音は、旧雪の表面が氷化、その氷化面が厚いのでカンジキを踏み込むと、氷雪面が破れる発生音である。旧雪の表面氷化が完全だと、雪の崩落は非常に起りやすくなる。踏み込んだとき、雪が異常音を出すのも、瞬間的前兆にしておきたい。

発生場所の地形　桑島のオオノマ、金間のキタノマに見るように、「ノマ」で雪崩が起っている。白山麓では谷についてはタニと言わず、タンまたはダンと言っている場合が多い。白峰村白峰では、主脈的な谷はオオカワ（大川）、支脈的な谷をタン（谷）、末端・極小の谷をノマと三つに分けてよぶ。(4)河内村内尾では、オオタニ（大谷）、コタニ（小谷）、ノマに分ける。すなわちノマとは、細く小さい谷を指す。居住地に近く雪崩発生頻度の高いノマについては、固有名詞をつけて注意している。オオノマ・キタノマが該当する。雪崩多発のノマは、木の根が定着せず草地となっている場合が多く、アザミ・ウド・イタドリ等のノマクサが生え、緑肥にも利用する。ノマクサの中にいわゆる山菜が多いとその場所をナーバタ（菜畑）とよぶ。ノマは雪崩の危険がある反面、緑肥や山菜採取場の二面性をもっている。

発生場所の植生　焼畑休閑地や木炭原木伐採地で、植生の再生回復が始まったばかりの山地は、木々の背丈が低く、少しの積雪でも白一色の雪面となり、雪崩が起りやすい（太田谷・忠三郎山）。植生の再生が一〇～二〇年ともなれば木々の背丈は高く、少しの積雪では埋まらず雪面より梢を出す。これが雪崩止めの作用をするので雪崩は起りにくい（しかし明谷・惣左衛門山では起った）。

白山麓は日本有数の焼畑地域であり、また豪雪地域の南端でもある。すると休閑年が浅い焼畑跡地は、積雪期にはアワ発生適地でもある。アワ発生適地が、人間の日常生活つまり居住・生業・通行と近距離で接していれば、アワの被害をまともに受ける。これに該当するのが、直海谷川上流金間と内尾両集落の間にまたがる山地エリアである。大正・昭和期に限定しても、約三キロの間に四件のアワが発生、人家・神社・橋に被害を与えている。ところで、アワ発生適地が人間の日常生活から遠隔地にあれば、アワはただの自然現象で終る。積雪期の出作り焼畑地域では、無被害のただの自然現象としてのアワが多発していたはずである。

奥山の出作りと雪崩の関係では、出作り小屋が雪崩で倒壊した事例は聞いたことがない。急傾斜地を背後にもつ出作り小屋は、アワガキを担いで建っている。アワガキとは、アワ発生を未然に防ぐため、小屋上部の木々を永代に伐採禁止をして育てた樹林のことである。補足すると、発生したアワを途中で防ぐのでなく、発生しないようにした樹林である。同じように焼畑伐採時にも、雪崩を誘発しそうな尾根筋の木々や、急傾斜地上部の木々は伐採禁止なのである。

発生時刻　「アワは時間かまわず起る」という伝承の通りであった。午前はオオノマ・忠三郎山、午後は惣左衛門山、暮れ方は岩魚谷、九時過ぎはキタノマ・水上谷、夜中は金山谷というようにばらばらで、予想・予知はできない自然現象である。

×1　別当出合休憩舎　×2　ロワサビ田管理小屋

図 4　柳谷川筋の雪崩被害場所

5　補足2　被害を出したアワ

知らない所で起り被害のないアワもあれば、被害がすぐ分かるアワ、後日被害が分かるアワもある。

人が作った施設が被害を受けたアワとして、筆者が知り得た情報では三つがあり、その個々にアワの特質が現れていると思う。

○昭和三十四年、白山国立公園地内、別当出合休憩舎。後日、猟にいった人がアワによる倒壊を見つけた。この場所は、柳谷と別当谷合流地点（出合）で、夏山登山バスの終点、徒歩登山の出発地で、当時は木造山小屋があった。地元市ノ瀬で名ガイドとして知られた永井喜市郎氏によると、地元の者数人で話し合っても、アワはどこで起って、どんな経路で小屋を直撃したのか、まったく分からずじまいであったという。つまりアワは、人智の及ばない不思議さと恐ろしさを内蔵しているらしい。

○昭和五十六年、国立公園内、指尾山南麓のワサビ田の木造管理小屋。この年の積雪は「五六《ごうろく》豪雪」の名称がつくほど多量[5]であった。春になって遠隔地ワサビ田に入山すると、アワのせいらしく小屋はなかった。後日、約一〇〇m下方の柳谷河川敷で小屋を見つけた。一間半に三間の小屋は分解されず、小屋組みのまま建っていた。使い物にはならないが、形を崩さずにあったのは驚いた。これは地元でいう「アワカゼ」というアワの先端に起る、粉雪を巻きこんだ爆風の仕業に違いなかろう。ワサビ田の経営主は、この事実は雪そのものが小屋を直撃したのでないことを物語る証拠だとしている。

○平成八年二月一日、白山スーパー林道入口付近、白山自然保護センター中宮展示館。アワは、館の背後のヌマ（ノマ）で起り、鉄筋コンクリート造りの館の東側を直撃して壁・柱、内部展示物を破壊し、先端は蛇谷《じゃだに》川に達した。アワの衝撃力は、四〇cm四方の柱二本を壊し、厚さ一五cmの壁を突き破り、さらに風圧で玄関扉を吹き飛ばすごさであり、また館まで到達する途中では、樹齢五〇年以上径五〇㎝ほどのミズナラやオニグルミを根こそぎしていた。このアワは、大木や鉄筋コンクリート物を物ともせずに潰滅させるほどで、衝撃力では最強力部類のアワといえよう。

小川弘可氏の調査[6]によると、アワは「図5・B地点」で谷筋から外れて直進し、展示館を直撃している。谷筋を外れるということは、直進コースの障碍となる高地を乗り越えるほどの強速度と突破力をもつということである。谷筋を外れて直進したアワ事例として、中宮展示館の他に、先に紹介した直江谷川筋の下折集落が該当する（図3参照）。水上谷の谷線は、集落上部で東側にそれて直海谷川に合流する。谷筋に沿ってアワが崩落すれば被害は起らなかったはずだが、アワは谷筋を外れ、下折集落の背後山地を乗り越えて神社を含めて七棟を直撃したことが、「図3」の地形図より分かる（谷筋は実線、アワ直撃は点数で示した）。谷筋から外れたアワは、共に大被害を与えている。

三名の方から貴重な体験を聞いたときには気が付かなかったが、まとめの記録中、生年と体験年齢を照合すると、いずれも非常に若いときの出来事であることに驚いた。他家より依頼を受けて屋根の雪下ろし中にアワに遭った竹下氏は十四歳。屋根の雪下ろしは危険でもあるし、技術もいるし、体力もいる。依頼主は、十四歳の少年を一人前扱いとして、激しい労働作業を頼み、それを受けての作業中の出来事であった。

尾田氏は十三歳時、十五歳時の二度アワに遭った。家族三人でテゾリを運ぶとき、父と兄はソリ本体を担ぎ、十三歳少年は斜面横断時に先頭でラッセル役をしている途中の出来事である。十五歳ともなれば完全に一人前扱いされ、猟銃使用の兎狩りも信頼され許されていた。三人の少年の体験は、雪とのかかわり方で一人前とし

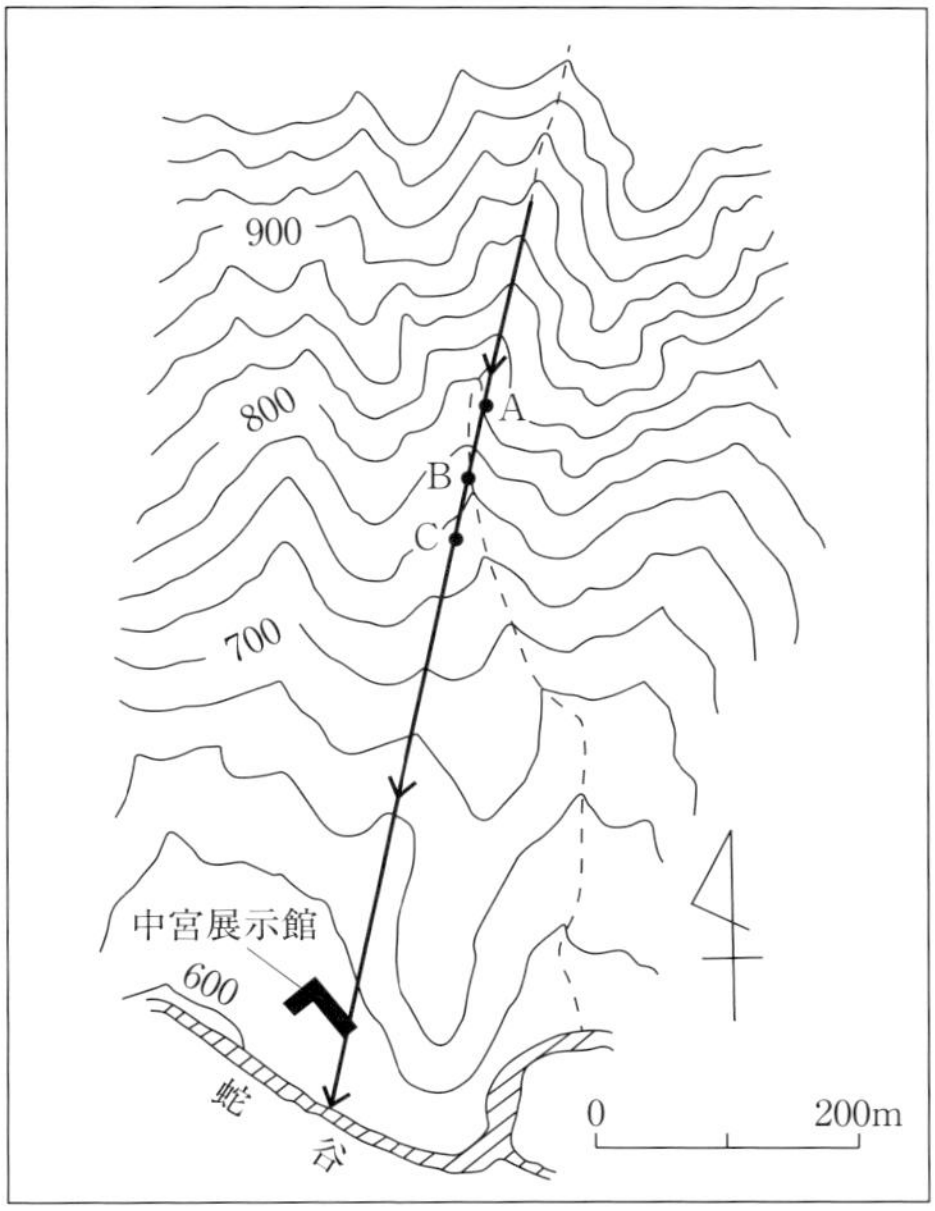

A～C間デブリ残積地
B　雪崩が谷筋より外れて直進した分岐点
　　- - - は谷筋

図5　中宮展示館の雪崩発生場所
（小川弘司，1996による）

て、家族や近隣より評価されていた証といえる。奥山人は、少年期から雪への対応能力を、身心で体験しながら取得していった過程を垣間見ることができる。

注

（1）「下折のうつりかわり」（『河内村史』上巻、七五九〜七六一ページ、河内村役場、昭和五十一年）

（2）日本雪氷学会の分類（髙橋喜平『日本の雪崩』一一七〜一二一ページ、講談社）に従えば、乾雪表層雪崩は、発生の形から点発生と面発生の二つに区分し、一点からくさび状に動きだす小規模なものを点発生乾雪表層雪崩、かなり広い面積にわたって動きだす大規模なものを面発生乾雪表層雪崩と名称設定した。この基準に従うと、白山奥山でいう「ウワアワ」とは、前者、「アワ」とは後者に当ると考える。

（3）前掲（2）

（4）尾添川筋の尾添・中宮の人は、「ノマ」ともつかず「ヌマ」ともつかない微妙な発音で呼んでおり、「ヌマ」と聞き取った場合も「沼」を指すのでなく、極小の谷を指す。

（5）昭和五十六年、白峰の最深積雪量は一月十五日、四八〇cmであった。関連して昭和四十四年一月、白峰で積雪量二三〇cmのとき、市ノ瀬では白峰の二倍以上の五mを超えていたから（『白峰村史』第三巻、一〇〇ページ、白峰村役場、平成三年）、昭和五十六年のワサビ田付近の積雪は一〇mもあったかも知れない。

（6）小川弘司「一九九六　白山自然保護センター中宮展示館　雪崩災害」（『はくさん』二四巻三号、七〜一一ページ、石川県白山自然保護センター、平成八年）

三　雪橇《ゆきぞり》――材木を雪上運搬する

1　テゾリとは――滑走板一枚の雪ゾリ

白山麓白峰村のテゾリとは、滑走板が一枚の雪ゾリである。テゾリの「テ」は手を意味している。ソリを操作する腕木状の把手《とって》を「テ」と命名していることにちなんだ呼称である。古老はテゾリを「新保《しんぼ》ゾリ」ともいう。白山麓は大別して二つの谷筋からなり、手取川本流筋「東谷」、支流の大日《だいにち》川筋を「西谷」といい、新保は西谷の源流に位置する集落である。新保ゾリの呼称は、「白峰村のテゾリは西谷新保から伝わった」との伝承によるもので、これにより、白山麓の滑走板一枚の雪ゾリとその雪上運搬は、西谷の新保が製作上・技術上のセンターであったことが想定できる。

テゾリの型式は、新潟県西頸城郡の山間部で使用されている「イッポンゾリ」[1]とほぼ同型である。滑走板一枚の雪ゾリに共通した特色は、分解・組み立てが簡単にできることである。二月中旬にはまだ林道に積雪が三、四mもあるので、テゾリは集落から原木伐採地までは分解して背負って昇り、降りは木材を乗せて集材地まで滑降し、次回以降は、集材地から伐採地へ組み立てたまま背負って運搬する方法を繰り返すのである。

東谷のテゾリと西谷の新保ゾリの間には、ソリを操作する腕木状の手に、大きな違いがある。新保ゾリは、長さ四尺の同じ長さの手を四本、左右対称に取り付けている。対するにテゾリは、左右が極端に長さの異なる手を取り付けている。具体的には、六尺～六尺五寸のナガテ（長手）が二本、三尺～三尺五寸のミジカテ（短手）が二本である。分水嶺を越えた福井県北谷村のテゾリの長手はさらに長く、約七尺もあるという。ソリイタいわゆる滑走板の規模は、筆者が調査したものは一八九×二二cm、厚さ一・六cmであった。滑走板の材質は、新保ゾリはブナを、テゾリはハンサを使っている。「ハンサ」とはミズメ（ヨグソミネバリ）の地方名で、カバノキ科の落葉広葉樹である。ブナを使用しない理由は、ブナは水分を吸収しやすく、しだいに重くなること、さらに雪面との摩擦で木目《もくめ》が起きて、滑りが悪くなることの二点をあげている。

2　春木山での材木運搬に使用

テゾリは、古くは燃料用の薪や木炭の原木を、現在は建築用材原木や椎茸用の原木を雪上運搬するのに使用される。白峰村では原木伐採とテゾリによる雪上運搬の二つの作業をひっくるめて「ハルキヤマ（春木山）」と総称している。春木山は、毎年二月十五日の節供の後に実施するのが慣行であった。白峰村大道谷では二月十五日を「粟餅節供」とも

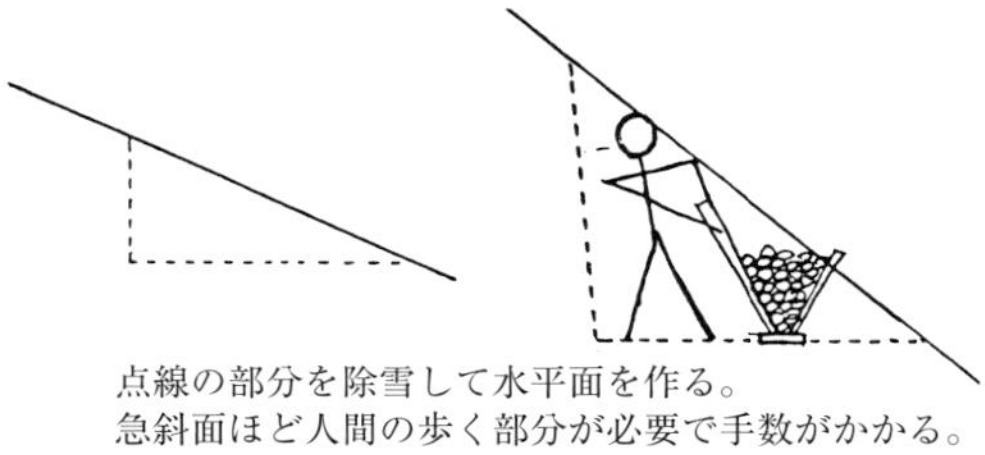

図１　ソリ道の作り方　点線の部分を除雪して水平面を作る．急斜面ほど人間の歩く部分が必要で手数がかかる．

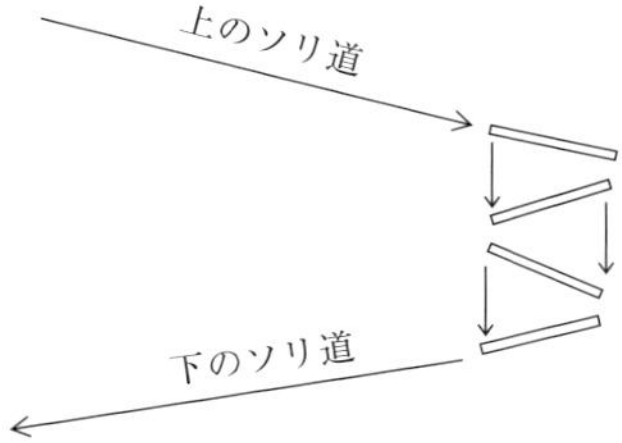

図２　曲がり角でのテゾリの運転方法

言い、オヤジ衆が集まって粟餅を食いながら、春木山をはじめ年間の人事・行事・経費等について協議した。春木山は、イイすなわち共同労働でするため、その順番・段取りを周到に相談しなければならず、十五日を過ぎると春木山でテゾリの出番となった。

節供以前は積雪の雪質が変化せず、新雪のフワフワした状態が続くため、テゾリの滑降は無理で、春木山は実施できない。白峰村では積雪質が変化し、雪が固く締まるのが二月中旬。十五日以後に春木山を実施するというのは、積雪変化を的確に把握した生活暦として面白い。

3　テゾリ操作術の実際――春木山の見聞

筆者は、昭和四十九年三月二十一日、白峰村大道谷地内・シロヘイ山（標高約七六〇m）で、織田小市郎（明治三十二年生、故人）・織田信十郎（昭和八年生）両氏の春木山を見聞する機会に恵まれた。以下ではテゾリ操作が雪斜面で、どのように営まれたかについて紹介したい。

ソリ道を作る　原木伐採地はシロヘイ山で標高七六〇m、集材地は国道で標高五四〇m、高度差二二〇mの山地斜面にソリ道を作るのに、二人で半日弱の労働量がかかった。斜面の図1点線で示した部分の除雪はスコップを使用しておこなう。ソリ道には、テゾリの滑降面ばかりでなく、ソリを運転操作する人間の歩く空間も必要である。テゾリ操作は、ソリの長手が山側斜面になるように位置させ、人間は常に斜面でソリを運転するため、傾斜が急であるほど人間の占める空間が必要のため、除雪量が多くなり念入りにしなければならない（図1・写真3参照）。

原木の荷積み　当日は椎茸の原木の運搬作業であった。緩傾斜を選び、テゾリの短手《みじかて》側

写真 1　原木伐採地での荷積み作業

写真 3　急な曲り角斜面のテゾリ滑降　傾斜が急なほど，人が操作する道作りが必要となる

写真 2　緩傾面のテゾリ滑降　人は山側斜面で長手を持ち操作する．

を山側に倒して固定する。この際、滑走板が雪面に食い込み、制動的役割をするので、原木を積むごとに荷重が強くなっても、ソリは斜面を滑り落ちない（写真1参照）。滑降中の休憩時にも、同じ要領でテゾリを斜面途中で固定し、人間はテゾリから手を離すことが可能で、ゆっくりと休むことができた。

平滑斜面のソリ滑降　平滑斜面いわゆる普通の雪斜面では、運転者はテゾリの長手を握り、山側斜面に立って操作する。下り斜面をソリが自重で下降する力を利用し、ソリ道からテゾリが外れないように、腕・足・腰を使って操作する（写真2参照）。テゾリの滑降速度が早くなると、運転者は足腰を使って雪上を踏ん張るように歩き、踵《かかと》を立ててブレーキをかけ、速度をおとす方法をとっている。

曲がり角の滑降　テゾリの曲がり方は、スキーの回転のような曲がり方ではない。具体的には、曲がり角で長手の一方を押し下げるしぐさを、左右相互に数回繰り返す。この運転操作では滑降中最も力を必要とする。左腕でソリの左側を押し下げ、逆に右腕で右側を引き上げるように力を入れねばならない。次に、右腕で押し下げ、左腕で引きあげるように操作して、漸次下方へテゾリを移動させるのである（写真3参照）。補足すれば、スキー

写真 4　集材地での荷下ろし作業

写真 5　テゾリの背負い運搬

写真 6　春木山専用の背中蓑・ヘクサンボ

のように常時スキーの前を先頭にして回転するのではなく、テゾリは回転せずにそのまま上から下のソリ道へ移動するのである。そのため下のソリ道では、テゾリの前後は逆になるわけである（図２参照）。建築用の原木のように、長い木材を運搬するときの曲がり角は、周囲斜面に立木等の障害物があると邪魔になるので、ソリ道のコース選択は吟味しなければならない。

原木の荷下ろし　集材地に到着すると、長手を起こすように作業し、テゾリを完全に横向きに寝させる。材木はソリの外に転げるように出るので手数が省ける（写真４参照）。荷下ろしが終ると、テゾリの滑走面を太陽光に向け、雪面に真っすぐに立て、水滴を下の方へ垂らせて水分をきり、日光で水分を蒸発させる。これは次の仕事で、テゾリを原木伐採地へ担ぎ上げるとき、テゾリが少しでも軽く、また衣服が濡れないようにするためである。

テゾリの背負い運搬　集材地より原木伐採地まで、テゾリは人力による背負い運搬で担ぎ上げる。テゾリは滑走板をピタリと背中にあてて背負うため、衣服はどうしても濡れるので、「バド」という藁、布製の背・肩あてをつけ荷縄一本で担ぐ（写真5参照）。白峰村大道谷では「ヘクサンボ」と呼ばれる独特の背中蓑を使用した（写真6参照）。この蓑は春木山専用と言っても過言ではなく、背中がテゾリで濡れないように、また普通の作業時には腕が自由に動きやすいように、肩や袖部がなく背中部分だけの蓑である。材料のミノギは焼き畑の古畑で栽培した。

このようにみると、ヘクサンボは、焼き畑で原料を作り、春木山のテゾリとセットになっている。白山麓独特の民具として注目したい。

テゾリの操作は、重労働で途中休まねばならない。休憩時には、テゾリは担いだままの姿勢で、トビ棒でテゾリを下から支えて肩への荷重を軽減し、呼吸を整えた。これは、無雪期の背負い運搬で背負い板を担いだまま、荷棒で背負い板を支え、立ったまま休憩するのと同じ要領である。トビ棒は滑降時にはテゾリに乗せ、登りにはトビを担ぐようにしてテゾリにひっかけ、テゾリが揺れ動くのを防ぎ、時には杖代りにも使用している。

4　テゾリの伝播

伝承より判断すると、東谷・白峰村のテゾリの原型は、西谷・旧新丸村の新保ゾリである。しかしテゾリは把手を長手・短手の二種類に改良し、滑走板の材質をブナよりハンサに変え、使用上の機能面からも非常に優れ、合理的な形態に発達している。これは東谷の山地傾斜度や積雪の雪質に適するように、東谷の人々が幾世代にもわたって試行錯誤した結果の到達点であると思われる。

「河内三ケ《こうちさんか》」と呼ばれた、手取川源流の最奥部の赤岩・市ノ瀬・三ツ谷の出作り群の男衆は、大正初期頃までは残雪期に分水嶺を越えて尾根伝いに、九頭竜川水系の岐阜県石徹白《いとしろ》（当時は福井県に所属）に出むき、テゾリを駆使して杉の原木搬出作業を請け負う慣行があった。当時九頭竜川水系の石徹白には、テゾリとその技術がなかったので、天候の良い日には村人たちが、技術取得を兼ねてテゾリ操作を見物に来たほどで、やがてテゾリを石徹白で製作し始めると、河内三ヶのテゾリ出稼ぎはなくなった。

このように白山麓の滑走板一枚の雪ゾリとその技術の伝播は、大日川の西谷筋から手取川筋の東谷へ、さらに九頭竜川水系の石徹白の谷筋へと広がりを見せている。「雪ゾリ」という雪の民具が、河内三ヶより峠越えで石徹白へ伝播したのは、季節では積雪期であり、そのルートは積雪で覆われた山地であったことに注目すべきである。人間の通行を不可能にしている灌木や樹木の繁茂を、大量積雪は簡単に埋め隠して雪原を作り、目的地への最短ルートを選びやすくしてしまう。機械力除雪のなかった時代、天候が安定し雪積が固くなった残雪期の山地は、障害物のない目的地への最短ルートを提供してくれる。この最短ルートを通って、人間の交流や物の交易、民具の伝播もおこなわれたものであり、テゾリとその技術が、河内三ヶより石徹白へと伝播した事実は、正にこの該当例である。

現在は機械力除雪が発達し、時には林道もブルドーザーで除雪する。そして原木伐採地から林道集散地までをテゾリか索道による運搬をしているが、索道技術の効力化が進み、従来の伝統的テゾリ技術での運搬は少なくなっているのが実情である。

注

（1）『日本民俗資料事典』「そり」の項、一七〇ページ、文化庁文化財保護部監修、第一法規、昭和四十七年

四　屋根雪との闘い――出作りの屋根雪下ろし慣行

1　白峰村の積雪実態

出作り地周辺の冬の積雪実態を、白峰村役場（海抜四八〇m）の観測値で理解してもらいたい。各年の最深積雪量平均は二四七・一cmにもなる。最近の最大値は、「五六豪雪」時の昭和五十六年一月十五日の四八〇cm、過去には大正七年一月二十日の六八二cmがある。[1] この数値だけでも、白峰村は日本有数の深雪地であることとの裏付けができる。

集落より海抜の高い出作り地の最深積雪量は、断片的数値から推察する他はない。昭和四十四年一月、役場での最深積雪量二三〇cmのとき、手取川源流最奥居住地、市ノ瀬（高度八三〇m）では五mをこえていた。(2) 昭和四十六年三月二十七日、役場での最深積雪量が八〇cmのとき、大道谷《おおみちだに》五十谷《ごじゅうだに》忠《ちゅう》ノ山《やま》（高度七八五m）の出作り地では二五八cmであった。(3) 二つの数値から、出作り地の最深積雪量は、優に五mを超えていたと考える。

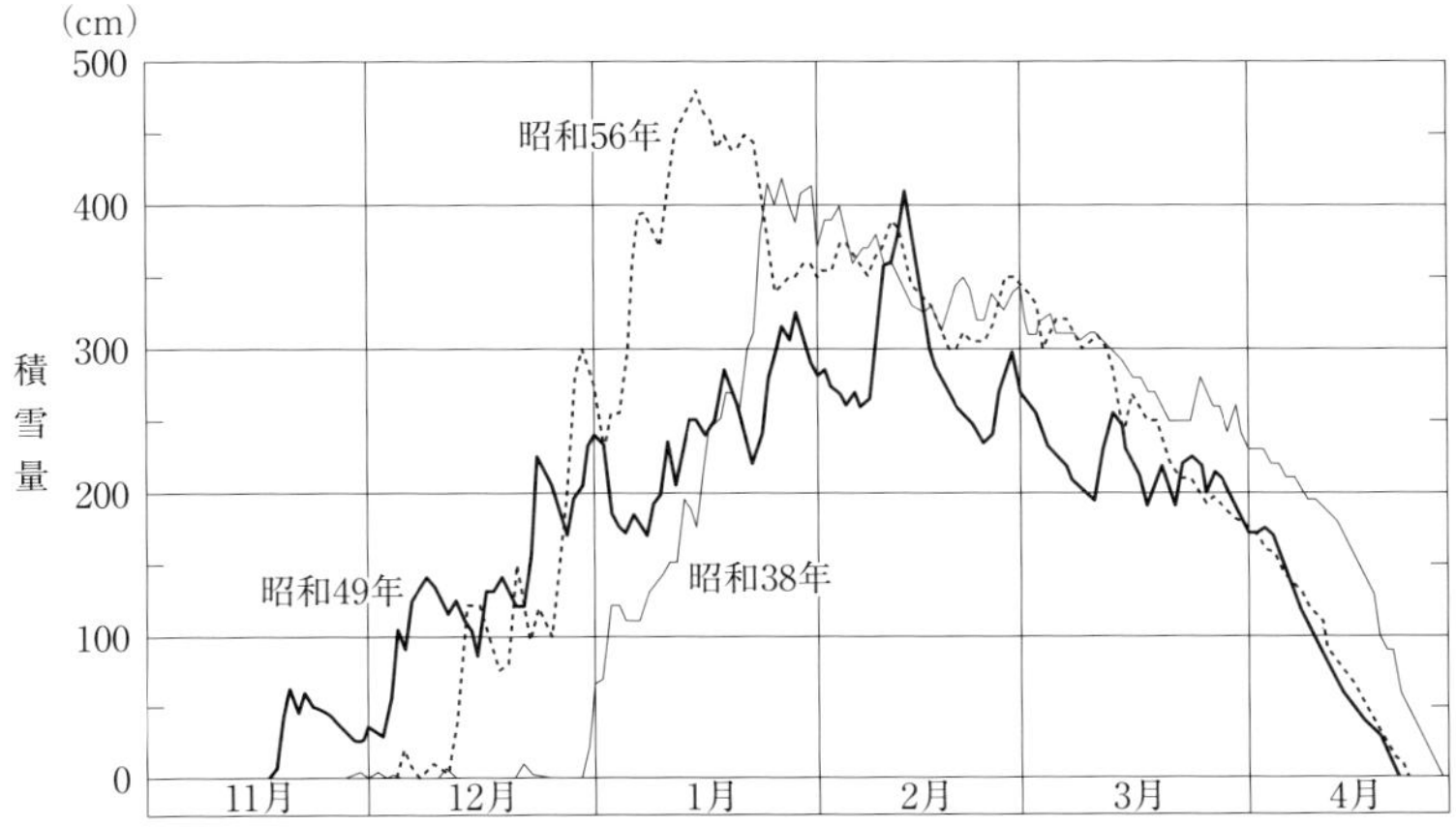

図1　昭和38年，49年，56年の積雪量変化（白峰村役場にて観測）

雪質は、雪を手で握ったとき玉になりやすい「しめり雪」で、玉になりにくい「かわき雪」ではない。つまり水分を多く含み重い雪である。補足すれば、出作り地を含めた白峰村では、水分が多く湿っぽい雪が多量に降り積り、特に屋根への雪圧が重く、雪下ろしを怠ると、屋根の破損さらには家屋倒壊にもつながる厄介な存在である。

永住出作りであれば、冬季も出作り小屋で生活するため、適宜雪に対処できる。しかし季節出作りは冬季には集落で生活するため、出作り小屋は放置されたままとなる。この第四節では出作り地の除雪慣行に視点をあてる。永住出作りについては、白峰村三ツ谷と大道谷の出作り群、季節出作りについては、白峰村下田原川沿いの出作り群を中心にまとめた。

2　イキカキの同時性とヨボリアイ

白峰村では、除雪を「イキカキ（雪掻き）」と言う。昭和五十五年の白峰村役場の観測資料で説明すれば、一月二十五日から三〇日の六日間、降雪はわずか一五cmであった。しかし、三十一日から二月六日にかけて

写真１　雪下ろし前の出作り住居　白峰村大道谷堂ノ森，山下五郎家出作り住居

写真２　出作りの納屋（左），土蔵（右）の雪下ろし　白峰村大道谷堂ノ森，尾田清正家出作り住居

大雪が降り、降雪累計は三七〇cmに達し、平均すれば五三cmの新雪が連続七日降ったことになる。[4]そして、二月七日には寒波がゆるみ降雪はゼロ、かくて白峰では一斉に屋根のイキカキが始まる。

永住出作り群では、天候が落ち着くと、一斉に除雪にかかる。陽ざしが射していれば、屋内作業の息抜きに除雪をする家もあった。出作りが散居村的に孤立することは前述した。新雪を歩くと降雪の分だけ体が沈み、一キロ歩くのに三、四時間もかかるため、隣へ世間話に行くこともむつかしい。隣家が見通せる位置で、声が通る場所であれば、人影を見て大声を張りあげ、家族の安否を問い掛けるヨボリアイをした。

見通しがきくが、遠くて声が届かない出作りでは、白一色の茅屋根に動く人数を読んで安否を確認しあった。屋根の除雪をする人数は、家族構成から個々の家で二人、あるいは三人であったりすることは自明のことなので、三人のうち一人が見えないときは「誰か風邪でもひいたのでないか」と察し、三人全部を見ると「健康でやっている」と察したのである。永住出作りすべてが、場所的にヨボリアイが出来たわけではない。大道谷・五十谷の尾田敏春家周辺の永住出作り群は、ヨボリアイが出来る地形に恵まれ、除雪の合い間の休憩時に大声でどなって安否を交換するのは、冬の楽しみの一つであったという。尾田家がヨボリアイをした相手は、五十谷川上流部の木戸口家・木田家、対岸の尾田ゴザ家等である。

3　永住出作りの屋根イキカキ慣行

手取川源流域の三ツ谷出作り群の小屋は、母村の住居と変らない規模と構造である。例えば、現存する二棟は、一つは三間半に八間、他の一つは四間半に八間半、屋根は合掌造り、入母屋構造である。白山麓の雪は水分が多く粘着力が強い。そのため屋根の積雪は、茅屋根の外形とはまったく違った姿となり、軒先と棟に象徴的にあらわれる。軒先は雪の粘着力で雪片をぶらさげる働きをし、大型の雪玉をくっつけたように垂れる。雪片が縦・横に他の雪片をくっつける過程を繰り返すと、棟が扇を開いたような形に積もる。扇の要の位置の雪は自重でずり下がり、積雪量は幾分少ない。この作用で軒先の積雪が一m以上も垂れ下がるときがある（図2参照）。

三ツ谷では、茅屋根の除雪にナガコシキ（長木鋤）を使用した。実は部落の位置がブナ帯に近かったので、男衆が冬季の農閑期にブナ帯に小屋掛けしてコシキを生産、福井・石川県下へ広く出荷していた。コシキはブナ材の節のない一枚板を割って作る。種類は放り投げる除雪用の大コシキ、雪道を歩くときの杖コシキ、雪遊び用の子供コシキ、そして長コシキの四つである。長コシキとは、文字通り柄の長さが特長で、全長が九尺、一二尺の二種があった。長さ分の良質のブナ材を割る製法のため、原木を多量に費やす割に利益が薄かったので、商品化されなかった。しかし、深雪地域の茅屋根の除雪には必需品なので、永住出作りでは需要が強く、特別注文で生産・出荷していた。

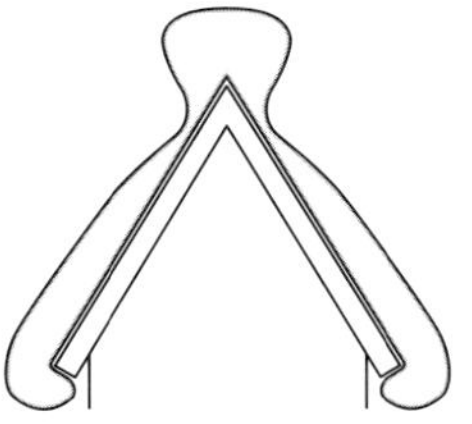
図2　茅屋根の積雪状態（無風時）

屋根のイキカキには、要領や技術が要る。出作りは孤立的に住居を構えるため、周囲には空地が多く、長コシキでひたすら雪を落しさえすれば事足りる。対するに母村では、家が建て込み軒先が接しているときもあり、出作りのように自由に雪を落すわけにはいかない。例えば、玄関前の空地を雪捨て場とするときは、そこへ屋根雪を放り投げねばならず、コシキ操作に技術と熟練を要した。母村の屋根雪は、所定の場所へ投げ落す作業が多いので、長コシキを必要とせず、大コシキを使った。

白峰村で除雪用にスコッパが導入されたのは、明治末期で、母村の白峰・桑島部落より福井県に近く、かつ積雪量も多い大道谷の出作り群がいち早くとりいれた。当時のスコッパは

表１　長コシキ・大コシキの比較

種類	状況	全長	ヘラ		柄	重量
			長さ	ヘサキ		
長コシキ	生産時の規格寸法①	9尺 272.7 cm	1尺2寸5分 37.9	8寸 24.2		
	現存するもの　②	267.5	26.3	21.5	4.0	2080g
大コシキ	生産時の規格寸法	4尺4寸 133.3 cm	1尺5分 31.8	7寸2分 21.8	1寸3分 3.9	
	現存するもの	129.5	30.0	19.5	3.0	800

①三谷出身，林七蔵氏より御教示をうけた.
②石川県立歴史博物館所蔵民具の閲覧の便をうけた.

国産品でなく舶来品であったという。焼畑・出作り農家は生産力が低く、自作の民具を使用する場合が多いが、除雪用スコップに舶来品を購入したことは、異例で注目したい。

出作り小屋の茅屋根のイキカキは、三段階の作業でとり行う。最初の段階は、軒先に近い部分の雪を一斉に落す。長コシキを軒先の方へ縦にさしこみ、雪を突くように操作し、雪が残らないように丁寧に落す。第二段階として、長コシキと並行に、即ち横方向にさしこみ、豆腐を切るような仕ぐさで雪を四角形のブロック状にし、反動をつけて下へ落す。雪は勢いがついているので、丁寧に除雪された急傾斜の茅屋根伝いに落ちていく。途中でひっかかった雪は、長コシキの柄の長さを最大限に発揮して突き落す。三ツ谷の加藤正信家の出作りは、四間半×八間半で、茅屋根は四面の二m近くの積雪時、第一・第二段階の除雪は、熟練した長コシキ操りであれば一人で二時間もあれば終了し得た。この折、ヘラに新雪がくっつくのを防ぐため、菜種油を塗ることもあった。

第三段階は、落された屋根雪で玄関や窓が塞がれるので、後仕末の除雪をする。数回の雪下ろしで雪面は軒先より高くなり、玄関・窓の除雪作業は、雪穴を掘るような仕ぐさになるので「イキホリ（雪掘り）」と言う。イキホリ時には、必ず軒先・下屋《げや》と周囲の雪とを切り離すエンキリ（縁切り）をしなければならない。雪は融けながら容積を縮める。このとき氷化した雪が、軒先や下屋の建築材に付着したままだと、軒先や下屋を押し下げて破損させるからである。エンキリ時に手数が不足のときは、コシキを深くさしこんで、雪面に人工的亀裂を作り、下方へ収縮する雪と建物の間に隙間を作った。なお、イキホリ・エンキリには大コシキを使った。

棟の積雪は、妻側から見ると王冠状になり、扇を広げたような形となる。寒気がゆるみ融け気味になると、扇の要の場所に亀裂ができ、隙間がしだいに大きくなる。他方、棟の扇形の雪は傾き始め不安定となる。微妙な扇型の雪のバランスが崩れると、棟全長分の雪が一瞬にしてひっくり返って屋根に落ちる。このときの衝撃が大きいと、構造材の合掌を折り茅を傷めます。このような棟の雪の崩壊を「棟がカヤル」と言う。この危険性が大きいときは、軒先から除雪しないで、一気に棟に登って除雪しなければならない。

4　ヤマバン――除雪代と借家代の相殺

永住出作り群の中にごく少数の季節出作りがあると、永住出作りの人々が、季節出作り小屋の除雪を好意的に務めてやる場合と、あらかじめ季節出作りが、特定の永住出作りに除雪を依頼しておく場合があった。出作り群のうち、三ツ谷は前者の例、大道谷は後者の例である。

大道谷には、母村に帰った空家の季節出作り小屋に、毎年きまった永住出作りが入居し、やどかり的生活をし、代償に除雪作業をするという特色のある慣行があり、「ヤマバン（山番）」と言った。大道谷・細谷の千滝富吉家（高度八五〇ｍ）は、冬季小作人に山番を依頼するのを常とした。この山番の永住出作りは、天地根元風の屋根を地面に伏せただけのネブキ小屋なので、非常に居住性が悪かった。山番にとって、除雪の責務はあるが、千滝家は普通の小屋なのでネブキ構造より生活は便利で、住み心地は快適であった。大道谷・太田の織田たま家（高度七〇〇ｍ）は、冬になると、隣の木挽職を専業とする永住出作りに山番を依頼する慣行であった。織田家は三間五尺×九間の特別大きい小屋で、木挽職にとっては屋内作業をするには最適で、非常に便利が良かった。

山番は他人の出作り小屋の除雪・保全の義務を負うが、山番にとっても生活上のメリットがあり、相互に都合が良く、換言すれば除雪代と借家代を相殺する形をとった。山番は生活期間中の食糧・燃料・寝具等は手前で持ち込む慣行であり、また大雪の年は、山番の負担が過分になるので、永住出作りはお礼として現金や品物を送ったという。

大道谷・苅安谷の山下五郎家（高度六七〇ｍ）は、代々山番を務めた永住出作りである。山下家の山番は、特定の季節出作りに住み込まず、依頼のあった複数の季節出作りを除雪していた。ひと冬の除雪に関する報酬には、清酒・米・手拭等をお礼として受けた。賃金的算定をしないで、奉仕的色彩の強い役目である。白峰村の石川県立白山ろく民俗資料館の敷地内には、国の重要有形民俗文化財の指定をうけた大道谷・五十谷の尾田敏春家の出作り小屋があるが、これは、山下家の山番の、なかんずく一四年間の献身的な除雪作業によって倒壊を免れたことを付記しておく。

5 季節出作りの除雪慣行

下田原川流域の季節出作り群は、白峰村桑島・下田原部落を核とするものが多く、大正中頃、四五戸の出作り中四〇戸が冬季無人となった。母村より出作り小屋へ除雪に行くことを、「フユヤマ（冬山）する」と言う。冬山は平年の積雪量であれば実施せず、大雪の年のみに行く慣行である。だから季節出作り小屋は、冬山をしないことを前提に、より耐雪的に建てた。方法は簡単で、頑丈な建築材を使い、家屋を小型にする。このため季節出作りは、永住出作りより小型で、単室住居が多いのが特色となる。下田原川上流の季節出作り、山口清太郎家の母屋は三間×六間の単室住居である。

昭和三十八年の豪雪時の冬山行きは、途中雪崩の危険があるので、隣の出作り二戸と組を作り、桑島部落（水没前高度四四〇ｍ）から約七キロ先の出作り地（高度七二〇ｍ）へ出かけた。行きに一日、除雪に一日、帰りに一日、計三日を費した。このときの積雪量は約四・六ｍであった。

6 積雪量と出作り定着度

先に、昭和四十四年一月、白峰の役場計測で積雪二三〇㎝のとき、手取川源流最奥の出作り地市ノ瀬では五〇〇㎝以上であったことに触れた。これとは裏腹に、白峰より下流の桑島部落と周辺出作りの積雪は二〇〇㎝以下であったと推察できる。積雪量数値を基に、市ノ瀬での屋根の雪下ろしと桑島周辺のそれとを比較すると、市ノ瀬では下流域の二、三倍の回数で雪と取り組んでいたこととなる。

このような大量の積雪量があると、出作り住居を守るためには冬場に住居を空ける選択（いわゆる季節出作り）はできない。その結果、永住出作りとなる。実際、市ノ瀬と周辺の赤岩・三ツ谷の出作り群全戸が永住出作りであった。桑島を出自とする下田原・赤谷の出作り群では季節出作りが多かったという実態には、高度がいくぶん低くまた積雪条件が緩やかであったという自然的要素が、影響していたとも考えられる。

注

（1）山岸恒二「白峰村の気候要素の特徴」（『白峰村史』三巻、八七〜一〇〇ページ、白峰村役場、平成三年）。なお図1も山岸氏による。
（2）前掲（1）
（3）橘礼吉「白山麓出作り住居の原型ネブキ小屋について（一）」（『加能民俗研究』三、一七〜三三ページ、昭和四十九年）
（4）白峰村役場、経済土木課の「気象観測記録簿」「気象状況集計表」より抜粋した。

五　バイウチで兎を威嚇して獲る

かつて大道谷・太田谷に出作りをされていた尾田《びだ》好雄氏（昭和八年生）の体験談で、銃による狩猟期間は二月十五日で終るので、その後は役場へ「有害駆除」を申請し、「バイウチ」という棒切れを投げる技法で現在（平成十年）も毎年兎を一、二羽を獲っていると聞き驚いた。驚いたわけは、猟銃の普及で威嚇具による伝統的な兎猟は消失し、過去のものになっていると勘違いしていたからである。つまり「今も銃を使わなくても兎は獲れる」、「一人でも兎猟はできる」等の教示をうけた。

白山麓の兎猟については、すでに天野武氏の詳細な報告があり、(1)それに尽きる内容である。ここでは永住出作りの奥山人三人、河内・市ノ瀬の笹木辰夫氏（昭和三年生）、大道谷・五十谷の尾田《びだ》清正《せいしょう》氏（昭和六年生）、そして尾田好雄氏の情報提供をもとに、白山直下でのバイウチ技法を中心に、積雪期、特に新雪降雪時の兎の生態、獲物の調理等について、先学者の内容を一部補う形でまとめた。

1　兎の生態知

○兎は夜行性動物で昼間は行動しない。兎は、天気の移り変りを敏感に察知して動く。雪が激しく降り、それが続きそうなときは、尾根筋や斜面上方に動く。わけははっきりしないが、新雪が多く積ると、登る動作ができにくいのではないかとする。雪がやみ天気が穏やかになりそうだと、谷川筋、斜面下方へ動く。

○風が強い日には、風の弱いヘラ（斜面）へ動く。

○夜、晴天で放射冷却で雪面が固く凍ったときは、スギワラ（杉林）の中や、崖・岩場の縁へ動く。

○兎は「シチリン」を非常に嫌がり、シチリンが落ちる積雪条件の場所へは行かない。シチリンとは樹木の上から落ちてくる雪を指す。背丈の高いスギ・ブナ・ミズナラの梢や上方の枝に積った新雪は、その自重や風のせいで落ちる。その落ちる雪そのものをシチリンという。シチリンには花片状や塊状のものがある。兎は、割と大きいシチリンの落下をワシ・タカと勘違いして恐れるらしい。晴天後は、樹上の雪は融けるか、それともシチリンとなってすでに落ちてしまっているのでシチリンはない。寒い朝は、樹上の雪も凍っているが、それが融けるまでシチリンは起らない。兎は、杉林・ブナ林の積雪状況によってシチリンを避けて居場所を選ぶ。

○アワ（新雪）が積る一方の時期は、兎は「ムツシのネゾレ（シバ）」の陰に潜む傾向がある。雪が融け積る量が少なくなり始めると、タチキの根元や倒木の陰に潜む傾向がある。

　ムツシのネゾレとは(2)、端的には「焼畑用地の低木」とでも表現しておきたい。焼畑は、ブナ・ミズナラ・コナラ等のタチキ（立木）林を避ける。対するにウツギ・リョウブ・ミヤマカワラハンノキ等の低木群生地を活用する。火入れや耕作後の植生回復地には、これらの低木が優生樹として生えてくる。これらの低木は、多量積雪で垂直状になれず、根元から斜面に這うように生える。このような状態の木を総称して「ネゾレ」という。ムツシとは「焼畑に適する山地」を指し、植生上はネゾレ群生地である。ネゾレの伐採・火入れ作業の手数は、タチキより少なくてすむ。ネゾレの多くは雪に埋まるが、大きいものは所々雪面に這うように幹を出す。兎は、新雪斜面のネゾレの陰に「ウロ」という丼鉢状のへこみ、または浅い穴を作って潜む。ウロの上にネゾレが覆い被さっているので、外敵、特にワシ・タカから見つかりにくい。体験者三人は共に焼畑・出作りの人であり、住居の周囲山地には広大なムツシがあり、ネゾレが多く生えている。新雪期のネゾレ群生地は兎にとって格好の居場所・生育環境であり、同時にそれは三人の兎猟にとっても好猟場であった。

寒《かん》が明け雪が融け始めると、立木の根元にはリング状のへこみができ、日を重ねると深くなって穴状となる。また太く大きい倒木も頭を出し始める。兎にとって生の立木の根元穴や枯木倒木の陰もウロには良く、外敵に発見されにくい。

○逃げ走る兎は、「明るい日は止まる」、「暗い日は止まらない」。明るい日すなわち快晴で見通しの良い日であれば、逃げる途中で一休みするまでの距離が短かく、猟は続けてやりやすい。対するに暗い日、すなわち雪降りで見通しの悪い日であれば、止まらないで遠くへ姿を消してしまう習性があり、猟は続けにくい。

2　特異な兎の呼び名

アカウサギ　野兎は冬に毛が白色になるが、冬毛が白色でなく夏毛の茶褐色と同じものを「アカウサギ」とも「アカンボウ」ともいい、一〇羽中二羽ぐらいいる。「アカンボウははしかい」、「アカンボウがいると周りにいくつかいる」とも伝える。肉の味は同じ。皮は少し高く売れた。いつ頃か覚えていないが、シロンボウ三〇円のときアカンボウは三二円であった。

ミミアカウサギ　耳の根元が夏毛色している兎で、三〇羽中一羽いる。

ゴンボウサギ　アワが一晩に一ｍぐらい降ったとき、ネゾレの木陰や立木の根元にウロを作らず、真っ白の広い雪斜面の中にウロを作り、耳を立てて警戒している兎を指す。あまりにも多い積雪のため活発に動けず、都合良いウロ場所を作れなかったせいとしている。見つけてもアワが深く近寄りにくい。人間に気付くと走るが、雪がふわふわしているので体が半分埋まり、雪の中を走るように見える。銃で撃っても命中できにくく獲りにくい。

ホヤウサギ　肉の病気にかかった兎で、外見では分からず解体時に分かる。病状は、肉の中にホオズキの種のような粒が集まって硬い塊を作るもので、兎の肉の癌かもしれないとする。流行病らしく、兎対策としてキツネを放ったときにホヤウサギも多かったと三人は記憶する。この流行病とキツネのせいで、白山奥山で兎は激減した。この病気にかかった兎肉は、生の刺身はだめだが、熱処理の汁や煮ものにして食べた。

3　バイウチ猟の技法

威嚇具または銃による兎猟にしても、足跡「ハミ」の追跡から始まる。バイウチ猟のあらましは、足跡をたどってウロに潜む兎を見つけ、その上方へタカ・ワシに見立てたバイを投げ飛ばして威嚇し、雪穴へ逃げこませて獲る技法である。

①　潜む前の足跡

足跡は、時間経過や気温上昇等でその形が崩れ始める。また足跡の上に新雪が積れば隠れてしまう。兎は明け方にウロに入るので、明け方近くに新雪が一〇～二〇cm積り、その新雪を踏んでウロに入ったときの足跡の形ははっきりと目につきやすく、猟にとって最適とする。当日ではなく前日に降った新雪を「二日《ふつか》アワ」、前々日のアワを「三日《みっか》アワ」といい、二日アワ・三日アワについている足跡は、かなり時間を経ているので、兎と人間の知恵比べになるという。

兎はウロに潜む際、本能的な偽装的動作をしてから入る。具体的にはカエリバミという往復行為と、ネトビという跳躍行為の二段階動作をして、足跡と匂いを消し外敵から守るのだとする。

カエリバミ　来た足跡をそのままたどって逆戻りする動作で、その往復距離は雪が浅いときは五〇mに及ぶときもあり、雪が深いときは一～一〇mで、ばらばらである。

ネトビ　カエリバミした終点より直角状に跳ぶ動作で、一回跳ぶものが多いが、まれに続けて二回、三回跳ぶものがいる。一回よりも二回、三回跳ぶ方がカエリバミ地点より遠くなり、偽装効果が強くなるわけである。ネトビ方向は、寒《かん》が明けると下（谷側）に、寒前は上（山側）に跳ぶ傾向があり、下に跳ぶ方が距離が長くなる。雪が浅いと踏み切りやすく、下方だと三mぐらい、雪が深いと踏切りにくく、五〇cm〜一mぐらい。

「兎は目で獲る」と体験者はいう。兎の潜む場所を当日の天候、積雪状況、習性を考慮して猟場を選び、次に鋭い観察で足跡とウロを見つける。冬場の兎は白一色だが、耳の先一cmばかりが黒色をしている特性を頭に入れ、白い雪斜面の中から黒い耳先を見出すための優れた視力が必要となる。

表 1　尾田好雄氏使用のバイ（平成 10 年 2 月）

番号	樹木名	全長 cm	太さ（直径）cm		そりの最大 cm	重さ g
			元	先		
1	ナラ（コナラ）	97.3	1.8	1.3	3.9	150
2	メボソ（ミヤマカワラハンノキ）	99.5	2.3	1.8	3.4	170
3	メボソ	97.9	2.1	1.4	5.7	185

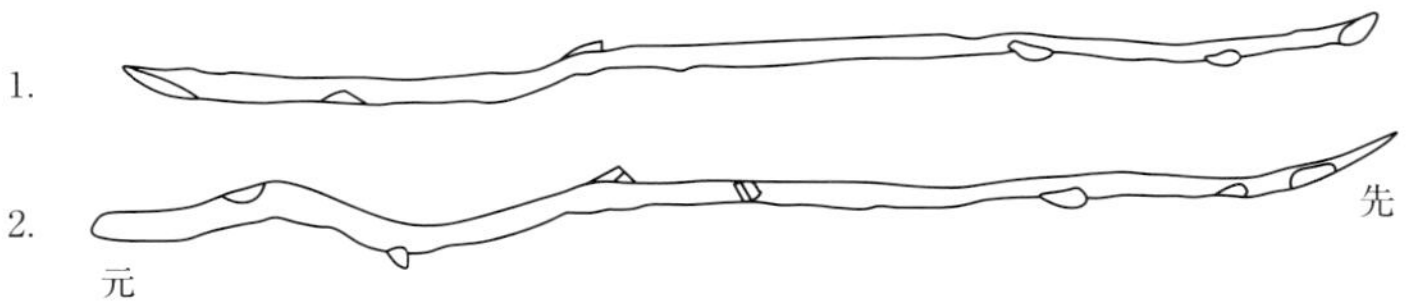

図 1　尾田好雄氏使用のバイ（数字は表番号のものを指す）

② バイ

尾田好雄氏が用意した自作バイ五本中三本について、表1と図1で示した。バイは出作り周辺のムツシで採取、あらかじめ用意しておく。猟現場で作ると、伐採の音で兎が逃げる恐れがあるからである。またバイが空気をよぎって出す音も大切とし、生木が枯木より音が出やすく猟直前に採取する。尾田清正、笹木辰男両氏のバイは一まわり短かく約二尺（約六〇cm）、長いバイより短かめのものが投げやすく、狙いやすい。尾田清正氏のバイは音を出やすくするため、バイの小枝は完全に伐らないで少し残しておき、これが風を切って音となるとしている。

写真１　バイをヘラに投げる動作（尾田好雄氏）

③　技法の実際

兎を見つけると、五本のバイ全部を握ってまず一投を飛ばす。細い先を握って「ヘラ」に投げる。ヘラとは野球でいうサイドスロー投法である。斜め上方より投げる場合が多い。潜むネゾレに当たり「カチン」と音を発すると失敗。兎はたいていウロから跳び出し逃げる。手前に落ちると失敗、すぐ走りながら二投をする。ウロの上方をかすめるように越していくと成功。兎は新雪のふわふわ雪を押し分けて穴奥に逃げ込むものもいれば、耳を立て警戒しながら次の行動の機をうかがうものもいる。

状況に応じ、近づきながら連投し、ウロ穴の奥へと追い込む。足早に近づきウロの口をカンジキ足で踏み固めるが、アワが粉雪でふわふわしたときは、穴口ばかりでなく周りも踏み固めなければ逃げられてしまう。踏み固めた後、以前は板製コシキ（除雪具）で、今は分解できるスコップで雪を掘り、取り出す。穴は、時としてネゾレの幹に沿って深いときがあり、一間（約二m）も掘る場合もある。兎は奥で後ろ向きに潜んでおり、後ろ足を持って引っ張り出す。

笹木氏は、銃を持てなかった若いとき、弁当持ちの猟で一日四、五羽を捕獲。兎は雌より雄が少し大きい。大きい雄兎では一貫（約三・八キロ）もあるので、二羽以上担ぐと敏捷に動けなくなるので、雪中に埋めて帰途に取ってくる。尾田清正氏は一日二、三羽、尾田好雄氏は一日三、四羽で、技法の上手、下手の個人差が影響しているようである。関連して、この猟の富山県下の捕獲後について森俊氏の報告がある。[3] 大山町有峰では一人一日四、五羽。立山町芦峅寺《あしくらじ》では二羽と記す。石川・富山県の降雪は、水分を多く含んだ湿り雪である。この記録は、湿り雪の中での兎バイウチ猟の実績数として注目したい。

4　食材としての兎

肉　寒の季節に捕った兎は「カンウサギ」と呼び、肉は格別に旨いとする。またカンウサギの肉を塩漬けし、胃腸の弱い人、小便の早い人の民間薬とする。背筋の肉は刺身、普通はゴボウ・ジャガイモと一緒に汁の具とする。旨くないところは、アザミ・ニンニクと一緒に煮付ける。焼くのは手数がかかるが、あっさりして旨く、男盛りの者は一羽全部でも食べれるほど美味であるとする。

内臓　心臓は刺身、肝臓は焼くか汁の具、腎臓は肉と一緒に煮付ける。胃・腸を含めた他の内臓は、捨てずに雪の中で保存し、テンを獲るはさみ猟、イタチを獲る筒罠猟の誘き餌とする。

骨　皮・肉を外した後の骨、具体的には頭（脳味噌を含む）・手足・腹等の骨を、「カナイシ」とも「アブライシ」とも言う平《へら》べったい石を台にして、げんのう（鉄製槌）で叩く。ざらざらした骨の粒がなくなるまで叩く。仕上げに兎一羽に生の大豆一合ほどを混ぜて叩き、生臭さを弱める。小さい玉にして味噌汁の具にする。この汁にもゴボウを使う。

写真 2　兎の骨を砕くげんのうとカナイシ（アブライシ）　白峰村・白峰，尾田好雄家所有

白山奥山では熊汁にはアザミのとり合わせ、兎汁はゴボウというのがきまりである。カナイシとは、石の目が細かく表面が非常に滑らかな石で、河川敷で拾ってくる。表面が油を塗ったように滑らかなのでアブライシの別名がついている。

兎の料理法についての情報は、熊と比べれば多くはない。奥山人の特色ある献立としては、骨・骨髄を叩き、生大豆と一緒に汁の具にする料理である。赤田光男氏は、奥羽山地北部の阿仁川・檜木内川源流域で、内臓を酒粕と一緒に煮付ける献立を報告されている[4]。具体的には、秋田県西木村上戸沢では肉はもちろん食べ、胃・腸・心臓・肝臓・腎臓等を水洗いし、ゴボウ・ニンジンと一緒に味噌仕立ての煮物を作る。そして耳も塩をまぶして焼いて食べている。阿仁町根子では、内臓を刻んで酒粕を入れて煮物にしている。奥羽山地北部では、白山直下の出作り地域よりもっと多様な献立があり、きびしく「兎を食べ尽くす」実態があった。

5　兎と人の関わり――戦前・戦中・戦後を通して

戦前　尾田清正氏の叔父は大道谷出作り群の熊猟の親方をしていた関係で、各出作りで獲った兎皮をまとめて横浜の相沢商会へ送っていた。鉄砲持ちは、「皮代が鉄砲弾代になれば儲け物」という思いであったという。

笹木辰男氏の体験では、兎猟一日の最多数はバイウチで五羽、父と二人の鉄砲撃ちでは一四羽であった。このような獲物数は、アワ積雪条件が最良であったという環境下のことで、白山奥山特有の「三寒二温」と続く一シーズンに何日も続くわけではなかったはずである。バイウチ猟は、銃がなくても一人でも兎の生態を学習し、技能の向上に努めれば、熊猟に比べれば平易に複数以上を獲ることができた。猟不能の日が続いても雪中備蓄ができるので、長い根雪期間に多種の献立で動物性蛋白質を摂取できた。結果として奥山人は、肉ばかりでなく内臓・骨等捨てるところなく利用し、さらに皮も高額ではなかったが現金化できた。兎はかけがえのない山の幸であった。

補足すれば、焼畑出作りの人々の主穀はヒエ・アワの雑穀である。長い根雪期の副食は、乾燥か塩蔵した山菜、越冬野菜のダイコン・カブラ、魚は身欠きニシン、糠漬イワシ等である。そこへ兎が入りこむと、大切な食材として肉・内臓・骨等全部を食べ尽くし、さらに一部内臓はテン・イタチの誘き餌とした。兎は、山間地孤立の出作りへの、自然からの賜物だったのである。

戦中　第二次大戦が始まると、軍隊用の飛行服・防寒服に兎皮が必需品となり、役場を通して出作りに兎皮の供出が課せられた。このとき笹木辰男氏は父・叔父の三人での鉄砲猟で一日四〇羽も獲った日があった。各出作りの努力もあって、村として兎皮の供出数が日本一となったという(5)。

戦後　戦時中の燃料確保、さらには木造船建造材のための森林伐採のせいで、森林・山地は荒廃した。その復興のため植林政策が進められると、兎は植林樹の新芽を食い荒らす有害獣として駆除の対象とされる。石川県では白山麓へ天敵のキツネを放獣、あわせて一羽につき四〇円の捕獲補助金(6)が出たので、各出作りは〝耳〟を役場へ持ち込んだ。この兎の駆除策と、肉に癌のようなものが発症したホウヤウサギの出現とが重なり、白山直下の出作り地域で兎は激減。その影響は現在も続いている。

白山直下の奥山人と兎の関わり方を、戦前・戦中・戦後期を通してざっと通観した。永い奥山人の日常食生活の中で、兎はかけがえのない蛋白質食材として重宝されてきた中へ、突然「戦争」という国策が入り事情は急変した。兎皮は軍需物資として山村より調達される運命を担うこととなる。そのため兎猟は、威嚇猟よりも効率の良い鉄砲猟への傾斜となる。

戦後は、天皇御臨席の植樹祭に象徴されるように、植樹中心の国土復興が国策となると、兎は一時期有害獣と見なされ駆除された。わずか五〇年にも満たない年月の中で、兎は戦中は有用獣、戦後は有害獣として、正反対の評価を受けながら、より多くの捕獲をめざして人によって殺された。その結果、兎猟は、日常生活に必要な数以上の過狩猟となり、個体数の激減をきたした。戦中・戦後の兎に対する国策を見る限り、人間とは勝手な動物であると思う。

注

(1) 天野武「白山麓の野兎狩り——雪と人間との関わりを中心に」(日本民俗学会『日本民俗学』一〇三、五七〜七九ページ、昭和五十一年)。天野武『わが国における威嚇猟とその用具——野兎狩りの場合を中心に』岩田書院、平成十五年
(2) 橘礼吉『白山麓の焼畑農耕——その民俗学的生態誌』九二〜九八ページ、白水社、平成七年
(3) 森俊『猟の記憶』三〇〜三三ページ、桂書房、平成九年
(4) 赤田光男『ウサギの日本文化史』一五六〜一六二、一六六〜一七〇ページ、世界思想社、平成九年
(5) 左屛公一氏(昭和六年生)から同じ教示を受けたが、「兎皮供出数日本一の村」という事実確認はむつかしく、行っていない。
(6) 尾田清正氏からの教示で、「何年」のことか忘れてしまったが「一羽四〇円」という値段については覚えており、その金は村から出たのか、県か国かは知らないとする。

六　子供の雪遊びとその掛け声

白山に源を発する手取川筋の最深雪地域は、白峰村の出作り地である。出作りは散居村的に孤立しているため、子供たちの集団的な雪遊び、例えば二つの相対する集団がなければ成立しない雪合戦や、年齢序列性がとりいれられる後述の「ガンドカンドワタリ」等の遊びは、成り立たない社会環境である。

そこで、調査地を本流下流地の尾口村深瀬《ふかぜ》・東二口《ひがしふたくち》、さらに支流の尾添《おぞう》川筋の尾口村尾添・吉野谷村中宮《ちゅうぐう》等の集落へと広げ、子供がグループで楽しみあう雪遊びに焦点をあててみた。すると偶然にも、遊び気分を盛りあげる掛け声に接し、それが集落独特のものであることに気付き、興味をもったので紹介したい。

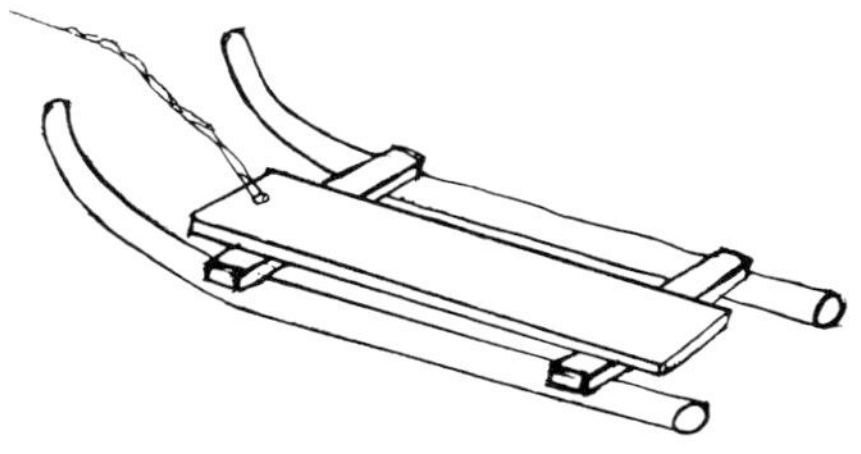

図１　尾添谷筋（尾添・中宮・東荒谷）の雪遊び用ソリ

1　ソリアソビ

ソリ遊びは、複数人であればより楽しいが一人でもできる。雪遊びの最たるものはソリ遊びなので、グループの雪遊びの前に触れておく。遊び用のソリは、白峰では「ソウリ」、尾添・中宮では「ジョリ」、東荒谷では「ゾォリ」等とよび、集落により微妙な呼称差が目立つ。尾添谷筋のソリの形式は図1で示した。ソリが良く滑るかどうかは、同じ太さ・形の杉材が二本揃うかどうかによる。大人が無雪期に山仕事に出向いた折、材料を探し、樹皮をむき、材料を乾燥させ、裏に滑りを良くするため竹をつける等の工夫をした。

立春を過ぎ雪原が凍みると、ソリ遊びの季節である。登りは縄を持ち、ソリを引きずって持ち上り、下りは腰かけ、足で雪面に制動をかけながら滑る。速度を出すときは足をソリ上に乗せて滑る。ソリは体重をかけた方向へ進行するので、上手な者は意志のまま運転し、スピード感を楽しんだ。

2　遊びの中の掛け声

中宮の「ガンドガンドワタリ」、東二口の「イキイクサ」、深瀬の「チョウクロウ」の遊びで使われる言葉は、遊戯歌というより、掛け声ともはやし言葉ともいうべき短かいものである。そこに隠された民俗的意味について考える前に、まずどんな遊びなのかを見てみよう。

ガンドガンドワタリ　「大年小年《こおとし》食いたいな、とぼけた婆《ばあ》さに愛想がない」

中宮集落の中央部に火の見櫓があり、無雪期の櫓前の空地は子供の恰好の遊び場である。積雪期になると、年嵩の者の指図で新雪を踏み固め、遊びのための平坦地バンバを作った。降雪後の晴天日には、バンバから雪が積もった耕地の雪原に出て、ガンドガンドワタリをした。

年嵩の者が親すなわち先頭を務め、ついで幼い者の順に親の後ろに帯やベルトにつながってむかで状の列をなし、雪原を走り回る。親は故意に曲りくねったコースをとり、徐々に速度を早めていく。コースを急転すると列は乱れ、雪中に転倒する者が続出することがある。男女入り乱れて転倒するのが、この遊びの壮快さであり狙いである。

この遊びの際、「大年小年食いたいな、とぼけた婆さに愛想がない」という掛け声的な言葉を唱和して、遊びにはずみをつけた。

イキイクサ　「ウエデの米チョウ、タバタの糠《こんか》チョウ、ワレラ何処《どこ》に米とれる」

白山麓では雪をイキと呼び、東二口では雪合戦をイキイクサと呼ぶ。雪を投げる方法は二つあり、素手で握り固めて投げる方法と、子供用コシキのヘラに湿雪を付け、大きく振り回してその反動で雪を飛ばす方法である。

東二口には浄土真宗の表《おもて》通称ウエデ道場と、善財《ぜんざい》通称タバタ道場の二つがあった。子供たちの遊び群は、二つの道場寺檀関係が反映して二分していた。したがって東二口の雪合戦は、二つの道場の子供群で交された。そして雪玉を投げるとき、ウェデ道場側は「ウエデの米チョウ、タバタの糠チョウ、ワレラ何処に米とれる」と大声で張りあげ、雪合戦を盛りあげた。（タバタ道場側の言葉は、タバタとウエデの文句を入れ替えれば良い。）

チョウクロウ　「青田長九郎、それ買うた佐郎兵衛」

バンバにコシキで直径二～三ｍ、深さ一ｍぐらいの大型の縦穴を掘る。遊びの鬼が雪穴の中に入り、他の者は手をつないで輪になり、「青田長九郎、それ買うた佐郎兵衛」と鬼をはやしながら、雪穴の周囲を回る。鬼が穴から手を差しのべ、誰かの足をつかむと、鬼が交替する遊びである。この遊びは深瀬だけにあり、遊び名となっている長九郎とは、村落内に実在した家の屋号をとったものであるという。

3　掛け声の中に潜む民俗的風土

中宮のガンドガンドワタリ、東二口のイキイクサ、深瀬のチョウクロウ等、各遊びの際の掛け声ともはやし言葉とも言うべき短かい言葉の、民俗的意味について考えてみたい。

①　大年小年食いたいな、とぼけた婆さに愛想はない

中宮のガンドガンドワタリの言葉は、本来一月三十一日の子供行事「オオトシマワリ」の言葉である。大年、つまり大晦日に、子供たちは提灯を手に各家を廻り、「大年小年食いたいな、とぼけた婆さに愛想はない。ろうそく一本下され」と唱和し、古くはろうそくか書き初めの紙を、近くはみかん・菓子をもらい歩いた。尾添では「大年小年食いてがない、とぼけた婆さに会いとはない。ろうそく一本たあもうれ」と唱和、新しく嫁さんがきた家には必ず行ったという。中宮・尾添には大年の日にムコヨビ（婿呼び）があった。嫁いだ娘が実家へ婿さんを連れて帰り、実家で接待を受ける慣行で、連れの子供もお流れの御馳走にありつけた。

ムコヨビの慣行を念頭におくと、ガンドガンドワタリの遊び言葉の意味は通じよう。中宮のものは「三十一日、三十日のムコヨビの席で御馳走をたくさん食いたいが、愛想のない婆さでは、まったく御馳走が出ない」との意味である。尾添の言葉も、ニュアンスは異なるが同じ民俗的内容のものである。ムコヨビの席で接待の酒肴が少なかったことに対

する娘や婿の心理を、子供の雪遊びや行事を媒介として伝達することが興味深い。

② ウエデの米チョウ、タバタの糠《こんか》チョウ、ワレラ何処に米とれる

東二口の雪合戦の掛け声は、「ウエデ道場門徒は世帯が良く米を食べる衆であるが、タバタ道場門徒は貧乏世帯で米糠しか食べられない衆だ、東二口地内にお前らの水田は何処にもない」との意味である。東二口地内の水田は、センバラにただ一か所あった。かつてこの場所（現在は手取第一発電所）での水田経営者には、ウエデ門徒もタバタ門徒もいたが、現実を無視して「お前らの水田は何処にもない」と言って相手門徒を劣等視した。東二口は大正中頃、総戸数三二戸、うち水田経営者は七戸、残りは焼畑で稗・粟を栽培し食糧を確保した。だから普段の日は稗を常食とし、ハレの日にのみ米を食べる慣行であった。東二口の焼畑を生業とし稗を食べる生活は、稲作や米に劣等感をもつと同時に、水田・米に憧れ、かつ執着する心情を生みだす。このような焼畑民の混在意識が、相手を痛烈に攻撃する際、自分たちを「米の衆」と自称する言葉となってあらわれる。

東二口の地名由来に、両道場門徒が村落内でことごとく意見対立し、まったく二口《ふたくち》の村であったからとの伝承がある。子供の雪合戦の掛け声や雪だるまを互いに壊しあったとの雪遊びの現実は、子供の世界にも、まさに「二口」があったと言わざるを得ない。

③ 青田長九郎、それ買うた佐郎兵衛

深瀬の長九郎遊びのはやし言葉は「長九郎家は商いで青田買いをする。負けず劣らず佐郎兵衛家は衝動買いをする」との意味である。昭和五十年に手取ダムで廃村になるまで、深瀬の五六戸のほとんどが檜笠作りに従事し、焼畑地帯の中にあって手工芸の村として特異な存在であった。笠木《かさぎ》という原料材を購入し、檜笠を編みあげ加工賃を稼ぐ。笠木は檜より作る。檜は国産材木でも最高値段の部類に入る。このことを勘案すれば、はやし言葉は「長九郎家は笠木を青田買いして大損をした。また佐郎兵衛家も笠木を衝動買いして大損をした」との意味である。

深瀬では、子供の遊び言葉の中に反面教師的な教訓をとり入れ、幼少の頃より笠木・檜笠取引についての関心・自戒

心をもたせていたが、取引の実際は、深瀬の衆の中には長九郎や佐郎兵衛的な早合点や算用で、商人に買い叩かれる場合が多く、昭和六年に出荷組合を設立している。

4　おわりに

雪遊びの際の掛け声的言葉は、広く考えれば童唄の部類に入るものであろう。三つの雪遊び言葉の内容には、メルヘン的な雰囲気は微塵もなく、村落の日常生活と密接に関係する現実的なものである。

中宮のガンドガンドワタリのそれはムコヨビ慣行と関連し、接待のあり方に潤滑油的な働きをなしたと思われる。東二口の雪合戦のそれは、二つの道場門徒の対立が、子供の遊びにも及んだもので、雪遊びも村落内における大人の人間関係と無縁ではなかった証である。深瀬の長九郎のそれは、自給的な焼畑地域の中にあって、檜笠を作り商いをした商品経済性の強い深瀬の特色に注目すれば、遊び言葉の中に「商《あきな》い」が出てくる意味が理解できよう。

三つの遊び言葉を、仮に深瀬・東二口・中宮で三者互いに交換しても、その背景としての村落の自然環境・社会環境が異なるので、その民俗的意味はまったく不可解になってしまう。三つの雪遊び言葉は、子供の生活する村落の民俗慣行、寺檀関係、生業条件、なかんずく民俗風土を如実に反映していると言えよう。

終りに、美しく積もった雪が内蔵する「雪の本性」について私的な感想をまとめたい。

雪原で冷たさを忘れ、男女入り乱れ着物の裾を乱し、転倒しながら遊ぶガンドガンドワタリのしぐさは、雪原という条件でしか許容されない遊びである。雪にはこのようなきわどい遊びを起させる物理的性質に加え、不思議な何かがあるように思う。

三つの雪遊び言葉は、雪が積もった自然環境でしか生まれない。補足すれば、無雪期には生まれない。掛け声の裏に秘む人間の心情は、雪の積もった情況の中で表われたものだから、雪には人間の心情に一時的高揚を起させる〝力〟や〝性〟があると思えてならない。

七　狩りの終り・始めに熊を弔う——熊の狩猟儀礼

1　まえがき

白山は独立峰である。白山を水源として日本海に注ぐのは庄川・手取川・九頭竜川で、ここでいう白山麓とは手取川源流域を指し、行政域では白山の石川県側である。白山麓では、射止めた熊の解体時には膵臓をとりだし、手取川本流筋の白峰では木の二又《ふたまた》や板分れに置き、支流尾添川筋では後向きに山側に投げる。つまり解体儀礼時に、「置く」、「投げる」という動作で膵臓を山ノ神に供えている。さらに白峰では熊の墓に僧侶を招き読経、中宮《ちゅうぐう》、尾添《おぞう》では共同で熊の法名札を受けて読経し、熊の霊魂を供養していた。

白山麓は真宗の盛んな土地柄である。真宗地域には農耕儀礼や狩猟儀礼が乏しいとの観点があるが、熊の解体儀礼や熊の供養があったことが分かった。白山麓の熊狩猟伝承については、千葉徳爾[1]、天野武[2]、森俊[3]。赤羽正春[4]等の先学諸氏の調査報告がある。ここでは、先鞭をつけられた報告内容より少し詳しく実体をまとめることをめざした。

まず猟師は膵臓をタチという。この名称はカモシカ等にも通用し、日本列島の下北半島より琉球諸島まで広がっていることや、タチが熊の解体儀礼に富山県下でも使われ、北日本の日本海側でも数多く使われていることは、調査意欲を高揚するには十分であった。しかし、タチの名称由来やタチを使っての捕獲儀礼については、多くの先輩がすでに取り組まれ、卓越した学業実績があることも分かった。白山麓では、いわゆる巻狩りが行なわれなくなり、狩猟伝承は猟師の記憶にのみ存在している昨今である。ここでは先学諸氏の既成実績をふまえて、熊狩りの狩猟儀礼についての記録をめざし、その全体像をまとめることを意図したい。

表１　膵臓を山の神に供える事例

場所地名	膵臓の名称	儀礼のあらまし	資料出自
1．新潟県関川村大石（飯豊山系）	シャチ	腑分けの場で枝を切り取り，シャチを生のまま串にさして山の神にあげる	『狩猟伝承研究』(1) 203 頁
2．富山県朝日町蛭谷（朝日岳山系）	タチ	胆のうを摘出後，タチを摘出，山の神へ供物としてその場に供える	『猟の記憶』(2) 87 頁
3．岐阜県白鳥町石徹白（白山山系）	タチ	裏山の木にひっかけて山の神に供える	インターネット「石徹白の巻狩り」
4．石川県吉野谷村瀬波（白山山系）	タチ	何の木でもよいが枝の上にあげて山の神に供える	『狩猟伝承研究』151 頁
5．石川県白峰村白峰（白山山系）	タチ	山の木の枝分かれにつるしにいって山の神に供える	左屏公一（昭和６年生）による
6．石川県白峰村市ノ瀬（白山山系）	タチ	木の二叉，枝分れにタチをのせておき山の神に供える	加藤岼（明治 34 年生）による

(1) は千葉徳爾『狩猟伝承研究』後篇，昭和 52 年
(2) は森俊『猟の記憶』，平成９年

2　膵臓をタチと言うこと

①　膵臓という文字

各地の熊狩猟伝承を通観すると、捕獲儀礼に膵臓を使う事例数が、心臓・肝臓・毛皮を使う事例をはるかに凌駕していたことに心惹かれる。唐突であるが、膵臓を儀礼に使う土地の多いこと、膵臓をタチという土地が多いことを理解してもらうため、まず三つの表を示しておきたい。

（備考　文中・表中の記述地名は、先学の調査報告で記述されている地名をそのまま踏襲した。つまり町村合併以前の旧町名もあれば、新しい現行地名もあることを断っておく。例えば富山県は新町名、白山麓は千葉の報告との比較もあって旧町名である。）

膵臓は、いくつか存在する内臓のうちで特別視していたから儀礼に使っていたのでないかと想定し、膵臓とはどんな内臓なのかに視点をおいて調べることにした。具体的には、タチという名称由来に触れる前に、まず膵臓という文字由来について、さらに熊の膵臓を見たり触ったりの体験者はきわめて限定されるので、膵臓そのものの実体描写について記しておきたい。これらの前置きは、「膵臓をタチと言うこと」について考える際の情報源になるに違いないと思う。

膵臓という文字の由来と機能については、「膵臓の『膵』とは中国文字になく日本で作られた漢字で、これは『月《にくづき》』と

『萃《すべて》』を合体させたもので、全体が肉のかたまりという意という。人間では胃の裏側にあり、横に長い形、灰桃色、こんにゃくを触った感じ、膵液という消化酵素を十二指腸（小腸）に分泌する消化器である」とする。(5) これは人間の膵臓についての記述である。注目したのは「肉のかたまり」との表現である。猟師に「熊の膵臓は肉のかたまりか」と尋ねると、「肉ではない。肉には筋があるが、膵臓・肝臓には筋がない、ハラワタである」という。補足すると、全体の柔らかさをワタ（綿）で表現している。

② 直《じか》に見た膵臓

白峰地内で獲った熊二体の解体現場で、直に見聞きした膵臓の大きさ、形、色等について、筆者の感覚で表現すると以下のようである。

一つは、雌約四〇キロの小型の熊の膵臓は、長さ二五cm、付け根の幅四cm、先は少し幅広で四・五cm、厚さは平均して三cmほど。色は、皮を剥いだ瞬間の表面は薄紫色で輝き、光沢のある茶褐色。時間がたつと紫色は消えてなくなった。触った感じは人の舌をつまんだ感触であった。別の一頭、雄約八〇キロの大型熊の膵臓は、長さ二八cm、付け根の幅五・八cm、先端は八・三cmと細帯状で、厚さは約三cm。赤茶色でまぐろの赤身のような感じ。触ったときもまぐろの刺身のようであった。二つの膵臓を直に見て、「何の形に似ていたか」と自問してみると、似ている対

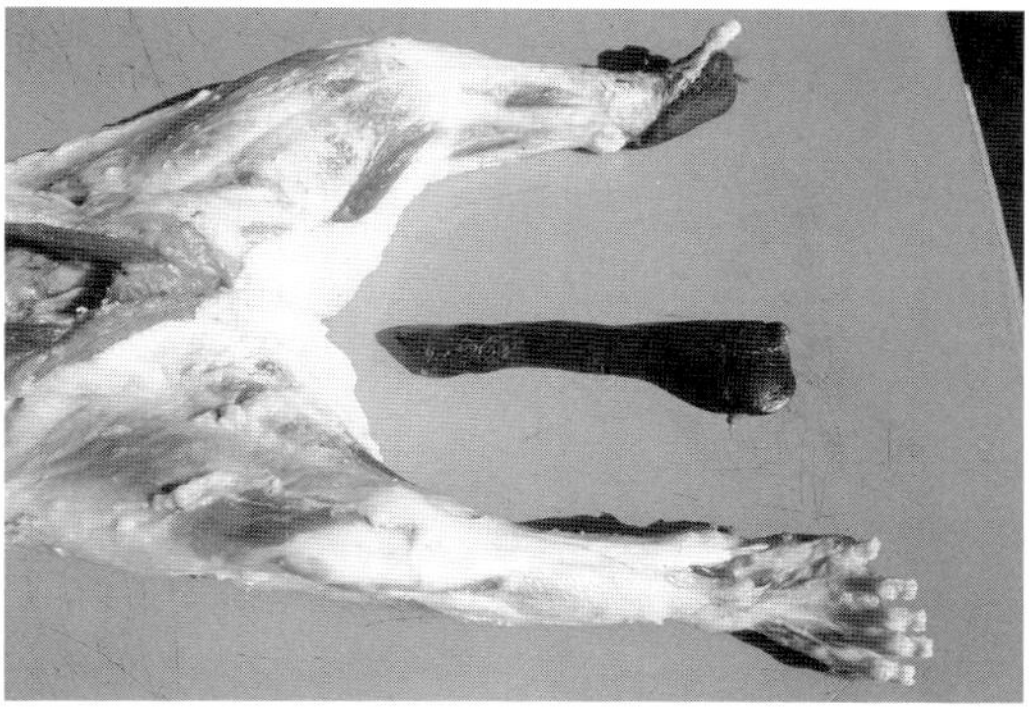

写真 1　切り出した直後の膵臓　左が付け根，長さ 25 センチ（右下方にすこし影ができているので，その分をさし引くと実物大）

写真 2　膵臓　右が付け根，長さ 28 センチ（上は菜花，平野で菜花が咲く頃，白峰の熊猟は終る．下は 500 円硬貨）

表 2　膵臓を投げて山の神にささげる事例

場所地名	膵臓の名称	儀礼のあらまし	資料出自
7．新潟県下田村笠堀・大江（越後山脈守門岳山系）	クサケジ	「アオバにくりよう」と叫んで投げる	『狩猟伝承研究』(1) 177 頁
8．新潟県入広瀬村大白川新田(守門岳山系)	タチ	「青葉にくりよう」といって山に振り飛ばす	『狩猟習俗』(2) 213 頁
9．富山県立山町芦峅寺（立山山系）	センビキ マンビキ※	切り刻んで四方位及び恵方に撒き，山神に豊猟を祈念した	『猟の記憶』(3) 62 頁
10．富山県大山町笠山（立山・薬師岳山系）	タチ	四分して，東西南北の四方の神へ投げる	前掲 (3)　100 頁
11．富山県利賀村大勘場（飛驒高地）	タチ	目をつぶって，肩越しに後ろへ投げて山の神への供物とする	前掲 (3)　109 頁
12．富山県平村下梨（飛驒高地）	タチ	「ヤルゾ」といって，後方へ振りむかず丸ごと投げて，山の神への供物とする	前掲 (3)　117 頁
13．富山県平村田原（飛驒高地）	タチ	後ろを見ずに肩越しに投げて，山の神への供物とする	前掲 (3)　125 頁
14．石川県吉野谷村中宮（白山山系）	タチ	後ろ向きで，左手で山側へ投げ山の神へあげる	佐々木武夫（昭和 11 年生）による
15．石川県尾口村尾添（白山山系）	タチ	タチを切りだす時，「山の神さんにあげや」といってする．後ろ向きに右手で左後方へ投げる	北村秀一（大正 15 年生）による

(1) は千葉徳爾『狩猟伝承研究』後篇，昭和 52 年
(2) は文化庁編『狩猟習俗』Ⅱ，昭和 53 年
(3) は森俊『猟の記憶』，平成 9 年
※芦峅寺では，脾臓を四切して東西南北に撒いたとする報告もある
（特別展図録『熊と人間』立山博物館 1994）

象物は思いつかない。

以上は筆者自身の膵臓描写である。数えきれない解体体験をもつ複数の猟師による見方では、触感は人のベロ（舌）に似ている。色は人の舌に薄紫色をかけたと表現する者、また赤黒色と表現する者もいた。先部分は尖っていることもなく、人の舌の形に似ているとする。食材として食べていたかに関しては、白峰・市ノ瀬では食べていなかったが、大道谷出作り群では細かく切って焼いて食べていた。

③ タチは「太刀」という視点

「膵臓をタチということ」すなわちその名称由来について、先学の調査をふまえて検討してみたい。従来、大筋で二つの説が言われてきた。一つは膵臓の形が太刀《たち》に似ているという視点、他の一つはタチはタツで、立ち現われること、すなわち出現・

表 3　膵臓で狩占いをする事例

場所地名	膵臓の名称	儀礼のあらまし	資料出自
16. ［秋田県上小阿仁村八木沢］（太平山地）	タチ	杉の木の串に刺し，焚火であぶる．はねる数で，次にとれる熊の数を占う	『狩猟伝承研究』（1）235 頁
17. ［岩手県新里村刈屋］（早池峰山山系）	タチ	串に刺し火にあぶる．串の木は何でもよい．多くタモノキ，タラノキを用いる	『狩猟伝承研究』249 頁
18. ［新潟県山北町山熊田］（朝日山地）	タチ	タチをあぶって，そのはねる場所により次の熊のとれる方角を占う	『狩猟伝承研究』215 頁
19. ［山形県朝日村大鳥］（朝日山地）	ホナ	ホナと背の裏肉 12 切を，クロモジの木につけて山の神に供えてから焼き，皆で串刺を食べて神酒を飲む．ホナは美味でなく，ただかんでいるだけ	『熊』（2）90 頁
20. ［山形県小国町長者ヶ原］（朝日山地）	タチ	タチを次回マキクラ予定地の数だけ切り，それにマキクラの名をつけ，破裂したクラを山の神が示されたとし，タチトヒという．そして人数分に切って食べる	『旅と伝説』（3）
21. ［新潟県新発田市赤谷郷］（飯豊山地）	タチ	タチ，舌，肝臓の三つをヤキドコといって，3・5・7 本の奇数の串に刺して火にあぶり，全員に分けて食べる．この時タチを 3・5・7 の数にしばっておきクラの名をつけ，はね方の早いものからクラを巻く	『狩猟習俗』（4）152・153 頁
22. ［福島県山都町藤巻］（飯豊山地）	タツ	タツを枝に刺して焼く，タツは火であぶられるとはねる．バーンとはねてとんだ方向に別の熊がいるといった	『熊』 95 頁
23. ［新潟県入広瀬村大白川新田］（守門岳山系）	タチ	タチを細かく切って串に刺し，焼いて山の神にあげる．「山はたきたき四十八たき」と唱えて，山の神に感謝する	『狩猟習俗』213 頁

（1）は千葉徳爾『狩猟伝承研究』後篇，昭和 52 年
（2）は赤羽正春『熊』平成 20 年
（3）は注（12）参照
（4）は文化庁編『狩猟習俗』Ⅱ，昭和 53 年
「場所地名」の［　］については，本文 521 ページ 18 行を参照のこと

示顕という意味で、この内臓に山の神が現われるという視点である。筆者は、前記の雄の大型熊の膵臓を薄く切り焼いて食べてみた。その味覚は「うまいというほどでもなく」「まずいというほどでもない」感じで、くせのない味であった。たぶん、生まれて初めての体験のせいかも知れない。

富山県下の狩猟習俗を数多くの写真と共にまとめた森俊は『猟の記憶』[6]で、「タチは刀状の形状を呈する」[7]、「タチは太刀の意、山神への奉剣習俗との関連」[8]と簡素な表現で、名称由来をその形状にあるとした。『広辞苑』の「たち」では、「古く行われた直刀を大刀と書き、平安以後のものを太刀と書く」と記す。森は「タチは太刀」と記した。森のいう太刀は平安以後のものを指すとすれば、その形は反りの強い日本刀そのものである。熊の膵臓外観からは太刀のもつ「細く、薄く、鋭く、強い反り」の特色は感じとれない。直に見た膵臓は、細長いが白峰でいう柔らかいハラワタのかたまりで、太刀のもつ研ぎすまされた金属製刀剣と縁遠い形といえよう。

また、「山神への奉剣習俗との関連」との記述についての検証は、堀田吉雄の「山の神への神饌と賽物」[9](『山の神信仰の研究』)に見る日本各地の調査情報を参考とした。日本列島を九地域に分けての調査によれば、武具の賽物《さいもつ》は剣・鉾より木・竹製の弓矢の方が数多いという実態を見る。そして堀田は「弓矢を賽物とする風習は、関東より北陸・中部山岳地帯に多く見られる」[10]とも指摘されている。

「タチは太刀に似ている」という視点の元、すなわち「似ている」「似ていない」との感覚と判断には、主観が大きく入る要素をもつ。つまり筆者の膵臓実物見聞では、膵臓の形は太刀に「似ていない」としたので、「太刀の形状を呈する」とする説には否定的である。二枚の写真を添付したので、熊の膵臓が何に似ているかの判断資料の一助としていただきたい(写真1、2)。

④ タチは「立ち現われる」という視点

古い時代より、「膵臓をタチトヒという占法に使っていた」ということが名称の由来ではないかとする説である。

占法は、猟師が次に行う猟場を決めようとするとき、めざす猟場の数だけ膵臓を切って焼く。最初に焼き破れた猟場に山の神が立ち現われたとする猟場決定の作法である。この説は倉田一郎が「狩詞雑考」(『民間伝承』七―四)[11]で記した。

「タチは出現・示顕という意味だから、この内臓で神意のあらわれ方を知る方法があったらしい」とし、その裏付けとして山形県小国村長者ヶ原の解体儀礼タチトヒに注目した。長者ヶ原の儀礼は、森谷周野が「小国村長者ヶ原の生活」（『旅と伝説』一二―五）[12]で、「タチ（膵臓）は、次回マキクラの候補の数だけに長く串に刺し、次回のマキクラ候補地の数だけに区分けして結《ゆわ》へ、之を焼いてそれが破裂した部分を予め各区分に与えておいた山に依って、山の神が御宣《のたまわ》りしたと言って、次回のマキクラを定める。是をタチトヒと言う。そして一行の人数だけに切って皆で食う」と簡潔にまとめた。この要略を倉田は拠りどころとした。

倉田はさらに、タチは膵臓の固有名詞ではなかったし、「赤谷では胆嚢《たんのう》をタチと解しているだけで、此はタチが神意示顕を意味するだけで、必ずしも膵臓の固有名詞ではなかったことの証左であろう」と論じた。赤谷の狩猟習俗については、佐久間惇一の詳細調査[13]がある。これによると膵臓はタチ、胆汁はタマリ、生の胆嚢には固有名詞はなかったようで、乾燥したものを胆《い》と言っていた。つまり倉田は事実誤認をしていたことになり、「タチの膵臓固有名詞」否定はおぼつかなくなった。倉田は文末で、「タチトヒをするのに用いられる内臓をタチとよんだのが、多くの地域で膵臓をさすこととなった」と結んでいる。しかし、倉田の「タチという語の意義について、神意示現を意味するとした」視点について、堀田吉雄は「すこぶる注目に価する」[14]とした。また、千葉徳爾は「占に用いる処からみて神意の示現を意味するタツという言葉とも関係するであろう」[15]とコメントしている。

前出の表3で、森谷周野のいうタチトヒ、すなわち、1膵臓を焼く→2弾き破裂する（山の神の示現）のを待つ→3次の狩りを占う、という作法順で儀礼をしている土地を示した。1・2・3の順で丁寧に行っていたのが、時代推移とともに簡略になった可能性を含んでいるだけに、残像として1だけを行っている土地名も一覧表にのせた。この場合、具体的地名を［ ］で囲んだ。儀礼の分布は、北は秋田県太平山山系阿仁から、朝日岳山系の新潟県山熊田、山形県大鳥・長者ヶ原、さらには飯豊山山系の新潟県赤谷、福島県藤巻とひろがり、南は守門岳山系の大白川新田までに至る範囲である。おおまかにその分布は、奥羽山脈の日本海側である（図1参照）。

タチトヒとその類似作法を行っている土地数は、千葉徳爾の奥羽山脈全域二一調査地中[16]の該当事例を含めても、表3で示したように一〇指にも満たない。すなわちタチトヒを行っていない土地数が、行っている土地数より多い実態があった。そしてタチトヒを行っていない土地でも膵臓をタチと言っている場合も多い。倉田の視点「タチトヒが膵臓の名称由来らしい」とするには無理があるようである。

⑤ 膵臓の名称共通化について

千葉は、全国五一地区の猟師のいう内臓名称一覧を作成した[17]。表の解説で、「胆嚢のイは全国各地で例外なく同一であること」、さらに「膵臓が全国的にタチの名称を使うこと」について、「同一名称をもつ理由はわからない」と記す。けれども千葉は「共通名をもつ器官の方が、一般的に早くから形・機能を知られた内臓であるまいか[18]」と仮説的に記す。補足すると、現代人が名称由来や名称共通化を考えるはるか以前、狩で野生動物を獲り食料源として重きをおいた時代に、名称がすでに固定化・共通化したらしいとの想定であろうか。

確かに野生動物、野生植物を日常生活に取り込んできた過去を振り返ると、その歴史は古く長い。野生動物とより密にかかわっていた時代に、膵臓はタチ、胆嚢はイの名称が起り、長い年月を経て共通化となった可能性が強いと思う。ここでは、千葉の視点を礎にして、膵臓をタチと言うことについては、「古くよりタチと言っていた」、つまり現代で名称由来を考える枠外の固有名としておきたい。

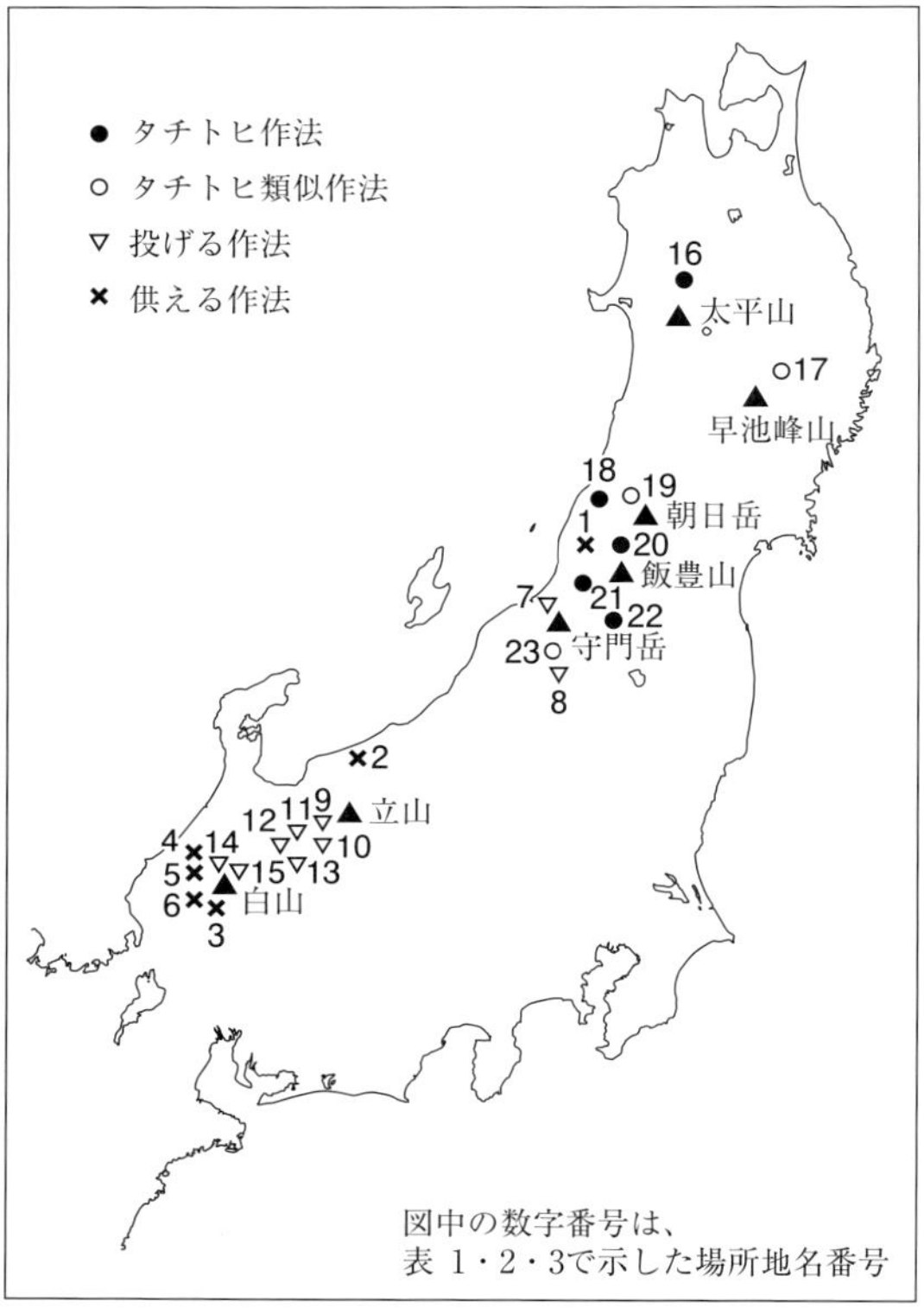

図 1　膵臓を使った熊狩猟儀礼の分布

3　熊の捕獲儀礼

手取川本流筋と支流尾添川筋では、儀礼の作法が大きく異なる。本流源流域は、山中に住居をかまえ焼畑雑穀作りをする出作りが多く、猟場は出作りと近かった。獲った熊は出作りまで運んで解体し、膵臓を樹上に置き山の神に供える作法である。これに対し、尾添川源流地では獲った山中で解体、膵臓を投げて山の神にあげる作法である。まず、本流筋で行なわれた膵臓を樹上にのせる事例より説明する。

石川県吉野谷村瀬波　タチ（膵臓）は何の木でもよいが枝の上にあげて山の神に供える。イ（胆）は射ったらすぐ胆の口を縛る。ヒャクヒロ（腸）は板に巻きつけて乾し、白湯で煎じて安産の薬とする。シンゾウ（心臓）の血を飲む、身体が強くなる。（『狩猟伝承研究』後篇）

石川県白峰村白峰　解体は集落でする。タチを取り出し近くの山へ持って行き、何の木であれ枝分れに吊し、山の神に供える。鷹や鳶がすぐとっていくと、「山の神さんが喜んでとっていかれた」とした。（左屏公一、昭和六年生まれ）

石川県白峰村市ノ瀬　解体は出作りでする。タチを取り出し、若い者に獲った方向の山へ持って行かせ、木の二又か枝分れにのせて置き、山の神へ供える。（加藤岓、明治三十四年生まれ）

次に、支流筋で行われた膵臓を投げる事例を紹介する。

石川県吉野谷村中宮　射止めた山で解体する。射止めた者がタチを左手に持ち、後ろ向きに、山側の高い所へ投げて山の神にあげる。（佐々木武夫、昭和十一年生まれ）

石川県尾口村尾添　刃物でタチを切り出すとき、「山のカンサマにあげや」と唱える。タチを右手に持ち、左肩越しに左後方の山側に投げる。このときも丁寧な者は「山の神様《カンサマ》にあげや」と言って投げる。（北村秀一、大正十五年生まれ）

樹上にのせ置く作法では、二つのことに注目したい。木の又・枝分れに置く場合も枝分かれに吊す場合も、タチの長さは約三〇㎝もあるのだから、木はかなり太いことが条件となる。細い枝に吊すと、柔らかいハラワタだから垂れ切れる可能性もある。まずタチを置く場所に注目したい。幹が太く二又の木、三又の木等は、山の神が山を駈け巡るときの休まる木、宿る木とする。この場所を、三方《さんぽう》や膳代りとしてタチを乗せ置くのは、山の神の元へタチの主《ぬし》熊を丁重に返す作法そのものではないかと思う。

次に、枝に吊したタチを鷹等がとっていくと「山の神が喜ぶ」とする猟師の意識に注目したい。タチを餌としてとっていった鷹・鳶も山の神の傘下の動物である。これに関連して、最近の白峰の猟師がおこなっている解体後の内臓処理が思い出される。最近はタチを使った儀礼もやらず、美味という肝臓を含めて全部を捨てるが、その捨て方である。他人の畑地に捨てると文句が出るので、雪の残る自分の畑に置く。すると一晩で狐・いたち・てんが食べていくので、腐敗もなく問題が起らないという。熊の内臓をごみとして捨てるのでなく、かつては儀礼時のタチは樹上で鳥に、その他の内臓は人の食材に活用した。現在は地上で他の動物の餌のために置くという、ある種の食物連鎖を意識する内臓処分と言えよう。

熊も、樹上のタチをとって行った鳥も、畑の内臓をとって行った動物も、山の神の司る山中生物であるから、これらの内臓処分について「山の神は喜ぶ」とした素朴な猟師の気持には共感できるものがある。白峰の猟師が、供えたタチを鳥がとっていくと「山の神が喜んだ」とする気持は、山の神に対してタチの主であった熊を射止めたことを知らせると同時に、タチを含めて胆《い》・毛皮・肉等を十分に活用し、熊の死を無駄にしないことを約束して、山の神を喜ばそうとした気持の一端とみた。

膵臓を投げる作法では、尾添の猟師がタチを刃物で切り出すときと、投げるときに、「山のカンサマにあげや」と唱え言葉をあげたことに注目したい。

膵臓は柔らかく握りにくい。硬い石や球を投げるのと違ってタチは投げにくい。投げる方向は後方で、猟師が立つ場所より高い山側というから、普通のオーバースローでの遠投は不可能である。だから「後向きに投げる」という実際は、山側の高い場所へ「後ろ向きで置く」という作法となる。このとき、山側の高い所に投げるというのは、山の神は猟師の現在地より高い場所に鎮座しているとの心遣いであろうか。後ろ向きに投げるというのは、古くより格下の者は絶対者には面《おもて》を見せないという礼法に従っていたのだと思う。

さて、タチを切り出すときの「山のカンサマにあげや」の唱え言葉について考えてみたい。この地方では、物を他人に与えるとき、普通には「物をやる」という。目上の人には「物をあげる」という。指示調では「物をやれ」、「物をあげ」。さらに一級強めて命令調では「物をやれや」、「物をあげや」となる。だから唱え言葉の内容は「タチを、山を治めている山の神にさしあげよ」という指示性の強い心の発露である。「タチをさしあげる」というのは「熊をさしあげる」ことで、猟師が射止めた熊を山の神へ返すこと、さらに補足すれば「山の動物を司る山の神の元へ、タチを介して熊を導いてやる」ということであろう。まとめれば、「山のカンサマにあげや」の唱え言葉で山の神へ熊を授かったことを告知し、次の投げる動作で、熊を山の神の傘下へ送り導く作法であるとしたい。

白山麓の捕獲儀礼では、東北地方での熊の皮を剝ぐときの引導儀礼「毛祭り」(ケボカイ)のような特色的作法、さらには仏教色の強い唱え言葉はなかった。白山麓らしい儀礼では、市ノ瀬・白峰では木の二叉、枝分れに生のタチを置き山の神に供える作法、尾添の儀礼では「山のカンサマにあげや」と唱えてタチを切り出し、後ろ向きに投げて山の神へ授ける作法があった。二つの作法で、タチの主である熊を山の神へ返す、送り返すことをあらわす儀礼と位置付けしておきたい。

4 鎮魂・慰霊儀礼

東日本各地の解体儀礼では、一頭ごとに人の死に準じた仏教系の作法、例えば「アビラウンケンソワカ」等の真言で終る作法、いわゆる引導渡しを丁寧にしている。白山麓の解体儀礼は簡素である。つまり引導渡しが丁寧でなかったといえよう。このことを猟師は意識していたらしく、熊の鎮魂・慰霊を他地域より丁寧な仏教型式で行っており、その儀礼を「熊供養」といっている。本流筋白峰では狩猟シーズンが終ったとき、支流筋中宮《ちゅうぐう》では狩猟を始める前に行い、対照的である。最初に、白峰の事例、猟師のいう「熊の墓」を作ったいきさつ、さらに「熊供養」での慰霊儀礼についてまとめてみる。

① 白峰の熊の墓・熊供養

昭和三十年代末より四十年代にかけて、市ノ瀬、白峰の各組は一緒となり、三人の鉄砲撃《うち》、加藤一雄（市ノ瀬、昭和三年生）、笹木辰男（市ノ瀬、昭和三年生）、左屏公一（白峰、昭和六年生）を中心に熊猟をした。年間一〇～一五頭を獲り、二〇頭獲れば大騒ぎして喜んだ。ところが昭和四十一年秋より四十二年春にかけて、猟期が終らないのに四三頭も獲った。この年には一日で四頭獲ったこともあり、これは奇跡である。この猟期の中宮・尾添を合わした捕獲数はたぶん六〇頭を超えていたと思う。三人は話し合って猟を即座に中止した。理由は、「獲れ過ぎて気持ちが悪く恐ろしい」、「これ以上の殺生は止めたい」、「四三頭の祟りが恐ろしい。祟りが家族に及ぶかも知れない」等であった。熊四三頭の射殺が猟師の心に響き、三人が中心となって近い将来に熊の墓を作ることにした。熊四三頭を獲った頃は、兎は伝染病の蔓延前なので多くいた。鉄砲撃ちは年間一〇〇羽前後を獲っていた。また、猟師には岩魚等の川猟をする者が多かった。つまり猟師は、熊・兎・岩魚等で殺生していた。猟師は、熊の死で授かった胆《い》・毛皮・肉等で稼ぎ、その金額は当時としては桁外れに多いので、四三頭殺生を機に弔いたいと強く思うようになった。

四三頭ともなれば祟る力は強烈となると考えた裏には、猟師が「熊は祟りの源である霊魂をもつ動物である」との意識をもっていたからに違いない。

猟師には別の視点もあった。自らの猟体験から、熊は他の動物より恐れられた威厳をもつ動物だと見ていた。熊を射止めても、その日には運ばずに山中に置きざりにすることがある。熊の死体には、かもしかや兎の場合とは違って、他の動物（狐・てん等）・鳥（鷹・鷲等）がまったく寄りつかない。理由は、熊は山の神から目に見えない威光を授かり、山の王者の風格があって他の動物から恐れられているからとする。つまり、霊魂をもつ唯一の野生動物、猟師にわざわいをするかも知れない熊、山の神から威光を授かった熊を弔う場として、あわせて兎や岩魚を殺生したことの詫びの場として、墓を作ることにした。

しかし、この計画はすんなりいかなかった。一つは経費の調達、もう一つは作る場所選定が問題となった。墓の基金は、漁師たちの胆・毛皮を商いしての余剰金の貯えを充て、不足分を動物の肉、魚介類で生業をたてている旅館、民宿、魚屋等の協力援助を受けた。このため、「熊の墓」という本意を強く出せず、墓碑の一側面に協力者の意向を反映し

写真 3　猟師が中心となって作った熊の墓，「寂滅為楽」の銘

写真 4　白峰猟友会の熊供養（平成 14. 9. 17）

「鳥獣魚介類慰霊之碑」の銘文を刻むことになった。

熊の墓の設置場所をめぐって悶着が起り、了解を得るのに年月がかかった。猟師は、白峰の共同墓地の一隅にと思っていたが、「人間に危害を加える畜生の墓を墓地に作るのは反対である」、「長年育てた植林樹の皮を剝ぐ熊の墓を、なぜ作らなければならないのか」等の反対意見が出て、猟師たちは困惑した。共同墓地は、集落の北側山地の国道より上の傾斜地にあり、墓標が棚田状に並んでいる。結果として「畜生の墓は人の墓の上に作ってはいけない」との妥協で、国道に接して共同墓地の最も低い場所に作ることで落ちついた。

人間の墓であれば、真宗の盛んな土地柄なので、墓碑の銘は「南無阿弥陀仏」六字名号であるが、熊の墓では適する銘は思いつかず、白峰の真宗大谷派寺院、林西寺住職の加藤宦氏に揮毫を依頼した。その結果、表の銘は「寂滅為楽《じゃくめついらく》」の四文字、裏には「昭和五拾年六月吉日、発起人白峰猟友会」等を刻んだ。

「寂滅為楽」という銘について住職は、除幕式を兼ねた最初の供養の勤行後に「寂滅為楽」の意味を伝えられた。その御教示では、「寂滅とは心の穏やかな状態をさし、悟りの境地涅槃のこと。無数の縁により、ある命は人に、ある命は熊に生まれたりした。殺された動物も殺生した人間も、互いに輪廻する苦の世界、生死のこだわりから離れて心穏やかであれ」との願いを込めて書き記したとされる。

「寂滅為楽」の文言に執着して、仏教関係の文献[19]を検索したところ、これは「涅槃経[20]」にある四句の中の一つの句であった。四句とは、四つの句がセットになって教義を表現するというもので、銘文を含めての具体的四つ

の句は、

諸行無常　是生滅法　生滅々已《めつい》　寂滅為楽

であった。文言は、仏教が中国経由で伝わる途上、その教理や仏徳を漢詩形であらわしたもので、仏教では「偈《げ》」ともいい、偈が四つの句からなるのが一般的なので「四句」とも「四句の偈」ともいう。「寂滅為楽」は四句の四番目の句で、その前三句とつながって四句の教理が完結する。この四句の大意は、「この世に存在するものは常住不変ではなく、生じたり死滅したりする。これが大原則であるが、ひとたび生滅する輪廻の境地を離脱し、究極の安らぎの境地・寂滅に達すれば、その世界こそ真の楽である」ということだが、凡夫の筆者にとっては難解である。いずれにせよ、白峰の猟師が作った熊の墓碑銘に、真宗僧侶が四句の偈の中の一句を推奨し、これを刻んだものであった。

　他地域の熊狩猟の儀礼で、人の生死に関する四句の偈を熊の生死にあてる事例がないかを探ると、新潟県朝日村三面《みおもて》にあり、森野周野が報告している[21]。妊娠している熊を射止めたときと、それを帰って食べるときに、山の神にお許しを乞う「三妙《さんご》しまつる時の次第」の唱え言葉の終りに「光明真言」と、先述の「四句の偈」を唱えて終る。この唱え言葉を猟師に贈った僧侶は「権大僧都《ごんのだいそうず》」というかなり高い地位である。石川県白峰村、さらには新潟県朝日村で行なわれてきた熊狩猟儀礼の一部に、地元の有力寺院の僧侶がかかわっていた事例である。

　墓の建立時は、年間捕獲数が多かったので、熊の太く大きい骨を納骨するのは避け、指の骨を納めた。ちなみに骨壺はなく、「骨も魂も土に返す」として直接地面の上に置いた。ここでも「熊は魂をもつ動物」と考えて作法した。実際猟師は兎や山鳥を撃っていたが、これらの骨を納める者はいなかった。集落の者で、飼犬や猫を薮で燃やし、その骨を納める者がいた。毎年の供養日は六月五日、建立年には旅館主等も出席していたが、三、四年後には猟師だけの出席となり、猟師のいう「熊供養」となった。六月五日は、一ヶ月遅くの菖蒲節供で休業日。集落内の真宗寺院五ヶ寺の僧侶を順番に招き、墓前で阿弥陀経一巻をあげ、野生動物の萬霊供養をした。しかし、猟師にとっては、熊の祟りを恐れての熊の鎮魂を祈るのが本意であった。勤行の後、猟師は菖蒲酒中心の共同飲食の場を作り、熊の胆・皮等の精算報告と稼ぎの配分を行った。だから親方は、六月五日までに胆・皮の売却を済ませなければならず、この面では親方や世話役は専業の仕事と合わせて苦労であったらしい。

白峰の猟師は、墓前の勤行を「熊供養」、その後の狩りの収益精算と情報交換を兼ねた集いを「菖蒲節供のオッシャゲ」といい、六月五日のこの二つの行事で熊狩猟シーズンの終りとした。オッシャゲとは、仏事・神事の終りに飲食の場を作ってけじめをつけることを指す。昭和五十年代後半になると、奥山での熊狩りは生業・娯楽的色合いが薄れ、有害動物駆除だけの要素が強くなり、また猟銃保持者、猟友会員も減少した。そのため六月五日の集団猟の精算分配の必要もなくなった。熊供養は八月盆過ぎの日曜日夕方、墓前で行なうようになった。平成十四年時では、墓前に生花一対、季節の野菜・果物を供え、僧侶による読経、出席者の焼香とつづく。人間の年期法要と同じ次第で、熊の祟りがないように鎮魂慰霊をした。出席者は猟友会員五名、旅館主、魚屋の主席はなかった。

② 中宮の熊の法名・熊供養

手取川支流の尾添川筋中宮でも熊供養をしていた。中宮の熊供養は、白峰のそれと名称は同じだが、時期や儀礼作法がまったく違い、その意味するものも違っている。

猟師のまとめ役親方は、猟を始めようとする三月中旬頃、集落内の真宗道場の毛坊主《けぼうず》[22]より、熊・兎・魚（岩魚・ごり）の「法名」を受ける。親方の家に集まり仏壇に三つの法名を掲げ、毛坊主を招き読経して、これからの猟で出会う法名主、熊を前もって弔った。これを中宮の猟師は「熊供養」という。聞き取り時の平成十一年は、尾添の猟師を仲間に入れ供養していたが、実際の猟は別々に行っていた。「なぜ猟の前に供養するのか」について、「これからする殺生を許してもらう」と猟師は言っている。それにしても、「動物の法名を毛坊主よりもらう事」、そして「熊供養を猟の前に行う事」が非常に気になった。まず、中宮の猟師が、自分らが殺生する動物の法名を動物に代って受けることについて考えてみたい。

法名とは、仏教に帰依入信した者につける名前で、俗名に対する称である。白山麓は真宗王国ともいわれるほど真宗の盛んな地域である。真宗では法名は生前に受けるものとする。その際の儀式を「御髪剃《おかみそり》」[23]といい、在家の男女門徒が真宗に帰依した証として、本願寺法主の前に坐り剃髪の印《しるし》を行った後に法名を受けるという作法である。この生前に受けた法名は逆修法名、死後に受けた法名は追号という。「逆修法名」という言葉は、「逆《あらかじ》め、すなわち生前に、死後の冥福のために仏教を修めた者の称」という意味である。筆者の母は御髪剃で受けた逆修法名、父は葬儀時に受けた追号であった。筆者は毎年、手取川本流筋で焼畑復元耕作を手伝っており、その際、地元の焼畑担当者の大正生まれ、昭和一桁生まれの方の法名について尋ねると、数名全部が御髪剃を済ました逆修法名持ちであったのには驚いた。だから、白峰の猟師も中宮の猟師もほとんどは、逆修法名受付者に違いないと思う。つまり、白山麓では熟年になると男女を問わず、本山法主より生きているうちに、自分のために他人に頼らず法名を受けて、死後の冥福を安堵するという信仰生活が普通なので、信心の薄い凡夫の筆者の精神世界とは縁遠い。

中宮の猟師が、これから山に入って猟をする直前に、自分たち門徒の「御髪剃」をまねて熊に逆修法名を与えたのは、熊の死後の冥福を保証している仏事そのものではなかろうか。補足すれば、猟師は、熊供養を終えると「お前ら熊の成仏への導きは終っている」との思いを持ったに違いない。この思いは、これから行う狩や殺生について、後ろめたさもなく穏やかな気分で臨めることに連なっていく。白峰の熊供養は、狩猟終了期に殺生した熊の鎮魂慰霊をするのに対し、中宮のそれは狩猟開始前に、殺生するであろう熊の供養と猟師の殺生罪悪感の緩和という、一石二鳥の信仰的成果をもたらしていた。

この作法のもたらす一石二鳥の予定成果とよく似た、解体儀礼時の唱え言葉「諏訪《すわ》の勘文《かんもん》」(24)に触れておきたい。

業尽有情《ごうじんうじょう》　雖放不生《すいほうふしょう》　故宿人天《こしゅくにんてん》　同証仏果《どうしょうぶつか》

この四句の偈の大意は、「業《ごう》が尽きて人に捕らえられた動物は放しておいても長くは生きられず、そればかりか野垂れ死の運命にある。だから成仏できる人に食べられ人と同化して成仏する事が良い」とのこと。まず四句で野生動物を成仏させる。次に猟師の殺生の罪を救済するという一挙両得の予定信仰をめざす作法で、諏訪神社の神人が広めたとされる狩猟儀礼である。殺生をする動物の供養と、殺生する猟師の罪救済をあわせもつ点で、白山麓中宮の「熊法名」と「諏訪の勘文」は似ているといえよう。

5　おわりに

熊の狩猟儀礼で膵臓を使っての作法を三つに分け、その分布を図1で表現した。この分布は、熊の集団的巻狩りと密につながり、東日本の日本海側に広がっている。膵臓を狩占いの呪具として使う作法、すなわち森野のいうタチトヒまたはそれに類似した作法は、朝日岳・飯豊山さらに越後山脈守門岳山麓に広がっており、また供えた膵臓と同じものを猟師が食べて山の神と一体化する作法、「神人共食」をしている所もあった。膵臓を投げる作法は、守門岳から飛んで飛驒山脈立山、さらに五箇山、白山麓北部に広がっている。守門岳山麓には、猿丸流と青葉流の二派の猟師が競合していた。猿丸流猟師は相対する青葉流の豊漁にも、(25)さらに立山山麓ではその年の恵方《えほう》山ばかりでなく四方位の山での豊猟を、(26)膵臓に託して投げている。これらの作法には、この内臓を豊猟に結びつける心意が読みとれる。

白山麓の猟師が膵臓に込めた心意について言えば、膵臓を木の又・枝分れに置く、吊す作法、さらには膵臓を切り出すときの唱え言葉の作法には、どことなく膵臓を丁寧に扱っている気風を感じる。これは膵臓を熊そのもの、つまり命を終えた熊の形見・象徴と思って山の神に供え、射止めた熊の告知を神にしていたのではないかと意味付けしたい。(27)山の神に供えた内臓としては膵臓の他に心臓がある。その事例は新潟県三面、山形県長者ヶ原、秋田県打当等にあるが、膵臓と比べると事例数は段違いに少ない。

熊の鎮魂慰霊儀礼については、仏教色とりわけ真宗の影響が強いという実態があった。白峰のそれは、熊の墓標に刻んだ「寂滅為楽」の文字は、有力真宗寺院の僧侶の推奨と揮毫によるものである。中宮の熊の法名を真宗道場の毛坊主から受ける作法は、真宗の「御髪剃」儀式そのものを動物にあてたものである。調査時、白峰集落は約三〇〇戸、そこに真宗大谷派五ヶ寺があり、中宮集落は約八〇戸、そこに真宗大谷派四道場があった。補足すると、谷合いの狭い空間に寺・道場が、他地方ではあり得ないほどの密度で建っていた。寺・道場は単に存在していたのではなく、日常生活で、集落の人々とともに、朝夕の勤行、先祖供養、葬儀、教団仏事を丁重に行っていた。こんな土地柄に生きる猟師は、日々のくらしで、何世代にもわたり、在家出家の枠を超えて親しく全人格的に付き合ってきた僧侶・毛坊主に、自分たちの狩・殺生について日常的にごく自然な気持で依頼したのが「熊供養」である。白山麓の熊鎮魂慰霊儀礼すなわち熊供養は、真宗が普段の生活に深く滲浸していた、白山麓の信仰風土から生まれた狩猟儀礼といえよう。

白山麓での熊の集団巻狩りは、端的には終末期にある。巻狩りの体験が猟師の記憶の中で希薄になる前に、調査を終えたいとの願いで多くの人にお世話をかけた。中には複数回以上にわたり機会を与えていただいた方もあった。御協力、御教示をいただいた方々に対し、深く感謝申しあげたい。

注

(1) 千葉徳爾「手取川上流における狩猟者の組織とその活動」(『白山資源調査事業報告』六八、六九ページ、石川県・白山調査研究会、昭和四十八年)
(2) 天野武「白峰村の狩猟」(『白山麓――民俗資料緊急調査報告書』四七～五〇ページ、石川県立郷土資料館、昭和四十八年)
(3) 森俊「白山麓白峰の穴熊狩り」(『加能民俗研究』三二、二三～三二ページ、加能民俗の会、平成十二年)
(4) 赤羽正春『熊』二九〇～二九五ページ、法政大学出版局、平成二十年
(5) インターネットによる検索
(6) 森俊『猟の記憶』桂書房、平成九年
(7) 前掲(6)一〇〇ページ
(8) 前掲(6)六二ページ
(9) 堀田吉雄『山の神信仰の研究』二八三～三二四ページ、光書房、昭和五十五年
(10) 前掲(9)二九二ページ
(11) 倉田一郎「狩詞雑考」(『民間伝承』第七巻第四号、民間伝承の会、昭和十七年)
(12) 森谷周野「小国村長者ヶ原の生活」(『旅と伝説』第十二年、第伍号、三元社、昭和十四年)
(13) 佐久間惇一「赤谷郷の狩猟習俗」(『民俗資料選集　狩猟習俗』Ⅱ、九八～一七七ページ、文化庁文化財保護部、昭和五十三年)
(14) 前掲(9)三二〇ページ
(15) 千葉徳爾「猟師の解剖学・狩人の内臓呼称」(『狩猟伝承研究』後篇、九九ページ、風間書店、昭和五十二年)
(16) 千葉徳爾「現代日本列島に行われる狩猟伝承の諸想――特に東日本について」(『狩猟伝承研究』後篇、一七三～二五六ページ、風間書店、昭和五十二年)
(17) 前掲(15)九〇～九二ページ
(18) 前掲(15)九四、九五、九八ページ
(19)『日本仏教語辞典』(岩本裕、平凡社、昭和六十三年)、『岩波仏教辞典』(中村元・福永光司等、岩波書店、平成元年)等を参考とした。

(20)「大般涅槃経」十四「聖行品」の中にある。「大般涅槃経」は一般に「涅槃経」という（前掲（19）より）。

(21) 森谷周野「三面郷の狩猟民俗」（『民俗資料選集　狩猟習俗』Ⅱ、七八、七九ページ、文化庁文化財保護部、昭和五十三年）

(22) 白山麓山村一帯には、真宗寺院でない道場が多い。毛坊主とはこの道場主のことで、平素は農業などを営みながら、葬式や供養もする半僧半俗の僧。

(23) 前掲（19）『岩波仏教辞典』九〇ページ

(24) 千葉徳爾『狩猟伝承――ものと人間の文化史』二三〇、二三一ページ、法政大学出版局、昭和五十年

(25) 山崎久雄「大白川の狩猟習俗」（前掲（13）二一三ページ）

(26) 前掲（6）六二ページ

(27) 前掲（15）二二四ページに「三面」、一九四ページに「長者ヶ原」、二三八ページに「打当」の奉例報告がある。

八　里帰りに雪の稜線をゆく――稲種籾の来た道

手取川本流最奥の人間居住地は市ノ瀬。現在、冬は無人である。昭和九年の大水害時には、市ノ瀬一一戸、左岸三ツ谷《たに》に一三戸、右岸赤岩《あかいわ》に二〇戸の永住出作りが夏も冬も生活していた。この三つの出作り群をまとめて「河内《こうち》」とよぶ。かつて三ツ谷に住んでおられた林はるゑさん（明治四十三年生、故人）は、岐阜県郡上市白鳥町石徹白《いとしろ》から、萬屋《よろずや》を営んでいた林七蔵氏（明治三十七年生、故人）方へ、数え年十七歳、大正十五年に嫁いでこられた。当時の石徹白は福井県に属し、その上在所《かみざいしょ》には白山中居《ちゅうきょ》神社があり、かつては美濃禅定道の基地で、現在は三ノ峰・別山経由の登山道の出発地となっている。市ノ瀬・三ツ谷の男性は、積雪期に分水嶺を越えて鍬《くわ》の柄《え》・雪掻《ゆきかき》板作り、檜笠の材料・笠木採り、熊狩り等で石徹白の領域山地へ出向いていたのが縁で、婚姻関係が細いながらもあった。はるゑさんが嫁がれてくると、婚姻関係がより密となり、市ノ瀬で温泉旅館を経営していた加藤岏《はじめ》氏方へ、石徹白からせんさん（明治四十年生）が嫁いでこられた。

二人の女性が里帰りするとき、夫とともに雪の締まった残雪期の山を最短コースをとって、石徹白を往復していたと

の事実に接したとき、積雪期登山を体験してきた私にとってはショックであった。そしてこの里帰りルートを通して、稲の種籾《たねもみ》が美濃側より加賀側へ運ばれた事実も、一つの文化伝播として貴重であると痛感した。この報告は、奥山人が積雪を利用して最短コースを徒歩で里帰りしたという習俗と、雪の分水嶺を越えて稲作が焼畑雑穀地域へ伝えられたことを記録したい。

1　お嫁さんの来た道

石徹白は、上《かみ》・中《なか》・下《しも》・西の四在所に分かれ、はるゑさん・せんさん二人の実家は西在所標高七〇五m。山仕事用の男性中心の杣道《そまみち》があったが、二人は誰もが通る通常の山道を歩いて嫁にきた。そのコースは、まず西在所より上在所へ、そこから山道を七〇〇m登って橋立《はしたて》峠（標高一四二〇m）へ、峠から美濃又川沿いに高度にして約一〇〇〇mも下って上打波《かみうちなみ》へ、打波川沿いを徐々に登り上小《かみこ》池《いけ》経由で八七〇m登り、福井県境杉峠（一三三〇m）に達して石川県へ。さらに尾根伝いに五〇〇m下ってはるゑさんの嫁ぎ先三ツ谷（八〇〇m）に着き、せんさんはさらに一踏ん張りで市ノ瀬白山温泉（九〇〇m）へと歩き通したのである。

このコースを地形図の水平距離で計ると、はるゑさんは約三一キロ、せんさんは三五キロ歩いたことになる。この数値は地形図上の水平距離で、実際に歩いたのは水平道ではなく坂道なので、距離数は幾分上乗せする必要がある。はるゑさんの三一キロの嫁入り道は、金沢市より国道八号線伝いに小松市までの距離に当てはまる。嫁入り道の高低差では、最初の橋立峠は登り七〇〇m、下り一〇〇〇m。二番目の杉峠は登り八七〇m、下り五〇〇m。これを金沢～小松間に例えれば、三一キロの間に、登り七〇〇mと八七〇mの二つの峠があったことになる。

当時、歩いて嫁に行くのはごく当り前のこととはいえ、二人の嫁入り道は、距離が長いこと、二つの峠のアップダウンが激しいこと、この行程で二～三足《ぞく》のわらじを履き潰した等を総合すると、他地域では見られない奥山ならではの嫁入道中といえよう。

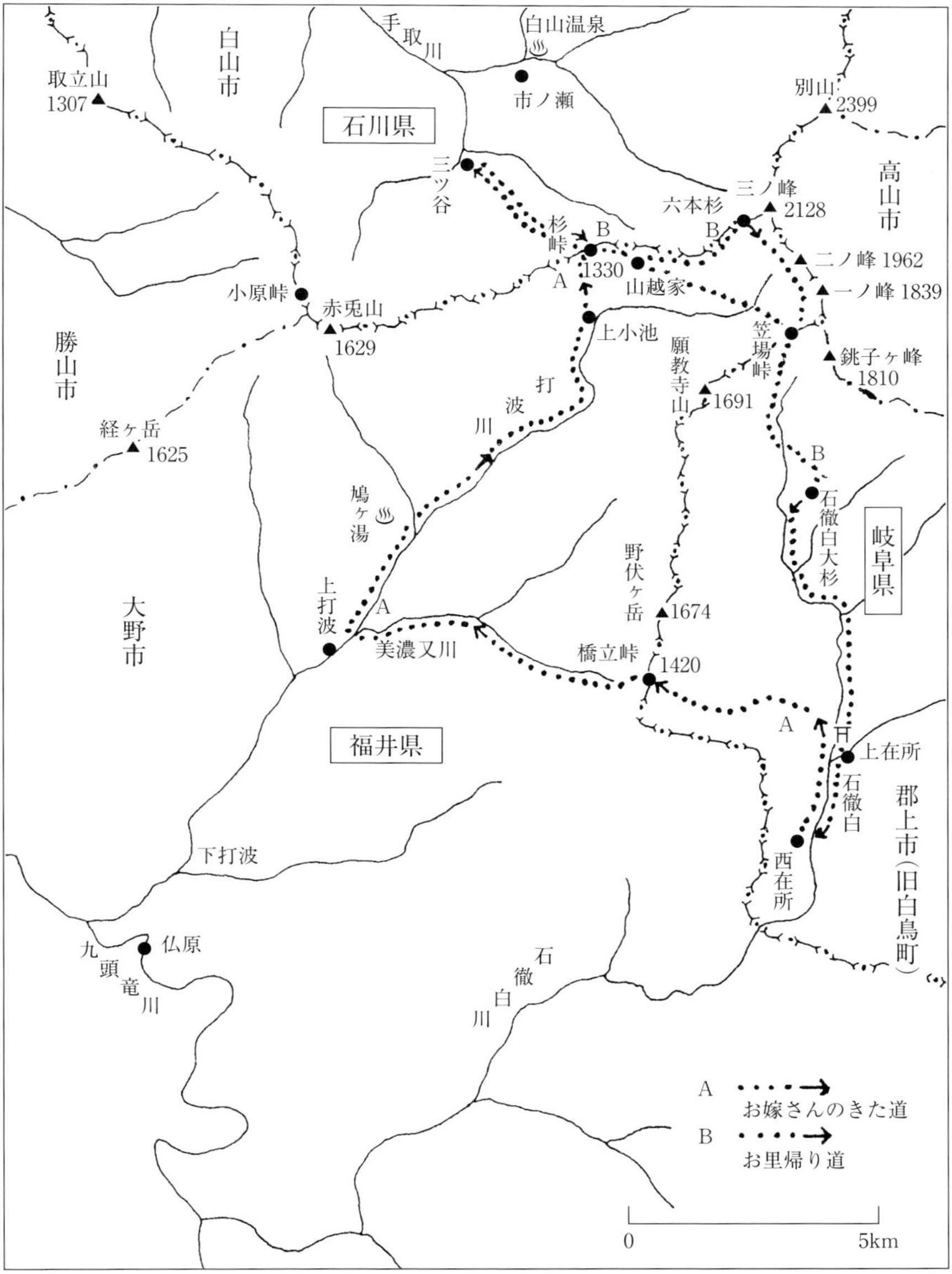

図 1　三ツ谷・石徹白概要図

写真１　石徹白の実家上村家墓前での林家親子　中央夫七蔵氏，その左はるゑさん，左端は幼少時にはるゑさんに背負われた長男茂氏．三人ではるばる雪道を来たことを振り返り感慨深い．

写真２　中央杉木立の場所が，山腰惣左衛門出作り跡地（刈込池付近よりの遠望）

2　お里帰りの道

はるゑさんのお里帰りは、四月上旬〜中旬と、八月のお盆、十月二十日の石徹白・秋祭りの年三回。四月の里帰りは、残雪に覆われた一五〇〇〜二〇〇〇m級の白銀の尾根を、二十歳にも満たない若い母親が、乳離れしたかしないかの乳幼児を背中におぶっての山行である。白山は、日本の豪雪地帯の南縁に位置し残雪も多い。この残雪が灌木・樹木を埋めてしまうので、最短コースの徒歩ができやすくなる。四月頃の雪は、凍結と融雪を繰り返した結果、硬く締って歩きやすくなる。毎年、夫の七蔵氏は雪の締り具合を観察して日取りを決めていた。

①　横渡しで行く雪道

三ツ谷周辺はまだ雪で一杯。まず現代の靴下にあたる藁製ズボトで足先を、布製キビスアテで踵《かかと》を守り、その上に藁製雪ワラジを履き、万が一に備え一足を余分に持っていく。はるゑさんは、雪ワラジで長い山道を歩くことは初めての体験。心配したが予想していたほど冷たくなかったという。ピッケルの役目をするブナ製杖コシキを持ち、カテカンジキを担いで出発する。当時、三ツ谷の加藤金八氏（五十歳代）は、石徹白に伯父が住んでおられ、「石徹白へ一緒に遊びに行かないか」と誘うと「一緒に行こう」ということで、どんな雪壁でも伝い歩き、「白山の主」とよばれた山仕事の先輩なので頼もしく、加藤氏と夫妻との三人で行くこともあった。

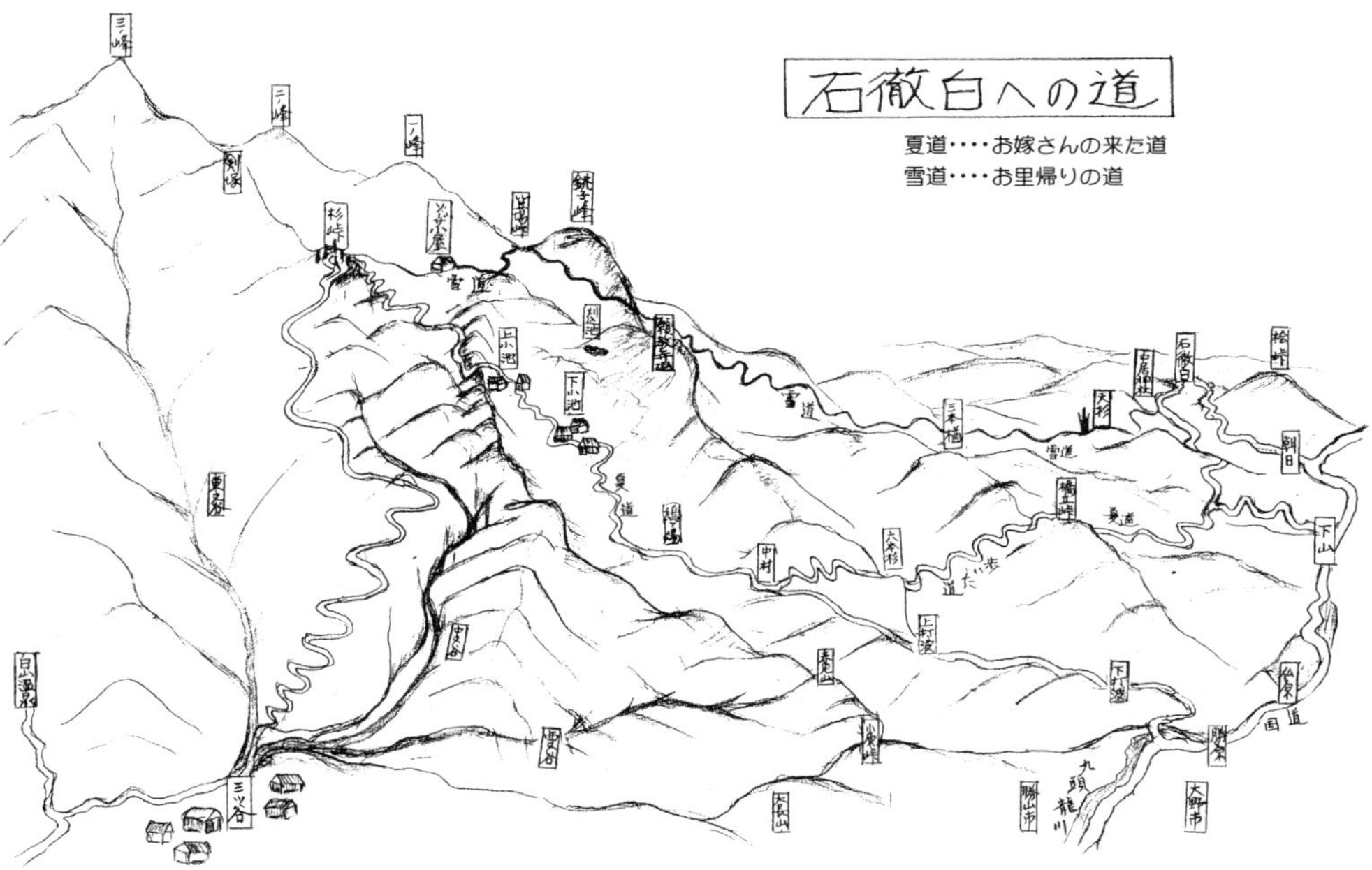

挿絵 1　石徹白への道　画：林茂氏

挿絵 2　笠場峠を行く　画：林茂氏

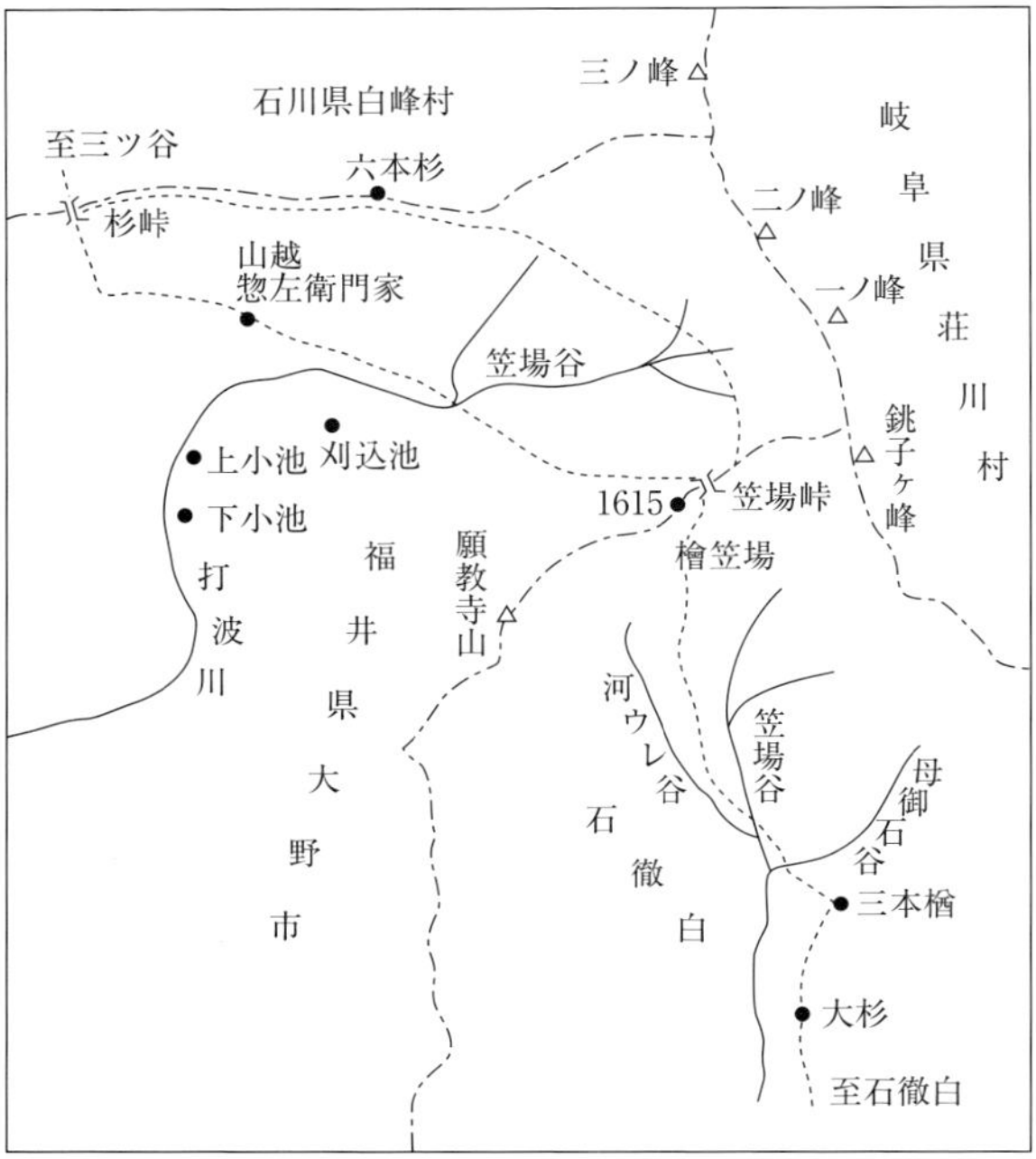

図 2　笠場峠への「六本杉越え」と「惣左衛門越え」ルート図

まず杉峠へ、ここから銚子《ちょうし》ヶ峰（一八一〇m）から願教寺山（一六九一m）へと続く、福井・岐阜県境尾根上に位置する笠場《かさば》峠をめざし、林七蔵氏のいう「横渡し」で行く。横渡しとは狩猟用語である。尾根筋に小峰が連なった地形では、登り下りに多くの労力と時間がかかるので、積雪期の猟では尾根筋を避け、障害物のない雪斜面を横切って目的地へ行く近道コースを選択する。これには登山技術でいうトラバースで熟練した技術が必要となる。雪斜面でスリップすると、谷底まで滑落する危険をはらむ。

　笠場峠へは、惣左衛門《そうざえもん》（惣左）越えと、六本杉越えの二つのルートがあった。惣左衛門越えのルートは、杉峠より永住出作り山越惣左衛門家へ、さらに下って笠場谷出合へ。杉峠からここまでが長い横渡しの下り。ここは、もしスリップしても命にかかわることのない、緩斜面のトラバースである。雪橋を渡り、県境尾根上の銚子ヶ峠（標高一八一〇m）寄りの独標一七八四mと、独標一六一五mの間鞍部にある笠場峠をめざして尾根筋をたどる。コース全域に急傾斜面もなく、危険度が少ない。

　六本杉越えのルートは、杉峠より三ノ峰（標高二一二八m）と続く尾根を六本の自生檜群生地である六本檜（一六〇〇m）まで登り、ここから打波川源流笠場谷の谷壁雪面を横渡しで行く。具体的には、三ノ峰・二ノ峰・一ノ峰と続く山塊の打波川斜面の下半部を横切って行くルートである。ルートを地形図で判読すると、惣左衛門越えルートより地形が複雑で、急傾斜面が多く、スリップすると谷底まで滑落しそうで、危険度も格段に高い。七蔵氏は、横渡しの雪氷歩行技術は幼少時より取得していたが、はるゑさんには緊張感を緩めることのできない難所であった。たった一度だけこのルートをとった実際場面では、七蔵氏が先頭をきり、硬い雪斜面では杖コシキをピッケルのように使って足場を作り、はるゑさんが後に続いて横渡しをした。終日陽の当らない雪斜面は硬いままの状態である。このような状態での木製コシキによる足場作りは大変だったと思う。積雪期の氷雪斜面のトラバースで、ピッケル使用のステップ作りは高い技術を必要とする。杖コシキは木製で、金属製ピッケルより雪氷対応力は弱く、足場作りの労力は多くかかり、かなりの負担であったと推察する。笠場峠までは、六本杉ルートが惣左衛門ルートより一キロ長い。

分水嶺の笠場峠を越えると、銚子ヶ峰西南にひろがる真っ白の雪の緩斜面に出る。この緩傾斜地は雪のないときは湿原で、三ツ谷では「檜笠場《ひのきかさば》」といい、一帯の自生檜から檜笠の材料原木「笠木」をとっていた名残りを示す地名としている。対するに石徹白では「笠場」といっている。真っ白の雪の緩斜面にトガ（アオモリトドマツ）や伐り残されたヤクザヒノキ[1]が同じ背丈、同じ形でポツンポツンと生え、同じ景色が続くので濃霧のときは方向感覚が失わされ、迷いやすくなる。七蔵氏は、必要に応じて木の幹に鉈《なた》で横に三回傷をつけ、視界が効かないときの道標《みちしるべ》を自前で作った。注意して、檜笠場より笠場谷と河ウレ谷の中間尾根への取り付けを見つけ尾根筋を下る。出合まで下ると壁で渡河できず、手前で下って渡り、母子《ははこ》石《いし》谷出合を経て登山用夏道途上の三本楢《なら》へ登り、十二抱え杉（石徹白大杉・標高一〇四〇m）に至ると、出作り小屋もあり安心できた。石徹白大杉、三本楢、母御石谷出合、笠場谷・河ウレ谷の中間尾根、檜笠場、笠場峠、惣左衛門越えの山道は、三ツ谷の加藤喜四郎家の親子三人が、石徹白領域山地で鍬の柄や笠木を作り、その製品を三ツ谷の林七蔵へ運ぶため活用してきたルートで、古くより石徹白と河内を結んでいた杣道である[2]。この杣道の途中、笠場峠の上打波側には、「文在《ぶんざ》小屋」という木製品の一時荷置場と休憩を兼ねた小屋があったと、先輩より聞いていたので、通るときには「小屋跡」を探るよう注意していたが発見できなかった、と七蔵氏は語る。

② 永住出作り山越惣左衛門家

三ツ谷を朝八時出発、雪の状態に左右されたが、午後三〜四時頃に石徹白に着く。残雪期の里帰りでは、惣左衛門越えの往復は四回、六本杉越えは一回だが、帰りはすべて惣左衛門越えであった。長男出産前の夫婦二人では二回、長男をおぶっての三人は一回、長男をおぶって加藤金八氏と一緒のときが一回、加藤岓氏夫婦と一緒のときが一回、合わせて五回雪道を通る石徹白行を体験されている。

新婚旅行がなかった時代だけに、二人の雪道里帰りは、一時だが直系大家族のしがらみから解きほぐされ、息抜きできる機会でもあったらしい。夫七蔵氏は、翌日一人で同じルートで帰る。はるゑさんの帰りは日取りを決めておき、夫が迎えに来る。帰りは途中の山越惣左衛門家に一泊させてもらい、ゆっくりした日程で三ツ谷へ帰るならわしにしていた。林・加藤両夫婦一緒のときは、往きに山越家に泊めてもらった。四人なので心強く、日程に余裕があり、途中冬眠からさめた親子連れの熊にも会い、疲れたお里帰りというより楽しく思い出の多いお里帰りとして覚えておられた。

山越惣左衛門家は、当時打波川源流での最奥永住出作りであった。補足すれば山越家以奥には人間が住んでいない。その場所は地名表現では上小《かみこ》池《いけ》地内「皮小屋《かわごや》」で、[3] 地形図では尾根筋六本檜の下にある緩傾斜地、標高約一一〇〇mにある。屋号は「皮小屋の惣左」とよばれていた。出作り小屋は、平屋建て、間口四間、奥行一一間の大型住居で、屋根は屋号の通り樹皮（杉またはサワグルミ）葺《ぶ》きであった。[4] 現在出作りは廃絶、「山越跡」の地名標識が立っている。

河内の人々が杉峠を越えて三ノ峰、銚子ヶ峰、笠場峠、檜笠場、石徹白集落へと、積雪期ばかりでなく一年を通して往復するとき、山越家は休憩、宿泊、緊急避難等に利用できた貴重な出作りであった。山越家は、杉峠・笠場峠をつなぐ杣道として山人に「茶屋」的役割をするばかりでなく、鍬の柄や笠木等の荷物一時置場の役割を請け負っていたという。山越家の先祖は、杉峠を越えて打波へ移住したと伝え、姓の「山越」もこれにちなんだという。その証として檀那寺は白峰集落の真宗大谷派真成寺である。ちなみに三ツ谷・市ノ瀬等の河内の人々は白峰六ヶ寺の真宗門徒である。なお林七蔵氏の頃、山越家には、三ツ谷の林真之助家より婿入りされた高男氏が戸主としておられた。山越家はこのような地縁・血縁関係があったので、河内の人々とは、互いに頼り甲斐のある同朋意識で結ばれていたに違いない。

③ 雪道が夏道より楽

雪道の里帰りの惣左衛門ルートは地形図上の水平距離で約二三キロ、六本杉ルートでは約二四キロである。夏道の橋立峠・杉峠経由、いわゆる嫁入り道は約三一キロ。雪道の里帰り道は、夏道より八キロ短かくてすんだわけである。

七蔵氏は、「締まった雪道は夏道より楽だ」と述懐された。この場合の雪道とは、夏道の上に雪が降り積った状態でなく、多量の積雪が低木を埋めてしまうので最短コースを選ぶことが可能な道程《みちのり》をさす。最短距離の雪道を行くには、総合的な山観と雪氷観、さらに雪氷歩行術が不可欠である。地形図を所持していたわけでなく、四季折々、周辺山地で稼ぎをしたときに頭に入れた地形観。幼少時より雪氷斜面で狩りをしたときに習得した登高技術。積雪は、新雪期・厳冬期・春先期と刻々と変質する。その時々の積雪・雪崩情況を見抜く判断力等を、白山奥山人つまり三ツ谷・市ノ瀬の男性は、本性的に習得したものである。ちなみに石徹白の人々は山とのかかわり方、依存度が薄いこともあって、山への総合力は劣り、積雪期の分水嶺越えはしなかった。

三ツ谷を含めた最奥の河内地方には、嫁いだ娘、婿養子にいった息子が、年三回、実家の親へ分相応の物品を贈る習俗があり、三ツ谷では「三式の礼」(5)といい、歳暮、盆の礼、お初穂の三回おこなっていた。はるゑさんの場合は、実家が遠方にあり、歳暮時は真冬なので贈答はできない。雪道の里帰り時と盆の時、「三式の礼」にならって土産の品を石徹白へ持参した。雪道での土産は、栃餅・熊の肉・兎の肉・絹製ワタボウシ等で、それを担いだ七蔵氏にとって、雪道での横渡りでは物品の重さは負担であったらしい。お盆のときの土産は、清酒・河内産のぜんまい・わさび・とうもろこし等である。乳離れして体つきもしっかりした長男をおぶってのとき、清酒が重いので人夫を雇ったときもあった。このときは、登り下りの激しい橋立峠越えを避けて、打波川沿いに仏原《ほとけばら》まで歩く。そのうち乗合バス路線が山村に及んで、仏原発石徹白行きのバスを利用するようになった。

3 石徹白の在来作物・農法が峠越えで

はるゑさんの実家、石徹白西在所は広い平地に恵まれていたので、食糧は水田稲作の他、自家用野菜常畑もできた。対するに三ツ谷は、山地に囲まれていたので焼畑や水田による主穀ヒエ作りが中心で、狭い常畑での自給野菜は最低限の出来であった。嫁いで数年後、石徹白の在来作物が三ツ谷より優れていると思われたので、作物の種を持ってきて自家用に試作した。周りからは、物珍しさと疑いの目で観察された。定着しなかった作物もあるが、他家より支持され定着した作物は次の五つである。
モチキビ　糯《もち》種のキビ
モチアワ　糯種のアワで穂の大きさが三ツ谷在来種より大きい。
ナスビ　大型の焼ナスビで、三ツ谷の人は大きいので「オバケナスビ」とよんでいた。
カボチャ　石徹白では「サッポロナンキン」といい、味はコボコボで堅い。
ショウズ　石徹白で「ダイナゴン」というアズキ。
はるゑさんの父上村重郎氏は、農業改良事務所（はるゑさんの記憶によるもので、正式名称は不確実）に勤めておられ、三ツ谷に数回訪れた見聞から娘のはるゑさんへ進言、それを受けて試行。その農法が三ツ谷の人々に支持されたのは次の二つであった。
○緑肥の施し方で石徹白方式を定着させた。三ツ谷では生草をそのまま畝の上に並べ置き、しばらくすると乾燥してカサカサとなる。石徹白では生草を細かく切って土の中へ、すなわち土を被せて腐らせる。石徹白方式の方が肥料の効き目は格段に良かった。
○石灰をまいて土の酸性を弱めた。石灰の中和剤としての効用を話しても聞き入れられず、三ツ谷の人は石灰を肥料と見立て、人糞が石灰より遥かに効くとしてとりあわなかった。三ツ谷の人は、ホウレン草畑での石灰の成果を見て理解が深まり、「石灰がほしい」と申し込まれるほど定着した。

4　種籾の来た道

林家が三ツ谷で最初の水田稲作に成功したのは昭和二十一年、三ツ谷の他家がヒエ田を稲作に転換したのは昭和三十年代半ば、林家の試作成功より約一五年後である。焼畑雑穀地域で水田稲作が浸透する経過は一筋縄でなく、紆余曲折のいきさつがあった。

① 林家が稲作を始めたきっかけ

出作りの主食は、ヒエと米を混ぜて炊いたヒエ飯である。ヒエ飯の中で占める米の混入割合は家ごとに違う。そしてその割合は富を象徴する指標にもなっていた。つまり米は、ヒエ・アワより高価で高級、贅沢な穀物と見立ててきた。ところで白山直下の砂防工事・電源開発への就労、義務教育への通学で、弁当持参が日常化してくると、ヒエ飯の米の混入割合がしだいに多くなる。各出作りは、根雪前に越冬用米を多量に購入するしきたりで、就労での賃金稼ぎが増えたせいで越冬米の量も増え、河内での米の消費量が徐々に増えてきていた。林家の萬屋の営業の一つには、各出作りと町部の米屋との間に立つ米の仲買いもあった。この収益は家業のかなりを占めていた。

林家が稲作を始めた動機の一つは、日中戦争中の国策としての米の自由取引停止がある。具体的には昭和十四年、米穀取引所は解散され、米は公定価格による統制取引となる。翌年には米・味噌・砂糖等の配給切符制となり、林家は米等の食糧品の仲買業は出来なくなった。

三ツ谷を含めて河内の焼畑出作り群の各家は、稲作をしていなかったので、農家であるが米の配給受給者となった。米が公定価格で購入できて喜ぶ者もいれば、米飯は贅沢過ぎるとして配給切符を売る者もいた。一方、主食のヒエは軍用馬の飼料として強制供出の義務を負わされた。白山奥山人の雑穀中心の食生活も、戦争の影響をまともに受けていた。米の統制取引前の林家の土蔵には、卸値で買い上げた米、地代のヒエが貯えてあった。米を日常扱っていたこともあって、林家のヒエ飯の米混入割合は非常に高く、ほとんど米飯に近かったという。昭和十六年に太平洋戦争が始まり食糧事情はさらに悪化し、土蔵での米の貯えも底をつき、十七年には見よう見真似で、稲の苗代田の試作を試みた。

② 石徹白在来の糯米の種籾で試作

白峰村に最も近い水稲農家は、気象条件が似ているとの理由で、鳥越《とりごえ》村河原山の粳米《うるちまい》の種籾《たねもみ》を求めて苗代田の試作をしたが、二年連続で失敗した。粳米の種籾を選んだのは、その値段が糯米《もちごめ》より安いこと、失敗のリスクが高いので高い種籾を避けたことの二つである。三年目の昭和十九年には、白峰村白峰で早苗《さなえ》を育苗してもらい、三ツ谷で田植えをしたが失敗した。

昭和二十年春先の里帰りで、石徹白のはるゑさんの実家から、「寒さに強い」という石徹白在来の糯米の種籾を購入。七蔵氏は三年の失敗を反省、先人の体験を尊重しなければならないと強く意識。義父上村氏の助言により、石徹白式の稲作技術に従って稲作に挑戦した。その要点は、
○糯米の種籾は粳米より値段が高い。値段の高い種籾だから失敗すると勿体ない。「絶対に失敗はしない」の不退転の決意で始めた。
○種籾は叺《かます》に入れ、入浴済みの風呂に一晩浸けてから苗代田に播く。
○ヒエ田に移植するヒエ苗は、畑で水を入れない畑苗床で作る。稲の早苗は、水を多く入れた苗代田で作る。育苗については水田ヒエ作と水田稲作では違うので苦労した。
○水は、土より暖まりにくく冷めにくい。苗代田には、早く水を入れて暖めて貯える。陽に当たると表面は暖かくなるが下は冷たい。一日一回手を使って上下を混ぜる。
○種籾を播いた後も、苗代田は一日三回手を使い、冷たい水、暖かい水をかき混ぜる。米田には、小作人に出していたヒエ田四〇坪六枚、二四〇坪を当てることにした。
○三ツ谷には、荒起し用三《み》ッ鍬（三つの刃をもつ備中鍬）がないので、ヒエ田用の馬鍬《まぐわ》を借り、小作人が馬鍬を操り、七蔵・茂の親子両氏が馬の代役をし、荒起し、細土、代掻きをした。
○六月中旬田植え。ヒエ苗は分蘖《ぶんけつ》しないので五本ずつ水田に植える。「苗をヒエのように植えたらいかん、稲は分蘖するから二、三本で良い」との助言に従って田植えをした。川の水、水口の水温は一七度、飲料水は一三度。水口では、冷たい水が直接稲に当らないよう防波堤のような畦（テアゼ）を作った。
○八月下旬開花。
○十月二十日頃稲刈り。水口近くの二坪ほどがミヨシ（未完熟）になった。脱穀は石徹白の上村家から使わなくなった千歯こきを貰って行なった。精白は白峰の農協で行なった。三ツ谷最初の糯米試作は四斗入り四俵。一六斗の収量で終った。
試作年の昭和二十年は、白山奥山の焼畑出作り地域は天候不順で、雑穀は非常な不作であった。天候不順は試験田の

稲にも影響したと思われるが、一六斗という数字は、不作なのか平年作なのか判断できなかったという。林家では、三ツ谷全戸に一斗あて配って感謝された。終戦し、復員軍人の帰村で家族数が増え、さらに不作で食糧事情が悪くなっていたので、三ツ谷の人々より「餅が沢山食べれた」として大喜びされた。

昭和二十一年、二十二年は、糯米ばかりでなく粳米を試作、失敗はしなかった。いずれも石徹白の在来種である。

二十三年、石徹白では水利に恵まれない畑地でオカボ（陸稲）を作っていた。これを三ツ谷で試作したが成功しなかったので、導入はしないことにした。

二十四年、林家の四年間の稲作水田を、元の小作人の請作に戻した。小作人は稲を作らず、ヒエを作付けしたのには驚いた。その理由は「米は贅沢」といい、七蔵氏はその真意は理解しにくいとされる。

5　請作人が稲作を忌避した本意

請作人の真意を、第三者立場で考えてみた。まず試験田二四〇坪でのヒエ・米の収量比較から始める。試験田二四〇坪で糯米四俵（精白米一六斗）の収量、これは同面積のヒエ収量よりはるかに多い。具体的に詳述すると、ヒエ田一反当りの収量は六〜七俵、雑穀は五斗詰なので三〇〜三五斗、試験田と同面積二四〇坪換算では二四〜二八斗。これは脱穀後のもみがら付きの数値である。これを上等の精白作業をすると七割減となり、七〜八斗の精白実《み》、下等の精白実は糠《ぬか》が混ざり五割減で一二〜一四斗となる。[6] つまり、ヒエ上等精白実との比較では、米の半分の収量、下等精白実で糠を取り込んでも米の収量に追いつかない。補足すれば、水田での単位面積当り収量は米が多いが、請作人はヒエを選び、稲を選ばなかった。だから「収量」が問題でないことが分かる。

ヒエを主食とした三ツ谷の人にとっては、林家が奨めた水田稲作は、「邪魔物」と見られていたのではないかと考えてみた。河内栽培のヒエは水陸種に分類されておらず、水田・焼畑・常畑でも作れる重宝な穀物であった。焼畑より常畑、常畑より水田が多くとれ、ヒエ田では焼畑の約二倍とれたので、狭いが水利があれば開田してヒエを作ってきた。何百年とヒエ中心の農耕を営み、効率を良くするための農具、さらに技術を体系化向上させ、一年という生活の中でヒエ作りの農事暦を組み込んで生きてきた。そこへ、仮に小面積の水田稲作が入り、早苗田・田植え・稲刈・乾燥・脱穀・精白というまったく異質の農耕技術と農具が導入されると、何百年と続いてきたヒエ中心の農事暦・生活暦、くらしのリズムが崩れることは必定であった。導入水田稲作の面積が広く、ヒエ収穫量にとって代わるほどの多量米が確保されるのであれば、稲の選択があったかも知れないが、二四〇坪の米収量はヒエ主食を補う一部に過ぎず、三ツ谷のヒエ作り出作りにとっては、地主林家が石徹白より導入した糯種稲は「招かざる農作物」「邪魔な新作物」であったのではなかろうか。

6　まとめ

白山の残雪期、一八〇〇m級の雪で被われた山中を里帰りする婚姻習俗は、林・加藤両氏の代に始めたのでなく、先祖からの慣行を受けついだもので、他地域には類例は見当らない。河内の男性は幼少期より、季節推移による雪氷の締り具合、雪崩の危険度等の雪氷対応力を身につけ、さらにはコース周辺の地形・植生、そして万が一の緊急対応策等すべてを脳裏の中に入れて、最短コースの選択「横渡し・トラバース」をこなし里帰りしていた。白山奥山人は、都市や平野の人々のまったく気の及ばない雪氷技術と山知識で、豪雪を克服して生きていた。その一端を「三ツ谷林家の里帰り」に垣間見ることができる。

里帰りの道を介して、峠・分水嶺の彼方から石徹白在来の畑作物と糯種稲が伝えられた。具体的に、夫妻の記憶ではどの作物が雪道で、どの作物が夏道かは分からないという。しかし、いずれも杉峠経由で運んだという事実は確かで、作物と一緒に栽培法・農具・調理法も峠越えで伝えられたことは言うまでもない。畑作物の中のいくつかは受け入れられ、三ツ谷で定着したが、石徹白の糯米は、三ツ谷主食のヒエとの間で、水田二四〇坪をめぐって対立が生じた。大袈裟な表現でいえば、焼畑雑穀農耕文化と水田稲作文化の葛藤で、導入までかなり長い年月経過があった事実は、一つの文化伝播で起る複雑な摩擦の証として興味がつきない。

注

（1）ヤクザヒノキとは、「性《しょう》」の悪いヒノキという意味。天然木の檜より檜笠の原料「笠木」をとるとき、根元の小木片をとり割って、すっきり割り切れるかどうかを確かめるマサウチという作業をする。マサウチ作業で不合格となった天然木は、性が悪く、効率の悪い木として伐採されないで残る。
（2）上村俊邦『石徹白から別山への道』二三ページ、自費出版、平成五年
（3）小倉長良『打波川流域の出作り制度とあゆみ』二二六ページ、自費出版、平成十二年
（4）前掲（3）一六ページ
（5）清水隆久「白山々麓における地内子制度の研究」（『石川商経研究』第四号、一七ページ、石川商経学会、昭和三十年）
（6）橘礼吉『白山麓の焼畑農耕――その民俗学的生態誌』二二八ページ、白水社、平成七年

九　梅雨明けに百年に一度の山津波に遭う

昭和九年七月十一日の手取川源流域の水害を、石川県は「手取川大洪水」と記す。白山直下手取川最奥の「奥山人」、具体的には河内《こうち》（市ノ瀬・赤岩・三ツ谷の総称）出作り群の被害情況は、言葉では言い尽くされない惨澹たるものであった。浸水被害でなく、大土石流の直撃によるものである。別当《べっとう》谷の土石流は「別当の大崩れ」にその痕跡を残し、湯の谷の土石流は市ノ瀬の「廃絶四家族供養碑」に、宮谷の土石流は「百万貫の岩」に痕跡を残している。被害事情を数字でたどると、市ノ瀬出作り群（温泉宿を含む）一一戸は全部が流失、流出家屋とともに生活者も命を落とし、家族全員が死亡し、廃絶した出作りは四戸である。死者は出作り家族二三名、温泉宿・白山歩荷《ぼっか》等の従事村民一一名、宿泊者九名、計四三名である。牛首川（手取川源流域の地名）沿いに生活する赤岩出作り群二〇戸中、川沿いの一四戸は流失、残ったのは山中の高所に居をかまえた六戸であった。幸いに赤岩での死者はいなかった。谷筋の違う三ツ谷出作り群一三戸は、家屋浸水はあったが、家屋の流失、人の被害はなかった。

この大土石流を体験した人は数少なくなった。三人の方より貴重な実体験を受けたので紹介したい。

写真１　宮谷の土石流が流した巨石「百万貫の岩」

写真２　市ノ瀬に建つ廃絶四家族供養碑

1　山津波の体験談

①　永井喜市郎氏（明治三十三年生、屋号はトギヨモ）

七月十日の晩は、白山温泉の白山館で強力《ごうりき》組合の会があり、自分は組合長なので案内料等を決めた。白山館より帰る頃より雨が急に強くなり、一晩中強雨は止まなかった。永井家は今宿《いまじゅく》谷にヒエ田があり、年間消費の三分の二をまかなっていた。同じ面積でもヒエ田は焼畑の二倍とれたので、永井家にとってヒエ田は大切な農地であった。父はヒエ田に泥水が入ってヒエが傷んでないか心配となり、白白と明けるのを待ちきれず、自分を連れて一緒に見に行くことにした。今宿谷はあばれておらず、ヒエ田に被害がなかったので、急ぎ帰った。

明けきらない中で、山道より見下ろしたら、自分の家を含めて、出作り・神社・営林署・砂防事務所等の建物は一つもなく、泥・岩・石・倒木等のものすごい濁流であった。留守の家族四人は即死したと直感し、父とも会話はできず、しばらく黙ったままであった。濁流中の岩と岩が音をあげて衝突、そのとき煙のような岩屑があがるのを見た。家族をなくし、村をなくし、これがこの世の地獄かと思った。

出作りの家族、勤めの人、宿泊の人、合わして四三名が犠牲となり、何日もかけて死体を探したが、半分以上の方は見つからず、弔いをしてあげれなかった。余りにも悲しくひどい災害で、本当の話をすると死んで見つからなかった人に気の毒で、話をしてあげれない。

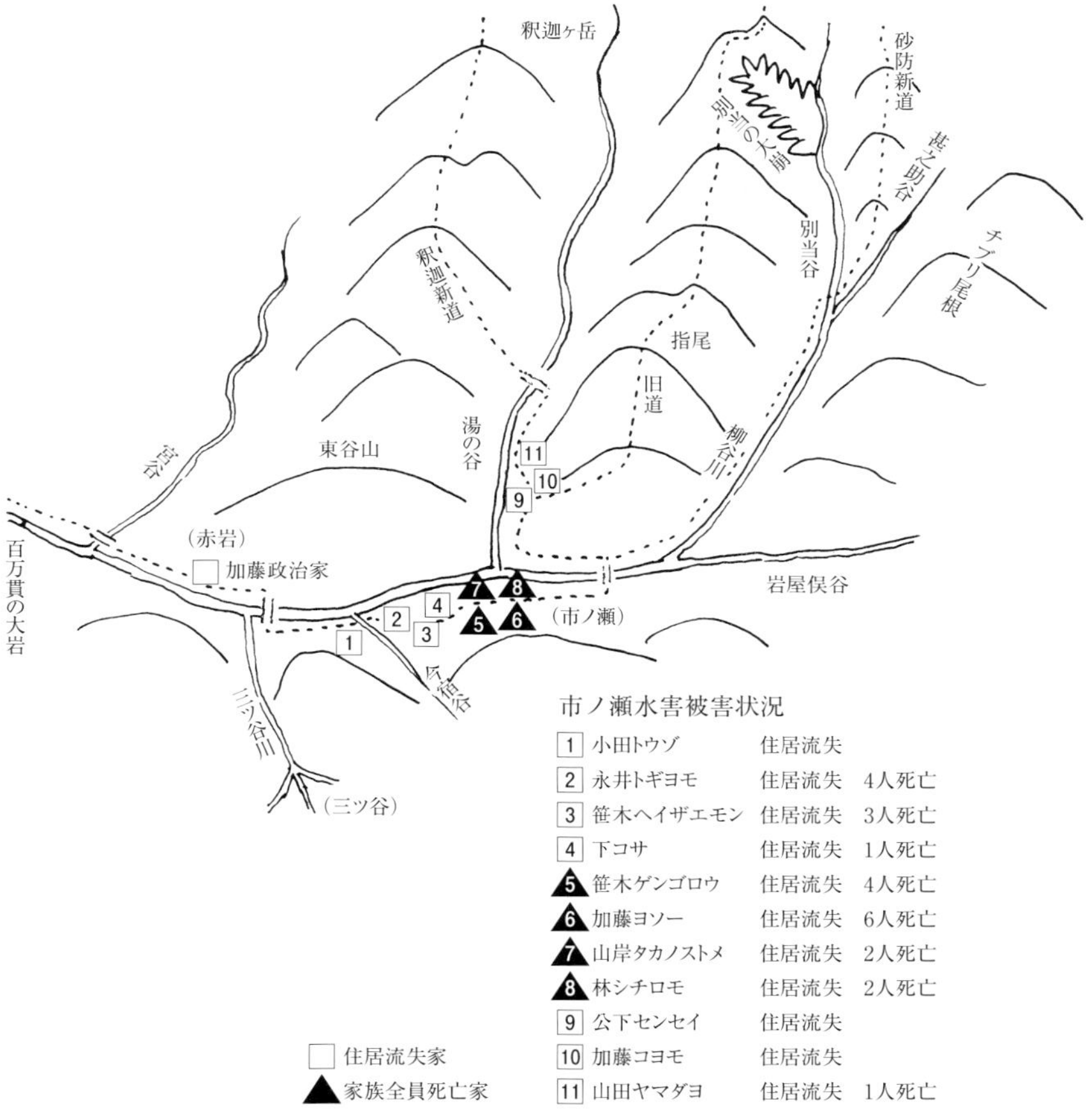

1	小田トウゾ	住居流失	
2	永井トギヨモ	住居流失	4人死亡
3	笹木ヘイザエモン	住居流失	3人死亡
4	下コサ	住居流失	1人死亡
▲5	笹木ゲンゴロウ	住居流失	4人死亡
▲6	加藤ヨソー	住居流失	6人死亡
▲7	山岸タカノストメ	住居流失	2人死亡
▲8	林シチロモ	住居流失	2人死亡
9	公下センセイ	住居流失	
10	加藤コヨモ	住居流失	
11	山田ヤマダヨ	住居流失	1人死亡

□ 住居流失家　▲ 家族全員死亡家

図１　白峰村河内（市ノ瀬，赤岩）の被害

だいぶたってから、生き残った者と相談して「大水害廃家之碑」を作り、廃絶した出作り四家族一四名の名前を刻んで供養した。

　後日の調査で、供養石碑表面には六字名号「南無阿弥陀仏」、裏面には「昭和九年七月十一日大水害廃家之碑」、さらに「笹木家四名、林家二名、加藤家六名、山岸家二名の死没者実名」、そして台座裏には「之建依全義」の刻字を見た。

② 加藤せん氏（明治四十二年生、屋号はコヨモ）

　十八歳のとき、岐阜県白鳥町石徹白《いとしろ》から市ノ瀬の加藤岏《はじめ》氏に嫁ぎ、夫の経営する白山温泉白山館を支えていた。十一日午前四時頃から約一時間の出来事を回顧してもらった。

写真 3　昭和 9 年頃の白山温泉（『石川県史・第 5 編』より）　手前右が白山館本館，左が別館．奥は山田旅館別館．

写真 4　左より鶴野登茂子さん，加藤せんさん，加藤一男氏

白山温泉には白山館の他、山田屋旅館があり、両館ともに本館は茅葺き二階建ての大型建物で、各々別館を作り、それぞれ約二〇〇人が宿泊可能であった。

七月上旬の夏の登山期には宿泊者が増えるので、本館で準備の「普請」をしていた。料理場を、箪笥や屏風、家財道具の仮置場と寝間に兼用していた。十日の晩から強雨が長時間続いており、ゆっくり眠れないまま朝を迎えようとしていた。夫の指図で自家水力発電所を見に行った者が、「命がほしい者は逃げや」と叫びながら走りこんできたので、急ぎ跳び起きた。少し明るくなり始めたので、午前四時頃だったと思われる。すでに家の中へ濁流が流れこんできて、家の中で色々な道具を浮かせ、それが渦を巻いていた。

黒い物が流れてきたのでつかまえると長男（一男氏、昭和三年生）で、次に流れてきた物を持ち上げたら次男（茂外治《もとじ》氏、昭和五年生）であった。夫は二人の子供を左右の腕で抱え、「料理場か山へ逃げ！」と怒鳴り声で指図をしていた。仮置きの家財道具が、家の中で流れて動き、壁が崩れ、戸が外れる等で山へ逃げ出られず、「登茂子《ともこ》がいない、登茂子がいない」と、我が身を忘れて探していたことは覚えているが、正気に戻ったら登山口の鳥居横への石垣場にいた。どのように行動したのか、誰かに助けてもらったのかまったく分からず、立ったまま登茂子を抱えて渦に流されていたのかも知れない。

泥まみれの着物を手で拭い、次に重くなった袂《たもと》の泥を出したら、中から登茂子が出てきた。仏様の助けと思った。登茂子は三足歩けるぐらいの乳飲み子で、目・鼻・口・耳は泥で詰まっており、息のできる状態ではなかったので、生きているのか死んでいるのか分からず、必死となって口と舌で泥を吸ったり、なめたりして手当てをした。夫の弟は、汚れていないシャツを破って着せてくれ、懐で抱いて登茂子の体を暖めてくれた。弟が「暖かい小便をした」と叫び、すると間もなく登茂子が泣きだし「助かった」と皆で大喜びした。

濁流がちょっと緩やかになってきた。これで治まったら良いのにと思ったら、さらに強い濁流が襲ってきて山田屋をこわし、それが自分の宿にぶつかって流れていくのを、悲しいともつかず恐ろしいともいえない気持ちで見た。家族、雇っていた者、普請の大工も助かった。山田屋では爺さん一人が死んだ。泊りの客は自分の白山館で九名、山田屋で二名が犠牲となり、気の毒であった。突然のことなので勝手がわからず逃げおくれたらしい。

長男は、耳の中に詰まった泥が原因で難聴になり、次男は二か月後に命を落した。昭和九年七月十一日の朝は、この世の地獄を見た日として、生涯忘れることはできない。

③ 加藤政治氏（明治四十三年生、屋号はユウキョウ）

七月十日に、白山温泉白山館で白山強力組合の寄り合いがあり、組合長永井喜市郎を中心に、案内料や、案内人としてしてはならないこと等を相談、終った後で一杯飲んでお開きとした。半分ぐらいの者で隣の山田屋で二次会をした。二次会の十一時頃より大雨となった。大雨だから泊ることにしたが、ものすごい雨なので赤岩のことが心配となり、藤部七之助と一緒に帰ることにした。柳谷橋を渡っていた途中、和傘が古かったせいもあったのか、大粒の雨で傘紙が破れてしまった。市ノ瀬を通ったら、どの家も心配らしく明かりをつけていた。赤岩に帰っても大雨が気になり寝ないでいた。飼い馬が、いつもと違ったけたたましい鳴き声をしたので外に出たら、白山温泉のものらしい建物、看板、根付きの倒木、岩石のごっちゃ混ぜの濁流を見た。

自分の家の屋号は「ユウキョウ」で、赤岩の草分けといわれ、家は赤岩で一番大きく、間口五間、奥行一二間の茅葺の二階建て。家の真上に赤岩分教場があったので、家族全部で主な家財を運び上げた。自分は春に作ったゼンマイを取りに戻ったとき、「ゴウッー、ドカン」の音で家が倒された。後はどうなったか分からず、気がついたら川下の神社（虫尾社）の桂の大木に、自分を入れた家がひっかかっていた。体が動けたので、必死になって茅屋根の妻側窓から外に出て助かった。目・耳・鼻も泥が詰まっていた。高台の出作りをめざして登ったら、死んだと思われていた自分が生きていたので、親は泣いて喜んだ。高台の出作り久司仁吉家で、ヒエを粉にして五〇人ほどの団子を作って昼頃に食べた。(1)だいぶ時間がたっていたが、久司家の外も内も泥の匂いがいっぱいで、団子は不思議な味がした。家の荷物を運びいれた分教場をめざして下ったら、分教場や川沿いの自分の家を含めて一四戸は流されて無かった。河原はどえらい広さに様変りし、ヒエ田の上は数えきれない大岩が転がりこみ、声が出なかった。幸いにして赤岩では一人も死ななかった。

考えてみると、自分の家がひっかかった神社は、分教場より下流の高い場所にある。だから普通の鉄砲水に流されたのでなく、屏風のように切り立った土砂の壁が家を倒し、家を浮かして神社までもっていったものらしい。年寄りから「山津波は恐ろしい」と聞いていたが、自分はそれを体験したことになる。

細い山道は雨水の小川に変わり、そこへ岩魚が泥ばかりの本流を逃れて列を作っているのに会った。神社あたりの平《だいら》には、足の踏み場もないほど多くの岩魚が登っていた。数える余裕はなかったが一〇〇匹以上いたのではないか。年寄りから「岩魚の山越え」という話を聞いていたが、本当のことだと分かった。三ツ谷川は、鉄砲水も山津波もなかったので、岩魚は本流から数多く移ってきたので、三ツ谷の衆は一時《いっとき》喜んでいた。

2　昭和九年の土石流の実態

お三方のお話により、河内を襲った山津波、すなわち今日でいう土石流の実態が、おぼろげながら分かってきた。

一つは、別当谷（柳谷川）・湯の谷の土石流は、少なくとも一次・二次と二波であったらしい。「濁流が緩やかになり、これで治まったら良いのにと思ったら、さらに強い濁流が……」（加藤せん氏）、「白山温泉の建物が流れてきたのを見て、自宅の家財を分教場に運んだ。ゼンマイを取りに戻ったら家ごと流された」（加藤政治氏）、と二人の口述が裏付けている。強力会の二次会で加藤政治氏と同席した加藤政則氏（大正四年生、三ツ谷）は、「山津波がピタッと止まる。水が河原からなくなる……すると轟音を発して盛り上がった土石流が押し出してくる」と、一次・二次の土石流について記す。(2)もう一つ注目されるのは、加藤政治氏が体験した「久司家でヒエの団子を食ったとき、家の内も外も泥の匂いがした」

との匂いは、土石流そのものの泥の匂いばかりではなかったことである。加藤政則氏は「石と石とがすれ合う匂い――焔硝に似た匂いが、谷一杯に立ちこめる」と記す(3)。永井喜市郎氏は「岩と岩が衝突、そのとき煙のような岩屑があがった」と話されたが、岩が衝突したときは、煙ばかりでなく匂いを出していたのである。

土石流の中で岩と岩が激突する様子について、国土交通省所管の映像がある。平成十六年五月十七日、白山別当谷で土石流が発生、登山用吊橋等に被害を与えた。このときの監視カメラ映像は、岩と岩が衝突した瞬間の「火花を発し岩煙をあげる」のをキャッチしていた。加藤政治氏の「泥の匂い」は、永井喜市郎氏が見た「煙のような岩屑」から出た匂いを含み、それを加藤政則氏は「焔硝の匂い」と感じ取ったのである。

3　水害廃家之碑の「之建依全義」の文字について

市ノ瀬では、八戸中一家全員死亡で家が絶えたのが四戸、他の四戸は永井家を含めて、家族に死亡者を出したが生存者もあり、家が残った。残った四家で、途絶えた四家の供養碑を建てた事情を考えたい。推察するに、生存者もあった永井家のような四家は、正直言って自分の家族の供養を形にしたい思いもあったが、その気持を押し殺して、より不幸な一家断絶の四家の碑を建てたのではないか。台座に「之建依全義」と記すが、建ち上げた四家は自家の悲しみに耐えて、一家断絶家を追悼したという、厳しい現実が背景にあったのでないかと思い計る。奥山人の強い絆と、やさしい思いやりに心からうたれる。

追記　昭和九年七月十一日、各出作りは農耕地の土壌流失、急傾斜地での崩壊、生活道・橋の破壊等で大被害をうけた。追い討ちをかけるように九月九日と二十一日、二回の強台風による大被害もうけた。二十一日の台風は、「室戸台風」の名を残す九一一・六ミリバール（ヘクトパスカル）の猛台風であった。山地は平野部より風雨が強く、二回の台風で焼畑のヒエ・アワは倒れ伏し全滅した。赤谷の季節出作り竹腰清勇氏は、「ツクリ物全部ダメナリ、ヒエアワ畑へ穂トリニ行クコトイラズ」と記す。大凶作となった昭和九年という年は、白山直下では水害・風害の未曾有の自然災害を被った年であった。

注

（1）『聞きがき抄　昭和九年白峰村水害誌』白峰村公民館、昭和五十八年
（2）加藤政則『白山の埋み火――白峰村河内の存亡史』「水難の記」川上御前社跡保存会、昭和六十一年
（3）前掲（2）

一〇　秋・冬のトチ・ナラ・クリ等の木の実を食べる

1　はじめに

焼畑の出作りを営む地域での〝餅〟という食物事情はどうであったかに焦点をあてると、糯種《もち》の雑穀モチアワから作った粟餅が主なるものである。その他、糯米を買い求めてのいわゆる〝餅〟と、「コモチ」という粳種《うるち》の雑穀を材料とする餅があることが分かった。[1] コモチ（以下粉餅と記す）とは、糯種のないヒエ・ソバ・カマシ（シコクビエ）・トウキビ（トウモロコシ）等を石臼で粉にし、それにトチの実・ナラの実を混ぜて蒸しあげ、臼で搗《つ》いて仕上げたもので、その過程で石臼で粉に碾《ひ》くことから別名を「ヒキモチ」とも言った。そしてこの粉餅は、出作りによっては冬季三食中の一食を粟餅や粉餅にあてるほどに、常食化されていた慣行に出合った。

冬季の粉餅のためには、秋にトチの実・ナラの実を採取しておかねばならない。強いアクをもつトチの実は、食物としての澱粉質を取り出すために、手数のかかるアク抜き技術が必要なことは言うまでもない。このアク抜き技術は、各家で姑から嫁に代々伝授されてきた伝統的技法であり、各家で微妙に異なっている。またアク抜きに使う木灰量は想像以上に多く、現在ではトチの実量とほぼ同量を必要とし、家庭燃料が山村でもガス化した今日その確保に苦労している。木灰は薪を燃やすことでしか発生しないから、かつては冬を前にして、アク抜きのため多量の木灰を用意しておかねばならなかった。

この報告は、白山直下白峰村の焼畑出作り地域を主たる対象地として、太平洋戦争前後にトチの実をどのようなアク抜き技術で食べていたか、さらにクリを含めて堅果類を、食糧としてどれほどの分量で活用していたかを紹介しようとするものである。さらに木灰の多量確保のため、薪やいろりとどのように関わりをもって生活していたかの問題にも触れ、焼畑民の堅果類の食物利用とその周辺を、生態学的に把握しようとするものである。

2　トチの実の採取・貯蔵

トチノキは、トチノキ科トチノキ属の落葉高木である。トチの実は現在も食用に供し需要は多いが、すべてが自然植生のもので、例えば植林による供給増は望めない。だから自然生のトチは、それがたとえ焼畑用地にあっても伐採せずに保護してきた慣行が続いてきた。その結果、白峰村大道《おおみち》谷太田谷の「大栃《おおとち》」のように、幹周り一二mで準天然記念物のような巨木が各谷筋に散在する。また平坦地や緩傾斜地にトチの大木が繁っておれば、このような場所は出作り小屋が廃絶していても、有用樹を残した出作り跡である。

白峰村の焼畑民のトチノキ観は以下のようである。トチは、乾燥した斜面より湿気の多い斜面を好む性質をもつ。概して山地斜面の乾湿は、西陽が強くあたる西斜面は乾きがちで、東斜面は湿気が多い。白峰村のトチは、東斜面や沢・谷筋の湿気の多い場所に多く自生し、西斜面には少ないという。トチは板に製材すれば木目が美しいが、気温差による収縮が激しい。海抜高

写真１　倒壊した出作り住居と残されたトチノキ

写真２　木の実，左よりクリ・トチ・ヒメクルビの乾燥（白山ろく民俗資料館にて，養蚕箱利用）

度が高い出作りでは、冬に縮んで隙間ができ、梅雨どきには脹れて盛り上ったので、積極的な活用はなかった。またトチの木炭は柔らかく、検査で不合格となるので、トチは木炭原木にも適しない。ちなみに木炭として不適当な木は、薪としても柔らかく不適当なのである。出作りではトチを建材・薪炭材としての利用を控え、木の実を採取する木として保護してきた。このような焼畑民のトチへの関わり方を「成りもんの木は残る」と表現している。

「トチの実は、一年ばさみ」と言い、実の不熟・完熟年は隔年周期で起るとしている。昭和六十二年秋は大豊作で、白峰村の栃餅屋には村民が毎日トチの実を持ち込むので、年間備蓄量が短期間に充足され、実の採取季節早々に「持ち込み辞退」の張り紙をするほどであった。翌昭和六十三年秋は大凶作で、平年の二割しか実をつけず、六十二年備蓄のものを活用したほどであった。実の不熟・完熟に関しては「花盛りに闇夜の年は良く成り、晴れて月夜の年は成らん」という伝承がある。実の大小については「成り年は小さく、成らん年は大きい」と言い、この伝承は妥当性が強いとしている。「トチは一本一本が、くせをもっている」と言い、幹の芯が腐り空洞化した老木であっても毎年実をつけるもの、花はつけるが何年間もまったく実をつけないもの、また不熟年には実を一つもつけないもの等がある。だから焼畑民は、個々のトチから熟年・不熟年にはどれほどの量を採取できるかを掌握して食生活を組み立てている。トチはワセ（早生種）とオク（晩生種）があるとし、ワセは二百十日頃より採取し始め、その粒はオクより一まわり大きい。オクは白峰の盆祭り九月十一日頃から採取し始め、比較的長く十月十日頃まで続けている。

白峰村の出作りは、山間部に散居村的に孤立して生活する。出作りが請山（共有地・他人所有地を借りうける場合）であっても、契約期間中の樹木に関しては、請作者が優先する慣行であり、[2]領域内のトチの実の採取権を主張するときは、シタガリ（下刈り）を行う慣行であった。トチの実は苦いので、野生動物は好んで食べない。クマはクリ・ナラの実を好むが、まれにトチを食べるのがいる。ネズミはトチの実の苦さに関係なく食い荒したり巣に持ち運んで被害を与える。トチの周囲を下刈りすると、人間にとって採取しやすい環境となると同時に、裸地は動物にとって体をさらけだす危険状態となり出没しにくいのである。また虫害は、実が地面と接した部分から食い入って起こるが、下草を刈った状態は虫の環境条件としても悪く、虫害も幾分妨げたとしている。

白峰村の出作り群では、領域内のトチに数量的に余裕があれば、下草を刈らないで採取権を主張せず、無言で他人の採取を認めていた。白峰村の隣、尾口村五味島のトチの実採取慣行[3]は、共有林内のトチの実の採取解禁日、いわゆる口明け日を決めて一斉採取し、さらに公平を期するため採取総量を戸数で平等分配していた。また尾口村東荒谷では、トチの実は共有林内のトチノキバラに依存していたが、口明け日はきめずに村民の自由採取にまかしていた。たぶん、東荒谷では集落戸数に比べトチの本数が多かったので、口明け制がなかったと思われる。

　地面に落ちたトチの実は、時間が経過すればするほどウジ虫が食い入り、また不熟年になればネズミに獲られるので、こまめに拾う。トチの実は、外側にナシの外皮と似た肉厚の皮すなわちナシカワを付けている。採取に際してはこのナシカワを外し、腰につけた藁製の小ドゥランに入れ、大ドゥランで担いで持ち帰る。

　採取したものを「ナマシトチ」と言う。ナマシトチを桶・舟で水醂《さわ》しをしてウジ虫を殺す。水にさわす期間は二〜三日、四〜五日、一週間とばらつきがある。この作業を「ムシダシ」とも「ムシサワシ」とも言う。

　ムシダシしたものを、筵《むしろ》の上に広げて直射日光にあて乾燥する。トチホシは、実がカチンカチンになるまで――具体的には表皮に皺ができ、実を振ると中味が動くようになるまで――乾きあげる。乾燥は不熟年にそなえての貯蔵のためだと考えていたが、実際の主目的は、次工程の皮むき作業をしやすくするためであり、副目的が乾燥貯蔵のために日数をかけるのである。乾燥中、実を筵の上で手をこねるように転がす作業を数回行なうが、これも皮と中味を外れやすくするためのものである。乾燥期間は天気にもよるが一五〜二〇日間は必要で、乾きあげた実は「ガラトチ」と言う。

　ガラトチは俵か叺《かます》に詰め、採取年を書いた木札を差し、茅屋根裏のいろりの煙が通り易い二・三階で、湿気・虫害を予防しながら備蓄する。備蓄で越冬したものを「ヒネトチ」と言う。梅雨期に皮の内側にかびが生えることもあるので、夏の土用に二、三日強い日光にあてねばならない。

　虫殺しをした生の実を、生のまま土穴で貯える方法もあり「イケトチ」と言う。出作り地の常畑に、直径約一m、深さ一mの円形の穴を掘り、底や周囲に茅をあてて生トチを入れる。積雪で土穴が隠れるので目印の棒を立てておく。雪融けが始まり、多量の水を利用できる季節になると、掘り出して食用に供した。イケトチは、いつまでも貯蔵するわけにはいかず、トチが新芽を出すまでに食べねばならない。このイケトチ慣行は、白峰村でも、手取川最源流域の三ツ谷・赤岩・市ノ瀬の河内三ヶの地域にあった。

3　トチの実のアク抜き技術

トチの実のアクは、タンニンや有毒なサポニンを含み、アク抜きをしないで口にすると、苦味が口から喉まで滲みこみ、粘膜を強烈に刺激して大変である。トチのもつ独特のアクについて、白峰村では「ナラは渋いが、トチは苦痛い」と表現している。サポニンは水やメチルアルコールに可溶するが、時間がかかり、水溶液中では発泡する。トチのアクを抜き、澱粉質を有効に利用するには、まず長期間の水浸しと、なお残ったアクを木灰いわゆるアルカリで中和して消去しなければならない。白峰村のトチのアク抜き技術は、[4]大別すれば二系統がある。一つは、長時間の水さわし処理と「灰でアワス」木灰処理の複合法であり、他の一つは、灰でアワスことはせず、もっぱらウタセ水（滝のように落下させた流れ）にあてる処理法である。前者を「トチをアワス」「灰でアワス」と言い、後者を「トチコザラシ」と言っている。

①　灰アワセ

その一　ビックリアワセ

事例1　白峰村大道谷五十谷《ごじゅう》　尾田ふく氏（明治三十九年生）の場合

採取・虫殺し・乾燥は省略する。朝、鍋の煮え湯の中へガラトチを入れてさわし、冷えるままに放置してふやかす。晩、別鍋でぬるま湯を沸かし、さわしたトチを少しあて入れて暖め、順次皮をむく。この際ぬるま湯の温度加減がむつかしく、トチがふやけて皮と中味に隙間ができるような温度に加減しなければならない。

皮むき作業は、自然石を台に金槌で叩いているが、以前は口と歯で皮をむいた。歯は慣れると金槌よりはるかに早く能率的であった。歯で皮をむくと、トチの実は丸のまま皮がむけ、屑がまったく出ないですんだ。歯の仕事では、口の粘膜が苦味でしびれるので、一休みに必ず茶を飲み、口を注いだ。晩遅く歯の仕事が終ると、つらい仕事へのささやかな報いに、米かヒエのシラガユを食べる慣行であった。シラガユとは、材料の穀物以外何も入れない粥のことであるが、この場合は調味料を入れないことをも意味する。トチのアクは、塩分と反応してさらに苦くなるので、塩・味噌と相いれないのである。ちなみに、トチ餅の中にも塩は入れない。

皮をむいたトチを、皮むき前のガラトチをさわした鍋水の中へ戻し、翌日まで放置しておく。水を張った桶中で、一日一回水を取り替えながら約一〇日間漬けておく。アクは泡となって抜けるため、発生した泡を抜けやすくするため時折攪拌する。しだいに泡が出なくなる。

木灰はトチ一升に対し、七、八合の割で用意する。灰をいろりの火で温め、篩《ふるい》にかけて塵を除いたものを、鍋湯の中へ入れて灰汁を作る。灰汁が沸騰した中へ、さわしたトチを一気に入れる。この仕草でトチが非常に熱い灰汁でびっくりするというので、「ビックリアワセ」と言っている。アクを灰で処理するのを「アワス」と言う。ビックリアワセでは、小粒や屑状のトチは溶けてなくなってしまう。歯でトチの皮をむく技法では、屑はほとんど出ないので、ビックリアワセには都合良かった。具体的にはビックリアワセの前に、トチの丸実を半分か四分の一に切って大きさを統一し、アワセ度が均一になるようにしておいた。

一気にトチを灰汁に入れると温度が急激に下るので、火勢を強めながら攪拌するとトチが浮きだす。煮えたつ寸前に鍋を下し、鍋を稗がら・稲藁で包むように覆い、さらに布団や筵を被せて温度が急低下しないようにして一昼夜おく。灰アワセの善し悪しを見るため、指で一粒とりだし確認する。柔らかくつぶれると良しとし、つぶれないと灰アワセをやり直す。灰アワセの際、「トチは縁起が良いのを好むとして、笑い声を大きくすればするほど良くアワサル」と言い、楽しい話題で笑いながら、温度がさめないように動作を機敏に行なった。アワシたトチを水洗いで灰を流し、さらにぬるま湯に一〇分～二〇分間さわすとアク抜きは完了である。

事例2　白峰村風嵐《かざらし》　浦ハツエ氏（昭和五年生）の場合

朝、鍋の煮え湯でトチを煮る。昼頃水を取り替えて再度煮る。晩方、小鍋に三つ四つ取りだして温めてから、金槌で皮をむく。水の流れる舟で約一週間さわす。灰アワセの木灰は、トチ一升にナラは七、八合、クリは一升の割で用意する。灰汁は五、六時間と長い時間煮て、熱い灰汁を作る。他方トチは二日間にわたり、鍋湯を日に三、四回取り替えて煮たてた後、完全にさめきらずぬるくなった状態にしておく。煮えたった熱い灰汁の中へ、ぬるいトチを入れて攪拌する。稲藁製イヅメ（幼児の保育籠）を被せ、さらに筵を被せて一昼夜おき、その後水洗いで灰を流して出来上りである。

浦家のビックリアワセは、冷たいトチを高温の灰汁で驚かすのではなく、温まったトチを高温の灰汁で驚かす技法であり、ビックリさせる度合すなわち温度差が少ないのである。

事例3　白峰村河内谷大空《こうちだにおおぞら》　愛宕とめ氏（大正四年生）の場合

皮むき、長期間の水さわしの工程は、同じなので省略する。灰アワセは、木灰をトチ一升に一升の割で用意し、灰汁を二、三時間煮る。トチをビックリアワセする前に、鍋底に丸めた稲藁を手早く敷き、トチを入れ掻き混ぜながら煮つめると、トチが浮いてくる。鍋を下ろしさらに表面に灰を一面に被せ、さらに藁を被せて蓋をする。鍋全体に古布団を被せて二晩おいた後、水洗いをした。

事例4　白峰村小赤谷《こあか》　織田たま氏（明治四十二年生）の場合

灰アワセに使う木灰は、「カナギ」が良いとしている。カナギとは落葉広葉樹の総称であり、良いカナギはナラ（ミズナラ）で、トチ一升に七、八合、クリは一升の割で準備した。灰汁を半日煮る。水切りしたトチを熱い灰汁でビックリアワセをする。温度が急低下するので煮るが、その時間が短いと苦味が残り、長すぎると苦味はとれるがコクがなくなり、かつ分量が減るとしている。したがって、煮る時間加減がむつかしかった。

事例5　白峰村河内谷オトスケ山　藤部ふで氏（明治四十五年生）の場合

皮むきしたトチを桶で水を替えながら水さわしする期間については、「トチの厄《やく》は一二日」と言い、最低一二日間はさわさなければならないとしている。したがって、灰アワセは一三日目以後にする慣行であった。木灰は、ナラは強いので八合、スギ・クリは弱く一升の割で用意する。灰汁を二、三時間煮た中へ、トチを一気に入れてアワス。藁すべを被せて蓋をし、古布団・毛布を被せてゆっくり温度を下げ、約一週間放置しておく。一〇粒ほどを粥に料理して試食し、苦味が残るときは灰アワセからの工程をやり直した。

事例6　白峰村下田原セイシ山　山口ハル氏（明治四十三年生）の場合

水さわしは、トチを麻袋に入れ谷川で約一週間浸した。灰アワセの木灰は、生木のものを最上とした。炭焼小屋での焚火はナラの生木を燃やすので良く、トチ一升に六、七合、ナラの薪の灰は七、八合の割で使った。灰汁は、一時間～一時間半煮た後、ビックリアワセした。布団を被せて一晩寝かせておく。水洗いする前に一粒取りだし、いろりの火で

写真 3　トチの皮むき作業（織田たま氏の場合）　小鍋のぬるま湯を通して皮をむく．ぬるま湯の加減がむつかしかったが，今はプロパンで温度調節がたやすくなった．

写真 4　灰アワセの工程 1　大鍋で，朝より 7 時間煮る．この間水を 3 回替える．

焼いて、指でつまんでつぶれると良く、固くつぶれないときは再度灰アワセをした。

その二　ユッタリアワセ

事例7　白峰村大道谷太田谷　織田たま氏（大正九年生）の場合

朝、大鍋で煮え湯をたてガラトチを煮る。午後、別鍋に大鍋のさました水を取り入れてぬるま湯を作り、トチを数個あて順次入れてふやかし、石台・金槌で皮を外す。かつては口・歯で皮をむいた。桶の水を取り替えながらムキトチを一二日間にわたり、シブトリをする。灰アワセの日は、大鍋の湯で約七時間煮る（写真3参照）。この間水を三回替えてやる。他方、貯えていた木灰を手数をかけて準備する。木灰は、貯蔵中に湿気をおびると固まり、玉になる。まず玉を砕いて粉にし、篩《ふるい》に通して美しくする。この木灰を、いろりかこたつの火力で熱くする。この一連の仕事を灰の「ヤキカエシ」と言い、焼き返しの灰は温度が高く熱いほど良いとしている。木灰はナラのときはトチ一升に八合、スギのときは一升の割で用意しておく。昭和六十三年時点での木灰の割合は、トチ一斗二升に対し木灰一斗一升である。

大鍋で約七時間煮たトチを揚げて水切りし、別の大鍋で灰アワセをする。まず約半分（一斗二升の半分六升）のトチを入れ、さらに半分の灰（一斗二升の半分五升五合）と水を入れて、昔はゴロギャ（雑穀飯を作る際の木製民具）で、現在は鉄製センバで掻き混ぜる。さらにその上に、残り半分のトチ・灰・水を入れて混ぜる（写真4参照）。最後に一番上に残した灰を薄くまく。これら一連の灰アワセの動作は、トチ・灰がさめないように瞬敏にしなければならない。

急激に温度が下らないように、現在は風呂敷、その上に藁すべを被せ、さらに塩化ビニール二枚を蓋代わりに覆う。風呂敷は保温剤の藁すべが鍋中に入らぬようにするためである。古毛布二枚を被せ（写真6参照）、その上に筵をのせて、二晩おいた後水洗いをして完了である。灰アワセしたトチは冬の季節は約一〇日間はもつ。現在は冷蔵庫だから長く保存できる。

事例8　白峰村大道谷五十谷　苅安たま氏（明治二十三年生）の場合

歯で皮をむいていたときは、トチは丸実であったのでビックリアワセをしていた。金槌で皮むきをするようになり、トチが壊れて屑がでるようになりビックリアワセはしない。理由はビックリアワセでは、小さいトチを融かして量が少なくなってしまうからである。ムキトチは麻袋の中に入れ、七、八日舟で水をあてさわす。

さわしたトチを、鍋の湯で約三時間煮、この間に湯を一回替え、温度が低くなり指がはいる程度になったときに灰アワセをする。木灰は、いろりの燃焼穴の周囲に山積みして火力で熱くしておく。この工程を「灰のネラシカエ」と言い、ネラシカエをしないとアク抜きに効き目がないとしている。用意する灰はトチ一升に八合の割で、鍋に順次灰を多く入れていくと、トチが浮いてくる。上に稲藁・スゲ・ソバガラ等を被せ、鍋蓋をして筵をかけて一晩放っておく。保温剤としてよく熱を保つのは、ソバガラが最も良かった。翌朝、水洗いで灰を流して出来上りである。

事例7・8におけるトチと灰の出合いの瞬間は、ビックリアワセのように両者の間に極端な温度差はない。すなわち事例7・8では、トチは鍋で煮てきたので熱く、灰も焼き返しで熱くなっており、トチはびっくりしないですむ。事例

写真5　灰アワセ工程2　煮たトチ1斗2升に対し，灰1斗1升を入れ，鉄製センバで掻き混ぜる．

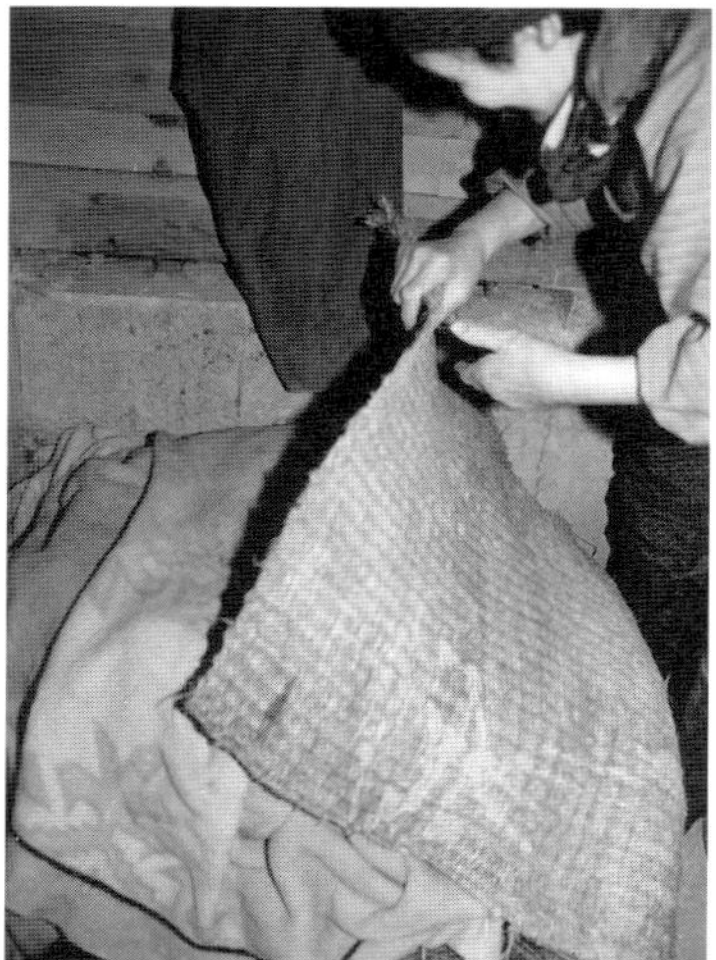

写真6　藁すべ，塩化ビニール，布風呂敷，古毛布，筵を被せ，少しあて温度が下るようにする．

7・8の灰アワセの技術名称については採取できなかったが、ここではトチはびっくりすることもなく落ちついているので、「ユッタリアワセ」という語を仮に作って紹介した。（したがって「ユッタリアワセ」とは伝統的な民俗語彙ではないと断っておく。）ユッタリアワセでは、灰アワセの前段階でトチを湯を替えて長時間煮るが、このときにトチの独特の風味が抜けて味がなくなるとして、ユッタリアワセを意識して避ける人もいる。

② トチコザラシ

白峰村でいう「トチコザラシ」という言葉の意味は二つある。アク抜き技術の方法を指す場合と、もう一つは、そのアク抜きによって出来た製品を指す場合である。以下に紹介する内容の記述もこれに準拠した。[5]

事例9　織田たま氏の場合

ワセのトチを一番に採取し、ナマシトチを釜湯で煮てふやかす。次は臼で搗《つ》いて粉にする。雑穀穂の脱粒に使うホガチウスを使って、実が黄色の粉になるまで搗き、篩で通して皮を外す。トチの粉を麻袋に入れ、トチサンジキの上に浅く広げ、樋《とい》のウタセ水をあて落す。トチサンジキとは、畳一枚ぐらいの大きさで、高さ一〇cmほどの浅い木箱の底を竹簀にし、洋風机のように四本足を付けた装置である（図1参照）。樋水の中に混じる土・砂が、ウタセ水を落すとき、麻袋の中の目を通してトチの粉に混じり込むのを防ぐため、さらに目の細かい木綿布を被せてやる。水が均一に当たるよう、時折サンジキを動かす。水勢の強弱にもよるが、二、三日たったら取り出し、苦味がなくなっていると食べた。ウタセ水は冷たいので冷蔵庫の役割をもつ。随時、中間食やおやつにし、トチサンジキより取り出して食べた。トチコザラシの味は、ウタセ水でアクが溶脱されて味気ないものである。織田家はトチノキを多く所有し、またトチコザラシの技術を伝える出作りが少なかったことも関係し、一番トチでトチコザラシを作り、近隣へ配ると非常に喜ばれた。

事例10　白峰村大杉谷苛原《えらばら》　長坂ソキ氏（明治三十七年生）の場合

素材のトチは、拾ってきたナマシトチや土穴で貯蔵してきたイケトチを使う。補足すれば生のトチを使うのである。トチコザラシは、もっぱら休むことのないウタセ水を使うので、厳寒期には降雪は融けないので水量が少なくて出来ず、融雪期で水量が豊かになると始めた。またトチコザラシは、暖かくなるとトチは芽を出すので、発芽期までに終らねば

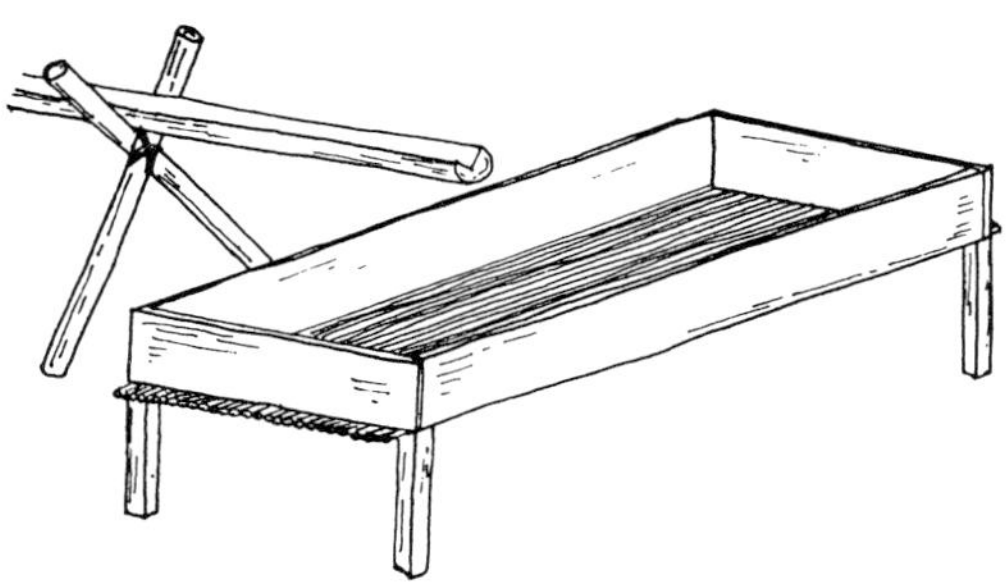

図 1　白峰村大道谷太田谷のトチサンジキ（織田たま氏の場合）

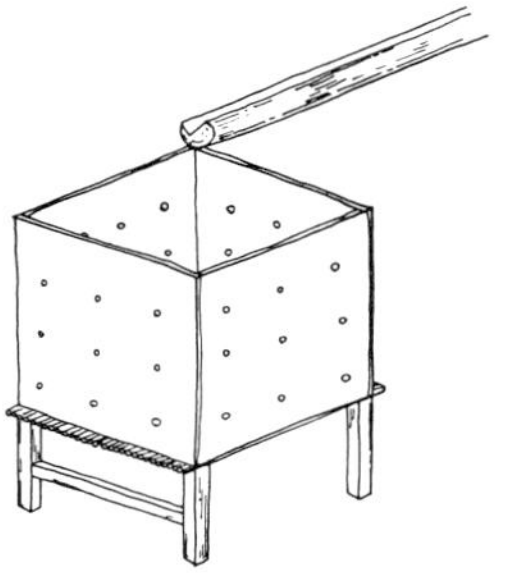

図 2　白峰村大杉谷苛原のトチサンジキ　（長坂ソキ氏の場合）

ならない。

まず生のトチを水洗いし、釜湯で中味が柔らかくなるように煮る。ホガチウスで搗いて粉にし、篩で皮を外す。長坂家のトチサンジキは約二尺四方大の木箱の底に簀を付け、側板に穴をあけて水通しを良くしたものである（図2参照）。数枚のさらし布を木箱の敷布とし、粉を包み込み、四六時中樋水をあて落してアクを抜く。三日ほどして試食して苦味がないと、布の中で水を切り食用に供した。

事例11　白峰村三ツ谷　加藤まつえ氏（大正九年生）の事例

ナマシトチを水中に半日間漬けてふやかす。さらに皮をむきやすくするため、小鍋のぬるま湯の中で数個あてくぐらせて順次皮をむく。口・歯で皮をむくが、金槌より早い。三ツ谷では歯の弱い年寄りは金槌を使った。次にムキトチをホガチウスで搗いて粉にする。桶の中へ粉トチを入れ、水を注入し掻き混ぜ、きたない上澄液を捨て澱粉を沈める。一日この作業を二、三回行ない、苦味がなくなり白色で美しい澱粉ができるまでする。この作業を何日間、何回ぐらい行なったかは記憶にない。澱粉を袋入れして水切りをして出来上りである。秋のトチコザラシは旬として食べるので割とおいしかった。

③　白山麓のアク抜き技術の検討

白山麓におけるトチのアク抜きの技術の系統を、一つは灰アワセ技法と、もう一つは水処理トチコザラシ技法に分けてまとめた。

灰アワセの必須工程は、皮むき・水さわし・灰アワセである。そして灰アワセは、加熱した灰汁の中にトチを入れるビックリアワセと、加熱したトチに熱い灰を混ぜるユッタリアワセの二つがあった。トチのアクは、タンニンとサポニンである。タンニンは「トチの厄日は一二日」の慣行に従って水さわしで溶脱し、酸性をおびるサポニンは灰で中和して除去するのである。灰を使っての中和は、一種の化学反応であり、温度が高いほど良く反応する。灰アワセで「灰汁を煮る」「灰を焼き返す」「トチを煮る」というのは、中和促進のため温度を高める手段で、理にかなった技法である。

ビックリアワセでは、屑や小さなトチは融けるので、かつては金槌使用を避けていた。歯で皮をむき、丸実を作り屑を出さない技法は、ビックリアワセとセットになったものかも知れない。

表1　石川県白峰村のトチのアク抜き工程

アク抜き技術の工程			トチの名称推移
作業内容		作業名称	昭和六十三年秋の値段
1　二百一〇日頃よりトチを採取する		トチヒライ	ナマシトチ　一kg三〇〇円
2　水に浸して虫を殺す		ムシダシ（ムシサワシ）	
3　直射日光で乾燥する		トチホシ	ガラトチ　一kg五〇〇円
4　歯・金槌で皮をむく		カワムキ	ムキトチ
5　アクを抜く	イ　長期間水に浸しアクを抜く	トチサワシ（シブトリ）	サワシタトチ
	ロ　灰でアクを抜く	ハイアワセ｛ビックリアワセ／ユッタリアワセ｝	アワシタトチ
6　アク抜きの成果を確かめる			
7　水洗いして灰を流す		ハイアライ	アワシタトチ　一・三kg二三〇〇円

水さわしは、容器中の静止した水よりも、流れている舟の水、それより流速の早い川の水、さらに滝のように落下するウタセ水が、水溶性物質を溶脱する力が強い。水溶性物質を溶脱するとき、対象物の素材が小さいほど、具体的には粒より粉の方が、より溶脱しやすい。この二つの原則を組み合わせたのが、トチコザラシである。すなわち溶脱力の大きい「落下するウタセ水」と、溶脱しやすい「粉」をセットにしている。トチコザラシの必須工程は、皮むき・製粉・ウタセ水である。

白峰村のトチコザラシの事例9、10は、江馬三枝子氏が調べた飛騨白川村の「コザワシ」の工程[6]と、さらには藤田秀司氏が秋田県中仙町で調べた[7]「粉をトチダナに入れて落水でさわす」技術と同じであり、また渡辺誠氏

表 2　石川県白峰村の各出作りにおけるトチ・クリの実年間採取量

出作り 居住場所	標高m	出作り 氏名	家族数人	トチの実 石	クリの実 石	トチ・クリ合計 石	家族1人平均木の実量 斗
白峰村大杉谷苛原	740	長坂吉之助	8	2.0～3.0	1.0	3.0～4.0	4.4
白峰村大道谷五十谷	785	尾田敏春	4	2.0～3.0	2.0～2.5	4.0～5.5	11.9
白峰村河内谷オトスケ山	850	藤部仁三	2	0.2	0.2～0.3	0.4～0.5	2.3
白峰村大道谷五十谷	830	尾田清正	7	2.0	1.0	3.0	4.3
白峰村河内谷大空	660	愛宕冨士	13	0.3～0.4	1.0	1.3～1.4	1.0
白峰村三谷	780	加藤仁助		3.0～4.0	0.2	3.2～4.2	—
白峰村大杉谷苛原	810	愛宕末太郎		1.5～2.0	2.0	3.5～4.0	—
白峰村大道谷太田谷	850	織田たま		2.0～3.0	1.0	3.0～4.0	
白峰村小赤谷	700	織田喜市郎		0.5～1.0	1.5～2.0	2.0～3.0	
白峰村下田原山セイシ山	720	山口清太郎		0.2～0.4	2.0～2.5	1.2～1.9	—
出作り 10 戸平均				1.64	1.27	2.91	—

が調べた美濃徳山村の「コザワシ[8]」と類似のものである。「類似」としたのは、徳山村の場合では、工程中に灰水や柿渋等を使っているが、コザラシでは灰等をまったく使っていないからである。トチコザラシの事例11は、畠山剛氏が調べた陸中岩泉町の「トチの粉食[9]」と類似のものである。「類似」としたのは、水を入れ攪拌した後沈殿させて上澄を捨てるのは同じであるが、岩泉町ではこの際灰汁を使っている。これに対し白峰村では灰を使わないのである。

　トチコザラシの事例9・10は灰を使用せず、樋より落下するウタセ水の強い溶脱力に依存している。事例11は、皮むきのため、ぬるま湯でふやかすときに幾分加熱するが、[10]これはアク処理のものでなく皮むきの手段で、終始水による沈殿と上澄を捨てる技法、すなわち全面的に水に依存する技術と言ってもよいであろう。松山利夫氏は、堅果類のアク抜き「水さらし技術」は照葉樹林帯に対応するものと位置付けしているが、[11]石川県白峰村のトチコザラシの事例11は、岩手県岩泉町の「トチの粉食」の加工技術[12]とともに、落葉広葉樹林帯における水さらし技術と言えよう。

4　トチの実の収量と料理法

①　トチの実の年間採取量

表2は、白峰村の五つの違った谷筋に住む一〇戸の出作りについて（太平洋戦争前後を想定）年間の木の実収量を調査し、まとめたものである。

トチの年間収量を見れば、自生のトチは、意図的に植林したものは少なく、また山地に平均的に散在するものではないから、一〇戸の収量はばらつきが大きい。尾田敏春・織田たま・愛宕末太郎の各家では、一本で一石以上の収量を期待できる木を所有していた。愛宕富士家は約二〇町の山林を所有するが、持山に自生トチが少なく、トチに恵まれない家であった。藤部仁三家は分家で夫婦二人であったので、トチ・ナラの実は自給用に採取した他は、採取権を他人に譲る慣行であった。尾田敏春家は、母の実家がトチのない出作りであったので、木の実は二軒で分けていた。一〇戸の平均年間収量は、トチは一石六斗、クリは一石三斗、トチ・クリ合わせた数値は二石九斗である。

白山の東山麓、庄川水系の岐阜県白川村の事例について、江馬三枝子氏[13]は「白川村大家族では二枚立の叺《かます》に一五、六俵拾ったという者と、四、五俵だったというものがある。大家族は徐々に家族員が減少しているから、いずれが本当だと言い難い……」と報告している。白川村の大家族は三〇〜四〇人近い家族数なので、白峰村とは一様に比較できないが、共通していることは家々による格差が比較的大きいことである。

②　トチの実の料理法

灰アワセしたトチ（灰で処理した粒とち）

（1）　粥の中へ入れ「トチガユ」を作る——ヒエノミや米で粥を作り、八割ほど煮えあがったときトチを入れる。ゴロギャ（木製攪拌器）で掻き混ぜながら鍋の縁でトチをつぶして仕上りである。トチ餅はうまいが、トチ粥はあまりう

表3　石川県白峰村のトチの実料理法

イ　灰アワセしたトチ

食べ方の種類	具体的な料理の仕方
1　粥の中へ混ぜてトチガユにする	ヒエノミ・コメ等の粥の中へ混ぜ、煮えあがるとつぶす
2　炊飯の中へ入れてトチイイにする	ヒエノミを炊いた稗飯（イイ）の中へ混ぜて蒸しあげる
3　糯種のコメ・アワと混ぜて餅にする	モチゴメ・モチアワに混ぜてトチモチに加工する
4　糯種のアワ・雑穀粉と混ぜて餅にする	モチアワ・雑穀粉に混ぜて一緒に蒸してトチモチに加工する
5　雑穀粉と混ぜて粉餅にする	ヒエ・ソバ・カマシ等の粉を団子状にして一緒に蒸してトチモチに加工する

ロ　トチコザラシ

1　生のまま食べる	黄粉をふりかけて食べる
2　炒って食べる	黄粉と混ぜて、そのままイリコのようにして食べる　雑穀団子をまぶす材料とする
3　雑穀粉と混ぜて粉餅にする	ヒエ・ソバ・カマシ等の粉と混ぜてトチモチに加工する

まくなかった。

（2）炊飯の中へ入れ「トチイイ」を作る――ヒエ飯・アワ飯等の雑穀飯が八割炊きあがったときに、トチを入れて攪拌するとともに、ひっくり返して蒸しあげる。トチイイは、米飯に例えれば栗飯のようなもので、季節のものでしばしばはやらない。

（3）餅に加工して「トチモチ」を作る――焼畑雑穀栽培が盛んであった頃の白峰村の餅は、大別すると三種類であった。まず一番目は「シロモチ」「コメモチ」という糯《もち》米の餅、二番目は白峰村で言う「モチ」で糯種アワで作った粟餅、三番目は最も特色的な「ヒキモチ」という粉餅で、糯種のない粳種のヒエ・ソバ・カマシの粉で作った餅である。

粒のトチを、米餅・粟餅・粉餅へ入れた場合は、どれも「トチモチ」と言う（写真7参照）。大道谷五十谷の尾田清正（昭和六年生）家では、正月用の餅搗《つ》きの際、米餅は三臼（一臼は一升）、粟餅は約一〇臼、粉餅を約一〇臼搗いた。[14] 米餅は鏡餅や雑煮餅だからトチを入れず、粟餅・粉餅の中に多量にいれた。大道谷筋では正月を機に多くの餅を搗き、三食中の昼食か夜食に、粟餅・粉餅に大根の漬物を添えた献立食事をヒエ飯の代りにする慣行であった。大杉谷苛原では、粉餅を冬場の主食に組み入れ、なくなると粉餅を搗く慣行の家が多かった。蒸籠《せいろう》の一番下にトチ、その上に少量の糯種アワ、その上にヒエ・ソバ・カマシ・トウキビの粉を団子状にして入れ、蒸して搗くのである。粉餅は家により、糯種アワをまったく入れず、雑穀粉だけにトチを入れるときもある。

現在のトチ餅は、糯米一升にトチ五合の割合である。かつては糯米五合にトチ一升、糯種アワ一升にトチ六合〜一升の割であった。混入するトチは、第一に増量材、第二に軟化剤、第三に風味添加剤の役目をする。かつて白峰村の出作り群で、冬場の粉餅にトチが混入されていたのは、粳種のヒエ・ソバ・カマシ・トウキビの澱粉がばらつくのを、トチの粘り気で粉餅を柔らかく滑らかにさせるためである。トチのもつ軟化剤としての機能を最大に利用したのが、春木山のトチ餅である。

写真 7　白峰村のトチ餅（白峰村大道谷堂ノ森の出作り，尾田清正家の場合）　一つごとの大きさ・厚さにこだわらずに切餅にしている．マッチ箱と対比．

春木山とは、薪炭材や建築用材をソリで雪上運搬する作業のことで、二月中・下旬より始める。[15]この春木山の昼食・間食には、トチ餅を常用した。春木山でのヒエ飯は、海抜高度の高い山地では凍りついたように、パラパラになって食べづらかった。春木山のトチ餅は、トチの軟化剤としての機能を利用し、粟餅・粉餅の中に一〇割以上の率で混ぜた。大杉谷苛原の長坂吉之助（明治二十八年生）家の春木山のトチ餅は、朝いろりで焼き、焼味噌をサンドイッチ状にはさみ、新聞紙と真綿（絹綿）で二重に包んで持参した。昼食時はもちろん、午後の中間食の時まで柔らかく暖かく、極寒での快適な食物として利用できた。三ツ谷の加藤仁助（大正九年生）家の春木山のトチ餅は、直径二〇cmほどの丸型である。三ツ谷の春木山は労力の相互扶助イイ[16]で行ない、依頼主がトチ餅で接待する慣行である。その折のトチ餅の大小は非常に重要で、けち臭い家を「あの家は、春木山のトチ餅が小さい」と言って揶揄する材料にもなった。

春木山を前にして各出作りでは、トチ混入率の高い粟餅・粉餅を必ず搗いた。

大道谷太田谷の織田たま家の春木山のトチ餅は、一〇割以上も入れるので、食べるとアクが強くあたる。そこで織田家では、アク抜きしたトチをさらに一、二日水にさわしてアクを弱める工程を加えている。混入率の高いトチ餅は、春木山ばかりでなく積雪期の兎・熊等の狩猟時にも利用した。狩猟では、立ったままの食事が多いこととも関連し、トチ餅は都合が良かったのである。

トチコザラシ（水だけで処理した粉トチ）　灰アワセのトチは、実を採った後食べるまでの日数は、精一杯短縮しても絶対二週間ほどかかり、通常ペースでは天候が順調にいっても二〇日間はかかった。採取した新トチを早く食べたいときは、工程が簡単で一週間以内でアク抜きが出来るトチコザラシをした。

（1）　黄粉（大豆粉）と混ぜる――生のまま水を切り、黄粉をふりかけて中間食やおやつにする。多量に作ったときは、鉄鍋で炒って乾いた粉にして長もちさせる。乾いた粉は黄粉とまぜ、そのまま炒粉として食べたり、団子にまぶして食べた。

（2）　トチモチを作る――粉餅・粟餅の中へトチをいれるときは、普通には粒の灰アワセしたものを使うが、都合でトチコザラシを入れる場合があった。

5　アク抜き剤としての木灰といろり

現在の白峰村で、トチのアク抜きで一番困っているのは、山村も気体燃料となり木灰が入手できないことである。体験者は共通して「灰は入手できても質が悪く、そのためトチと同量が必要である」とくどいている。それでは、かつて多い家では二、三石もトチを採取したのであれば、灰はどんな樹木から作り、どのようにして備蓄していたのであろうか。

尾田清正氏によれば、アク抜き用の灰は「カナギのカタギが良い」と言い、カナギすなわち広葉樹の堅木の灰を体験的に奨めている。具体的にはケヤキ・イタギ（イタヤカエデ）・ナラ（ミズナラ）等が良く、最良はブナであるとしている。そして薪用に燃料棚に積みあげたものより生木が良いとし、棒小屋（ブナから雪掻板や鍬の柄を作る小屋[17]）や炭焼小屋で生木を燃やした焚場の灰を最重視している。対するに「ヤコギの灰は悪い」と言い、柔らかい木、具体的にはスギ・ハンノキ・コクルビ（サワグルミ）等の木は質が悪いとしている。良い灰は、分量が少なくてすむので、最後の灰の水洗いも手数がかからなかった。生木の灰が効果が良いとの事例は岐阜県徳山村[18]で、また堅木の灰が効果が良いとの事例は岩手県岩泉町[19]でも報告されている。白山麓のアク抜き時のトチ・灰の混合割合は表4で示した。長年の試行錯誤の末、灰の混合割合を樹種によって違え、乾燥度によって違えてきたのである。このような生活技術は、多種の落葉広葉樹と深くかかわってきた白山麓山村独特のもので、平野部には見られないものである。

白山麓では、標準的にはトチ一升にはナラの灰七、八合である。トチの実三石を採るとして、ナラの灰は約二石四斗必要になる計算である。灰はトチのアク抜き以外にも、表5で示したように山村の実生活には多目的に利用する添加剤として必需品なのである。そのため、いろりでは漫然と火を焚かず、灰が多く作れるような火への接し方をした。白峰村大道谷五十谷の出作り群には、灰を多く作る技法があった。薪を燃やすとオキが出来る。このオキを自然に放置しておけば、灰は少ししか残らない。そこでオキを、いろりの一角にある穴の灰中へ埋めて灰を作る。穴は、いろりの角にあるから三角形で通称「アナ」と言い、灰はこの作法で幾分多く作れた。アナのない家は、古鍋の中に灰を入れていろりの一角に置いたり、炬燵をアナ代わりにしてオキを消して灰を作った。作った灰は、古鍋・古釜・石油罐・木箱で貯蔵した。愛宕の富士家の灰箱は、木製で三尺四方、高さ二尺ほどの大きさであった。

白峰村の出作り住居のいろりには、燃焼穴「火ツボ」が二つある複式炉がある。従来、この複式炉の一方の火ツボは炊事用、他の一つ火は雑穀穂の乾燥台「アマボシ」の火力源として機能すると考えてきた[20]。つまり二番目の火ツボは、収穫期における穂の乾燥時と積雪期における濡れ物の乾燥時に、使用するものとしてきた。今回の調査で第二の火ツボは、冬場アナ代わりにオキを埋めて消し、より

表4　トチの灰アワセ時の木灰混合率

樹種	割合
ブナの生木炭（棒小屋の灰）	四・五合
ナラ・イタキ（イタヤカエデ）の生木灰	六・七合
ケヤキの灰	六・七合
ナラ（ミズナラ）の灰	七・八合
スギ クリ ハンノキ（ヤマハンノキ）　の灰	一升

（トチ一升に対する割合）

表5　石川県白峰村の出作りにおける灰利用法

対象物	灰の使用法	灰の効能
モチグサ（ヨモギ）	湯の中へ灰袋を入れて茹でる	真夏に多量に刈りとり、アクを抜くため。その後乾燥し、冬場の餅のため貯蔵する
ワラビ	灰汁で煮る	アクを抜くため
ゼンマイ	乾燥中灰をつけて手でもむ	チ臭いのを抜くためと、貯蔵中の虫害予防のため
ウリナ（ウリハナカエデ）シナ（シナキ）	皮を灰汁で煮る	柔らかくし、細工しやすくするため。製品はガマ細工の縁取り、足半の鼻緒・荷縄の補強に使う
イラ（イラクサ）オゥロ（アカソ）	灰汁で煮る	皮をはがしやすくするため。せんいを作り糸・布の材料とする
ミノギ（カサスゲ?）	灰汁で煮る	柔らかくし、細工しやすくするため。編みあげて、雨具ドミノを作る
ツムギ糸（生糸）	熱い灰汁で練る	セリシンを抜くために練り、糸を柔らかくかつ白くする
麻糸・木綿布	藍染めの後灰汁で煮る	色を安定させるため
クロモジ	熱灰の中で曲げる	カンジキの形を作るため
ハンサ（ミズメ）	熱い灰汁中で曲げる	自家製スキーの先端を曲げるため

多くの灰を作るためにも使用していた事実が分かった。

灰は湿気を含むと、固まって玉になる性質があり、アク抜き時に、古灰を火ツボに入れて加熱して使った。古灰を加熱する技法は「ヤキカエシ」「ネラシカエ」と言い、大切な工程にしている。第一の火ツボが炊事に使用していたときは、第二のヒツボでヤキカエシをした。

出作り住居の火ツボが二つある複式炉は、炊事は勿論、雑穀穂の乾燥の火力源としての役割、また木の実・樹皮・植物繊維・山菜等の処理剤としての「灰を供給する源」としての役割、さらには灰の「ヤキカエシ」すなわち「灰を熱処理をする場所」としての役割等、平野部農村のいろりとは異質な役割を担っていることが分かってきた（写真8・図3参照）。

6 クリの実の採取と食べ方

クリはブナ科クリ属の落葉樹である。クリもトチノキと同じく「成物《なりもん》の木」で、「ナリモンの木は残る」の範疇に属し、薪炭材としては積極的に利用しない。しかし材は耐水性が強く、舟（水槽）・橋・ツカセ（家屋の支え木）に重用し、廃材は薪にした[21]。白峰村では、実生苗で植林したものを「クリ」、自生のものを「ヤマグリ」と言って区別している。

クリの実は、イガの中で通常三つ並んでいる。白峰村では三つの中央を「ナカグリ」、両側を「ソトグリ」と言う。

写真 8　白峰村小赤谷の出作り，織田喜市郎家の複式炉　左：やかんの所が日常使う第一の炉，右：灰をためている古鍋の所が第二の炉．

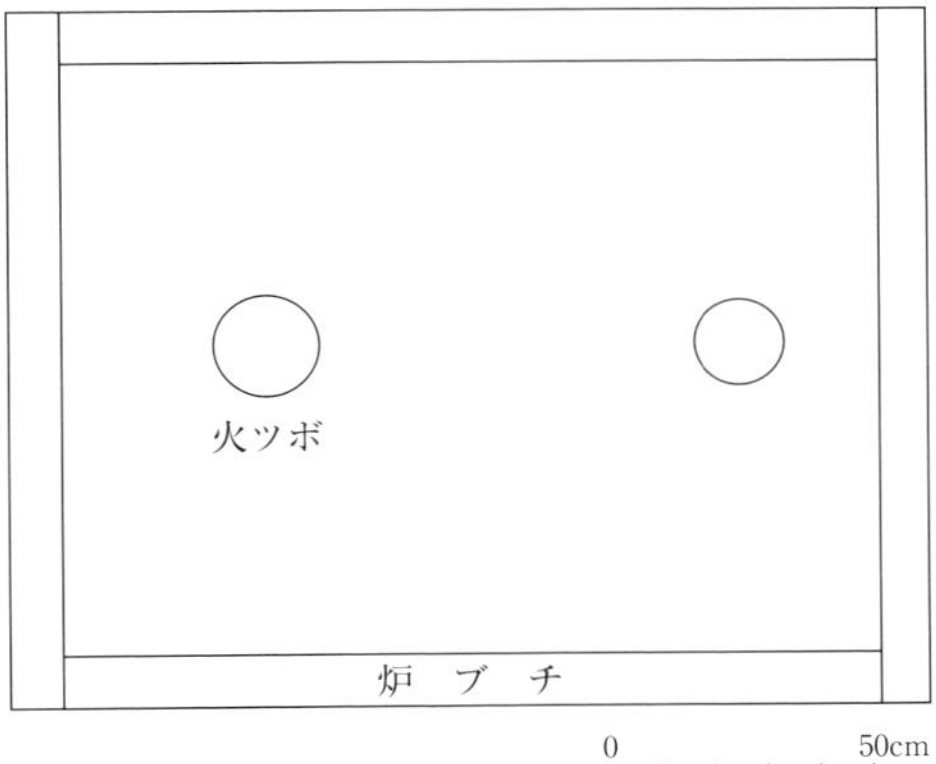

図 3　白峰村大杉谷苛原・長坂吉之助家の複式炉平面図　左の火ツボが日常に使う炉，右の火ツボが秋・冬に使う火ツボ

実生苗を作る際、「実」採取を目的とするときは外グリ、「材」採取を目的とするときは中グリを播《ま》きつけた。下田原谷の山口清太郎（明治三十六年生）家のクリ苗の手入れは、冬前には多量積雪で倒れるのを防ぐ支え棒を立て、盛夏には下草を刈り、それを腐植させて周囲に埋めてやる等、スギの植林より手数をかけた。出作り地域は野生動物の生息地域でもあるので、秋には成木に熊が木登りして実を

とるのを防ぐため、幹にトタンを巻く等の手当をせねばならない。出作り周辺には、こうして育てたクリワラ（クリ林）があり、数本から十数本の大木が群生し、秋には、幹の根元よりマイコ（マイタケ）とクリの実を採取した。年間採取量は前掲の表2で示した。最多採取量は二石五斗、最少は二斗で、その差はトチほど極端ではない。原因はトチは自然植生なのに、クリは実生苗を意図的に育てたものだからであろう。クリの食物としての地位は、秋のナマグリは主食の役割をもち、冬以後は間食や行事食の副食の役割をもち、山村の食事にアクセントをつけていた。

ナマグリ　秋、小赤谷の杉田敏雄（大正十三年生）家では、三食中一食は「クリニボシ」を食べる慣行であった。生のものを水に浸して虫を殺した後、ぬるま湯に通して一つ一つ歯で皮をむく。水を入れた桶の中で、米をとぐように手でもみながら渋皮を取り除ききれいにする。鍋の中に湯をたっぷり入れて茹で、柔らかくなったら湯を切って蒸しあげたものを「クリニボシ」と言う。クリニボシは、蒸しサツマイモのようにうまいが、ヒエ飯代りに食べると胸が詰まり、胸焼けをおこす。そこでクリニボシには菜汁がつきものであった。菜はナナギ（大根焼畑）より採ったもので非常にうまかった。それにしても、クリで胸が焼けるほど、主食として多量に食べつける慣行には驚いた。

その他ナマグリはヒエ飯に炊きこんで「クリイイ」、皮をつけたままでいわゆる焼き栗や茹で栗にした。

イケグリ　水漬けにして虫を殺したナマグリを、発芽前まで貯蔵したものを「イケグリ」と言う。少量のときは木箱に、多量のときは土穴で貯える。普通にはクリと川砂・土を交互に重ねる。特徴的な方法に、箱の中で枯れたミョウガとクリを交互に重ねるのがある。ミョウガが腐ってベトベトになって湿気をもたらすので、クリは貯蔵中に乾き過ぎにならないのである。ミョウガの影響はあっても、一般的にイケグリは乾燥するので、「イケグリは甘くなる」と言い、冬場の甘美な食物の一つであった。食べ方はナマグリと同じである。

ホシグリ

ジュズグリ――茹で栗を縫針・糸で通し、日光で乾かした後、さらにいろりの上で乾かして作る。正月・報恩講・仏事等の人寄せの場で、糸のついたままで漬物・干柿等と盛り付けして、チャノコ（茶菓子）にした。

カチグリ――水漬けして虫を殺し、その後天日で乾かす。乾燥で中味・渋皮・外皮の三つの間に隙間ができ、渋皮が外れやすくなる。茹であげて再度天日で乾かし、カランカランになると雑穀の穂脱粒用ホガチウスで搗き、渋皮・外皮を外し、唐箕《とうみ》で精選してカチグリを作る。カチグリは、非常に手数のかかる食物で、太平洋戦争前は「カチグリ一升米一升」と言い、焼畑地域では米と等価値であった。食べ方は、湯で戻して単独で甘く煮つけたり、大豆とともに煮つけて報恩講・正月料理の献立とした。

7　ナラの実の採取と食べ方

白山麓で言う「ナラ」とはミズナラを指す。ミズナラはブナ科ナラ属の落葉高木で、すべてが自生のものである。ナラの群生自然林は格段に広く、かつては薪炭材に、現在は椎茸・ナメコの原木材として重用している。

ナラの実は、トチの実より非常に小さく、多量採取に莫大な時間がかかって能率が悪く、平常年には採取せず、雑穀不作の飢饉年に利用した。「ナラの実は悪年になる」と言い、近いところでは昭和二十、二十一年の連続不作年には、ナラの実採取とその料理法が復活した。河内谷大空の愛宕富士（明治三十九年生）家では、太平洋戦争中は男手は徴兵にとられ、焼畑規模が縮小したこととも関連し、この二年間に幾ばくかのナラの実を食べた。不作年に備えての貯蔵は、採取後「アマボシ」という雑穀穂の乾燥具といろりの火力・煙で乾燥し、通年的に五斗俵二俵を煙の通る屋根裏で備蓄し、数年サイクルで新旧を取り替えしていたが、昭和六十年に放棄したという。ナラの実をアマボシで多量に一気に火力乾燥する技法は、ナラの実を多量に重用していた時代の技法として注目すべきであろう。

昭和六十三年の日本列島は天候不順で、白山麓の稲作は不作、トチの実も不作であった。この年のナラの実は、良く実をつける木と実をつけない木が好対照で、沢山実をつけたナラは熊の餌として集中的に狙われていた。ナラは数多くあるため、実の採取権を表現する下刈りの慣行はない。

昭和二十年代の飢饉年にはナラの実料理が復活したので、そのアク抜き技術は採取できたが、具体的採取量の情報は聞き取れなかった。たぶん伝承者は、生々しく苦しかった実生活を意識的に口述されなかったと推察する。

採取法は、左手に曲物食器メンパを持ち、「サンダワラ」という苞《ほう》を外して拾い、メンパに一杯になると腰のドウランに詰めるやり方である。乾燥は少量のときは天日で、多量のときはアマボシでカチンカチンになるまで乾かす。外皮

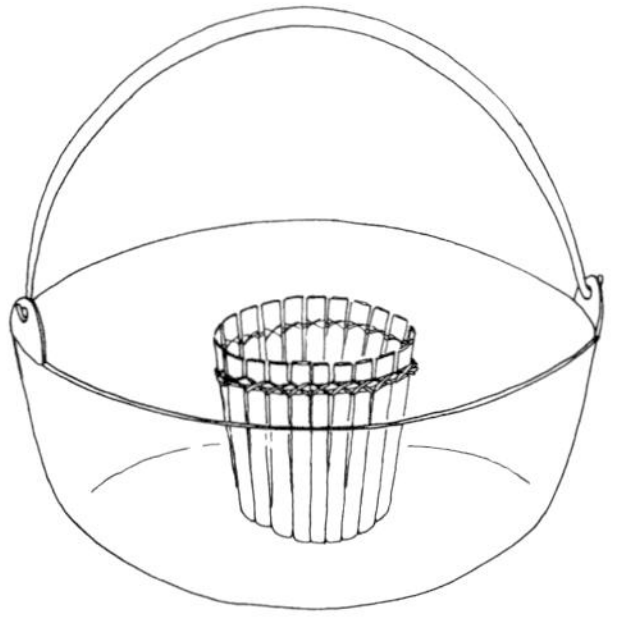

図4　白峰のナラコザラシ作りに使った割竹の筒「ワ」

はホガチウスで搗き、その際ナラの実が飛び散るのでウスブタを被せた。箕であおって皮を外し、実だけを取り出す。白山麓の焼畑で、ヒエ・アワの脱穀調整に使う木製臼「ホガチウス」はくびれ型の臼である。この臼でトチ・ナラの実の皮をむき製粉したり、またクリの皮・渋皮をむくのにも使った。白山麓の焼畑地域の木製臼は雑穀の脱穀調整ばかりでなく、多目的な役割をしていたのである。ナラのアクは、タンニンで水溶性である。アク抜きには、二つの技法があった。

事例1　尾田ふく・藤部ふで・織田たま・刈安たま・長坂ソキ・永井竹雄（大杉谷北俣、昭和二年生）各氏の場合

表6　石川県白峰村のナラコザラシ（ナラの実）料理法

	食べ方の種類	具体的料理の仕方
1	生のまま食べる	黄粉をふりかけて食べる
2	炊飯の中へ入れ、ナライにする	ヒエメシ・アワメシの炊きあがる前に上へのせ蒸しあげて食べる
3	糯種のアワと混ぜて餅にする	モチアワと一緒に混ぜて搗きあげナラモチを作り冬の主食の一端とする
4	雑穀粉と混ぜて粉餅にする	ヒエ・ソバ・カマシ等の粉と混ぜて一緒に蒸してナラモチに加工する
5	雑穀粉と混ぜて団子にする	ヒエ・ソバ・カマシ等の粉に時にはモチグサ・ヤジロ、時にはナラコザラシを混ぜて団子にし黄粉をまぶして食べる
6	雑穀のもみがら糠と混ぜて団子にする	ヒエのもみがら（ドウヌカ・ゴキヌカ）・糠（ヒエノメ）等と混ぜて団子にして食べる

鍋・釜の中に竹で編んだ筒「ワ」を立て（図4参照）、その周囲に皮を外した実を入れ湯で煮る。煮汁はアクでしだいに茶色が濃くなってくる。鍋・釜は重く、水替えのために動かすことがむつかしいので、水替えはワの中へ杓を突き込んで行なった。この水替えについて「ナラの厄《やく》は一二」と伝え、トチの水さらしについて「トチの厄は十二日」と言っているのと共通で、「一二」という数字が目立つ。

一日、または一晩で湯を一二回以上取り替える慣行であった。アク抜きした実は、再度ホガチウスで搗いて粉末状にすると、黒褐色の小豆餡《あん》のような「ナラコザラシ」[22]が出来た。ナラの実が少量のときは釜・竹筒を使わず、小鍋全体の湯をあけて替え、臼に代わって擂鉢《すりばち》で粉にした。

事例2　久司久四郎氏（赤谷、昭和三十九年生）の場合

まず生の実を茹でた後、天日乾燥する。一つ一つを金槌で叩き、実を二つ割して皮を外す。釜に竹筒を立て周囲にナラの実を入れ、湯を替えながらアクを抜くが、最初だけ灰を入れて次々と湯を取り替え、灰分がなくなると最後に水を切って、ゴロギャで餡を練るような仕草でナラを練りつぶし、粉状にしてナラコザラシを作った。

ナラの実の調査は、トチの実と並行して同じ伝承者より行なったが、各出作りのナラコザラシの技法は、紹介した一つの例を除き同じ工程である。これはトチの灰アワセによるアク抜きが、各出作りにより個性差が見出されるのと好対照であった。

ナラコザラシの味は、味噌豆を練りつぶした味で、風味のあるものではないが、「ナラコザラシは腹持ちがよい」と言い、白峰村では飢饉年「ワルドシ」に食べた。食べ方の一覧は表6でまとめた。飢饉年は主食の雑穀収量が少ないから、食べ方は主食を補う料理法で、ヒエ飯・粟餅・粉餅・団子等の増量材としての食べ方が主であった。

8　おわりに

トチを粉にして主に水処理でアク抜きする技術、すなわち白山麓のトチコザラシのような事例は全国的にみて数少ない。終りにあたってトチコザラシについて考えてみたい。

白山麓のトチコザラシの特色は、第一に、アク抜きする前のトチの状態が粉になっていること、第二に、アク抜きには灰をまったく使用せずもっぱら水に依存すること、第三に、アク抜きの期間が短いことである。

畠山剛氏は、岩手県岩泉町のトチのアク抜き技術の系譜について、「粒食」をめざす技術と、「粉食」をめざす技術に分けている[23]。そして粒食の技術は加熱や灰汁処理等の工程的複雑さをもつのに対し、粉食の技術はもっぱら灰汁と水に

依存する簡単さをもつとしていること、さらにアク抜き技術の地域分布は、粒食と粉食の技術をもちあわす地域と、粒食の技術だけをもつ地域に分けられ、前者はトチを多量に採取している地域としている。トチの年間採取量が多いと、アク抜き技術の工夫が起こり、異なった技術が生みだされたと分析している。

この視点は、白山麓でも該当するようである。アク抜き技術を白峰村の出作り群で見ると、灰アワセとトチコザラシの両方の技術をもつ出作りと、灰アワセの技術だけをもつ出作りに分けられる。補足すれば、トチコザラシの技術だけの出作りはない。五六三ページ以下に紹介したトチコザラシの事例9・10・11の年間採取量は、長坂・織田家は二～三石、加藤家は三～四石と平均採取量より遥かに多いのである。

トチの実の採取量が多い出作りで、そのすべてを灰アワセで処理したときは、莫大な量の灰が必要となってくる。織田たま氏からの教示では、皮むきで皮の分量が減っても、中味が水でふやけて増えるため、採取したままの生トチと灰アワセを終えたトチの総量は、ほとんど変わらないとしている。いろりの薪は、一般的にナラである。ナラ灰の混合率は、トチ一升に灰七、八合が標準である。三ツ谷の加藤家（事例11）でのトチ採取量が三～四石、仮に四石とすれば、灰は四×〇・八、すなわち三石二斗が必要となってくる。灰はアク抜き剤の他、多目的に利用することは、表5で示した通りである。灰は山村生活には欠かせぬ触介剤であるため、灰を多く作り出す複式炉の型式をとってはいるが、トチ採取量が多い場合には、灰の量が相対的に不足しただろうと思われる。そこで、灰を必要としないトチコザラシ技術を並用しているのである。白峰村のトチコザラシは、三例と数少ないが、共に灰を使用せず、もっぱらトチの粉を樋より勢いよく落ちるウタセ水にあてる方法と、何回も水替え・攪拌・上澄み捨てを繰り返す方法があった。

トチ採取量が多いときに、灰を使うアク抜きと灰を使わないアク抜きを並用する慣行は、白山麓東側の岐阜県白川村ではどうであろうか。江馬三枝子氏の調査[24]によれば、白川村のトチ採取量は、「普通一〇人内外の家では、四斗俵七、八俵もあれば事足りた」という。この数値は、白峰村の出作りでは多い方に属する。白川村の加須良集落のトチのアク抜きは、粒のまま灰で処理する「丸ザワシ（アクドチ）」と、生トチの粉に落し水をあてる「コザワシ」、乾燥トチの粉に落し水をあてる「サワシトチ」である。コザワシ・サワシトチは、いずれも灰を使わない技術である。白川村加須良では、二つのアク抜き技術で、多量のトチを食べていたのである。さらに粉に加工して食べるコザワシ・サワシトチは、白川村では加須良集落[25]だけが行なっていた。この技術について江馬氏は、単純な点からいって、古いのでないかと指摘している。

白山麓の西側石川県白峰村のコザラシ、東側岐阜県白川村のコザワシは、共に灰汁を使っていない。美濃山地の岐阜県徳山村のコザワシについては、『徳山村史』[26]と渡辺誠氏の報告[27]がある。渡辺誠氏は、徳山村のコザワシについて、灰汁を使わない事例もあるが灰汁・柿渋・ショウマの根汁を使っている事例を紹介している。この徳山村のコザワシは年間収量の多さと関係があるのかの問題については、桜井勝徳氏調査のトチ収量資料[28]があるが、渡辺誠氏の調査との年代的ずれが大きいので考察は見合わせた。

表7　石川県白峰村の木の実食（トチ・クリ・ナラを除いた堅い木の実）

木の実	食べ方
クルビ（オニグルミ）	二百一〇日頃より採取する。擂鉢ですってゼンマイ・メョウガ・キュウリ・シロゴケを和える。報恩講料理等晴の食事に使う。
ガヤ（カヤ）	二百一〇日を過ぎて採取する。炒って固い皮をとりやすくし、皮を外して食べる。報恩講等人寄せの場の茶の子にする。
ハシバミ	二百一〇日になると採取する。乾燥して皮を割って食べる。こうばしい実で茶の子にする。生のまま食べてもよい。悪年に良く実をつける。
ヨツババネ（ツクバネ）	乾かした後、手でもんで羽根を落とし、炒って食べる。
ブナ	ソバによく似た形をなし、生のままか、炒って皮を外して食べる。山仕事で拾って食べたり、家に持ち帰って子供のおやつにする。
ジネンコ（ミヤコグサ）	ササの実で、悪年にしか実をつけない。乾燥し、石臼で粉にして団子にして食べる。たくさんとれないが小麦粉に似てうまい。

白峰村のトチコザラシと灰アワセの二つのトチアク抜き技術は、どちらが歴史的に古いかの問題は、江馬三枝子氏の指摘のように、その技術工程の比較、すなわち簡易さと短期間で出来る便利さから、トチコザラシが古いと思われる。先にトチコザラシについて、灰アワセで灰が多量に消費されるので、灰を使わない技術を並用したものと説明したが、正確ではない。トチコザラシは、アク抜き技術史の立場で表現すれば、先にトチコザラシがあり、後で灰アワセが起こり、より多量にトチを消費できる

ようになったのである。

白峰村のトチの実食の年間サイクルは次のようである。秋、トチの実の一番成りや旬として食べたいときは、短期間で出来るトチコザラシで食べた。冬は、灰アワセのトチを餅の中に入れて搗いた。正月に餅を搗くことを機に、春木山や狩猟時の食物とも関係し、トチを増量材・軟化剤として餅に入れた。焼畑雑穀栽培地域の餅は、糯種アワの餅と粳種ヒエ・ソバ・カマシの粉餅で、冬場の主食である。春の融雪期以後は、土穴のイケトチをトチコザラシにして、発芽期までに始末した。別な表現をすれば、白峰村のトチ採取量の多い出作りでは、初物のトチを早く食べたいときや、春の水量の多いときには水に強く依存するトチコザラシをした。一方、冬の水量が少ない季節には、水・灰・加熱処理に依存する灰アワセでアク抜きし、トチ餅に加工していた。

かつてトチが、冬場の主食としての粉餅の増量材だけの役割しかもっていなかったら、現代ではトチは使われなかったはずである。トチは独特の風味で、今も白峰村内外で年中トチ餅として強く支持されている。トチの風味には、灰アワセとトチコザラシで作った二つがあり、各々特色をもつ。さらに二つのトチを、粥・炊飯・餅の中へ混入割合を違えて混ぜれば、秋から春へのトチの実食に微妙な味の変化を与え、食卓を飾っていたのである。特に、標高の高い山地における積雪期の春木山・狩猟時に食されるトチ餅では、軟化剤として最適の役割をもち、必須の添加剤であったのである。

なおトチ・クリ・ナラの他、比較的固い皮をつけるその他の木の実食については、表7でまとめて紹介した。

注

（1）橘礼吉「粉餅」『白山麓の焼畑農耕――その民俗学的生態誌』四四八～四五〇ページ、白水社、平成七年
（2）宇佐美孝「一作売渡帳と共有地」（『白山麓島村諸家文書目録』一〇八～一一〇ページ、石川県立図書館、昭和五十八年）
（3）松山利夫『木の実』一五八～一六五ページ、法政大学出版局、昭和五十七年
（4）白峰村のトチのアク抜きに関する報告は、疎密の差はあっても、次のようなものがある。
イ、出石康子「食生活」『白峰村史』上巻、三九七ページ、昭和三十七年
ロ、松山利夫「野生堅果類、とくにトチノミとドングリ類のアク抜き技術と分布」『国立民族学博物館研究報告』二巻三号、五〇

七〜五〇九ページ、昭和五十二年
ハ、岩田憲二「出作り地における食生活――白山麓の場合」『石川県白山自然保護センター研究報告』第一集、五九〜六六ページ、昭和六十年
(5)岐阜県徳山村には「トチコザワシ」という言葉があり、食品名と加工法の両方を含んでおり、石川県白峰村の「トチコザラシ」とよく似ている。詳細は次の文献を参照。渡辺誠『増補　縄文時代の植物食』一七七〜二〇四ページ、雄山閣、昭和五十九年
(6)江馬三枝子『飛驒白川村』四六六〜四八二ページ、未来社、昭和五十年
(7)藤田秀司『餅』五七〜五九ページ、秋田文化出版社、昭和六十年
(8)前掲(5)の渡辺誠の文献
(9)畠山剛「木の実食――もう一つの主食量」(『'86いわいずみふるさとノート』一四五〜二二〇ページ、岩泉民間伝承研究会、昭和六十一年)
(10)トチをぬるま湯に浸すのは、トチの皮と実の膨張率の差を利用して隙間を作り、皮をむきやすくするためである。
(11)前掲(3)三四〇〜三四六ページ
(12)前掲(9)によれば、岩手県岩泉町の具体的技術は次の三つである。
イ、採取→つき砕く→水の中でしぼる→沈殿→上澄水を捨てる→灰水にひたす→上澄液を捨てる→しぼる→食用
ロ、採取→乾燥→つき砕く→おろす→灰水にひたす→水にひたす→上澄液を捨てる→しぼる→食用
ハ、採取→乾燥→貯蔵→つき砕く→沈殿→しぼる→灰水にひたす→上澄水を捨てる→食用
(13)前掲(6)
(14)前掲(1)
(15)小倉学「生活と年中行事」(『白峰村史』上巻、三二四〜三五七ページ、昭和三十七年)
(16)天野武「白峰の社会生活」(『白山麓――民俗資料緊急調査報告書』五八〜六一ページ、石川県立郷土資料館、昭和四十八年)
(17)橘礼吉「白山麓石川県白峰村河内のコシキ作り――焼畑民のブナ林利用の具体例」(『石川県白山自然保護センター研究報告』第一三集、六五〜七七ページ、昭和六十一年)
(18)前掲(3)
(19)前掲(9)
(20)前掲(1)一九二〜一九五ページ
(21)千葉徳爾・叶内敦子「白山麓住民の樹木利用について――主として民家・民具及び衣食の場合」(『石川県白山自然保護センター研究報告』第一四集、七九〜九〇ページ、昭和六十二年)

(22) 松山利夫「野生食用植物の採集と加工――白山麓の場合」（『石川県白山自然保護センター研究報告』第二集、一〇三～一一四ページ、昭和五十年）
(23) 前掲（9）
(24) 前掲（6）
(25) 白川村加須良と峠を介して隣りあっている集落に富山県上平村桂がある。石田外茂一著『五箇山民俗覚書』（昭和三十一年）によれば、上平村でトチのコザラシ技術をもっていたのは、桂だけだとしている。飛騨加須良も越中桂もともに隔絶性の高い僻地で、谷あいの最奥の集落である。白峰村でトチコザラシ技術をもっていたのは、三ツ谷・市ノ瀬・赤岩の河内三ヶ、手取川最源流の僻地であり、いずれも山地に依存する度合が強い。
(26) 泉金重「徳山村の習俗・衣食住」（『徳山村史』一〇一四～一〇一六ページ、昭和四十八年）
(27) 前掲（5）
(28) 桜田勝徳『美濃徳山村民俗誌――岐阜県揖斐郡徳山村』昭和二十六年、刀江書院。トチの採取量については「橡山をたくさんに持っているものは、年に橡の実を二十俵（一俵は大桝で二斗、京桝に直すと四斗）も採取した」「橡の実を拾いに出掛ける。一石位は各家で拾ってきたのである」と報告している。

一一　冬、女手自前のホンコサン（報恩講）料理でもてなす

1　ホンコサン料理とは

てっとり早く言えば、白峰村白峰の「家報恩講」のお斎《とき》についてのおひろめである。この集落は昭和六十三年時で約二九〇〇戸、人口約一〇〇〇人の小集落であるが、浄土真宗大谷派の寺院が五ヶ寺と多い。寺の多さは、一向一揆以来の真宗王国の縮図を見る様相である。寺で行なう宗祖親鸞の祥月の法要を「お仏事」とも「オシッチャ」ともいい、寺報恩講のことである。ここでいうホンコサンとは、家単位で行なう家報恩講のことで、先祖の年忌法要を兼ねるときもある。家報恩講は、農閑期の十二～二月、以前は親の命日であったが、今は土・日曜をあてる。家に寺僧・親戚・知人を

招き、正信偈を唱和、お文（蓮如の励まし文）拝読の後、会食の席「お斎」がある。ホンコサン料理とは、このときのお斎料理のことである。

2　浦ハツエ家のホンコサン料理――多彩多量の献立

白峰のホンコサン料理は、最近マスコミで「究極の精進料理」として、多彩な食材と丁寧な料理で注目されている。ここでは平成七年十二月九日に行なわれた白峰村白峰の浦ハツエ家のお斎の席をとりあげた。浦家の先祖は、集落より約四キロ離れた小原山のサシタ山（海抜約八五〇ｍ）に永住出作りをしていたが、夫、吉之助の代に集落の空屋購入を機に季節出作りに、さらに昭和四十五年出作りを止め、生活の本拠を集落中心とした。ハツエ氏は昭和五年生、調査時は夫吉之助氏はすでに死去、息子夫妻や孫は金沢に転居し、平素は一人身。集落の住居周辺と弟の出作り先苛原《えらばら》（海抜八一〇ｍ）の常畑二ヶ所で、自家野菜中心の農業をされていた。

当日は二一名のお膳を作り、また招待しなかったかつての小原山出作り者・近所・友人へのお裾分けのため、トレイ製の折箱四五名分を作りあげた。このホンコサン料理は正月よりも精魂込めて作るといい、実際あらゆる点で正月料理よりもすばらしいと感じた。このための材料調達、例えば野菜作りでは、根菜・芋類の最高品位の物はホンコサン用に選んで貯えておく。さりとて最高の物ばかりでなく、梅干の種ほどのジャガイモももったいないとして畑地に放棄せず、「カッチリ」料理にして引き物の一品とする等、収穫に感謝する心意も十分汲みとれる。自家野菜の他、春先の山菜採り、秋の木の実、きのこ採り

表1　浦ハツエ家のホンコサン料理に利用した野生植物（　）内は地方名

山菜10種	ゼンマイ、ワラビ、クサソテツ（コゴミ）、カタハ（ウワバミソウ）、オオイタドリ（イタドリ）、ハクサンアザミ（アザミ）、ウド、フキ、オオバギボウシ（ゲボシ）、チシマザサ（ススダケ）
キノコ6種	ナメコ、マイタケ（マイコ）、ムキタケ（ムクゴケ）、ブナハリタケ（シロゴケ）、ホウキタケ（ネズミノテ）、スギヒラタケ（スギミミ）
木の実6種	トチノキ（トチ）、オニグルミ（クルミ）、クリ、ギンナン、カヤ（ガヤ）、ツノハシバミ（ハシバミ）

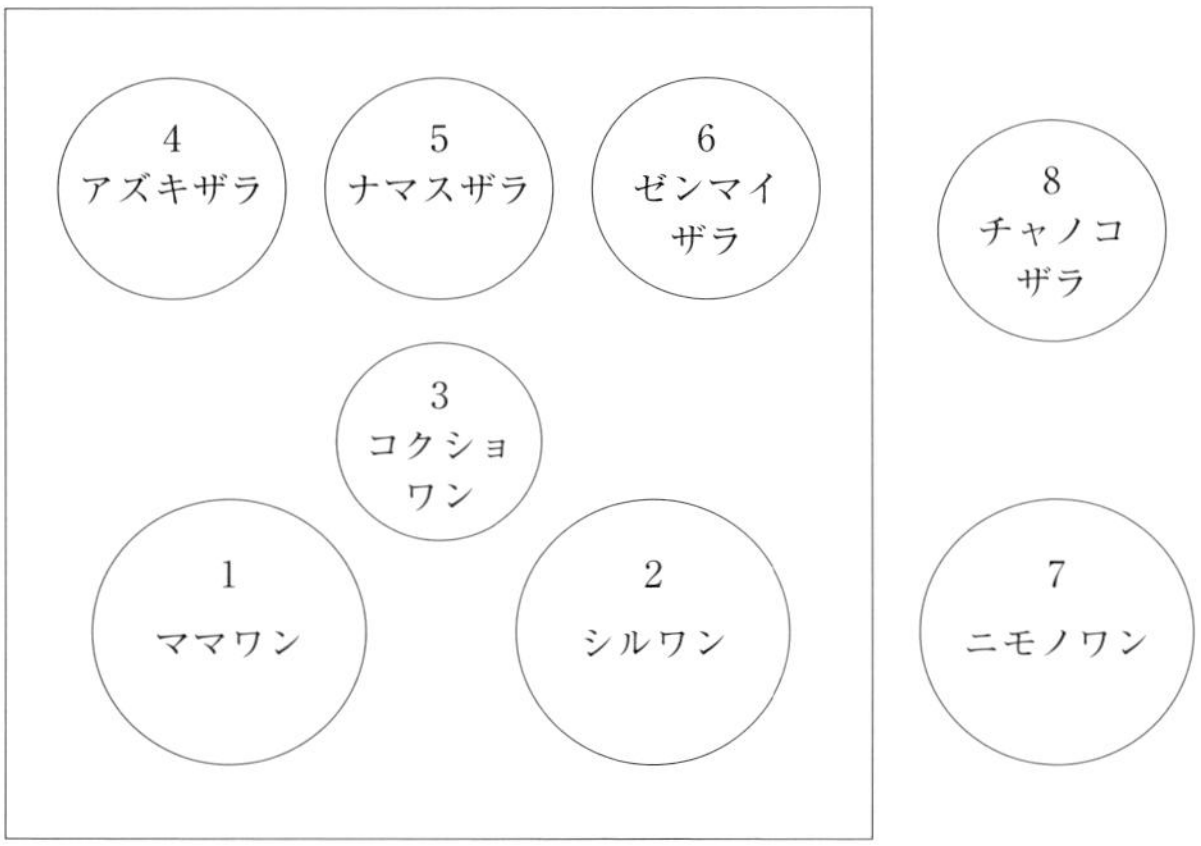

1　飯椀　米飯のモッソ盛り
2　汁椀　打豆汁（マメ、トウフ、アザミ）ナメコ汁（ナメコ、トウフ、エドカブラ）
3　コクショ椀　クリ、ナメコ、シイタケ、キントキマメ、ユリ、イモノコ、ハナフ、トウフ、コンニャク
4　小豆皿　塩味で煮たもの
5　膾皿　ダイコン、ニンジンまたはイトウリ
6　ゼンマイ皿　ゼンマイの和物（エゴマ和え、クルミ和え、カラシ和え、シラ和え）
7　煮物椀　油揚げ、ジャガイモ、サトイモ、ギボシ、マイタケ
8　茶の子皿（僧侶用）　米餅、クリ、ガヤ、ハシバミ

図１　浦ハツエ家のホンコサン料理

にも努め、結果として表1に見るように山菜一〇種、きのこ六種、木の実六種を活用している。

　採るのはハツエ氏単独。山谷を駆け巡る体力、「山地のどこに、何が、いつ頃生える」との予察力・智力をもちあわせなければならない。山菜一〇種のうち数種は、同じ時期に芽生え、盛りが同じくなり、効率良くまとめ採りができるときもある。反面、コゴミのように「親の死にめとコゴミにゃ会えぬ」の喩えのように、数時間で急に伸び徒長となる山菜もあり、複数回行かねばならぬときもある。山菜採りには採るタイミングを計る生態知識が必須のものもあり、コゴミの他スダケが該当する。マイタケに関しては、各個人さらには各家で、秘密の場所をもつ。そして他人に先採りされぬため、足繁く予察に出向かねばならない。結果としてお金で購入するのは、米・豆腐・酒類・調味料ぐらいである。約七〇名分の料理作りはハツエ氏一人ではできず、姉妹を含めた身内の助けで行う。台所は、数日前より戦場《いくさば》となり、女性は前日ほとんど寝る間もなく、二、三時間の睡眠である。

　お斎は相互に招待しあう関係で、品数や材料に差があると比較され物議の種となるので、伝統的な定型を決めている。白峰の定型は浦家の事例、図1で示した。飯椀《まま》・汁椀・煮物椀・コクショ椀・小豆皿・ゼンマイ皿・膾《なます》皿それにデザート風の茶ノ子皿がつき八品である。これらの中には、親鸞の好物アズキ、蓮如の好物ダイコンは必ずつけなければならない。コクショ椀とは、濃漿《こくしょう》料理が転化した言葉らしい。九品の山の物・野菜を一緒に混ぜて煮つけたもので、九種の味がブレンドされ味覚は素晴らしい。和物《あえもの》料理は非常に手数がかかる。ゼンマイ皿は「三色和《さんしょくあ》え」とも言う。干しゼンマイを水で戻し、薄味をつける。これをオニグルミ・エゴマ・芥子で和え、三種類の和物を作る。クルミを擂鉢《すりばち》でするには、油脂が遊離しないよう注意しなければならず、技術がいる。この他、ヒキモン（引物）という大皿または重箱に盛った煮物・和物・酢の物等が回され、各自が椀の蓋に自由にとって食べる献立がつく。当日、浦家では、大型トレイにヒキモン一人分をすでに盛りつけ、膳の脇に置いてあった。その献立は表2で示した。その特色は、「食べる量が多い」の一語に尽きる。献立の一品ごとが少量であっても、八種もあるので、ホンコサン料理の総量は多彩で多量なのである。

表2　浦ハツエ家のホンコサンのヒキモン料理

煮物	野菜	エドカブラ、ダイコン、サントウ豆	
	山菜	ワラビ、ヤマブキ、ススダケ	
	こけ（きのこ）	ネズミノテ、ムクゴケ	
	木の実	クリ（甘煮）	
炒め煮	野菜	チシャ菜、ダイコン菜、ナンバ	一緒に混ぜて
	こけ	スギミミ、シロゴケ	
和物	山菜	コゴメのエゴマ和え、ウドのワサビ和え	
	野菜	ズイキの甘酢和え、ミョウガのクルミ和え、ニンジンのエゴマ和え	
酢物	山菜	イタドリ	
油炒め	山菜	カタハ、ゲボシ	

浦家は真宗大谷派林西寺《りんさいじ》の門徒、僧侶を招いて行なわれた家報恩講の時間経過では、僧侶のお勤めが約四〇分、膳が並べられ僧侶の挨拶でお斎に箸をつけ、酒も出て約二時間の席であった。後でふれるが、出席者は料理の持ち帰り分を多くするため、膳の品に手をつけず、汁の「御代《おかわ》り」で食欲を満たす。そのため女性は汁の接待に忙しい。宴が終ると、アトゼン（後膳）とい

う調理・接待に勤めた女性の席となる。並行して親しい身内の者は居残り、酒・肴はセルフサービスで情報交換する「チャジオ」となる。当日のチャジオには、トチ餅・アワ餅・キビ餅がでた。かつて日本を代表する焼畑雑穀栽培地域ならではの雑穀餅の品々である。

3　食べる作法——多く残し持ち帰る

男女ともに膳について酒・茶を飲み、その後に飯を食べるのであるが、基本は米飯を含めて食物の多くを持ち帰ることにある。水田稲作ができず焼畑雑穀作りをする人は、米のごはんには特別の思い込みがあった。多くを持ち帰るには、お代りのできる汁を菜にして飯を食べることになる。漬物が出るのでそれも菜にする。汁は二種あり、豆腐汁は堅豆腐が多く入り腹がすぐふくれる。また汁気の多いコクショ椀・膾皿は、持ち帰りにくいので食べてしまう。結果的には、

写真 1　ホンコサンのお斎の場（白峰，浦ハツエ家）

写真 2　1人分の料理　奥のトレイは持ち帰るヒキモン．左の膳の中央にムクゴケの煮物が特別についた．右手前が煮物椀．その奥四皿はチャノコ．

写真 3　2種類の味噌汁　左の具は堅豆腐・打豆・アザミ，右は堅豆腐・ナメコ・エドカブラ．食べ残しを多くするため，この汁をお代りして食べる．

モッソ盛りの米飯の半分、小豆皿・ゼンマイ皿・煮物椀・茶ノ子皿は箸をつけず、ヒキモンとともに家に持ち帰る。だから、招待者は家を出る際、残し物を入れる容器、多くは重箱を持参し、宿の玄関脇や部屋隅に置いておく。

ホンコサン料理は信仰に関係する特別なものとして、専用具としてのノコシイレを特製する家もある。『白峰村史』下巻には、「文化十二歳四月島邑杉原助五郎」銘のノコシイレを見る。今日では厚手のビニール袋があり、女性希望者はこのビニール袋で二種の味噌汁を持ち帰っていた。とにかくお斎では、ホンコサン料理をたくさん持ち帰る慣行であり、招待者の家では、次の食事の煮炊き、すなわち料理のための火力は使わなくてもよいわけで、「サンタ（浦家の屋号）のホンコサンだから火たかずや」として、食事の段取りをした。「火たかず」とは、ホンコサン料理と結びついた、白峰村独特の食慣行である。

写真 4　左はヒキモン（献立は表 2 参照），右はノコシイレに納めた料理.

写真 5　階段においてあるノコシイレ　沢山残すつもりで，重箱をハレの風呂敷で包んでもちこむ.

写真 6　ノコシイレに納めている女性，ごはんは 3 分の 2 残してある.

4　ホンコサン料理の意味するもの

宗祖親鸞が好んだアズキ、中興の祖蓮如が好きだったダイコンを出席者全員が食べることは、自分と高僧との一体感、近親者との連帯感をより一層深化したに違いなかろう。これは、祭礼時の直会《なおらい》がもつ神人共食感に通じるものと思われる。筆者自身数回のご招待にあずかったが、いずれの場合も、山の物や畑の物を種類・分量的にも、調理手数の点でも、身を粉にして精魂を込めて接待して下さった。この印象から、ホンコサン料理について、次のような視点が脳裏に浮かんできた。

①　日取りから

浦家に限って見ると、五回のご招待をいただき、その招待日は年順に十二月七日、十二月二十日、二月十三日、十二月九日、十二月十三日であった。傾向としては十二月上・中旬が多い。これは十二月九日の山祭り前後に日取りしたためであろうか。山祭りは、山の神が年納めとして山を巡り、伐採された木の数を確かめる日で、村人は山へは行かず休日としている。加賀地方の水稲農家は十二月五日を田祭りとし、米で作った最高位の食物、餅と酒を田の神に供え、その恵みを人間も飯食し、田の神に感謝している。白峰の人は、山の神が司る山地で桁外れの量の山菜と、多種の木の実・きのこを採って食生活に組み入れている。ホンコサンは十二月九日の山祭り前後に日取りし、山からの多くの恵みを山の神に感謝しているのではないかと考える。

②　茶の子皿の盛付けから

浦家では、僧侶の茶の子皿は伝統に従い、漆塗りを施してない木地のままの皿に、クリ・ガヤ・ハシバミ・米餅を盛り付けてある。その他の人の茶の子皿は、陶器製皿にクリを盛ってある。僧侶の茶の子皿は膳の脇に置いてあるが、これは仏への供物と思われる。白峰の報恩講料理の茶の子皿の品々は、岐阜県白鳥町長滝白山神社の六日祭（通称延年）の菓子台のクリ・ガヤ・干柿・ハゼ・米餅と非常に似ている。白峰の茶の子皿、長滝白山神社の菓子台の品々は、山野が育てた物の中で美味しいクリ・ガヤ等と、人の手で栽培した物の中で貴重な米餅との組み合わせである。二つの事例は、神仏への供物の原型を示唆しているように思えてならない。

③和物料理（ゼンマイのエゴマ和え・コゴメのクルミ和え）から

まず、ゼンマイやコゴメをエゴマで和えた料理を見ると、ゼンマイ・コゴメは野生植物、エゴマは縄文時代に農耕が始まった頃からの古い栽培作物である。コゴメはゼンマイと比べれば採りやすく、さらに多量に採取できる。たくさん採ったコゴメは、単調な調理法では味覚に変化がなく飽いてしまう。そこで栽培しやすいエゴマの実をとり、実を潰すのに手間がかかるが粉にして和えると、味は格別に旨くなる。エゴマは、野生植物の味覚増進剤の役割をすると同時に、野生植物の多量摂取を可能にする。ゼンマイのクルミ和えは、両者いずれも採集による。この場合クルミが味覚増進剤である。エゴマ・クルミの他、半分栽培状態のワサビが味覚増進に使用される。ホンコサン料理の和物は、たくさん採集した野生食物の山菜を、おいしく食べるための優れた調理法である。

野生植物採集が、食物の中で大きな比重を占めていた遠き昔、ホンコサンの和物料理と同じ手法で、多くの野生植物をおいしく食べていたのではないかと、遥かなる時代に思いを巡らす。

④食べる作法・もてなす作法から

ホンコサンは家単位で行うため、約三〇人分の輪島塗りの膳椀や座布団等を所有していなければできない。だからホンコサンを続けている家は、階層的には中級以上となる。そして招待者は料理を多く食べ残し、留守家族に持ち帰ることは前述した。この原則は、招待する側からすれば、料理をたくさん持ち帰りできるように、分量を余分に作ることである。献立材料全体の中で、現金購入するものは豆腐・油揚げ・米・酒だけと少ないにしても、三〇人分となれば相当の金額となる。お斎、ホンコサン料理の背景に存在するもの、具体的には掃除した仏間や座敷、漆塗りの美しい膳椀の用意、採集した沢山の山の物、沢山作ったおいしい料理、料理を沢山持ち帰ってもらう等の一連の流れ、すなわちホンコサンのもてなす作法と行為は、仏教でいう布施そのものでないかと思う。

⑤ 女性がホンコサン料理に精魂を込めることから

ホンコサン料理は、「御馳走」そのものである。女性は、春・秋に山谷を駆け回って山菜・きのこを採り、平素は野菜作りに汗を流し、寝る間を惜しんで台所を駆けずり回って調理するわけである。

ホンコサン料理では、各家ごとに得意料理がある。浦家ではエドカブラの煮物がそれで、もちろん女性が調理する。エドカブラとは、スウェーデンカブのことで、北海道平取町、岩手県野田村、石川県白峰村が栽培地であるが、白峰でも作る人は少なくなった。織田虎次郎家はオオショウブキの煮物である。オオショウブキとは、アキタオオブキのことで白峰村では数少ない。愛宕冨士家はイタドリの酢物である。イタドリはどこにでも生え、いとも簡単にたくさん採れる。味付けが格段に旨い。招待者は「今年も浦家でエドカブラを食べれるかな」と、その味覚を楽しみに出席する。お斎となると、浦家の女性と招待者の女性との間で「今年の天気とエドカブラの良し悪し」等、材料調達の苦労話に花が咲く。お斎の場は、女性が作りあげた料理のおひろめの席である。帰り際、女性が「大変おいしかった」「おさがりをたくさんもらった」などとお礼の言葉を受けることは、名誉なことであり、さらに明日への活力源となる励ましにもなる。なんの変哲もなく、淡々と生きている女性にとって、ホンコサン料理は一年に一度の自己実現、自己顕示の場でもあったのである。

付記

浦家は、かつては小原山《おはら》（標高八六〇ｍ）に季節出作りをされていたが、調査時は出作りを止め、ジゲ（母村）住まいをされていた。季節出作りのときは、出山《ジャーマ》の後、冬場に集落で家報恩講されておられるので、出作り先の山での行事ではない。つまり、出作り先の仏事ではなく、季節出作りを終えてジゲに帰ってからの仏事である。

お斎には、輪島塗りの膳、飯椀、汁椀、煮物椀、コクショ椀等の什器が、三〇人前ほど必要となる。さらに僧侶用の什器は特製で、これら一式を揃えるにはかなりの出費をともなう高価な物である。だから翌日には漆器を一つ一つぬるま湯で洗い、柔らかい布で二度拭きして大切に扱っている。家報恩講でお斎の席を設けることのできる家、つまり浦家は富裕な季節出作りであったとも言えよう。

初出論文原題一覧

第一章6　「白峰村の焼畑・出作り、出作りの焼畑を含めた林野利用モデル」（『白峰村史』第三巻、平成三年）

第二章一　「白山麓の越境出作り――文書に見る白峰村白峰の事例」（『石川県白山自然保護センター研究報告』第二四集、平成九年）

二　「白峰村の出作りの実態、根雪期間約六ヶ月の高地出作り群の事例」（『白峰村史』第三巻、平成三年）

第三章一　「白山麓出作り住居の原型ネブキ小屋について」（『加能民俗研究』第三・四号、昭和四十九、五十年）

二　「白峰村の出作りの実態、焼畑による山桑作りで大規模養蚕をした出作りの事例」（『白峰村史』第三巻、平成三年）

三　「白山麓高地出作りのヌケ小屋――白峰村大杉谷出作り群の強風避難小屋」（『石川県白山自然保護センター研究報告』第二二集、平成七年）

五　「苛原鉱山を経営した出作り」（『白峰村史』第三巻、平成三年）

第四章一　「白山麓焼畑出作り民の山地語彙その2――狩猟中心に」（山口一男共同執筆）（『石川県白山自然保護センター研究報告』第三一集、平成十六年）

二　「商品としての熊　その1　熊の皮について――白山奥山人の動物資源商品化事例」（『加能民俗研究』三八号、平成十九年）

三　「商品としての熊　その2　熊の胆について――白山奥山人の動物資源商品化事例」（『加能民俗研究』三九号、平成二十年）

五　「白山奥山人の源流域湧水利用のワサビ栽培――奥山人の複合生業の一端」（『加能民俗研究』四五号、平成二

十六年)

六　「手取川源流域におけるマス・イワナ漁について――奥山人の渓流資源の利用例」(『石川県白山自然保護センター研究報告』第三二・三三集、平成十七、十八年)

七　「白山の山案内人――奥山人の複合生業の一端」(『加能民俗研究』四一・四二号、平成二十二、二十三年)

八　「白山の歩荷」(山口一男共同執筆)(『加能民俗研究』四〇号、平成二十一年)

一〇　「白山麓石川県白峰村河内のオウギ採り――焼畑民の薬用高山植物採取」(『石川県白山自然保護センター研究報告』第二五集、平成十年)

一一　「白山麓石川県白峰村河内のコシキ作り――焼畑民のブナ林利用の具体例」(『石川県白山自然保護センター研究報告』第一三集、昭和六十一年)

一二　「白山直下より金沢へ搬出した檜乗物棒――奥山人の複合生業の一端」(『加能民俗研究』四三号、平成二十四年)

第五章一　「白山麓白峰村のワカンジキ――高度経済成長期の民具変遷」(『雪と生活』第三号、昭和五十七年)

三　「白山麓白峰村のテゾリ」(『雪と生活』第四号、昭和六十年)

四　「白山麓出作り地域の除雪慣行」(『雪と生活』創刊号、昭和五十五年)

六　「白山麓の雪遊びとその掛け声」(『雪と生活』第二号、昭和五十六年)

七　「白山麓の熊狩猟儀礼」(『加能民俗研究』四四号、平成二十五年)

八　「銀嶺を越える里帰りの道――白峰より石徹白へ」(『はくさん』第三四巻第二号、平成十八年)

一〇　「白山麓の焼畑地域における堅果類の食物利用――石川県白峰村の木の実食(トチ・クリ・ナラ)慣行」(『石川県立歴史博物館紀要』第二号、平成元年)

一一　「真宗門徒のホンコサン(報恩講)料理――白山麓の事例を中心に」(『北陸の民俗』第一六集、平成十年)

あとがき

登山歴を重ねるうち、最初に出作り住居での宿泊の便を受けたのは、昭和二十三年三月、吉野谷村中宮《ちゅうぐう》でのことである。頂上が石川・富山・岐阜の境界となっている笈《おいずる》ヶ岳（一七四一m）をめざしたとき。その後、積雪期の尾口村尾添《おぞえ》の出作りを基点に四塚山《よつづか》（二五一九m）に、白峰村河内谷の出作りを基点に白山釈迦岳（二〇五三m）に、白峰村大道谷細谷・五十谷《ごじゅう》の出作りを基点に赤兎山《あかうさぎ》（一六二九m）等に登った。昭和四十一年正月、白山御前峰（二七〇二m）頂上近くで右足骨折の事故を起した。ヘリコプター救出態勢がなかった時代で、危機脱出に岳友や白峰村河内三ヶ《こうちさんか》の出作りの人々に大変お世話になった。事故後は前衛的登山は不可能となり、無雪期に、出作りが分布する白山山系山地に足を向けることにした。当時昭和四十年代前半は、出作り・焼畑の急激な減少期であった。各谷筋には家格のしっかりした出作り住居や、所有山地面積が広い出作りが残った状態が見られた。

　廃絶出作りは、屋根の雪下ろしをしないと倒壊してしまう。登山時に基点とした出作り住居や事故時にお世話になった出作りが、次々と倒壊していくのを見ると、過去の生き方を踏み潰される思いがした。出作り住居を焼畑農耕文化の一つとして解体移築して保存できないだろうか。するとすれば、どの出作りを選ぶか等の難題を自分の責務と意識し始め、微力ながら取り組んだ。白峰村大道谷五十谷のネブキ型式の尾田《びだ》敏春家を、当時奈良国立文化財研究所の伊藤延男氏の調査推奨を得て、昭和五十二年、白山ろく民俗資料館敷地内に解体移築、後に国の有形民俗文化財指定となった。白峰村大杉谷苛原《えらばら》の長坂吉之助家は大型出作り住居で、小さい鉱山を経営したほどの富裕な出作りであった。日本地理学会の見学地や、焼畑に専心された佐々木高明氏の調査対象となった家で、昭和六十三年に民俗資料館への解体移築にこぎつけた。小型ネブキ型式、大型二層建ての出作り二棟が、一つの敷地内で保存することになり、一連の過程の中でお手伝いに関われたのは幸運であった。お世話になった出作りへの「お返し」を少しできたという安堵感と達成感は、今後の課題研究を鼓舞するのに十分であった。

出作りのほとんどは、ヒエを焼畑・常畑・水田で作って主食とし、現金稼ぎは焼畑で山桑を作り換金性の高い繭作り、すなわち養蚕に重きをおいて生活してきた。養蚕については昭和四十八年、加藤惣吉氏が先祖の記録や自らの体験を基に『白山麓――民俗資料緊急報告書』の「養蚕」の部で、焼畑に関しては平成七年、橘が『白山麓の焼畑農耕――その民俗学的生態誌』でまとめた。加藤氏や橘は地元調査者であり、遠方外来者より奥山人に接する機会を多くとれることもあって、その報告内容は生態学的に詳細、僭越ながらほぼ完結に近い内容と自負してもよいと思う。辺地山村については、野本寛一氏が「始原的生産要素」が複合していると指摘をされた。ただし地理学の領域では小さな生業が多種複合し、「山業」という単一生業はないとの指摘があったこともあり、焼畑・養蚕以外の出作り、奥山人の多種な生業実態、すなわち様々な林野利用、山地活用による稼ぎに焦点をあて、まとめたのがこの報告である。

調査方法は、各出作りを訪問、時には宿泊しての現地調査や伝承者の聞き取りが主である。出作りは昭和四十年代の衰退期でも、散在が原因で電気・電話がなく、突然の訪問となり御迷惑のかけ放しで、「何回も何度もすみませんでした」とのお許しと感謝の心を紙面を通してあらわしたいと思う。

この報告では、現代以前の文字情報や統計数字を探索し、より多くの導入に心掛けた。具体的には、近世の文字情報に関しては、「熊皮」と「檜乗物棒」については『越前加賀白山麓十八ヶ村取次元山岸十郎右衛門文書』中の古文書を、現代の文字情報に関しては、「案内人」については日本山岳会の『山岳』、第四高等学校旅行部の『ＢＥＲＧ－ＨＥＩＬ（ベルグハイル）』や、『関西スキー倶楽部報告』等の山行記録等を利用した。

統計数字情報では、『白峰村史』、三ツ谷林家の『大福帳』『売買帳』中の米価に注目した。そのわけは、ヒエ・アワ・シコクビエ等の雑穀を主食とした奥山人は、米への希求度が強く、現金収入は飯米購入に充てることを最優先する慣行である。具体的には、長い越冬生活に備え、根雪前に冬米《ふゆごめ》をまとめ買いするとき、まとまった現金を必要とした。米価と稼ぎ高との比較で、複合的生業が家計にどのように影響したかを分析した。また、狩猟・渓流漁の捕獲数については、旧白峰村役場所蔵の未公開「各種統計」や、『山岸家文書』中の統計等を活用した。文字情報と統計数字情報は、生業の生態的記録をより広く深く把握するのに役立ったような気がする。檜乗物棒や熊皮の官制取引・献納等は明治以前のことで過去のものであるが、利用した文字情報はこれら事象の歴史的過程を示す資料、換言すれば時代推移にともなう機能減退の変遷を知る資料として位置付けしておきたい。

　生業についての初期調査で、出作りの活動範囲が予想をこえて次々と県外・他村の地名が出てきたので、場所を文字表記するより地図化がよいと判断し、地図を多用した。結果として民俗関係の文献としては、地図・統計数字・表が極めて多いという内容になってしまった。

　奥山人の活動範囲が分水嶺を越えてなされるのは、奥山人の距離・高度を克服する能力が、他地域の人々より秀でたからなのか、それとも古くからの資源の略奪的利用のせいで、白山直下より他地域へ越境せざるを得なかったのか。いわば推論だけであるが、生業複合の背景は複雑といえよう。

写真　納屋より巨大麻蒸し桶を出し，石垣窯の上にのせ再現した　白峰村河内谷大空，愛宕冨士家出作り（標高 660 m）

　振り返ると、炭焼きと麻栽培・麻布織りについて追求しなかったことを反省している。炭焼きについては、昭和四十六年八月、炭焼釜製作の「天井《てんじょう》アゲの結《ゆい》」仕事を見聞したが、それ以上の詳細調査をしなかった。見聞の機会を与えてもらった大道谷出作り群の人には顔を向けることもできない。積雪期登山時、出作り小屋前の雪斜面で麻布を晒しているのにたびたび出会った。「麻蒸し桶を再現してあげる」という愛宕冨士・トメ御夫妻の御好意で平成八年八月に見学の機会をもらった。それを機に詳細調査を計画したが、冨士氏の入院で出作りが廃絶されて機会を失った。「麻畑に花が咲いたら女は畑に入ってはいけない」というトメ氏の言葉だけが耳に残っていて口惜しい。

　調査対象の生業は、結果的に登山者としての筆者の必然的興味に流れてしまったと自戒している。炭焼きや麻作りは「山」でのなりわい。熊狩り、岩場での薬草採り、渓流漁、案内人等は「岳」でのなりわい。登山者の本性が、より海抜高度の高い山地での奥山人の仕事に傾斜してしまったということであろうか。「岳」の領域調査中、出作りの人は遠距離での稼ぎ時に三ヶ所の岩屋に宿泊していたことが分かった。それは尾上郷川源流の「鍋岩屋」、蛇谷の支谷「オヤ谷の岩屋」、蛇谷ナカノ谷の「ミナハラの岩屋」である。体力の衰えで現地調査ができず未確認のままなので、登山者としては残念の一語に尽きる。三つの岩屋に関しては登山者による追跡と、他地域山地にも岩屋利用もあるに違いないので、山村研究者による調査を期待したい。

現在、白峰村領域内の出作りは十数戸で、一戸の季節出作りを除いては車による通い出作りである。生業では専業ワサビ作りが一戸、兼業ワサビ作りが二戸。複数がナメコ・椎茸栽培と山菜採取を複合されている。焼畑では複数の出作りが自給用ダイコンを作り、一戸が民俗資料館と共同でヒエ・アワ・在来野菜等の種繋ぎを焼畑圃場で行なっているというのが実情である。これらの出作りを調査しようとしても、今は、出作りへの林道が閉ざされて自由に訪ねることはできなくなった。

谷筋に少ないが出作りがあったときは、「山守り」の役目をしていたが、一戸だけの日帰り、すなわち通い出作りとなり、谷筋は無人時間が長期化する。平成一桁代の終り頃より、出作り地は予想もしなかった受難時代となった。無人の出作りからナメコ・椎茸の原木（ホダ木）が、融雪池からイワナ・ニジマスが、住居内から民具・農具の盗難が続発、あげくには産業廃棄物の無断投棄まで起った。いずれも車と林道利用の不法行為らしく、自衛手段として林道入口を機械設備で封鎖し、外来不法車の入山を禁止した。そのあおりで調査はむつかしくなり、私的には極高出作りの北俣谷周辺、模式的出作りがあった小赤谷出合周辺等の補充調査はできなくなった。このような事情発生を一つの区切りとして、不備な点を含んだ内容だが、急ぎまとめようと決意した。

ネブキ小屋、養蚕出作り、ワサビ作り、ヌケ小屋、小屋場の植栽、鉱山経営、林野利用、案内人、歩荷《ぼっか》、報恩講料理、水害、雪崩等で、特定の出作りや個人を選び書かせていただいた。度重なる調査に心よく時間をさいて下さり、感謝の気持で一杯である。たぶん、刊行された段階で「ここは間違い」と指摘され、叱責されることは必定であるが、消えゆく出作りを代表して、その実態記録を後世に伝える役を担っているとの視点で、お許しを乞いたいと思う。

たびたびの訪問と出会いで、白山奥山人は豪雪山地という環境の中で、植物資源・動物資源・土地資源等を、卓越した順応力で最大限に活用して生きた純粋な山人という実感をもった。

長い時間推移の中で、日常生活の根幹をなす衣食住を含めての消費財の質的・量的変化に対し、奥山人の生業生産物の適応機能力がなかったのか、それとも奥山人の生業資源の創造的利用力が弱かったのか、いずれにしても稼ぎ高の減少が始まる。動物・植物資源による稼ぎの特色として、再生産要素は零に等しく、もっぱら略奪的利用であったことも、複合生業衰退に影響したと考えられる。特に昭和三十年代後半以降の高度経済成長期は、複合生業の衰退が出作りに影響し廃絶となっていった。白山奥山人・出作りの人々を、明治以降の時間域でふりかえると、白山の自然の恵みや猛威と人間のかかわり方は、それぞれの一軒屋を通しての「物語」を見ているようである。

まとめの途中、『山岸家文書目録』が刊行され、その中の生業生産物に関する多種の古文書存在の紹介を受け、さらに文書翻訳までしていただいた濱岡伸也氏、また、各出作りや各生業に関する地元在住者ならではの情報について、数えきれない度数で、丁寧な御教示をいただいた山口一男氏、御両人には厚くお礼を申し述べたい。

前著『白山麓の焼畑農耕——その民俗学的生態誌』が刊行されたのは平成七年であった。前著に引き続き、今回は、その後の二〇年間に発表した報告を主としてまとめた。白山直下の奥山で見守られることなく生きてきた、ごく少数の人々の記録に御理解を示され、記述が個性的であるにもかかわらず快く出版をお引き受けしていただいたこと、さらには装丁にまで筆者の意向を考慮して下さったことに対し、奥山人と一緒に白水社様に感謝申しあげたい。編集に当たられた稲井洋介氏には、地図・統計数字・表等が多い原稿に対し、非常に多くの手間暇をおかけしたことは間違いなく、厚くお礼を申しあげる次第である。

平成二十七年七月

橘　礼吉

著者略歴
一九三一年生
一九五三年、金沢大学教育学部卒
金沢市立工業高等学校教諭、石川県立歴史博物館副館長などを経て、現在、加能民俗の会名誉会長、石川県立歴史博物館運営審議会審議員、白山自然保護研究会会員
『白山麓の焼畑農耕——その民俗学的生態誌』(平成七年、白水社)で第三四回柳田國男賞を受賞

白山奥山人の民俗誌
——忘れられた人々の記録

二〇一五年 九 月一五日 印刷
二〇一五年一〇月一〇日 発行

著者 © 橘《たちばな》 礼《れい》 吉《きち》
発行者 及 川 直 志
印刷所 株式会社 三 陽 社
発行所 株式会社 白 水 社
東京都千代田区神田小川町三の二四
電話 営業部 〇三(三二九一)七八一一
編集部 〇三(三二九一)七八二一
振替 〇〇一九〇—五—三三二二八
郵便番号 一〇一—〇〇五二
http://www.hakusuisha.co.jp
乱丁・落丁本は、送料小社負担にてお取り替えいたします。

株式会社松岳社

ISBN978-4-560-08468-7

Printed in Japan